CB014236

NOVO

MINIDICIONÁRIO PRÁTICO INGLÊS

INGLÊS/PORTUGUÊS | PORTUGUÊS/INGLÊS

Copyright © 2018 – DCL – Difusão Cultural do Livro

Direção: **Raul Maia**
Rogério Rosa
Revisão: **Equipe DCL**
Capa: **Sérgio Frega**
Composição: **Casa Editorial Maluhy & Co.**

Texto em conformidade com as regras do
Novo Acordo Ortográfico da Língua Portuguesa.

Dados Internacionais de Catalogação na Publicação (CIP)
(Câmara Brasileira do Livro, SP, Brasil)

Minidicionário prático: inglês-português,
português-inglês. – São Paulo: DCL, 2018.

ISBN 978-85-368-2256-3

1. Inglês – Dicionários – Português.
2. Português – Dicionários – Inglês

CDD-423.69
06-6857 -469.32

Índice para catálogo sistemático

1. Inglês : Dicionários : Português 423.69
2. Inglês-português : Dicionários 423.69
3. Português : Dicionários : Inglês 469.32
4. Português-inglês : Dicionários 469.32

Impresso na Índia

Todos os direitos desta publicação reservados à

Editora DCL – Difusão Cultural do Livro
Av. Marquês de São Vicente, 446 – 18º andar – Conj. 1808
Barra Funda - São Paulo - SP – 01139-000
Tel.: (0xx11) 3932-5222
www.editoradcl.com.br

Abreviaturas Usadas Neste Dicionário

A

ABREV = abreviatura
adj = adjetivo
adv = advérbio
AER = aeronáutica
AGRIC = agricultura
ALQ = alquimia
ANAT = anatomia
ARQ = arqueologia
ARQT = arquitetura
ART = arte
ASTR = astronomia
ASTRL = astrologia
AUT = automobilismo

B

BÍBL = Bíblia
BIOL = biologia
BOT = botânica
BR = Brasil

C

CAN = Canadá
CIN = cinema
COM = comércio
conj = conjunção
CONT = contabilidade
contr = contração

E

ECON = economia
ELET = eletricidade
ELETR = eletrônica
ENGL = Inglaterra
ESOT = esotérico
ESP = esporte
EXOT = exotérico

F

FAM = familiar
FIG = figurativo
FIL = filosófico
FIN = finanças
FÍS = física
FON = fonética
FOT = fotografia
FUT = futebol

G

GEOL = geologia
GEOM = geometria
GEO = geografia
GÍR = gíria
GRAM = gramática

H

HIST = história

I

IND = indústria
indef = indefinido
INTERJ = interjeição

J

JORN = jornalismo
JUR = jurídico

L

LAT = latin

M

MAT = matemática
MEC = mecânica
MED = medicina
MET = metalurgia
MIL = militar
MIN = mineralogia
MIT = mitologia
MÚS = música

N

NÁUT = náutica
NUM = numeral

P

past = passado
pp = particípio passado
pl = plural
POES = poesia
POL = política
POP = popular
prep = preposição
pron = pronome
PSIC = psicologia

Q

QUÍM = química

R

RÁD = rádio
RELIG = religião

S

s = substantivo

T

TEATR = teatro
TIP = tipografia
TV = televisão

U

USA = Estados Unidos

V

v = verbo
VETER = veterinária

Z

ZOO = zoologia

Inglês
Português

ABCDEFGHIJKLMNOPQRSTUVWXYZ

A /êi/ *s* primeira letra do alfabeto Português e do alfabeto Inglês; MÚS cifra da nota lá; *art indef* um (a); uns; umas; *prep* a; em; no (a); para; sobre; por.
A.back /abéc/ *adv* atrás; detrás.
A.ban.don /abén.dân/ *v* abandonar.
A.base /abêis/ *v* abater; aviltar; desonrar.
A.base.ment /abêis.ment/ *s* aviltação.
A.bash /abé.xe/ *v* embaraçar; humilhar.
A.bash.ment /abéxe.ment/ *s* vergonha.
A.bate /abêit/ *v* abater; reduzir.
A.bate.ment /abêit.ment/ *s* abatimento.
A.bat.toir /ébétuar/ *s* matadouro.
Ab.bre.vi.ate /ébri.viêit/ *v* abreviar; encurtar.
Ab.bre.vi.a.tion /ébriviêi.xân/ *s* resumo; abreviação.
Ab.di.ca.tion /ébdiquêi.xân/ *s* abdicação.
Ab.duct /ébdâct/ *v* abduzir; raptar.
Ab.duc.tion /ébdâc.xân/ *s* sequestro; abdução.
A.bed /abéd/ *adv* acamado; deitado.
Ab.er.ra.tion /ébârêi.xân/ *s* aberração.
A.bet /abét/ *v* encorajar; apoiar.
A.bet.ment /abét.ment/ *s* assistência.
A.bey.ance /abêi.ans/ *s* suspensão; pendência.
Ab.hor /éb.hór/ *v* detestar; odiar; rejeitar.
A.bide /abáid/ *v* habitar; permanecer; *past and pp* abode.
A.bil.i.ty /abi.liti/ *s* capacidade; habilidade.
Ab.ject /abdjéct/ *v* rejeitar; desprezar.
Ab.jure /ébdjur/ *v* abjurar; repudiar.
A.blaze /ablêis/ *adj* ardente.
A.ble /êi.bol/ *adj* apto; capaz.
A.bloom /ablum/ *adj* florescente; florido; *adv* floridamente.
Ab.lu.tion /ablu.xân/ *s* ablução; purificação.
Ab.ne.gate /éb.niguêit/ *v* rejeitar; abnegar.
Ab.ne.ga.tion /ébniguêi.xân/ *s* abnegação.
Ab.nor.mal.i.ty /ébnórma.liti/ *s* anomalia; anormalidade.
A.bol.ish /abó.lixe/ *v* abolir; anular; derrubar.
Ab.o.li.tion /éboli.xân/ *s* abolição; anulação.
A.bom.i.na.ble /abó.minêibol/ *adj* abominável; repugnante.
A.bom.i.nate /abó.minêit/ *v* abominar; odiar.
A.bom.i.na.tion /abóminêi.xân/ *s* abominação; repulsão.
A.bort /abórt/ *v* abortar; fracassar; malograr.
A.bound /abáund/ *v* abundar; exceder.
A.bound.ing /abáun.din/ *adj* abundante; exuberante.
A.bout /abaut/ *prep* acerca de; a respeito de; sobre; *adv* em torno de; por volta de.
A.bove /abâv/ *s* céu; o ápice; o alto; *adj* mencionado; referido; *adv* acima; supra; *prep* além de; em cima.
A.bove.board /abâv.bôrd/ *adj* franco; leal; sincero; *adv* às claras.
A.breast /abrést/ *adv* de frente; lado a lado; par a par.
A.bridge /abríd.j/ *v* abreviar; resumir.
A.bridge.ment /abridj.ment/ *s* resumo; sumário; redução.
A.bridg.ment /abridj.ment/ *examine* ⇒ Abridgement.
A.broad /abród/ *s* países estrangeiros; *adv* externo.
Ab.ro.ga.ble /éb.roguêibol/ *adj* ab-rogável.
Ab.rupt /a.brâpt/ *adj* abrupto; brusco; áspero.
Ab.rup.tion /abrâp.xân/ *s* interrupção; quebra.
Ab.rupt.ly /abrâpt.li/ *adv* abruptamente; bruscamente.
Ab.scond /ebsquénd/ *v* enconder-se; fugir.
Ab.sent /éb.cênt/ *v* ausentar-se; faltar; *adj* ausente.
Ab.sen.tee /ébcênti/ *s* desertor.
Ab.so.lute /éb.solut/ *adj* absoluto; inteiro.
Ab.so.lute.ly /éb.solutli/ *adv* absolutamente.
Ab.so.lu.tion /ebsolu.xân/ *s* absolvição.
Ab.so.lu.tism /éb.solutism/ *s* absolutismo; despotismo (governo com poder ilimitado).
Ab.solv.a.ble /ebsól.vêibol/ *adj* perdoável.
Ab.solve /ebsólv/ *v* absolver; perdoar.
Ab.sorb /absórb/ *v* absorver; embeber.
Ab.stain /abstêin/ *v* abster-se; privar-se.
Ab.sten.tion /ebstên.xân/ *s* abstenção.
Ab.sti.nence /ebs.tinêns/ *s* abstinência.
Ab.stract /ebstréct/ *v* abstrair; resumir.
Ab.strac.tion /ebstréc.xân/ *s* abstração.
Ab.surd /absârd/ *s* absurdo; ridículo.
Ab.surd.i.ty /absâr.diti/ *s* absurdo.

A.buse /abiuz/ *s* abuso; injúria; insulto; *v* abusar.
A.but /abât/ *v* limitar; confinar.
A.but.ment /abât.ment/ *s* junção; limite.
A.byss /abis/ *s* abismo; precipício.
Ac.a.dem.ic /écadé.mic/ *adj* acadêmico.
Ac.cede /écsid/ *v* assentir.
Ac.cel.er.ate /écsé.larêit/ *v* acelerar.
Ac.cel.er.a.tion /écsélarêi.xân/ *s* aceleração.
Ac.cent /éc.cênt/ *s* sotaque; acento; *v* acentuar.
Ac.cen.tu.ate /écsên.tiuêit/ *v* acentuar; salientar.
Ac.cen.tu.a.tion /écsêntiêi.xân/ *s* acentuação.
Ac.cept /acsépt/ *v* aceitar; receber; concordar.
Ac.cept.a.ble /acsép.têibol/ *adj* aceitável; agradável.
Ac.cess /éc.sés/ *s* entrada; acesso; admissão.
Ac.ces.si.bil.i.ty /éc.séssibiliti/ *s* acessibilidade.
Ac.ces.so.ry /écsé.sôri/ *adj* acessório.
Ac.ci.dent /éc.sident/ *s* acidente.
Ac.ci.den.tal.ly /éccidén.tâli/ *adv* casualmente.
Ac.claim /aclêim/ *s* aplauso; *v* aclamar; saudar.
Ac.cli.mate /aclái.mêit/ *v* aclimatar.
Ac.cli.ma.tize /aclái.mêtaiz/ *v* aclimatar.
Ac.cliv.i.tous /acli.vitâs/ *adj* aclive; íngreme.
Ac.cliv.i.ty /acli.viti/ *s* aclive; rampa.
Ac.cli.vous /aclái.vâs/ *adj* aclive.
Ac.com.pa.ni.ment /acam.pâniment/ *s* acompanhamento.
Ac.com.pa.ny /acam.pâni/ *v* acompanhar.
Ac.com.plish /acam.plixe/ *v* cumprir; executar.
Ac.com.plished /acam.plixit/ *adj* acabado; executado.
Ac.com.plish.ment /acam.plixement/ *s* consecução; êxito; realização.
Ac.cord /acórd/ *v* acordar; concordar.
Ac.cord.ance /acór.dans/ *s* acordo; concordância.
Ac.cord.ing /acór.din/ *adj* de acordo; de conformidade; *adv* segundo; conforme.
Ac.cord.ing.ly /acórding.li/ *adv* consequentemente.
Ac.cor.di.on /acór.diân/ *s* acordeão.
Ac.cost /acóst/ *v* abordar; aproximar.
Ac.cou.cheuse /écuxês/ *s* parteira.
Ac.count /acáunt/ *s* conta; cálculo; *v* calcular; contabilizar.
Ac.count.ing /acaun.tin/ *s* COM contabilidade.
Ac.cou.ter /acu.târ/ *v* armar; equipar; vestir.
Ac.cou.tre *examine* ⇒ Accouter.
Ac.cred.it /acré.dit/ *v* autorizar; endossar.
Ac.crue /acru./ *s* aumento; *v* aumentar; acrescentar.
Ac.cum.bent /acam.bênt/ *adj* inclinado; reclinado.
Ac.cu.mu.late /âquiu.miulêit/ *v* acumular; aumentar.
Ac.cu.mu.la.tor /âquiu.miulêitâr/ *s* acumulador; bateria.
Ac.cu.ra.cy /e.quiurâssi/ *s* apuração; exatidão.
Ac.curs.ed /acar.sid/ *adj* amaldiçoado.
Ac.curst /acarst/ *examine* ⇒ Accursed.
Ac.cu.sa.tion /équiuzêi.xân/ *s* acusação; denúncia.
Ac.cuse /âquiuz/ *v* acusar; denunciar.
Ac.cus.tom /acas.tâm/ *v* acostumar.
Ac.cus.tomed /acas.tâmd/ *adj* acostumado.
Ace /êis/ *s* ás (carta de baralho); o melhor; o líder.
A.cerb /âssârb/ *adj* acerbo; amargo; acre.
Ac.er.bate /é.sârbêit/ *v* acerbar; azedar.
Ac.er.vate /âssâr.vit/ *adj* amontoado.
Ache /êic/ *s* dor; *v* doer; padecer.
A.chiev.a.ble /âtxi.vêibol/ *adj* executável; realizável.
A.chieve /âtxiv/ *v* atingir; completar.
A.chieve.ment /âtxiv.ment/ *s* execução; resultado; realização.
Ach.ing /êi.quin/ *adj* dolorido; magoado.
Ac.id /é.sid/ *s* ácido.
Ac.knowl.edge /acnó.lidj/ *v* admitir; agradecer; confessar.
Ac.knowl.edge.ment /acnó.lidjment/ *s* confirmação; confissão; reconhecimento.
Ac.knowl.edg.ment *examine* ⇒ Acknowledgement.
Ac.me /éc.mi/ *s* acme; ápice.
Ac.ne /éc.ni/ *s* acne; espinha.
Ac.o.lyte /é.coláit/ *s* acólito; sacristão.
A.cous.tic /acus.tic/ *adj* acústico.
Ac.quaint /aqüêint/ *v* avisar; comunicar; informar.
Ac.quain.tance /aqüêin.tâns/ *s* conhecimento; entendimento; habilidade.
Ac.quain.tance.ship /aqüêin.tânsxip/ *s* amizade; conhecimento.
Ac.quest /aqüést/ *s* aquisição; compra.
Ac.qui.esce /éqüiés/ *v* aquiescer; consentir.
Ac.qui.es.cence /éqüié.cêns/ *s* anuência; condescendência; concordância.
Ac.quire /aqüáiâr/ *v* adquirir; contrair (hábito).
Ac.quire.ment /aqüáiâr.ment/ *s* aquisição; saber; talento.
Ac.quit /acuit/ *v* desobrigar; quitar; absolver.
A.cre /êi.câr/ *s* GEOL campo.
Ac.ro.bat /é.crobét/ *s* acrobata; atleta.
A.cross /acrós/ *adj* cruzado; *prep* através de; por.
Act /éct/ *s* ato; ação, lei; número (artístico); *v* atuar; agir.
Act.ing /éc.tin/ *s* ação; TEATR arte de representar; encenação; *adj* representável.
Ac.tion /éc.xân/ *s* execução; ação; operação.
Ac.tive /éc.tiv/ *s* COM o ativo.
Ac.tiv.i.ty /écti.viti/ *s* atividade; presteza.
Ac.tor /éc.târ/ *s* ator; autor.
Ac.tu.al.i.ty /éctiué.liti/ *s* atualidade.
Ac.tu.al.ly /éc.tiuâli/ *adv* de fato; na verdade; realmente.
Ac.tu.a.ry /éc.tiuâri/ *s* atuário; escrivão.
A.cu.i.ty /âquiu.iti/ *s* acuidade; argúcia; sutileza.
A.cu.men /âquiu.men/ *s* esperteza; sagacidade.
A.cute /âquiut/ *adj* agudo; aguçado; pontiagudo.
Ad /éd/ *s* anúncio; propaganda; ABREV Advertisement.
Ad.age /e.didj/ *s* adágio; provérbio; refrão.
Ad.am /â.dâm/ *s* BÍBL Adão.

A.dapt /âdépt/ *v* adaptar; harmonizar.
A.dapt.a.bil.i.ty /âdéptâbi.liti/ *s* adaptabilidade.
Ad.ap.ta.tion /âdéptêi.xân/ *s* adaptação; ajuste.
Add /éd/ *v* acrescentar; juntar; somar.
Ad.der /é.dâr/ *s* serpente; cobra.
Add.i.ble /é.dibol/ *adj* acrescentável.
Ad.dict /âdict/ *s* adicto (acostumado); pessoa viciada; *v* dedicar; entregar-se; tornar-se escravo de um vício.
Ad.dict.ed /âdic.tid/ *adj* devotado; viciado.
Ad.dic.tion /âdic.xân/ *s* inclinação; apego; tendência.
Ad.di.tion /âdi.xân/ *s* adição; aumento; anexo de um edifício.
Ad.dle /édol/ *s* sedimento; *v* apodrecer; gorar; confundir.
Ad.dress /âdrés/ *s* discurso (dirigido a alguém); endereço; palestra; dedicatória; *v* dirigir-se a alguém.
Ad.dress.ee /âdréssi/ *s* destinatário.
A.dept /âdépt/ *s* conhecedor; iniciado; *adj* adepto.
Ad.e.qua.cy /é.dicuâssi/ *s* aptidão; adequação.
Ad.e.quate /é.di.cuit/ *adj* adequado; suficiente.
Ad.e.quate.ness /é.dicuâtnés/ *examine* ⇒ Adequacy.
Ad.he.sive /éd.hi.siv/ *adj* adesivo.
Ad.hib.it /éd.hi.bit/ *v* admitir; anexar; juntar.
Ad.it /é.dit/ *s* acesso; entrada; passagem.
Ad.ja.cen.cy /âdjêi.sênsi/ *s* adjacência; nas imediações.
Ad.ja.cent /âdjêi.cênt/ *adj* adjacente; contíguo; próximo.
Ad.jec.tive /é.djéctiv/ *s* adjetivo.
Ad.join /âdjóin/ *v* juntar; unir; ligar.
Ad.journ /âdjârn/ *v* adiar; transferir.
Ad.journ.ment /âdjârn.ment/ *s* adiamento; prorrogação; suspensão.
Ad.judge /âdjâd.j/ *v* julgar; sentenciar.
Ad.ju.di.cate /âdju.dicquêit/ *v* adjudicar; julgar.
Ad.ju.di.ca.tion /âdjudiquêi.xân/ *s* adjudicação; sentença; julgamento.
Ad.junct /é.djânct/ *s* adjunto; anexo; auxiliar.
Ad.ju.ra.tion /édjurêi.xân/ *s* juramento; súplica.
Ad.jure /âdjur/ *v* adjurar; esconjurar; intimar.
Ad.just /âdjâst/ *v* acomodar; regularizar; regular.
Ad.just.a.ble /âdjâs.tbôl/ *adj* ajustável; adaptável.
Ad.just.ment /adjâst.ment/ *s* ajustamento; montagem; normalização.
Ad.ju.tant /á.djutânt/ *s* ajudante; auxiliar.
Ad.ju.vant /á.djuvânt/ *adj* ajudante.
Ad.min.is.ter /âdmi.nistâr/ *v* administrar; dirigir; fornecer; conduzir; ajudar.
Ad.min.is.tra.tion /âdministrêi.xân/ *s* administração; governo; aplicação.
Ad.mi.ra.bly /éd.mirâbli/ *adv* admiravelmente.
Ad.mi.ral /éd.miral/ *s* almirante.
Ad.mi.ra.tion /édmirêi.xân/ *s* admiração; contemplação.
Ad.mire /édmáir/ *v* admirar; apreciar; respeitar; amar.
Ad.mis.si.ble /âdmi.sibol/ *adj* admissível; aceitável.
Ad.mis.sion /âdmi.xân/ *s* admissão; entrada; aceitação.
Ad.mit /âdmit/ *v* admitir; aceitar; ingressar.
Ad.mit.tance /âdmi.tâns/ *s* admissão; entrada; recepção.
Ad.mit.ted.ly /âd.mi.tidli/ *adv* admitidamente.
Ad.mon.ish /âdmó.nixe/ *v* admoestar; advertir; prevenir.
A.do /âdu/ *s* alarido; algazarra; alvoroço; dificuldade.
A.do.be /édôu.bi/ *s* argila; tijolo cru.
Ad.o.les.cence /édolé.cêns/ *s* adolescência; juventude.
Ad.o.les.cent /édolé.cênt/ *adj* adolescente.
A.dopt /âdópt/ *v* adotar; assumir; aceitar.
A.dop.tion /âdóp.xân/ *s* adoção; reconhecimento.
A.dor.a.ble /âdóu.rêibol/ *adj* adorável; belo; apreciável.
Ad.o.ra.tion /édorêi.xân/ *s* adoração.
A.dore /âdôur/ *v* adorar; gostar; estimar.
A.dorn /âdórn/ *v* adornar; embelezar.
A.down /âdáun/ *adv* para baixo; *prep* ao longo de.
A.drift /âdrift/ *adj* à deriva; sem direção; *adv* à toa.
Ad.u.late /é.diulêit/ *v* adular; lisonjear.
A.dult /adâlt/ *adj* adulto; crescido.
A.dul.ter.ate /adâl.târêit/ *v* adulterar; corromper.
A.dul.ter.ess /adâl.tares/ *s* adúltera.
A.dul.ter.ous /adâl.tarâs/ *adj* adúltero; falso.
A.dul.ter.y /adâl.tari/ *s* adultério.
Ad.vance /âdvéns/ *s* avanço; aumento; elevação; must we pay in Advance?: temos que pagar antecipadamente?; *v* avançar; progredir.
Ad.van.tage /édvân.tidj/ *s* lucro; proveito; vantagem; *v* auxiliar; ajudar.
Ad.van.ta.geous /édvântêi.djâs/ *adj* vantajoso; útil; favorável.
Ad.vent /éd.vênt/ *s* advento; vinda.
Ad.ven.ture /âdvén.txâr/ *s* aventura; ousadia; *v* aventurar-se; arriscar.
Ad.verb /éd.vârb/ *s* GRAM advérbio.
Ad.ver.sa.ry /éd.vârsâri/ *s* adversário; inimigo.
Ad.verse /éd.vârs/ *adj* adverso; contrário.
Ad.ver.si.ty /âdvâr.siti/ *s* adversidade; infortúnio.
Ad.vert /édvârt/ *s* anúncio; propaganda; *v* advertir; observar.
Ad.ver.tise /éd.vârtáis/ *v* anunciar; advertir.
Ad.ver.tise.ment /édvârtâiz.ment/ *s* anúncio; propaganda; publicidade.
Ad.ver.tis.ing /éd.vârtáizin/ *s* propaganda; publicidade.
Ad.ver.tize /éd.vârtáis/ *also* ⇒ Advertise.
Ad.vice /édváis/ *s* conselho; opinião; sugestão; *v* aconselhar; avisar.
Ad.vis.a.bil.i.ty /âdváizâbi.liti/ *s* recomendação; prudência.

Ad.vis.a.ble /âdvái.zêibol/ *adj* prudente; aconselhável; recomendado.
Ad.vise /âdváiz/ *v* avisar; aconselhar.
Ad.vi.so.ry /âdvái.zâri/ *adj* prudente.
Ad.vo.ca.cy /éd.vocâssi/ *s* advocacia; defesa.
Ad.vo.cate /éd.vocquêit/ *s* advogado; defensor; *v* advogar.
Ad.vow.ee /édváui/ *s* patrono; padroeiro.
A.er.o.plane /êi.âroplêin/ *s* aeroplano; avião.
A.far /âfár/ *adv* à distância; ao longe; distanciado.
Af.fa.bil.i.ty /éfâbi.liti/ *s* amabilidade; afabilidade.
Af.fa.ble /é.fêibol/ *adj* afável; amável.
Af.fair /âfér/ *s* assunto; namoro; negócio.
Af.fect /âféct/ *s* afeto; sentimento; *v* afetar; comover.
Af.fect.ed.ly /âféc.tidli/ *adv* afetadamente; fingidamente.
Af.fec.tion /âféc.xân/ *s* afeição; doença.
Af.fec.tion.ate /âféc.xânit/ *adj* afeiçoado; afetuoso; carinhoso.
Af.fec.tion.ate.ly /âféc.xânitli/ *adv* afetuosamente; carinhosamente.
Af.fec.tive /âféc.tiv/ *adj* afetivo; terno.
Af.fi.ance /âfái.ans/ *s* fé; *v* prometer em casamento ou noivado.
Af.fi.da.vit /âfi.dêivit/ *s* garantia; declaração oficial ou depoimento volutário.
Af.fil.i.ate /âfi.liêit/ *v* adotar; afiliar; associar.
Af.fin.i.ty /âfi.niti/ *s* afinidade; parentesco; semelhança.
Af.firm /âfârm/ *v* afirmar; firmar; ratificar.
Af.fir.ma.tion /âfârmêi.xân/ *s* afirmação; ratificação.
Af.fla.tion /âflêi.xân/ *s* bafejo; inspiração; sopro.
Af.flict /âflict/ *v* afligir; angustiar.
Af.flic.tive /âflic.tiv/ *adj* aflitivo.
Af.flic.tive.ly /âflic.tivli/ *adj* aflitivamente.
Af.flux /é.flâccs/ *s* afluxo; afluência.
Af.ford /âfórd/ *v* conceder; dispor; fornecer; produzir.
Af.fran.chise /éfrén.txáis/ *v* conceder; franquear; libertar.
Af.fray /âfrêi/ *s* distúrbio; tumulto; rixa; *v* amendrontar; alarmar.
Af.front /âfrânt/ *s* afronta; insulto; ofensa; *v* afrontar; ofender.
A.field /âfild/ *adv* em campo; para o campo.
A.fire /âfáir/ *adj* em fogo; incendiado.
A.flame /âflêim/ *adj* em chamas; flamejante; chamejante.
A.float /âflôut/ *adj* flutuante; *adv* à tona; flutuante.
A.foot /âfut/ *adv* a pé; andando; em marcha progredindo.
A.fore.said /âfôur.séd/ *adj* citado anteriormente; supracitado.
A.fore.thought /âfour.thót/ *s* premeditação; *adj* presumido; premeditado.
A.fore.time /âfôur.táim/ *adv* anteriomente; antigamente.
A.foul /âfául/ *adj* confuso; embaraçado; *adv* confusamente.
A.fraid /âfrêid/ *adj* assustado; medroso; amedrontado.
A.fresh /âfré.xe/ *adv* de novo; novamente.
Aft /éft/ *adv* NÁUT à ré; à popa; atrás.
Af.ter /áf.târ/ *s* POP ânus; nádegas; *adj* subsequente; posterior; NÁUT de ré; de popa; *prep* após; *adv* depois; em seguida; atrás; detrás; *conj* depois que.
Af.ter.care /áf.târ.quér/ *s* tratamento de convalescência.
Af.ter.most /áf.târmôust/ *adj* o último; o derradeiro.
Af.ter.noon /âftârnun/ *s* o período da tarde; tarde.
Af.ter.ward /áf.târ.uârd/ *adv* em seguida; depois.
Af.ter.wards *examine* ⇒ Afterward.
A.gain /âguêin/ *adv* de novo; novamente.
A.gainst /âguêinst/ *prep* contra; contrário; em oposição.
Ag.ate /é.gât/ *s* ágata (pedra semipreciosa).
Age /êidj/ *s* era; época; idade; velhice; *v* amadurecer.
A.gen.da /âdjén.da/ *s* agenda; diário.
Ag.glom.er.ate /âgló.marêit/ *v* aglomerar; amontoar.
Ag.glom.er.a.tion /âglómarêi.xân/ *s* aglomeração; ajuntamento.
Ag.glu.ti.nate /âglu.tinêit/ *v* aglutinar; ligar; *adj* aglutinado; ligado.
Ag.glu.ti.na.tion /âglutinêi.xân/ *s* aglutinação.
Ag.gran.dize /é.grândáis/ *v* engrandecer; exaltar; aumentar; exagerar.
Ag.gra.vate /é.grâvêit/ *v* agravar; piorar.
Ag.gra.vat.ing /égrâvei.tin/ *adj* agravante; exasperador; irritante.
Ag.gra.va.tion /égrâvei.xân/ *s* agravação; POP provocação.
Ag.gre.gate /é.griguêit/ *s* agregação; *v* agregar; *adj* agregado.
Ag.gress /âgrés/ *v* agredir.
Ag.gres.sion /âgré.xân/ *s* agressão; ataque.
Ag.gres.sive /âgré.civ/ *adj* agressivo; ofensivo; ativo.
Ag.grieve /âgriv/ *v* afligir; molestar; lesar.
A.ghast /âguést/ *adj* espantado; perplexo.
Ag.ile /é.djil/ *adj* ágil; ligeiro; rápido.
Ag.ile.ness *examine* ⇒ Agility.
A.gil.i.ty /âdji.liti/ *s* agilidade; presteza.
Ag.ing /êidjin/ *s* envelhecimento.
Ag.i.o /é.djio/ *s* ágio; acréscimo.
Ag.i.o.tage /é.djiotidj/ *s* agiotagem.
Ag.i.tate /é.djitêit/ *v* agitar; excitar; discutir; perturbar.
Ag.i.ta.tion /édjitêi.xân/ *s* agitação; pertubação.
A.glow /âglô.u/ *adj* ardente; extasiado; incandescente; excitado; *adv* abrasadamente.
Ag.nail /ég.néil/ *s* unheiro.
Ag.nate /ég.nêit/ *adj* similar; aparentado.

Ag.na.tion /égnêi.xân/ *s* agnação; consanguinidade paterna.
Ag.no.men /égnôu.men/ *s* sobrenome; apelido.
A.go /âgôu/ *adj* passado; *adv* faz tempo; tempos atrás.
A.gog /âgóg/ *adj* esperançoso; ansioso; *adv* ansiosamente; impacientemente.
Ag.o.nize /é.gonáis/ *v* agoniar; agonizar.
Ag.o.ny /é.goni/ *s* agonia; angústia.
A.gou.ti /âgu.ti/ *s* aguti; cutia (roedor).
A.gou.ty *s examine* ⇒ **Agouti**.
A.grafe /âgré.f/ *s* gancho; colchete; broche.
A.graffe *s examine* ⇒ **Agrafe**.
A.gree /âgrii/ *v* admitir; convir a; ceder; concordar.
A.gree.a.ble /âgri.êibol/ *adj* agradável.
A.greed /âgrid/ *adj* concorde; de acordo; concordante.
A.gree.ment /âgri.ment/ *s* entendimento.
Ag.ri.cul.ture /égricâl.tiur/ *s* agricultura.
A.gron.o.my /âgró.nomist/ *s* agronomia; agricultura.
A.ground /âgráund/ *adj* imobilizado; *adv* imobilizadamente.
A.gue /êi.guiu/ *s* calafrio.
A.gu.ish /á.guixe/ *adj* tendendo a ficar febril.
A.head /â.héd/ *adv* à frente; em frente; na dianteira.
A.heap /â.hip/ *adv* amontoadamente.
Aid /êid/ *s* assistência; auxílio; ajuda; MIL ajudante; auxiliar; *v* auxiliar; abrigar; socorrer.
Aid.ance /êid/ *s* ajuda; assistência.
A.i.d.s /êidz/ *s* MED iniciais de Acquired Imunological Deficiency Syndrome.
Ail /êil/ *v* afligir; angustiar; estar doente.
Ail.ment /êil.ment/ *s* doença; incômodo.
Aim /êim/ *s* mira; pontaria; objetivo; *v* apontar; mirar; pretender; visar.
Air /ér/ *s* ar; atmosfera; aparência; MÚS área; *v* arejar; publicar; divulgar; *adj* aéreo.
Air.craft /ér.créft/ *s* avião; aerônave.
Air.drome /ér.drôum/ *s* aeroporto.
Air.i.ly /é.rili/ *adv* alegremente; airosamente.
Air.i.ness /é.rinés/ *s* suavidade; leviandade.
Air.line /ér.láin/ *adj* direto; em linha reta.
Air.plane /ér.plêin/ *s* aeroplano; *examine* ⇒ Aeroplane.
Air.port /ér.pôurt/ *s* aeroporto.
Air.tight /ér.táit/ *adj* hermético.
Air.way /ér.uêi/ *s* rota, via aérea.
Air.y /é.ri/ *adj* arejado; aéreo; etéreo.
Aisle /á.il/ *s* ala; nave; corredor entre bancos.
A.kim.bo /aquim.bôu/ *adv* com as mãos apoiadas nos quadris.
A.kin /aquin/ *adj* aparentado; consanguíneo; semelhante.
A.larm /âlárm/ *s* alarma; alarme; susto; *v* alarmar; assustar.
Al.be.it /ólbi.it/ *conj* embora; entretanto; não obstante.
Al.co.hol /él.co.hól/ *s* álcool; bebida alcoólica.
Al.co.hol.ic /élco.hó.lic/ *adj* alcoólico; alcoólatra; que contém álcool.
Al.co.hol.ize /él.co.holáis/ *v* alcoolizar; embebedar.
Al.cove /él.côuv/ *s* alcova; quarto; nicho.
Al.der.man /ól.dârmaen/ *s* USA magistrado; o que é eleito; vereador.
Ale /êil/ *s* bebida com malte; cerveja inglesa.
A.le.a.to.ry /êiliâtôu.ri/ *adj* ao acaso; casual; aleatório.
Alee /âli/ *adv* NÁUT para sotavento, sobre sotavento.
A.lem.bic /âlém.bic/ *s* alambique.
A.lert /âlârt/ *s* MIL alarma; sinal de alerta; *adj* alerta.
Al.gid /él.djid/ *adj* álgido; frio; gelado.
A.li.as /êi.liés/ *adv* aliás; de outra maneira.
Al.i.ble /é.libol/ *adj* nutriente.
A.lien /êi.liên/ *s* estrangeiro; forasteiro; *adj* alienígena; alheio.
A.lien.a.ble /êi.lienêibol/ *adj* alienável.
A.lien.ate /êi.lienêit/ *v* alienar; afastar; desviar.
A.lien.a.tion /êilienêi.xân/ *s* PSIC alienação; demência; loucura.
A.light /âláit/ *v* descer; desmontar; pular; AER pousar; **alight upon:** deparar; *adj* brilhante; iluminado; *adv* em chamas.
A.lign /âláin/ *v* alinhar; associar-se.
A.lign.ment /âláin.ment/ *s* alinhamento.
A.like /âláic/ *adj* igual; análogo; *adv* igualmente.
Al.i.men.ta.tion /élimentêi.xân/ *s* alimentação; substância.
Al.i.mo.ny /é.limôuni/ *s* mesada; pensão alimentícia.
A.live /âláiv/ *adj* animado; vivo; TV ao vivo (transmissão de eventos).
All /ól/ *s* tudo; totalidade; universo; *adj* inteiro; todo (s); toda (s); inteiro; máximo; tudo quanto; só; apenas; *pron* tudo; todos; todas; *adv* completamente; inteiramente.
Al.lay /âlêi/ *v* acalmar; aliviar; suavizar.
Al.le.ga.tion /éliguêi.xân/ *s* alegação.
Al.lege /âlé.dj/ *v* alegar; afirmar; declarar.
Al.leg.ed.ly /âlé.djêdli/ *adv* supostamente.
Al.le.gor.ic /éligó.ric/ *adj* alegórico.
Al.le.go.rize /é.ligoráis/ *v* alegorizar.
Al.le.go.ry /é.ligôuri/ *s* alegoria, exposição de pensamento de modo figurado.
Al.ler.gic /âlâr.djic/ *adj* alérgico.
Al.ler.gy /é.lârdji/ *s* alergia.
Al.le.vi.ate /âli.viêit/ *v* aliviar; acalmar.
Al.ley /é.li/ *s* alameda; beco; rua (estreita); viela.
All fools' day /ól-fuls.dêi/ *s* dia em que brincadeiras e piadas são usualmente feitas.
All-hallows /ól-hé.lôus/ *s* Todos os Santos (1° de novembro); *examine* ⇒ **All Sant's Day**.
Al.li.ance /âlái.ans/ *s* aliança; sociedade.
Al.li.ga.tor /é.liguêitâr/ *s* aligátor (réptil).
Al.li.sion /âli.jân/ *s* choque; colisão.
Al.lo.cate /é.locquêit/ *v* colocar; fixar.

Al.lo.cu.tion /éloquiu.xân/ *s* alocução; oratória.
Al.lot /âlót/ *v* conceder; lotear; repartir.
Al.lot.ment /âlót.ment/ *s* partilha; divisão.
Al.low /âlá.u/ *v* aprovar; permitir; deduzir; POP manter, acreditar, pretender.
Al.low.ance /âláu.ans/ *v* dar pensão.
All right /ólrait/ *adv* satisfatoriamente; corretamente.
All-saints' day /óls-cents.dêi/ *s* Todos os Santos (1° de novembro).
All-souls' day /óls-sôuls.dêi/ *s* Dia das Almas; Dia de Finados (2 de novembro).
Al.lude /âliud/ *v* insinuar; aludir.
Al.lure /âliur/ *s* encantamento; fascinação; *v* seduzir.
Al.lure.ment /âlíur.ment/ *s* ardil; sedução.
Al.lu.sion /âliu.djân/ *s* alusão; comentário.
Al.lu.sive /âliu.siv/ *adj* alusivo.
Al.ly /âlái/ *v* aliar; ligar; associar.
Al.might.i.ness /ólmái.tinés/ *s* onipotência; onisciência; onipresença.
Al.might.y /ólmái.ti/ *adj* Todo Poderoso.
Al.mond /á.mând/ *s* amêndoa; amendoeira.
Al.most /ól.môust/ *adv* quase.
Alms /áms/ *s* esmola; caridade.
Alms.house /áms.háus/ *s* asilo.
A.loft /âlóft/ *adv* acima; em cima; em suspenso.
A.lone /âlôun/ *adj* separado; solitário; só; *adv* unicamente; apenas.
A.long /âlón/ *adv* adiante; comigo; juntamente; to get Along with: dar-se bem com; *prep* ao longo de.
A.long.side /âlón.sáid/ *adv* ao lado; junto; *prep* ao longo de; ao lado de.
A.loof /âluf/ *adj* reservado; indiferente; afastado; *adv* à distância; à parte; longe.
A.loud /âláud/ *adv* audivelmente; em voz alta.
Al.read.y /ólré.di/ *adv* agora; já; pronto; anteriormente; presentemente.
Al.right /ól.rait/ *examine* ⇒ All right.
Al.so /ól.sôu/ *adv* além disso; do mesmo modo; também; igualmente; *conj* senão.
Al.tar /ól.târ/ *s* altar; Altar Bread: hóstia.
Al.ter.a.ble /ól.târêibol/ *adj* alterável; variável; modificável.
Al.ter.cate /ól.târcquêit/ *v* indispor; disputar.
Al.ter.ca.tion /óltârquêi.xân/ *s* altercação; discussão; disputa.
Al.ter.nate /ól.târnêit/ *s* substituto; *v* alternar; suceder; *adj* alternado.
Al.though /ól.dhôu/ *conj* embora; não obstante; no entanto; todavia.
Al.to.geth.er /óltugué.dhâr/ *s* todo; conjunto; *adv* juntamente; completamente.
Al.tru.ism /él.truism/ *s* altruísmo.
Al.tru.ist /él.truist/ *s* altruísta.
A.lum.nus /élâm.nas/ *s* formando de colégio ou universidade; bacharel; aluno.
Al.ways /ól.uêis/ *adv* permanentemente; continuamente; repetidamente; sempre.
A. m. /êi.ém/ ABREV Ante Meridiem (antes do meio dia).
A.main /âmêin/ *adv* intensificadamente; veementemente; rapidamente.
A.mass /âmés/ *v* acumular; juntar; ajuntar.
A.maze /âmêiz/ *s* assombro; *v* assustar; embaraçar.
A.maze.ment /âmêiz.ment/ *s* espanto; pasmo; admiração.
A.maz.ing /âmêi.zin/ *adj* surpreendente; espantoso; estupendo.
Am.bi.ent /ém.bient/ *adj* ambiente; recinto.
Am.bi.gu.i.ty /ém.bigüiti/ *s* ambiguidade.
Am.big.u.ous /émbi.güâs/ *adj* ambíguo.
Am.bit /ém.bit/ *s* amplitude; âmbito.
Am.bi.tion /émbi.xân/ *v* ambicionar; almejar.
Am.bi.tious /émbi.xâs/ *adj* ambicioso.
Am.bo /ém.bôu/ *s* púlpito.
Am.bry /ém.bri/ *s* guarda-louça; abertura (nicho) para pôr objetos sagrados, santos, etc.
Am.bu.lance /ém.biulâns/ *s* ambulância.
Am.bu.lant /ém.biulânt/ *adj* ambulante.
Am.bu.late /ém.biulêit/ *v* andar por; mover-se de um lugar para outro.
Am.bu.la.to.ry /émbiu.latôuri/ *adj* ambulatório; móvel; ambulante.
Am.bus.cade /ém.bâscquêid/ *v* cair em tocaia, ficar emboscado.
Am.bush *examine* ⇒ Ambuscade.
Am.bush.ment /ém.bâxement/ *s* cilada; armadilha.
A.me.lio.rate /âmi.liorêit/ *v* enriquecer; aperfeiçoar-se.
A.me.lio.ra.tion /âmiliorêi.xân/ *s* aperfeiçoamento; melhora.
A.men /êi.men/ *s* aprovação; *adv* amém.
A.me.na.bil.i.ty /âminâbi.liti/ *s* subordinação; responsabilidade.
A.me.na.ble /âmi.nêibol/ *adj* ameno; agradável; submisso.
A.mend /âménd/ *v* corrigir; emendar; aperfeiçoar.
A.mend.a.ble /âmén.dêibol/ *adj* corrigível; melhorável.
A.mend.ment /âménd.ment/ *s* emenda; melhoramento.
A.mends /âmén.ds/ *s* compensação; indenização.
A.men.i.ty /âmi.niti/ *s* amenidade; ternura.
A.merce /âmârs/ *v* autuar; castigar; multar.
A.merce.ment /âmârs.ment/ *s* multa; punição; taxa.
A.mer.i.can /âmé.rican/ *s* USA Americano.
A.mi.a.bil.i.ty /êimiâbi.liti/ *s* afabilidade; amabilidade.
A.mi.a.ble /êi.miêibol/ *adj* agradável; amável.
Am.i.ca.bil.i.ty /émicâbi.liti/ *s* afeto; amizade; afeição.
A.mid /âmid/ *prep* cercado por; entre; no centro de.
Amidst /âmi.dst/ *examine* ⇒ Amid.

A.miss /âmis/ *adj* errôneo; importuno; incômodo; defeituoso; *adv* erroneamente; fora de lugar; em falta.
Am.i.ty /é.miti/ *s* amizade; cordialidade; fraternidade.
Am.mu.ni.tion /émiuni.xân/ *s* bala (de chumbo); munição; *v* municiar.
A.mok /âmác/ *adv* furiosamente; como um louco.
A.mong /amân/ *prep* em meio de; entre; incluso; no meio.
A.mongst /amânst/ *examine* ⇒ **Among**.
Am.o.rous.ly /é.morâsli/ *adv* amorosamente; ternamente.
Am.or.tize /amór.táis/ *v* amortizar (pagar em parcelas periódicas).
A.mount /amâunt/ *s* importância; montante; *v* custar.
Am.per.sand /em.pârsénd/ *s* símbolo de **and** ⇒ (&).
Am.ple /ém.pol/ *adj* amplo; vasto; espaçoso.
Am.ple.ness /ém.polnés/ *s* amplitude.
Am.pli.a.tion /émpliêi.xân/ *s* ampliação.
Am.pli.fi.ca.tion /émplifiquêi.xân/ *s* aumento; amplificação; extensão.
Am.pli.fy /ém.plifái/ *v* ampliar; amplificar.
Am.pli.tude /ém.plitiud/ *s* amplitude; riqueza.
Am.ply /ém.pli/ *adv* abundantemente; largamente.
Am.pu.tate /ém.piutêit/ *v* amputar.
A.muck /amác/ *examine* ⇒ **Amok**.
Am.u.let /é.miulit/ *s* amuleto; talismã.
A.muse /âmiuz/ *v* divertir; distrair; entreter.
A.muse.ment /âmiuz.ment/ *s* distração; diversão; entretenimento.
A.mus.ing /âmiu.zin/ *adj* divertido; festivo.
An /ân/ *art* um (a).
An.a.dem /é.nâdem/ *s* grinalda; coroa de flores.
A.nal /éi.nâl/ *adj* anal; do ânus.
Analgize /énâldjáiz/ *v* MED anestesiar.
A.nal.o.gous /ané.logâs/ *adj* análogo; igual; semelhante.
A.nal.o.gy /ané.lodji/ *s* analogia; semelhança.
A.nal.y.sis /éne.lissis/ *s* análise; decomposição química; exame.
An.a.lyt.ics /énali.ticcs/ *s* FIL analítica, a arte de decompor o pensamento em suas partes.
An.a.lyze /é.naláis/ *v* analisar; investigar.
An.ar.chy /é.nârcqui/ *s* anarquia; indisciplina.
An.a.tom.ic /énató.mic/ *adj* anatômico.
A.nat.o.mize /ené.tomáis/ *v* anatomizar.
An.ces.tor /én.cêstâr/ *s* ancestral; antepassado.
An.ces.tral /én.cêstral/ *adj* ancestral.
An.ces.try /én.cistri/ *s* genealogia; descendência; linhagem.
An.chor.age /én.câridj/ *s* ancoradouro; amparo.
An.cient /êin.xânt/ *s* ancião; patriarca; o que viveu na antiguidade; *adj* antigo; idoso; velho.
An.cil.la.ry /ên.siléri/ *adj* subordinado; submisso.
An.con /én.cón/ *s* base; cotovelo (novo nome ⇒ cúbito).
And /ând/ *conj* de modo que; e; assim como; além disso; mas; contudo; **and so on**: etc. (**et caetera**); e assim por diante.
And.i.ron /én.dáiârn/ *s* chaminé; lareira; suporte para lenha de lareira.
An.ec.dote /é.necdôut/ *s* anedota (piadas).
A.new /âni.u/ *adv* de novo; novamente; uma vez mais.
An.ger /éngâr/ *s* ódio; raiva; cólera; ira; *v* enlouquecer.
An.gle /én.gol/ *s* ângulo (ponto de vista); *v* angular; pescar (com anzol).
An.gle.worm /én.gl-uârm/ *s* minhoca.
An.gli.can /én.glican/ *adj* Anglicano.
An.gli.can.ism /én.glicanizm/ *s* Anglicanismo (religião oficial da Inglaterra).
An.gli.cism /én.glissism/ *s* GRAM Anglicismo.
An.gri.ly /én.grili/ *adv* furiosamente.
An.gri.ness /én.grinés/ *s* cólera; ira; raiva.
An.gry /én.gri/ *adj* furioso; irritado; indignado; dolorido (ferido); **to get Angry**: zangar-se.
An.guish /én.güixe/ *s* aflição; angústia; *v* angustiar.
An.i.mal /é.nimâl/ *adj* animal.
An.i.mal.ize /é.nimâláis/ *v* animalizar.
An.i.mate /é.nimêit/ *v* animar; encorajar; *adj* animado.
An.i.mat.ed /é.nimêitid/ *examine* ⇒ **Animate**.
An.i.ma.tion /énimêi.xân/ *s* animação; brilho; CIN movimentação de desenhos.
An.i.mos.i.ty /énimó.ziti/ *s* animosidade; aversão.
An.ise /é.nis/ *s* anis; erva-doce.
An.kle /én.col/ *s* tornozelo.
An.klet /én.clit/ *s* meia soquete (curta); protetor; tornozeleira.
An.nex /ânécs/ *v* anexar; juntar.
An.nex.a.tion /énecsêi.xân/ *s* anexação.
An.ni.ver.sa.ry /énivâr.sâri/ *s* aniversário.
An.no.tate /é.nôutêit/ *v* anotar; pôr notas.
An.no.ta.tion /énôutêi.xân/ *s* anotação; comentário; observação.
An.nounce /ânáuns/ *v* anunciar; publicar; apresentar (um orador, um hóspede).
An.nounce.ment /ânáuns.ment/ *s* aviso; anúncio; publicidade.
An.noy /ânói/ *v* aborrecer; importunar.
An.noy.ance /ânói.ans/ *s* aborrecimento; incômodo; importunação.
An.noy.er /anó.iâr/ *s* importuno.
An.noy.ing /anói.in/ *adj* inoportuno; aborrecido; irritante.
An.nu.i.ty /âniu.iti/ *s* anuidade; anualidade.
An.nul /ânal/ *v* anular; cancelar; invalidar.
An.nu.late /é.niulêit/ *adj* anelado.
An.nu.la.tion /éniulêi.xân/ *s* aneladura.
An.nul.ment /anâl.ment/ *s* anulação; rescisão.
An.nun.ci.ate /anân.xiêit/ *v* avisar; anunciar; publicar.
A.noint /anóint/ *v* dar extrema unção; ungir; untar.

A.noint.ment /anóint.ment/ *s* unção; aplicação.
A.nom.a.ly /anó.mâli/ *s* anomalia; defeito.
An.o.nym /é.nonim/ *s* escritor ou pessoa anônima; pseudônimo.
An.o.nym.i.ty /é.nonimiti/ *s* anonimato.
An.oth.er /anâ.dhâr/ *adj* outro (a); um (uma) outro (a); *pron* um outro; uma outra; qualquer um; qualquer uma.
An.swer /én.sâr/ *s* réplica; resposta; *v* responder; retrucar; atender; obedecer.
An.tag.o.nism /enté.gonizm/ *s* antagonismo; oposição; rivalidade.
An.tag.o.nist /enté.gonist/ *s* antagonista; rival; oponente.
An.tag.o.nize /enté.gonáis/ *v* disputar; competir; ser antagônico.
Ant-eater /ént.itâr/ *s* ZOO tamanduá.
An.te.cede /éntissid/ *v* anteceder; preceder.
An.te.ce.dent /éntissi.dânt/ *adj* antecedente; anterior.
An.te.ces.sor /éntissé.sâr/ *s* antepassado.
An.te.lope /éntiloup/ *s* antílope (animal).
An.te.room /énti.rum/ *s* antessala.
An.them /én.them/ *s* hino.
An.thrax /én.thrécs/ *s* carbúnculo; furúnculo.
An.tic /én.tic/ *adj* esquisito; bizarro.
An.tic.i.pate /énti.cipêit/ *v* anteceder; antecipar; prever; prevenir.
An.tic.i.pa.tion /éntissipêi.xân/ *s* antecipação; previsão; prevenção.
An.tip.a.thy /enti.pâthi/ *s* antipatia; rejeição.
An.ti.quate /én.ticcuêit/ *v* tornar velho.
An.tique /éntic/ *s* antiguidade; objeto de arte antiga; *adj* antiquado; clássico.
An.tiq.ui.ty /énti.cuiti/ *s* antiguidade; os antigos.
Anti-slavery /entislêi.vâri/ *adj* antiescravista.
Ant.ler /én.tlâr/ *s* chifre ramificado de animal (cervo, etc.).
An.to.nym /én.tônim/ *s* GRAM antônimo.
A.nus /éi.nâs/ *s* ânus.
An.vil /én.vil/ *s* bigorna.
Anx.i.e.ty /éngzá.êiti/ *s* ansiedade; ânsia; angústia.
Anx.ious /énc.xâs/ *adj* ansioso; angustiado.
Anx.ious.ly /énc.xâsli/ *adv* ansiosamente; impacientemente.
An.y /é.ni/ *adj* algum (a); qualquer; quaisquer; nenhum (a); *pron* algum (as); qualquer um (a); algum (a); seja qual for; *adv* de qualquer modo, grau, etc.
An.y.bod.y /éni.bóri/ *pron* alguém; qualquer um.
An.y.how /éni.háu/ *adv* casualmente; de qualquer maneira; seja como for.
An.y.one /éni.uân/ *pron* qualquer pessoa; qualquer um.
An.y.thing /é.nithin/ *pron* alguma coisa; algo; qualquer coisa; *adv* de qualquer forma; de todo jeito.
An.y.way /éni.uêi/ *adv* de qualquer modo; em todo caso; apesar de tudo.
An.y.where /éni.uér/ *adv* em qualquer lugar ou parte; em nenhuma parte ou lugar.
An.y.wise /éni.uáis/ *adv* de qualquer forma; de algum modo; de alguma maneira.
A.pace /apêis/ *adv* rapidamente; com o passo rápido.
A.part /âpárt/ *adv* separadamente.
A.part.ment /âpárt.ment/ *s* apartamento; aposento.
Ape /êip/ *s* mico; macaco bugio; *v* arremedar; imitar.
A.peak /âpic/ *adv* em posição vertical como âncora.
A.pe.ri.ent /âpi.rient/ *s* laxante; purgante; *adj* laxativo.
Ap.er.ture /é.pârtiuâr/ *s* abertura; fenda.
Ap.er.y /êi.pâri/ *s* o ato de imitar.
A.pex /êi.pecs/ *s* alto; ápice; cume; *pl* Apexes.
A.pi.a.ry /êi.piâri/ *s* apiário; colmeia.
A.piece /âpis/ *adv* cada um; por cabeça.
Ap.ish /êi.pixe/ *adj* arremedador; imitador.
A.plomb /âplóm/ *s* confiança; calma; compostura.
Ap.od /é.pód/ *adj* ápode, que não tem pés.
Ap.o.gee /é.pódji/ *s* apogeu, o mais alto ponto.
A.pol.o.gize /apó.lodjáis/ *v* defender-se; desculpar-se.
A.pol.o.gy /apó.lodji/ *s* apologia; defesa; desculpa.
Ap.os.tol.ic /épostó.lic/ *adj* apostólico.
A.pos.tro.phe /após.trofi/ *s* apóstrofo (').
A.pos.tro.phize /após.trofáis/ *v* apostrofar, colocar sinal gráfico (').
A.poth.e.ca.ry /apó.thiquéri/ *s* boticário; farmacêutico.
Ap.o.thegm /apó.thém/ *s* máxima; adágio.
Ap.pal /apól/ *v* atemorizar; espantar.
Ap.pall /apól/ *v examine* ⇒ Appal.
Ap.palled /apó.lid/ *adj* chocado; perplexo.
Ap.pal.ling /apó.lin/ *adj* apavorante; espantoso.
Ap.par.el /apé.râl/ *s* vestes; vestuário; traje; *v* ornar; trajar; vestir.
Ap.par.ent /apé.rant/ *adj* aparente; evidente.
Ap.par.ent.ly /apé.rântli/ *adv* aparentemente; obviamente.
Ap.pa.ri.tion /épâri.xân/ *s* aparição; visão; imagem.
Ap.peal /âpil/ *s* atração; simpatia; encanto; *v* JUR apelar; recorrer.
Ap.pear /âpir/ *v* aparecer; apresentar-se.
Ap.pear.ance /âpi.arâns/ *s* lançamento (de livro); publicação; aparência; aparição.
Ap.pease /âpis/ *v* apaziguar; acalmar; favorecer.
Ap.pease.ment /âpis.ment/ *s* apaziguamento; pacificação.
Ap.pel.late /apé.lêit/ *adj* apelatório.
Ap.pend /apénd/ *v* anexar; fixar; juntar.
Ap.pen.dage /apén.didj/ *s* apêndice; acessório; membro; anexo.
Ap.pen.dant /apén.dânt/ *s* apêndice; apenso.
Ap.pen.dent /apén.dânt/ *s examine* ⇒ Appendant.

Ap.pen.dix /apén.dics/ *s* acessório; anexo; saliência; ANAT apêndice.
Ap.per.tain /épârtêin/ *v* pertencer; relacionar-se.
Ap.pe.tence /é.pitâns/ *s* apetite; desejo; apetência.
Ap.pe.ten.cy /é.pitânci/ *s examine* ⇒ **Appetence**.
Ap.pe.tite /é.pitáit/ *s* apetite; ância.
Ap.pe.tiz.er /é.pitáizâr/ *s* aperitivo.
Ap.plaud /aplód/ *v* aplaudir; elogiar.
Ap.plause /aplóz/ *s* aplauso; aclamação.
Ap.ple /épol/ *s* maçã.
Ap.pli.ance /apláì.ans/ *s* instrumento; invento.
Ap.plied /apláid/ *adj* aplicado; empregado.
Ap.ply /apláii/ *v* aplicar; empregar; recorrer.
Ap.point /apóint/ *v* apontar; decretar.
Ap.point.ee /apóinti/ *s* pessoa designada para algum cargo.
Ap.point.ment /apóint.ment/ *s* decreto; cargo; indicação; encontro; entrevista.
Ap.por.tion /apór.xân/ *v* dividir; partilhar; ratear.
Ap.pose /apôuz/ *v* aplicar; juntar; apor; pôr.
Ap.po.site /é.pozit/ *adj* próprio; apto; apropriado.
Ap.prais.al /aprêi.zâl/ *s* apreciação; avaliação; exame.
Ap.praise /aprêiz/ *v* apreciar; estimar; fixar.
Ap.praise.ment /aprêiz.ment/ *s* avaliação; taxação.
Ap.pre.ci.ate /âpri.xiêit/ *v* apreciar; admirar; calcular.
Ap.pre.ci.a.tion /âprixiêi.xân/ *s* apreciação; admiração; simpatia.
Ap.pre.hend /épri.hénd/ *v* apreender; recear; temer.
Ap.pre.hen.si.ble /épri.hén.cibol/ *adj* apreensível; concebível; perceptível.
Ap.pre.hen.sive /épri.hén.civ/ *adj* apreensivo; inteligente.
Ap.prise /apráis/ *v* avisar; prevenir; avaliar; informar.
Ap.prize /apráis/ *v examine* ⇒ **Apprise**.
Ap.proach /aprôu.txi/ *s* aproximação; modo; jeito; abordagem; *v* rodear; aproximar.
Ap.pro.bate /é.probêit/ *v* aprovar; autenticar.
Ap.pro.ba.tion /éprobêi.xân/ *s* aceitação; aprovação; consentimento.
Ap.prov.al /âpru.vâl/ *s* aprovação; adesão; acordo.
Ap.prove /âpruv/ *v* aprovar; apoiar sancionar.
Ap.prox.i.mate /apróc.simêit/ *v* aproximar; acercar; *adj* perto; aproximado.
Ap.prox.i.mate.ly /apróc.simêitli/ *adv* aproximadamente.
Ap.prox.i.ma.tive /apróc.simâtiv/ *adj* aproximativo.
Ap.pur.te.nance /apâr.tinâns/ *s* pertences.
Ap.pur.te.nant /apâr.tinânt/ *adj* pertinente; pertencente.
A.pri.cot /ei.pricôut/ *s* damasco (fruta).
A.pril /êi.pril/ *s* abril (4° mês do ano).
Apt /épt/ *adj* apto; próprio; inteligente.
Ap.ti.tude /ép.titud/ *s* aptidão; talento; tendência.
A.qua.ri.um /écuêi.riâm/ *s* aquário; museu aquático.
A.quat.ic /acué.tic/ *adj* aquático.
Ar.ab /é.râb/ *adj* árabe.
Ar.a.bic /é.râbic/ *adj* língua árabe; arábico.
Ar.a.ble /é.rêibol/ *adj* arável; cultivável.
Ar.a.ma.ic /éramêi.ic/ *adj* aramaico.
Ar.bi.ter /ár.bitâr/ *s* árbitro; juiz; mediador.
Ar.bit.ra.ment /árbi.trâment/ *s* arbitragem; julgamento; arbítrio.
Ar.bi.tra.ry /ár.bitrâri/ *adj* arbitrário.
Ar.bi.trate /ár.bitrêit/ *v* arbitrar; julgar.
Arc /árc/ *v* ELET formar um arco voltaico.
Ar.cade /arquêid/ *s* arco; abóbada; *v* arquear; abobodar.
Arch /ár.txi/ *s* abóbada; arco; peito do pé; *v* arquear; abobadar; *adj* astuto; eminente; mor.
Ar.cha.ic /arcquêi.ic/ *adj* arcaico; antigo.
Ar.cha.ize /ár.cquêiáis/ *v* tornar antigo; tornar arcaico.
Arch.bish.op /ártxibi.xâp/ *s* arcebispo; prelado.
Arch.er /ár.txâr/ *s* arqueiro.
Ar.chi.pel.a.go /árcquipé.lâgôu/ *s* arquipélago.
Ar.chi.tect /arcquitéct/ *s* arquiteto; artífice; construtor.
Ar.chi.tec.ture /arcquitéc.tiur/ *s* arquitetura; edifício; estrutura.
Ar.chive /ár.cáiv/ *s* arquivo; depósito de papéis.
Arch.way /artxi.uêi/ *s* abóbada; arcada; passagem.
Ar.den.cy /ár.denci/ *s* ância; ardor; calor.
Ar.dent /ár.dent/ *adj* ardente; fogoso.
Ar.dor /ár.dâr/ *s* ardor; grande entusiasmo; fervor.
Ar.dour /ár.dâr/ *s examine* ⇒ **Ardor**.
Ar.du.ous /ár.diuâs/ *adj* árduo; penoso; difícil.
A.re.a /êi.riâ/ *s* área; região; superfície.
Ar.gent /ár.djênt/ *adj* argênteo; prateado.
Ar.gen.te.ous /árdjen.tiâs/ *adj* argênteo.
Ar.gil /ár.djil/ *s* argila, barro de oleiro.
Ar.got /ár.gôu/ *s* gíria; calão.
Ar.gu.a.ble /ár.guiu.êibol/ *adj* arguível.
Ar.gue /ár.guiu/ *v* arguir; debater; discutir.
Ar.gu.ment /ár.guiument/ *s* argumento.
Ar.gute /árguiut/ *adj* arguto; perspicaz.
Ar.id /é.rid/ *adj* árido; seco; áspero; rústico.
A.right /á.rait/ *adv* acertadamente; bem.
A.rise /ârâis/ *v* aparecer; elevar-se; levantarse; surgir; *past* **Arose** *and pp* **Arisen**.
A.rith.me.tic /ârith.métic/ *s* aritmética.
Arm /árm/ *s* braço; membro dianteiro (animais); *v* armar; munir.
Ar.ma.dil.lo /armâdi.lôu/ *s* tatu (mamífero).
Ar.ma.ment /ár.mâment/ *s* armamento.
Arm.chair /árm.txér/ *s* poltrona.
Arm.hole /árm.hôul/ *s* axila; cava (de manga); sovaco.
Arm.let /árm.lét/ *s* bracelete; braço de rio ou mar.
Ar.mor /ár.mâr/ *s* armadura; couraça; escafandro; blindagem; *v* blindar.

Ar.morer /ár.marâr/ *s* armeiro.
Ar.mo.ry /ár.môuri/ *s* arsenal; fábrica de armas.
Ar.mour /ár.mâr/ *v examine* ⇒ Armor.
Arm.pit /árm.pit/ *s* axila; sovaco.
Arms /ármz/ *s* armas; brasões.
Ar.my /ár.mi/ *s* exército; tropa; multidão.
A.ro.ma /arôu.mâ/ *s* aroma; perfume.
A.round /âraund/ *adv* ao derredor; acerca; em torno; circularmente; *prep* em torno de; junto de; ao redor de.
A.rous.al /aráu.zâl/ *s* excitação.
A.rouse /aráuz/ *v* acordar; animar; despertar; levantar.
A.row /arô.u/ *adv* em linha; em fila.
Ar.raign /arêin/ *v* JUR denunciar; processar.
Ar.range /arêin.dj/ *v* arrumar; dispor; arranjar.
Ar.range.ment /arêindj.ment/ *s* arranjo; acomodação; disposição.
Ar.ray /arêi/ *s* ordem; série; *v* colocar em ordem; enfeitar.
Ar.rear /ari.âr/ *s* atrasos; dívidas; débitos.
Ar.rest /arést/ *s* captura; prisão; embargo; *v* apreender; arrestar; prender.
Ar.rest.er /arést/ *s* embargador.
Ar.ri.val /arái.vâl/ *s* chegada; vinda; recém-nascido.
Ar.rive /aráiv/ *v* chegar; surgir; vir.
Ar.ro.gance /é.rogâns/ *s* arrogância; presunção; orgulho.
Ar.ro.gan.cy /é.rogânci/ *s examine* ⇒ Arrogance.
Ar.ro.gate /é.roguêit/ *v* arrogar; apropriar; exigir ou reclamar sem direitos.
Ar.ro.ga.tion /éroguêi.xân/ *s* arrogância; insolência; apropriação.
Ar.row /é.rôu/ *s* flexa; ponta; seta.
Ar.son /ár.sân/ *s* incêndio provocado; ateamento criminoso de fogo.
Art /árt/ *s* arte; habilidade; ofício.
Art.ful.ness /árt.fulnés/ *s* astúcia; destreza; habilidade.
Ar.ti.choke /ár.tixôuc/ *s* alcachofra.
Ar.ti.cle /ár.ticol/ *s* artigo; coisa; matéria; objeto; artigo (de jornal, etc.); parágrafo; mercadoria; GRAM artigo; *v* articular; contratar.
Ar.tic.u.late /árti.cquiulêit/ *v* articular; unir; ligar; enunciar; *adj* articulado.
Ar.tic.u.la.tion /articquiulêi.xân/ *s* articulação; junta, articulação.
Ar.ti.fice /ár.tifis/ *s* artifício; estratégia.
Art.ist /ár.tist/ *s* artista.
Ar.tiste /ártist/ *s* profissional de dança, canto, etc.
Art.less /árt.lés/ *adj* sem arte; inábil.
As /éz/ *adv* igualmente; assim como; tão; tanto como; tanto quanto; como por exemplo; *conj* como; pois que; porquanto; *prep* como.
As.cend /asénd/ *v* ascender; subir.
As.cen.dance /assén.dâns/ *s* ascendência; predomínio.
As.cen.dan.cy /assén.dânci/ *examine* ⇒ Ascendance.
As.cen.dant /assén.dânt/ *adj* ascendente; superior; predominante; antepassado.
As.cen.dence /assén.dânci/ *examine* ⇒ Ascendancy.
As.cen.den.cy /assén.dânci/ *examine* ⇒ Ascendance.
As.cen.dent /assén.dânt/ *examine* ⇒ Ascendant.
As.cen.sion /assén.xân/ *s* ascensão; subida.
As.cer.tain /éssartêin/ *v* averiguar; determinar; indagar.
A.scribe /ascráib/ *v* atribuir; conceder; referir.
Ash /éxe/ *s* cinza; restos mortais; cor de cinza.
A.shamed /axêimd/ *adj* envergonhado; tímido; confuso; irritado.
Ash.en /é.xên/ *adj* cinzento; pálido.
A.shore /axôur/ *adv* em terra; na praia.
Ash.y /é.xi/ *adj* cinzento; de cinzas; pálido.
A.side /assáid/ *adv* ao lado; à parte; salvo.
As.i.nin.i.ty /écini.niti/ *s* estupidez; grosseria.
Ask /ásc/ *v* perguntar; pedir; interrogar; solicitar; to Ask for: perguntar por, pedir.
Ask.ing /és.quin/ *s* pergunta; proclamas (de casamento).
A.slant /aslént/ *adv* enviesadamente; diagonalmente.
A.sleep /âs.lip/ *adj* adormecido; dormente; inativo; inerte; *adv* entorpecidamente.
A.slope /aslôu.p/ *adv* obliquamente; em declive.
Asp /ésp/ *s* áspide; cobra; víbora.
As.pect /és.péct/ *s* ar; aparência; semblante.
As.per.i.ty /âspé.riti/ *s* aspereza; rudeza.
As.perse /aspârs/ *v* aspergir; caluniar.
As.per.sion /aspâr.xân/ *s* calúnia; aspersão.
As.pic /és.pic/ *s* alfazema; áspide; víbora.
As.pi.rate /ás.pirêit/ *v* absorver; sugar; chupar.
As.pi.ra.tion /éspirêi.xân/ *s* aspiração; anseio; elevada ambição.
As.pire /aspái.âr/ *v* aspirar; elevar-se.
A.squint /âsccuint/ *adj* inclinado; oblíquo; *adv* lateralmente.
Ass /ás/ *s* asno; burro; jumento; POP nádegas; estúpido.
As.sail /assê.il/ *v* assaltar; agredir; criticar.
As.sail.ant /assêi.lânt/ *s* assaltante; *adj* assaltante; hostil.
As.sail.er /assêi.lâr/ *s examine* ⇒ Assailant.
As.sault /assólt/ *s* assalto; agressão; *v* agredir; investir; violar.
As.say /assêi/ *s* demonstração; prova; análise; *v* ensaiar; analisar; provar.
As.say.er /assêi.âr/ *s* examinador.
As.sem.ble /assém.bol/ *v* reunir; montar.
As.sem.bly /assém.bli/ *s* assembleia; montagem; reunião.
As.sem.bly.man /assém.blimên/ *s* congressista; vereador; deputado.

As.sent /assént/ *s* aceitação; anuência; *v* assentir; admitir; reconhecer; *v* asseverar; defender.
As.sess /assés/ *v* avaliar; taxar; tributar.
As.sess.ment /assés.ment/ *s* tributação; taxa.
As.set /é.sit/ *s* domínio; posse; bem.
As.sev.er.ate /assé.varêit/ *v* assegurar; asseverar; afirmar.
As.si.du.i.ty /écidiu.iti/ *s* esforços; aplicação.
As.sign /assáin/ *v* citar; transferir; selecionar.
As.sign.ee /écini/ *s* concessionário; síndico.
As.sim.il.a.ble /assi.milêibol/ *adj* assimilável.
As.sim.i.late /assi.milêit/ *v* absorver; digerir; igualar.
As.sist /âssist/ *v* assistir; auxiliar; ajudar.
As.size /âssáiz/ *s* um padrão de peso, medida, ou preço; julgamento; ENGL tribunal (júri).
As.so.ci.ate /assôu.xiit/ *s* colega; parceiro; *v* ligar; associar; *adj* aliado; sócio.
As.so.ci.a.tion /assôuxiêi.xân/ *s* associação; confederação; confraternidade.
As.so.nance /é.sonâns/ *s* assonância; concordância.
As.sort /assórt/ *v* classificar; harmonizar; arranjar.
As.sort.ment /assórt.ment/ *s* agrupamento; coleção.
As.suage /assuêi.dj/ *v* acalmar; facilitar.
As.sume /âssium/ *v* assumir; presumir; supor.
As.sump.tion /assâmp.xân/ *s* presunção; RELIG Assunção, festa católica.
As.sump.tive /assâmp.tiv/ *adj* suposto; orgulhoso.
As.sur.ance /âxu.râns/ *s* certeza; seguro de vida.
As.sure /âxur/ *v* assegurar; garantir; animar.
As.ter.isk /és.târisc/ *s* sinal; asterisco ⇒ (*).
A.stern /astârn/ *adv* NÁUT à ré; à popa; atrás.
A.ston.ish /astó.nixe/ *v* espantar; embasbacar; supreender.
A.ston.ish.ing /astó.nixin/ *adj* espantoso; surpreendente; assombroso.
A.ston.ish.ment /astó.nixement/ *s* espanto; assombro; surpresa.
A.stound /astáund/ *v* aterrorizar; assombrar.
A.stray /astrêi/ *adj* extraviado; perdido.
As.trict /astri.ct/ *v* constranger; restringir.
As.tric.tion /âstric.xân/ *s* adstrição; prisão de ventre; constipação.
As.tute /âstiut/ *adj* astuto; perspicaz; sagaz.
As.tute.ness /âstiut.nés/ *s* astúcia.
A.sun.der /assân.dâr/ *adv* à distância; separadamente.
At /ét/ *prep* a (as); até; em; junto; na; nos; perto; sobre; através; a fim de.
A.thirst /athârst/ *adj* sedento; ansioso; sequioso.
Ath.lete /étlit/ *s* atleta; esportista.
Ath.let.ics /etlé.ticcs/ *s* atletismo; atlética.
A.thwart /athuórt/ *adv* transversalmente; em cruz; de lado a lado; *prep* através.
A.tilt /âtilt/ *adj* envergado; inclinado; *adv* inclinadamente.
At.oll /âtol/ *s* atol; recife de coral.
At.om /étâm/ *s* átomo; partícula.
At.om.y /é.tomi/ *s* átomo; partícula.
A.tone /atôun/ *v* aplacar; compensar; expiar.
A.ton.ic /ató.nic/ *adj* GRAM átono; surdo.
At.o.ny /é.tóni/ *s* atonicidade; sem acento.
A.top /atóp/ *prep* em cima; no alto de; sobre; no topo; *adv* no topo; no cimo; no alto.
A.troc.i.ty /atróciti/ *s* atrocidade.
At.tach /até.txe/ *v* atar; anexar; penhorar; ligar.
At.tach.ment /até.txement/ *s* anexação; fixação.
At.tack /atéc/ *s* ataque; agressão; acesso; acusação; *v* atacar; investir; ferir.
At.tain /atêin/ *v* atingir; conseguir; obter.
At.tain.ment /atêin.ment/ *s* aquisição; consecução; obtenção.
At.tempt /atémpt/ *s* ensaio; ataque; *v* atentar; ensaiar.
At.tend /aténd/ *v* atender; assistir (encontro, reunião); acudir; dedicar; frequentar (escola).
At.ten.tion /atén.xân/ *s* atenção; cuidado; observação.
At.ten.u.ate /até niuêit/ *v* atenuar; diluir; emagrecer; *adj* atenuado; amenizado.
At.test /atést/ *s* atestação; atestado; *v* atestar; certificar; declarar.
At.tire /atá.ir/ *s* adorno; vestimenta; vestido; *v* adornar.
At.tor.ney /atâr.ni/ *s* procurador; advogado; representante.
At.tor.ney.ship /atâr.nixip/ *s* procuradoria.
At.tract /atréct/ *v* atrair; conquistar.
At.trac.tion /atréc.xân/ *s* atração.
At.trib.ute /âtri.buit/ *v* atribuir; imputar.
At.tune /âtiun/ *v* afinar; concordar; sintonizar (rádio); corresponder.
Au.burn /ó.bârn/ *adj* avermelhado; ruivo.
Auc.tion /óc.xân/ *v* leiloar.
Au.da.cious /odêi.xâs/ *adj* audacioso.
Au.di.ence /ó.diens/ *s* audiência; auditório; entrevista; público.
Au.di.tion /ódi.xân/ *s* audição; ensaio.
Au.di.tor /ó.ditâr/ *s* auditor (contador); ouvinte (de aula).
Au.di.to.ry /ó.ditôuri/ *s* auditório; audiência; *adj* auditivo.
Au.ger /ó.gâr/ *s* broca; pua; verruma.
Aught /ót/ *s* algo; parte de um todo; zero; *adv* absolutamente.
Aug.ment /ógment/ *v* aumentar.
Au.gust /ó.gâst/ *s* agosto (8° mês do ano); *adj* augusto; majestoso.
Aunt /ánt/ *s* tia.
Au.re.ate /ó.riit/ *adj* áureo; resplandecente.
Au.re.ous /ó.riâs/ *adj* áureo; dourado.
Aus.pi.cious /óspi.xâs/ *adj* auspicioso; próspero; afortunado.
Aus.tere /óstir/ *adj* austero; severo.

Aus.ter.i.ty /osté.riti/ *s* austeridade; rigorosidade; severidade.
Au.then.ti.cate /óthen.ticquêit/ *v* autenticar; legitimar; legalizar.
Au.thor /ó.thâr/ *s* autor; escritor.
Au.thor.i.ty /óthor.iti/ *s* autoridade; autorização; poder.
Au.thor.i.za.tion /ótharizêi.xân/ *s* autorização.
Au.thor.ize /ó.tharáis/ *v* autorizar; justificar; legitimar.
Au.to.graph /ó.togréf/ *v* autografar; assinar.
Au.tog.ra.phy /óto.grâfi/ *s* autógrafo; autografia.
Au.to.mat.ic /otomé.tic/ *adj* automático.
Au.to.mo.bile /ó.tomobil/ *s* automóvel; carro.
Au.ton.o.my /óto.nomi/ *s* autonomia; alcance.
Au.tumn /ótâm/ *s* outono.
Aux.il.ia.ry /ógzi.liâri/ *s* auxiliar; verbo auxiliar; *adj* ajudante.
A.vail /avéil/ *s* benefício; vantagem; *v* aproveitar-se; servir; ajudar.
Av.a.lanche /é.vâlantxe/ *s* avalanche.
Av.a.rice /é.vâris/ *s* avareza; mesquinhez.
Av.a.ri.cious /evâri.xâs/ *adj* avaro; mesquinho.
A.vaunt /âvont/ *interj* fora!
A.venge /âvendj/ *v* castigar; punir; vingar.
Av.e.nue /éviniu/ *s* avenida; alameda; rua.
Av.er.age /é.vâreidj/ *s* média; rateio; *v* calcular a média; *adj* médio; mediano.
A.verse /avârs/ *adj* adverso; contrário.
A.vert /avârt/ *v* afastar; impedir; evitar.
A.vi.a.ry /êi.viâri/ *s* aviário, viveiro de aves.
Av.id /évid/ *adj* ávido; ansioso; aflito.
A.vid.i.ty /âviditi/ *s* avidez; cobiça.
Av.o.ca.do /évocá.dôu/ *s* abacate; abacateiro.
A.void /avóid/ *v* evitar; fugir; anular.
A.void.ance /avói.dâns/ *s* anulação; fuga.
A.vouch /aváu.txe/ *v* asseverar; garantir; afirmar.
A.vow /aváu/ *v* afirmar; confessar; justificar.
A.vow.al /aváu.âl/ *s* confissão.
A.vul.sion /avâl.xân/ *s* extirpação; separação.
A.wait /auêit/ *v* aguardar; esperar.
A.wake /auêic/ *v* acordar; reavivar; *past* Awoke *and pp* Awaked *or* Awoken.
A.wak.en /auêi.quen/ *v* animar; despertar.
A.ward /auórd/ *s* decisão; prêmio; sentença; *v* decidir; julgar; conceder.
A.ward.er /auór.dâr/ *s* árbitro; juiz.
A.ware /auér/ *adj* ciente; consciente.
A.wash /auóxe/ *adj* inundado; *adv* à flor d'água; à superfície.
A.way /auêi/ *adv* à distância; longe; ao longe.
Awe /ó/ *s* medo; pavor; temor; *v* amedrontar; inspirar.
A.weigh /auêi/ *adv* em suspenso.
Aw.ful /ó.ful/ *adj* medonho; terrível; feio.
Aw.ful.ness /ó.ful.nés/ *s* maldade.
A.while /ahuá.il/ *adv* momentaneamente; um pouco.
Awk.ward /ó.ccuârd/ *adj* desajeitado; desagradável.
Awk.ward.ly /ó.ccuârdli/ *adv* desajeitadamente; desastradamente.
Awl /ól/ *s* agulha; furador.
Awn /ón/ *s* barba de espiga.
Awn.ing /ó.nin/ *s* lona; toldo; abrigo.
A.wry /ârái/ *adj* torcido; torto; *adv* obliquamente.
Ax /écs/ *s* machado; machadinha.
Axe /écs/ *examine* ⇒ Ax.
Ax.il.la /écsi.lâ/ *s* sovaco; axila.
Ax.le /écsl/ *s* eixo; veio.
Ax.man /écs.mân/ *s* lenhador.

ABCDEFGHIJKLMNOPQRSTUVWXYZ

B /bi/ *s* segunda letra do alfabeto Português e do alfabeto Inglês.
Bab.ble /bé.bol/ *v* balbuciar; tagarelar.
Babe /bêib/ *s* bebê; nenê.
Ba.by /bêi.bi/ *s* criancinha; diminuitivo carinhoso.
Bach.e.lor /bé.txalâr/ *s* bacharel; celibatário; solteirão.
Back /béc/ *s* costas; dorso; FUT jogador de defesa; *v* apoiar (financeira, moral ou fisicamente); montar (cavalo); recuar; *adj* posterior; traseiro; Back away: afastar-se; recuar; **Back up:** apoiar; recuar; to get **Back:** recuperar.
Back.bite /béc.bit/ *v* caluniar; maldizer.
Back.bone /béc.bôun/ *s* espinha dorsal; coluna.
Back.er /bêi.câr/ *s* arrimo; financiador; patrocinador.
Back.ground /béc.gráun/ *s* fundo musical; plano de fundo; experiência.
Back.hand /béc.hen/ *s* dorso da mão.
Back.side /béc.sáid/ *s* parte traseira; nádegas; bunda.
Back.slide /béc.sláid/ *v* desviar-se; voltar aos antigos hábitos.
Back.stage /béc.stêidj/ *s* TEATR bastidores (de palco).
Back.ward /béc.uârd/ *adj* atrasado; tímido; retrógado; *adv* para trás.
Back.wards /béc.uârds/ *examine* ⇒ **Backward.**
Back.yard /béc.iârd/ *s* pátio; quintal; terreno de fundo.
Ba.con /bêi.cân/ *s* toucinho; POP prêmio.
Bad /béd/ *s* mau; ruim; imoral; *adj* mau; nada bom.
Badge /bádj/ *s* distintivo policial; insígnia; fita de uniforme; condecoração; *v* condecorar com distintivo.
Badg.er /béd.jâr/ *s* texugo (mamífero); *v* preocupar-se ou perseguir com insistência; fatigar; POP regatear (preço).
Bad.ly /béd.li/ *adv* gravemente; mal; maldosamente.
Baf.fle /béfol/ *v* enganar; frustrar.
Bag /bég/ *s* bolsa; saco; sacola; GÍR **Bag him:** leve-o em cana, prá cadeia; *v* ensacar; colocar em bolsa.
Bag.gage /bé.guidj/ *s* mala; bagagem; POP mulher jovem atrevida ou teimosa ou de má reputação.
Bag.gy /bé.gui/ *adj* inchado; mal ajustado; solto.
Bag.man /bég.mân/ *s* caixeiro (vendedor) viajante; MÚS tocador de bumbo.
Bag.pipe /bég.páip/ *s* gaita de foles.
Bait /bêit/ *s* engôdo; isca; *v* engodar.
Bake /bêic/ *v* assar.
Baker /bêi.câr/ *s* padeiro.
Bak.er.y /bêi.câri/ *s* padaria.
Bald /bóld/ *adj* calvo; deserto; **Bald-head:** careca.
Bal.dric /ból.dric/ *s* cinturão sobre o ombro e cruzado sobre o peito.
Bald.y /bóld.li/ *adv* grosseiramente.
Bale /bêil/ *v* empacotar; enfardar.
Balk /bóc/ *v* empacar; frustrar; impedir.
Ball /ból/ *s* bola; esfera; globo; baile noturno; *v* fazer bolas; fazer novelos.
Bal.lad /bé.lâd/ *s* balada; canção; poema.
Bal.last /bé.lâst/ *s* cascalho; lastro.
Bal.loon /bâlun/ *s* balão; aeróstato.
Bal.lot /bê.lât/ *s* cédula; voto com bolas brancas ou pretas; voto.
Ball.room /ból.rum/ *s* salão de bailes.
Bam.boo /bémbu/ *s* bambu (planta).
Bam.boo.zle /bémbu.zol/ *v* enganar; iludir.
Ban /bén/ *s* JUR édito (de interdição, de casamento, etc.); *v* banir; excomungar.
Band /bénd/ *s* atadura; banda; faixa; venda; RÁD faixa de frequência sonora; **musical Band:** banda de música; *v* ligar; unir.
Band.age /bén.didj/ *s* atadura; faixa; AUT cobertura (lona da câmara de ar dos pneus).
Band.mas.ter /bénd.mâstâr/ *s* MÚS maestro.
Band.stand /béndstand/ *s* coreto.
Bane /bêin/ *s* veneno; qualquer coisa que provoque destruição, ruína, morte); ANAT osso.
Bang /béng/ *s* barulho; pancada; ruído; *v* bater; golpear; *adv* ruidosamente.
Ban.gle /bén.gol/ *s* bracelete.
Ban.ish /bé.nixe/ *v* banir; deportar; expulsar.
Ban.is.ter /bé.nistâr/ *s* balaustrada; corrimão.
Bank /bénc/ *s* banco; banca; barragem; *v* aterrar; depositar dinheiro em banco.

Bank.rupt /bénc.râpt/ *adj* falido; quebrado financeiramente; *v* falir; quebra financeira, quebra fraudulenta.
Ban.ner /bé.nâr/ *s* bandeira; estandarte; pendão; faixa.
Ban.ter /bén.târ/ *s* sarcasmo; gracejo; *v* gracejar; zombar.
Bar /bár/ *s* barra; bar; barragem; tranca; sala de espera; classe dos advogados; ordem; *v* fechar; trancar.
Barb /bárb/ *s* ponta de anzol; barba.
Barbecue /bár.bê.quiu/ *s* churrasco.
Barbed /bár.bid/ *adj* farpado.
Bar.ber /bár.bâr/ *s* barbeiro; *v* barbear.
Bare /bér/ *v* descobrir; despir.
Bare-faced /bér.fêist/ *adj* descarado; audacioso.
Bare.foot /bér.fut/ *adj* com o pé nu; descalço.
Bare.ly /bér.li/ *adv* apenas; nuamente.
Bar.gee /bárdji/ *s* barqueiro.
Barge.man /bárdji.men/ *examine* ⇒ Bargee.
Bark /bárc/ *s* cortiça; casca de árvore; latido; *v* latir; ladrar; curtir.
Bar.ley /bár.li/ *s* cevada.
Barm /bárm/ *s* espuma de malte; levedura; levedo.
Bar.man /bár.mân/ *s* dono de bar ou aquele que serve em um bar.
Barn /bárn/ *s* celeiro; cocheira; estábulo.
Bar.na.cle /bár.nâcol/ percevejo; peixe-concha marítimo.
Bar.on /bé.rân/ *s* barão.
Bar.rack /bé.râc/ *s* barracas; caserna; quartel.
Bar.rage /bé.râdj/ *s* barragem.
Bar.rel /bé.râl/ *s* barril; barrica; cano de pistola.
Bar.ri.er /bé.riâr/ *s* barreira; barragem; vala; BR posto fiscal de fronteira.
Bar.ris.ter /bé.ristâr/ *s* advogado.
Base /bêis/ *s* base; base militar ou naval; quartel-general; **Base-born:** plebeu; *adj* básico.
Base.board /bêis.bôurd/ *s* rodapé.
Base.less /bêis.lés/ *adj* infundado; sem base.
Base.man /bêis.mân/ *s* ESP jogador de basebol.
Base.ment /bêis.ment/ *s* porão; subsolo.
Base.ness /bêis.nés/ *s* baixeza; vileza; MÚS tom grave.
Bash /béxe/ *v* envergonhar-se.
Bash.ful /béxe.ful/ *adj* envergonhado; acanhado; tímido.
Ba.sic /bêi.sic/ *adj* básico; essencial; fundamental.
Bas.ket /bás.quit/ *s* cesto; cesta.
Bas.ket.ball /bás.quit.ból/ *s* jogo de bola ao cesto; basquete; basquetebol.
Bass /bêis/ *s* MÚS baixo; som grave.
Bas.tard /bés.târd/ *s* bastardo (filho ilegítimo); *adj* bastardo; ilegítimo.
Bat /bét/ *s* taco (beisebol; críquete; etc.); ZOO morcêgo.
Batch /bétxe/ *s* carga; fornada; grupo.
Bate /bêit/ *s* contenda; debate; discussão; *v* abater; diminuir; deduzir; reduzir.
Bat.en /bétn/ *s* ripa; sarrafo; tábua.
Bath /béth/ *s* banho; *v* banhar-se.
Bathe /bêidh/ *v* tomar banho; banhar-se.
Bath.er /bêi.dhâr/ *s* banhista.
Bath.room /béthrum/ *s* banheiro; ENGL **Toilet.**
Bath.tub /béthtâb/ *s* banheira.
Bat.ter /bé.târ/ *s* soco; murro; *v* bater; destruir; socar.
Bat.ter.y /bé.târi/ *s* bateria; pilha.
Bat.tle /bétol/ *s* batalha; combate; luta; *v* batalhar; combater; lutar.
Bat.ty /béti/ *adj* POP louco; maluco.
Baw.bee /bó.bii/ *s* metade de um penny; *also* Baubee.
Bawd.y /bó.di/ *adj* imoral; obsceno.
Bawl /ból/ *v* berrar; gritar.
Bay /bêi/ *s* baia; louro (tempero).
Bay.o.net /bêi.onit/ *s* baioneta; *v* atacar (com baioneta); ferir.
Be /bi/ *v* custar; existir;estar; ficar; dever; ser.
Beach /bitxe/ *s* costa; praia; *v* desembarcar na praia.
Bead /bid/ *v* adornar (com contas).
Bea.dle /bidol/ *s* bedel; servidor escolar.
Bea.gle /bigol/ *s* raça de cão; detetive.
Beak /bic/ *s* bico (de ave); cabo; promotório.
Beam /bim/ *s* feixe de luz; trave; viga-mestra; *v* emitir raios; mostrar-se alegre.
Bean /bin/ *s* fava; feijão; vagem; **baked Bean tin:** lata de feijão preparado; USA GÍR **Beans:** grana (dinheiro).
Bear /bér/ *s* urso; **teddy Bear:** ursinho (de brinquedo); *v* aguentar; sustentar; *past* **Bore** *or* **Bare** and *pp* **Borne** *or* **Born.**
Beard /bârd/ *s* barba; cavanhaque; *v* desafiar.
Beast /bist/ *s* besta (fera); pessoa irascível.
Beast.ly /bis.tli/ *adj* bestial; brutal.
Beat /bit/ *v* bater; derrotar; espancar; tocar (tambor); vibrar; GÍR **Beat it!:** cai fora! fora!; *past* **Beat** *and pp* **Beaten.**
Beat.en /bitn/ *adj* batido; conquistado; abatido; atingido.
Beat.ing /bi.tin/ *s* batimento; derrota; surra.
Beau /bôu/ *s* galã; galanteador.
Beau.ti.ful /bíu.tifúl/ *adj* belo; bonito; formoso; linda.
Beau.ti.fy /biu.tifái/ *v* aformosear; embelezar.
Beau.ty /bíu.ti/ *s* beleza; beldade; formosura.
Bea.ver /bi.vâr/ *s* castor; pele de castor.
Be.calm /bic.áum/ *v* acalmar; tornar calmo.
Be.cause /bi.cóz/ *conj* porque; por causa de; Because of: devido a; *adv* pela razão de.
Beck /béc/ *s* aceno; arroio; regato; sinal.
Beck.on /bé.cân/ *v* acenar; chamar.
Be.come /bic.âm/ *v* convir; tornar-se.
Bed /béd/ *s* cama; camada; fundo; leito; *v* assentar; Bed-table: criado mudo.

Be.daz.zle /bidézl/ *v* confundir; deslumbrar; ofuscar.
Bed.bug /béd.bâg/ *s* percevejo.
Be.dev.il /bidévol/ *v* atormentar; estragar; frustrar.
Bed.lam /béd.lâm/ *s* confusão; tumulto.
Bed.mak.er /béd.mâiquer/ *s* criado de quartos; arrumadeira.
Bed.pan /béd.pân/ *s* aquecedor de cama; comadre.
Be.drag.gle /bidrégol/ *v* enlamear.
Bed.room /béd.rum/ *s* quarto de dormir.
Bed.time /béd.táim/ *s* hora de dormir.
Bee /bii/ *s* abelha.
Beef /bif/ *s* boi para corte; carne bovina.
Bee.hive /bi.háiv/ *s* colmeia; cortiço.
Beer /bir/ *s* cerveja.
Beer.y /bi.ri/ *adj* feito de cerveja; relativo a cerveja.
Beet /bit/ *s* açúcar de beterraba; beterraba.
Bee.tle /bitol/ *adj* besouro; escaravelho.
Be.fall /bifól/ *v* acontecer; suceder; sobrevir.
Be.fit /bifit/ *v* convir; ir bem; ser próprio.
Be.fore /bifôur/ *prep* antes; em frente; *conj* antes que; *adv* anteriormente.
Be.fore.hand /bifôur.hénd/ *adv* previamente; antecipadamente.
Be.fore.time /bifôur.táim/ *adv* antigamente; anteriormente.
Beg /bég/ *v* pedir; rogar; suplicar.
Beg.gar /bé.gâr/ *s* mendigo; pedinte; *v* reduzir à miséria.
Be.gin /biguin/ *v* começar; iniciar.
Be.gin.ning /bigui.nin/ *s* começo; origem; princípio.
Be.gird /bi.gârd/ *v* bloquear; cercar; cingir.
Be.gone /bigón/ *interj* Saia! Fora daqui! Rua!
Be.guile /bigá.il/ *v* divertir; enganar; seduzir.
Be.half /bi.háf/ *s* favor; obséquio.
Be.have /bi.hêiv/ *v* comportar-se; proceder.
Be.ha.vior /bi.hêiviur/ *s* comportamento.
Be.head /bi.héd/ *v* decapitar (cortar o pescoço a); degolar.
Be.hind /bi.háind/ *prep* atrás de; após; inferior; *adv* atrás; atrasado; detrás.
Be.hold /bi.hôuld/ *v* contemplar; observar; ver.
Be.hoof /bi.huf/ *s* benefício; proveito.
Be.hoove /bi.huv/ *v* competir; dever; ser necessário.
Be.hove /bi.houv/ *examine* ⇒ **Behoove**.
Be.ing /bi.in/ *s* criatura; ente; ser; indivíduo.
Be.lay /bilêi/ *v* amarrar; ESP prender-se numa corda por segurança.
Belch /béltxe/ *s* arrôto; vômito; *v* arrotar; vomitar.
Be.lie /bi.lái/ *v* contradizer; contrariar; desmentir.
Be.lief /bilif/ *s* crença; confiança; fé.
Be.lieve /biliv/ *v* acreditar; crer; confiar.
Be.like /biláic/ *adv* possivelmente.
Bell /bél/ *s* campainha; sino; sineta; *v* tocar sino.
Bel.ly /bé.li/ *s* barriga; ventre; **Belly button:** umbigo.
Be.long /bilón/ *v* pertencer; ser de.
Be.lov.ed /bilâ.vid/ *adj* amado; querido.
Be.low /bilôu/ *prep* abaixo de; debaixo; por baixo; *adv* abaixo; por baixo.
Belt /bélt/ *s* cinto; correia; faixa; *v* bater; cingir.
Bench /béntxe/ *s* banco; tribuna; JUR tribunal.
Bench.er /bén.txar/ *s* juiz; vereador.
Bend /bénd/ *s* curva; curvatura; nó; *v* curvar; dobrar; *past and pp* Bent.
Be.neath /bini.th/ *adv* abaixo; debaixo.
Ben.e.fit /bé.nifit/ *s* benefício; favor; proveito; *v* ajudar.
Be.nev.o.lent /biné.volent/ *adj* benevolente; benígno; bondoso.
Be.nign /bináin/ *adj* afável; benígno; bom.
Bent /bént/ *s* curvatura; propensão; tendência; *adj* curvo; inclinado; torto.
Be.rate /birêit/ *v* advertir com severidade; repreender.
Be.reave /biriv/ *v* despojar; desolar; privar.
Ber.ry /bé.ri/ *s* baga; grão; qualquer fruta pequena; POP dinheiro.
Berth /bârth/ *s* ancoradouro; beliche; leito; *v* ancorar; atracar; providenciar alojamento (camas).
Be.seech /bissi.txe/ *v* implorar; rogar; suplicar.
Be.seem /bissim/ *v* convir; enquadrar-se.
Be.side /bissáid/ *prep* ao lado de; junto de; *adv* à mão; perto.
Be.sides /bissáidz/ *prep* além de; *adv* além disso; demais a mais; demais; também.
Be.smear /bismir/ *v* emporcalhar; sujar.
Be.smirch /bismâr.txe/ *v* manchar; sujar.
Be.som /bi.zâm/ *s* vassoura.
Best /bést/ *s* o melhor; *adj* o melhor (superlativo de Good); *adv* da melhor forma (superlativo de Well).
Be.stir /bistâr/ *v* ativar; mexer-se; movimentar-se.
Be.stow /bistôu/ *v* conceder; dar; outorgar.
Be.stride /bistráid/ *v* cavalgar; montar; subir; *past* **Bestrode** *and pp* **Bestriden**.
Bet /bét/ *s* aposta; *v* apostar.
Be.take /bitêic/ *v* aplicar-se; dedicar-se; empregar-se; *past* **Betook** *and pp* **Betaken**.
Beth.el /be.thél/ *s* capela; santuário.
Be.think /bithinc/ *v* considerar; pensar; refletir; *past* **Bethought** *and pp* **Bethought**.
Be.tide /bitáid/ *v* acontecer; ocorrer; suceder.
Be.tray /bitrêi/ *v* atraiçoar; denunciar.
Be.tray.al /bitrêi.âl/ *s* denúncia; traição.
Be.tray.er /bitrêi.âr/ *s* denunciante; traidor.
Be.troth /bitró.th/ *v* prometer em casamento.
Bet.ter /bé.târ/ *s* melhoria; jogador; *v* melhorar; progredir; *adj* melhor; superior.
Be.tween /bituin/ *adv* entre; no meio (de objetos); *prep* entre; no meio (de objetos).
Bev.er.age /bé.vâridj/ *s* beberagem.
Bev.y /bé.vi/ *s* grupo (de pássaros); bando.
Be.wail /biuêil/ *v* lamentar; lastimar; sentir.
Be.ware /biuér/ *v* acautelar-se; precaver; tomar cuidado.

Be.wil.der /biuil.dâr/ *v* confundir; desviar.
Be.witch /biui.txe/ *v* enfeitiçar; encantar.
Be.yond /bi.iónd/ *prep* além de; mais longe do que; *adv* além; do outro lado.
Bi.as /bái.âs/ *s* propensão; tendência; preferência; *v* influenciar; influir; predispor.
Bib /bib/ *s* babador; *v* beber.
Bi.ble /báibol/ *s* Bíblia, conjunto de Livros Sagrados.
Bick.er /bi.câr/ *s* altercação; disputa.
Bi.cy.cle /bái.sicol/ *s* bicicleta.
Bi.cy.cler /bái.siclâr/ *s* ciclista.
Bi.cy.clist /bái.siclist/ *examine* ⇒ **Bicycler**.
Bid /bid/ *s* concorrência; oferta; *v* lançar; leiloar; oferecer; *past* **Bid**, **Bade** *or* **Bad** *and pp* **Bidden** *or* **Bid**.
Bid.der /bi.dâr/ *s* licitante; leiloante.
Bide /báid/ *v* esperar; ficar; permanecer.
Bier /bir/ *s* ataúde; carreta fúnebre; féretro; cerveja.
Big /big/ *adj* grande; gordo; volumoso; **Big shot**: chefão.
Bight /báit/ *s* angra; enseada; golfo; laçada.
Big.ot /bi.gât/ *s* beato; carola; fanático.
Big.ot.ry /bi.gâtri/ *s* beatice; fanatismo.
Big.wig /big.uig/ *s* POP figurão; mandachuva.
Bike /báic/ *s* bicicleta; formigueiro; FIG multidão.
Bile /báil/ *s* bile; bílis; mau humor.
Bilk /bilc/ *v* defraudar; enganar; lograr.
Bill /bil/ *s* conta; fatura; lista; letra de câmbio.
Bill.board /bil.bôurd/ *s* quadro onde se afixa cartazes.
Bil.liards /bi.liârds/ *s* ESP bilhar.
Bil.lion /bi.liân/ *s* bilhão; USA mil milhões.
Bil.low /bi.lôui/ *s* onda grande; vaga.
Bil.ly /bi.li/ *s* cassetete de policial.
Bil.ly.cock /bi.licóc/ *s* chapéu coco.
Bimbo /báim.bôu/ *s* POP bonitinha mas ordinária (loira burra).
Bin /bin/ *s* caixa; caixote; cofre; *v* armazenar bebidas na adega.
Bi.na.ry /bái.nâri/ *adj* MAT binário.
Bind /báind/ *s* atadura; faixa; *v* atar; aglutinar; segurar; unir.
Bind.er /báin.dâr/ *s* atador; encadernador; enfeixador de trigo.
Bin.go /bingôu/ *s* festa; farra; jogo coletivo (sorteio).
Birch /bârtxeh/ *s* bétala; vidoeiro; *v* açoitar.
Bird /bârd/ *s* ave; pássaro; GÍR cara; sujeito.
Bird.call /bârd.cól/ *s* assobio, canto de pássaro; chamariz.
Bird.lime /bârd.láim/ *s* visco; produto para capturar pássaros.
Birth /bârth/ *s* começo; nascimento; origem.
Birth.day /bârth.dêi/ *s* aniversário de nascimento.
Birth.place /bârth.plêis/ *s* cidade natal.
Birth.right /bârth.ráit/ *s* direito de primogenitura (do filho mais velho).
Bis.cuit /bis.quit/ *s* biscoito; bolacha; fatia de bolo.
Bish.op /bi.xâp/ *s* bispo.
Bis.sex.tile /bicécs.til/ *adj* bissexto, ano em que o mês de fevereiro tem 29 dias.
Bit /bit/ *s* dentada; pedaço; porção; **a little Bit**: um pouquinho; um pouco; *v* refrear; reprimir; limitar.
Bitch /bitxe/ *s* cadela; fêmea dos caninos; GÍR mulher de vida fácil; mulher maldosa.
Bite /báit/ *s* bocado (alimento); *v* cortar; picar; morder; roer.
Bit.ter /bi.târ/ *adj* amargo; penoso.
Blab /bléb/ *v* tagarelar; revelar segredo.
Blab.ber /blé.bâr/ *s* falador; indiscreto; tagarela.
Black /blé.c/ *s* cor negra; negro; **Black jack**: jogo de cartas (vinte e um); *v* enegrecer; *adj* escuro; negro.
Black.a.moor /blé.câmur/ *s* negro (homem ou mulher).
Black.ball /bléc.ból/ *s* contrário; voto contra (com bola preta); rejeição de membro; *v* rejeitar; votar contra (com bola preta); excluir.
Black.ber.ry /bléc.béri/ *s* amora (fruta).
Black.board /bléc.bôurd/ *s* lousa; quadro negro.
Black.ing /blé.quin/ *s* engraxadela; graxa.
Black.ish /blé.quixe/ *adj* escuro.
Black.lash /bléc.léxi/ *s* movimento contra.
Black.leg /bléc.lég/ *s* traidor (fura greve); jogador profissional.
Black.mail /bléc.mêil/ *s* chantagem; *v* praticar chantagem.
Black.out /bléc.áut/ *s* escuridão total.
Blad.der /blé.dâr/ *s* ampola; bexiga; vesícula.
Blade /blêid/ *s* fôlha cortante; fôlha; lâmina.
Blain /blêin/ *s* ferida; pústula.
Blame /blêim/ *s* censura; reprovação; repreensão; *v* censurar; culpar.
Bland /blénd/ *adj* afável; brando; meigo; macio; suave.
Blank /blénc/ *adj* branco; **Blank page**: folha em branco; *v* anular; cancelar; amaldiçoar.
Blan.ket /blén.quit/ *s* cobertor; coberta; manta; *v* cobrir com manta; cobertor.
Blare /blér/ *s* bramido; estrondo; rugido; *v* berrar.
Blast /blást/ *s* explosão; golpe de vento; pé de vento; rajada de vento; *v* dinamitar; destruir; explodir
Blat /blét/ *v* balir (imitar cordeiro ou ovelha).
Blaze /blêiz/ *s* brilho; chama; fogo; labareda; *v* brilhar; luzir; queimar; proclamar.
Blaz.er /blêi.zâr/ *s* dia claro; jaqueta (roupa esportiva); luminoso.
Blaz.ing /blêi.zin/ *adj* chamejante; em chamas; flamejante.
Blear /blir/ *adj* lacrimejante; rameloso; turvo.
Bleat /blit/ *s* balido (grito de ovelha); *v* balir; balar; falar de forma lamuriante.
Bleb /bléb/ *s* ampola; bolha; bexiga; reservatório.
Bleed /blid/ *v* sangrar; extorquir dinheiro.
Blem.ish /blé.mixe/ *v* corromper; viciar.
Blench /bléntxe/ *v* esquivar-se; retirar-se; retroceder.
Blend /blénd/ *s* combinação; fusão; mistura; *v* combinar; misturar.

Bless /blés/ *v* abençoar; benzer.
Bless.ing /blé.sin/ *s* benção; benefício; graça.
Blight /bláit/ *s* ferrugem; *v* mirrar (plantas); queimar.
Blind /bláind/ *s* capa; veneziana; estore; *adj* cego; escondido; oculto; *v* cegar; encobrir; esconder.
Blind.ly /bláind.li/ *adv* às cegas; cegamente.
Blindman's-buff /bláind.mêns.bâf/ *s* brincadeira de cabra-cega.
Blink /blinc/ *s* clarão repentino e passageiro; *v* piscar; pestanejar; vacilar.
Bliss /blis/ *s* alegria; bem-estar; harmonia.
Bliss.ful /blis.ful/ *adj* bem-aventurado; feliz.
Blis.ter /blis.târ/ *s* bolha; ampola.
Bliz.zard /bli.zârd/ *s* tempestade de neve.
Bloat /blôut/ *v* defumar; inchar; inflar.
Bloat.ed /blôu.tid/ *adj* defumado; inchado.
Block /blóc/ *s* bloco; quadra; cubos (brinquedo); grupo; quarteirão; *v* bloquear; impedir; obstruir.
Block.buster /blóc.bâster/ *s* bomba de grande potência.
Block.head /blóc.héd/ *s* cabeça dura; *adj* ignorante.
Block.ish /bló.quixe/ *adj* estúpido; imbecil.
Blond /blónd/ *adj* louro; loiro.
Blonde /blónd/ *examine* ⇒ Blond.
Blood /blâd/ *s* parentesco; raça; seiva; suco.
Blood.ed /blâ.did/ *adj* de puro sangue.
Blood.hound /blâd.háund/ *s* cão de caça; sabujo.
Blood.shed /blâd.xéd/ *s* chacina; matança.
Blood.sucker /blâd.sâ.câr/ *s* sanguessuga.
Bloom /blum/ *s* florescência; *v* florir; florescer.
Blos.som /bló.sâm/ *s* flor de árvore; *v* desabrochar; florir.
Blot /blót/ *s* borrão; mancha; nódoa; rasura; *v* borrar; manchar.
Blot.ter /bló.târ/ *s* livro de registros.
Blouse /bláuz/ *s* blusa.
Blow /blôu/ *s* murro; pancada; sopro; ventania; *v* soprar; ventar; *past* Blew *and pp* Blown.
Blow.er /blôuâr/ *s* assoprador; ventoinha; ventilador.
Blow.out /blôu.áut/ *s* explosão.
Blow.pipe /blôu.páip/ *s* tubo.
Blub.ber /blâ.bâr/ *s* choramingo; gordura; *v* choramingar.
Blue /blu/ *s* azul; tristeza; *adj* azul; triste; *v* azular; to feel Blue: estar deprimido.
Blue.berry /blu.béri/ *s* mirtilo (fruta).
Blues /bluz/ *s* MÚS canção triste escrita em tom menor.
Bluff /blâf/ *s* blefe; ilusão; lôgro; *v* blefar; enganar; iludir; *adj* franco; rude.
Blun.der /blân.dâr/ *s* asneira; disparate; erro crasso; tolice; *v* cometer erro grosseiro.
Blun.der.er /blân.dârâr/ *s* desajeitado.
Blunt /blânt/ *adj* abrupto; brusco; duro; embotado; sem corte; *v* adormecer; enervar; embotar.
Blur /blâr/ *s* borrão; desdouro; falta de clareza; mancha.
Blurt /blârt/ *v* revelar.
Blush /blâxe/ *s* rubor; vermelhidão; *v* corar; ruborizar-se; *adj* róseo; rubro.
Board /bôurd/ *s* diretoria; mesa; prancha; quadro; *v* abordar; dar pensão; hospedar.
Board.er /bôur.dâr/ *s* hóspede; pensionista.
Boar.ish /bó.rixe/ *adj* brutal; cruel; imundo; sensual.
Boast /bôust/ *s* jactância; vanglória; *v* gabar-se; ostentar; vangloriar-se.
Boat /bôut/ *s* barco; bote; embarcação; *v* navegar; remar.
Bob /bób/ *s* boia de pesca; fio de prumo; feixe; **Bob-**wig: peruca de cachos; *v* bater de leve; balouçar-se.
Bob.by /bó.bi/ *s* ENGL POP policial; tira.
Bode /bôud/ *v* pressagiar.
Bod.kin /bód.quin/ *s* alfinete de cabelo; furador.
Bod.y /bó.di/ *s* corpo; cadáver; esqueleto.
Bog /bóg/ *v* atolar-se; enlamear-se.
Bog.gy /bó.gui/ *adj* lamacento; pantanoso.
Bo.gy /bó.gui/ *s* fantasma; espectro; visão.
Boil /bóil/ *s* ebulição; fervura; furúnculo; *v* aferventar; cozinhar; excitar-se; enervar-se; ferver.
Boil.ing /bói.lin/ *s* ebulição; fervura; *adj* escaldante; fervente.
Bold /bôuld/ *adj* arrojado; destemido; valente.
Bole /bôul/ *s* haste de árvore; tronco.
Boll /bôul/ *s* cápsula; casulo; invólucro.
Bol.ster /bôuls.târ/ *v* apoiar; sustentar.
Bolt /bôult/ *s* flecha; grampo; ferrolho; parafuso; *v* aferrolhar; trancar; fugir.
Bomb /bóm/ *s* bomba; explosivo; granada; *v* bombardear.
Bomb.er /bóm.bâr/ *s* AER avião de bombardeio; bombardeador.
Bomb.shell /bómm.xél/ *s* granada.
Bond /bónd/ *s* obrigação moral; título (de dívida); união; vale; contrato; fiança; *v* ligar; unir; caucionar; hipotecar.
Bond.age /bón.didj/ *s* cativeiro; escravidão; sujeição.
Bond.maid /bónd.mêid/ *s* serva.
Bonds.man /bónds.mân/ *s* escravo; fiador; caucionário.
Bone /bôun/ *s* espinha de peixe; osso.
Bone.head /bôun.héd/ *s* estúpido; tolo.
Bon.net /bó.nit/ *s* boina; boné; capô de automóvel.
Bon.nie /bóni/ *examine* ⇒ Bonny.
Bon.ny /bóni/ *adj* alegre; belo; bonito.
Bon.ny.clab.ber /bóni.clébâr/ *s* coalhada; leite coalhado.
Boob /bub/ *s* POP estúpido; palerma; tolo.
Boo.by /bu.bi/ *s* GÍR pateta; tolo.
Boo.dle /budol/ *s* POP dinheiro para suborno.

Book /buc/ *s* álbum; bloco; caderno; compêndio; livro.
Book.case /buc.cquêis/ *s* estante para livros.
Book.ing /bu.quin/ *s* reserva de passagens; registro de inscrições.
Book.keep.er /buc.qui.pâr/ *s* COM contador; guarda-livro.
Book.let /buc.lit/ *s* fascículo; opúsculo; livreto.
Book.mak.er /buc.mêi.câr/ *s* agenciador de apostas.
Book.man /buc.mân/ *s* livreiro; erudito; POP vendedor de livro.
Book.shop /buc.xóp/ *s* livraria.
Book.store /buc.stór/ *s* USA livraria.
Book.worm /buc.uârm/ *s* cupim; traça; leitor assíduo.
Boom /bum/ *s* explosão; estouro; estrondo; *v* fazer grande barulho; prosperar; estrondar.
Boor /bur/ *s* camponês.
Boost /bust/ *s* apoio; ajuda; alta (de preços); elogio; impulso; *v* apoiar; elevar; suspender.
Boot /but/ *s* bota; botina; chute.
Boot.black /but.bléc/ *s* engraxate; *also* **Shoeblack**.
Booth /buth/ *s* cabine de telefone; tabernáculo; tenda.
Boot.jack /but.djéc/ *s* calçadeira; descalçadeira.
Boot.leg /but.lég/ *s* contrabando.
Boots /buts/ *s* engraxate de hotel.
Boo.ty /bu.ti/ *s* despojo; espólio; presa; saque.
Bore /bór/ *s* buraco; perfuração; pessoa inoportuna; *v* enfadar; fazer buraco.
Bore.dom /bôur.dâm/ *s* aborrecimento; maçada; tédio.
Bor.er /bôu.râr/ *s* broca; furador; sonda.
Bor.ing /bôu.ring/ *adj* enfadonho; maçante; maçador; perfurante.
Born /bórn/ *v* gerar; nascer; *adj* gerado; nascido.
Bor.ough /bô.rôu/ *s* burgo; município; vila.
Bor.row /bó.rôu/ *v* emprestar; tomar emprestado.
Bosh /bóxe/ *s* POP asneira; tolice.
Bo.som /bu.zâm/ *s* peito; seio; *v* esconder (no seio); abraçar; *adj* íntimo; secreto.
Boss /bós/ *s* chefe; patrão; maçaneta; cravo; ornamento pendente; massa de pedra ígnea; *v* comandar; mandar; *adj* em relevo.
Bot /bót/ *s* berne (larva).
Botch /bótxe/ *v* remendar.
Both /bôuth/ *adj* ambos; os dois; um e outro; *pron* ambos; os dois; um e outro; *adv* assim como; tanto como; ao mesmo tempo; *conj* assim como; tanto como.
Both.er /bó.dhâr/ *s* aborrecimento; incômodo; moléstia; *v* aborrecer; enfadar.
Bot.tle /bótol/ *s* frasco; garrafa; vasilhame; **Bottle Opener**: abridor de garrafa; *v* engarrafar; enfrascar.
Bot.tle.neck /bótol.néc/ *s* gargalo; garganta.
Bot.tom /bó.tâm/ *s* base; leito de rio; nádegas; traseiro; *v* aprofundar; alicerçar; basear-se; embasar; firmar; *adj* fundo; inferior; último.
Bounce /báuns/ *s* estalo; exagero; mola; salto; POP demissão; *v* pular; saltar.
Bound /báund/ *s* fronteira; fim; limite; certo; *v* dermarcar; limitar; *adj* atado; ligado; certo.
Bound.a.ry /báun.dâri/ *s* divisa; limite.
Bour.geois /bur.djuá/ *adj* burguês, que é proveniente do burgo.
Bourn /bôurn/ *s* arroio; limite; regato.
Bourne /bôurn/ *examine* ⇒ **Bourn**.
Bourse /bârs/ *s* bolsa de valores, de títulos.
Bouse /báus/ *v* alar; içar.
Bout /báut/ *s* ataque (de doença); acesso; turno; vez.
Bow /báu/ *s* arco; curva; laço de gravata; arcoíris; NÁUT. proa; MÚS arco de instrumento.
Bow.el /báu.âl/ *s* intestino; tripa.
Bowl /bôul/ *s* bacia; boliche; taça; tijela; *v* atirar; deslizar; fazer rolar.
Bow-leg /bôu.lég/ *s* perna torta.
Bow-legged /bôu.légd/ *adj* de pernas tortas.
Bowl.er /bôu.lâr/ *s* chapéu coco; *also* **Derby**.
Box /bócs/ *s* caixa; caixote; camarote; estojo; *v* boxear; encaixotar; lutar.
Box.er /bóc.sâr/ *s* boxeador; pugilista.
Boy /bói/ *s* garoto; menino.
Boy.friend /bói.friénd/ *s* amiguinho; namorado; amante.
Boy.hood /bói.hud/ *s* infância.
Boy.ish /bói.ixe/ *adj* infantil; pueril.
Bra /brah/ *s* POP sutiã (**Brassière**)
Brace /brêis/ *s* braçadeira; cinta; escora; gancho; ligadura; suporte; *v* atar; engatar; ligar.
Brace.let /brêis.lét/ *s* bracelete; pulseira; POP algema.
Brack.en /bré.cân/ *s* BOT samambaia.
Brack.et /bré.quit/ *s* braçadeira; chave; colchete; *v* colocar entre parênteses.
Brad /bréd/ *s* prego sem cabeça; ponta.
Brag /braeg/ *s* basófia; jactância; *v* gabar-se; vangloriar-se.
Brag.gart /bré.gârt/ *adj* fanfarrão; ostentador.
Braid /brêid/ *s* galão; trança; *v* entrelaçar; trançar.
Brain /brêin/ *s* cérebro; inteligência.
Brain.storm /brêin.estorm/ *s* POP distúrbio mental.
Braise /brêis/ *v* assar; guisar; refogar.
Brake /brêic/ *s* AUT freio; *v* frear.
Bran /braen/ *s* farelo.
Branch /bréntxe/ *s* galho (de árvore); ramo; *v* ramificar-se; **Brand** (brénd) *s* espada; ferrete (instrumento com que se marca o gado).
Bran.dy /brên.di/ *s* aguardente; conhaque.
Brass /brás/ *s* arame; cobre; latão; MÚS instrumento de metal; POP dinheiro.
Bras.sy /brá.si/ *adj* de latão; descarado; impudente.
Brat /brét/ *s* avental; moleque.
Brave /brêiv/ *v* desafiar; *adj* bravo; corajoso; valente.
Brav.er.y /brêi.vâri/ *s* audácia; bravura; coragem.
Brawl /bról/ *s* alvoroço; briga; disputa; *v* altercar; brigar.

Brawn /brón/ *s* carne de porco; força muscular; músculo.
Bray /brêi/ *v* moer; triturar; zurrar.
Braze /brêiz/ *v* bronzear; soldar.
Bra.zen /brêizn/ *adj* bronzeado; de latão.
Bra.zil.i.an /brâsi.liân/ *adj* brasileiro.
Bra.zil.wood /brâzil.uud/ *s* pau-brasil (árvore).
Bread /bréd/ *s* pão.
Breadth /brédth/ *s* amplitude; extensão; liberalidade; largueza de visão.
Break /brêic/ *s* falha; interrupção; quebra; *v* despedaçar; quebrar; romper; **Break in:** arrombar.
Break-down /brêic.dáun/ *s* colapso; esgotamento; ruína.
Break.fast /brêic.fâst/ *s* desjejum; *v* quebrar o jejum.
Break.neck /brêic.néc/ *adj* perigoso;.
Breast /brést/ *s* peito; seio; *v* atacar pela frente; enfrentar.
Breath /bréth/ *s* fôlego; hálito; respiração.
Breathe /bridj/ *v* descansar; exalar; respirar; soprar; viver.
Breech /britxe/ *s* culatra; nádegas; traseiro.
Breech.es /bri.txiz/ *s* calções; POP calças.
Breed /brid/ *s* raça; geração; ninhada; *v* criar; educar.
Breeze /briz/ *s* aragem; agitação; brisa.
Breth.ren /bré.dhren/ *s* irmãos de fraternidade.
Brew /bru/ *s* bebida fermentada; cerveja; *v* fermentar; misturar; tramar.
Briar /brái.âr/ *adj* matagal roseira; *also* **Brier**.
Bribe /bráib/ *s* propina; suborno; subornar.
Brib.er.y /brái.bâri/ *s* suborno.
Brick /bric/ *s* bom sujeito; ladrilho; tijolo.
Bri.dal /brái.dâl/ *s* noivado; núpcias; *adj* nupcial.
Bride /bráid/ *s* noiva (recém-casada).
Bride.groom /bráid.grum/ *s* noivo (recém-casado).
Brides.maid /brái.dzmêid/ *s* dama de honra.
Bridge /bridj/ *s* jogo de cartas; ponte; aparelho dentário.
Bri.dle /bráidol/ *s* freio; rédea (de cavalo); amarra; antigo instrumento de tortura; *v* conter; refrear.
Brief /brif/ *s* compêndio; instrução; resumo; *v* abreviar; resumir; *adj* breve; conciso.
Brief.case /brif.quêiz/ *s* maleta; pasta.
Brief.ly /brif.li/ *adv* concisamente; resumidamente.
Brier /brái.âr/ *examine* ⇒ **Briar**.
Bri.gade /bri.guêid/ *s* brigada (corpo militar).
Bright /bráit/ *adj* brilhante; luminoso.
Bright.en /bráitn/ *v* alegrar; iluminar; polir.
Brim /brim/ *s* aba; beira; borda; *v* encher até as bordas.
Brin.dle /brindól/ *adj* malhado.
Brine /bráin/ *s* água do mar; lágrima (poesia) salmoura.
Bring /brin/ *v* conduzir; produzir; trazer.
Brink /brinc/ *s* beira; borda; margem (rio, mar, etc.); orla.
Brin.y /brái.ni/ *adj* salgado; salobre.
Brisk /brisc/ *adj* ativo; esperto; vigoroso; *v* animar.
Bris.ket /brisquét/ *s* carne de peito de animal para comer.
Bris.tle /bris.tol/ *s* cerda; pelo; *v* eriçar os pelos.
Bri.tan.nic /brité.nic/ *adj* Britânico
Brit.ish /bri.tixe/ *s* o povo Inglês; *adj* Britânico.
Brit.tle /brit.tol/ *adj* frágil.
Broach /brôutxe/ *s* broca; espêto; furador; *v* abrir; espetar; tornar público.
Broad /bród/ *adj* amplo; claro; principal.
Broad.cast /bród.quést/ *s* ação de semear; programa (rádio); radiodifusão.
Broad.en /bródn/ *v* alargar; ampliar.
Broad.ly /bró.dli/ *adv* amplamente.
Broad.sheet /bród.xit/ *s* jornal.
Bro.cade /broquêid/ *s* brocado (tecido).
Brock /bróc/ *s* texugo (mamífero).
Brogue /brôug/ *s* sotaque, dialeto (Irlandês).
Broil /brőil/ *s* algazarra; motim; rixa; tumulto; *v* assar; discutir; tostar.
Broke /brôuc/ *adj* falido; quebrado; sem dinheiro.
Bro.ker /brôu.câr/ *s* corretor de títulos.
Bronze /brónz/ *s* bronze.
Brooch /brôutxe/ *s* alfinete de lapela; broche.
Brood /brud/ *s* geração; ninhada; prole; raça; *v* chocar; meditar; refletir.
Brook /bruc/ *s* arroio; córrego; regato; *v* digerir; suportar; tolerar.
Brook.let /bruc.lit/ *s* córrego; regato.
Broom /brum/ *s* planta ornamental; vassoura; *v* varrer.
Broth /bróth/ *s* caldo; sopa.
Broth.el /bró.thel/ *s* bordel; casa de prostituição.
Broth.er /brâ.dâr/ *s* amigo; irmão; **Brother-in-law:** cunhado.
Brotherhood /brâ.dhâr.hud/ *s* fraternidade; confraria; irmandade.
Brow /bráu/ *s* sobrancelha; testa.
Brown /braún/ *adj* castanho; marrom; moreno; *v* acastanhar; tostar.
Browse /bráuz/ *v* folhear; pastar; navegar.
Browser /bráuzâr/ *s* navegador; folheador.
Bruise /bruz/ *s* contusão; escoriação; mancha (roxa); nódoa (negra); *v* contundir; machucar; pisar.
Brume /brum/ *s* bruma; névoa.
Brum.ma.gem /brâ.mâdjâm/ *s* bijuteria; *adj* falso.
Brunt /brânt/ *s* choque; colisão; peso.
Brush /brâxe/ *s* broxa; escova (de cabelo); pincel; *v* escovar; pintar com pincel.
Bub /bâb/ *s* USA menino; rapaz.
Bub.ble /bâbol/ *s* ampola; bolha (de sabão); bola (de sabão); logro; murmúrio; quimera; **Bubble gum:** goma de mascar; *v* borbulhar.
Buc.ca.neer /bâcânir/ *s* bucaneiro; pirata.
Buck /bâc/ *s* bode; gamo; veado; POP Dólar.
Buck.et /bâ.quit/ *s* balde; tina; *v* baldear; cavalgar.
Buck.hound /bâc.háund/ *s* cão caçador.

Buck.le /bâcol/ *s* broche de cabelo; fivela; *v* afivelar; prender.
Buck.ler /bâc.lâr/ *v* defender; escudar; proteger.
Buck.skin /bâc.squin/ *s* camurça; pele de anta.
Bud /bâd/ *s* botão (flor); broto; *v* brotar; emitir; germinar.
Bud.dy /bâdi/ *s* amigo; irmão.
Budge /bâdj/ *s* pele de cordeiro; *v* agitar-se; mover-se; mexer; *adj* cerimonioso; pomposo.
Budg.et /bâ.djit/ *s* mochila; orçamento; saco.
Buff /bâf/ *s* couro de búfalo; disco para polir (de couro); *v* polir.
Buff.er /bâ.fâr/ *s* para-choque; *inf* memória que fica armazenada temporariamente.
Buf.fet /bâ.fit/ *s* bofetada; tapa; armário de louças; espécie de restaurante; *v* bater; esmurrar; sacudir.
Buf.foon /bâfun/ *s* bôbo; bufão; palhaço.
Bug /bâg/ *s* percevejo; micróbio.
Bug.ger /bâ.gâr/ *s* sodomita (que faz cópula anal); pederastia; velhaco.
Bug.gy /bâgi/ *s* carro de duas rodas; carrinho para criança.
Bu.gle /bâgol/ *s* corneta; clarim; trompa.
Build /bild/ *s* contrução; prédio; *v* construir; edificar.
Bulk /bâlc/ *s* grandeza; massa; volume.
Bulky /bâl.qui/ *adj* imenso; grande; volumoso.
Bull /bul/ *s* bula (papal); contradição; disparate; touro.
Bull.dog /bul.dóg/ *s* buldogue (cão de fila).
Bul.let /bu.lit/ *s* bala; projétil.
Bull.fight /bul.fáit/ *s* tourada.
Bul.ly /bu.li/ *s* brigão; capanga; valentão; *v* maltratar; intimidar; ameaçar; *adj* brutal; insolente.
Bul.wark /bul.uârc/ *s* baluarte; muralha.
Bum /bâm/ *s* POP vagabundo; GÍR bunda; *v* embriagar-se; vagabundear; *adj* inferior; péssimo.
Bump /bâmp/ *s* choque; solavanco; galo (na cabeça); inchaço; pancada; para-choque; *v* bater; contundir; ferir.
Bump.kin /bâmp.quin/ *s* caipira; jeca; rústico.
Bun /bân/ *s* biscoito; bolo; carrapicho (de cabelo); rabo de coelho.
Bunch /bântxe/ *s* cacho; molho (punhado); *v* agrupar; enfeixar; reunir.
Bund /bând/ *s* aterro; dique.
Bung /bâng/ *s* rolha; tampão; *v* arrolhar; tamponar.
Bun.ion /bâ.niân/ *s* calo; joanete.
Bunk /bânc/ *s* beliche; estrado de dormir.
Bun.ny /bân.ni/ *s* coelho; esquilo.
Buoy /bói/ *s* boia; salva-vidas; *v* boiar.
Bur.den /bârdn/ *s* carga; fardo; peso; *v* carregar; dificultar.
Bur.geon /bâr.djân/ *s* broto; botão; *v* rebentar.
Bur.glar /bâr.glâr/ s ladrão; arrombador; assaltante.
Bur.glar.ize /bâr.glâráiz/ *v* arrombar; roubar.
Bur.gle /bârgol/ *v* roubar.
Bur.i.al /bé.riâl/ *s* enterro; funeral.
Bur.ly /bâr.li/ *adj* forte; robusto; volumoso.
Burn /bârn/ *s* fogo; queimadura; *v* carbonizar; incendiar; queimar.
Burn.er /bâr.nâr/ *s* bico de gás.
Bur.nish /bâr.nixe/ *v* luzir; lustrar; polir.
Burr /bâr/ *s* broca de dentista; halo (em torno do sol ou lua); rebarba de metal; som gutural.
Bur.row /bâ.rôu/ *s* cova; esconderijo; toca; *v* cavar; escavar; fazer cova.
Burse /bârs/ *s* bolsa.
Burst /bârst/ *s* explosão; estouro; fenda; racha; *v* arrebentar; brotar; explodir.
Bur.y /bé.ri/ *v* esconder; enterrar; ocultar.
Bus /bâs/ *s* ônibus; **Bus stop**: parada (ponto) de ônibus.
Bush /bu.xi/ *s* arbusto; moita; mata; *v* copar; plantar arbustos; tornar espesso.
Bush.el /bu.xél/ *s* alqueire, medida de capacidade.
Bus.i.ness /biz.nés/ *s* comércio; negócio.
Bust /bâst/ *s* busto; peito; seio.
Bus.tle /bâsol/ *s* animação; alvoroço; afobação; *v* apressar-se; agitar-se; mexer-se.
Bus.y /bi.zi/ *adj* atarefado; ativo; ocupado; *v* empregar; ocupar-se de.
Bus.y.bod.y /bizi.bódi/ *s* bisbilhoteiro; intrometido.
But /bât/ *s* obstáculo; objeção; *adv* apenas; meramente; somente; *conj* a não ser que; contudo; exceto; todavia, mas; *prep* com exceção.
Butch.er /bu.txar/ *s* açougueiro; carniceiro; *v* abater.
Butch.er.y /bu.txari/ *s* açougueiro; carnificina; matadouro.
But.ler /bâ.tlâr/ *s* mordomo.
Butt /bât/ *s* alvo; coronha; extremidade grossa; *v* ajustar; dar cabeçadas; ligar.
But.ter /bâ.târ/ *s* manteiga.
But.ter.fly /bâ.târflái/ *s* borboleta.
But.ter.y /bâ.târi/ *s* adega; despensa; *adj* amanteigado.
But.tock /bâ.tâc/ *s* anca; bunda; nádega.
But.ton /batân/ *s* abotuadura; botão; broche de lapela.
Bux.om /bâc.sâm/ *adj* jovial; de seios grandes.
Buy /baí/ *s* aquisição; compra; *v* adquirir; comprar.
Buzz /bâz/ *s* murmúrio; zumbido; zunido; *v* cochichar.
Buzz.er /bâ.zâr/ *s* cigarra; sereia; sinal de telefone.
By /bái/ *prep* a; de; em; perto; por; sobre; **By all means**: por todos os meios; *adv* a; de; em; perto de; por.
Bye /bái/ *s* coisa de menor importância; gol em certos esportes; *adj* secundário.
Bye-bye! /bái-bái/ *interj* Adeus!; Até logo.
By.gone /bái.gón/ *s* o passado; *adj* antigo; fora de moda.
By-name /bái.nêim/ *s* apelido; pseudônimo.
By-pass /bái.pas/ *s* atalho; caminho; passagem secreta; *also* Bypass; *v* contornar.
Byre /báir/ *s* estábulo.
By.word /bái.uârd/ *s* provérbio; adágio; máxima.

ABCDEFGHIJKLMNOPQRSTUVWXYZ

C /ci/ *s* terceira letra do alfabeto Português e do alfabeto Inglês.
Cab /québ/ *s* cabina; táxi; carruagem.
Cab.bage /qué.bidj/ *s* couve; repolho.
Cab.in /qué.bin/ *s* cabana; cabina; camarote.
Cab.i.net /qué.binét/ *s* gabinete; armário; cômoda; escritório; *adj* confidencial.
Ca.ble /quêiból/ *s* cabo (fio); cabograma; *v* amarrar; cabografar.
Cache /cáxe/ *s* esconderijo para provisões, equipamentos, etc.; *v* esconder.
Ca.chet /caxê/ *s* chancela; selo; marca; cunho; rubrica.
Cad /cád/ *s* pessoa inculta ou grosseira; canalha; motorista de ônibus.
Cad.die /cá.di/ *s* mensageiro; portador.
Cad.dy /cá.di/ *s* lata ou caixa pequena para chá.
Cadge /quédj/ *v* mascatear; mendigar; esmolar; pedir.
Ca.du.ci.ty /câdiu.citi/ *s* caducidade; decrepitude.
Cage /quêidj/ *s* gaiola; prisão; cadeia; jaula; *v* engaiolar.
Ca.jole /câdjôul/ *v* acariciar; lisonjear.
Cake /quêic/ *s* bolo; GÍR assíduo frequentador de festas e reuniões.
Ca.lam.i.tous /câlé.mitâs/ *adj* calamitoso; desastrado.
Ca.lam.i.ty /câlé.miti/ *s* calamidade.
Cal.dron /cól.drân/ *s* caldeirão.
Calf /cáf/ *s* novilha; músculos abaixo do joelho.
Cal.i.ber /qué.libâr/ *s* calibre; capacidade.
Cal.i.bre /qué.libâr/ *examine* ⇒ **Caliber**.
Call /cól/ *v* chamar; anunciar; apelar; convidar.
Cal.lous /qué.lâs/ *adj* caloso; endurecido; insensível.
Cal.o.rie /qué.lori/ *s* caloria (unidade de energia fornecida pelos alimentos).
Cal.o.ry /qué.lori/ *s examine* ⇒ **Calorie**.
Cal.um.ny /qué.lâmni/ *s* calúnia; difamação; maledicência.
Cam.ber /quém.bâr/ *s* curvatura; caimento; arqueamento; *v* arquear; abaular.
Cam.bric /quém.bric/ *s* cambraia (tecido de algodão ou linho).
Cam.el /qué.mel/ *s* camelo.
Ca.mel.o.pard /câmé.lopárd/ *s* girafa, mamífero ruminante.
Cam.er.a /qué.marâ/ *s* câmara; objetiva.
Cam.i.sole /qué.missôul/ *s* camisola; vestes de dormir.
Cam.ou.flage /qué.mufládj/ *v* camuflar; disfarçar; mascarar.
Camp /quémp/ *s* campo; acampamento; *v* acampar; alojar.
Cam.pus /quém.pâs/ *s* pátio de uma universidade ou escola.
Can /quén/ *s* lata; vasilha; tambor; caneca; lata de refrigerante; lata de alimento; *v* poder; *past and pp* **Could**.
Ca.nal /cânél/ *s* canal; *examine* ⇒ **Channel**; *v* canalizar.
Can.al.ize /qué.nâláiz/ *v* canalizar.
Ca.na.ry /câna.ri/ *s* canário (pássaro).
Can.cer /quén.sâr/ *s* MED câncer, nome comum dos tumores malignos.
Can.did /quén.did/ *adj* cândido; sincero; franco; leal.
Can.died /quén.did/ *adj* confeito; coberto de açúcar.
Can.dle /quéndol/ *s* vela.
Can.dle.stick /quéndol.stic/ *s* castiçal; candelabro.
Can.dle.wick /quéndol.uic/ *s* pavio de vela.
Can.dor /quén.dâr/ *s* imparcialidade; ingenuidade.
Can.dour /quén.dâr/ *examine* **Candor**.
Can.dy /quén.di/ *s* açúcar (diversos); bombom; bala; doce.
Cane /quêin/ *s* bengala; cana; palhinha.
Ca.noe /cánu/ *s* canoa; bote.
Can.on /qué.nân/ *s* cânone; decreto; padrão; membro de Igreja; escrito original.
Can.on.ize /qué.nânáiz/ *v* canonizar; glorificar; consagrar como santo.
Can't /cânt/ *v* forma contraída de **Cannot**.
Cant /quént/ *s* canto; calão; fala hipócrita; *v* falar com hipocrisia.
Can.teen /quéntin/ *s* cantina; cantil; vasilhame de acampamento.

Can.vas /quén.vâs/ *s* canvas, tecido forte e pesado para diversos fins; tenda; vela de barco.
Can.vass /quén.vâs/ *v* discutir; debater; intrigar.
Can.yon /qué.niân/ *s* desfiladeiro; vale profundo.
Cap /caep/ *s* boné; gorro; tampa; chapéu; extremidade; *v* cobrir; coroar; vencer; ganhar.
Ca.pa.bil.i.ty /quêipâbi.liti/ *s* capacidade; aptidão; competência.
Ca.pac.i.ty /câpé.citi/ *s* capacidade; âmbito; espaço.
Cape /quêip/ *s* capa; manto; GEO cabo.
Cap.i.tal /qué.pitâl/ *s* capital; cabedal; letra maiúscula; *adj* capital; principal; primordial.
Ca.pit.u.late /câpi.tiulêit/ *v* capitular; render-se.
Ca.pit.u.la.tion /câpitiulêi.xân/ *s* capitulação; rendição; deposição de armas.
Ca.pri.cious /câpri.xâs/ *adj* caprichoso; bizarro.
Cap.tain /qué.ptin/ *s* capitão.
Cap.tion /quép.xân/ *s* legenda; título; rubrica.
Cap.ti.vate /qué.ptivêit/ *v* cativar; fascinar; encantar.
Cap.ture /qué.ptxâr/ *s* captura; prisão; *v* capturar; aprisionar.
Car /cár/ *s* carro; veículo; automóvel; trem.
Car.a.bine /qué.râbáin/ *s* carabina (arma de fogo).
Card /cárd/ *s* cartão postal; carta de baralho; cardápio; convite; ficha; *v* cartear; fixar; endereçar um cartão.
Card.board /cárd.bórd/ *s* papelão; *also* Pasteboard.
Care /quér/ *s* cuidado; preocupação; atenção; *v* cuidar; ter ou mostrar cuidado; importar-se.
Ca.reer /cârir/ *s* carreira; profissão; ofício; modo de vida; *v* galopar.
Care.free /câr.fri/ *adj* despreocupado.
Care.ful /quér.ful/ *adj* cuidadoso; exato.
Care.ful.ly /quér.fuli/ *adv* cuidadosamente; cautelosamente.
Ca.ress /cârés/ *v* acariciar; afagar; mimar.
Car.go /cár.gôu/ *s* carga; carregamento; frete.
Car.il.lon /câri.liân/ *s* carrilhão; grandes sinos de torre de igreja.
Cark.ing /cár.quin/ *adj* pesaroso; pungente; opressivo.
Car.mine /cár.min/ *s* carmim, cor avermelhada.
Car.nage /cár.nidj/ *s* carnificina; matança.
Car.nal /cár.nâl/ *adj* carnal; sensual; lascivo.
Car.na.tion /cár.nêixan/ *s* cravo (flor).
Car.ni.val /cár.nivâl/ *s* Carnaval; parque de diversões.
Car.ol /qué.râl/ *s* gorjeio; canto de natal; *v* cantar; enunciar uma canção como um pássaro.
Car.ol.er /qué.râlâr/ *s* cantor; gorjeador.
Car.ol.ler /qué.râlâr/ *examine* ⇒ Caroler.
Carp /cárp/ *s* carpa; *v* criticar; admoestar; censurar.
Car.pen.ter /cár.pintâr/ *s* carpinteiro.
Car.pen.try /cár.pintri/ *s* carpintaria; obra de carpinteiro.
Car.pet /cár.pit/ *s* carpete; alfombra; tapete.
Car.riage /qué.ridj/ *s* carruagem; carro; veículo; carrinho de bebê.
Car.ri.er /qué.riâr/ *s* portador; carregador.
Car.ri.on /qué.riân/ *s* carniça; carne podre; cadáver em putrefação.
Car.rot /qué.rât/ *s* cenoura.
Car.rot.y /qué.râti/ *adj* ruivo; da cor da cenoura.
Car.ry /qué.ri/ *s* a extenção, o alcance de um projétil, de uma bala de revólver; *v* carregar; levar; conduzir.
Cart /cárt/ *s* carroça; pequeno carro para carga; carreta; carruagem; AUT carrinho de corrida; *v* transportar em uma carroça.
Cart.age /cár.tidj/ *s* carreto; frete; carretagem.
Car.tel /cár.tél/ *s* ECON cartel, monopólio de mercado.
Cart.er /cárt.târ/ *s* carroceiro; carteiro; carreteiro.
Car.ton /cár.tân/ *s* caixa de papelão; papelão.
Car.toon /cártun/ *s* caricatura; desenho; esboço.
Car.touche /cârtu.xe/ *s* cartucho; cartucheira.
Car.tridge /cár.tridj/ *s* cartucho; canudo.
Carve /cárv/ *v* esculpir; trinchar; entalhar; gravar; cinzelar.
Cas.cade /quésquêid/ *s* cascata; queda d'água.
Case /quêis/ *s* caso; baú; caixa; estojo; mala.
Case.ment /quêis.mânt/ *s* armação de janela; batente.
Ca.sern /cázârn/ *s* quartel; caserna.
Ca.serne /cázârn/ *examine* ⇒ Casern.
Cash /quêxe/ *s* pagamento à vista; dinheiro em caixa (na mão); *v* converter em dinheiro.
Cash.ier /quéxir/ *s* caixa de banco; pagador; *v* demitir; despedir; licenciar.
Cash.mere /quéxe.mir/ *s* casimira.
Cask /cásc/ *s* barril; pipa; casco; capacete.
Cas.ket /cás.quit/ *s* escrínio; pequeno cofre para joias; ataúde; caixão fúnebre.
Cas.si.mere /qué.sâmir/ *examine* ⇒ Cashmere.
Cas.sock /qué.sâc/ *s* batina; sotaina; balandrau.
Cast /cást/ *s* golpe; lance; *v* lançar; atirar; fundir.
Cas.ti.gate /qués.tiguêit/ *v* punir; castigar; corrigir.
Cas.tle /câstól/ *s* castelo; fortaleza; cidadela; ESP torre (xadrez).
Cas.tle /câstól/ *v* encastelar.
Cas.tor /cás.târ/ *s* castor; pele de castor.
Cas.u.al /qué.djuâl/ *adj* casual; fortuito; acidental.
Cas.u.al.ly /qué.djuâli/ *adv* casualmente; despreocupadamente; incidentalmente.
Cat /quét/ *s* gato; (leão, leopardo, onça, tigre, etc.); chicote; POP mulher dada a escândalos (também prostituta).
Cat.a.log /qué.tâlóg/ *s* catálogo; anuário de universidade; *v* catalogar; classificar.
Ca.tarrh /câtár/ *s* catarro.
Catch /quétxe/ *s* engate; prendedor; garra; batente; *v* colher; pilhar; agarrar; pegar; prender; apanhar; *past and pp* Caught.
Catch.up /quét.xâp/ *s* molho de tomate temperado.
Cat.er.pil.lar /qué.târpilâr/ *s* lagarta.

Cat.gut /quét.gât/ *s* MED categute, corda ou linha de tripa usada em cirurgia.
Ca.the.dral /câthi.drâl/ *s* catedral; sé.
Cath.o.lic /qué.thólic/ *s* Católico (da religião católica).
Ca.thol.i.cism /câthó.lissizm/ *s* Catolicismo.
Cat.like /quét.láic/ *adj* felino; semelhante ao gato.
Cat.nap /quét.nâp/ *s* soneca.
Cat.sup /quét.sâp/ *examine* ⇒ Catchup *or* Ketchup.
Cat.tle /quétol/ *s* gado; rebanho.
Cau.dle /códol/ *s* gemada quente preparada com vinho, açúcar, pão, etc.
Caul.dron /cót/ *s* caldeirão.
Cau.li.flow.er /có.li.fláu.âr/ *s* couve-flor.
Caus.al /có.zâl/ *adj* causal; causativo.
Cause /cóz/ *s* causa; motivo; razão; *v* causar; ocasionar; acarretar; compelir.
Cau.tion /có.txân/ *s* cautela; prevenção; aviso; *v* prevenir; avisar.
Cau.tious.ly /có.xâsli/ *adv* cautelosamente.
Cav.al.cade /quévâlquêid/ *s* cavalgada.
Cav.a.lier /quévâlir/ *s* cavaleiro; *adj* jovial; nobre.
Cave /quêiv/ *s* caverna; cova; buraco; *v* escavar; cavar.
Cav.ern /qué.vârn/ *s* caverna; cavidade; *v* escavar.
Cav.i.ar /qué.viâr/ *s* caviar; ovas de esturjão.
Cav.i.ty /qué.viti/ *s* cavidade; buraco.
Caw /có/ *v* gralhar; gritar.
Cease /cis/ *v* cessar; parar; extinguir; extinguir-se; terminar.
Ce.dar /ci.dâr/ *s* cedro (árvore comum no Líbano).
Cede /cid/ *v* ceder; conceder; outorgar; renunciar.
Ceil /cil/ *v* forrar; estucar (construção).
Ceil.ing /ci.lin/ *s* teto; forro.
Cel.e.brate /cé.librêit/ *v* celebrar; festejar; exaltar.
Cel.e.bra.tion /célibrêi.xân/ *s* comemoração; celebração.
Ce.leb.ri.ty /cilé.briti/ *s* celebridade; fama.
Ce.ler.i.ty /cilé.riti/ *s* celeridade; rapidez; velocidade.
Cel.er.y /cé.lâri/ *s* aipo; salsão.
Ce.les.tial /cilés.txâl/ *adj* celestial; divino; angelical.
Cel.i.ba.cy /cé.libâssi/ *s* celibato, estado de pessoa não casada.
Cel.i.bate /cé.libêit/ *s* celibatário; solteiro; *adj* celibatário.
Cell /sél/ *s* pilha; acumulador; célula; cela; cela de prisão.
Cel.lar /sé.lâr/ *s* buraco; adega; celeiro; *v* armazenar em adega.
Cel.lu.lar /sé.liulâr/ *adj* celular; celuloso.
Celt /quélt/ *s* peça pré-histórica semelhante ao machado (de pedra ou bronze).
Celt.ic /sél.tic/ *s* Céltico, a língua dos antigos Celtas.
Ce.ment /cimént/ *v* cimentar; tornar firme; consolidar.
Cem.e.ter.y /cé.mitéri/ *s* cemitério; campo-santo.
Cense /séns/ *v* incensar; perfumar com incenso.
Cen.ser /sén.sâr/ *s* turíbulo; incensório.
Cen.sor.ship /sén.sârxip/ *s* censura; atividade de censor.
Cen.sure /sén.xâr/ *s* censura; crítica; admoestação; *v* censurar; repreender.
Cen.sus /sén.sâs/ *s* censo; recenseamento.
Cent /sént/ *s* centésimo; centavo.
Cen.ter /sén.târ/ *s* centro; meio; *v* centralizar; focalizar.
Cen.tral /sén.trâl/ *adj* central; principal.
Cen.tral.ize /sén.trâláiz/ *v* centralizar; concentrar.
Cen.tre /sén.tri/ *examine* ⇒ Center.
Cen.tu.ry /sén.tiuri/ *s* século; centenário; centúria.
Cere /cir/ *v* encerar; cobrir de cera; lacrar.
Ce.re.al /ci.riâl/ *s* cereal; que produz farinha; mingau.
Cer.e.bral /sé.ribral/ *adj* cerebral; mental.
Cer.e.bra.tion /séribrêi.xân/ *s* cerebração, função cerebral.
Cere.ment /cir.ment/ *s* sudário; mortalha.
Cer.e.mo.ni.al /sérimôu.niâl/ *s* cerimonial; ritual.
Cer.e.mo.ni.ous /sérimôu.niâs/ *adj* cerimonioso.
Cer.e.mo.ny /sé.rimôuni/ *s* cerimônia; etiqueta.
Ce.rise /sâriz/ *s* cereja (fruta); *adj* cereja (cor).
Cer.tain /sâr.ten/ *s* número indeterminado; *adj* certo; seguro; positivo; fixo.
Cer.tain.ly /sâr.tenli/ *adv* certamente; sem dúvida; verdadeiramente.
Cer.tif.i.cate /sârti.fiquêit/ *s* certificado; certidão; atestado; laudo; *v* atestar; certificar.
Cer.ti.fy /sâr.tifái/ *v* certificar; atestar; assegurar.
Cer.vix /sâr.vics/ *s* MED nuca.
Cess /sés/ *s* imposto; tributo; taxa; *v* tributar.
Ces.sa.tion /séssêi.xân/ *s* cessação; pausa; parada.
Chafe /txêif/ *v* aquecer por atrito; irritar-se; esfolar.
Chaff /txéf/ *s* brincadeira; farelo; debulho; *v* caçoar; brincar.
Chaf.fer /txé.fâr/ *v* pechinchar; comprar; regatear.
Chain /txêin/ *s* corrente; cadeia; algema; *v* escravizar; sujeitar.
Chair /txér/ *s* cadeira; cátedra; cadeira presidencial; cadeira elétrica; *v* instalar na presidência; dar posse a.
Chair.man /txér.mân/ *s* presidente de assembleia, comissão, etc.
Chair.man.ship /txér.mânxip/ *s* presidência de uma reunião ou assembleia.
Chal.ice /txé.lis/ *s* cálice; taça; copa; BOT cálice de flor.
Chalk /txóc/ *s* giz; *v* desenhar com giz; debitar.
Chal.lenge /txé.lindj/ *s* desafio; provocação; *v* desafiar.
Chal.leng.er /txé.lendjâr/ *s* desafiador.
Cham.ber /txêim.bâr/ *s* câmara; espaço; compartimento.
Cham.ber.lain /txêim.bârlin/ *s* mordomo; tesoureiro municipal; camareiro.
Cha.me.le.on /câmi.liân/ *s* camaleão; FIG viracasaca.

Champ /txémp/ *v* mascar; mastigar; morder.
Cham.pagne /xémpêin/ *s* champanha.
Cham.paign /txém.pêin/ *s* campina; *adj* plano; raso; descoberto.
Cham.pi.gnon /txémpi.niân/ *s* cogumelo.
Cham.pi.on /txém.piân/ *s* campeão; vencedor; *adj* vitorioso; campeão.
Cham.pi.on.ship /txém.piânxip/ *s* campeonato; defesa de uma causa.
Chance /txéns/ *s* acaso; casualidade; oportunidade; sorte; risco; perigo; *v* arriscar; arriscar-se; aventurar-se; ocorrer; acontecer; *adj* casual; fortuito.
Chan.cel.or /txén.célâr/ *s* ministro; chanceler.
Chan.cel.ry /txén.sâri/ *s* chancelaria.
Chan.cer.y /txén.sâri/ *s* tribunal de justiça; tribunal especial.
Chan.de.lier /xéndilir/ *s* candelabro; lustre; lampadário.
Change /txêindj/ *s* troca; câmbio; mudança; permuta; moeda miúda (troco); *v* mudar; trocar; cambiar.
Chan.nel /txé.nél/ *s* canal; calha; conduto; *v* canalizar.
Chan.son /xén.sân/ *s* canção.
Chant /txént/ *s* cântico; melodia; Cantochão (Canto Gregoriano); *v* cantar.
Chap /txép/ *s* sulco; greta; fenda; MED mandíbulas; maxilas; *v* sulcar; gretar; fender; rachar.
Chap.book /txép.buc/ *s* novela popular; livreto de baladas; folheto.
Chape /txêip/ *s* fivela; gancho.
Chap.el /txé.pél/ *s* capela.
Chap-fallen /txépfó.lân/ *adj* consternado; desanimado.
Chap.i.ter /txé.ptâr/ *s* ARQT capitel de um pilar; remate de coluna.
Chap.lain /txép.lin/ *s* capelão.
Chap.man /txép.mân/ *s* vendedor ambulante; mascate.
Chap.ter /txép.târ/ *s* capítulo; carta capitular.
Char /txár/ *s* biscate; trabalho extra; *v* torrar; tostar; trabalhar em jornal; fazer biscates.
Char.ac.ter.ize /qué.râctârais/ *v* caracterizar; gravar; individualizar.
Char.ac.ter.less /quérâctârless/ *adj* sem caráter; desavergonhado.
Cha.rade /xâ.rêid/ *s* charada; enigma.
Char.coal /xâ.cul/ *s* carvão.
Charge /txárdj/ *s* carga; despesa; ataque; assalto; brasão; fardo; *v* cobrar; acusar.
Charg.er /txár.djâr/ *s* cavalo de batalha; travessa (para carne).
Char.i.ta.ble /txé.ritâból/ *adj* caridoso; generoso; misericordioso.
Char.i.ty /txé.riti/ *s* caridade; esmola; casa de misericórdia; beneficência.
Char.la.tan /xár.latân/ *adj* charlatão.
Charm /txárm/ *s* encanto; sedução; atrativo; berloque; *v* encantar; seduzir; cativar.
Char.nel /txár.nel/ *s* cemitério; capela.
Chart /txárt/ *s* diagrama; mapa; gráfico; *v* traçar um mapa ou roteiro.
Char.ter /txár.târ/ *v* fretar; patentear; diplomar.
Chase /txêis/ *s* moldura; caça; presa; caçada; *v* caçar; perseguir; gravar em relevo.
Chas.er /txéi.sâr/ *s* o que executa trabalhos em relevo; perseguidor; caçador.
Chasm /quézm/ *s* abismo; precipício; divergência de opinião.
Chas.sis /xa.si/ *s* ELET base de rádio; MEC sustentação mecânica dos automóveis.
Chast.en /txêisn/ *v* castigar; corrigir; depurar.
Chas.tise /txéstáiz/ *v* castigar; açoitar.
Chas.ti.ty /txés.titi/ *s* castidade; continência; pureza.
Chat /txét/ *s* conversa; prosa; palestra; *v* conversar.
Chat.ter /txé.târ/ *s* conversa fiada; tagarelice.
Chat.ter.box /txé.târbócs/ *s* tagarela; falaz; palrador; GÍR metralhadora.
Chat.ty /txé.ti/ *adj* loquaz; falador.
Cheap /txip/ *adj* barato.
Cheap.en /txi.pen/ *v* baratear; desacreditar.
Cheap.ly /txip.li/ *adv* facilmente.
Cheat /txit/ *s* fraude; engano; enganador; trapaceiro; *v* enganar; burlar; iludir; colar (copiar num exame).
Cheat.er /txi.târ/ *s* trapaceiro; embusteiro.
Check /txéc/ *s* cheque; conta; nota; *v* conferir; deter; verificar; deixar; repetir.
Check.er /txé.câr/ *v* enxadrezar; matizar.
Check.er.board /txé.cârbôurd/ *s* tabuleiro para jogo de damas ou xadrez.
Check-up /txécâp/ *s* exame médico geral.
Cheek /txic/ *s* face; parte lateral; focinho; bochecha.
Cheek.y /txi.qui/ *adj* bochechudo; descarado; insolente.
Cheep /txip/ *v* piar; pipilar; gorjear; chilrear.
Cheer /txir/ *s* aclamação; alegria; animação; provisão; *v* animar; aplaudir; alegrar.
Cheer.ful /txir.ful/ *adj* alegre; festivo; jovial; animado.
Cheer.i.ly /txi.rili/ *adv* alegremente; animadamente.
Cheer.i.o /txi.riw/ *s* tchau; adeus.
Cheer.y /txi.ri/ *adj* alegre; jovial; vivo.
Cheese /txiz/ *s* queijo.
Chef /txif/ *s* cozinheiro; chefe.
Che.mise /ximiz/ *s* camisa feminina.
Chem.ist /qué.mist/ *s* químico; droguista; farmacêutico.
Cheque /(txéc/ *s* conta; *same as* Check.
Cher.ish /txé.rixe/ *v* apreciar; nutrir; acariciar; abrigar.
Cher.ry /txé.ri/ *s* cereja; cerejeira; *adj* cor de cereja.
Chess /txés/ *s* jogo de xadrez.
Chest /txést/ *s* peito (nu); tórax; arca; baú.

Chest.nut /txés.nât/ *s* castanha; cavalo; anedota; *adj* castanho; alazão.
Chew /txu/ *s* mastigação; tabaco de mascar; *v* mastigar; mascar; meditar.
Chew.ing /txu.in/ *adj* de mascar.
Chic /xic/ *s* elegante; *adj* chique; elegante.
Chi.cane /xiquêin/ *s* tramoia; enredo; chicana; zombaria; *v* enganar; chicanar; lograr.
Chick /txic/ *s* pinto; pintinho.
Chick.en /txi.cin/ *s* frango; criança; galinha; rapaz.
Chic.o.ry /txi.cori/ *s* chicória; crespa.
Chide /txáid/ *v* repreender; recriminar; censurar; ralhar com; *past* Chid *and pp* Chidden *or* Chiding.
Chief /txif/ *s* chefe; principal; gerente; comandante; *adj* supremo; primeiro; principal.
Chief.ly /txif.li/ *adv* principalmente; sobretudo.
Chigoe /txi.gôu/ *s* bicho-do-pé.
Chil.blain /txil.blêin/ *s* frieira.
Child /txáild/ *s* criança; filho; filha.
Child.hood /txáild.hud/ *s* infância; condição de criança.
Chil.dren /txil.dren/ *s* crianças.
Chill /txil/ *s* frio; calafrio; arrepio; resfriamento; *v* esfriar; endurecer a frio; *adj* gelado; descortês.
Chill.y /txi.li/ *adj* friorento; fresco; frio; indiferente.
Chim.ney /txim.ni/ *s* chaminé; FIG cartola.
Chin /txin/ *s* queixo.
Chinch /txintxe/ *s* percevejo.
Chin.cough /txin.cóf/ *s* MED coqueluche; tosse comprida.
Chine /txáin/ *s* MED coluna vertebral; espinhaço.
Chink /txinc/ *s* racha; rachadura; fenda.
Chintz /txints/ *s* chita; chitão.
Chip /txip/ *s* cavaco; apara; fragmento; limalha; lasca (madeira, pedra); *v* cortar em pedaços; lascar; *s* batata frita.
Chirp /txârp/ *s* gorjeio; canto do grilo; canto da cigarra; estampa de tecidos; *v* gorjear; chilrear.
Chir.rup /txi.râp/ *s* gorjeio; trinado; *v* aplaudir; estimular.
Chis.el /txizol/ *s* cinzel; buril; formão; *v* cinzelar; esculpir.
Chit /txit/ *s* pirralho; criança; fedelho; penhor.
Chit-chat /txit.txét/ *s* tagarelice; conversa fiada.
Chock /txóc/ *s* calço; cunha; escora; *v* prender com calço; calçar; *adv* à cunha.
Choc.o.late /txó.colit/ *s* chocolate.
Choice /txóis/ *s* escolha; preferência; variedade; *adj* escolhido.
Choke /txôuc/ *s* sufocação; obstrução; *v* sufocar; enganar (numa brincadeira).
Chol.er.ic /colé.ric/ *adj* colérico; irascível; zangado.
Choose /txuz/ *v* escolher; preferir; *past* Chose *and pp* Chosen.
Chop /txóp/ *s* fatia; posta; costeleta; mandíbula; Chop house: restaurante que prepara costelas; *v* retalhar; cortar; picar; permutar.
Chop.per /txó.pâr/ *s* faca afiada; cutelo; porteiro de teatro ou estação ferroviária.
Chop.sticks /txóp.stics/ *s pl* palitos que substituem o garfo.
Chord /córd/ *s* MÚS corda; acorde; harmonia.
Cho.rus /có.râs/ *s* MÚS refrão; coro; estribilho.
Christ /cráist/ *s* Cristo.
Chris.ten /crisnn/ *v* batizar; batizar-se.
Chris.tian /cris.txân/ *adj* Cristão, adepto do Cristianismo.
Christ.mas /cris.mâs/ *s* natal.
Chron.i.cle /cró.nicol/ *s* crônica.
Chro.nom.e.ter /cronó.mitâr/ *s* cronômetro; relógio de precisão.
Chub.by /txâ.bi/ *adj* gorducho; roliço; bochechudo.
Chuck /txâc/ *s* carícia; pancadinha; empurrão; *v* afagar; dar palmadas de leve em; jogar; atirar; cacarejar.
Chuck.le /txâcól/ *v* sorrir; rir entre os dentes (disfarçadamente).
Chum /txâm/ *s* amigo íntimo.
Chunk /txânc/ *s* pedaço grande; tronco; bloco.
Church /txârtxe/ *s* igreja; templo.
Chute /xut/ *s* cano inclinado; escoadouro; cachoeira.
Ci.gar /ci.gâr/ *s* charuto.
Cig.a.ret /cigârét/ *s* cigarro.
Cig.a.rette /cigârét/ *examine* ⇒ Cigaret.
Cinc.ture /cinc.txâr/ *s* cinta; cinto; cinturão; cintura; cerca; muro; *v* cercar; cingir.
Cin.e.ma /ci.nimâ/ *s* cinema.
Ci.pher /sái.fâr/ *s* cifra; zero; *v* cifrar; calcular; computar.
Cir.cle /sârcol/ *s* círculo; órbita; circunferência; *v* cercar; cingir; andar em círculos.
Cir.clet /sâr.clit/ *s* aro; argola; anel.
Cir.cuit /sâr.quit/ *s* circuito; giro; volta; âmbito; perímetro.
Cir.cu.late /sâr.quiulêit/ *v* circular; trafegar; pôr em circulação.
Cir.cum.flex /sârcam.flécs/ *s* acento circunflexo; *adj* circunflexo.
Cir.cum.scribe /sâr.câmscráib/ *v* circunscrever; limitar; confinar.
Cir.cum.spect /sâr.câmspéct/ *adj* circunspecto; prudente; discreto; grave.
Cir.cum.stance /sâr.câmsténs/ *s* circunstância; particularidade; motivo.
Cir.cum.stan.tial /sârcâmstén.xâl/ *adj* acidental; circunstancial; casual.
Cir.cus /sâr.câs/ *s* circo; praça; arena.
Cis.tern /cis.târn/ *s* cisterna; poço de água.
Cite /sáit/ *v* citar; intimar; mencionar; alegar.
Cit.i.zen /ci.tizn/ *s* cidadão; munícipe.
Cit.i.zen.ess /ci.tiznés/ *s* cidadã.
Cit.ron /ci.trân/ *s* cidra.
Cit.y /ci.ti/ *s* cidade; *adj* municipal; citadino.
Civ.i.li.za.tion /civilizêi.xân/ *s* civilização; cultura.

Civ.i.lize /ci.viláiz/ *v* civilizar; educar; refinar.
Civ.ism /ci.vizm/ *s* civismo; patriotismo.
Clab.ber /clé.bâr/ *s* coalhada; *v* coalhar.
Clack /cléc/ *s* tagarelice; estalo; ruído; som repetido; POP língua; *v* tagarelar.
Claim /clêim/ *s* alegação; direito; reclamação; reivindicação; exigência; *v* reclamar; alegar; requerer.
Clam /clém/ *s* molusco; marisco; espécie de mexilhão; *v* aderir; grudar; mariscar.
Clam.ant /clé.mânt/ *adj* clamante; chamada por socorro.
Clam.ber /clém.bâr/ *v* escalar com dificuldade; trepar.
Clam.my /clé.mi/ *adj* viscoso; pegajoso; úmido e frio.
Clam.or.ous /clé.marâs/ *adj* clamoroso; ruidoso; vociferante.
Clamp /clémp/ *s* gancho; braçadeira; colchete; presilha; pregador; *v* prender com grampo; agarrar; dar passos pesados; empilhar.
Clan /clén/ *s* clã; tribo; grei; raça; casta.
Clap /clép/ *s* palmada; estalo; palmas; aplauso; *v* aplaudir; estalar; bater palmas.
Clap.board /clép.bôurd/ *s* tábua; ripa de madeira.
Clar.i.fy /clé.rifái/ *v* clarificar; elucidar; purificar; aclarar.
Clar.i.net /clérinét/ *s* clarineta.
Clar.i.ty /clé.riti/ *s* claridade; brilho; lucidez; clareza.
Clash /cléxe/ *s* choque; oposição; conflito; estrondo; discordância; *v* chocar-se; ressoar; entrar em conflito.
Clasp /clésp/ *s* broche; colchete; fecho; fivela; pregador; abraço; *v* afivelar; abraçar; apertar.
Class /clés/ *s* classe; grupo; série; posição social; aula; curso; categoria; *v* classificar; ordenar; coordenar; *adj* relativo a classe.
Clas.si.fy /clé.sifái/ *v* coordenar; classificar; agrupar.
Class.mate /clés.mêit/ *s* colega de classe.
Class.room /clés.rum/ *s* sala de aula; classe.
Class.y /clé.si/ *adj* de classe; distinto; elegante; alinhado.
Clause /clóz/ *s* cláusula; condição; artigo de contrato.
Claw /cló/ *s* garra; unha; pata; pinça; *v* arranhar; dilacerar.
Clay /clêi/ *s* argila; barro; lodo; terra; FIG barrar.
Clean /clin/ *v* limpar; assear; arrumar; arrumar-se; *adj* claro; nítido; limpo; puro; inocente; honesto; liso; regular; simétrico; hábil.
Clear /clir/ *v* limpar; aclarar; esclarecer; desembaraçar; retirar; evacuar; lucrar; *adj* claro; limpo; puro.
Cleave /cliv/ *v* fender; rachar; abrir caminho; manter-se fiel; apegar-se; *past* Cleft *or* Clove *and pp* Cleft *or* Cloven.
Cleav.er /cli.vâr/ *s* rachador; machadinha de açougueiro.
Clef /cléf/ *s* MÚS clave.
Cleft /cléft/ *s* racha; fenda; rachadura; *adj* rachado.
Clem.en.cy /clé.mensi/ *s* clemência; compaixão.
Clem.ent /clé.mênt/ *adj* clemente.
Clench /cléntxe/ *s* garra; pinça; tenaz; *v* agarrar; prender; cerrar; apertar.
Cler.gy /clâr.dji/ *s* clero.
Clerk /clârc/ *s* escrevente; copista; sacristão; balconista; caixeiro.
Clev.er /clê.vâr/ *adj* hábil; esperto; ligeiro; destro.
Clew /clu/ *s* indício; vestígio; pista; rastro; indicação; NÁUT punho de vela.
Cliff /clif/ *s* penhasco; despenhadeiro; rochedo íngreme.
Cli.mate /clái.mit/ *s* clima.
Cli.mat.ic /cláimé.tic/ *adj* climático, relativo ao clima.
Cli.mat.i.cal /cláimé.ticâl/ *examine* ⇒ Climatic.
Climb /cláim/ *s* ascensão; escalada; *v* subir; escalar.
Clime /cláim/ *s* região; clima; tema (poesia).
Clinch /clintxe/ *s* rebite; aperto; agarramento; luta corpo a corpo; argumento decisivo; *v* segurar; fixar com rebite; ratificar.
Cling /clin/ *v* aderir; agarrar-se; apegar; apegar-se; *past or pp* Clung.
Clink /clinc/ *s* tinido; tamarela; traqueta; som; *v* tinir; tilintar; ressoar; ritmar; retinir.
Clip /clip/ *s* tosquia; corte; corte de cabelo; prendedor; *v* aparar; podar; cercear.
Clip.per /cli.pâr/ *s* tosquiador; cortador; tesoura.
Cloak /clôuc/ *s* capa; capote; disfarce; *v* encapotar; encapar; encobrir; dissimular.
Cloak.room /clôuc.rum/ *s* vestiário
Clock /clóc/ *s* relógio; medidor.
Clod /clód/ *s* torrão de terra; solo; pateta.
Clois.ter /clóis.târ/ *s* claustro; mosteiro; convento; *v* enclaustrar; enclausurar.
Close /clôuz/ *s* fim; término; conclusão; briga; espaço fechado; fecho de carta; *v* fechar; obstruir a passagem; encerrar; concluir; *adj* fechado; reservado; preso; abafado; econômico; secreto; próximo; *adv* perto.
Close.ly /clôus.li/ *adv* de perto; intimamente; secretamente; atentamente.
Clos.et /cló.zit/ *s* quartinho; cubículo; gabinete; *v* receber em recinto fechado para conferência secreta; *adj* secreto.
Clo.sure /clôu.jâr/ *s* encerramento; conclusão; cerca.
Clot /clót/ *s* coágulo; grumo; coalho; *v* coagular.
Cloth /clóth/ *s* pano; tecido; toalha de mesa; tecido.
Clothe /clôuth/ *v* vestir; trajar; revestir.
Clothes /clôu.thz/ *s* roupa; traje; vestuário.
Clothes.line /clôuthz.láin/ *s* varal; arame de secar roupa.
Clothes.pin /clôu.thz.pin/ *s* prendedor de roupa.
Cloth.ing /clôu.thin/ *s* vestuário; roupa; coberta.
Cloud /cláud/ *s* nuvem; névoa; bruma; multidão; grande número; FIG desgosto; *v* nublar; anuviar.

Cloud.burst /cláud.bârst/ *s* aguaceiro; chuva pesada.
Cloud.y /cláu.di/ *adj* nebuloso; nublado; triste.
Clout /cláut/ *s* tacha de sapato; remendo; trapo; GÍR tapa; bofetão; murro; cascudo; *v* remendar; esmurrar; guarnecer de tachão.
Clove /clôuv/ *s* dente de alho; bulbo; cravo-da-índia.
Clo.ver /clôu.vâr/ *s* trevo.
Clown /cláun/ *s* palhaço.
Clown.er.y /cláu.nâri/ *s* palhaçada.
Cloy /clói/ *v* saciar; fartar; saturar; FIG enjoar.
Club /clâb/ *s* cacete; porrete; clava; maça; clube; grêmio; sociedade; naipe de paus; *v* dar cacetadas em.
Club.foot /clâb.fut/ *s* de pé torto.
Cluck /clâc/ *s* cacarejo de galinha.
Clue /clu/ *s* ideia; dica; indício.
Clump /clâmp/ *s* moita; arvoredo; bloco; torrão; massa sem forma; *v* agrupar; amontoar; plantar em grupos.
Clum.sy /clâm.zi/ *adj* desajeitado; rústico.
Clus.ter /clâs.târ/ *s* grupo; conglomerado; cacho; ramalhete; bando; enxame; assembleia; *v* agrupar; amontoar; apinhar-se; agarrar.
Clutch /clâtxe/ *s* garra; aperto; dose; ninhada; embreagem; *v* agarrar; embrenhar.
Clut.ter /clâ.târ/ *s* confusão; balbúrdia; desordem; tumulto; algazarra; *v* misturar; lançar-se à desordem.
Coach /côutxe/ *s* coche; carruagem; carro; vagão; automóvel sedã; ônibus; treinador; *v* instruir; ensinar.
Coal /côul/ *s* carvão de pedra; hulha; tição; brasa; *v* encarvoar; reduzir a carvão.
Co.a.lesce /cou.âlés/ *v* coalescer; fundir-se.
Co.a.li.tion /couâli.xân/ *s* coalizão; coligação; união.
Coast /côust/ *s* costa; litoral; praia; *v* costear.
Coat /côut/ *s* sobretudo; *v* aplicar uma camada; vestir; cobrir.
Coax /côucs/ *v* lisonja; adular; bajular.
Cob /cób/ *s* espiga de milho; golpe; aranha; bloco.
Cob.ble /coból/ *s* pedra (usada em pavimentação); seixo; *v* remendar; consertar sapato; calçar com pedras.
Cob.web /cób.uéb/ *s* teia de aranha; FIG sofisma; trama; argumento sutil.
Cock /cóc/ *s* galo; frango; macho de qualquer ave; cão (de arma); torneira; válvula; aba (de chapéu); cata-vento; *v* engatilhar (arma); levantar-se; erguer; empinar; piscar o olho.
Cock-eyed /cóc.áid/ *adj* vesgo; estrábico.
Cock.ney /cóc.ni/ *s* londrino; dialeto londrino.
Cock.pit /cóc.pit/ *s* rinha (lugar para briga de galos).
Cock.roach /cóc.rôutxe/ *s* barata.
Cock.tail /cóc.têil/ *s* coquetel; salada de frutas; bebidas com várias misturas.
Co.coa /côu.co/ *s* cacau; chocolate em pó.
Co.co.nut /côu.conât/ *s* coco.
Cod /cód/ *s* bacalhau; folheto; bolsa; vagem; tolo.
Code /côud/ *s* código; cifra; código secreto.
Cod.fish /cód.fixe/ *s* bacalhau.
Codg.er /có.djâr/ *s* POP homem velho excêntrico; sujeito.
Cod.i.fi.ca.tion /códifiquêi.xân/ *s* codificação.
Cod.i.fy /có.difái/ *v* codificar; sistematizar.
Co.ef.fi.cient /côufi.xânt/ *s* coeficiente.
Co.er.cion /couâr.xân/ *s* coerção; coação; pressão.
Co.ex.ist /côu.égsizt/ *v* coexistir.
Co.ex.is.tence /côu.égzis.tens/ *s* coexistência.
Cof.fee /có.fi/ *s* café.
Cof.fer /có.fâr/ *s* cofre; caixa; arca; baú.
Cof.fin /có.fin/ *s* esquife; ataúde.
Cog /cóg/ *s* dente de engrenagem; trapaça com dado viciado; embarcação de pesca; *v* fraudar; chumbar dado de jogo; viciar.
Cog.i.tate /có.dijitêit/ *v* cogitar em; planejar; meditar.
Cog.ni.tion /cógni.xân/ *s* cognição; percepção; noção; conhecimento.
Cog.ni.zance /cóg.nizâns/ *s* aviso; informação; jurisdição.
Cog.nize /cóg.náiz/ *v* conhecer; perceber; cientificar-se.
Cog.no.men /cógnôu.men/ *s* cognome; apelido; alcunha.
Co.her.ence /côu.hi.rêns/ *s* coerência; conexão; adesão; aderência; coesão.
Co.her.en.cy /côu.hi.rênsi/ *examine* ⇒ Coherence.
Coif.feur /cuá.fâr/ *s* cabeleireiro.
Coif.fure /cuáfiur/ *s* penteado; toucado.
Coign /cóin/ *s* esquina; canto; ângulo.
Coil /cóil/ *s* espiral; bobina; *v* enrolar; enovelar; serpear.
Coin /cóin/ *s* moeda; dinheiro (em moedas); esquina; cunha; chaveta; *v* cunhar; inventar; forjar.
Co.in.cide /côuinsáid/ *v* coincidir; concordar; harmonizar; combinar.
Co.in.ci.dence /côu.in.sidêns/ *s* coincidência; correspondência.
Coin.er /cói.nâr/ *s* cunhador; moedeiro falso.
Coke /côuç/ *s* coque; POP coca-cola; *v* transformar em coque.
Col /cól/ *s* desfiladeiro; passagem entre montanhas.
Col.an.der /câ.landâr/ *s* coador; peneira.
Cold /côuld/ *s* frio; resfriado; *adj* frio; gelado.
Cold.ly /côul.dli/ *adv* friamente; insensivelmente.
Cole /côul/ *s* couve.
Col.lab.o.rate /colé.barêit/ *v* colaborar.
Col.lapse /colé.ps/ *s* colapso; ruína; queda; falência; desmaio; *v* provocar colapso; arruinar; desabar; ruir.
Col.lar /có.lâr/ *s* colarinho; gola; colar; gargantilha; coleira; GÍR apoderar-se de.
Col.late /cóléit/ *v* conferir; confrontar; cotejar.
Col.la.tion /cólêi.xân/ *s* colação.

Col.league /có.lig/ *s* colega; camarada; companheiro; *v* coligar-se.
Col.league.ship /có.ligxip/ *s* coleguismo.
Col.lect /cólect/ *s* coleta; *v* colecionar; cobrar; recolher.
Col.lect.a.ble /coléc.tâból/ *adj* colecionável; coletável.
Col.lec.tion /coléc.xân/ *s* coleta de dinheiro; coleção.
Col.lege /có.lidj/ *s* colégio; faculdade.
Col.le.gi.an /cóli.djiân/ *s* estudante; membro de uma congregação; colegial.
Col.lide /cóláid/ *v* colidir; chocar-se; conflitar; discordar.
Col.lie /cóli/ *s* cão pastor.
Col.lier /có.liâr/ *s* mineiro; carvoeiro; tripulante (barco carvoeiro).
Col.li.mate /có.limêit/ *v* colimar; objetivar.
Col.li.sion /cóli.jân/ *s* colisão; choque; aproximação.
Col.lop /có.lâp/ *s* posta; pedaço de carne.
Col.lu.sion /cóliu.jân/ *s* conluio; trama; conspiração.
Col.lu.sive /cóliu.siv/ *adj* conspiratório.
Col.ly /có.li/ *s* fuligem.
Co.logne /colôun/ *s* água-de-colônia.
Co.lon /có.lân/ *s* cólon; GRAM dois pontos.
Co.lo.ni.al /colôu.niâl/ *adj* colonial; antigo.
Col.o.ni.za.tion /cólonizêi.xân/ *s* colonização.
Col.o.nize /có.lonáiz/ *v* colonizar.
Col.o.niz.er /có.lonáizâr/ *s* colonizador; que vota em mais de um distrito eleitoral.
Col.or /câ.lâr/ *s* cor; dissimulação; pretexto; disfarce; aparência; *also* **Colour**; *v* colorir; pintar; disfarçar.
Col.or.a.ble /câ.lârabol/ *adj* tingível; aceitável; aparente; falso.
Col.ored /câ.lârd/ *adj* colorido; de cor; negro.
Col.our /câ.lâr/ *examine* ⇒ Color.
Colt /côult/ *s* potro; pessoa alegre; *v* pular; saltar.
Col.um.nist /có.lâminist/ *s* colunista (comentarista de jornal).
Comb /côum/ *s* pente; rastelo; crista de ave, favo de mel; *v* pentear; cardar a lã; pesquisar; buscar.
Com.bat /cóm.bât/ *s* combate; luta; *v* opor-se; combater.
Com.bat.ant /cóm.bâtânt/ *adj* combatente.
Com.bus.ti.ble /câmbâs.tiból/ *s* combustível; *adj* combustível; inflamável; irritável.
Come /câm/ *v* vir; chegar; aparecer; acontecer; nascer; *past* Came *and pp* Come.
Come-back /câm.béc/ *s* GÍR resposta; réplica; reeleição.
Co.me.di.an /câmi.diân/ *s* comediante; farsante..
Co.me.di.enne /câmidién/ *examine* ⇒ Comedian.
Com.e.dy /có.midi/ *s* comédia; farsa.
Co.mes.ti.ble /comés.tiból/ *adj* comestível.
Com.fit /cám.fit/ *s* confeito; doce; fruta cristalizada.
Com.fort /câm.fârt/ *s* conforto; consolo; alívio; acolchoado; *v* confortar; aliviar.
Com.fort.a.ble /câm.fârtâból/ *adj* confortável; consolador; cômodo; satisfatório.
Com.fort.er /câm.fartâr/ *s* confortador; consolador; manta de lã; cachecol.
Com.ing /câ.min/ *s* chegada; vinda; advento; *adj* vindouro; futuro.
Com.ma /có.ma/ *s* GRAM vírgula; **inverted** Comma: aspas.
Com.mand /coménd/ *s* comando; autoridade; controle; domínio; conhecimento; *v* governar; mandar.
Com.man.dant /comândént/ *s* comandante militar.
Com.mand.ment /coménd.ment/ *s* mandamento; ordem; preceito.
Com.mem.o.rate /comé.morêit/ *v* comemorar; celebrar; honrar a memória de.
Com.mem.o.ra.tion /comémorêi.xân/ *s* comemoração.
Com.mence /coméns/ *v* começar; principiar; colar grau; doutorar-se.
Com.mence.ment /coméns.ment/ *s* começo; origem; entrega de diplomas.
Com.mend /câménd/ *v* recomendar; elogiar; louvar; confiar; incumbir; encomendar.
Com.men.su.ra.ble /câmen.xarâbol/ *adj* comensurável; adaptado; recomendável.
Com.men.su.rate /câmén.xâreit/ *adj* comensurável; proporcionado.
Com.ment /có.ment/ *s* comentário; explicação; reflexão; crítica; anotação; *v* comentar; censurar; anotar.
Com.men.ta.ry /có.mentéri/ *s* comentário; crítica; ilustração.
Com.mer.cial.ize /comâr.xâláiz/ *v* comercializar.
Com.mi.na.tion /cóminêi.xân/ *s* cominação; ameaça; denúncia.
Com.min.gle /cómingol/ *v* misturar-se; misturar.
Com.mis.er.ate /cómi.zârêit/ *v* compadecer-se; apiedar-se.
Com.mis.sa.ry /có.misséri/ *s* comissário.
Com.mit /cómit/ *v* cometer; comprometer-se; empenhar; praticar; confiar; entregar.
Com.mit.ment /cómit.ment/ *s* compromisso; cometimento; JUR mandado de prisão.
Com.mit.tee /cómi.ti/ *s* comitê; comissão; delegação.
Com.mode /cómôud/ *s* cômoda; lavatório.
Com.mod.i.ty /comó.diti/ *s* mercadoria; artigo; bens móveis.
Com.mon /có.mân/ *s* terra comum; propriedade geral; passagem pública; *adj* comum; vulgar; popular; geral.
Com.mon.ly /có.mânli/ *adv* comumente; geralmente; vulgarmente.

Com.mon.place /có.mân.plêis/ *s* lugar comum; trivialidade; banalidade; *adj* comum.
Com.mons /có.mânz/ *s* plebe; povo; alimento.
Commotion /câmôu.xân/ *s* perturbação; comoção; motim; revolta; tumulto.
Com.move /câmuv/ *s* comover; agitar; perturbar.
Com.mune /câmiun/ *s* conversa íntima; comuna; comunidade; *v* discorrer; comungar.
Com.mu.ni.ca.ble /câmiu.nicâból/ *adj* comunicável; contagioso.
Com.mu.ni.cate /câmiu.niquêit/ *v* comunicar-se; comunicar; avisar; receber a Comunhão.
Com.mu.ni.ca.tion /câmiuniquêi.xân/ *s* comunicação; participação; ligação.
Com.peer /cómpir/ *s* companheiro; par; igual.
Com.pel /compél/ *v* compelir; obrigar; coagir; extorquir.
Com.pend /com.pénd/ *s* compêndio; súmula; síntese.
Com.pen.sate /cóm.pensêit/ *v* compensar; indenizar.
Com.pete /cómpit/ *v* competir; disputar; rivalizar.
Com.pe.tence /cóm.pitens/ *s* competência; capacidade.
Com.pe.ti.tion /cómpiti.xân/ *s* competição; concorrência; concurso; confronto.
Com.pile /compáil/ *v* compilar; colher.
Com.pla.cence /complêi.sens/ *s* complacência; contentamento; prazer.
Com.pla.cen.cy /complêi.sensi/ *examine* ⇒ Complacence.
Com.plain /complêin/ *v* queixar-se; lamentar-se; reclamar.
Com.plain.er /complêi.nâr/ *s* queixoso; reclamante.
Com.plaint /complêint/ *s* queixa; reclamação; lamúria.
Com.plai.sant /complêi.zânt/ *adj* complacente; afável; cortês.
Com.ple.ment /com.pliment/ *s* complemento; apêndice; consumação; remate.
Com.plete /cómplit/ *v* completar; concluir; acabar.
Com.plete.ly /cómplit.li/ *adv* completamente; inteiramente; perfeitamente.
Com.pli.ance /complái.âns/ *s* condescendência; submissão; aquiescência.
Com.pli.an.cy /complái.ânsi/ *examine* ⇒ Compliance.
Com.pli.cate /cómp.liquêit/ *v* complicar.
Com.plic.i.ty /compli.citi/ *s* cumplicidade.
Com.pli.ment /cóm.pliment/ *s* cumprimento; atenção; elogio; *v* saudar; cumprimentar; presentear.
Com.ply /complái/ *v* aceder; aquiescer; consentir; ceder.
Com.port /compôurt/ *v* comportar-se; conduzir-se; condizer; concordar.
Com.port.ment /compôurt.ment/ *s* comportamento; conduta; aparência.
Com.pose /compôuz/ *v* compor; constituir; arranjar; ajustar.
Com.pos.ite /compó.zit/ *s* composto; misto.
Com.po.si.tion /cómpozi.xân/ *s* composição; tema; acordo; ajuste.
Com.pound /compáund/ *v* compor; misturar.
Com.pre.hend /cómpri.hénd/ *v* conter; compreender.
Com.prise /compráiz/ *v* abranger; encerrar; incluir; conter.
Com.pro.mise /cóm.promáiz/ *s* compromisso; conciliação; concessão; *v* comprometer; transigir; conciliar.
Com.pul.sion /compâl.xân/ *s* compulsão; constrangimento; coação; obrigação.
Com.pul.sive /compâl.siv/ *adj* compulsivo; compulsório.
Com.pute /cómpiu.târ/ *v* computar; calcular.
Com.put.er /cómpiu.târ/ *s* computador; calculista; máquina de calcular.
Com.rade /cóm.réd/ *s* companheiro; colega; membro.
Con /cón/ *s* voto contrário; objeção; *v* decorar; aprender de cor; examinar.
Co.na.tion /conêi.xân/ *s* FIL volição; desejo.
Con.cave /cón.quêiv/ *s* côncavo; concavidade.
Con.ceal /cónsil/ *v* ocultar; dissimular; disfarçar.
Con.cede /consid/ *v* conceder; outorgar; admitir; permitir.
Con.ceit /consit/ *s* conceito; vaidade; presunção.
Con.ceive /consiv/ *v* conceber; gerar; imaginar; compreender; ficar grávida; pensar; exprimir; crer.
Con.cen.trate /cón.sentrêit/ *v* concentrar; intensificar.
Con.cept /cón.sépt/ *s* conceito; ideia; noção.
Con.cern /consârn/ *s* interesse; relação; ligação; ansiedade; participação; negócio; *v* concernir; dizer respeito; inquietar; concertar.
Conch /cónc/ *s* concha; pavilhão auricular; caramujo.
Con.cil.i.ate /consi.liêit/ *v* conciliar; acalmar.
Con.cise /consáis/ *adj* conciso; sucinto; lacônico.
Con.ci.sion /consi.jân/ *s* corte; concisão.
Con.clude /conclud/ *v* concluir; deduzir; terminar; acabar.
Con.com.i.tance /concó.mitâns/ *s* concomitância; coexistência; coincidência.
Con.com.i.tan.cy /concó.mitânsi/ *examine* ⇒ Concomitance.
Con.com.i.tant /concó.mitânt/ *s* companheiro; ação simultânea; *adj* concomitante.
Con.cord /cón.córd/ *s* acordo; tratado; concórdia; paz.
Con.cor.dat /concór.dét/ *s* acordo; concordata.
Con.cu.bi.nage /cónquiu.binidj/ *s* concubinagem; concubinato.
Con.cu.bine /cón.quiubâin/ *s* concubina; amante.

Con.cur /concâr/ *v* cooperar; coincidir; concorrer; combinar.
Con.cur.rence /concâ.rens/ *s* concorrência; concurso; acordo; coincidência.
Con.cuss /concâs/ *v* concutir; sacudir; abalar; constranger; forçar.
Con.demn /condémn/ *v* condenar; reprovar; sentenciar.
Con.de.scend /cóndissénd/ *v* assentir; condescender; dignar-se; transigir.
Con.dign /condáin/ *adj* condigno; merecido; justo.
Con.di.ment /cón.diment/ *s* condimento; tempero; adubo; *v* condimentar.
Con.di.tion /condi.xân/ *s* condição; estipulação; estado; *v* estipular; condicionar.
Con.done /coundôun/ *v* perdoar; justificar.
Con.duce /condius/ *v* conduzir; guiar; levar.
Con.duct /cóndâct/ *s* direção; gerência; escolta; administração; para-raios; *v* conduzir; reger; guiar.
Con.duit /cón.duit/ *s* conduto; canal; aqueduto.
Cone /côun/ *s* cone; copinho para sorvetes.
Co.ney /côu.ni/ *examine* ⇒ Cony.
Con.fab.u.late /confé.biulêit/ *v* confabular.
Con.fect /conféct/ *v* fazer doces; pôr em conserva; confeitar.
Con.fer /confâr/ *v* conferir; conceder; conferenciar.
Con.fess /confés/ *v* confessar; admitir.
Con.fide /confáid/ *v* confiar; fiar-se; entregar-se.
Con.fi.dence /cón.fidens/ *s* confiança; segredo; confidência.
Con.fi.dent /cón.fident/ *adj* confiante.
Con.fig.ur.a.tion /configuiurêi.xân/ *s* configuração; contorno; forma.
Con.fine /côn.fáin/ *s* confim; limite; fronteira; *v* limitar; internar; restringir; encarcerar.
Con.firm /cânfârm/ *v* confirmar; assegurar; sancionar.
Con.fis.cate /cón.fisquêit/ *v* confiscar; apreender; embargar.
Con.fla.gra.tion /cónflâgrêi.xân/ *s* conflagração.
Con.flict /conflict/ *s* conflito; combate; discordância; *v* colidir; lutar; discordar.
Con.flu.ent /cón.fluênt/ *s* confluente; afluente; tributário.
Con.form /confórm/ *v* conformar; ajustar; adaptar.
Con.found /confáund/ *v* confundir; destruir; perturbar.
Con.front /confrânt/ *v* confrontar; defrontar; arrostar.
Con.fuse /confiuz/ *v* confundir; misturar; embaraçar.
Con.geal /condjil/ *v* congelar; gelar-se; coagular; cristalizar-se.
Con.ge.ner /cóndji.nâr/ *s* congênere; semelhante.
Con.ge.nial /condji.niâl/ *adj* análogo; agradável.
Con.gest /cóndjést/ *v* acumular; amontoar; congestionar.
Con.ges.tion /condjést.xân/ *s* acúmulo; congestionamento; MED congestão.
Con.ges.tive /condjés.tiv/ *adj* congestivo.
Con.glom.er.ate /congló.mârêit/ *s* conglomerado; aglomerado; congregado; *v* conglomerar; amontoar.
Con.grats /congré.ts/ *s* parabéns (forma abreviada de Congratulation).
Con.grat.u.late /congré.tiulêit/ *v* congratular; felicitar; regozijar-se.
Con.grat.u.la.tion /congrétiulêi.xân/ *s* congratulação; felicitação; parabéns.
Con.gre.gant /cón.grigânt/ *s* congregante; congregado.
Con.gre.gate /cón.griguêit/ *v* congregar; reunir; convocar; juntar.
Con.gress /cón.grés/ *s* congresso; parlamento.
Con.gru.ence /cón.gruéns/ *s* congruência; concordância; harmonia.
Con.gru.ent /cón.gruént/ *adj* congruente; conveniente; adequado.
Con.gru.i.ty /cóngru.iti/ *s* congruência; conveniência; conformidade.
Con.jec.ture /condjéc.tiur/ *s* conjetura; suposição; hipótese; *v* conjeturar; supor.
Con.join /condjóin/ *v* unir; associar; ligar-se; reunir.
Con.joint /condjóint/ *adj* conjunto; unido; ligado.
Con.ju.gal /cón.djugâl/ *adj* conjugal; matrimonial.
Con.ju.gate /cón.djuguêit/ *s* conjugado; *v* conjugar; unir em matrimônio; *adj* conjugado; unido; emparelhado.
Con.junct /condjânct/ *adj* conjunto; unido; ligado.
Con.junc.tion /condjânc.xân/ *s* conjunção; associação; reunião; liga.
Con.jure /cân.djâr/ *v* conjurar; evocar; encantar; suplicar; implorar.
Conk /cónc/ *s* POP a cabeça; ENGL o nariz; *v* golpear sobre a cabeça.
Con.nect /conéct/ *v* ligar; coordenar; associar; encadear.
Con.nec.tion /conéc.xân/ *s* conexão; ligação; parentesco; amizade, seita religiosa.
Con.nex.ion /conéc.xân/ *examine* ⇒ Connection.
Con.ni.vance /conái.vâns/ *s* conivência; cumplicidade; conluio.
Con.nive /conáiv/ *v* tolerar faltas; mancomunar.
Con.no.ta.tion /cónotêi.xân/ *s* conotação.
Con.note /cónôut/ *v* conotar; implicar; significar; envolver.
Con.quer /cón.câr/ *v* conquistar; sair vitorioso; subjugar; refrear; sujeitar.
Con.quest /cón.cuist/ *s* conquista; vitória.
Con.science /cón.xêns/ *s* consciência; escrúpulo; retidão; probidade.
Con.scious /cón.xâs/ *adj* consciente; ciente; deliberado; cônscio; intencional.
Con.script /cóns.cript/ *s* recruta; conscrito; *v* recrutar.

Con.scrip.tion /conscrip.xân/ *s* conscrição; alistamento; recenseamento militar.
Con.se.crate /cón.sicrêit/ *v* consagrar; canonizar; devotar; destinar; dedicar; *adj* consagrado.
Con.sent /consént/ *s* consentimento; anuência; permissão; aquiescência; *v* consentir; anuir.
Con.se.quence /con.sicuéns/ *s* consequência; dedução; efeito; importância.
Con.serve /con.sêrv/ *v* guardar em conserva.
Con.sid.er /con.sidêr/ *v* considerar; refletir; pensar.
Con.sign /con.sain/ *v* consignar; confiar; considerar.
Con.so.la.tion /consolêi.xân/ *s* consolação; consolo; alívio; lenitivo.
Con.sole /consôul/ *s* consolo; base de computador; *v* consolar; confortar.
Con.sol.i.date /consó.lidêit/ *v* unir; consolidar; firmar-se; solidificar-se.
Con.so.nant /cón.sonânt/ *s* GRAM consoante; *adj* consonante; conforme.
Con.sort /cón.sórt/ *s* consorte; cônjuge; sócio; *v* associar; unir; concordar; juntar.
Con.spir.a.cy /conspi.râssi/ *s* conspiração; trama; intriga; conjuração.
Con.spire /conspáir/ *v* conspirar; tramar; maquinar.
Con.sta.ble /câns.tâból/ *s* policial; condestável; guarda; mordomo.
Con.stan.cy /cóns.tânsi/ *s* constância; estabilidade; perseverança; fidelidade.
Con.stel.la.tion /cónstâlêi.xân/ *s* constelação; reunião; grupo.
Con.ster.nate /cóns.tânêit/ *v* consternar.
Con.sti.tute /cóns.titiut/ *v* constituir; estabelecer; fixar; organizar.
Con.sti.tu.tion /cónstitiu.xân/ *s* constituição; complexão; nomeação; estatuto.
Con.sti.tu.tive /cónsti.tiutiv/ *adj* constitutivo; essencial; construtivo.
Con.strain /constrêin/ *v* constranger; forçar; obrigar.
Con.strict /constrict/ *v* constringir; reprimir; apertar; cingir.
Con.struct /constrâct/ *v* construir; edificar; planejar.
Con.strue /constru/ *v* construir.
Con.sult /consâlt/ *v* consultar; deliberar; aconselhar-se; conferenciar.
Con.sult.a.tive /consâl.tâtiv/ *adj* consultativo; deliberativo.
Con.sume /consium/ *v* consumir; preocupar; despender.
Con.sum.mate /cón.sâmit/ *v* consumar; acabar.
Con.tact /cón.têct/ *s* contacto; ligação; *v* contactar; contatar; comunicar-se.
Con.tain /contêin/ *v* conter; abranger; refrear; reprimir.
Con.temn /cóntêmn/ *v* desprezar; menosprezar.
Con.tem.ner /contém.nâr/ *s* desprezador; desdenhador; menosprezador.
Con.tem.nor /contém.nâr/ *s examine* ⇒ Contemner.
Con.tem.plate /cón.têmplêit/ *v* contemplar; projetar; tencionar; meditar.
Con.tem.pla.tion /cóntemplêi.xân/ *s* contemplação; medição; projeto.
Con.tem.pla.tive /contém.plâtiv/ *adj* contemplativo; meditativo.
Con.tem.po.ra.ne.ous /contêmporêi.niâs/ *adj* contemporâneo; coevo.
Con.tem.po.rize /contém.poráiz/ *v* contemporizar.
Con.tempt /contémpt/ *s* desprezo; desdém; escárnio.
Con.tend /conténd/ *v* contender; combater; sustentar; argumentar.
Con.tent /cón.tent/ *s* contentamento; satisfação; índice; extensão; *v* contentar; satisfazer; combater; competir; disputar; *adj* contente.
Con.test /contést/ *s* debate; luta; competição; *v* disputar; concorrer; contestar; abater.
Con.text /cón.técst/ *s* contexto; contextura.
Con.tex.ture /contécs.txâr/ *s* contextura; tecido; pano.
Con.ti.gu.i.ty /contigüi.ti/ *s* contiguidade; proximidade; vizinhança.
Con.tig.u.ous /contigu.âs/ *adj* adjacente; próximo.
Con.ti.nence /cón.tinéns/ *s* continência; castidade; pureza; abstinência.
Con.ti.nent /con.tinént/ *s* continente; *adj* continente; puro; moderado.
Con.tin.u.a.tion /continiuêi.xân/ *s* continuação; prosseguimento; sequência.
Con.tin.ue /conti.niu/ *v* continuar; prosseguir; permanecer; durar; adiar.
Con.tort /contórt/ *v* contorcer; torcer.
Con.tour /cón.tur/ *v* contornar.
Con.tra.band.ist /cóntrâbên.dist/ *s* contrabandista.
Con.tra.bass /cón.trâbêis/ *s* MÚS contrabaixo.
Con.tract /cón.tréct/ *s* contrato; ajuste; pacto; acordo.
Con.tract /cón.tréct/ *v* contratar; contrair; adquirir.
Con.tra.dict /cóntrâdict/ *v* opor-se; contradizer; contestar; desmentir.
Con.trap.tion /contrép.xân/ *s* geringonça; invento.
Con.tra.ri.e.ty /contrârái.âti/ *s* contrariedade; contradição; oposição.
Con.tra.ri.wise /cón.trâruaiz/ *adv* contrariamente.
Con.tra.ry /cón.trâri/ *s* contrário; contradição; inverso; *adj* contrário; adverso.
Con.tra.vene /cón.trâvin/ *v* opor-se a; transgredir; infringir.
Con.trib.ute /contri.biut/ *v* contribuir; concorrer; cooperar; colaborar; doar.
Con.trite /cón.tráit/ *adj* contrito; arrependido; penitente.
Con.trive /contráiv/ *v* projetar; imaginar.

Con.trol /contrôul/ *v* controlar; fiscalizar; governar; dirigir; reprimir.
Con.trol.ler /contrôu.lâr/ *s* controlador; superintendente; inspetor.
Con.tro.ver.sy /cón.trovârsi/ *s* controvérsia; polêmica.
Con.tro.vert /cón.trovárt/ *v* controverter; contestar; contradizer; debater; impugnar.
Con.tu.ma.cy /cón.tiumâssi/ *s* contumácia; obstinação; desobediência.
Con.tu.sion /contiu.jân/ *s* contusão.
Co.nun.drum /conán.drâm/ *s* adivinha; adivinhação; enigma; charada; adivinhação.
Con.va.les.cence /cónvâlé.sêns/ *s* convalescença.
Con.vene /convin/ *v* reunir; convocar; citar.
Con.ve.nience /convi.niêns/ *s* conveniência; comodidade; conforto.
Con.vent /cón.vênt/ *s* convento; mosteiro; claustro.
Con.ven.tion /convén.xân/ *s* convenção; convênio; etiqueta; formalidades.
Con.ver.sant /cón.vârsânt/ *adj* versado; experimentado; conhecedor; familiar; íntimo.
Con.ver.sa.tion /cónvârsêi.xân/ *s* conversação; palestra; colóquio.
Con.verse /cón.vârs/ *s* conversa; palestra.
Con.verse.ly /cón.vârsli/ *adv* inversamente; reciprocamente; mutuamente.
Con.ver.sion /convâr.xân/ *s* conversão; transformação; transposição.
Con.vert /convârt/ *v* converter.
Con.vey /convêi/ *v* transportar; levar; conduzir; trazer.
Con.vey.ance /convêi.âns/ *s* transferência; traspasse; transporte.
Con.vict /convict/ *s* réu convicto; condenado; *v* condenar.
Con.vince /convins/ *v* convencer; persuadir; incitar.
Con.vo.ca.tion /cónvoquêi.xân/ *s* convocação; chamada; sínodo.
Con.voke /convôuc/ *v* convocar.
Con.volve /convólv/ *v* enrolar; envolver; embrulhar.
Con.voy /convói/ *s* comboio; *v* escoltar; proteger.
Con.vulse /convâls/ *v* convulsionar; agitar; excitar.
Con.vul.sion /convâl.xân/ *s* abalo; convulsão; comoção; distúrbio.
Con.vul.sive /convâl.siv/ *adj* convulsivo; espasmódico.
Co.ny /côu.ni/ *s* coelho; *also* Coney.
Cook /cuc/ *s* cozinheiro; *v* cozinhar; cozer; falsificar.
Cook.er /cu.câr/ *s* fogão.
Cook.er.y /cu.cări/ *s* culinária; cozinha.
Cook.ey /cu.qui/ *examine* ⇒ Cooky.
Cook.ie /cu.qui/ *examine* ⇒ Cooky.
Cook.y /cu.qui/ *s* bolinho; biscoito.
Cool /cul/ *s* frescura; frescor; lugar fresco; *v* esfriar; refrigerar; acalmar; *adj* frio; fresco; insensível; audacioso.
Cool.er /cu.lâr/ *s* refrigerador; refrigerante (bebida); GÍR prisão (geladeira).
Cool.ly /cu.li/ *adv* friamente; calmamente.
Coop.er /cu.pâr/ *v* embarrilar; tanoar; consertar barris.
Co.op.er.ate /coó.pârêit/ *v* cooperar; coadjuvar; colaborar; contribuir.
Coot /cut/ *s* corvo marinho; ave aquática; POP tolo.
Cop /cóp/ *s* (abreviatura de Copper) cimo; ápice; topo; crista; POP policial; *v* apanhar; furtar; surrupiar.
Cope /côup/ *s* abóbada; cúpula; telhado; *v* contender; lutar; cobrir; combater.
Cop.i.er /có.piâr/ *s* imitador; copista.
Co.pi.ous /côu.piâs/ *adj* copioso; abundante; rico; nutritivo.
Cop.per /có.pâr/ *s* cobre; POP policial; *v* revestir de cobre; cobrir.
Cop.u.late /có.piulêit/ *v* copular; coabitar; unir; juntar; ligar.
Cop.y /có.pi/ *s* cópia; reprodução; imitação; manuscrito; exemplar (livro); *v* copiar; transcrever; imitar.
Cop.y.right /có.piráit/ *s* direito de cópia; *v* adquirir uma propriedade literária; ter reserva autoral.
Co.quet /coquét/ *v* namorar; galantear.
Co.quett /coquét/ *s* mulher que flerta; *also* Coquet.
Co.quet.tish /coqué.tixe/ *adj* namorador; galanteador.
Cord /córd/ *s* corda; cordão; cordel; tendão; nervo; veludo; *v* encordoar; atar com corda.
Core /côur/ *s* coração; âmago; centro; núcleo; alma; *v* extrair o núcleo; esvaziar.
Cork /córc/ *s* cortiça (também rolha); *v* arrolhar.
Corks.crew /córc.scru/ *s* saca-rolhas.
Corn /córn/ *s* semente; trigo; calo; POP qualquer coisa, banal ou trivial; POP trocado (dinheiro); milho; pop Corn: pipoca; *v* salgar; conservar em salmoura; granular; plantar milho em.
Cor.ner /cór.nâr/ *s* canto; ângulo; esquina; *v* encurralar.
Cor.ner.stone /córn.stôun/ *s* pedra angular; base; fundamento.
Cor.ol.la.ry /coró.lâri/ *s* corolário; conclusão; inferência; resultado.
Co.ro.na /corôu.nâ/ *s* coroa; halo; auréola.
Cor.o.ner /có.ronâr/ *s* magistrado (criminal); médico legista.
Cor.po.ra.tion /cór.porâxion/ *s* grêmio; corporação.
Corps /côur/ *s* corpo; associação de pessoas; corpo de exército.
Corpse /côurps/ *s* cadáver; defunto.
Cor.rect /coréct/ *v* corrigir; castigar; repreender; remediar; *adj* correto; justo; perfeito; exato; esmerado.
Cor.re.late /corilêit/ *v* correlacionar.
Cor.re.spond /corispónd/ *v* condizer; corresponder; escrever.

Cor.re.spon.dence /corispón.dêns/ *s* correspondência; harmonia; acordo.
Cor.rob.o.rate /coró.borêit/ *v* corroborar; ratificar; confirmar.
Cor.rode /corôud/ *v* corroer; desgastar; consumir.
Cor.rupt /corâpt/ *v* corromper; estragar; viciar; depravar; subornar; *adj* corrupto; estrado; poluído.
Cor.sage /cór.sidj/ *s* corpete; ramalhete.
Cor.set /cór.sit/ *s* espartilho; colete.
Cos.met.ic /cósmé.tic/ *s* cosmético; *adj* cosmético.
Cost /cóst/ *s* preço; custo; despesa; gasto; perda; *v* valer; custar; acarretar; *past and pp* Cost.
Cos.ter.mon.ger /cós.târ.mân.gâr/ *s* verdureiro ambulante; fruteiro.
Cost.ly /cóst.li/ *adj* esplêndido; caro; dispendioso.
Cos.tume /cós.tium/ *s* vestuário; traje típico; vestido.
Cot /cót/ *s* casinha; choupana; catre; beliche; alpendre.
Cot.tage /có.tidj/ *s* casa de campo; cabana; choupana.
Cot.ton /cótan/ *s* algodão; algodoeiro; *v* harmonizar-se; afeiçoar-se; concordar; *adj* feito de algodão.
Couch /cáutxe/ *s* canapé; sofa; leito; *v* acamar; deitar-se; agachar.
Couch.ant /cáu.txânt/ *adj* agachado.
Cough /cóf/ *s* tosse; *v* tossir.
Coun.cil /cáun.sil/ *s* assembleia; concílio.
Coun.sel /cáun.sél/ *s* conselho; parecer; consulta; advogado; *v* aconselhar; consultar.
Count /cáunt/ *s* conta; total; estimativa; cômputo; atenção; *v* contar; ter em conta; enumerar; somar.
Coun.te.nance /cáun.tinâs/ *s* fisionomia; rosto; aspecto; proteção; apoio; *v* aprovar; sancionar; proteger; apoiar.
Count.er /cáun.târ/ *s* contador; calculador; caixa registradora; balcão; *v* rebater; contra-atacar; opor-se; contrariar.
Coun.ter.act /cáun.târ.éct/ *v* contrariar; impedir; frustrar; anular.
Coun.ter.at.tack /cáun.târ.é.téc/ *s* contra-ataque; *v* contra-atacar.
Coun.ter.feit /cáun.târfit/ *s* falsificação; dissimulação; impostor; *v* falsificar.
Coun.ter.foil /cáun.târfóil/ *s* talão; canhoto.
Coun.ter.sign /cáun.târsáin/ *s* senha; contrassenha; rubrica; *v* autenticar; rubricar; subscrever.
Count.ess /cáun.tis/ *s* condessa.
Count.less /cáunt.lés/ *adj* inúmero; incontável; inumerável.
Coun.try /cân.tri/ *s* país; nação; campo; região; pátria; *adj* do campo; rústico.
Coun.try.side /cân.tri.sáid/ *s* campo; região rural.
Coun.ty /cáun.ti/ *s* condado; comarca; conselho; distrito.
Coup.le /câpol/ *s* casal; par; parelha; *v* ligar; juntar-se.
Cour.age /câ.ridj/ *s* coragem; ânimo; bravura.
Cou.ra.geous /cârêi.djâs/ *adj* corajoso; bravo; valente.
Course /côurs/ *s* curso; corrida; rota; conduta; *v* correr; galopar; seguir uma direção.
Cours.er /côur.sâr/ *s* caçador; corcel.
Court /côurt/ *s* corte; paço; residência real; galanteios; tribunal; quadra de tênis; *v* cortejar; namorar; provocar; solicitar.
Cour.te.ous /cârt.tiâs/ *adj* cortês; amável; polido.
Cour.te.sy /câr.tissi/ *s* cortesia; reverência; cumprimento; polidez.
Court-room /cârt.rum/ *s* sala de tribunal.
Court-ship /cârt.xip/ *s* corte; namoro; galanteio.
Court.yard /cârt.iárd/ *s* pátio.
Cous.in /câzn/ *s* primo; prima.
Cove /côuv/ *s* angra coberta; enseada; recanto; recesso abrigado; *v* abobadar.
Cov.e.nant /có.vinânt/ *s* escrita de contrato; convenção; pacto; *v* contratar; ajustar; pactuar; estipular.
Cov.er /câ.vâr/ *s* fachada; capa de livro; véu; disfarce; talher; *v* cobrir.
Cov.er.age /câ.vâridj/ *s* cobertura (apólice); alcance.
Cov.et /câ.vit/ *v* cobiçar; ambicionar; aspirar.
Cov.ey /câ.vi/ *s* bando de pássaros; ninhada; grupo.
Cow /cáu/ *s* vaca; fêmea de diversos animais.
Cow.ard /cáu.ârd/ *adj* covarde; poltrão; medroso.
Cow.boy /cáu.bói/ *s* vaqueiro.
Cow.er /cáu.âr/ *v* agachar-se; encolher-se; tremer.
Cowl /cául/ *s* capuz de frade; hábito (de frade); chapéu de chaminé; capota de motor; *v* cobrir com capuz.
Coy /cói/ *adj* acanhado; modesto; tímido.
Coz.en /câzn/ *v* enganar; lograr; defraudar.
Crab /créb/ *s* caranguejo; ASTR Câncer; GÍR rabugento.
Crack /créc/ *s* fenda; rachadura; louco; estrondo; *v* fender; estalar; rachar; gabar-se; enlouquecer; *adj* bom.
Crack.er /cré.câr/ *s* bolacha; biscoito; fogos de artifício.
Crack.le /crécol/ *v* estalar; crepitar.
Crack.nel /crécnel/ *s* biscoito duro; bolacha.
Cra.dle /crêidol/ *s* berço; terra natal; infância; *v* embalar; pôr no berço; ceifar.
Craft /cráft/ *s* arte; artesanato; ofício; manha; habilidade; destreza; embarcação; avião.
Crafts.man /cráf.tsmân/ *s* artífice; mecânico; artesão.
Craft.y /cráf.ti/ *adj* ladino; astuto; hábil.
Crag /crég/ *s* despenhadeiro; abismo; penhasco íngreme.
Crag.gy /cré.gui/ *adj* escabroso; escarpado.
Crake /crêic/ *s* som da codorniz.
Cram /crém/ *s* abarrotamento; saciedade; *v* abarrotar; atulhar; encher; estudo de última hora.

Cramp /crémp/ *s* grampo; gancho; cãibra; obstáculo; *v* apertar; constranger; enganar.
Crane /crêin/ *s* garça; guindaste; *v* guindar; suspender; içar.
Crank /crénc/ *s* manivela; volta; pessoa esquisita; frase satírica; *v* apertar com torniquete; girar; manivelar; *adj* fraco; abalado.
Cran.ny /cré.ni/ *s* fenda; rachadura.
Crape /crêip/ *s* crepe; *v* encrespar.
Crash /créxe/ *s* estrépito; barulho; falência; *v* estalar; estrondear; despedaçar-se.
Cra.sis /crêi.sis/ *s* crase.
Crass /crés/ *adj* crasso; grosseiro; estúpido.
Crate /crêit/ *s* engradado; caixote; cesto; *v* pôr em cestos.
Crat.er /crêi.târ/ *s* cratera de vulcão.
Crave /crêiv/ *v* rogar; suplicar; ambicionar.
Cra.ven /crêivn/ *s* covarde; poltrão; *adj* medroso.
Craw.fish /cró.fixe/ *s* caranguejo de rio; camarão de água doce.
Crawl /cról/ *v* arrastar-se; insinuar-se; rastejar.
Cray.fish /crêi.fixe/ *examine* ⇒ Crawfish.
Cray.on /crêi.ân/ *s* pastel; lápis de desenho (de cor).
Craze /crêiz/ *s* loucura; demência; paixão; capricho; ranhuras em louças; *v* enlouquecer; quebrar.
Cra.zy /crêi.zi/ *adj* louco; demente.
Creak /cric/ *s* som áspero; chiado; *v* ranger; chiar.
Cream /crim/ *s* creme; nata; cor de creme; pomada.
Crease /cris/ *s* prega; dobra; ruga.
Cre.ate /criêit/ *v* criar.
Cre.a.tion /criêi.xân/ *s* criação; ato de criar; produção.
Cre.a.tive /criêi.tiv/ *adj* criativo; produtivo; criador.
Cre.a.tor /criei.târ/ *s* criador.
Crea.ture /cri.txâr/ *s* criatura; ser; animal doméstico; ente.
Cre.dence /cri.dâns/ *s* crédito; crença; fé; credencial.
Cred.i.ble /cré.diból/ *adj* crível; acreditável; verossímil.
Cred.it /cré.dit/ *s* crédito; confiança; reputação; fé; honra; *v* crer; acreditar.
Cre.do /cri.dôu/ *s* credo; símbolo dos apóstolos; profissão de fé.
Cred.u.lous /cré.diulâs/ *adj* crédulo; ingênuo; cândido.
Cred.u.lous.ly /cré.diulâsli/ *adv* credulamente; ingenuamente.
Creed /crid/ *s* credo; crença.
Creek /cric/ *s* angra; riacho; baía; porto; enseada.
Creel /cril/ *s* cesto de pescador; MEC grade; estante.
Creep /crip/ *v* arrastar-se; humilhar-se; engatinhar; arrepiar-se; *past and pp* Crept.
Cre.mate /crimêit/ *v* cremar; incinerar.
Cre.pus.cule /cré.pâsquil/ *s* crepúsculo; *also* Crepuscle.
Cres.cent /cré.sânt/ *s* objeto em forma de meia-lua; *adj* semilunar; crescente.
Cress /crés/ *s* agrião.
Crest /crést/ *s* crista de galo; crina; penacho; *v* coroar.
Crest.fall.en /crést.fólân/ *adj* desanimado; abatido; pesaroso; triste.
Crew /cru/ *s* tripulação (navio); multidão; bando.
Crew.el /cru.âl/ *s* lã para bordar.
Crib /crib/ *s* manjedoura; presépio; curral; berço com grades de segurança; *v* roubar; furtar; plagiar.
Crib.bage /cri.bidj/ *s* jogo de cartas.
Crib.bing /cri.bin/ *s* ato de plagiar.
Crick /cric/ *s* cãibra muscular; torcicolo; *v* produzir cãibra em.
Crick.et /cri.quit/ *s* críquete (jogo); grilo; banquinho de três pés.
Crime /cráim/ *s* crime; delito.
Crimp /crimp/ *s* encrespado; ondulação; plissagem; recrutador de serviço militar; *v* encrespar; frisar; enrugar; torcer; preguear; *adj* frágil.
Crimp.er /crim.pâr/ *s* frisador; ferro de frisar cabelo.
Cringe /crindj/ *v* adular; bajular.
Crin.ger /crin.djâr/ *s* adulação; adulador; servilismo; baixeza.
Crin.kle /crincol/ *v* serpear; ondear; enrugar; fazer rodeios.
Crip.ple /cripol/ *s* coxo; estropiado; inválido; aleijado; *v* aleijar; estropiar; coxear.
Cri.sis /crái.sis/ *s* crise; momento decisivo.
Crisp /crisp/ *v* encaracolar; encrespar; *adj* crespo.
Criss-cross /cris.crós/ *s* desenho de linhas cruzadas; *adj* riscado em linhas cruzadas; FIG rabugento; *adv* em forma de cruz.
Cri.te.ri.on /cráiti.riân/ *s* critério; norma; padrão.
Crit.ic /cri.tic/ *s* crítico; censor; perito; crítica; *adj* crítico; severo; decisivo.
Crit.i.cize /cri.tissáiz/ *v* criticar; censurar.
Cri.tique /critic/ *s* crítica; arte de criticar.
Croak.y /crôu.qui/ *adj* rouco; coaxante.
Crock /cróc/ *s* pote; jarro; caco de louça; fuligem da chaminé; *v* enferrujar; machucar.
Crock.et /cró.quit/ *s* espécie de ornamento usado em cornijas; dosséis.
Croc.o.dile /cró.codáil/ *s* crocodilo.
Croft /cróft/ *s* quintal; quinta pequena; terreno cercado.
Crone /crôun/ *s* ovelha ranhosa; mulher idosa e encarquilhada; ovelha negra.
Cro.ny /crôu.ni/ *s* camarada; companheiro; amigo.
Crook /cruc/ *s* gancho; cajado de pastor; trapaça; ladrão; embuste; artifício; *v* curvar; perverter; torcer.
Crook.ed /cru.quid/ *adj* curvo; torto; torcido.
Croon /crun/ *s* canto monótono; *v* cantarolar; cantar monotonamente.
Croon.er /cru.nâr/ *s* cantor de orquestra.
Crop /crop/ *s* colheita; ceifa; coleção; cabelo curto; papo de aves; *v* colher frutos; ceifar; cortar; aflorar; surgir.

Crop.per /cró.pâr/ *s* grão de colheita; cultivador; raça de pombos; cortador; GÍR queda violenta.
Cross /crós/ *s* cruz; aflição; atravessar; revés; cruzamento; cruzeiro; *v* cruzar; *adj* atravessado; transversal; em cruz; oposto; infeliz.
Crossbred /cróss.bréd/ *s* mestiço; cruzado; *adj* cruzado; híbrido.
Cross.breed /cróss.brid/ *v* cruzar; cruzar raças.
Cross-eye /cróss.ái/ *s* estrabismo.
Cross-eyed /crós.áid/ *adj* vesgo; estrábico.
Cross.ly /crós.li/ *adv* de mau-humor.
Cross.ness /crós.nés/ *s* mau-humor; má disposição.
Cross.patch /crós.pétxe/ *s* resmungão; rabugento.
Cross.road /crós.rôud/ *s* encruzilhada; atalho; intersecção.
Cross.wise /crós.uáiz/ *adv* de través; ao contrário.
Cross-word /crós.uârd/ *s* palavra cruzada.
Crotch /crótxe/ *s* forquilha; bifurcação.
Crotch.et /crót.xit/ *s* fantasia; excentricidade; gancho.
Crouch /cráutxe/ *v* abaixar-se; humilhar-se; bajular; agachar.
Crow /crôu/ *s* corvo; gralha.
Crowd /cráud/ *s* multidão; turba; ajuntamento; companhia; *v* amontoar; ajuntar; encher.
Crown /cráun/ *s* coroa; grinalda; soberania; prêmio; *v* coroar; premiar.
Crown.piece /cráun.pis/ *s* parte superior dos objetos.
Cru.cial /cru.xiâl/ *adj* em forma de cruz; crucial; decisivo.
Cru.ci.fix /cru.cifics/ *s* crucifixo.
Cru.ci.fy /cru.cifái/ *v* crucificar; atormentar; afligir; mortificar.
Crude /crud/ *adj* cru; bruto; verde; imaturo; indigesto.
Cru.di.ty /cru.diti/ *s* crueza; dureza.
Cru.el /cru.âl/ *adj* cruel; desumano; selvagem; aflitivo.
Cru.el.ty /cru.âlti/ *s* crueldade; ferocidade; desumanidade.
Cruise /cruz/ *s* cruzeiro; passeios marítimos; travessia; *v* cruzar o mar; andar a esmo.
Crumb /crâm/ *s* miolo de pão; migalha (de bolo, pão, etc.); *v* esmigalhar; triturar; fracionar.
Crum.ble /crâmmól/ *s* matéria em decomposição; *v* esmigalhar; fracionar; espedaçar.
Crumb.y /crâ.mi/ *adj* mole; brando; cheio de migalhas; GÍR piolhento.
Crum.pet /crâm.pit/ *s* bolo doce; bolinho; GÍR cabeça.
Crum.ple /crâmpol/ *v* amarrotar; vincar.
Crunch /crântxe/ *s* mastigação ruidosa; *v* trincar; mascar; pisar; esmagar.
Crup.per /crâ.pâr/ *s* rabo do arreio do cavalo; garupa; ancas de cavalo; *v* pôr rabicho na sela do cavalo.
Cru.sade /cruseîd/ *s* cruzada; cruzado; *v* tomar parte numa cruzada.
Crush /crâxe/ *s* torvelinho; colisão; aperto; multidão; *v* esmagar (com os pés para fazer vinho).
Crush.er /crâ.xâr/ *s* esmagador; compressor; opressor.
Crust /crâst/ *s* crosta; casca (de bolo, etc.); borra de vinho; MED casca de ferida; FIG atrevimento; *v* encodear; encrostar.
Crus.ta.ceous /crâstêi.xiâs/ *adj* crustáceo; coberto de crosta.
Crutch /crâtxe/ *s* muleta; aleijado; apoio; descanso; *v* apoiar; forquilhar.
Crux /crâcs/ *s* cruz; embaraço; dificuldade.
Cry /crái/ *s* grito; brado; clamor; choro; lamentação; *v* gritar; chorar; rogar.
Crypt /cript/ *s* cripta.
Cryp.tic /crip.tic/ *adj* oculto; secreto; escondido.
Cryp.ti.cal /crip.ticâl/ *examine* ⇒ Cryptic.
Cub /câb/ *s* filhote (de diversos animais); rapaz grosso; fedelho; repórter novato.
Cube /quiub/ *s* MAT cubo; *v* cubar; elevar ao cubo.
Cu.bi.cle /quiu.bicól/ *s* cubículo, compartimento pequeno.
Cu.bit /quiu.bit/ *s* cúbito.
Cuck.oo /quiu.cu/ *s* cuco, o canto do cuco (pássaro); GÍR maluco; doido.
Cu.cum.ber /quiu.câmbâr/ *s* pepino; pepineiro.
Cud /câd/ *s* alimento que os ruminantes têm no primeiro estômago; FIG refletir; ponderar; meditar.
Cud.dle /câdol/ *s* afago; carinho; abraço; carícia; *v* apertar-se; afagar; embalar.
Cudg.el /câ.djâl/ *s* bastão; cacete; pau; *v* bater; espancar; surrar.
Cuff /câf/ *s* punho de manga; bainha de calça; bofetada; sopapo; murro; algema; *v* esbofetear; socar; esmurrar.
Cui.sine /cuizin/ *s* cozinha; alimento.
Cull /câl/ *v* escolher; selecionar; eleger.
Culm /câlm/ *s* colmo; caule das gramíneas; pó de carvão; carvão de pedra.
Cul.mi.nate /câl.minêit/ *v* culminar; atingir um fim; alcançar.
Cul.pa.bil.i.ty /câlpâbi.liti/ *s* culpabilidade.
Cul.prit /câl.prit/ *s* réu; ré; acusado; ofensor.
Cult /câlt/ *s* culto religioso; admiração; homenagem.
Cul.ture /câl.txâr/ *s* cultura; refinamento; ilustração; educação; *v* cultivar; criar; desenvolver.
Cul.ver /câl.var/ *s* pombo; pomba.
Cum.ber /câm.bâr/ *s* impedimento; embaraço; estorvo; *v* embaraçar; impedir; estorvar; incomodar.
Cum.ber.some /câm.bârsâm/ *adj* incômodo; enfadonho.
Cun.ning /câ.nin/ *s* destreza; astúcia; ardil; habilidade.
Cup /câp/ *s* xícara; chávena; copo; taça; xicarada; bebida embriagante; *v* dar de beber.
Cup.board /câp.bôurd/ *s* armário de cozinha.

Cu.pid /quiu.pid/ *s* cupido.
Cu.pid.i.ty /quiupi.diti/ *s* cupidez; avareza; cobiça.
Cur /câr/ *s* cão vira-lata; malandro; patife.
Cur.a.bil.i.ty /quiurâbi.liti/ *s* curabilidade.
Cur.a.ble /quiu.râból/ *adj* curável.
Cu.ra.tor.ship /quiurêi.târxip/ *s* curadoria; curatela.
Curb /cârb/ *s* o meio-fio.
Curb.stone /cârb.stôun/ *s* guia de pedra; meio-fio de calçada; *also* Curb.
Curd /cârd/ *s* coalho; coágulo; requeijão; coalhada; *v* coalhar.
Cur.dle /cârdol/ *v* coalhar; coagular.
Cure /quiur/ *s* cura; tratamento; remédio; *v* curar; tratar de uma pessoa; salgar.
Cur.few /câr.fiu/ *s* toque de recolher.
Cu.ri.os.i.ty /quiurió.siti/ *s* curiosidade; objeto raro.
Cu.ri.ous.ly /quiu.riâsli/ *adv* curiosamente.
Curl /cârl/ *s* anel; caracol; friso; ondulação; *v* encaracolar; enrolar; ondear.
Curl.ing /câr.lin/ *s* ondulação.
Curl.y /cârl/ *adj* encaracolado; ondulado.
Cur.mudg.eon /cârmâd.jân/ *s* avarento; sovina.
Cur.rant /câ.rânt/ *s* groselha.
Cur.ren.cy /câ.rânsi/ *s* circulação; curso; voga; COM moeda corrente.
Cur.rent /câ.rânt/ *s* marcha; corrente; *adj* corrente (de rio); comum; vulgar.
Curse /cârs/ *s* praga; maldição; imprecação; calamidade; excomunhão; *v* amaldiçoar; maldizer; blasfemar.
Curs.ed /câr.sid/ *adj* maldito; detestável; miserável; mau.
Cur.sive /câr.siv/ *adj* cursivo.
Cur.so.ry /câr.sâri/ *adj* apressado; precipitado.
Curt /cârt/ *adj* curto; cortado; breve; rude.
Cur.tail /câr.têil/ *v* encurtar; reduzir; aparar.
Cur.tain /cârtn/ *s* cortina; cortinado; abrigo.
Cur.vate /câr.vêit/ *adj* curvado; arqueado.
Cur.va.ture /câr.vâtxâr/ *s* curvatura; arqueamento.
Curve /cârv/ *s* curva; flexão; volta; *v* curvar; dobrar; *adj* curvado; curvo.
Cush.ion /câ.xân/ *s* almofada; para-choque; coxim; tabela de bilhar; *v* proteger com almofadas.
Cusp /câsp/ *s* ponta; cúspide.
Cuss /câs/ *s* POP maldição; pessoa sem valor.
Cuss.ed /câ.sid/ *adj* amaldiçoado; maldito.
Cus.tard /câs.târd/ *s* pudim.
Cus.to.dy /câs.todi/ *s* custódia; prisão; escolta; defesa.
Cus.tom /câs.tâm/ *s* costume; hábito; freguesia; clientela.
Cus.tom.er /câs.tâmâr/ *s* freguês; cliente.
Cus.tom.house /câs.tâm.háus/ *s* alfândega.
Cut /cât/ *s* corte; ferida; golpe; modo; atalho; canal; ELET Cut-out: interruptor; *v* cortar; talhar; rachar; ferir; chicotear; ofender; GÍR cabular (faltar às aulas); to Cut in: ultrapassar (carros); to Cut out: recortar; *past and pp* Cut; *adj* cortado.
Cute /quiut/ *adj* agudo; fino; inteligente; atrativo; bonito; delicado; GÍR gracinha.
Cute.ly /quiu.tli/ *adv* engenhosamente.
Cute.ness /quiu.tnés/ *s* agudeza; perspicácia; esperteza; encanto; atração.
Cu.ti.cle /quiu.ticól/ *s* cutícula; película.
Cut.let /cât.lit/ *s* costeleta; posta de carne.
Cut.purse /cât.pârs/ *s* batedor de carteiras.
Cut-rate /cât.reit/ *adj* barateiro.
Cut.ter /câ.târ/ *s* cortador; talhador; máquina de cortar; peça cortante; trenó.
Cut.ting /câ.tin/ *s* corte; incisão; talhe; *adj* cortante; áspero; sarcástico.
Cy.cle /sáicól/ *s* ciclo; época; bicicleta; *v* perpassar por ciclos; andar de bicicleta.
Cy.cling /sái.clin/ *s* passeio de bicicleta; cíclico.
Cy.clist /sál.clist/ *s* ciclista.
Cy.clone /sái.clôun/ *s* ciclone.
Cyg.net /cig.nit/ *s* cisne.
Cym.bal /cim.bâl/ *s* MÚS prato metálico.
Cyn.ic /ci.nic/ *s* cínico; sarcástico.
Cyn.i.cal /ci.nicâl/ *adj* cínico; cético; descrente.
Cyn.i.cal.ly /ci.nicâli/ *adv* cinicamente.
Cyn.i.cism /ci.nissizm/ *s* cinismo; sarcasmo.
Cy.press /sái.pris/ *s* cipreste.
Cyp.ri.an /ci.priân/ *adj* Cipriota.
Cyst /cist/ *s* MED quisto; cisto; bolsa.
Czar /zár/ *s* czar; tzar.
Czech /txéç/ *s* Tcheco.

ABCDEFGHIJKLMNOPQRSTUVWXYZ

D /di/ *s* a quarta letra do alfabeto Inglês e do alfabeto Português.
Dab /déb/ *s* palmadinha; toque; pessoa astuta; *v* bater suavemente; salpicar.
Dab.ber /dê.bâr/ *s* escova; brocha.
Dab.ble /débol/ *v* salpicar; borrifar.
Dab.ster /débs.târ/ *s* perito; ladino.
Dad /dé.di/ *s* papai.
Dad.dy /dé.di/ *s* papai.
Daf.fy /dáfi/ *adj* POP tonto; zonzo; aloucado
Daft /dáft/ *adj* louco; imbecil; tolo; idiota.
Dag.ger /dé.gâr/ *s* punhal; adaga (arma branca).
Dag.gle /dég.ol/ *v* enlamear; sujar; tornar-se úmido e enlameado.
Dai.ly /dêi.li/ *adv* diariamente; cotidianamente.
Dain.ty /dêin.ti/ *adj* delicado; delicioso.
Dair.y /dêi.ri/ *s* leiteria; queijaria.
Da.is /dê.is/ *s* plataforma; palanque; estrado.
Dai.sy /dêi.zi/ *s* margarida; bem-me-quer.
Dale /dêil/ *s* pequeno vale.
Dal.li.ance /dé.liâns/ *s* adiamento; carícia; divertimento; demora.
Dal.ly /dé.li/ *v* perder tempo; divertir-se; acariciar.
Dal.ton.ism /dólt.nism/ *s* daltonismo.
Dam /dém/ *s* represa; barragem; dique; açude; *v* represar; conter; tapar.
Dam.age /dé.midj/ *s* dano; prejuízo; avaria; perda; *v* prejudicar; arruinar-se.
Dame /déim/ *s* senhora; dama; ama; POP tia.
Damn /dém/ *s* maldição; praga; *v* condenar.
Damned /démd/ *adj* maldito; condenado; amaldiçoado.
Dam.ni.fy /dém.nifái/ *v* danificar; deteriorar; prejudicar.
Damp /démp/ *s* umidade; névoa; neblina; desânimo; depressão; *v* umedecer; desencorajar; enfraquecer; desanimar; *adj* úmido; desanimado; triste.
Damp.en /démpên/ *v* desanimar.
Dam.sel /dém.zél/ *s* senhorita; moça.
Dance /dâns/ *s* dança; baile; *v* dançar; bailar; pular; brincar.
Danc.er /dén.sâr/ *s* dançarino (a); bailarino.
Dan.der /dén.dâr/ *s* passo vagaroso; ira; *v* andar vagarosamente.
Dan.dle /déndol/ *v* acariciar; embalar.
Dane /dêin/ *s* Dinamarquês.
Dan.ger /dêin.djâr/ *s* perigo; risco.
Dan.ger.ous /dêin.djârâs/ *adj* perigoso; arriscado.
Dan.ish /dêi.nixe/ *s* Dinamarquês (idioma); *adj* Dinamarquês.
Dank /dénc/ *s* úmido.
Dap.per /de.pâr/ *adj* vivo; esmerado; veloz.
Dare /dér/ *v* ousar; atrever-se; desafiar; afrontar; ter coragem; *past* **Dared** *and pp* **Durst**.
Dare.dev.il /dér.dévil/ *adj* audaz; ousado; atrevido.
Dar.ing.ly /dé.rinli/ *adv* atrevidamente.
Dark /dárc/ *s* escuridão; ignorância; mistério; *adj* escuro; moreno; melancólico.
Dark.en /dár.cân/ *v* escurecer; ofuscar; nublar; cegar.
Dark.ness /dárc.nés/ *s* escuridão; ignorância.
Darling /dár.lin/ *adj* querido; amado.
Darn /dárn/ *s* cerzidura; cerzido; maldição; *v* remendar.
Dart /dárt/ *s* dardo; flecha; seta; *v* lançar-se; arremessar setas; precipitar-se.
Dash /déxe/ *s* colisão; choque; arremetida; hífen; traço; *v* quebrar; bater; arremessar; colidir; atirar.
Dash.board /déxe.bórd/ *s* para-lama.
Dash.er /dé.xâr/ *s* batedeira (de leite, nata).
Date /dêit/ *s* data; encontro; época; tâmara; encontro; namorado; *v* datar; namorar; marcar encontro.
Daub /dób/ *v* borrar; emplastar; untar.
Daugh.ter /dó.târ/ *s* filha; **Daughter-in-law**: nora.
Daunt /dónt/ *v* atemorizar; assustar; intimidar.
Daw /dó/ *s* gralha; FIG simplório; humilde.
Dawd.le /dódol/ *v* desperdiçar tempo; vadiar.
Dawn /dón/ *s* alvorada; origem; aurora; *v* amanhecer; alvorecer.
Day /dêi/ *s* dia.
Day.break /dêi.brêic/ *s* alvorada; aurora; dia de folga.
Daze /dêiz/ *s* torpor; ofuscação; *v* ofuscar; deslumbrar; aturdir; entorpecer; pasmar.

Daz.zle /dêzol/ *v* deslumbrar; maravilhar; extasiar; ofuscar.
Dead /déd/ *s* morto; inanimado; inerte; sem vida.
Dead.en /déden/ *v* amortecer; enfraquecer; paralisar.
Dead.line /déd.lain/ *s* prazo final.
Dead.ly /déd.li/ *adj* mortal; fatal; funesto; terrível; *adv* muito; muitíssimo; mortalmente.
Deaf /déf/ *adj* surdo; insensível.
Deaf.en /défen/ *v* ensurdecer; atordoar; aturdir.
Deal /dil/ *v* negociar; repartir; *past and pp* Dealt.
Deal.er /di.lâr/ *s* COM negociante; distribuidor.
Dean /din/ *s* reitor; deão; vale.
Dear /dir/ *adj* amado; querido; estimado; caro; *adv* dispendioso; caro.
Dear.ly /dirli/ *adv* carinhosamente; ternamente; muito caro.
Death /déth/ *s* morte; óbito.
De.bar /dibár/ *v* excluir; privar de.
De.base /dibêis/ *v* humilhar; aviltar; falsificar.
De.base.ment /dibêis.ment/ *s* humilhação; degradação; adulteração.
De.bate /dibêit/ *v* debater; discutir; disputar.
De.bauch /dibó.txe/ *s* deboche; orgia; libertinagem; imoralidade; *v* prostituir; viciar.
De.bauch.er.y /dibó.txâri/ *s* deboche; depravação; libertinagem.
De.bauch.ment /dibó.txement/ *s* sedução.
De.bil.i.tate /dibi.litêit/ *v* debilitar; enfraquecer.
De.bil.i.ty /dibi.liti/ *s* debilidade; fraqueza.
Deb.it /dé.bit/ *v* debitar.
Deb.o.nair /debânér/ *adj* cortês; afável.
De.bouch /debu.xe/ *v* desembocar; desfilar militarmente.
De.bris /dé.bri/ *s* escombros; fragmentos.
Debt /dét/ *s* dívida; débito; obrigação; dever.
De.bunk /dibânc/ *v* GÍR desmascarar.
Debut /deibju/ *s* estreia.
Deb.u.tant /deibjutânt/ *s* debutante; estreante; principiante.
Dec.ade /dé.câd/ *s* década.
De.ca.dence /dé.câdâns/ *s* decadência; queda.
Dec.a.log /dé.câlóg/ *s* decálogo; os dez mandamentos da lei de Deus.
De.camp /diquém.p/ *v* descampar.
De.cant /diquént/ *v* decantar; clarificar líquidos.
De.can.ta.tion /diquéntêi.xân/ *s* decantação; clarificação de líquidos.
De.cay /diquêi/ *s* decadência; deterioração; ruína; cárie; *v* decair; arruinar; declinar.
De.cease /dissis/ *s* morte; óbito; falecimento; *v* morrer; falecer; perecer.
De.ceit /dissit/ *s* engano; fraude; impostura.
De.ceit.ful /dissit.ful/ *adj* ilusório; falso; fraudulento; mentiroso.
De.ceive /dissiv/ *v* enganar; iludir; fraudar; decepcionar.
De.cen.cy /di.censi/ *s* decência; decoro; pudor; recato.
De.cent /di.cent/ *adj* decente; respeitável; apropriado.
De.cen.tral.ize /dissén.trâláiz/ *v* descentralizar.
De.cep.tion /dissép.xân/ *s* decepção; engano; dolo; fraude.
De.cep.tive /dissép.tiv/ *adj* enganoso; ilusório; mentiroso.
De.cide /dissáid/ *v* decidir; solucionar; julgar; resolver.
Dec.i.mate /dé.cimêit/ *v* dizimar.
De.ci.pher /dissái.fâr/ *v* decifrar; interpretar.
De.ci.sion /dissi.jân/ *s* decisão; arbítrio; acordo; juízo.
De.ci.sive /dissái.siv/ *adj* decisivo; terminante; peremptório.
Deck /déc/ *s* convés (navio); coberta de navio; baralho; *v* ataviar; ornar; assear.
De.claim /diclêim/ *v* declamar; recitar.
Dec.la.ra.tion /déclârêi.xân/ *s* declaração; exposição; asserção; confissão.
De.clare /diclér/ *v* declarar; explicar; afirmar.
De.cline /dicláin/ *s* declínio; decadência.
De.cline /dicláin/ *v* declinar; pender; recuar; escusar; negar.
De.coct /dicóct/ *v* cozer.
De.code /dicôud/ *v* traduzir um código.
De.col.late /dicó.lêit/ *v* degolar; decapitar.
De.com.pose /dicómpôuz/ *v* decompor; decompor-se; analisar; corromper-se.
De.com.pound /dicómpáund/ *v* decompor.
Dé.cor /dicór/ *s* cenário; decoração.
Dec.o.rate /dé.corêit/ *v* decorar; enfeitar.
Dec.o.rous /dé.corâs/ *adj* decoroso; decente.
De.coy /dicói/ *v* enganar; seduzir; atrair; engodar.
De.crease /di.cris/ *s* decréscimo; diminuição; decrescimento; *v* decrescer.
De.cree /dicri/ *v* decretar; ordenar; mandar.
De.cry /dicrái/ *v* censurar com aspereza; desacreditar.
De.cum.bent /dicâm.bént/ *adj* deitado; rasteiro.
De.cus.sate /dicâssêit/ *adj* transversal; *v* interceptar; cortar em ângulo agudo.
Ded.i.cate /dé.diquêit/ *adj* dedicado; consagrado; *v* dedicar; consagrar; devotar.
De.duce /didius/ *v* deduzir; inferir; induzir; derivar; concluir.
De.duct /didâct/ *v* subtrair; descontar; abater; deduzir.
Deem /dim/ *v* julgar; estimar; supor; considerar.
Deep /dip/ *s* fundo; abismo; profundeza; intensidade; *adj* profundo; fundo; perspicaz; intenso; escuro; secreto.
Deep.en /di.pân/ *v* afundar; escurecer; cavar; agravar.
Deep.ly /dip.li/ *adv* profundamente.
Deer /dir/ *s* cervo; veado; gamo; corça.

De.face /difêis/ *v* desfigurar; borrar; mutilar.
De.fal.cate /difél.quêit/ *v* desfalcar; deduzir; diminuir.
De.fame /difêim/ *v* difamar; desacreditar; desonrar.
De.fault /difólt/ *v* violar; condenar à revelia.
De.feat /difit/ *s* derrota; frustração; revés; revogação; *v* derrotar; destroçar; invalidar.
Def.e.cate /dé.fiquêit/ *v* defecar; evacuar.
De.fect /diféct/ *s* defeito; imperfeição; deficiência.
De.fence /diféns/ *s* defesa; amparo; auxílio; proteção.
De.fend /difénd/ *v* defender; proteger; amparar; auxiliar.
De.fer /difâr/ *v* adiar; prorrogar; postergar.
Def.er.ence /dé.ferêns/ *s* deferência; respeito; honra.
De.fi.ance /difái.âns/ *s* desafio; despeito; desobediência; oposição.
De.fi.er /difái.âr/ *s* desafiador; desafiante; provocador.
De.file /difáil/ *v* sujar; contaminar; viciar; profanar.
De.fine /difáin/ *v* limitar; definir; decidir; fixar; determinar.
Def.i.nite.ly /défini.tli/ *adv* decididamente; determinadamente; sem falta.
Def.i.ni.tion /défini.xân/ *s* definição; determinação; decisão.
Def.la.grate /dé.flâgrêit/ *v* deflagrar; incendiar; arder.
De.fraud /difród/ *v* trapacear; frustrar; defraudar.
De.fray /difrêi/ *v* custear; pagar; fazer as despesas de.
De.frost /difróst/ *v* descongelar.
Deft /déft/ *adj* esperto; destro; apto; ágil.
De.fy /difái/ *v* desafiar; provocar; desdenhar; desprezar.
De.gen.er.ate /didji.nârêit/ *v* degenerar; perder as qualidades primitivas.
De.grade /digrêid/ *v* degradar; rebaixar; depor; aviltar.
De.gree /digri/ *s* grau; medida; ordem; estágio; classe; diploma; degrau.
De.i.fi.ca.tion /difiquêi.xân/ *s* deificação.
De.i.fy /di.ifái/ *v* deificar; endeusar.
Deign /dêin/ *v* condescender; dignar-se; permitir.
De.ism /di.izm/ *s* RELIG Deísmo.
De.i.ty /di.iti/ *s* divindade; deidade.
De.ject /didjéct/ *v* abater; afligir; desanimar.
De.jec.tion /didjéc.xân/ *s* abatimento; tristeza; desalento.
De.late /dil.eit/ *v* delatar.
De.lay /dilêi/ *v* retardar; demorar; impedir.
De.lete /dilit/ *v* apagar; riscar.
De.le.tion /dili.xân/ *s* ato de riscar; anulação.
De.lib.er.ate /dili.bârêit/ *adj* acautelado; ponderado; prudente.
De.lib.er.ate /dili.bârêit/ *v* deliberar; ponderar; examinar.
Del.i.ca.cy /dé.licâssi/ *s* delicadeza; guloseima; polidez.
Del.i.cate /dé.liquéit/ *adj* delicado; atencioso; cortês.
Del.i.ca.tes.sen /délicâté.sen/ *s* comércio (loja) de guloseimas; mercearia de produtos finos.
De.li.cious /dili.xâus/ *adj* delicioso; gostoso; saboroso.
De.light /diláit/ *s* delícia; prazer; gozo.
De.light /diláit/ *v* deleitar; ter prazer; alegrar; encantar.
De.lin.e.ate /dili.niêit/ *v* delinear; descrever; esboçar.
De.lin.quent /dilin.qüent/ *adj* delinquente; faltoso.
De.liv.er /dili.vâr/ *v* entregar; pronunciar; comunicar.
De.liv.er.y /dili.vâri/ *s* entrega; parto; livramento; expedição.
De.lude /diliud/ *v* enganar; iludir; alucinar.
Del.uge /dé.liudj/ *s* dilúvio; inundação; *v* inundar; alagar.
De.lu.sion /diliu.jân/ *s* desilusão; embuste; fraude; engano.
De.mand /diménd/ *s* demora; exigência; demanda; *v* exigir; reclamar; necessitar.
De.mar.ca.tion /dimárquêi.xân/ *s* demarcação.
De.mean /dimin/ *v* aviltar; rebaixar-se; diminuir-se.
De.ment /dimént/ *v* enlouquecer.
De.mer.it /dimé.rit/ *s* demérito; falta de mérito; nota baixa.
Dem.i.god /dé.migód/ *s* semideus; herói.
De.mise /dimáiz/ *s* morte; falecimento; sucessão da coroa; transferência de propriedade; *v* legar; ceder.
De.mit /dimit/ *v* demitir; renunciar; abdicar.
De.moc.ra.cy /dimó.crâssi/ *s* democracia.
De.mol.ish /dimó.lixe/ *v* demolir; destruir; arrastar.
De.mon /di.mân/ *s* demônio.
Dem.on.strate /dé.mânstrêit/ *v* demonstrar; provar.
De.mor.al.ize /démorâláiz/ *v* desmoralizar.
De.mot.ic /dimó.tic/ *adj* demótico.
De.mount /dimáunt/ *v* desmontar.
De.mur /dimâr/ *v* hesitar; pôr dúvidas.
Den /dén/ *s* toca; covil; recanto; esconderijo.
Dene /din/ *s* morro; pequeno monte de areia perto do mar; *also* Dune.
Den.gue /dén.gui/ *s* uma doença epidêmica que procova febre infecciosa.
De.ni.al /dinái.âl/ *s* negação; negativa; recusa.
Den.im /di.nim/ *s* brim; sarja.
Den.i.zen /dé.nizân/ *s* estrangeiro naturalizado; cidadão.
De.nom.i.nate /dinó.minêit/ *adj* determinado; definido.
De.note /dinôut/ *v* denotar; significar; indicar.
De.nounce /dináuns/ *v* denunciar; delatar; acusar.
Dense /déns/ *adj* denso; espesso.

Dent /dént/ *s* cavidade; entalhe; saliência; *v* entalhar; fazer dentes em instrumentos; amassar (automóvel em uma batida).
Den.tist /dén.tist/ *s* dentista.
Den.ture /dén.txâr/ *s* dentadura.
De.ny /dinái/ *v* negar; renegar; recusar.
De.part /dipárt/ *v* partir; ir embora; sair; morrer.
De.part.ment /dipárt.ment/ *s* departamento; ministério.
De.par.ture /dipár.txâr/ *s* partida; saída; retirada.
De.pend /dipénd/ *v* depender; contar com; pender.
De.pict /dipict/ *v* pintar; descrever; representar.
De.pic.tion /dipic.xân/ *s* retrato; pintura.
Dep.i.late /dé.pilêit/ *v* depilar.
Dep.i.la.tion /dépilêi.xân/ *s* depilação.
De.plete /diplit/ *v* esgotar; exaurir; sangrar.
De.plor.a.ble /dipló.râbol/ *adj* deplorável; lastimável; lamentável.
De.plore /diplór/ *v* lamentar; deplorar.
De.ploy /diplói/ *v* desenrolar-se; estender; desdobrar-se.
De.port /dipórt/ *v* deportar; transportar; exilar; desterrar.
De.port.ee /dipórti./ *s* exilado; deportado.
De.pose /dipôuz/ *v* depor; testificar; atestar.
De.pot /dé.pôu/ *s* armazém; depósito.
De.prave /diprêiv/ *v* depravar; viciar; corromper.
Dep.re.cate /dé.priquêit/ *v* deprecar; pedir; implorar.
De.pre.ci.ate /dipri.xiêit/ *v* depreciar.
Dep.re.date /dé.pridêit/ *v* depredar; saquear; pilhar.
De.press /diprés/ *v* deprimir; diminuir; humilhar.
De.prive /dipráiv/ *v* privar de; despojar.
Depth /dépth/ *s* profundidade; abismo; meio da noite.
Dep.u.rate /dé.piurêit/ *v* depurar; limpar.
Dep.u.ty /dé.piuti/ *s* deputado; delegado; agente.
Der.by /dár.bi/ *s* ESP dérbi (corrida de cavalo, de automóvel, etc.).
Der.e.lict /dé.rilict/ *adj* abandonado; desleixado.
De.ride /diráid/ *v* zombar; ridicularizar.
De.ri.sion /diri.jân/ *s* menosprezo; escárnio.
Der.i.va.tion /dérivêi.xân/ *s* derivação; descendência.
De.rive /diráiv/ *v* derivar; derivar-se; deduzir.
Der.o.gate /dé.roguêit/ *v* derrogar; desacreditar; anular; revogar.
Der.o.ga.tion /déroguêi.xân/ *s* derrogação; anulação.
Des.cant /dés.quént/ *v* discorrer; dissertar; discutir; cantar.
De.scend /dissénd/ *v* descer; descender; proceder.
De.scen.dant /dissén.dânt/ *s* descendência.
De.scen.dent /dissén.dént/ *adj* descendente.
De.scribe /discráib/ *v* descrever; narrar.
De.scrip.tion /discrip.xân/ *s* descrição; narração.
De.scry /discrái/ *v* descobrir; averiguar.
Des.e.crate /dé.sicrêit/ *v* profanar.
De.sert /dizârt/ *s* merecimento; ermo; *v* desertar; abandonar.
De.ser.tion /dézâr.xân/ *s* deserção; fuga.
De.serve /dizârv/ *v* merecer.
Des.ic.cate /dé.siquêit/ *v* dessecar; secar.
De.sid.er.ate /dizi.dârêit/ *v* desejar.
De.sign /dizáin/ *s* projeto; desenho; desígnio; *v* projetar; desenhar; traçar.
Des.ig.nate /dé.zinêit/ *v* destinar; designar; indicar; nomear.
De.sire /dizáir/ *s* desejo; ânsia; anelo; paixão; *v* desejar; pedir; aspirar.
De.sir.ous /dizái.râs/ *adj* desejoso.
De.sist /dizist/ *v* desistir; renunciar.
Desk /désc/ *s* escrivaninha; carteira; púlpito.
Des.o.late /dé.solêit/ *adj* desolado; triste; infeliz; solitário; *v* saquear; despovoar.
De.spair /dispér/ *s* desespero; desesperança; *v* desesperar; desesperar-se.
Des.per.ate /dés.pârit/ *adj* desesperado; furioso; precipitado.
Des.per.ate.ly /dés.pâritli/ *adv* desesperadamente; furiosamente; excessivamente.
Des.pi.ca.ble /dés.picâbol/ *adj* vil; desprezível; baixo.
De.spise /dispáiz/ *v* desprezar; menosprezar; desdenhar.
De.spite /dispáit/ *s* despeito; desdém; *v* humilhar; vexar; menosprezar; *prep* apesar de; não obstante; todavia.
De.spoil /dispó.il/ *v* privar de; despojar.
Des.pot /dés.pót/ *s* déspota; tirano.
Des.sert /dizârt/ *s* sobremesa.
Des.tine /dés.tin/ *v* destinar; dedicar; determinar.
Des.ti.ny /dés.tini/ *s* destino; sorte; sina; fado.
Des.ti.tute /dés.tituit/ *adj* destituído; necessitado; desamparado.
De.stroy /distrói/ *v* destruir; rasgar; aniquilar.
De.tach /dité.xe/ *v* separar; desligar; desunir; destacar.
De.tach.a.ble /dité.xâbol/ *adj* destacável; separável.
De.tail /di.têil/ *s* detalhe; particularidade; pormenor; *v* detalhar; pormenorizar.
De.tain /ditêin/ *v* deter; reter; retardar.
De.tain.ment /ditêin.ment/ *s* detenção; demora.
De.tect /ditéct/ *v* descobrir; identificar; revelar.
De.tec.tion /ditéc.xân/ *s* descoberta; revelação; descobrimento.
De.tec.tive /ditéc.tiv/ *s* detetive; investigador.
De.tent /ditént/ *s* alavanca.
De.ten.tion /ditén.xân/ *s* detenção; custódia; retenção.
De.ter /ditâr/ *v* desviar; intimidar; atemorizar; dissuadir.
De.te.ri.o.rate /diti.riorêit/ *v* deteriorar; estragar; estragar-se.
De.test /ditést/ *v* detestar; odiar; aborrecer.
De.test.a.ble /ditést.tâbol/ *adj* detestável.

Det.o.nate /dé.tonêit/ *v* detonar; explodir.
De.tour /dit.ur/ *s* volta; desvio; rodeio; *v* desviar-se.
De.tract /ditréct/ *v* diminuir; caluniar; depreciar; difamar.
De.tri.tion /ditri.xân/ *s* atrito; desgaste.
Deuce /dius/ *s* duque; dois (cartas, dados; etc.).
Deu.ter.on.o.my /diutâró.nomi/ *s* BÍBL Deuteronômio.
De.val.u.ate /divé.liuêit/ *v* desvalorizar.
De.vel.op /divé.lop/ *v* desenvolver; evoluir; revelar fotografias.
De.vel.op.ment /divé.lopment/ *s* progresso; desenvolvimento; crescimento; FOT revelação.
De.vest /divést/ *v* despir; tirar a roupa; privar.
De.vi.ate /di.viêit/ *v* desviar-se; afastar-se; divergir.
De.vi.a.tion /diviêi.xân/ *s* desvio; divergência; erro.
De.vice /diváis/ *s* aparelho; dispositivo; projeto.
Dev.il /dévol/ *s* diabo; demônio; *v* condimentar fortemente; importunar.
De.vi.ous /di.viâs/ *adj* divergente; tortuoso; afastado.
De.vise /diváiz/ *s* legado; *v* imaginar; projetar; criar; tramar.
De.void /divóid/ *adj* destituído de; desprovido de; livre.
De.volve /divólv/ *v* transferir; entregar; transmitir.
De.vote /divôut/ *v* devotar; dedicar; dedicar-se.
De.vour /divôur/ *v* devorar; consumir.
De.vout /divôut/ *adj* devoto; reverente.
Dew /diu/ *s* orvalho; garoa; sereno.
Dexter /décs.târ/ *adj* destro; hábil; favorável.
Di.al /dái.âl/ *s* mostrador (de relógio, rádio, bússola, disco de aparelhos, etc.).
Di.a.lect /dái.âléct/ *s* dialeto.
Di.a.log /dái.âlóg/ *s* diálogo; *v* dialogar; conversar; *also* Dialogue.
Di.a.mond /dái.âmând/ *s* diamante.
Di.a.pa.son /dáiâpêi.sân/ *s* MÚS diapasão, instrumento de sopro (também eletrônico).
Di.a.per /dái.âpár/ *s* fralda; cueiro; guardanapo; arabesco.
Di.a.phragm /dái.âfrém/ *s* ANAT diafragma.
Di.a.ry /dái.âri/ *s* diário; jornal; relação daquilo que sucede dia a dia.
Dice /dáis/ *s* sorteio; *pl* dados; *v* jogar dados.
Dick /dic/ *s* apelido de **Richard**; POP detetive; GÍR pênis.
Dic.tate /dic.têit/ *v* ditar; impor; ordenar; mandar.
Dic.tion /dic.xân/ *s* dicção; expressão; linguagem.
Dic.tion.a.ry /dic.xânéri/ *s* dicionário.
Did.dle /did.ol/ *v* trapacear; hesitar; lograr; *also* Daddle.
Die /dái/ *s* furador; dado (jogo); *pl* **Dice**; *v* cunhar; estampar; morrer.
Diet /dái.et/ *s* dieta; comida; assembleia.
Dif.fer.ence /di.fâréns/ *s* diferença; distinção; controvérsia.
Dif.fer.ent /di.fârént/ *adj* diferente; desigual.
Dif.fi.cult /di.ficâlt/ *adj* difícil; árduo.
Dif.fi.cul.ty /di.ficâlti/ *s* dificuldade; oposição; obstáculo.
Dif.fi.dence /di.fidéns/ *s* timidez; modéstia; desconfiança; suspeita.
Dif.fuse /difiuz/ *adj* difuso; espalhado; estendido; *v* difundir; espalhar; propagar; derramar.
Dig /dig/ *s* escavação; empurrão; escárnio; estudante aplicado; GÍR cutucada; *v* escavar; cavar; averiguar; *past and pp* **Dug** *or* **Digged**.
Di.gest /didjést/ *s* digesto; compilação; *v* digerir; elaborar.
Di.ges.tion /didjést.xân/ *s* digestão; exame; supuração.
Dig.ger /di.gâr/ *s* cavador; cavoqueiro; escavador.
Dight /dáit/ *v* adornar.
Dig.it /di.djit/ *s* dígito (diz-se dos números de um a dez); algarismo; dedo.
Dig.i.tal /di.djitâl/ *adj* digital.
Dig.ni.fy /dig.nifái/ *v* dignificar; exaltar; honrar.
Dig.ni.ta.ry /dig.nitâri/ *s* dignitário.
Dig.ni.ty /dig.niti/ *s* dignidade; honradez; nobreza.
Di.gres.sion /digré.xân/ *s* divagação; digressão; desvio; afastamento.
Dike /dáic/ *s* dique; represa; leito (de rio); *v* represar.
Di.lap.i.date /dilé.pidêit/ *v* dilapidar; arruinar; dissipar; destruir.
Dil.i.gent /di.lidjéns/ *adj* aplicado; ativo.
Di.lute /diliut/ *v* diluir; dissolver.
Dim /dim/ *v* ofuscar; obscurecer; *adj* escuro.
Dime /dáim/ *s* dez centavos.
Di.min.ish /dimi.nixe/ *v* diminuir; minorar; debilitar.
Di.min.u.tive /dimi.niutiv/ *adj* diminutivo; diminuto; minúsculo.
Dim.is.so.ry /di.missôuri/ *adj* demissório; de despedida.
Dim.ly /dim.li/ *adv* obscuramente.
Dim.ple /dimpol/ *s* covinha nas faces; pequenas ondulações.
Din /din/ *s* estrondo; barulho; ruído contínuo; *v* atordoar; aturdir; ensurdecer.
Dine /dáin/ *v* oferecer jantar; jantar.
Dingy /din.dji/ *adj* manchado; sujo; escuro.
Dining-room /dái.nin.rum/ *s* sala de jantar.
Din.ner /di.nâr/ *s* jantar; banquete.
Dint /dint/ *s* golpe; pancada; poder.
Dip /dip/ *s* mergulho; imersão; *v* imergir; mergulhar; submergir.
Diph.the.ri.a /difthi.riâ/ *s* MED difteria.
Di.plo.ma /diplôu.mâ/ *s* diploma.
Di.plo.ma.cy /diplôu.mâssi/ *s* diplomacia; prudência.
Dip.per /di.pâr/ *s* mergulhador; colher.
Dire /dáir/ *adj* horrendo; medonho; fatal; extremo.
Di.rect /diréct/ *v* dirigir; indicar; governar; endereçar.

Di.rec.tion /diréc.xân/ *s* direção; curso; administração.
Di.rec.to.ry /diréc.tôuri/ *s* diretório; lista telefônica; catálogo; almanaque.
Dire.ful /dáir.ful/ *adj* horrível; funesto; terrível.
Dirge /dâr.dj/ *s* canto fúnebre.
Dirk /dârc/ *s* punhal escocês; adaga; *v* apunhalar.
Dirt /dârt/ *s* sujeira; lama; terra; imundície.
Dirt.y /dâr.ti/ *adj* sujo; porco; indecente.
Dis.a.buse /dissâbiuz/ *v* desenganar; desiludir.
Dis.ac.cus.tom /dissécâs.tâm/ *v* desacostumar; desabituar.
Dis.ad.van.tage /dissédvén.tidj/ *v* prejudicar.
Dis.af.fect /disséféct/ *v* indispor; descontentar.
Dis.af.firm /disséfârm/ *v* negar; anular; invalidar.
Dis.a.gree /dissâgri/ *v* discordar; altercar; divergir.
Dis.a.gree.ment /dissâgri.ment/ *s* discordância; divergência; desacordo.
Dis.al.low /dissélâu/ *v* desaprovar; rejeitar.
Dis.al.low.ance /dissélâu.âns/ *s* desaprovação; negação; proibição.
Dis.ap.pear /dissépir/ *v* desaparecer.
Dis.ap.pear.ance /dissépi.râns/ *s* desaparecimento.
Dis.ap.point /dissépóint/ *v* desapontar; malograr.
Dis.ap.point.ment /dissépóint.ment/ *s* decepção; desapontamento.
Dis.ap.prov.al /dissépru.vâl/ *v* desaprovação; reprimenda.
Dis.ap.prove /dissépruv/ *v* desaprovar; rejeitar; censurar.
Dis.arm /dissârm/ *v* desarmar; serenar; acalmar.
Dis.ar.ma.ment /dissâr.mâment/ *s* desarmamento.
Dis.ar.range /dissérén.dj/ *v* desarranjar; desordenar; perturbar.
Dis.ar.ray /dissérêi/ *s* confusão; desalinho; desordem; *v* desordenar; desbaratar.
Dis.as.trous /dizés.trâs/ *adj* desastroso; malogrado; calamitoso.
Dis.a.vow /dissâváu/ *v* negar; repudiar; condenar.
Dis.band /disbénd/ *v* licenciar; dispersar; debandar.
Dis.burse /disbârs/ *v* desembolsar; gastar; despender.
Dis.card /discárd/ *v* descartar; livrar-se.
Dis.cern /dizârn/ *v* discernir; reconhecer; julgar.
Dis.cern.ment /dizârn.ment/ *s* discernimento; critério; juízo.
Dis.charge /distxár.dj/ *s* despedida; descarga; demissão; *v* pagar; demitir; absolver.
Dis.ci.ple /dissáip.ol/ *s* discípulo; apóstolo.
Dis.ci.pline /di.siplin/ *v* disciplinar; ensinar; educar.
Dis.claim /disclêim/ *v* renegar; desaprovar; renunciar.
Dis.close /disclôuz/ *v* descobrir; revelar; divulgar.
Dis.clo.sure /disclôu.jâr/ *s* declaração; revelação; publicação.
Dis.col.or /discâ.lâr/ *v* descorar; descolorar; desbotar.
Dis.com.fit /discâm.fit/ *v* derrotar; confundir; desconsertar.
Dis.com.fort /discâm.fârt/ *v* afligir; desconfortar; incomodar.
Dis.com.pose /discómpôuz/ *v* perturbar; desordenar.
Dis.con.cert /discónsârt/ *v* desapontar; desconcertar; envergonhar.
Dis.con.nect /discónéct/ *v* separar; romper; desligar.
Dis.con.tent /discóntént/ *s* descontentamento; *v* descontentar.
Dis.cord /discórd/ *s* discórdia; discordância; *v* discordar; desafinar.
Dis.cor.dance /discór.dâns/ *s* discordância.
Dis.count /discáunt/ *v* descontar; deduzir; diminuir.
Dis.coun.te.nance /discáun.tinâns/ *v* desaprovar; desfavorecer; desanimar.
Dis.count.er /discáun.târ/ *s* aquele que desconta.
Dis.cour.age /discâ.ridj/ *v* desanimar; opor; obstruir; desencorajar.
Dis.course /discôurs/ *v* discursar; conversar; falar.
Dis.cour.te.ous /discâr.tiâs/ *adj* mal-educado; descortês; grosseiro.
Dis.cov.er /discâ.vâr/ *v* descobrir; inventar; revelar.
Dis.cred.it /discré.dit/ *s* descrédito; desconfiança; desonra; infâmia; *v* desacreditar; desconfiar; desmoralizar.
Dis.creet /discrit/ *adj* discreto; prudente.
Dis.crete /discrit/ *adj* discreto; distinto; descontínuo.
Dis.cre.tion /discré.xân/ *s* discrição; cautela; prudência.
Dis.crim.i.nate /discri.minêit/ *adj* distinto; diferenciado; separado; *v* discriminar.
Dis.crown /discráun/ *v* destronar.
Dis.cuss /discâs/ *v* discutir; debater.
Dis.dain /disdêin/ *s* desdém; desprezo; repugnância; *v* desdenhar; desprezar.
Dis.ease /diziz/ *s* doença; enfermidade.
Dis.em.bark /dissembárc/ *v* desembarcar; descarregar.
Dis.en.chant /dissentxént/ *v* desencantar; desiludir.
Dis.en.gage /dissenguêi.dj/ *v* desocupar; soltar; desunir.
Dis.en.tan.gle.ment /dissenténgol.ment/ *s* desembaraço; livramento.
Dis.en.thral /dissenthról/ *v* libertar; livrar.
Dis.en.thrall /dissenthról/ *examine* ⇒ **Disenthral**.
Dis.fig.ure /disfi.guiur/ *v* desfigurar; deformar.
Dis.for.est /disfó.rest/ *v* desflorestar.
Dis.fur.nish /disfâr.nixe/ *v* desmobilizar; desprover.
Dis.gorge /disgór.dj/ *v* vomitar; expelir; restituir.
Dis.grace /disgrêis/ *v* desfavorecer; desgraçar; desonrar.
Dis.grace.ful /disgrêis.ful/ *adj* vergonhoso.

Dis.guise /disgáiz/ *s* disfarce; dissimulação; *v* disfarçar; dissimular; ocultar.
Dis.gust /disgâst/ *s* desgosto; repugnância; *v* repugnar; desgostar; entendiar.
Dish /dixe/ *s* prato; comida; travessa; louça.
Dis.hon.es.ty /dissó.nésti/ *s* desonestidade; deslealdade.
Dis.hon.or /dissó.nâr/ *v* desonrar.
Dis.hon.or.a.ble /dissó.norâbol/ *adj* desonroso; indecoroso.
Dis.hon.our /dissó.nâr/ *examine* ⇒ Dishonor.
Dish.wash.er /dixe.uásher/ *s* máquina de lavar louça.
Dish.wa.ter /dixe.uáter/ *s* a água com que se lava a louça.
Dis.il.lu.sion /dissiliu.jân/ *v* desiludir; desenganar; desencantar.
Dis.in.fect /dissinféct/ *v* desinfetar.
Dis.in.gen.u.ous /dissinjé.niuâs/ *adj* falso; dissimulado; fingido.
Dis.in.her.it /dissin.hé.rit/ *v* deserdar.
Dis.in.te.grate /dissin.tigrêit/ *v* desintegrar; decompor; desagregar.
Dis.in.ter.est /dissin.târést/ *s* desinteresse; indiferença; desprendimento.
Dis.in.ter.ment /dissin.târment/ *s* exumação.
Dis.ject /disdjéct/ *v* dispensar.
Dis.joint /disdjóin/ *v* deslocar; desunir.
Dis.junct /disdjânct/ *adj* desunido; separado.
Disk /disc/ *s* disco.
Dis.like /disláic/ *s* aversão; antipatia; *v* detestar.
Dis.lo.cate /dis.loquêit/ *v* deslocar.
Dis.lodge /disló.dj/ *v* desalojar; mudar-se.
Dis.mal /diz.mâl/ *adj* sombrio; triste; desanimador.
Dis.mal.ness /diz.mâlnés/ *s* melancolia; tristeza.
Dis.man.tle.ment /disméntol.ment/ *s* desmantelamento.
Dis.may /dismêi/ *s* desânimo; espanto; assombro; *v* desanimar; espantar.
Dis.miss /dismis/ *v* dispensar; demitir; rejeitar.
Dis.mis.sal /dismi.sâl/ *s* demissão; destituição; exoneração.
Dis.mount /dismáun/ *s* desmontagem; *v* desmontar; desarmar; descer.
Dis.na.ture /disné.txâr/ *v* desnaturalizar.
Dis.o.be.di.ence /dissobi.diâns/ *s* desobediência; rebeldia.
Dis.o.bey /dissobêi/ *v* desobedecer.
Dis.o.blige /dissobláì.dj/ *v* desobrigar; desagradar; incomodar.
Dis.or.der /dissór.dâr/ *s* desordem; barulho; confusão; *v* desordenar; adoecer; inquietar.
Dis.or.der.ly /dissór.dârli/ *adj* desordenado; turbulento; confuso; *adv* desordenadamente; tumultuosamente.
Dis.or.gan.ize /dissór.gânáiz/ *v* desorganizar; desordenar.
Dis.own /dissôun/ *v* rejeitar; renegar; renunciar.
Dis.par.age /dispé.ridj/ *v* deprimir; depreciar; aviltar.
Dis.pa.rate /dis.pârit/ *adj* desigual; diferente; discordante.
Dis.par.i.ty /dispé.rit/ *s* disparidade; diferença; desigualdade.
Dis.part /dispárt/ *v* dividir; separar.
Dis.pas.sion /dispé.xân/ *s* imparcialidade; indiferença.
Dis.pas.sion.ate /dispé.xânit/ *adj* impassível; desapaixonado.
Dis.pas.sion.ate.ly /dispé.xânitli/ *adv* desapaixonadamente; imparcialmente.
Dis.patch /dispé.txe/ *s* despacho; agilidade; *v* despachar; expedir.
Dis.pel /dispél/ *v* dissipar; expelir; enviar; expedir
Dis.pen.sa.to.ry /dispén.sâtôuri/ *s* MED formulário de produtos medicinais.
Dis.pense /dispéns/ *v* dispensar; conceder; distribuir; MED receitar.
Dis.perse /dispârs/ *v* dispersar; espalhar.
Dis.per.sive /dispâr.siv/ *adj* dispersivo.
Dis.place /displêis/ *v* deslocar; desarranjar; retirar; demitir.
Dis.place.ment /displêis.ment/ *s* deslocação; deslocamento; remoção.
Dis.play /displêi/ *s* mostra; aparato; apresentação; exposição; *v* exibir; expor; mostrar.
Dis.please /displiz/ *v* desagradar; magoar; ofender.
Dis.plea.sure /displé.jâr/ *s* desprazer; desgosto; desagrado.
Dis.port /dispórt/ *s* divertimento; diversão; passatempo; *v* divertir; recrear; brincar.
Dis.po.sal /dispôu.zâl/ *s* disposição; venda; ordem.
Dis.pose /dispôuz/ *v* dispor; vender; pôr em ordem; preparar.
Dis.praise /disprêiz/ *s* censura; reprovação; *v* censurar; reprovar.
Dis.proof /dispruf/ *s* refutação; contestação.
Dis.prove /dispruv/ *v* desaprovar; refutar.
Dis.pu.tant /dis.piutânt/ *s* disputante; competidor; contendor; *adj* disputante; disputável.
Dis.pute /dispiut/ *s* disputa; discussão; controvérsia; *v* disputar; discutir; contestar.
Dis.qual.i.fy /discuó.lifái/ *v* desqualificar; inabilitar; incapacitar.
Dis.qui.et /discuái.ét/ *adj* inquieto; desassossegado; *v* inquietar; perturbar; incomodar.
Dis.re.gard /disrigárd/ *s* descuido; negligência; desconsideração; *v* desdenhar; negligenciar; desprezar.
Dis.rel.ish /disré.lixe/ *v* repugnar.
Dis.re.pair /disripér/ *s* dilapidação.
Dis.rep.u.ta.ble /disripiu.tâbol/ *adj* desonroso; infamante; desacreditado.
Dis.re.pute /disripiut/ *s* desonra; descrédito.
Dis.re.spect /disripéct/ *v* desrespeitar; desconsiderar.

Dis.robe /disrôub/ *v* despir-se.
Dis.root /disrut./ *v* desarraigar.
Dis.rupt /disrâpt/ *v* romper; rebentar; despedaçar.
Dis.rup.tion /disrâp.xân/ *s* rompimento; ruptura; dilaceração.
Dis.sat.is.fy /dissé.tisfái/ *v* descontentar; desagradar; desgostar.
Dis.sect /disséct/ *v* dissecar; retalhar; anatomizar.
Dis.sem.ble /dissémbol/ *v* dissimular; disfarçar; fingir; mascarar.
Dis.sem.i.nate /dissé.minêit/ *v* disseminar; divulgar.
Dis.sen.sion /dissén.xân/ *s* dissensão; divergência; contenda.
Dis.sent /dissént/ *s* dissensão; discórdia; *v* discordar; divergir; diferir.
Dis.sent.er /dissén.târ/ *s* dissidente.
Dis.sen.tient /dissén.txiânt/ *examine* ⇒ Dissenter.
Dis.ser.tate /dissâr.teit/ *v* dissertar.
Dis.sev.er /dissé.vâr/ *v* dividir; desunir; partir.
Dis.si.dence /di.sidéns/ *s* dissidência; divergência; desarmonia.
Dis.si.dent /di.sidént/ *s* dissidente; *adj* dissidente.
Dis.sim.u.late /dissi.miulêit/ *v* dissimular; fingir.
Dis.si.pate /di.sipêit/ *v* dissipar; dispersar.
Dis.si.pa.tion /dissipêi.xân/ *s* dissipação; diversão.
Dis.so.lute /di.soliut/ *adj* dissoluto; devasso; imoral.
Dis.so.lute.ness /di.soliutnés/ *s* libertinagem; dissolução.
Dis.so.lu.tion /dissoliu.xân/ *s* dissolução; desintegração; decomposição.
Dis.solve /dizólv/ *v* dissolver; derreter.
Dis.so.nance /di.sonâns/ *s* dissonância; desacordo; desavença.
Dis.so.nan.cy /di.sonânsi/ *examine* ⇒ Dissonance.
Dis.suade /dissuêid/ *v* dissuadir.
Dis.taff /dis.téf/ *s* roca de fiar; fuso.
Dis.tance /dis.tâns/ *s* distância; intervalo; afastamento; reserva.
Dis.tant /dis.tânt/ *adj* distante; afastado.
Dis.tend /disténd/ *v* distender; dilatar; inflar.
Dis.ten.sion /distén.xân/ *s* distensão; dilatação.
Dis.tent /disténd/ *adj* distendido; dilatado.
Dis.til /distil/ *v* destilar; purificar.
Dis.tinct /distinct/ *adj* distinto; diferente.
Dis.tin.guish /distin.guixe/ *v* distinguir; salientar.
Dis.tort /distórt/ *v* deturpar; falsificar; distorcer.
Dis.tor.tion /distór.xân/ *s* distorção; deformidade; torcedura.
Dis.tract /distréct/ *v* distrair; perturbar.
Dis.train /distrêin/ *v* embargar; sequestrar.
Dis.trait /distrêit/ *adj* distraído.
Dis.tress /distrés/ *s* aflição; angústia; pobreza; *v* afligir.
Dis.trib.ute /distri.biut/ *v* distribuir; classificar; repartir.
Dis.tri.bu.tion /distribiu.xân/ *s* distribuição; partilha; arranjo.
Dis.trict /dis.trict/ *s* distrito; região; bairro.
Dis.trust /distrâst/ *s* desconfiança; suspeita; receio; *v* desconfiar; temer; recear.
Dis.trust.ful /distrâst.ful/ *adj* desconfiado; receoso; suspeitoso.
Dis.turb /distârb/ *v* perturbar; incomodar.
Dis.tur.bance /distâr.bâns/ *s* perturbação; distúrbio; motim.
Ditch /ditxe/ *s* rego; fosso; vala; trincheira; *v* abrir fossos; atirar num fosso; POP rejeitar; abandonar; descarrilar.
Dith.er /di.thâr/ *v* arrepiar; estremecer.
Dit.to /di.tôu/ *s* dito; idem; o mesmo; *adv* igualmente.
Dit.ty /di.ti/ *s* canção; cantiga; balada.
Di.va.gate /dái.vâguêit/ *v* divagar.
Di.van /divén/ *s* divã; sofá.
Dive /dáiv/ *s* mergulho; submersão; casa noturna; bar (de péssima reputação); *v* mergulhar; ocultar.
Di.verge /divâr.dj/ *v* divergir; discordar.
Di.ver.gence /divâr.djéns/ *s* divergência; desacordo.
Di.ver.gen.cy /divâr.djénsi/ *examine* ⇒ Divergence.
Di.ver.gent /divâr.djént/ *adj* divergente; contrário.
Di.vers /dái.vârs/ *adj* diversos; vários; alguns.
Di.verse /divârs/ *adj* diverso; diferente; distinto.
Di.ver.si.fy /divâr.sifái/ *v* diversificar; diferenciar; variar.
Di.ver.sion /divâr.xân/ *s* diversão; desvio; divertimento.
Di.vert /divârt/ *v* divertir; distrair; desviar.
Di.vest /divést/ *v* despir; esbulhar; privar.
Di.vest.i.ture /divés.titxâr/ *s* despimento; despojo.
Di.vide /diváid/ *v* dividir; repartir.
Di.vine /diváin/ *s* clérigo; teólogo; sacerdote; *v* adivinhar; prognosticar.
Div.ing /daivin/ *s* mergulho; mergulhador.
Di.vin.i.ty /divi.niti/ *s* divindade.
Di.vi.sion /divi.jân/ *s* divisão; separação.
Di.vorce /divôurs/ *s* divórcio; *v* divorciar; separar.
Di.vor.cee /divôur.si/ *adj* divorciado (a).
Di.vulge /divâl.dj/ *v* divulgar; publicar; espalhar.
Diz.en /dáizn/ *v* ornar; enfeitar; ataviar.
Diz.zy /di.zi/ *adj* atordoado; tonto; *v* atordoar; aturdir.
Do /du/ *v* fazer; agir; executar; bastar; servir; enganar; *past* Did *and pp* Done.
Do.a.ble /du.âbol/ *adj* capaz de ser feito.
Doc.ile /dó.sil/ *adj* dócil; obediente; brando.
Dock /dóc/ *s* doca; dique; estaleiro; banco; rabo; rabicho; *v* ancorar; cortar; encurtar; abreviar.
Dock.et /dó.quét/ *v* resumir; rotular; etiquetar.
Doc.trine /dóc.trin/ *s* doutrina; ensino.
Doc.u.ment /dó.quiumént/ *v* documentar.

Dod.der /dó.dâr/ *v* tremer; titubear.
Dodge /dó.dj/ *v* esquivar-se; evitar; enganar.
Doe /dôu/ *s* corça; fêmea de diversos animais.
Doff /dof/ *v* tirar o chapéu em saudação; remover; despir.
Dog /dâg/ *s* cão; cachorro.
Dog.ger.y /dó.gâri/ *s* espelunca.
Dog.ma /dóg.mâ/ *s* dogma.
Dog.mat.i.cal.ly /dógmé.ticâli/ *adv* dogmaticamente.
Doi.ly /dói.li/ *s* guardanapo.
Doit /dóit/ *s* bagatela.
Dole /dôul/ *s* dádiva; esmola; aflição; *v* distribuir ou repartir algo com os pobres.
Dole.ful /dôul.ful/ *adj* doloroso; triste.
Doll /dól/ *s* boneca.
Dol.lar /dó.lâr/ *s* dólar, moeda americana e de outros países.
Doll.ish /dó.lixe/ *adj* afetado; melindroso.
Dol.ly /dó.li/ *s* boneca; carrinho.
Dol.men /dól.men/ *s* dólmen.
Do.lor /dôu.lâr/ *s* dor; angústia.
Do.lour /dôu.lâr/ *examine* ⇒ Dolor.
Dol.phin /dól.fin/ *s* golfinho.
Dolt /dólt/ *s* tolo; pateta; imbecil.
Do.main /domêin/ *s* domínio; império.
Dome /dôum/ *s* cúpula; abóbada.
Do.mes.tic /domés.tic/ *s* servo; criado; *adj* doméstico.
Dom.i.nant /dó.minânt/ *s* dominante; domínio.
Dom.i.nate /dó.minêit/ *v* dominar; controlar; governar arbitrariamente.
Dom.i.neer /dóminir/ *v* dominar; oprimir.
Do.min.ion /domi.niân/ *s* domínio; propriedade; posse.
Dom.i.no /dó.minôu/ *s* dominó.
Do.nate /dôu.nêit/ *v* doar; contribuir; dar.
Done /dân/ *adj* feito; acabado; logrado.
Don.key /dón.qui/ *s* burro; asno; imbecil; ignorante.
Doo.dle /dudol/ *adj* pateta; tolo; rabisco.
Doom /dum/ *s* perdição; condenação; destino; *v* condenar; julgar; determinar.
Door /dór/ *s* porta.
Dope /dôup/ *s* verniz; lubrificante; GÍR narcótico; informação confidencial; *v* viciar; dopar.
Dork.face /dór.fêis/ *adj* idiota; cara de bobo.
Dor.man.cy /dór.mânsi/ *s* dormência.
Dos.sal /dó.sâl/ *s* dossel.
Dot /dót/ *s* ponto; vírgula; pingo; mancha; *v* pontilhar; colocar pingos; pôr vírgulas.
Do.tage /dôu.tidj/ *s* imbecilidade; demência.
Do.ta.tion /dotêi.xân/ *s* dotação, renda.
Dote /dôut/ *v* amar intensamente; caducar; desvairar.
Dot.er /dôu.târ/ *s* apaixonado.
Dot.ty /dó.ti/ *adj* estúpido; maluco; alucinado.
Doub.le /dâbol/ *s* dobro; duplo; cópia; *adj* dobrado; duplo; falso; *v* dobrar; duplicar.
Doub.let /dâ.blét/ *s* par; parelha.
Doubt /dáut/ *s* dúvida; suspeita; incerteza; *v* duvidar; suspeitar; hesitar.
Doubt.less /dáut.lés/ *adv* indubitavelmente.
Douche /duxe/ *s* ducha; tomar duchas.
Dough /dôu/ *s* massa (de pão, etc.); pasta; POP dinheiro.
Dough.boy /dôu.bói/ *s* soldado de infantaria.
Dough.foot /dôu.fut/ *same as* Doughboy.
Dough.ty /dáu.ti/ *adj* valente; bravo.
Dour /dur/ *adj* severo; obstinado; árido.
Douse /dáus/ *v* extinguir; apagar; recolher.
Dove /dâv/ *s* pombo.
Dow.a.ger /dáu.âdjâr/ *s* viúva abastada; GÍR viúva de idade avançada.
Dow.dy /dáu.di/ *s* mulher desalinhada; *adj* desleixado; sujo.
Dow.el /dáu.él/ *s* prego; tarugo; cavilha.
Down /dáun/ *s* penugem; penas; duna; *adj* descendente; abatido; *v* derrubar; vencer; derrotar; *adv* em baixo; para baixo; debaixo; abaixo; *prep* em baixo; para baixo.
Down.fall /dáun.fól/ *s* aguaceiro; nevada.
Down.stairs /dáun.stérz/ *adv* para baixo; escada abaixo.
Down-town /dáun.taun/ *adj* centro da cidade.
Down.ward /dáun.uârd/ *adj* descendente; inclinado.
Down.wards /dáun.uârds/ *adv* para baixo.
Down.y /dáu.ni/ *adj* felpudo; peludo; suave.
Dow.ry /dáu.ri/ *s* dote; doação; dom.
Doze /dóz/ *s* soneca; cochilo.
Doze /dóz/ *v* cochilar.
Doz.en /dâzn/ *s* dúzia.
Doz.er /dó.zâr/ *s* indolente; preguiçoso.
Do.zy /dó.zi/ *adj* sonolento; adormecido.
Drab /dréb/ *adj* pardo; monótono.
Draft /dréft/ *s* corrente de ar; aspiração; projeto; esboço; recrutamento; COM ordem de pagamento; *v* esboçar.
Drag /drég/ *s* draga; carruagem; carreta; *v* arrastar; dragar.
Drag.on.fly /dré.gânn.flai/ *s* libélula.
Drain /drêin/ *s* dreno; cano de esgoto; ralo; *v* dragar; drenar; secar.
Dram.a.tise /drá.mâtáiz/ *v* dramatizar; *also* Dramatize.
Drape /dréip/ *v* enroupar.
Drap.er /drêi.pâr/ *s* vendedor de fazendas (tecidos).
Drap.er.y /drêi.pâri/ *s* fabricação ou venda de tecidos.
Draught /dréft/ *s* corrente de ar; tração; gole; desenho.
Draw /dró/ *s* tração; empate; desenho; *v* puxar; aspirar; desenhar; redigir; sacar; arrastar; mover-se; *past* Drew *and pp* Drawn.

Draw.back /dró.béc/ *s* fracasso; prejuízo; COM desconto; reembolso.
Draw.ee /drói/ *s* COM sacado.
Drawl /dról/ *s* balbuciação; gaguejo; *v* gaguejar.
Dray /drêi/ *s* carreta.
Dread /dréd/ *s* medo; temor; horror; *v* recear; temer.
Dream /drim/ *s* sonho; ilusão; imaginação; *v* sonhar; imaginar; fantasiar; *past and pp* Dreamt *or* Dreamed.
Drear.y /dri.ri/ *adj* triste; funesto.
Dredge /drédj/ *s* draga; rede; *v* dragar; escavar.
Dregs /drégs/ *s* sedimento; escória; resto.
Drench /dréntxe/ *s* VETER remédio de animais; algo que encharca; *v* ensopar.
Dress /drés/ *s* roupa; traje; vestuário; enfeite; *v* vestir-se; ornar; preparar; *adj* vestuário.
Drib.ble /dribol/ *s* baba; saliva; gota; *v* babar; gotejar.
Dri.er /drái.âr/ *s* secante; enxugador.
Drift /drift/ *s* violência; impulso; vento; *v* amontoar; impelir; cavar túneis.
Drill /dril/ *s* arado; perfurador; pua; *v* furar; perfurar; treinar em exercícios militares; disciplinar.
Drink /drinc/ *s* bebida (alcoólica ou não); *v* beber; embriagar-se; *past* Drank *and pp* Drunk.
Drink.a.ble /drin.câbol/ *adj* potável.
Drip /drip/ *s* gota; goteira; *v* pingar; gotejar.
Drive /dráiv/ *s* passeio; rua; avenida; impulso; urgência; *v* dirigir (autos); forçar; guiar; conduzir; levar; *past* Drove *and pp* Driven.
Driv.el /drivol/ *v* dizer tolices; desperdiçar.
Driv.er /drái.var/ *s* motorista; condutor; maquinista de trem; talhadeira.
Driz.zle /drizol/ *s* chuvisco; garoa; *v* garoar; chuviscar.
Droll /drôul/ *adj* cômico; engraçado; chulo.
Droll.er.y /drôu.lâri/ *s* palhaçada; graça.
Drone /drôun/ *s* zangão; sussurro; vadio; *v* zumbir; vadiar; sussurrar.
Drool /drul/ *s* saliva; baba; POP conversa mole; *v* salivar; babar.
Droop /drup/ *s* inclinação; descaimento; *v* enfraquecer; desfalecer; curvar.
Drop /dróp/ *s* pingo; gota; pendente; pingente; *v* derrubar; cair; denunciar.
Drop.per /dró.pâr/ *s* conta-gotas.
Dross /drós/ *s* impureza; escória; sedimento.
Dross.y /dró.si/ *adj* impuro.
Drought /dráut/ *s* secura; aridez; estiagem; *also* Drouth.
Drought.y /dráu.ti/ *adj* seco; árido.
Drown /dráun/ *v* afogar; inundar; afogar-se; abafar (voz ou som).
Drowse /dráus/ *v* adormecer; cochilar.
Drow.sy /dráu.zi/ *adj* sonolento; lento.
Drub /drâb/ *v* bater; surrar; espancar; sacudir.
Drudge /drâdj/ *v* labutar; trabalhar intensamente.
Drudg.er.y /drâd.jâri/ *s* trabalho intenso; trabalho penoso; lida.
Drug /drâg/ *s* remédio; droga; entorpecente; *v* medicar; receitar; narcotizar.
Drug.store /drâg.stôur/ *s* farmácia; drogaria.
Dru.id /dru.id/ *s* Drúida.
Drum /drâm/ *s* tambor; bumbo; MED tímpano; *v* tocar tambor.
Drunk /drânc/ *s* bebedeira; ébrio; bêbado; *adj* embriagado; ébrio.
Drunk.en /drân.cân/ *adj* ébrio; embriagado.
Dry /drái/ *adj* seco; árido; *v* secar; enxugar; desaguar.
Du.al /diu.âl/ *adj* dual, referente a dois.
Dub /dâb/ *v* substituir a trilha sonora de um filme; dar apelido a alguém.
Du.bi.e.ty /diubái.âti/ *s* incerteza; dúvida; dubiedade.
Du.bi.ous /diu.biâs/ *adj* duvidoso; dúbio; indeciso.
Duch.y /dâ.xii/ *s* ducado.
Duck /dâc/ *s* pato; marreco; mergulho; brim; lona; POP um cara; um sujeito; *v* mergulhar; reverenciar.
Duct /dâct/ *s* conduto; tubo; canal.
Duc.til.i.ty /dâcti.liti/ *s* maleabilidade; flexibilidade; docilidade.
Dud /dâd/ *s* impostor; pedante.
Dudg.eon /dâ.djân/ *s* mágoa; mau humor; raiva.
Due /diu/ *s* dívida; impostos; direitos; *adj* devido; vencido; adequado; *adv* exatamente; diretamente.
Du.el /diu.él/ *s* duelo; *v* duelar.
Duff /dâf/ *s* ordinário; inferior.
Dug /dâg/ *s* teta; bico de peito.
Duke /diuc/ *s* duque.
Dul.cet /dâl.sit/ *adj* doce; agradável.
Dull /dâl/ *adj* estúpido; vagaroso; monótono; cego (sem corte).
Dull /dâl/ *v* amortecer; entorpecer; ofuscar.
Dull.ness /dâl.nés/ *s* estupidez.
Dul.ly /dá.li/ *adv* estupidamente; pesadamente.
Du.ly /diu.li/ *adv* pontualmente.
Dumb /dâm/ *adj* mudo; elevador de pratos.
Dumb.found /dâmm.faund/ *v* embaraçar; confundir; emudecer.
Dum.my /dâ.mi/ *s* manequim; bobo; ESP *morto* (do baralho); TIP boneco (amostra); *adj* silencioso; falso; postiço.
Dump /dâmp/ *v* derramar; depositar; esvaziar; descarregar.
Dump.y /dâm.pi/ *adj* troncudo.
Dun /dân/ *s* cobrança com muita pressão junto ao devedor; *v* cobrar com muita pressão; importunar; *adj* pardo.
Dunce /dâns/ *s* lerdo; tolo; ignorante.
Dun.der.head /dân.dâr.héd/ *s* imbecil; tolo.
Dune /diun/ *s* duna.
Dung /dân/ *s* esterco; estrume; adubo; *adj* sórdido; vil.
Dunk /dânc/ *v* molhar; embeber.

Dupe /diup/ *s* ingênuo; pateta; tolo; *v* ludibriar; enganar; lograr.
Du.plic.i.ty /diupli.siti/ *s* duplicidade.
Du.ra.bil.i.ty /diurâbi.liti/ *s* durabilidade.
Du.ra.ble /diu.râbol/ *adj* duradouro; durável.
Du.ra.tion /diurêi.xân/ *s* permanência; duração.
Dur.ing /diu.rin/ *prep* durante; enquanto.
Dusk /dâsc/ *s* poente; crepúsculo; *adj* sombrio; obscuro; *v* obscurecer; escurecer.
Dusk.y /dâs.qui/ *adj* escuro; sombrio.
Dust /dâst/ *s* pó; poeira; restos mortais; *v* limpar; espanar; varrer.
Dust.er /dás.târ/ *s* espanador.
Dust.y /dâs.ti/ *adj* empoeirado.
Dutch /dâtxe/ *adj* Holandês.
Du.ti.ful /diu.tiful/ *adj* obediente.
Du.ty /diu.ti/ *s* obrigação; dever; tributo.
Dwarf /duórf/ *s* anão.
Dwell /duél/ *v* morar; habitar; permanecer; *past and pp* Dwelt *or* Dwelled.
Dwell.ing /dué.lin/ *s* moradia; residência.
Dwin.dle /duindol/ *v* diminuir; decair.
Dye /dái/ *s* tinta; corante; tintura; *v* colorir.
Dy.er /dái.âr/ *s* tintureiro.
Dye.stuff /dái.stâf/ *s* corante.
Dy.nam.ic /dáiné.mic/ *s* dinâmico.
Dy.na.mite /dái.nâmáit/ *s* dinamite; *v* dinamitar.
Dy.na.mo /dái.nâmôu/ *s* dínamo.
Dys.en.ter.y /di.sentéri/ *s* disenteria.

ABCDEFGHIJKLMNOPQRSTUVWXYZ

E /i/ *s* quinta letra do alfabeto Português e do alfabeto Inglês.
Each /itsh/ *adj* cada; *pron* cada um; cada qual.
Ea.ger.ly /i.gârli/ *adv* avidamente; impetuosamente; ansiosamente.
Ea.gle /igol/ *s* águia.
Ea.glet /i.glit/ *s* águia (pequena).
Ear /ir/ *s* orelha (ouvido); audição; espiga de cereal; asa de jarro; *v* espigar.
Earl /ârl/ *s* conde.
Ear.li.ness /âr.linés/ *s* precocidade; antecipação; madrugada.
Ear.ly /âr.li/ *adj* precoce, adiantado; temporão; matinal; relativo ao começo; *adv* cedo, no começo.
Earn /ârn/ *v* ganhar; conseguir; obter pelo trabalho; merecer.
Ear.nest /âr.nist/ *adj* zeloso; apaixonado; sério; importante.
Ear.nest.ness /âr.nistnés/ *s* zelo; fervor; cuidado.
Ear.ning /âr.nin/ *s* salário.
Earth /ârth/ *s* terra; chão; mundo; o planeta; Earth-worm: minhoca; *v* enterrar.
Earth.en.ware /ârt.thenn.uér/ *s* cerâmica; louça de barro.
Earth.ly /ârth.li/ *adj* terreno; mundano; terrestre; carnal.
Earth.quake /ârth.cuêic/ *s* terremoto.
Earth.ward /ârth.uârd/ *adv* em direção ao solo; em direção à terra.
Earth.y /ârthi/ *adj* terreno; térreo; da terra.
Ease /iz/ *s* repouso; tranquilidade; sossego; comodidade; bem-estar; desembaraço; alívio; *v* aliviar; facilitar.
Ea.sel /izol/ *s* cavalete (de pintor).
Ease.ment /iz.ment/ *s* alívio; assistência; conforto; vantagem; desagravo.
Eas.i.ly /i.zili/ *adv* facilmente.
East /i.zi/ *s* oriente; leste; nascente.
East.er /is.târ/ *s* Páscoa.
Eas.y /i.zi/ *adj* fácil; tranquilo; livre; feliz; plano.
Eat /it/ *v* comer; mastigar; consumir; roer; nutrir-se; to Eat supper: jantar; *past* Ate *and pp* Eaten.
Eaves /ivs/ *s* cornija; goteira; calha; beiral.
Ebb /éb/ *s* maré baixa; vazante; refluxo; ruína; decadência; *v* refluir (a maré); decair; arruinar-se.
Eb.on.ics /i.bânics/ *s* o Inglês dos jovens negros.
Eb.o.ny /é.boni/ *s* ébano.
E.bri.e.ty /ibrái.iti/ *s* embriaguez.
E.bul.lience /ibâ.liens/ *s* ebulição; fervura; entusiasmo.
Ec.cen.tric /écsén.tric/ *adj* excêntrico; extravagante; exótico; original.
Ec.cle.si.as.tes /écliziés.tis/ *s* RELIG Eclesiastes.
Ec.cle.si.as.tic /écliziés.tic/ *adj* eclesiástico; padre.
Ech.o /é.côu/ *s* eco; *v* ecoar; ressoar; retumbar.
E.clipse /icli.ps/ *s* obscuridade; sombra; *v* eclipsar; apagar; nublar; obscurecer.
E.clip.tic /iclip.tic/ *s* eclíptica.
E.col.o.gy /icó.lodji/ *s* ecologia.
Ec.o.nom.ic /iconó.mic/ *adj* econômico; regrado; moderado; poupado.
E.con.o.mist /icó.nomist/ *s* economista.
E.con.o.mize /icó.nomáiz/ *v* economizar; poupar.
Ec.sta.sy /écst.tâssi/ *s* êxtase; enlevo; arrebatamento.
Ec.to.plasm /éc.toplésm/ *s* ectoplasma.
Ec.u.men.ic /éciumé.nic/ *adj* ecumênico; universal; geral.
E.da.cious /idêi.xâs/ *adj* voraz; devorador; glutão; ávido.
Ed.dy /é.di/ *s* remoinho; ressaca; turbilhão; refluxo; *v* remoinhar.
E.den /i.den/ *s* éden; paraíso.
Edge /édj/ *s* fio; gume; borda; beira; ponta; extremidade; corte; orla; margem.
Edge.ways /édj.uêiz/ *adv* lateralmente; de soslaio; do lado do gume.
Edg.y /é.dji/ *adj* cortante; anguloso; irascível; nervoso; irritável.
Ed.i.ble /é.dibol/ *s* comestível.
E.dict /i.dict/ *s* édito; edital; decreto.
Ed.i.fice /é.difis/ *s* edifício; casa; prédio.
Ed.i.fy /é.difái/ *v* edificar; construir; instruir.
E.dile /i.dáil/ *s* edil; vereador.
Ed.it /é.dit/ *v* editar; publicar.

Ed.i.tor /é.ditâr/ *s* editor; redator de uma publicação.
Ed.i.to.ri.al /éditôu.riâl/ *adj* editorial.
Ed.i.tor.ship /é.ditârxip/ *s* cargo e função de editor.
Ed.u.ca.ble /é.diucâbol/ *adj* educável.
Ed.u.cate /é.diuquêit/ *v* educar; criar; instruir; ensinar.
Ed.u.ca.tion /édiuquêi.xân/ *s* educação; cultura.
Ed.u.ca.tive /é.diuquêitiv/ *adj* educativo.
E.duce /idius/ *v* deduzir; extrair; evocar; tirar.
E.duct /idâct/ *s* produto; resultado.
Eel /il/ *s* enguia.
Ee.ri.ness /i.rinés/ *s* timidez; melancolia; pavor.
Ee.ry /i.ri/ *adj* estranho; tímido; assustador.
Ef.fa.ble /é.fâbol/ *adj* que ou o que pode ser dito; explicável.
Ef.face /efêis/ *v* borrar; riscar; apagar.
Ef.fect /eféct/ *s* efeito; ação; resultado; *v* efetuar; realizar; cumprir; consumar.
Ef.fec.tive /eféc.tiv/ *adj* eficaz; eficiente.
Ef.fec.tu.ate /eféc.tiuêit/ *v* efetuar; realizar.
Ef.fem.i.nate /efé.minêit/ *v* efeminar.
Ef.fer.vesce /éfârvês/ *v* efervescer; espumar; fermentar.
Ef.fer.ves.cent /éfârvé.sent/ *adj* efervescente; espumoso.
Ef.fete /efit/ *adj* impotente; estéril; cansado.
Ef.fi.ca.cious /éfiquêi.xâs/ *adj* eficaz; forte; poderoso; salutar.
Ef.fi.ca.cy /éfiqué.citi/ *s* eficácia, eficiência; energia.
Ef.fi.cien.cy /éf.xensi/ *s* eficiência; eficácia; força; ação.
Ef.fi.cient /éfi.xent/ *adj* eficiente; capaz; produtivo.
Ef.fi.gy /é.fidji/ *s* efígie, imagem.
Ef.flo.resce /éflorés/ *v* florescer; eflorescer.
Ef.flu.ence /é.fluens/ *s* emanação; eflúvio; emissão.
Ef.flux /é.flâcs/ *s* eflúvio; exalação; fluxo; derrame.
Ef.fort /é.fârt/ *s* esforço; empenho.
Ef.fort.less /é.fârtlés/ *adj* sem esforço.
Ef.front.er.y /efrân.târi/ *s* descaramento; arrogância.
Ef.fulge /efâl.dj/ *v* brilhar; efulgir; refulgir.
Ef.fuse /efiuz/ *v* difundir; entornar; emanar; *adj* espalhado; derramado.
Ef.fu.sion /efiu.jân/ *s* efusão; expansão; derramamento.
Eft /éft/ *s* salamandra; lagartixa.
E. g. /i.dgi/ *s* por exemplo, ABREV de Exempli Gratia (Latim).
Egg /ég/ *s* ovo; óvulo; larva (bicho-da-seda); *v* misturar ou cobrir com ovos.
Egg.plant /ég.plâent/ *s* berinjela; ENGL Aubergine.
E.go.ism /é.gôuizm/ *s* egoísmo.
E.go.is.tic /égôuis.tic/ *adj* egoístico.
E.go.tism /é.gôutizm/ *s* egotismo; egoísmo.
E.gre.gious /igri.djâs/ *adj* egrégio; ilustre.
E.gress /i.grés/ *s* egressão; partida; saída.
E.gret /é.gret/ *s* garça; pluma; penacho.
E.gyp.tian /idjip.xân/ *adj* Egípcio.
Ei.der /ái.dâr/ *s* ganso marinho; pato marinho.
Ei.do.lon /áidôu.lón/ *s* espectro; fantasma.
Eight /êit/ *adj* oito.
Eight.een /êitin/ *adj* dezoito.
Eight.eenth /êitin.th/ *adj* décimo-oitavo.
Eight.y /êi.ti/ *adj* oitenta.
Ei.ther /i.dhâr/ *adj* um de dois; um ou outro; ambos; qualquer; *pron* um ou outro; ambos; qualquer dos dois; *conj* ou; ora; também não.
E.jac.u.late /idjé.quiulêit/ *v* ejacular; proferir.
E.ject /idjéct/ *v* expelir; expulsar; evacuar.
E.jec.tion /idjéc.xân/ *s* expulsão; exclusão; evacuação.
E.jec.tor /idjéc.târ/ *s* ejetor; expulsor.
Eke /ic/ *v* alongar; obter; suplementar; *adv* também; além do mais.
E.lab.o.rate /ilé.borêit/ *v* elaborar; melhorar; trabalhar com esmero.
E.lab.o.rate.ly /ilé.boritli/ *adv* primorosamente.
E.lapse /ilé.ps/ *v* passar; decorrer; transcorrer.
E.las.tic /ilés.tic/ *s* elástico; *adj* elástico.
E.las.tic.i.ty /elâsti.citi/ *s* elasticidade.
E.late /ilêit/ *v* exaltar; excitar; entusiasmar; glorificar; tornar vaidoso; *adj* exaltado; altivo.
E.la.tion /ilêi.xân/ *s* exaltação; soberba; elevação.
El.bow /él.bôu/ *s* o cúbito (o cotovelo); ângulo; braço; volta; canto; esquina; *v* cubitar (acotovelar).
Eld /éld/ *s* antiguidade; velhice.
El.der /él.dâr/ *s* primogênito; ancião; antepassado; o mais velho da mesma família; *adj* mais velho; mais antigo.
E.lect /iléct/ *s* eleito; escolhido; preferido; *v* votar; eleger; nomear; escolher; preferir; *adj* eleito; escolhido.
E.lec.tion /iléc.xân/ *s* eleição; votação; escolha.
E.lec.tive.ness /iléc.tivnés/ *s* eletividade; elegibilidade.
E.lec.tor /iléc.târ/ *s* eleitor; votante.
E.lec.to.rate /iléc.târit/ *s* eleitorado.
E.lec.tric /ilé.tric/ *adj* elétrico.
E.lec.tric.i.ty /iléctri.citi/ *s* eletricidade.
E.lec.tri.fy /iléc.trifái/ *v* eletrificar; eletrizar.
E.lec.tro.cute /iléc.troquiut/ *v* eletrocutar.
El.e.gance /é.ligâns/ *s* elegância; graça.
El.e.gant /é.ligânt/ *adj* elegante; distinto.
El.e.gize /é.lidjáiz/ *v* escrever elegias.
El.e.gy /é.lidji/ *s* elegia.
El.e.ment /é.limént/ *s* elemento; célula; átomo.
El.e.men.ta.ry /élimén.târi/ *adj* elementar.
El.e.phant /é.lifânt/ *s* elefante.
El.e.vate /é.livêit/ *v* elevar; erguer; exaltar; alçar.
El.e.va.tor /é.livêitâr/ *s* elevador; ENGL Lift.
E.lev.en /ilévn/ *adj* onze.
E.lev.enth /ilévn.th/ *adj* undécimo.
Elf /élf/ *s* duende; gnomo.

Elf.ish /él.fixe/ *adj* de duendes; relativo aos Elfos.
E.lic.i.ta.tion /ilissitêi.xân/ *s* instigação; dedução; indução.
E.lide /iláid/ *v* elidir; suprimir; refutar.
El.i.gi.bil.i.ty /élidjibi.liti/ *s* elegibilidade.
El.i.gi.ble /é.lidjibol/ *adj* elegível; preferível.
E.lim.i.nate /ili.minêit/ *v* eliminar; suprimir; expulsar; banir; abstrair.
Elk /élc/ *s* alce, espécie de animal mamífero.
Ell /él/ *s* antiga medida de comprimento.
El.lip.sis /eli.psis/ *s* GRAM elipse.
Elm /élm/ *s* olmo; olmeiro.
El.o.cu.tion /éloquiu.xân/ *s* elocução; declamação; expressão.
E.lon.gate /ilón.guêit/ *v* alongar; alongar-se.
E.lope /ilôup/ *v* evadir-se; escapar.
El.o.quence /é.locuéns/ *s* eloquência.
El.o.quent /é.locuént/ *adj* eloquente.
Else /éls/ *adj* outro; adicional; *adv* além de.
Else.where /éls.huér/ *adv* em outra parte; noutra parte.
E.lu.ci.date /iliu.sidêit/ *v* elucidar; comentar; ilustrar.
E.lude /iliud/ *v* iludir; fugir; enganar; evitar.
E.lu.sion /iliu.jân/ *s* ilusão; engano; artifício.
E.lu.sive /ilu.siv/ *adj* ilusório; enganador; esquivo.
E.lu.so.ry /iliu.sôuri/ *adj* ilusório; ardiloso; fraudulento.
E.ma.ci.ate /imêi.xiêit/ *v* emagrecer; murchar; extenuar.
E.ma.ci.a.tion /imêixiêi.xân/ *s* emagrecimento.
Em.a.nate /é.mânêit/ *v* emanar; exaltar; provir; proceder.
Em.a.na.tion /émânêi.xân/ *s* emanação; proveniência.
E.man.ci.pate /imén.sipêit/ *v* emancipar; libertar; livrar.
E.man.ci.pa.tion /iménsipêi.xân/ *s* emancipação; alforria; libertação.
Em.balm /imbám/ *v* embalsamar; conservar.
Em.balm.er /imbá.mâr/ *s* embalsamador.
Em.balm.ment /imbám.ment/ *s* embalsamamento.
Em.bank /imbénc/ *v* represar; aterrar.
Em.bank.ment /imbenc.ment/ *s* represa; dique; aterro.
Em.bar.go /embár.gôu/ *s* embargo.
Em.bark /imbárc/ *v* embarcar; arriscar-se.
Em.bar.ka.tion /embárquêi.xân/ *s* embarque; embarcamento.
Em.bar.rass /embé.râs/ *v* embaraçar; perturbar; estorvar; embaraçar-se.
Em.bar.rass.ment /embé.râsment/ *s* embaraço; obstáculo; empecilho.
Em.bas.sy /em.bâssi/ *s* embaixada.
Em.bay /embêi/ *v* ancorar.
Em.bed /imbéd/ *v* embutir; entalhar; encaixar.
Em.bel.lish /embé.líxe/ *v* embelezar; enfeitar; adornar.
Em.ber /em.bâr/ *s* brasa; tição aceso.
Em.bez.zle /embézol/ *v* apropriar-se; usurpar; desviar.
Em.bit.ter /embi.târ/ *v* amargar; azedar; amargurar.
Em.bit.ter.ment /embi.târment/ *s* ato de tornar amargo.
Em.bla.zon /emblêizn/ *v* adornar; ornar; celebrar.
Em.blem /ém.blém/ *s* emblema; símbolo; insígnia; distintivo.
Em.bod.i.ment /embó.diment/ *s* resumo; incorporação; agrupamento.
Em.bod.y /embó.di/ *v* incorporar; juntar; corporificar.
Em.bold.en /émbôuldn/ *v* animar; encorajar; estimular.
Em.bo.som /embu.zân/ *v* pôr no seio; ocultar; esconder.
Em.boss /embós/ *v* gravar; incrustrar; entalhar.
Em.boss.ment /embóss.ment/ *s* relevo.
Em.bou.chure /embuxur/ *s* bocal de um instrumento.
Em.bow.el /embáu.él/ *v* desentranhar; encerrar; enterrar.
Em.bow.er /embáu.âr/ *v* cobrir com folhagens; abrigar.
Em.brace /embrêis/ *s* abraço; amplexo; *v* abraçar; abranger; abarcar; aceitar.
Em.bro.cate /ém.broquêit/ *v* fomentar; MED, aplicar linimentos.
Em.bro.ca.tion /embroquêi.xân/ *s* linimento; fomentação.
Em.broi.der /embrói.dâr/ *v* bordar; enfeitar; esmaltar.
Em.broil /embróil/ *v* embrulhar (no sentido de confundir; intrigar; embaraçar).
Em.bry.o /ém.briôu/ *s* embrião; feto.
E.mend /iménd/ *v* emendar; corrigir; retificar.
E.mend.a.ble /imén.dâbol/ *adj* emendável; reparável; retificável; corrigível.
E.men.da.tion /iméndêi.xân/ *s* emenda; correção.
Em.er.ald /é.marâld/ *s* esmeralda; cor de esmeralda.
E.merge /imâr.dj/ *v* emergir; surgir; elevar; aparecer; sair.
E.mer.gence /imâr.djéns/ *s* emergência; aparição; emersão.
E.mer.gen.cy /imâr.djén.si/ *s* emergência; acontecimento; conjuntura.
Em.er.y /é.mâri/ *s* esmeril.
E.met.ic /imé.tic/ *s* vomitório, produto medicinal que provoca vómito; *adj* emético.
Em.i.grant /é.migrént/ *adj* emigrante; refugiado.
Em.i.grate /é.migrêit/ *v* emigrar.
Em.i.nence /é.minéns/ *s* elevação; altura; grandeza.
Em.i.nent /é.minént/ *adj* eminente; ilustre; supremo.

Em.is.sa.ry /é.missâri/ *s* emissário; mensageiro; espião; canal de esgoto (cano); *adj* enviado.
E.mis.sive /imi.siv/ *adj* emissivo.
Emit /imit/ *v* emitir; lançar; desprender; despedir.
Em.met /é.mit/ *s* formiga.
E.mol.li.ent /imó.lient/ *adj* emoliente.
E.mol.u.ment /imó.liument/ *s* lucro; emolumento.
E.mo.tion /imôu.xân/ *s* emoção; alvoroço; sensação.
E.mo.tion.al /imôu.xânâl/ *adj* emocional; sentimental; impressionante.
E.mo.tive /imôu.tiv/ *adj* emotivo; impressionável.
Em.pan.el /impé.nel/ *v* inscrever um jurado.
Em.pha.sis /ém.fâssis/ *s* ênfase; energia; realce; força.
Em.pha.size /ém.fâssáiz/ *v* acentuar; salientar; carregar; dar ênfase; realçar.
Em.pire /ém.páir/ *s* império.
Em.pir.ic /émpi.ric/ *s* aquele que usa de métodos experimentais como fonte importante de conhecimento; *adj* empírico.
Em.ploy /emplói/ *s* emprego; ocupação; negócio; ofício; cargo; *v* empregar; ocupar.
Em.ploy.a.ble /emplói.âbol/ *adj* empregável.
Em.ploy.ee /emplóii/ *s* empregado.
Em.ploy.er /emplói.âr/ *s* empregador; patrão.
Em.ploy.ment /emplói.ment/ *s* uso; emprego; função.
Emp.ti.ness /émp.tinés/ *s* vazio; vácuo; nulidade.
Emp.ty /émp.ti/ *v* esvaziar; despejar; *adj* vazio; oco; fútil; vão; inútil; nulo.
E.mu /imiu/ *s* emá; avestruz australiano.
Em.u.late /é.miulêit/ *v* emular; igualar; imitar.
Em.u.la.tion /émiulêi.xân/ *s* emulação; estímulo; concorrência; rivalidade.
E.mul.sion /imâl.xân/ *s* MED emulsão.
E.mul.sive /imâl.siv/ *adj* emulsivo; de que se pode extrair óleo.
En.a.ble /enêibol/ *v* habilitar; capacitar; possibilitar.
En.act /enéct/ *v* estabelecer; decretar; executar.
En.am.el /ené.mel/ *s* esmalte; adorno; *v* esmaltar.
En.am.or /ené.mâr/ *v* enamorar; cativar; encantar.
En.am.ored /ené.mârd/ *adj* enamorado; encantado.
En.cage /enquêi.dj/ *v* engaiolar; enjaular; encarcerar.
En.camp /enquémp/ *v* acampar.
En.case /enquêis/ *v* encaixotar; encaixar; envolver.
En.cave /enquêiv/ *v* esconder; encavernar.
En.ceinte /ânsént/ *adj* prenhe; grávida.
En.chain /antxêin/ *v* encadear; algemar; acorrentar.
En.chant /entxént/ *v* encantar; seduzir; enfeitiçar.
En.chant.ment /entxént.ment/ *s* magia; encantamento.
En.chant.ress /entxén.trés/ *s* feiticeira.
En.chase /entxêis/ *v* encaixar; incrustar; embutir.
En.cir.cle /ensârcol/ *v* cercar; abraçar; envolver; rodear.
En.clasp /enclésp/ *v* abrochar; conter; abarcar; abraçar.
En.close /enclôuz/ *v* incluir; fechar; rodear; anexar.
En.clos.er /enclôu.zâr/ *s* muro; valado; o que cerca.
En.clo.sure /inclôu.jur/ *s* cercado; inclusão; recinto fechado; valado.
En.core /âncôur/ *s* TEATR repetição; bis; *v* repetir; bisar.
En.count.er /encáun.târ/ *v* encontrar; opor-se; atacar.
En.cour.age /encâ.ridj/ *v* animar; fomentar; encorajar.
En.croach /encrôu.txe/ *v* invadir; imiscuir-se; transgredir.
En.crust /encrâst/ *v* entalhar; incrustar; embutir.
En.cum.ber /encâm.bâr/ *v* estorvar; atrapalhar; embaraçar; onerar; endividar.
En.cyc.lic /ensi.clic/ *s* Encíclica.
En.cy.clo.pe.di.a /ensáiclopi.diá/ *s* enciclopédia.
En.cy.clo.pe.dic /ensáiclopi.dic/ *adj* enciclopédico.
End /énd/ *s* fim; termo; extremidade; alvo; resultado; *v* acabar; expirar; concluir; terminar.
En.dan.ger /endén.djâr/ *v* comprometer; correr perigo; expor; arriscar; pôr em perigo.
En.dear /endir/ *v* encarecer; apreciar; estimar.
En.dear.ment /endir.ment/ *s* meiguice; afeto; ternura.
En.deav.or /endé.vâr/ *v* esforçar-se; diligenciar; envidar esforços.
En.dive /en.div/ *s* endívia; escarola; chicória.
End.most /énd.môust/ *adj* o mais afastado.
En.dorse /indórs/ *v* endossar; abonar; rubricar; autenticar.
En.forced /enfôurst/ *adj* forçado; violentado.
En.fran.chise /enfrén.txáiz/ *v* franquear; liberar; emancipar; conceder direitos civis.
En.gage /enguêi.dj/ *v* empenhar; ocupar; comprometer-se; alistar; contratar; ficar noivo.
En.gage.ment /enguêi.djment/ *s* ajuste; compromisso; noivado; contrato; MIL batalha.
En.gine /en.djin/ *s* máquina; motor; locomotiva; engenho; força; ardil.
En.gi.neer /Endjinir/ *s* engenheiro; mecânico.
En.gi.neer /endjinir/ *v* executar; dirigir a execução de.
En.gland.er /in.glândâr/ *s* inglês.
En.glish /in.glixe/ *s* os Ingleses; a língua Inglesa; *v* inglesar; verter para o Inglês; *adj* inglês.
En.glish.man /ing.lixemên/ *s* Inglês.
En.glut /englât/ *v* engolir; saciar.
En.gorge /engór.dji/ *v* devorar; engolir; abarrotar.
En.graft /engréft/ *v* gravar; imprimir; enxertar.
En.grain /engrêin/ *v* tingir de escarlate.
En.grave /engrêi.v/ *v* gravar; burilar; entalhar; cinzelar.
En.gross /engrós/ *v* engrossar; passar a limpo; absorver.

En.gulf /engâlf/ *v* engolfar; afundar; imergir; tragar; abismar.
En.hance /en.héns/ *v* aumentar; elevar; melhorar.
E.nig.ma /inig.mâ/ *s* enigma; mistério.
En.join /endjóin/ *v* prescrever; ordenar; intimidar; impor; encarregar; proibir; *v* gozar de.
En.joy.ment /endjói.ment/ *s* gozo; prazer; divertimento.
En.kin.dle /enquindol/ *v* acender; inflamar; atear.
En.lace /enlêis/ *v* enlaçar; entrelaçar.
En.large /enlár.dj/ *v* aumentar; alargar; ampliar; engrandecer; dilatar.
En.larg.er /enlár.djâr/ *s* ampliador.
En.light.en /enláiten/ *v* esclarecer; informar; instruir.
En.light.en.ment /enláiten.ment/ *s* cultura; ilustração; iluminação.
En.link /enlinc/ *v* ligar; acorrentar.
En.list /enlist/ *v* alistar-se; recrutar; inscrever; atrair.
En.list.ment /enláitn.ment/ *s* alistamento; recrutamento.
En.liv.en /enláiven/ *v* animar; alentar; avivar; excitar.
En.mesh /enmé.xe/ *v* emaranhar; confundir.
En.mity /é.miti/ *s* inimizade; repugnância; antipatia.
En.nui /aniúi/ *s* tédio; enfado; fastio; aborrecimento.
E.nor.mi.ty /inór.miti/ *s* enormidade; demasia; excesso.
E.nor.mous /inór,mâs/ *adj* enorme; nefando; excessivo; cruel; atroz; perverso.
E.nough /inâf/ *adj* suficiente; necessário; *adv* suficientemente; bastante.
E.nounce /ináuns/ *v* enunciar; declarar; exprimir.
En.quire /incuái.âr/ *v* inquirir; perguntar; informar-se.
En.quir.y /incuái.âri/ *s* indagação; exame; sindicância.
En.rage /enrrêi.dj/ *v* enraivecer; enfurecer; irritar.
En.rap.ture /enrrép.tiur/ *v* extasiar; arrebatar.
En.rich /enri.txe/ *v* enriquecer; adornar; fertilizar.
En.rol /anrrôul/ *v* registrar; catalogar; inscrever.
En.rol.ment /enrrôul.ment/ *s* registro; inscrição; matrícula; alistamento.
En.root /enrrut/ *v* enraizar.
Ens /enz/ *s* ente; ser; tudo o que existe.
En.sconce /encóns/ *v* cobrir; encobrir; ocultar; envolver.
En.sem.ble /ansámbol/ *s* conjunto; grupo; totalidade.
En.shroud /enxeráud/ *v* amortalhar; cobrir; encobrir.
En.sign /én.sáin/ *s* insígnia, emblema, distintivo.
En.sign.cy /en.sáinsi/ *s* porta-bandeira.
En.slave /enslêi.v/ *v* escravizar; subjugar; avassalar.
En.snare /ensnér/ *v* enganar; enlaçar; enredar.
En.sue /ensiu/ *v* seguir-se; resultar; advir, sobrevir.
En.sure /enxur/ *v* segurar; pôr no seguro.
En.tail /entêil/ *s* vínculo; herança; *v* implicar; envolver.
En.tan.gle /enténgol/ *v* envolver; arrastar; embaraçar.
En.tan.gle.ment /enténgol.ment/ *s* enredo; embaraço; confusão.
En.ter /én.târ/ *v* entrar; lançar; ingressar; registrar.
En.ter.ing /én.târin/ *s* entrada; admissão.
En.ter.prise /én.târpráiz/ *s* empresa.
En.ter.tain /entârtêin/ *v* entreter; divertir; manter.
En.ter.tain.ment /entârtêin.ment/ *s* entretenimento; recepção.
En.thral /enthról/ *v* dominar; sujeitar; escravizar.
En.thral.ment /enthról.ment/ *s* domínio, cativeiro; escravidão; submissão.
En.throne /enthrôun/ *v* entronizar, elevar ao trono.
En.thuse /enthiuz/ *v* entusiasmar; entusiasmar-se; encorajar.
En.thu.si.asm /enthiu.ziézm/ *s* entusiasmo; fervor.
En.tice /entáis/ *v* incitar; tentar; corromper; seduzir.
En.tire /entái.âr/ *adj* inteiro; todo; fiel; íntegro.
En.ti.tle /entáitol./ *v* intitular; dar direito a; ter direito a.
En.ti.ty /én.titi/ *s* entidade; ser; ente.
En.tomb /entum/ *v* enterrar; sepultar.
En.tomb.ment /entum.ment/ *s* funeral; sepultamento; enterro.
En.tou.rage /anturáj/ *s* meio ambiente; companhia; roda.
En.trails /ént.rêils/ *s* entranhas; tripas; intestinos.
En.trance /entréns/ *s* entrada; ingresso; vestíbulo; entrada alfandegária; *v* fascinar; extasiar; encantar.
En.trant /én.trânt/ *adj* noviço; principiante.
En.trap /entrép/ *v* surpreender; apanhar no laço.
En.treat /entrit/ *v* rogar; implorar; pedir; solicitar.
En.treat.y /entri.ti/ *s* súplica; pedido; rogo; solicitação.
En.trench /entrén.txe/ *v* entrincheirar; transpassar; invadir; penetrar.
En.tre.pôt /antrâpôu/ *s* entreposto; empório.
En.trust /entrâst/ *v* incumbir; depositar; encarregar.
En.twine /entuáin/ *v* enlaçar; enroscar; entrelaçar.
En.twist /entuist/ *v* torcer; rodear; cercar; *also* Intwist.
E.nu.mer.ate /iniu.mâreit/ *v* enumerar; detalhar; pormenorizar; especificar.
E.nun.ci.ate /inân.siêit/ *v* pronunciar; enunciar; expor.
En.ure /iniur/ *v* entrar em operação; estar disponível.
En.vel.op /envé.lâp/ *v* envolver; cobrir; ocultar.
En.vel.ope /in.vilôup/ *s* envoltório; sobrecarta; invólucro.
En.venom /envé.nâm/ *v* envenenar; irritar; perverter.

En.vi.a.ble /én.viâbol/ *adj* invejável; cobiçável.
En.vi.ous /én.viâs/ *adj* invejoso; malicioso; cobiçoso.
En.vi.ron /envái.rân/ *v* cercar; rodear; sitiar.
En.vi.ron.ment /envái.rânment/ *s* meio ambiente.
En.vi.rons /envái.râns/ *s* arredores; arrabaldes; cercanias.
En.vis.age /envi.zidj/ *v* contemplar; fitar; refletir.
En.voy /én.vói/ *s* enviado; emissário; embaixador.
En.vy /én.vi/ *s* inveja; cobiça; rivalidade; ciúme; *v* invejar.
En.wrap /en.rép/ *v* envolver; arrebatar; enrolar; embrulhar.
En.wreathe /enri.dh/ *v* engrinaldar, enfeitar com grinaldas.
E.phem.er.on /ifé.mâras/ *adj* efêmero.
Eph.od /é.fód/ *s* veste sacerdotal judaica.
Ep.ic /é.pic/ *s* poema épico; epopeia; *adj* épico.
Ep.i.cene /é.pissin/ *adj* GRAM epiceno, que é comum de dois gêneros.
Ep.i.dem.ic /épidé.mic/ *adj* epidêmico; contagioso.
Ep.i.der.mic /épidâr.mic/ *adj* epidérmico (relativo a pele).
Ep.i.der.mis /épidâr.mis/ *s* epiderme.
Ep.i.graph /é.pigréf/ *s* epígrafe; inscrição; epitáfio.
Ep.i.lep.sy /é.pilépssi/ *s* MED epilepsia.
Ep.i.logue /é.pilóg/ *s* epílogo; conclusão.
E.piph.a.ny /ipi.fâni/ *s* epifania.
E.pis.co.pate /ipis.copit/ *s* episcopado; bispado.
Ep.i.sode /é.pisôud/ *s* episódio; ocorrência.
E.pis.tle /ipisol/ *s* epístola; carta; missiva.
Ep.i.taph /é.pitéf/ *s* epitáfio (elogio fúnebre).
Ep.i.thet /é.pithét/ *s* epíteto; cognome.
E.pit.o.me /ipi.tomi/ *s* resumo; epítome; compêndio.
E.pit.o.mize /ipi.tomáiz/ *v* resumir; abreviar; sintetizar.
Ep.och /é.pâc/ *s* época; era.
Ep.o.pee /épopi/ *s* epopeia.
Eq.ua.bil.i.ty /icuâbi.liti/ *s* equabilidade; igualdade; uniformidade.
Eq.ua.ble /é.cuâbol/ *adj* igual; uniforme.
Eq.ua.bly /i.cuâbli/ *adv* igualmente; uniformemente.
E.qual /i.cuâl/ *s* igual; par; *v* igualar; nivelar-se; *adj* igual; semelhante; uniforme.
E.qual.ize /i.cuâláiz/ *v* igualar; uniformizar.
E.qual.ly /i.cuâli/ *adv* igualmente; uniformemente; imparcialmente.
E.quan.i.mous /icuâ.nimâs/ *adj* moderado; equânime.
E.quate /i.cueit/ *v* igualar; uniformizar; tornar equivalente.
E.qua.tion /icuêi.xân/ *s* equação.
Eq.uer.ry /é.cuâri/ *s* escudeiro; camarista; cavalariço.
E.ques.tri.an /icués.triân/ *adj* equestre.
E.qui.lat.er.al /icuilé.târâl/ *adj* equilateral, que tem lados iguais.
E.qui.li.brate /icuilái.brêit/ *v* equilibrar.
E.quil.i.brist /icui.librist/ *s* equilibrista.
E.quine /i.cuáin/ *adj* cavalar; hípico; equino.
E.qui.noc.tial /icuinóc.xâl/ *s* linha do equinócio.
E.qui.nox /i.cuinócs/ *s* ASTR Equinócio.
E.quip /icuip/ *v* equipar; abastecer; aparelhar.
Eq.ui.page /é.cuipidj/ *s* equipagem; equipamento; comitiva; tripulação.
E.quip.ment /icuip.ment/ *s* equipamento; armamento; arreios.
E.qui.poise /i.cuipóis/ *s* equilíbrio; contrapeso.
Eq.ui.ta.ble /é.cuitâbol/ *adj* equitativo.
Eq.ui.ta.tion /écuitêi.xân/ *s* equitação; competição a cavalo.
Eq.ui.ty /é.cuiti/ *s* equidade; justiça; retidão.
E.quiv.o.cate /icui.voquêit/ *v* sofismar; equivocar-se; mentir.
Eq.ui.voke /é.cuivôuc/ *s* equívoco; trocadilho; sofisma.
E.ra /i.râ/ *s* era; período; época; idade.
E.ra.di.ate /irrâ.diêit/ *v* irradiar.
E.rad.i.ca.ble /irrâ.dicâbol/ *adj* erradicável; extirpável; arrancável.
E.rad.i.cate /irrâ.diquêit/ *v* erradicar; extirpar; desarraigar; arrancar; suprimir.
E.ras.a.ble /irrêi.sâbol/ *adj* delével; deletável.
E.rase /irrêis/ *v* apagar; raspar; destruir; deletar.
E.ras.er /irrêi.sâr/ *s* raspador; apagador; raspadeira.
E.ra.sion /irrêi.jân/ *s* rasura; raspadura.
Ere /ér/ *prep* antes de; antes que.
E.rect /iréct/ *v* erigir; erguer; edificar; construir.
E.rec.tile /iréc.táil ou iréc.til/ *adj* erétil, que pode obter ereção.
E.rect.ness /iréct.nés/ *s* ereção; postura a prumo.
Er.go /âr.gôu/ *adv* logo; portanto; por conseguinte.
E.rode /irôud/ *v* roer; comer; corroer.
E.rot.ic /iró.tic/ *adj* erótico; lascivo; libidinoso; sensual.
Err /âr/ *v* errar; enganar-se; pecar.
Er.rand /é.rând/ *s* recado; mensagem; diligência.
Er.rant /é.rânt/ *adj* errante; nômade; vagabundo.
Er.rant.ry /é.rântri/ *s* vida nômade; vida errante.
Er.rat.ic /iré.tic/ *adj* errático; irregular.
Er.ro.ne.ous /irôu.niâs/ *adj* errôneo; irregular; errado.
Er.ror /é.rår/ *s* erro; falta; equívoco; engano.
Erst /ârst/ *adv* outrora; antes; em outro tempo.
Er.u.bes.cence /érubé.sensi/ *s* vermelhidão; enrubescimento; avermelhamento.
Er.u.bes.cent /érubé.sent/ *adj* ruborizado; corado.
E.ruc.tate /irâc.têit/ *v* arrotar.
Er.u.dite /é.riudáit/ *adj* erudito; culto; instruído; sábio.
E.ru.gi.nous /irâ.djinâs/ *adj* eruginoso; enferrujado.
E.rupt /irâpt/ *v* emergir; irromper; sair com força.

E.rup.tive /irâp.tiv/ *adj* eruptivo.
Es.ca.lade /éscâlêid/ *s* escalada; *v* escalar.
Es.ca.pade /és.câpêid/ *s* escapada; fuga; descuido; erro; travessura.
Es.cape /isquêip/ *s* evasão; escapamento; fugida; fuga; *v* escapar; escoar; evitar; iludir; fugir; evadir-se.
Es.cape.ment /isquêip.ment/ *s* escapamento; escape.
Es.carp /iscârp/ *v* escarpar.
Es.carp.ment /iscár.pment/ *s* escarpa; rampa escarpada.
Es.cha.tol.o.gy /éscâtó.lodji/ *s* RELIG Escatologia.
Es.cheat /éstxit/ *v* confiscar; reverter ao estado.
Es.chew /éstxu/ *v* evitar; renunciar a; fugir de.
Es.cort /escórt/ *s* escolta; comboio; acompanhamento; proteção; *v* escoltar.
E.soph.a.gus /issó.fâgâs/ *s* MED esôfago.
Es.o.ter.ic /éssoté.ric/ *adj* esotérico; confidencial.
Es.pe.cial /espé.xâl/ *adj* especial; particular; notável.
Es.pe.cial.ly /espé.xâli/ *adv* especialmente; particularmente.
Es.pe.ran.to /espérán.tôu/ *s* Esperanto.
Es.pi.al /espái.âl/ *s* espionagem; descoberta.
Es.pi.o.nage /és.pionidj/ *s* espionagem.
Es.pou.sal /espáu.zâl/ *s* esponsais; defesa de uma causa.
Es.pouse /espáus/ *v* abraçar; desposar; defender; casar.
Es.prit /espri/ *s* espírito; graça.
Es.py /ispái/ *v* avistar; espionar; espiar.
Es.quire /és.cuáir/ *s* escudeiro; título de cortesia (Ilmo. Sr.).
Es.say /éssêi/ *s* ensaio literário; tentativa; esforço; prova; experiência; *v* ensaiar; tentar; provar; experimentar.
Es.sence /é.sens/ *s* essência; perfume; substância.
Es.tab.lish /esté.blixe/ *v* estabelecer; criar; fixar.
Es.tab.lish.ment /esté.blixement/ *s* lei; fundação; estabelecimento.
Es.tate /istêit/ *s* estado; condição; bens; classe; posição.
Es.teem /estim/ *s* estima; apreço; *v* avaliar; considerar.
Es.ti.mate /és.timit/ *s* avaliação; opinião; orçamento; cômputo; crédito; verba; *v* avaliar; calcular; estimar.
Es.top /istóp/ *v* JUR impedir; proibir; embargar.
Es.top.page /éstó.pidj/ *s* JUR embargo; impedimento.
Es.trange /éstren.dj/ *v* alienar; separar.
Es.trange.ment /éstrendj.ment/ *s* aversão.
Es.tu.a.ry /és.txuéri/ *s* estuário; esteiro.
Etch /étxe/ *v* gravar; delinear; traçar.
E.ter.nal /itâr.nâl/ *adj* eterno; perpétuo; imortal; perene.
E.ter.ni.ty /itâr.niti/ *s* eternidade.
E.ter.nize /itâr.náiz/ *v* imortalizar; eternizar; perpetuar.
E.ther /ithâr/ *s* QUIM éter.
Eth.ics /é.thics/ *s* FIL ética.
Eth.nic /éth.nic/ *adj* étnico (concernente ao povo, à raça).
Eth.nog.ra.phy /éthnó.grâfi/ *s* etnografia.
Eth.nol.o.gy /éthnó.lodji/ *s* etnologia.
Eu.ca.lyp.tus /iucâlip.tâs/ *s* eucalipto.
Eu.cha.rist /iu.cârist/ *s* Eucaristia.
Eu.cha.ris.tic /iucâris.tic/ *adj* Eucarístico.
Eu.gen.ics /iudjé.nics/ *s* eugenia.
Eu.lo.gize /iu.lodjáiz/ *v* elogiar; louvar.
Eu.lo.gy /iu.lodji/ *s* elogio; louvor; encômio.
Eu.nuch /iu.nâc/ *s* eunuco, escravo (castrado) que vigiava os haréns.
Eu.phe.mize /iu.fimáiz/ *v* FON suavizar pelo uso do Eufemismo.
Eu.phon.ic /iufó.nic/ *adj* eufônico (que tem som agradável, melodioso).
Eu.ro.pe.an /iuropi.ân/ *adj* europeu.
E.vac.u.ate /evé.quiuêit/ *v* evacuar; anular; esvaziar.
E.vade /evêid/ *v* escapar; evitar; fugir; evadir-se.
E.vad.er /evêi.dâr/ *s* foragido; fugitivo.
E.val.u.ate /evé.liuéit/ *v* avaliar; calcular.
Ev.a.nesce /evânés/ *v* desaparecer; desmaiar.
Ev.a.nes.cence /evâne.ssens/ *s* esvaecimento; desaparecimento; dissipação.
E.van.gel /evén.djel/ *s* RELIG Evangelho (Boa Nova).
Ev.an.gel.ic /ivendjé.lic/ *s* Evangélico; *adj* Evangélico.
Ev.an.gel.i.cal /ivendjé.licâl/ *examine* ⇒ Evangelic.
E.van.gel.ize /ivén.djiláiz/ *v* evangelizar; apostolar; converter ao Cristianismo.
E.van.ish /evé.nixe/ *v* desvanecer-se; desaparecer.
E.vap.o.rate /evé.porêit/ *v* evaporar-se; dissipar; desaparecer.
E.va.sion /evêi.jân/ *s* evasão; desculpa; evasiva.
E.va.sive /ivêi.siv/ *adj* evasivo; ilusório.
Eve /iv/ *s* véspera.
E.ven /ivn/ *v* igualar; aplainar; nivelar; uniformizar; emparelhar; equilibrar; *adj* plano; igual; semelhante; *adv* igualmente; até mesmo; até.
Eve.ning /iv.nin/ *s* o anoitecer; noite; tarde; o crepúsculo; *adj* vespertino.
E.ven.ly /i.venli/ *adv* plenamente; uniformemente; imparcialmente.
E.vent /ivént/ *s* acontecimento; êxito; eventualidade.
E.ven.tide /ivn.táid/ *s* o anoitecer; o crepúsculo.
E.ven.tu.al.i.ty /ivéntxué.liti/ *s* eventualidade.
E.ven.tu.al.ly /i.véntxuéli/ *adv* consequentemente; finalmente.
E.ven.tu.ate /ivén.tiuêit/ *v* acontecer.
E.ven.tu.a.tion /ivéntiuêi.xân/ *s* resultado; consequência.

Ev.er /é.vâr/ *adv* sempre; já; algum dia; eternamente.
Ev.er.last.ing /évârlás.tin/ *adj* eterno; perpétuo; durável; perdurável; imortal.
Ev.er.more /évâr.môur/ *adv* para sempre; eternamente.
E.ver.sion /evâr.xân/ *s* aversão; ruína; transtorno.
E.vert /ivârt/ *v* subverter; destruir; revirar.
Eve.ry /é.vri/ *adj* cada; cada um; todo; todos; toda; todas.
Eve.ry.bod.y /é.vribódi/ *pron* toda a gente; todo mundo.
Eve.ry.day /évridei/ *adj* diário; usual; cotidiano; comum.
Eve.ry.one /é.vriuân/ *pron* cada um; todos; cada qual.
Eve.ry.thing /é.vrithin/ *pron* tudo.
Eve.ry.where /é.vri.huêr/ *adv* em toda parte; por toda parte; em qualquer lugar.
E.vict /evict/ *v* desapossar; desalojar; usurpar; excluir.
Ev.i.dence /é.videns/ *s* evidência; prova; declaração; testemunho; depoimento; *v* provar; atestar; testemunhar; evidenciar; justificar.
Ev.i.dent /é.vidént/ *adj* notório; claro; óbvio; patente.
Ev.i.dent.ly /évidén.tli/ *adv* evidentemente; inegavelmente; obviamente.
E.vil /ivol/ *adj* mau; perverso; prejudicial.
E.vil.ly /i.vli/ *adv* mal.
E.vil.ness /ivol.nés/ *s* perversidade; maldade.
E.vince /evins/ *v* provar; mostrar; revelar; manifestar.
Ev.i.ta.ble /é.vitâbol/ *adj* evitável.
Ev.o.ca.tion /évoquei.xân/ *s* evocação; apelação; intimação.
E.voke /i.vouc/ *v* evocar; citar; avocar.
Ev.o.lu.tion /évoliu.xân/ *s* evolução; sequência; desenvolvimento; crescimento.
E.volve /evól.v/ *v* desenrolar-se; abrir-se; desprender-se.
E.vul.sion /evâl.xân/ *s* evulsão; extração; arrancamento.
Ewe /iu/ *s* ovelha.
Ew.er /iu.âr/ *s* bilha; jarro.
Ex.ac.er.bate /égza.sârbêit/ *v* exacerbar; exasperar; irritar; agravar.
Ex.ac.er.ba.tion /égzasârbêi.xân/ *s* exacerbação; irritação; provocação.
Ex.act /égzáct/ *v* exigir pagamento total; obrigar; impor; requerer; extorquir; *adj* exato.
Ex.ac.tion /égzé.xân/ *s* extorsão; exigência; cobrança.
Ex.act.ly /égzéc.tli/ *adv* exatamente; precisamente; justamente.
Ex.ag.ger.ate /egzé.djârêit/ *v* exagerar; exaltar; magnificar; ampliar; engrandecer.
Ex.ag.ger.a.tive /égzé.djârâtiv/ *adj* em que há exagero; exagerado.
Ex.alt /égzólt/ *v* exaltar; louvar; elevar; enaltecer.
Ex.al.ta.tion /égzóltêi.xân/ *s* exaltação; glorificação; engrandecimento.
Ex.am /egzam/ *s* POP exame.
Ex.am.i.na.tion /égzéminêi.xân/ *s* exame; inquérito; pesquisa; investigação; análise.
Ex.am.ine /égzé.min/ *v* analisar; examinar; interrogar.
Ex.am.i.nee /égzémini/ *s* examinando.
Ex.am.in.er /égzé.minâr/ *s* examinador; analisador; investigador; analista.
Ex.am.ple /égzémpol/ *s* exemplo; cópia; modelo; amostra; *v* exemplificar.
Ex.as.per.ate /égzés.pârêit/ *v* exasperar; exasperar-se; irritar; agravar; exacerbar.
Ex.ca.vate /écs.câvêit/ *v* escavar; cavar; tornar oco.
Ex.ceed /écsid/ *v* exceder; sobrepujar; sobressair.
Ex.ceed.ing /écsi.din/ *adj* excedente; excessivo.
Ex.cel /écsél/ *v* exceder; sobrepujar; superar; avantajar.
Ex.cel.lence /éc.seléns/ *s* excelência; eminência.
Ex.cel.lent /éc.selént/ *adj* excelente; primoroso; ótimo.
Ex.cept /écsépt/ *v* excetuar; opor-se; excluir; isentar; omitir; recusar; *prep* exceto; afora; *conj* a menos que; salvo; a não ser que.
Ex.cep.tion /écsép.xân/ *s* exceção; recusa; exclusão.
Ex.cerpt /écsârpt/ *s* excerto; extrato; transcrição; seleção; resumo; *v* escolher.
Ex.cess /écsés/ *s* excesso; transgressão; demasia.
Ex.ces.sive /écsé.siv/ *adj* excessivo; demasiado; imoderado; redundante.
Ex.change /écstxén.dj/ *s* troca; ágio; permuta; câmbio; *v* permutar; trocar.
Ex.change.a.bil.i.ty /écstxéndjâbi.liti/ *s* permutabilidade.
Ex.cheq.uer /écstshé.câr/ *s* erário; fundos; tesouro público.
Ex.cise /écsáiz/ *v* cortar; extirpar; taxar.
Ex.ci.sion /écsi.jân/ *s* excisão; corte; destruição.
Ex.cit.a.bil.i.ty /écsáitâbi.liti/ *s* excitabilidade.
Ex.cit.a.ble /écsái.tâbol/ *adj* excitável.
Ex.ci.tant /écsi.tânt/ *s* estimulante; excitante; *adj* excitante.
Ex.cite /écsáit/ *v* excitar; provocar; estimular; incitar.
Ex.cit.ing /écsái.tin/ *adj* excitante; emocionante; estimulante.
Ex.claim /écsclêim/ *v* exclamar; gritar; bradar.
Ex.cla.ma.tion /écsclâmêi.xân/ *s* exclamação.
Ex.clude /écsclud/ *v* excluir; excetuar; rejeitar; afastar.
Ex.clu.sion /écsclu.jân/ *s* exclusão; expulsão; repulsa.
Ex.clu.sive /écsclu.siv/ *adj* exclusivo; seleto; restrito.

Ex.com.mu.ni.cate /écscómiu.niquêit/ *v* excomungar; anatematizar.
Ex.cre.ment /écs.crimént/ *s* excremento; resíduos fecais.
Ex.cres.cence /écscré.sens/ *s* demasia; excrescência; saliência; superfluidade.
Ex.crete /écscrit/ *v* excretar; evacuar.
Ex.cre.tion /écscri.xân/ *s* excreção; evacuação.
Ex.cru.ci.ate /écscru.xiêit/ *v* torturar; excruciar; afligir.
Ex.cul.pate /écscâl.peit/ *v* desculpar; perdoar; justificar.
Ex.cur.rent /écscâ.rént/ *adj* que corre para fora.
Ex.cur.sion /écscâr.xân/ *s* excursão; passeio; romaria.
Ex.cus.a.ble /écsquiu.zâbol/ *adj* escusável; justificável; desculpável.
Ex.cuse /écsciuz/ *s* escusa; apologia; desculpa; *v* escusar; isentar; desculpar.
Ex.e.crate /éc.sicrêit/ *v* execrar; detestar; abominar.
Ex.e.cra.tion /écsicrêi.xân/ *s* execração.
Ex.e.cute /éc.siquiut/ *v* executar; cumprir; realizar; justiçar; matar; efetuar.
Ex.ec.u.tive /éczé.quiutiv/ *adj* executivo; funcionário categorizado.
Ex.em.plar /égzém.plâr/ *s* exemplar; cópia; modelo.
Ex.em.pla.ry /ég.zemplâri/ *adj* exemplar; modelar.
Ex.em.pli.fy /égzém.plifái/ *v* declarar; exemplificar; autenticar; ilustrar; transladar.
Ex.empt /égzémpt/ *v* isentar; dispensar; eximir; desobrigar; *adj* livre; isento; desobrigado.
Ex.emp.tion /égzémp.xân/ *s* isenção; dispensa; imunidade; privilégio.
Ex.er.cise /éc.sârsáiz/ *s* ensaio; função; prática; uso; atividade; exercício (físico); manobra militar; exercício; *v* exercitar; exercer; praticar.
Ex.ert /égzârt/ *v* exercer; apurar-se; pôr em ação.
Ex.fo.li.ate /écsfôu.liêit/ *v* esfoliar; descascar; desfolhar.
Ex.ha.lant /écs.hêi.lânt/ *s* exalante; exalador.
Ex.ha.la.tion /écs.hâlêi.xân/ *s* vapor; exalação; emanação.
Ex.hale /écs.hêil/ *v* exalar; dissipar-se; soltar; emitir.
Ex.haust /ég.zost/ *v* esgotar; exaurir; debilitar.
Ex.haust.ing /égzós.tin/ *adj* extenuante; exaustivo; fatigante.
Ex.haus.tion /égzóst.xân/ *s* exaustão; esvaziamento; esgotamento.
Ex.haus.tive /égzós.tiv/ *adj* exaustivo.
Ex.hib.it /égz.bit/ *s* exposição; *show*; JUR documento; escritura; *v* exibir; patentear; mostrar.
Ex.hib.i.tive /égzbi.tiv/ *adj* que se pode exibir; representativo.
Ex.hil.a.rant /égzi.lârânt/ *adj* hilariante; divertido.
Ex.hil.a.rate /égzi.lârêit/ *v* regozijar; alegrar; recrear.
Ex.hil.a.ra.tion /égzilârêi.xân/ *s* alegria; jovialidade; animação; hilaridade; regozijo.
Ex.hort /égzórt/ *v* exortar; aconselhar; incitar; animar.
Ex.hu.ma.tion /écs.hiumêi.xân/ *s* exumação; desenterramento.
Ex.hume /écs.hium/ *v* exumar; desenterrar.
Ex.i.gence /éc.sidjéns/ *s* apuro; aperto; exigência; urgência; emergência.
Ex.i.gen.cy /éc.sidjénsi/ *s also* Exigence.
Ex.i.gi.ble /écsi.djibol/ *adj* exigente; premente.
Ex.i.gu.i.ty /éziguiu.iti/ *s* exiguidade; pequenez; carência; escassez.
Ex.ig.u.ous /égzi.guiuâs/ *adj* exíguo; escasso; estreito.
Ex.ile /éc.sáil/ *s* exílio; desterro; expatriação; *v* exilar.
Ex.ist /égzist/ *v* existir; subsistir; viver.
Ex.is.tence /egzis.téns/ *s* existência; ser; vida; ente.
Ex.is.tent /égzis.tént/ *adj* existente.
Ex.it /éc.sit/ *s* saída; partida; morte; *v* sair.
Exodus /éc.sodâs/ *s* êxodo.
Ex.on.er.ate /égzó.nârêit/ *v* isentar; exonerar; absolver.
Ex.or.bi.tan.cy /égzór.bitânsi/ *examine* ⇒ Exorbitance.
Ex.or.bi.tant /égzór.bitânt/ *adj* exorbitante; excessivo; demasiado; exagerado.
Ex.or.cise /éc.sórsáiz/ *v* exorcizar; esconjurar.
Ex.or.cism /éc.sórcizm/ *s* exorcismo; esconjuro.
Ex.or.di.um /égzór.diâm/ *s* exórdio, introdução a um discurso; preâmbulo.
Ex.o.ter.ic /écsoté.ric/ *adj* exotérico; comum; vulgar.
Ex.o.ter.i.cal /écsoté.ricâl/ *examine* ⇒ Exoteric.
Ex.ot.ic /écsó.tic/ *adj* exótico; estranho; incomum.
Ex.pand /écspénd/ *v* expandir; dilatar; difundir.
Ex.panse /écspéns/ *s* expansão; dilatação; extensão.
Ex.pa.tri.ate /écspêi.triêit/ *v* expatriar-se; exilar; banir.
Ex.pect /écspé.ct/ *v* contar com; supor; esperar.
Ex.pe.di.ence /écspi.diéns/ *s* aptidão; expediência; conveniência; vantagem.
Ex.pe.di.en.cy /écspi.diénsi/ *examine* ⇒ Expedience.
Ex.pe.di.ent /écspi.diént/ *s* expediente; meio; *adj* útil; apto; oportuno.
Ex.pe.di.tion /écspidi.xân/ *s* expedição; despacho; diligência; pressa.
Ex.pel /écspél/ *v* expelir; excluir; banir; expulsar.
Ex.pend /écspénd/ *v* despender; gastar; empregar.
Ex.pense /écspéns/ *s* despesa; dispêndio; gasto.
Ex.pe.ri.ence /écspi.riéns/ *s* experiência; prova; perícia; prática; tentativa; ensaio; *v* provar; experimentar.
Ex.per.i.ment /écspé.rimént/ *v* ensaiar; experimentar.
Ex.per.i.men.ta.tion /écspériméntêi.xân/ *s* tentativa; prova; ensaio.

Ex.pert /écspârt/ *s* perito; técnico; especialista; *adj* perito; destro; técnico.
Ex.pert.ly /écspâr.tli/ *adv* habilmente.
Ex.pi.a.ble /écs.piâbol/ *adj* expiável.
Ex.pi.ate /écs.piêit/ *v* expiar; pagar.
Ex.pi.a.to.ry /écs.piâtôuri/ *adj* expiatório.
Ex.pire /écspáir/ *v* expirar; exalar; cessar; morrer.
Ex.pir.ing /écspái.rin/ *adj* expirante; moribundo.
Ex.pi.ry /écspái.ri/ *s* expiração; fim.
Ex.plain /écsplêin/ *v* explanar; explicar; esclarecer.
Ex.pla.na.tion /écsplânêi.xân/ *s* explanação; explicação; exposição.
Ex.pli.cate /écs.pliquêit/ *v* explicar; esclarecer; interpretar.
Ex.pli.ca.tion /écspliquêi.xân/ *s* explicação; exposição; esclarecimento.
Ex.plic.it /écspli.sit/ *adj* explícito; claro; formal.
Ex.plode /écsplôud/ *v* explodir; expelir; expulsar.
Ex.ploit /écsplóit/ *s* façanha; proeza; *v* pormenorizar; explorar; aproveitar-se.
Ex.plo.ra.tion /écsplorêi.xân/ *s* exploração; pesquisa; investigação.
Ex.plore /écsplór/ *v* explorar; sondar; pesquisar; investigar.
Ex.plor.er /écspló.râr/ *s* explorador; pesquisador.
Ex.plo.sion /écsplôu.jân/ *s* explosão; estouro; detonação.
Ex.plo.sive /écsplôu.siv/ *s* explosivo; *adj* explosivo.
Ex.po.nent /écspôu.nént/ *s* expoente; expositor; intérprete.
Ex.po.nen.tial /écspôunén.xâl/ *adj* MAT exponencial.
Ex.port /écspórt/ *s* exportação; *v* exportar.
Ex.port.er /écspór.târ/ *s* exportador.
Ex.pose /écspôuz/ *v* expor; confundir.
Ex.po.sure /écspôu.jur/ *s* exposição; orientação; escândalo; revelação.
Ex.pound /écspáund/ *v* expor; explicar; interpretar.
Ex.press /écsprés/ *s* expresso; carta; mensagem; mensageiro; correio; *v* exprimir; declarar; expressar; manifestar.
Ex.pres.sive /écspré.siv/ *adj* expressivo; significativo.
Ex.pro.pri.ate /écsprôu.priêit/ *v* alienar; expropriar; desapropriar.
Ex.pul.sion /écspâl.xân/ *s* expulsão.
Ex.pur.gate /écs.pârguêit/ *v* expurgar; emendar; limpar.
Ex.qui.site /écs.cuizit/ *adj* primoroso; excessivo; delicado; raro; refinado; agudo.
Ex.qui.site.ly /écs.cuizitli/ *adv* primorosamente; perfeitamente.
Ex.qui.site.ness /écs.cuizitnés/ *s* primor; perfeição; excelência.
Ex.tem.po.ra.ne.ous /écstémporêui.niâs/ *adj* extemporâneo; inesperado; repentino.
Ex.tem.po.ra.ry /écstém.porâri/ *examine* ⇒ Extemporaneous.
Ex.tem.po.re /écstém.pôuri/ *adj* improvisado; *adv* de repente; de improviso.
Ex.tem.po.rize /écstém.poráiz/ *v* improvisar.
Ex.tend /écsténd/ *v* estender; prolongar; prorrogar; dilatar; JUR embargar; penhorar; prender.
Ex.ten.si.ble /écstén.sibol/ *adj* extensível.
Ex.ten.sive /écstén.siv/ *adj* extenso; amplo.
Ex.tent /écstént/ *s* extensão; alcance; grau; JUR embargo; sequestro; execução.
Ex.ten.u.ate /écsté.niuêit/ *v* atenuar; minorar; diminuir.
Ex.ten.u.a.tive /écsté.niuâtiv/ *adj* atenuativo; atenuante; paliativo.
Ex.ter.mi.na.ble /écstâr.minâbol/ *adj* exterminável; destrutível.
Ex.ter.mi.nate /écstâr.minêit/ *v* arruinar; exterminar; destruir; extirpar.
Ex.ter.mi.na.to.ry /écstâr.minâtôuri/ *adj* exterminatório; eliminatório.
Ex.ter.nal.ly /écstâr.nali/ *adv* exteriormente.
Ex.tinc.tion /écstinc.xân/ *s* extinção; abolição; apagamento.
Ex.tin.guish /écstin.guixe/ *v* extinguir; aniquilar; destruir.
Ex.tin.guish.ment /écstin.güixement/ *s* extinção; abolição; supressão.
Ex.tir.pate /écs.târpêit/ *v* extirpar; arrancar; arruinar.
Ex.tol /écstól/ *v* exaltar; louvar; glorificar; gabar.
Ex.tort /écstórt/ *v* extorquir; tirar a força; arrebatar.
Ex.tor.tion /écstór.xân/ *s* extorsão; opressão; violência.
Ex.tor.tion.ate /écstór.xânit/ *adj* injusto; ilegal; opressivo; violento.
Ex.tra /écs.trâ/ *s* o excesso; *adj* extra; extraordinário.
Ex.tract /écstréct/ *s* extrato; fragmento; resumo; *v* extrair; extirpar.
Ex.tra.di.tion /écstrâdi.xân/ *s* extradição.
Ex.traor.di.na.ry /écstrór.dinéri/ *adj* extraordinário; especial; raro.
Ex.trav.a.gance /écstré.vâgâns/ *s* extravagância; loucura.
Ex.trav.a.gant /écstré.vâgânt/ *adj* extravagante; singular; irregular; exorbitante.
Ex.trav.a.sate /écstré.vâssêit/ *v* extravasar.
Ex.treme /écs.trim/ *s* extremo; fim; extremidade; termo; excesso; *adj* extremo.
Ex.trem.ism /écstri.mizm/ *s* extremismo; radicalismo.
Ex.trem.i.ty /écstré.miti/ *s* extremidade; fim; rigor.
Ex.tri.ca.ble /écs.tricâbol/ *adj* desembaraçável; deslindável.
Ex.tri.cate /écs.triquêit/ *v* destrinçar; desenredar; esclarecer.

Ex.tro.vert /écs.trovârt/ *s* extrovertido; *also* Extravert.
Ex.trude /écstrud/ *v* expulsar; enxotar; banir; depor.
Ex.tru.sion /écstru.jân/ *s* extrusão; exclusão; banimento.
Ex.u.ber.ance /écsiu.bârâns/ *s* excesso; exuberância.
Ex.u.ber.ant /écsiu.bârânt/ *adj* exuberante; superabundante; excessivo.
Ex.u.ber.ate /écsiu.bârêit/ *v* exuberar.
Ex.u.da.tion /écsiudêi.xân/ *s* exsudação; transpiração.
Ex.ude /écsiud/ *v* exsudar; transpirar.
Ex.ult /égzâlt/ *v* exultar; regozijar-se.
Ex.ul.ta.tion /égzâltêi.xân/ *s* júbilo; exultação; alegria.
Eye /ai/ *s* olho; vista; olhar; visão; aparência; respeito; perspicácia; *v* avistar; olhar.
Eye.ball /éi.ból/ *s* globo ocular.
Eye.brow /ái.bráu/ *s* sobrancelha.
Eye.glass.es /ái.glâsses/ *s* óculos.
Eye.lash /ái.lexe/ *s* cílio; pestana.
Eye.let /ái.lit/ *s* ilhó.
Eye.lid /ai.lid/ *s* pálpebra.
Eye.sight /ái.sáit/ *s* visão; vista.
Eye.wit.ness /áit.nis/ *s* testemunha ocular.

ABCDEFGHIJKLMNOPQRSTUVWXYZ

F /éf/ *s* sexta letra do alfabeto Português e do alfabeto Inglês.
Fa /fá/ *s* MÚS nota fá.
Fa.ble /fêibol/ *s* fábula; mito; conto; mentira; *v* fingir.
Fab.ric /fé.bric/ *s* tecido; pano; trama; construção.
Face /fêis/ *s* ar; aspecto; aparência; cara; face; lado; rosto; *v* afrontar; arrostar.
Fac.er /fé.sâr/ *s* POP bofetada; tapa.
Fac.et /fé.set/ *v* facetar.
Fa.ce.tious /fâssi.xâs/ *adj* alegre; divertido; jovial.
Fa.cial /fêi.xâl/ *adj* facial.
Fa.cil.i.tate /fâssi.litêit/ *v* facilitar; tornar fácil; simplificar.
Fac.ing /fêi.sin/ *s* adorno; paramento; cobertura.
Fact /féct/ *s* fato; ação; caso; feito; culpa.
Fac.tious /fécti.xâs/ *adj* faccioso; desleal; reacionário.
Fac.ti.tious /fécti.xâs/ *adj* factício, produzido ou imitado pela arte; artificial.
Fac.tor.age /féc.toridj/ *s* COM comissão; corretagem.
Fac.tor.ize /féc.toráiz/ *v* fatorar; decompor em fatores.
Fac.tor.ship /féc.târxip/ *s* conjunto de fatores.
Fac.to.ry /féc.tori/ *s* fábrica; manufatura.
Fac.ul.ty /fé.câlti/ *s* aptidão; faculdade; poder; talento.
Fad /féd/ *s* moda; mania; novidade; GÍR onda.
Fade /fêid/ *v* murchar; descorar; desaparecer; desbotar.
Fag.got /fé.gât/ *s* feixe; molho; *also* Fagot.
Fail /fêil/ *s* falta; *v* faltar; fracassar; decair; falhar.
Fail.ure /fêi.liur/ *s* falência; quebra; fracasso.
Fain /fêin/ *adj* resignado; bem disposto; contente; *adv* de bom grado.
Faint /fêint/ *s* desmaio; síncope; *v* enfraquecer.
Faint.ness /fêint.nés/ *s* fragilidade; languidez; timidez.
Fair /fér/ *s* feira; mercado; quermesse; *adj* claro; puro; leal; louro; apropriado; justo; *adv* imparcialmente.
Fair.y /fé.ri/ *s* fada; duende; *adj* referente às fadas.
Faith /fêith/ *s* crença; confiança; fé.
Faith.ful /fêi.thful/ *adj* fiel; devotado; exato; leal.
Faith.ful.ly /fêi.thfuli/ *adv* firmemente; devotadamente.
Fame /fêim/ *v* afamar.
Fa.mil.iar /fâmi.liâr/ *s* amigo íntimo; *adj* familiar; caseiro.
Fa.mil.iar.ize /fâmi.liâráiz/ *v* familiarizar; habituar; acostumar.
Fam.i.ly /fé.mili/ *s* família; classe; linhagem.
Fam.ine /fé.min/ *s* fome; carência de víveres; penúria.
Fam.ish /fé.mixe/ *v* esfomear; morrer de fome.
Fa.mous /fêi.mâs/ *adj* famoso; célebre; ilustre; notável.
Fan /fén/ *s* ventilador; leque; admirador; *v* ventilar; soprar; joeirar; abanar; excitar.
Fan.ci.ful /fén.ciful/ *adj* fantasioso; imaginoso; quimérico.
Fan.ci.ful.ness /fén.cifulnés/ *s* fantasia; capricho.
Fan.cy /fén.ci/ *s* imaginação; fantasia; capricho; imagem; *v* imaginar; fantasiar; apaixonar-se.
Fan.fa.ron /fén.fârôn/ *s* fanfarrão; alardeador; impostor.
Fang /fén/ *s* garra; unha; dente; presa.
Fan.tail /fén.têil/ *s* cauda em leque.
Fan.tasm /fén.tézm/ *s* fantasma.
Fan.tas.tic /féntés.tic/ *adj* fantástico; maravilhoso.
Far /fâr/ *adj* distante; remoto; afastado; longínquo; *adv* distante; longe.
Farce /fárs/ *s* farsa; burla.
Fare /fér/ *s* frete; preço; tarifa; provisão; *v* passar bem ou mal.
Fare.well /fér.uél/ *s* adeus; despedida.
Farm /fárm/ *s* fazenda; estância; rancho; *v* cultivar terras; arrendar terras.
Far.ri.er /fé.riâr/ *s* ferrador; veterinário.
Fart /fârt/ *v* peidar.
Far.ther /fár.dhâr/ *adv* mais longe; além de.
Far.ther.most /fár.dhâr.môust/ *adj* o mais distante.
Far.thest /fár.dhést/ *adv* o mais distante; o mais longe.

Far.thing /fár.dhin/ *s* a quarta parte do penny (moeda).
Fas.ci.cle /fé.cicol/ *s* fascículo; folheto (opúsculo publicado); pequeno feixe.
Fas.ci.nate /fé.cinêit/ *v* fascinar; seduzir.
Fas.cine /féssin/ *s* faxina; feixe de ramos.
Fas.cism /fáxiz.m/ *s* Fascismo.
Fash /féxe/ *s* incômodo; aborrecimento; cuidado; *v* incomodar; aborrecer.
Fash.ion /fé.xiân/ *s* moda; modo; estilo; costume; escol; alta sociedade; *v* amoldar; adaptar; conformar; idear.
Fast /fést/ *s* jejum; abstinência; NÁUT amarra; cabo; *v* jejuar; fixar; *adj* firme; seguro; leal; rápido; veloz; *adv* solidamente; rapidamente; firmemente.
Fast.en /féstn/ *v* atar; fechar; parafusar.
Fas.tid.i.ous /fésti.diâs/ *adj* manhoso; dengoso; melindroso.
Fast.ness /fést.nés/ *s* firmeza; solidez; ligação; velocidade.
Fat /fét/ *s* gordura; banha; manteiga; toucinho; *adj* gordo; obeso; oleoso; próspero; rico; FIG néscio; estúpido.
Fa.tal /fêi.tâl/ *adj* fatal; funesto; mortal.
Fa.tal.i.ty /fêté.liti/ *s* fatalidade; destino; desgraça.
Fate /fêit/ *s* fado; destino; sorte; *v* destinar; condenar.
Fate.ful /fêit.ful/ *adj* fatal; funesto; fatídico.
Fa.ther /fâ.dhâr/ *s* pai; chefe espiritual; patriarca; padre; *v* adotar; atribuir a; **Father-in-law**: sogro.
Fa.ther.hood /fâdhâr.hud/ *s* autoridade paterna; paternidade.
Fa.ther.less /fâ.dhârlés/ *adj* órfão; sem pai.
Fath.om /fé.dhâm/ *s* sonda; profundidade; *v* sondar; penetrar; aprofundar.
Fa.tigue /fâtig/ *s* fadiga; cansaço; *v* fatigar.
Fat.ness /fét.nés/ *s* obesidade; gordura.
Fat.ten /fétn/ *v* engordar; nutrir; cevar.
Fat.ty /fé.ti/ *adj* gorduroso; oleoso; gordo.
Fa.tu.i.ty /fâtiu.iti/ *s* fatuidade, estupidez.
Fat.u.ous /fé.tiuâs/ *adj* fátuo; pretensioso; tolo; vaidoso.
Fat.u.ous.ness /fé.tiuâsnés/ *s* fatuidade; tolice; imbecilidade.
Fau.ces /fó.siz/ *s* fauce, goela.
Fau.cet /fó.set/ *s* torneira.
Faugh /fó/ *interj* fora!
Fault /fólt/ *s* falta; culpa; erro; carência; escassez; defeito.
Fault.less /fólt.lés/ *adj* sem falhas; sem falta; perfeito.
Fault.y /fól.ti/ *adj* defeituoso; imperfeito; errôneo; culpável.
Faun /fón/ *s* fauno (divindade dos antigos romanos).
Fau.na /fó.nâ/ *s* fauna.
Fa.vor /fêi.vâr/ *s* favor; auxílio; obséquio; *v* favorecer; socorrer; proteger; assistir.
Fa.vor.a.ble /fêi.vârâbol/ *adj* favorável; propício.
Fa.vor.a.ble.ness /fêi.vârâbolnés/ *s* bondade; benignidade; benevolência.
Fa.vor.er /fêi.vârâr/ *s* favorecedor; protetor.
Fa.vor.ite /fêi.vârit/ *adj* favorito; predileto; querido; protegido; *also* ⇒ **Favourite**.
Fa.vor.it.ism /fêi.vâritizm/ *s* favoritismo; parcialidade.
Fawn /fón/ *s* carinho; afago; filhote de veado ou de corço; *v* acariciar; bajular.
Fay /fêi/ *s* fada; duende.
Fe.al.ty /fi.âlti/ *s* fidelidade; lealdade.
Fear /fiâr/ *s* medo; temor; pavor; *v* recear; temer.
Fear.ful /fiâr.ful/ *adj* apavorante; de meter medo.
Fear.some /fiâr.sóum/ *adj* espantoso; medroso; tímido.
Fea.si.bil.i.ty /fizibi.liti/ *s* possibilidade; praticabilidade.
Feast /fist/ *s* festa; festim; banquete; *v* banquetear; festejar.
Feat /fit/ *s* feito; ação; proeza.
Feath.er /fé.dhâr/ *v* emplumar; armar de penas.
Feath.er.brain /fé.dhârbrêin/ *s* tolo; imbecil.
Feath.er.y /fé.dhâri/ *adj* armado de penas.
Fea.ture /fi.txur/ *s* característica; qualidade notável; qualquer parte da face humana; *v* retratar; caracterizar.
Fe.bric.i.ty /febri.citi/ *s* estado febril.
Feb.ru.a.ry /fé.bruâri/ *s* fevereiro (2° mês do ano).
Fe.cund /fé.când/ *adj* fecundo; prolífico; fértil.
Fe.cun.date /fé.cândêit/ *v* fecundar; fertilizar.
Fed.er.a.tion /fedârêi.xân/ *s* liga; aliança; confederação.
Fee /fi/ *s* honorários; taxa; mensalidades; *v* pagar; gratificar; assalariar.
Fee.ble /fibol/ *adj* debilitado; fraco; lânguido.
Fee.bly /fi.bli/ *adv* debilmente.
Feed /fid/ *s* alimento; ração; sustento; MEC abastecimento (de motor, de máquinas); *v* alimentar; nutrir; comer; *past and pp* **Fed**.
Feed.er /fi.dâr/ *s* o que alimenta; mamadeira; afluente (rio); condutor elétrico.
Feel /fil/ *s* tato; percepção; *v* sentir; perceber; compreender; conceber; *past and pp* **Felt**.
Feel.ing /fi.lin/ *adj* sensível; terno; compassivo; comovedor.
Feign /fêin/ *v* fingir; dissimular; imaginar; inventar.
Feint /fêint/ *s* fingimento; dissimulação; simulação; *v* dissimular; simular; fingir.
Fe.lic.i.tate /feli.sitêit/ *v* felicitar; congratular; saudar.
Fe.lic.i.tous /feli.sitâs/ *adj* feliz; venturoso; bem-aventurado.
Fe.lic.i.ty /feli.citi/ *s* felicidade; graça; ventura.
Fe.line /fi.láin/ *adj* felino (relativo ou semelhante a gato).
Fell /fél/ *s* cabelo; pelo; couro; *v* abater; derrubar; cortar; *adj* ferino; cruel; bárbaro.

Fel.low /fé.lôu/ *s* companheiro; camarada; sócio; sujeito; indivíduo; GÍR cara (pessoa); *v* irmanar; aliar; igualar; associar.
Fel.low.ship /fé.lôuxip/ *s* sociedade; bolsa (escolar); associação; confraternidade; *v* admitir ingresso.
Fel.ly /fé.li/ *adv* ferozmente; cruelmente.
Fel.on /fé.lân/ *adj* malvado; criminoso; perverso.
Fel.o.ny /fé.loni/ *s* felonia; crime capital; traição; covardia.
Felt /félt/ *s* feltro.
Fen /fén/ *s* pântano; charco.
Fence /féns/ *s* cerca; trincheira; barreira; defesa; jogo de esgrima; grade (de ferro); *v* cercar; fechar; discutir.
Fenc.er /fén.sâr/ *s* esgrimista.
Fend /fénd/ *v* desviar; defender; defender-se.
Fe.ni.an.ism /fi.niênism/ *s* movimento político e revolucionário Irlandês; pertencente à sociedade Irlandesa.
Fen.ny /fé.ni/ *adj* pantanoso.
Feoff /féf/ *s* feudo; *also* Fief.
Feoff.ee /fé.fi/ *s* feudatário.
Feoff.er /fé.fâr/ *s* senhor feudal; *same as* Feoffor.
Fern /fârn/ *s* feto (planta); samambaia.
Fern.er.y /fâr.nâri/ *s* fetal (onde se criam fetos); estufa (para samambaias).
Fe.ro.cious /ferôu.xâs/ *adj* feroz; perverso; voraz.
Fe.roc.i.ty /feró.citi/ *s* ferocidade; crueldade.
Fer.rule /fé.ril/ *s* virola; ponteira (de ferro); ponteira.
Fer.ry /fé.ri/ *s* balsa; travessia em balsa; pontão; *v* transportar (por balsa ou por barco).
Fer.ry.boat /féri.bôut/ *s* balsa; barca.
Fer.tile /fâr.til/ *adj* fértil; fecundo; abundante.
Fer.ven.cy /fâr.venci/ *s* fervor; zelo.
Fer.vent /fâr.vent/ *adj* ardente; fervoroso; veemente.
Fer.vid.ly /fâr.vidli/ *adv* ardentemente.
Fes.ter /fés.târ/ *s* ferida; tumor; úlcera; *v* ulcerar; inflamar; supurar.
Fes.ti.val /fés.tivâl/ *adj* festival.
Fes.tive /fés.tiv/ *adj* alegre; festivo; solene.
Fetch /fétxe/ *s* estratagema; estratégia; ardil; *v* trazer; alcançar, conseguir (um preço); pegar; seguir; conduzir; POP fascinar.
Fet.id /fé.tid/ *adj* fétido.
Fe.tish /fi.tixe/ *s* fetiche; ídolo.
Fe.tish.ism /fi.tixizm/ *s* PSIC fetichismo.
Fet.ter /fe.târ/ *v* acorrentar; algemar.
Fet.tle /fétol/ *v* ajustar; alisar; aplainar.
Feud /fiud/ *s* feudo; rixa; disputa.
Feu.dal.ism /fiu.dâlizm/ *s* feudalismo.
Fe.ver /fi.vâr/ *s* febre; calor; animação.
Fe.ver.ish /fi.vârixe/ *adj* febril; exaltado; inconstante.
Few /fiu/ *s* poucos; poucas; *adj* poucos; poucas.
Fez /féz/ *s* fez (gorro).
Fi.an.cé /fiân.sê/ *s* noivo.
Fi.an.cée /fiân.sê/ *s* noiva.
Fi.at /fái.et/ *s* ordem; decreto.
Fib /fib/ *s* mentira; trapaça; conto; *v* mentir; trapacear.
Fib.ber /fi.bâr/ *s* mentiroso.
Fi.ber /fái.bâr/ *s* fibra; essência; natureza; *also* Fibre.
Fick.le /ficol/ *adj* inconstante; volúvel.
Fid.dle /fidol/ *s* violino; rabeca; *v* tocar rabeca; tocar violino.
Fid.dler /fid.lâr/ *s* violinista.
Fidg.et /fid.jét/ *s* inquietação; agitação; *v* inquietar; mexer; agitar-se.
Field /fild/ *s* campo; campo de batalha; campina; ESP campo de jogos (caça, etc); *v* ESP postura para apanhar a bola.
Fiend /find/ *s* espírito do mal; satã; diabo; demônio.
Fiend.ish.ly /fin.dixeli/ *adv* diabolicamente.
Fierce /firs/ *adj* feroz; selvagem; bárbaro; impetuoso.
Fier.y /fái.ri/ *adj* ígneo; fogoso; ardente; apaixonado; violento.
Fife /fáif/ *s* pífano; pífaro (flauta).
Fif.er /fái.fâr/ *s* pifanista.
Fif.teen /fiftin/ *s* quinze; *adj* quinze.
Fif.teenth /fiftin.th/ *adj* décimo-quinto.
Fifth /fif.th/ *s* a quinta parte; cinco (do mês); *adj* quinto.
Fif.ties /fif.tiis/ *s* designativo dos anos cinquenta.
Fif.ty /fif.ti/ *s* o número cinquenta; *adj* cinquenta.
Fig /fig/ *s* figueira; figo; ninharia; *v* POP vestir; enfeitar.
Fight /fáit/ *s* luta; combate; *v* lutar; combater; guerrear; pugnar; defender-se; *past and pp* Fought.
Fight.er /fái.târ/ *s* brigão; lutador; batalhador.
Fig.ur.a.ble /fi.guiurâbol/ *adj* figurável.
Fig.ur.a.tion /figuiurêi.xân/ *s* figuração; figura; configuração.
Fig.ure /fi.guiur/ *s* figura; imagem; tipo; número; cifra; *v* figurar; delinear; calcular.
Fil.bert /fil.bârt/ *s* avelã.
Filch /fil.txe/ *v* tirar; furtar, roubar.
Filch.er /fil.txâr/ *s* larápio; gatuno; ladrão.
File /fáil/ *s* arquivo; fila; *v* arquivar; polir; afiar com lima; aguçar; desfilar como soldado.
Fil.i.bus.ter /fi.libâstâr/ *s* corsário; pirata; falador (com o propósito de ganhar tempo para obstruir os trabalhos legislativos); *v* a ação de falar muito.
Fill /fil/ *s* suficiência; fartura; suprimento; *v* cumprir; saciar; abastecer; acumular; desempenhar; obturar os dentes.
Fil.let /fi.lét/ *s* fita; atadura; moldura.
Fil.ly /fi.li/ *s* potranca; égua; FAM moça alegre e graciosa.
Film /film/ *s* filme; fita; membrana; pele fina; filamento delicado; *v* filmar; cobrir com membrana.
Fil.ter /fil.târ/ *v* filtrar; purificar; coar.
Filth.i.ness /fil.thinés/ *s* sujidade; porcaria; impureza.
Filth.y /fil.thi/ *adj* imundo; sujo; corrompido; obsceno.

Fin /fin/ *s* barbatana; debrum.
Fi.nal.i.ty /fáiné.liti/ *s* finalidade; fim; tendência.
Fi.nance /finéns/ *s* finança; fundos; rendas; *v* financiar; administrar negócios.
Finch /fintxe/ *s* pássaro (canário, etc.).
Find /fáin/ *s* achado; descoberta; *v* achar; descobrir; verificar; decidir; suprir; *past and pp* **Found**.
Fine /fáin/ *s* multa; *v* multar; purificar; clarificar; *adj* fino; ótimo; delicado; puro; refinado; *adv* excelentemente; muito bom.
Fine.ness /fáin.nés/ *s* sutileza; astúcia.
Fi.nesse /finés/ *s* astúcia; artifício; diplomacia.
Fin.ger /fin.gâr/ *s* dedo (da mão); *v* tocar; furtar; dedilhar.
Fin.ish /fi.nixe/ *s* fim; termo; conclusão; *v* acabar; cessar; completar; aperfeiçoar.
Fi.nite /fái.náit/ *adj* finito; limitado.
Fi.nite.ness /fái.náitnés/ *s* limitação; restrição.
Fiord /fiórd/ *s* fiorde.
Fir /fâr/ *s* pinheiro; abeto; pinho.
Fire /fâiâr/ *s* fogo; chama; incêndio; *v* incendiar; inflamar; detonar; animar; iluminar; GÍR demitir.
Fire.ball /fáiâr.ból/ *s* meteoro; MIL granada.
Fire.man /fáire.mén/ *s* bombeiro; foguista.
Fire.place /fáiâr.plêis/ *s* lareira; fogão.
Fire sale /fáire.sêil/ *s* liquidação (venda).
Fire.wood /fáiâr.uud/ *s* lenha.
Fire.works /fáiâr.uârc/ *s* fogos de artifício.
Fir.kin /fâr.quin/ *s* barril.
Firm /fârm/ *s* firma; empresa; *adj* firme; fixo; inflexível; duro.
Fir.ma.ment /fâr.mâmént/ *s* céu; firmamento.
Firmly /fârmli/ *adv* firmemente.
First /fârst/ *s* o primeiro; o primitivo; o principal; *adj* primeiro; primitivo; principal; original; *adv* primeiramente; preferivelmente.
Firth /fârth/ *s* braço de mar; estuário.
Fish /fixe/ *s* peixe; pescado; reforço; *v* pescar; procurar; obter.
Fish.er.man /fi.xârmân/ *s* pescador; barco de pesca.
Fish.er.y /fi.xâri/ *s* pesca; pescaria.
Fish.y /fi.xi/ *adj* FAM suspeito.
Fis.sile /fi.sil/ *adj* fendível; separável.
Fis.sion /fi.xân/ *s* separação; divisão; divisão celular.
Fis.sure /fi.xur/ *s* fenda; racha; abertura; fissura.
Fist /fist/ *s* punho; mão cerrada.
Fit /fit/ *s* desmaio; acidente; ataque; capricho; *v* equipar; habilitar; encaixar; adequar-se; adaptar; amoldar; *adj* próprio; justo; conveniente; capaz; digno; idôneo.
Fitch /fitxe/ *s* doninha (animal mamífero); escova (feita com o pelo da doninha).
Fit.ful /fit.ful/ *adj* espasmódico; agitado; caprichoso.
Five /fáiv/ *adj* cinco.
Five.fold /fáiv.fôuld/ *adj* quíntuplo.
Fiv.er /fái.vâr/ *s* cinco dólares ou cinco libras (cédula); POP papel moeda.
Fives /fái.vz/ *s* jogo de bola; GÍR os cinco dedos da mão.
Fix /fics/ *s* embaraço; apuro; dilema; *v* fixar; consertar.
Fix.a.ble /fiç.sâbol/ *adj* fixável; adaptável.
Fix.a.tion /ficsêi.xân/ *s* fixação; firmeza; estabilidade.
Fix.er /fi.cser/ *s* fixador.
Fix.i.ty /fic.citi/ *s* fixidez; estabilidade.
Fix.ture /fics.txur/ *s* móvel fixo; peça fixa.
Fizz /fiz/ *s* efervescência; assobio; *v* efervescer; assobiar.
Fiz.zle /fizol/ *s* assobio; fiasco; malogro; *v* assobiar; ser mal sucedido.
Flab.ber.gast /flé.bârguést/ *v* espantar; pasmar; surpreender.
Flag /flég/ *s* bandeira; pendão; estandarte; lousa; laje; *v* afrouxar; derrear; pender; abater-se; enfraquecer.
Flag.el.late /flé.djelêit/ *v* flagelar; açoitar.
Flag.gy /flé.gui/ *adj* frouxo; flexível.
Flag.on /flé.gon/ *s* garrafa de mesa (com asa).
Flake /flêic/ *s* floco; escama; lâmina; fagulha; andaime; cravo almiscarado; *v* fazer flocos; laminar-se; lascar.
Flam /flém/ *s* mentira; embuste; capricho.
Flame /flêim/ *s* chama; fogo; brilho; paixão; POP namorada; *v* chamejar; lançar chamas; arder.
Flam.y /flêi.mi/ *adj* inflamado; chamejante; brilhante.
Flange /fléndj/ *s* orla; guia; fita; arandela.
Flank /flénc/ *v* flanquear.
Flan.nel /flénol/ *s* flanela (de lã).
Flap /flép/ *s* aba; borda; fralda; extremidade; bofetada; *v* agitar; bater asas; açoitar.
Flare /flér/ *s* brilho; chama; acesso de cólera; *v* cintilar; zangar-se; brilhar; inclinar-se; jactar-se.
Flash /fléxe/ *s* relâmpago; lampejo; lâmpada (para fotos); inspiração; *v* relampejar; brilhar; acender.
Flash.back /fléxe.béc/ *s* retrospecto; rememoração.
Flash.light /fléxe.láit/ *s* holofote; lanterna elétrica (de mão); ENGL **Electric Torch**.
Flask /flésc/ *s* frasco; redoma; garrafa.
Flas.ket /flés.quet/ *s* frasco; cesto (para roupa).
Flat /flét/ *s* plano; planície; palma da mão; barco (com fundo chato); apartamento; *v* alisar; aplanar; *adj* plano; liso; chato; MÚS som não harmônico; bemol.
Flat.ten /flétn/ *v* aplainar; achatar; enfraquecer.
Flat.ter /flé.târ/ *v* lisonjear; elogiar; adular.
Flat.ter.y /flé.târi/ *s* lisonja; bajulação; adulação.
Flaunt /flónt/ *s* gala; atavios; impertinência; ostentação; *v* ostentar; pavonear; alardear.
Flaut.ist /fló.tist/ *s* flautista.
Fla.vor /flêi.vâr/ *s* sabor; gosto; aroma; *v* temperar; aromatizar; adubar; condimentar.
Fla.vor.ing /flêi.vârin/ *s* essência; condimento.
Fla.vor.ous /flêi.vârâs/ *adj* saboroso; esquisito.

Fla.vour /flêi.vâr/ *examine* ⇒ Flavor.
Fla.vour.ing /flêi.vârin/ *examine* ⇒ Flavoring.
Fla.vour.ous /flêi.vârâs/ *examine* ⇒ Flavorous.
Flaw /fló/ *s* fenda; racha; defeito; confusão; mancha; perturbação de espírito; *v* fender; violar.
Flax /flécs/ *s* linho.
Flay /flêi/ *v* esfolar; pelar.
Flea /fli/ *s* pulga.
Fleck /fléc/ *s* pinta; mancha; nódoa; *v* salpicar; manchar.
Fledge /flédj/ *v* cobrir de penas.
Flee /fli/ *v* fugir; escapar; evitar; *past and pp* Fled.
Fleece /flis/ *s* lã de carneiro (velo); *v* tosquiar; GÍR despojar.
Fleeced /flisst/ *adj* coberto de lã.
Fleec.y /fli.ci/ *adj* lanzudo; análogo à lã.
Fleer /flir/ *s* fugitivo.
Fleet /flit/ *s* esquadra; armada; enseada; *adj* rápido.
Flem.ish /flé.mixe/ *adj* flamengo; de flandres.
Flesh /fléxe/ *s* carne; *v* descarnar.
Flex /flécs/ *s* fio flexível; *v* dobrar; vergar; tornar curvo.
Flex.i.ble /fléc.sibol/ *adj* flexível.
Flick /flic/ *s* chicotada; pancada rápida; *v* chicotear; sacudir.
Flick.er.ing /fli.cârin/ *adj* vacilante; hesitante.
Fli.er /flái.âr/ *s* voador; aviador; ave.
Flight /fláit/ *s* voo; velocidade; bando; lanço de escada; elevação de pensamento; migração.
Flight.y /flái.ti/ *adj* inconstante; leviano; volátil.
Flim-flam /flim.flém/ *s* POP fantasia; capricho; estratégia.
Flim.sy /flim.zi/ *adj* débil; fraco; frívolo.
Flin.ders /flin.dârs/ *s* fragmentos; lascas; estilhaços.
Fling /flin/ *s* arremesso; coice; salto; tiro; zombaria; *v* arrojar; lançar; atirar; *past* Flang *and pp* Flung.
Flint.i.ness /flint.nés/ *s* dureza; insensibilidade; crueldade.
Flint.y /flin.ti/ *adj* duro; cruel; endurecido; silicoso.
Flip /flip/ *s* sacudidela; bebida composta (aguardente, cerveja e açúcar); *v* tocar levemente; atirar para o ar.
Flip.per /fli.pâr/ *s* membro de animais (aquáticos); barbatana; GÍR mão.
Flirt /flârt/ *s* flerte (namoro ligeiro); *v* flertar; namoricar; agitar; escarnecer.
Flit /flit/ *v* o bater de asas; voar; mudar de endereço; emigrar; acalmar.
Flit.ter /fli.târ/ *s* trapo; farrapo; emigrante.
Float /flôut/ *s* flutuador; jangada; boia de pescador; salva-vidas; *v* flutuar; boiar; nadar; ser instável.
Float.a.ble /flôu.tâbol/ *adj* flutuável.
Floc.cu.lent /fló.quiulênt/ *adj* análogo a flocos de lã; flocado.
Flock /flóc/ *s* floco; multidão; *v* acorrer em multidão; congregar-se; estofar com lã.
Floe /flôu/ *s* gelo que flutua.
Flog /flóg/ *v* fustigar; chicotear; bater.
Flood /flâd/ *s* inundação; cheia; fluxo; hemorragia do útero; *v* inundar; alargar.
Flood.ing /flâ.din/ *s* hemorragia uterina; inundação.
Floor /flór/ *s* chão; pavimento; andar; solo; recinto (congresso ou parlamento); *v* assoalhar; pavimentar; aterrar.
Flop /flóp/ *s* fracasso; malogro; *v* bater; sacudir (asas).
Flo.ret /flôu.ret/ *s* BOT florzinha; florete; floco de seda.
Flor.in /fló.rin/ *s* florim, unidade monetária da Holanda.
Floss /flós/ *s* penugem; cabelo de milho.
Floss.y /fló.ci/ *adj* seda; macio; sedoso; peludo; leve.
Flounce /fláuns/ *s* franja; orla; mergulho; *v* debater-se; mergulhar; arremessar-se; prover de franjas.
Flour /flá.ur/ *s* farinha; *v* moer; enfarinhar; pisar.
Flour.ish /flâ.rixe/ *s* força; alegria; vigor; enfeite; *v* enfeitar; florear; embelezar.
Flout /fláut/ *s* mofa; censura; troça; insulto; zombaria; *v* escarnecer; zombar; troçar; burlar.
Flow /flôu/ *s* fluxo; corrente; enchente; abundância; multidão; *v* fluir; correr; escoar-se; proceder.
Flow.er /fláu.âr/ *s* flor; a melhor parte de alguma coisa; figura de retórica; enfeite; beleza; *v* enfeitar; florir; florescer.
Flu /fluu/ *s* POP gripe (influenza); *same as* Flue.
Flu.en.cy /flu.enci/ *s* fluência; eloquência; abundância.
Flu.ent /flu.ent/ *adj* fluente; eloquente; volúvel.
Fluff /flâf/ *s* lanugem; penugem; pó; explosão; *v* espalhar; cobrir com penugem.
Flu.id /fluid/ *s* fluído; gás; *adj* fluído; gás.
Fluke /fluc/ *s* ponta de arpão; ponta de flecha; golpe de sorte.
Flum.mer.y /flâ.mâri/ *s* manjar branco; ninharia; lisonja.
Flump /flâmp/ *s* barulho; *v* atirar-se ao chão.
Flunk /flânc/ *v* ser reprovado (em prova).
Flunk.ey /flân.qui/ *examine* ⇒ Flunky.
Flunk.y /flân.qui/ *s* lacaio.
Flu.o.res.cence /fluoré.sens/ *s* fluorescência.
Flu.o.res.cent /fluoré.sent/ *adj* fluorescente.
Flur.ry /flâ.ri/ *s* agitação do ar; nevada muito forte e inesperada; *v* confundir.
Flush /flâxe/ *s* robustez; vigor; rubor; *v* corar; orgulhar-se; exaltar; lavar; animar; excitar.
Flush.ing /flâ.xin/ *s* inundação; rubor; transbordamento.
Flute /flut/ *s* flauta; estria; *v* estriar; tocar flauta.
Flut.ist /flu.tist/ *s* flautista.
Flut.ter /flâ.târ/ *s* confusão; agitação; aposta a dinheiro; sobressalto.
Flux /flâcs/ *s* fluxo; curso; QUÍM dissolvente; MED disenteria; corrimento.
Flux.ion /flâc.xân/ *s* fluxo; MAT cálculo diferencial.

Fly /flái/ *s* mosca; coisa sem significância; cabriolé; percurso de um projétil; *v* voar; viajar de avião; fugir; correr; precipitar; rebentar; *past* Flew *and pp* Flown.
Fly.er /flái.âr/ *examine* ⇒ Flier.
Fly.ing /flá.in/ *s* voo; aviação.
Foal /fôul/ *s* potro; *v* dar cria (égua).
Fo.cal.ize /fôu.câláiz/ *v* focalizar; focar; enfocar.
Fo.cus /fôu.câs/ *s* foco; *v* focalizar; focar; enfocar.
Fod.der /fó.dâr/ *s* forragem; *v* dar forragem a.
Foe /fôu/ *s* inimigo; adversário; perseguidor.
Foe.man /fôu.mân/ *s* inimigo; adversário.
Fog /fóg/ *s* nevoeiro; neblina; *v* enevoar-se; nublar; obscurecer.
Fo.gey /fóg/ *examine* ⇒ Fogy.
Fog.gi.ness /fó.guinés/ *s* nebulosidade; cerração.
Fog.gy /fó.gui/ *adj* enevoado; velado; cerrado.
Fo.gy /fôu.gui/ *s* obscurantista; pessoa antiquada (conservador).
Foil /fóil/ *s* derrota; revés; chapa de metal; pista; rastro de animal; *v* derrotar; frustrar; despistar; fracassar; anular.
Foist /fóist/ *v* fraudar.
Fold /fôuld/ *s* dobra; prega; envoltório; *v* dobrar; guardar.
Fold.ing /fôul.din/ *s* prega; dobra.
Fo.li.o /fôu.lio/ *s* fólio; página.
Folk /fôuc/ *s* povo; raça; nação; gente.
Fol.low /fó.lôu/ *v* seguir; resultar; perseguir.
Fol.low.ing /fó.lôuin/ *s* séquito; carreira; profissão; acompanhamento.
Fol.ly /fó.li/ *s* tolice; disparate; insensatez.
Fo.ment /fomént/ *v* fomentar; provocar; excitar.
Fo.men.ta.tion /fomentêi.xân/ *s* fomentação; instigação; incitamento.
Fond /fónd/ *adj* amigo; afeiçoado; favorito; amante.
Fon.dle /fóndol/ *v* acariciar; afagar; acarinhar.
Fond.ness /fónd.nés/ *s* afeto; carinho; afeição; ternura.
Food /fud/ *s* comida; alimento; pasto.
Fool /ful/ *s* tolo; palhaço; imbecil; *v* zombar de; enganar; divertir-se.
Fool.ish /fu.lixe/ *adj* néscio; tolo; imbecil; tonto.
Foot /fut/ *s* pé; base; sopé; rodapé; MIL infantaria; *pl* Feet; *v* pisar; andar; dançar; percorrer; GÍR pagar uma conta.
Foot.ball /fut.ból/ *s* futebol.
Foot.er /fu.târ/ *s* pedestre; pessoa que anda a pé.
Foot.ing /fu.tin/ *s* pé; base; posição; piso.
Foots /futs/ *s* sedimentos; fezes; borra.
Foot.step /fut.stép/ *s* pegada.
Foot.wear /fut.uér/ *s* calçado.
Foo.zle /fuzol/ *s* pessoa estúpida.
Fop /fóp/ *s* almofadinha; janota.
For /fór/ *prep* para; por; por causa de; durante; em lugar de; quanto a; *conj* porque; pois.
For.age /fó.ridj/ *s* forragem.
For.as.much as /fórâsmâ.txe ás/ *conj* pois que; considerando que; visto que.
For.ay /fó.rêi/ *s* saque; pilhagem; *v* saquear.
For.bear /fórbér/ *v* abster-se de; deixar de; reprimir-se; *past* Forbore *and pp* Forborne.
For.bid /fórbid/ *v* proibir; vedar; reprimir; interditar; *past* Forbade *or* Forbad *and pp* Forbid *or* Forbidden.
Force /fôurs/ *s* força; vigor; energia; causa; eficácia; queda d'água; MIL força; tropas; *v* forçar; obrigar; arrombar; violentar; insistir.
Force.ful /fôurss.full/ *adj* potente; vigoroso; poderoso.
For.ci.ble /fôur.sibol/ *adj* forte; poderoso; potente.
Ford /fórd/ *s* vau; passagem; *v* vadear (atravessar rios, etc).
Fore /fôur/ *s* NÁUT proa; *adj* anterior; dianteiro; *adv* anteriormente; adiante.
Fore.arm /fôur.árm/ *s* antebraço.
Fore.bode /fôur.bôud/ *v* prognosticar; vaticinar; pressagiar.
Fore.bod.er /fôur.bôudâr/ *s* adivinhador; vaticinador.
Fore.cast /fôurquést/ *s* previsão; plano; projeto; prognóstico; *v* vaticinar; profetizar; prever.
Fore.date /fôur.dêit/ *v* antedatar.
Fore.doom /fôurdu.m/ *s* destino; fado; *v* predestinar.
Fore.fa.ther /fôur.fadhâr/ *s pl* antepassados; ascendentes.
Fore.fin.ger /fôur.fingâr/ *s* dedo indicador; índice.
Fore.foot /fôur.fut/ *s* pata dianteira animal.
Fore.front /fôur.frânt/ *s* dianteira; fachada.
Fore.go /fôur.gôu/ *v* privar-se de; renunciar; anteceder; *past* Forewent *and pp* Foregone.
Fore.hand /four.hénd/ *s* quarto dianteiro do cavalo; *adj* prematuro; temporão.
Fore.head /fôur.héd/ *s* fronte; testa; altivez.
For.eign /fó.rin/ *adj* estrangeiro; alheio.
For.eign.er /fó.rinâr/ *s* estrangeiro; estranho; forasteiro.
Fore.know /fôurnôu/ *v* prever; adivinhar; conhecer antecipadamente; *past* Foreknew *and pp* Foreknown.
Fore.leg /fôur.lég/ *s* perna dianteira.
Fore.lock /fôur.lóc/ *s* topete.
Fore.man /fôur.maen/ *s* capataz; feitor.
Fore.most /fôur.môust/ *adj* primeiro; dianteiro; supracitado; avançado.
Fore.name /fôur.nêim/ *s* prenome; nome de batismo.
Fore.noon /fôur.nun/ *s* a manhã.
Fore.run /fôur.rân/ *v* adiantar-se a; anunciar; preceder; prevenir; *past* Foreran *and pp* Forerun.
Fore.see /fôursi/ *v* prever; antecipar; *past* Foresaw *and pp* Foreseen.
Fore.shad.ow /fôurxé.dôu/ *v* predizer; simbolizar; prefigurar.
Fore.show /fôure.xôu/ *v* mostrar antecipadamente; predizer; vaticinar.

Fore.sight /fôur.sáit/ *s* previsão; perspicácia; mira de arma.
Fore.skin /fôur.squin/ *s* prepúcio.
For.est /fó.rest/ *s* floresta; selva; mata.
Fore.stall /fôurstâl/ *v* antecipar; prevenir; monopolizar.
For.est.ry /fó.restri/ *s* silvicultura.
Fore.taste /fôur.têist/ *s* antegozo; *v* prelibar; antegozar.
Fore.tell /fôurtél/ *v* predizer; anunciar; antecipar; vaticinar; *past and pp* Foretold.
Fore.thought /fôur.thót/ *s* previdência; antecipação; previsão.
Fore.to.ken /fôurtôucn/ *s* advertência antecipada; *v* prognosticar; prever; anunciar.
For.ev.er /fóré.vâr/ *adv* para sempre.
For.ev.er.more /fóré.vârmór/ *adv* para todo o sempre.
Fore.word /fôur.uârd/ *s* prefácio; preâmbulo; introdução.
Forge /fórdj/ *s* forja; fornalha; oficina; *v* forjar; moldar.
For.ger.y /fór.djâri/ *s* falsificação; falsidade.
For.get /fórguét/ *v* esquecer; desprezar; *past* Forgot *and pp* Forgotten.
For.get.ful /fórguét.ful/ *adj* esquecido; descuidado; negligente.
For.give /fórguiv/ *v* perdoar; absolver; desculpar; *past* Forgave *and pp* Forgiven.
For.giv.ing /fórgui.vin/ *adj* generoso; indulgente; clemente.
Fork /fórc/ *s* garfo; forquilha; bifurcação; confluência de um rio; *v* bifurcar.
Form /fórm/ *s* forma; figura; ordem; molde; padrão; condição física; condição mental; *v* formar; fazer; criar.
Form.er /fór.mâr/ *s* autor; matriz; molde.
For.mer *adj* anterior; antigo; precedente.
For.mer.ly /fór.mârli/ *adv* antigamente; outrora.
For.mi.ca.ry /fór.miquéri/ *s* formigueiro.
For.mi.da.ble /fór.midâbol/ *adj* tremendo; pavoroso; horrível.
For.mu.la /fór.miulâ/ *s* fórmula; modelo.
For.mu.la.ry /fór.miuléri/ *adj* formal.
For.mu.late /fór.miulêit/ *v* formular.
For.ni.cate /fór.niquêit/ *v* fornicar (coito).
For.ni.ca.tion /fórniquêi.xân/ *s* fornicação.
For.sake /fórsêic/ *v* abandonar; deixar; desertar; separar-se; *past* Forsook *and pp* Forsaken *or* Forsook.
For.sak.ing /fórsêi.quin/ *s* abandono; desamparo; apostasia.
For.sooth /fórsu.th/ *adv* certamente; deveras; sem dúvida; com efeito.
For.swear /fórsuér/ *v* abjurar; renegar (mesmo jurando); *past* Forswore *and pp* Forsworn.
Fort /fórt/ *s* forte; fortificação.
Forth /fôurth/ *adv* adiante; diante; à vista.
Forth.com.ing /fôurth.câmin/ *adj* próximo; futuro; vindouro.
Forth.with /fôurth.uith/ *adv* em seguida; imediatamente.
For.ties /fór.ties/ *s* os anos quarenta.
For.ti.eth /fór.tieth/ *adj* quadragésimo.
For.ti.fy /fór.tifái/ *v* fortificar; corroborar; fortalecer.
For.ti.tude /fór.tituid/ *s* fortaleza; força de ânimo; coragem; vigor.
For.tress /fór.trés/ *s* fortaleza.
For.tu.i.tous /fórtiu.itâs/ *adj* fortuito; casual; eventual; ocasional.
For.tu.nate /fór.txunit/ *adj* afortunado; ditoso; venturoso.
For.tu.nate.ly /fór.txunitl/ *adv* felizmente; afortunadamente.
For.tune /fór.txun/ *s* fortuna; sorte; bom êxito; destino.
Fo.rum /fôu.râm/ *s* foro; fórum.
For.ward /fór.uârd/ *v* aviar; enviar; transmitir; expedir; apressar; ativar; *adj* adiantado; precoce; pronto; prematuro; predisposto; *adv* para a frente; avante.
For.ward.ness /fór.uârdnés/ *s* adiantamento; presunção; audácia.
Foss /fós/ *s* fosso; vala profunda.
Fosse /fós/ *examine* ⇒ Foss.
Fos.sil /fó.sil/ *adj* fóssil; antiquado.
Fos.ter /fós.târ/ *v* criar; nutrir; animar.
Foul /fául/ *s* ferrugem; má fortuna; mau tempo; golpe ilícito; violação de regras; *v* colidir; abalroar; desonrar; poluir; *adj* sujo; desleal.
Foul.ly /fáu.li/ *adv* vergonhosamente.
Foul.ness /fául.nés/ *s* impureza; torpeza; imundície.
Found /fáund/ *v* instituir; fundar; fundir.
Foun.der /fáun.dâr/ *v* soçobrar; arruinar; ir a pique; fracassar.
Fount /fáunt/ *s* fonte; TIP fonte (tipos).
Foun.tain /fáun.ten/ *s* fonte; causa; origem; nascente.
Four /fôur/ *s* quatro; *adj* quatro.
Four.fold /fôur.fôuld/ *adj* quádruplo.
Four.score /fôur.scór/ *adj* oitenta; octogenário.
Four.teen /fôurtin/ *adj* catorze; quatorze.
Four.teenth /fôurtin.th/ *adj* décimo-quarto.
Fourth /fôur.th/ *s* a quarta parte.
Fourth.ly /fôur.thli/ *adv* em quarto lugar.
Fowl /fául/ *s* ave; galinha; galo; *v* caçar aves.
Fox /fócs/ *s* raposa; *v* lograr; enganar; ludibriar.
Fox.i.ness /fóc.sinés/ *s* ardil; astúcia; velhacaria; acidez.
Fox.y /fóc.si/ *adj* velhaco; azedo; descolorado.
Foy.er /fói.âr/ *s* local de espera; vestíbulo.
Frac.tious /fréc.xâs/ *adj* bulhento; rabugento; perverso; brigão.
Frac.ture /fréc.txur/ *s* fratura; ruptura; quebra.
Frac.ture /fréc.txur/ *v* fraturar; quebrar.

Frag.ile /fré.djil/ *adj* frágil; débil; fraco.
Fragil.i.ty /frédji.liti/ *s* fragilidade; fraqueza; debilidade.
Frag.ment /frég.ment/ *s* fragmento; lasca; estilhaço.
Fra.grance /frêi.grâns/ *s* fragrância; aroma; perfume.
Fra.gran.cy /frêi.grânci/ *examine* ⇒ Fragrance.
Fra.grant /frêi.grânt/ *adj* fragrante; aromático; perfumado.
Frail /frêil/ *s* cesto; canastra; *adj* frágil; quebradiço; débil.
Frame /frêim/ *s* estrutura; esqueleto; caixilho; *v* forjar; enquadrar; compor.
Frame.work /frêim.uârc/ *s* armação; vigamento; estrutura.
Fran.chise /frén.txáiz/ *s* franquia; privilégio; cidadania.
Fran.gi.ble /frén.djibol/ *adj* frágil; quebradiço; fraco.
Frank /frénc/ *v* franquear; despachar (franqueado); *adj* franco; liberal; sincero; ingênuo.
Fran.tic /frén.tic/ *adj* frenético; colérico; furioso.
Frap /frép/ *v* reforçar as amarras (de um barco).
Fra.ter.ni.ty /frâtâr.niti/ *s* fraternidade; irmandade.
Frat.er.nize /fré.târnáiz/ *v* fraternizar; confraternizar.
Fraud /fród/ *s* fraude; engano; logro; impostor.
Fray /frêi/ *s* rixa; combate; briga; desgaste (em pano, corda, etc); *v* desgastar; atemorizar; esfregar.
Fraz.zle /frézol/ *s* farrapo; *v* desgastar.
Freak /fric/ *s* capricho; extravagância; monstruosidade.
Freak.ish /fri.quixe/ *adj* caprichoso; esdrúxulo; excêntrico.
Freck.le /frécol/ *s* sarda; *v* tornar-se sardento.
Free /fri/ *adj* livre; independente; franco; gratuito; *v* libertar; livrar; resgatar; isentar; *adv* gratuitamente.
Free.dom /fri.dâm/ *s* liberdade.
Free.ly /fri.li/ *adv* livremente; gratuitamente.
Free.ma.son /fri.mêisn/ *s* Maçom.
Free.ma.son.ry /fri.mêisnri/ *s* Maçonaria.
Free-will /fri.uil/ *s* livre-arbítrio.
Freeze /friz/ *v* gelar; congelar; *past* Froze *and pp* Frozen.
Freight /frêit/ *s* carga; frete de navio; *v* carregar.
French /frén.txe/ *adj* francês.
French.man /frén.txemân/ *s* francês.
Fre.quence /fri.quéns/ *s* frequência; assiduidade.
Fre.quent /fri.quént/ *v* frequentar; visitar constantemente; *adj* frequente.
Fre.quen.ta.tive /friquén.tâtiv/ *adj* frequentativo.
Fresh /fréxe/ *s* inundação; nascente; reservatório de água potável; *adj* fresco; recém-chegado; atrevido.
Fresh.en /fréxen/ *v* refrescar-se; avivar-se.
Fresh.ness /fréxe.nés/ *s* frescura; viço; formosura.
Fret /frét/ *s* fricção; desgaste; irritação; relevo; *v* esfregar; irritar; agitar-se.
Fret.ful /frét.ful/ *adj* impertinente; aborrecido; incômodo; irritável; zangado.
Fret.ting /fré.tin/ *adj* impertinente; cáustico.
Fret.work /frét.uârc/ *s* ARQT gregas (ornato composto de linhas entrelaçadas).
Fri.a.bil.i.ty /fráiâbi.liti/ *s* friabilidade (quebradiço).
Fri.a.ble /frái.âbol/ *adj* friável; frágil; quebradiço.
Fri.ar /frái.âr/ *s* frade; frei; monge.
Fri.a.ry /frái.âri/ *adj* monástico.
Frib.ble /fribol/ *s* ninharia; pessoa fútil; brincalhão; *v* divertir; brincar; vacilar; zombar.
Fri.day /frái.dêi/ *s* sexta-feira.
Friend /frénd/ *s* amigo; amiga; companheiro; camarada.
Friend.less /frénd.lés/ *adj* abandonado; desamparado; sem amigos.
Friend.ly /frénd.li/ *adj* amigável; camarada; simpático; favorável; *adv* amigavelmente; amistosamente.
Friend.ship /frénd.xip/ *s* amizade; socorro.
Frieze /friz/ *s* friso; tecido (frisado).
Frig.ate /fri.guit/ *s* NÁUT fragata.
Fright /fráit/ *s* espanto; medo; temor; *v* assustar; atemorizar.
Fright.en /fráitn/ *v* assustar; espantar; alarmar.
Fright.en.ing /fráit.in/ *adj* amedrontador; aterrador.
Fright.ful /fráit.ful/ *adj* espantoso; medonho, terrível.
Fright.ful.ness /fráit.fulnés/ *s* horror; espanto; medo.
Frig.id /fri.djid/ *adj* frio; glacial; indiferente; insensível.
Frip.per.y /fri.pâr/ *s* roupa velha; trapos.
Frisk /frisc/ *s* pulo; salto; *v* saltar; pular; brincar.
Frisk.y /fris.qui/ *adj* alegre; folgazão; travesso.
Frit.ter /fri.târ/ *s* fritura; retalho; fragmento; *v* picar; desperdiçar.
Friv.ol /fri.vâl/ *v* proceder frivolamente; esbanjar.
Fri.vol.i.ty /frivó.liti/ *s* frivolidade; ninharia.
Frizz /friz/ *s* cacho; anel; ondulação de cabelo; *v* frisar; encrespar.
Fro /frôu/ *adv* ABREV de **From**; para trás.
Frock /fróc/ *s* vestido; avental; roupão; roupa de operário.
Frog /fróg/ *s* rã; alça; inflamação das tonsilas (amígdalas).
Frol.ic /fró.lic/ *s* brincadeira; divertimento; travessura; *v* pular; folgar; brincar; traquinar; *adj* alegre; brincalhão.
From /fróm/ *prep* de (origem); desde; a partir de; por causa de; conforme.
Front /frânt/ *v* afrontar; encarar; fazer frente; *adj* dianteiro; precedente.
Front.age /frân.tidj/ *s* fachada; vitrina.
Fron.tier /frón.tir/ *s* fronteira; *adj* fronteiro; limítrofe.

Fron.tis.piece /frón.tispis/ *s* frontispício; fachada.
Frost /fróst/ *s* geada; frio; gelo; fracasso; *v* gear; congelar-se.
Frost.work /fróst.uârc/ *s* desenho no vidro (feito pela neve).
Frost.y /frós.ti/ *adj* congelado; gelado; indiferente.
Froth /fróth/ *s* espuma; frivolidade; ostentação.
Froth.y /fró.ti/ *adj* espumoso; fútil; frívolo.
Fro.ward /frôu.uârd/ *adj* desobediente; insolente.
Frown /fráun/ *s* franzimento das sobrancelhas; carranca; *v* franzir as sobrancelhas.
Fruit /frut/ *s* fruto; fruta; produto; *v* frutificar.
Fruit.y /fru.ti/ *adj* análogo a uma fruta.
Frump /frâmp/ *s* velha rabugenta; mofa.
Frump.ish /frâm.pixe/ *adj* rabugento; antiquado.
Frus.trate /frâs.trêit/ *v* frustrar; malograr; inutilizar.
Fry /frái/ *s* fritada; desova de peixes; *v* fritar; fermentar.
Fud.dle /fádol/ *v* POP embriagar; confundir.
Fudge /fâdj/ *s* embuste; conto; loquacidade; *v* inventar histórias.
Fu.el /fiu.él/ *s* combustível; lenha; *v* abastecer de combustível.
Fu.gi.tive /fiu.djitiv/ *adj* fugitivo; fugaz.
Fugue /fiug/ *s* ato ou efeito de fugir; MÚS fuga.
Ful.fil /fulfil/ *v* cumprir; preencher; executar; acumular.
Ful.fill /fulfil/ *examine* ⇒ **Fulfil**.
Ful.gent /fâl.djent/ *adj* fulgente; esplêndido; brilhante.
Full /ful/ *s* máximo; totalidade; **at Full speed:** à toda velocidade; *v* engrossar; *adj* cheio; amplo; largo; completo; perfeito; saciado; grávida; **Full name:** nome completo; *adv* inteiramente.
Ful.ly /fu.li/ *adv* inteiramente; plenamente.
Ful.mi.nate /fál.minêit/ *v* fulminar; excomungar; explodir.
Ful.some /fâl.sâm/ *adj* nojento; repugnante; grosseiro.
Fum.ble /fâmbol/ *v* tatear; apalpar; agir sem destino.
Fum.bler /fâm.blâr/ *s* pessoa desastrada.
Fun /fân/ *s* divertimento; brincadeira; chiste; graça; *v* brincar; gracejar.
Func.tion /fânc.xân/ *s* função; faculdade; festa; cerimônia religiosa; mister; *v* funcionar.
Fund /fând/ *s* fundo; capital; riqueza; fundos públicos; *v* empregar capital.
Fun.da.ment /fân.dâmént/ *s* fundamento; base.
Fun.da.men.tal.ly /fândâmén.tâli/ *adv* fundamentalmente; essencialmente.
Fu.ni.cle /fiu.nicol/ *s* ANAT funículo (pequena corda); cordão umbelical.
Funk /fânc/ *s* POP medo; embaraço; pulsilânime; *v* tremer ou fugir de medo.
Fun.nel /fânol/ *s* funil; tubo afunilado; chaminé; túnel.
Fun.ny /fâ.ni/ *adj* engraçado.
Fur /fâr/ *s* peles para adornos; pelo; *v* forrar de peles; cobrir-se de peles.
Fu.ri.ous /fiu.riâs/ *adj* furioso; raivoso; violento.
Fur.nace /fâr.nis/ *s* fornalha; crematório; forno.
Fur.nish /fâr.nixe/ *v* fornecer; mobiliar; prover; equipar.
Fur.ni.ture /fâr.nitxur/ *s* mobília; arreios; equipagem.
Fur.row /fâ.rôu/ *s* sulco; estria; ruga; *v* sulcar; entalhar; arar; enrugar.
Fur.ther /fâr.dhâr/ *v* adiantar; promover; facilitar; favorecer; *adj* ulterior; mais; adicional; além; *adv* ulterior; mais.
Fur.ther.ance /fâr.dhârâns/ *s* adiantamento; auxílio; apoio; ajuda.
Fur.ther.more /fâr.dhârmór/ *adv* além disso; outrossim.
Fur.ther.most /fâr.dhármôust/ *adj* o mais afastado.
Fur.thest /fâr.dhést/ *adj* o mais distante; o mais remoto; extremo; *adv* o mais distante; o mais remoto.
Fur.tive /fâr.tiv/ *adj* furtivo; dissimulado; oculto; secreto.
Fu.ry /fiu.ri/ *s* fúria; furor; paixão; frenesi.
Fuse /fiuz/ *s* fusível; rastilho; estopim; *v* fundir; derreter-se.
Fu.sil /fiu.zil/ *s* fuzil (arma de guerra).
Fuss /fâs/ *s* estrondo; barulho; inquietação; *v* agitar; inquietar-se.
Fuss.y /fâ.ci/ *adj* estrondoso; barulhento; inquieto; afetado.
Fus.ti.gate /fâs.tiguêit/ *v* fustigar; açoitar; chicotear.
Fu.tile /fiu.til/ *adj* fútil; frívolo; vão; inútil.
Fu.ture /fiu.txur/ *s* futuro; porvir; *adj* futuro; vindouro.
Fuze /fiuz/ *s* espoleta; estopim.
Fuzz /fâz/ *s* penugem; poeira; *v* cobrir de cotão.
Fuzz.ball /fâz.ball/ *s* POP policial babaca.

G

ABCDEFGHIJKLMNOPQRSTUVWXYZ

G /dji/ *s* sétima letra do alfabeto Português e do alfabeto Inglês.
Gab /guéb/ *v* tagarelar; mexericar; mentir.
Gab.ble /guébol/ *v* tagarelar; mexericar; palrar; *s* cumeeira (parte mais elevada); espigão; empena.
Ga.by /guêi.bi/ *s* POP tolo; bobo; simplório.
Gad /guéd/ *s* cunha; ferrão; ponta de aço; estilete; Deus, variante utilizada em juramentos; *v* vaguear; errar.
Gad.der /guédâr/ *s* desocupado; vagabundo.
Gadg.et /gué.djét/ *s* dispositivo (de máquina); máquina esquisita; invento.
Gaff /guéf/ *s* gancho de ferro; arpão; *v* arpoar.
Gag /guég/ *s* mordaça; engasgo; logro; TEAT caco (improvisação do ator); *v* amordaçar; enjoar; ter náuseas.
Gage /guêidj/ *s* penhor; caução; desafio; afronta; *v* penhorar; caucionar.
Gag.man /guég.mên/ *s* TEATR humorista; cômico.
Gai.e.ty /guêi.ti/ *s* alegria; prazer; jovialidade; satisfação.
Gai.ly /gêi.li/ *adv* alegremente.
Gain /guêin/ *v* ganhar; melhorar; lucrar; enriquecer.
Gain.say /guêinsêi/ *v* contradizer; negar; disputar.
Gait /guêit/ *s* modo de andar (marcha); passo; andar (velocidade); *v* adestrar na marcha (no cavalgar).
Gai.ter /guêi.târ/ *s* botina; polaina.
Gale /guêil/ *s* rajada; ventania; tufão; tormenta; divertimento (ruidoso, barulhento).
Gall /gól/ *s* fel; bílis; ódio; amargura; excrescência; escoriação; atrevimento; *v* esfolar.
Gal.lant /guélént/ *v* galantear; cortejar.
Gallic /gué.lic/ *adj* Gaulês.
Gal.li.cize /gué.lissáiz/ *v* afrancesar.
Gal.li.pot /gué.lipót/ *s* vaso de farmácia; GÍR farmacêutico.
Gal.lop /gué.lâp/ *v* galopar.
Gal.lo.way /gué.lôuêi/ *s* raça de cavalo de Galloway.
Ga.loot /guélut/ *s* pessoa sem jeito (desajeitada); recruta.
Ga.losh /gâló.xe/ *s* galocha.
Gam.bit /guém.bit/ *s* ESP gambito, no xadrez.
Gam.ble /glémbol/ *s* jogo de azar; loteria; *v* jogar por dinheiro (jogo de azar).
Gam.bling /guém.blin/ *s* jogo de azar; vício (no jogar).
Gam.bol /guém.bâl/ *v* traquinar; dar cambalhotas; dar saltos.
Game /guêim/ *s* jogo; competição; brincadeira; divertimento; caça; partida; *v* jogar; *adj* destemido; corajoso; valente.
Gamp /guémp/ *s* POP guarda-sol ou guardachuva de grande porte.
Gam.ut /gué.mât/ *s* MÚS gama; escala.
Gan.der /guén.dâr/ *s* ganso.
Gang /guén/ *s* bando; turma; quadrilha; multidão; *v* atacar em grupo; andar em grupo.
Gap /guép/ *s* brecha; lacuna; hiato; intervalo.
Gape /guêip/ *s* bocejo; abertura; fenda; *v* bocejar; ficar boquiaberto.
Ga.rage /gârádj/ *v* pôr o auto na garagem.
Garb /gárb/ *s* garbo; aparência; aspecto; ar; *v* vestir.
Gar.bage /gár.bidj/ *s* refugo; lixo.
Gar.ble /gárbol/ *v* mutilar; truncar; perverter.
Gar.den /gárdn/ *s* jardim; quintal; horta.
Gar.den.er /gárd.nâr/ *s* jardineiro.
Gar.gle /gárgol/ *v* gargarejar.
Gar.lic /gár.lic/ *s* alho.
Gar.ment /gár.ment/ *s* vestuário; traje; vestido.
Gar.ner /gár.nâr/ *v* armazenar (cereais, etc.).
Gar.net /gar.nt/ *s* granada.
Gar.nish /gár.nixe/ *s* adorno; enfeite; JUR notificação judicial; *v* guarnecer; enfeitar.
Gar.ret /gué.rét/ *s* sótão; água-furtada.
Gar.rote /gué.rout/ *s* garrote; *v* estrangular (para roubo); garrotear.
Garth /gárth/ *s* pátio; jardim.
Gas /gués/ *s* gás; gasolina; POP tolice; conversa fiada; *v* tratamento por gás; envenenar pelo gás.
Gash /guéxe/ *s* cutilada; corte profundo (talho); *v* cutilar (ferir gravemente); golpear.
Gasp /guésp/ *s* respiração ofegante; suspiro; *v* ofegar; respirar com dificuldade.
Gasp.er /guésp.âr/ *s* POP cigarro.
Gas.sy /gué.si/ *adj* gasoso; vaidoso; convencido.

Gate /guêit/ *s* portão; bilheteria; entrada; pórtico; garganta.
Gate.way /guêit.uêi/ *s* passagem; porta; caminho.
Gath.er /guéi.dhâr/ *v* apanhar; colher; reunir; deduzir; aprender.
Gaud /gód/ *s* bugiganga; enfeite; adorno; ornamento.
Gaud.y /gó.di/ *adj* pomposo; bizarro.
Gauge /guêidj/ *s* calibre; diâmetro; bitola; calado (de navio); manômetro; *also* Gage; *v* medir; aferir; calibrar.
Gaunt /gónt/ *adj* magro; descarnado; frágil.
Gaunt.ness /gónt.nés/ *s* magreza; fragilidade; fraqueza.
Gauze /góz/ *s* gaze; tecido vaporoso.
Gay /guêi/ *adj* alegre; enfeitado; bem humorado; GÍR pederasta (homossexual).
Gaze /guêiz/ *s* contemplação; *v* encarar; apreciar; fitar.
Gear /gui.êr/ *s* equipamento; engrenagem; adorno; roupa; utensílio doméstico; *v* engrenar; montar; armar.
Gear.ing /guiê.rin/ *s* engrenagem; transmissão de movimento; encaixe.
Gee /dji/ *s* o som da letra G; *interj* Jesus!; nossa!; ora!
Geld /guéld/ *v* castrar; capar; mutilar.
Gel.id /djé.lid/ *adj* gélido; gelado.
Gem /djém/ *s* gema; pedra preciosa; gomo; botão; *v* adornar com pedras preciosas; cravejar.
Gem.i.ni /djé.minái/ *s* gêmeos (irmãos do mesmo parto); ASTR gêmeos.
Gen.der /djén.dâr/ *s* gênero.
Gen.er.al /djé.nârâl/ *s* generalidade; RELIG o geral; MIL general; *adj* geral; usual; comum; universal.
Gen.er.al.i.ty /djénâré.liti/ *s* generalidade; maioria; MIL o corpo de generais.
Gen.er.a.lize /djé.nârâláiz/ *v* generalizar; tornar comum.
Gen.er.ate /djé.nârêit/ *v* gerar; produzir.
Gen.er.a.tion /djénârêi.xân/ *s* geração; produção; descendência; posteridade.
Gen.er.os.i.ty /djénâró.siti/ *s* liberalidade; generosidade.
Gen.e.sis /djé.nissis/ *s* gênese; geração; origem.
Ge.nie /djini/ *s* gênio.
Ge.nius /dji.niâs/ *s* gênio; talento; divindade; entidade etérea (sobrenatural).
Gen.tile /djén.táil/ *s* gentio; não judeu; *adj* gentio; idólatra; pagão.
Gen.til.i.ty /djénti.liti/ *s* delicadeza; urbanidade; nobreza.
Gen.tle /djéntol/ *adj* brando; dócil; tranquilo; gentil.
Gen.tle.folk /djéntl.fôuc/ *s* pessoa da alta sociedade.
Gen.tle.man /djéntl.mân/ *s* cavalheiro; senhor.
Gen.tle.man.ly /djéntl.mânli/ *adj* fidalgo; gentil; cavalheiresco; cortês.
Gen.tly /djén.tli/ *adv* suavemente; brandamente; aprazivelmente.
Germ /djârm/ *s* germe; embrião; semente; origem.
Ger.man /djâr.mân/ *s* alemão (língua alemã).
Ger.mi.nate /djâr.minêit/ *v* germinar; nascer; florescer; brotar.
Ges.ta.tion /djéstêi.xân/ *s* gestação; gravidez.
Ges.tic.u.late /djésti.quiulêit/ *v* gesticular.
Ges.ture /djés.txur/ *s* gesto; aceno; postura.
Get /guét/ *v* acertar; adquirir; arranjar; atingir; buscar; comprender; comprar; conseguir; decorar; ganhar; levar; pegar; receber; tomar; trazer; vencer; **Get lost!**: GÍR sai fora!; **to Get along**: progredir, avançar; **to Get ahead**: fazer progressos; **to Get at**: ir para; chegar a; **to Get away**: ir-se; partir; **to Get back**: voltar; recuperar; **to Get better**: melhorar; **to Get forward**: adiantar-se; **to Get in**: entrar; **to Get into**: entrar; vestir; **to Get married**: casar-se; **to Get off**: desfazer; livrar-se; **to Get off!**: ponha-se fora!; **To Get out**: sair; tirar; **Get out!**: ponha-se fora!; **to Get over**: vencer obstáculos; **to Get ready**: aprontar-se; **to Get to**: chegar a; **to Get under**: passar sob; **to Get up**: subir; montar; *past* **Got** *and pp* **Gotten**.
Gew-gaw /djiu.gó/ *s* ninharia; bagatela.
Ghast.ly /gués.tli/ *adj* pálido; macabro; medonho; lívido.
Gher.kin /gâr.quin/ *s* pepino de conserva.
Ghost /gôust/ *s* fantasma; espírito.
Ghost.ly /gôus.tli/ *adj* espiritual; espectral.
Gib /djib/ *s* grampo; chaveta.
Gib.ber /dji.bâr/ *v* algaraviar (falar como um árabe); falar confusamente.
Gib.ber.ish /gui.bârixe/ *s* falar de maneira incompreensível (sem nexo).
Gib.bet /dji.bet/ *s* forca; patíbulo; *v* enforcar.
Gib.bous /gui.bâs/ *adj* corcunda; corcovado.
Gibe /djáib/ *s* sarcasmo; escárnio; troça; *v* zombar; ralhar com; troçar.
Gid.di.ness /gui.dinés/ *s* vertigem; inconstância; atordoamento; desvario.
Gid.dy /gui.di/ *adj* inconstante; volúvel.
Gift /guift/ *s* doação; dádiva; oferta; dom; presente; **gift of gab**: lábia; *v* presentear; doar; dotar.
Gig /guig/ *s* cabriolé; arpão; GÍR performance.
Gig.gle /guigol/ *s* riso hipócrita (amarelo).
Gild /guild/ *s* corporação; confraria; grêmio; *v* dourar; enfeitar; iluminar; *past and pp* **Gilded** *or* **Gilt**.
Gild.er /guil.dâr/ *s* dourador.
Gill /djil/ *s* guelra de peixe; barranco; vale profundo; pelanca debaixo do queixo (carne).
Gilt /guilt/ *s* material para douração; GÍR dinheiro.
Gim.mick /guim.ic/ *s* plano inteligente, mas não muito honesto (truque).
Gin.ger /djin.djâr/ *s* gengibre.
Gin.ger ale /djin.djâr.êil/ *s* cerveja de gengibre.
Gin.ger beer /djin.djârbir/ *examine* ⇒ **Ginger Ale**.

Gin.ger.ly /djin.djârli/ *adv* cautelosamente; cuidadosamente.
Gip.sy /dji.psi/ *s* Cigano; língua dos Ciganos; mulher matreira (esperta).
Gi.raffe /djiréf/ *s* girafa.
Gird /gârd/ *v* ligar; cingir; envolver; *past and pp* Girded *or* Girt.
Gir.dle /gârdol/ *s* cinto; cinturão; circunferência; zona; *v* cingir; circundar.
Girl /gârl/ *s* moça; menina; aluna.
Girl.hood /gârl.hud/ *s* adolescência feminina.
Girl.ish /gâr.lixe/ *adj* próprio de moça.
Gi.ta.no /dji.tânou/ *examine* ⇒ Gipsy.
Give /guiv/ *v* apresentar; abandonar; ceder; dar; desistir; oferecer; pronunciar; to Give off: desistir; cessar; arrojar; cometer; to Give out: publicar; ceder; fingir; to Give up: desistir; abandonar; *past* Gave *and pp* Given.
Giv.en /guivn/ *adj* dado; inclinado; concedido.
Glad /gléd/ *adj* feliz; satisfeito; alegre; contente.
Glad.den /glédn/ *v* alegrar; animar; contentar; encorajar; alegrar-se.
Glade /glêid/ *s* clareira; atalho; caminho.
Glad.ly /glé.dli/ *adv* prazenteiramente; de bom grado.
Glad.ness /gléd.nés/ *s* alegria; satisfação; prazer.
Glad.some /gléd.sâm/ *adj* alegre; jubiloso; contente.
Glair /glér/ *s* clara de ovo.
Glam.or /glé.mâr/ *s* feitiço; encanto; bruxaria; magia.
Glam.or.ous /glé.mârâs/ *adj* encantador; fascinante.
Glance /gléns/ *s* clarão; olhar; olhadela; *v* lançar um olhar; cintilar; luzir; brilhar.
Glare /glér/ *s* brilho; claridade; olhar penetrante; *v* brilhar; cintilar; deslumbrar.
Glass /glés/ *s* copo; taça; vidro; espelho; binóculo; ampulheta; *v* espelhar; refletir; *adj* de vidro.
Glass.y /glé.si/ *adj* transparente; cristalino; vítrio.
Glau.cous /gló.câs/ *adj* glauco; verde-azulado (marinho).
Glaze /glêi.z/ *v* vidrar; envidraçar; polir; lustrar.
Glaz.er /glêi.zâr/ *s* vidraceiro; vidreiro; esmeril (que corta vidro).
Gleam /glim/ *s* fulgor; brilho; clarão; *v* luzir; radiar; cintilar; resplandecer.
Glee /gli/ *s* regozijo; alegria; canção.
Glee.ful /gli.ful/ *adj* alegre; jovial.
Glee.ful.ness /gli.fulnés/ *s* alegria; prazer.
Glen /glén/ *s* vale.
Glib /glib/ *adj* fluente; escorregadio; volúvel.
Glide /gláid/ *s* escorregadela; deslize; AER planeio; *v* escorregar; escoar; resvalar.
Glim.mer /gli.mâr/ *v* brilhar (fraco).
Glimpse /glimps/ *v* entrever; luzir por intervalos; relancear; vislumbrar.
Glint /glint/ *s* brilho; fulgor; *v* refletir; luzir; cintilar.
Glit.ter /gli.târ/ *v* brilhar; cintilar; reluzir.
Gloam /glôum/ *s* crepúsculo; entardecer; *v* obscurecer.
Gloat /glôut/ *v* sentir-se bem com o mal alheio; olhar fixamente.
Gloom /glum/ *s* obscuridade; melancolia; tristeza; *v* escurecer; entristecer.
Gloom.i.ness /glu.minés/ *s* obscuridade; melancolia; tristeza.
Gloom.y /glu.mi/ *adj* obscuro; tenebroso; triste.
Glo.ri.fy /glôu.rifái/ *v* glorificar; exaltar; celebrar.
Glo.ri.ous /glôu.riâs/ *adj* glorioso; belo; admirável.
Glo.ry /glôu.ri/ *v* jactar-se; ufanar.
Gloss /glós/ *s* lustro; brilho; verniz; polimento; *v* lustrar; polir; comentar; explicar; insinuar.
Glos.sa.ry /glôu.sâri/ *s* glossário.
Glove /glâv/ *s* luva.
Glow /glôu/ *v* animar-se; inflamar-se; sentir calor.
Gloze /glôuz/ *v* lisonjear; acariciar; glosar; cintilar.
Glue /glu/ *s* cola; grude; visco; *v* colar; grudar.
Glut /glát/ *s* fartura; excesso; *v* comer avidamente; devorar.
Gnarl /nârl/ *v* resmungar; grunhir.
Gnash /néxe/ *v* ranger os dentes.
Gnat /nét/ *s* bagatela; ninharia; mosquito.
Gnaw /nó/ *v* roer; mortificar; morder.
Gneiss /náis/ *s* gnaisse (rocha).
Gnome /nôum/ *s* gnomo; diabrete; máxima; aforismo.
Go /gôu/ *s* moda; vez; pacto; oportunidade; *v* andar; assentar; decair; ficar bem; to Go abroad: sair; to Go along: prosseguir; to Go back: voltar; to Go by: passar; to Go down: descer; to Go into: entrar; to Go up: subir; levantar-se; *past* Went *and pp* Gone.
Goad /gôud/ *s* aguilhão; ferrão; *v* aguilhoar; FIG estimular.
Goal /gôal/ *s* meta; objetivo; fim; intento.
Goal.keep.er /gôulqui.pâr/ *s* ESP goleiro.
Goat /gôut/ *s* cabra; bode.
Goat.ee /gôut.ii/ *s* cavanhaque.
Gob /gób/ *s* pedaço; porção; bocado; escombros; marinheiro.
Gob.let /gó.blit/ *s* taça; copo (com talo e pé).
God /gód/ *s* Deus.
God.child /gód.txáild/ *s* afilhado; afilhada.
God.daugh.ter /gód.dó.târ/ *s* afilhada.
God.fa.ther /gód.fá.dhâr/ *s* padrinho.
Godforsaken /gód.fár-seiquen/ *s* miserável; desgraçado.
God.like /gód.láic/ *adj* divino; divinal.
God.moth.er /gód.mó.dhâr/ *s* madrinha.
God.parent /gód.pé.rent/ *s* padrinho; madrinha.
Gof.fer /gó.fâr/ *s* franzido; frisado; *v* frisar; encrespar; estampar.
Gog.gle /gógol/ *v* arregalar os olhos.
Go.ing /gôuin/ *s* ida; saída.
Goi.ter /gói.târ/ *s* caxumba; papeira; bócio.
Gold /gôuld/ *s* ouro; dinheiro; riqueza; cor do ouro.

Gold.en /gôuldn/ *adj* dourado; áureo; precioso; excelente; feliz.
Golf /gólf/ *s* ESP golfe (jogo com bola e taco).
Golf.er /gól.fâr/ *s* jogador de golfe; golfista.
Gol.li.wog /gól.liuóg/ *s* espantalho; boneca-bruxa.
Go.losh /goló.xe/ *examine* ⇒ Galosh.
Gong /gón/ *s* gongo (sino).
Good /gud/ *s* proveito; vantagem; utilidade; *adj* bom; excelente; virtuoso; útil; *adv* bem.
Good-bye /gud.bái/ *s* até logo.
Good.ish /gu.dich/ *adj* regular; não tão bom.
Good.ly /gu.dli/ *adj* belo; elegante; virtuoso; considerável; respeitável.
Good.man /gud.mân/ *s* amo; marido.
Good.ness /gud.nés/ *s* virtude; bondade.
Goods /gudz/ *s* mercadorias; artigos; bens.
Good.wife /gud.uáif/ *s* dona de casa; ama.
Good.will /gud.wil/ *s* boa vontade; caridade; benevolência; COM fundo comercial.
Good.y /gu.di/ *s* bonachão; ingênuo; bobalhão; bombom; empregada de estudante (arrumadeira).
Goose /gus/ *s* ganso; ferro de alfaiate; bobo.
Goose.ber.ry /gus.béri/ *s* groselha.
Gorge /górdj/ *s* desfiladeiro; garganta; goela; *v* engolir; saciar; fartar.
Gor.geous /gór.djâs/ *adj* beleza; grandioso; bonitona; lindeza.
Go.ry /gôu.ri/ *adj* ensanguentado.
Gosh /góxe/ *interj* credo!
Gos.pel /gós.pél/ *s* evangelho; credo; *v* evangelizar.
Gos.sa.mer /gó.sâmâr/ *s* fio; teia de aranha.
Gos.sip /gó.sip/ *s* conversação; prosa; bisbilhoteiro; tagarela; mexerico; *v* palrar; mexericar; tagarelar.
Gotcha /gót.cha/ *interj* peguei você! (I have Got you!).
Goth /góth/ *s* godo (povo germânico, dos séculos III e V d.C.).
Goth.ic /gó.thic/ *adj* gótico.
Gouge /gáudj/ *s* ranhura; goiva (espécie de formão); logro; *v* enganar, lograr.
Gov.ern /gâ.vârn/ *v* governar; reger; dominar; administrar.
Gov.ern.ess /gâ.vârnés/ *s* aia; governanta; instrutora.
Gov.er.nor.ship /gâ.vârnârxip/ *s* governo.
Gown /gáun/ *s* bata; toga; batina; *v* vestir-se (toga, túnica).
Graal /grâ.él/ *s* gral.
Grab /gréb/ *s* garra; grampo; agarramento; *v* segurar; pegar; agarrar.
Grab.ble /grébol/ *v* tatear; apalpar; apanhar.
Grace /grêis/ *s* graça; garbo; favor; mercê; cortesia; COM dia de tolerância (dia da graça); *v* favorecer; auxiliar; enfeitar; ajudar.
Grace.ful /grêis.ful/ *adj* elegante; gracioso; delicado.
Grace.ful.ness /grêis.fulnés/ *s* graça; elegância; delicadeza.
Gra.cious /grêi.xâs/ *adj* bondoso; benigno; amável.
Grack.le /grécol/ *s* melro (pássaro).
Gra.da.tion /grâdêi.xân/ *s* gradação; classificação; classe; ordem; série.
Grade /grêid/ *s* grau; dignidade; nota escolar; classe; *v* graduar; classificar; nivelar; cruzar animais (raças).
Gra.di.ent /grêi.dient/ *s* declive; rampa; grau (aumento ou diminuição); parafuso.
Grad.u.al /gré.djuâl/ *adj* gradual.
Grad.u.ate /gré.djuêit/ *s* bacharel; diplomado; *v* graduar; regular; conferir grau a; diplomar; *adj* graduado.
Graft /gréft/ *s* enxerto; suborno; *v* enxertar; inserir.
Graft.er /gréf.târ/ *s* enxertador; subornador.
Grail /grêil/ *s* cálice; taça; graal; almofariz.
Grain /grêin/ *s* grão; semente; granulação; *v* granular; cristalizar.
Grain.er /grêi.nâr/ *s* grão; semente; o que imita os veios da madeira (em pintura).
Gram /grém/ *s* grão-de-bico; o grama (peso).
Gram.mar /grém.mâr/ *s* gramática.
Gramme /grém/ *examine* ⇒ Gram.
Gran.a.ry /gré.nâri/ *s* celeiro para grãos.
Grand /grénd/ *adj* grande; majestoso; grandioso; nobre; sublime; digno; POP nota de mil dólares.
Grand.child /grénd.txáild/ *s* neto.
Grand.daugh.ter /grén.dó.târ/ *s* neta.
Gran.dee /grén.di/ *s* magnata.
Grand.fa.ther /grénd.fâ.dhâr/ *s* avô.
Gran.dil.o.quence /gréndi.locuéns/ *s* grandiloquência (estilo muito elevado).
Gran.di.os.i.ty /gréndió.siti/ *s* grandiosidade.
Grand.ma /grén.má/ *s* GÍR vovó.
Grand.ma.ma /grén.má/ *examine* ⇒ Grandma.
Grand.moth.er /grénd.mâ.dhâr/ *s* avó.
Grand.ness /grén.dnés/ *s* pompa; grandeza; fausto.
Grand.pa /grénd.pá/ *s* vovô.
Grand.par.ent /grénd.párent/ *s* antepassado (avô ou avó).
Grand.son /grén.dsân/ *s* neto.
Grange /gréndj/ *s* granja; herdade; associação de lavradores.
Gran.ny /grén.ni/ *s* tratamento carinhoso de Grandmother ⇒ avó; vovó.
Grant /grént/ *s* concessão; outorga; donativo; mercê; privilégio; *v* conceder; admitir; outorgar.
Grant.ee /grénti/ *s* concessionário; cessionário; donatário; outorgado.
Grape /grêip/ *s* uva; parreira.
Grap.nel /grép.nél/ *s* NÁUT âncora; arpão de ferrar navios.
Grap.ple /grépol/ *s* luta; combate; *v* agarrar; prender.
Grasp /grésp/ *s* ação de agarrar; mão; punho; *v* agarrar; segurar; compreender; usurpar.
Grasp.ing /grés.pin/ *adj* avaro; ávido.
Grass /grés/ *s* erva; relva; grama; pasto.
Grass.hop.per /gréss.hópâr/ *s* gafanhoto.

Grate /grêit/ *s* grade; grelha de fogão; *v* raspar; irritar; ofender.
Grate.ful /grêit.ful/ *adj* grato; agradecido; agradável.
Grat.i.fy /gré.tifái/ *v* satisfazer; agradar; contentar; gratificar; recompensar.
Grat.i.tude /gré.tituid/ *s* reconhecimento; gratidão.
Gra.tu.i.ty /grâtiu.iti/ *s* presente; gorjeta; gratificação.
Grave /grêiv/ *s* sepultura; fossa; tumba; acento grave; MÚS tom baixo, grave; *v* gravar; sepultar; enterrar; *past* Graved *and pp* Graven; *adj* grave; sério; importante; sisudo.
Grav.er /grêi.vâr/ *s* buril; cinzel escultor; gravador.
Grave.yard /grêiv.iárd/ *s* cemitério.
Grav.id /gré.vid/ *adj* mulher grávida; prenhe.
Grav.ing /grêi.vin/ *s* gravação; gravura; impressão.
Gray.ish /grêi.ixe/ *adj* acinzentado; cinzento; pardo.
Gray.ness /grêi.nés/ *s* cor cinza; cor parda.
Graze /grêis/ *s* pasto; *v* apascentar; roçar; pastar.
Graz.ing /grêiz.in/ *s* pastagem.
Grease /gris/ *s* gordura animal; graxa; lubrificante; *v* engraxar; engordar; untar.
Greas.y /gri.si/ *adj* gorduroso; oleoso; obsceno; escorregadio; sujo.
Great /grêit/ *adj* grande; ótimo; notável; sublime; *interj* grande!; ótimo.
Great.ness /grêit.nés/ *s* grandeza; grandiosidade; magnitude; poder; majestade.
Gre.cian /gri.xân/ *examine* ⇒ Greek.
Greed /grid/ *s* voracidade; sovinice; ambição desmedida; avareza.
Greed.i.ness /grid.nés/ *examine* ⇒ Greed.
Greed.y /gri.di/ *adj* avarento; ganancioso; voraz; guloso; insaciável.
Greek /gric/ *adj* Grego.
Green /grin/ *s* verde; verdura; prado; *v* pintar de verde; *adj* verde; fresco; recente; novo; tolo; viscoso; moço.
Green.er.y /gri.nâri/ *s* horta; verdura.
Green.gage /grin.guêidj/ *s* ameixa.
Green.ish /gri.nixe/ *adj* esverdeado.
Green.ness /grin.nés/ *s* inexperiência; novidade; verdura; frescura.
Green.room /grin.rum/ *s* camarim.
Green.sward /grin.suórd/ *s* gramado; relva.
Greet /grit/ *v* saudar; felicitar; cumprimentar.
Gre.go.ri.an /gregôu.riân/ *adj* Gregoriano.
Grey /grêi/ *s* a cor cinza.
Grid /grid/ *s* grade paralela (barras); grelha.
Grid.dle /gridol/ *s* forma para assar tortas.
Gride /grâid/ *v* cortar; raspar.
Grid.i.ron /grid.airân/ *s* campo de futebol; ENGL Football Field.
Grief /grif/ *s* pesar; dor; tristeza; aflição.
Griev.ance /gri.vans/ *s* agravo; lesão; ofensa; injúria.
Grieve /griv/ *v* entristecer; afrontar; afligir; lamentar; afligir-se.
Griev.er /gri.vâr/ *s* o que aflige; ofensor.
Griev.ous /gri.vas/ *adj* grave; penoso; aflitivo; doloroso.
Grig /grig/ *s* grilo; enguia; anão; homem divertido.
Grill /gril/ *s* grelha; assado (em grelha); *v* frigir na grelha; grelhar; FIG torturar; atormentar.
Grille /gril/ *s* grade de ferro; tela de ferro (para portão, portas e janelas); AUT grade de radiador.
Grim /grim/ *adj* feio; carrancudo; medonho; bárbaro.
Gri.mace /grimêi.s/ *s* careta; carranca; *v* fazer caretas.
Grime /gráim/ *v* sujar; emporcalhar.
Grim.i.ness /grái.minés/ *s* imundície; sujeira; porcaria.
Grim.ness /grim.nés/ *s* horror; espanto.
Grim.y /grái.mi/ *adj* sujo; porco; imundo.
Grin /grin/ *v* fazer caretas; arreganhar os dentes.
Grind /gráind/ *v* moer; reduzir a pó; amolar facas; oprimir; polir; ranger os dentes; GÍR estudar intensamente; *past and pp* Ground.
Grip /grip/ *s* aperto de mão; beliscão; presa; garra; espasmo; punho do remo; *v* agarrar; segurar.
Gripe /gráip/ *s* opressão; sujeição; cólica; aperto; agarramento; mau humor; *v* agarrar; apertar; segurar; afligir; oprimir.
Grippe /grip/ *s* MED gripe; influenza.
Gris.li.ness /griz.linés/ *s* terror; pânico.
Gris.ly /griz.li/ *adj* terrível; medonho; espantoso.
Gris.tle /grisol/ *s* cartilagem; tendões.
Gris.tly /gri.sli/ *adj* cartilaginoso.
Grit /grit/ *s* areia; saibro; *v* ranger.
Grit.ty /gri.ti/ *adj* saibroso; arenoso; bravo; corajoso.
Griz.zle /grizol/ *adj* matiz cinzento; pardo.
Griz.zly /griz.li/ *adj* cinzento; grisalho.
Groan /grôun/ *s* gemido; suspiro; berro; *v* gemer; suspirar; rugir.
Groat /grôut/ *s* moeda inglesa (antiga); quantia insignificante.
Gro.cer /grôu.sâr/ *s* merceeiro; vendeiro; armazém.
Gro.cer.y /grôu.sâri/ *s* empório; armazém (alimentos).
Grog.gi.ness /gró.guinés/ *s* embriaguez; bebedeira.
Groin /gróin/ *s* ANAT virília; ARQT ala; aresta.
Groom /grum/ *s* tratador de animais; cavalariço; noivo no dia do casamento.
Grooms.man /grummz.mân/ *s* padrinho de casamento.
Groove /gruv/ *s* encaixe; entalhe; estria; sulco; *v* sulcar; entalhar; estriar.
Grope /grôup/ *v* tatear; andar às apalpadelas.
Gross /grôus/ *adj* grosso; espesso; rude; grosseiro; crasso; total; bruto.
Gross.ly /grôus.li/ *adv* grosseiramente; excessivamente; totalmente.
Gross.ness /grôus.nés/ *s* grosseria; densidade; grossura; espessura.

Ground /gráund/ *s* terra; solo; terreno; base; motivo; causa; bens (de raiz); fezes; *v* fixar; estabelecer.
Group /grup/ *s* grupo; *v* agrupar; reunir.
Grouse /gráus/ *s* galo silvestre; faisão; *v* lamentar-se.
Grout /gráut/ *s* argamassa; resíduo; farinha grosseira; *v* encher de reboco; cimentar.
Grout.y /gráu.ti/ *adj* turvo; intratável; arisco; árido.
Grove /grôuv/ *s* bosque; alameda.
Grov.el /gróvl/ *v* arrastar-se; engatinhar.
Grow /grôu/ *v* crescer; cultivar; plantar; tornar-se; progredir; enraizar-se; *past* Grew *and pp* Grown.
Grow.ing /grôu.in/ *s* crescimento; cultura; vegetação.
Growl /grául/ *s* grunhido; resmungo; *v* resmungar; bramir; grunhir.
Grown /grôun/ *adj* crescido; desenvolvido.
Growth /grôuth/ *s* crescimento; desenvolvimento; cheia de maré; melhoria; produção.
Grub /grâb/ *s* larva; verne; POP comida; *v* roçar; cavar; capinar; POP comer.
Grudge /grâdj/ *s* rancor; ódio; inveja; ressentimento; *v* invejar; mostrar má vontade.
Gru.el /gru.el/ *s* papa de farinha.
Grue.some /gru.sâm/ *adj* horrível; pavoroso.
Gruff /gráf/ *adj* áspero; rude; carrancudo; grosseiro.
Gruff.ness /grâf.nés/ *s* grosseria; aspereza.
Grum.ble /grámbol/ *v* resmungar; murmurar; queixar-se.
Grum.bling /grâm.blin/ *s* murmuração; queixume.
Grump.y /grâm.pi/ *adj* rabugento; queixoso; ríspido.
Grunt /grânt/ *s* grunhido; gemido; *v* grunhir; resmungar; rosnar; gemer.
Guar.an.tee /guéránti/ *v* garantir; responsabilizar-se.
Guard /gárd/ *s* guarda; vigilante; sentinela; condutor de trem; *v* guardar; proteger; defender.
Guard.ed /gár.did/ *adj* cauteloso; prudente.
Guard.i.an.ship /gár.diânxip/ *s* tutela; tutoria; proteção; curadoria.
Gua.va /gu.êive/ *s* goiaba.
Gudg.eon /gâ.djân/ *s* isca; tolo; *v* enganar; lograr.
Guess /gués/ *s* suposição; palpite; adivinhação; *v* avaliar; guiar; supor; achar.
Guess.er /gué.sâr/ *s* conjeturador; adivinho; adivinhador.
Guess.work /gués.uârc/ *s* suposição; adivinhação; conjetura.
Guest /guést/ *s* conviva; hóspede; convidado; visita.
Guf.faw /gâfo/ *s* gargalhada; *v* gargalhar.
Gui.dance /gâi.déns/ *s* guia; direção; governo.
Guide /gáid/ *s* guia; padrão; norma; modelo; *v* guiar; governar; dirigir; arranjar.
Guild /guild/ *s* guilda; corporação; associação.
Guil.der /guil.dâr/ *s* florim, moeda da Holanda.
Guile /gáil/ *s* engano; fraude; logro; artifício.
Guile.ful /gáil.ful/ *adj* astucioso; enganador; malicioso; insidioso.
Guile.less /gáil.lés/ *adj* ingênuo; sincero.
Guilt /guilt/ *s* culpa; crime; pecado.
Guilt.i.ness /guil.tinés/ *s* culpabilidade; criminalidade.
Guilt.less /guilt.lés/ *adj* inocente.
Guilt.less.ness /guilt.lésnés/ *s* inocência.
Guilt.y /guil.ti/ *adj* culpado; perverso; réu; criminoso.
Guin.ea /gui.ni/ *s* guinéu, antiga moeda de ouro Inglesa (21 xêlins).
Guise /gáiz/ *s* modo; pretexto; maneira; aparência.
Gulch /gâltxe/ *s* ravina (torrente de água); garganta.
Gulf /gâlf/ *s* golfo; abismo.
Gull /gâl/ *s* gaivota; logro; engano; *v* lograr; enganar; fraudar.
Gul.let /gu.lét/ *s* garganta; esôfago; encanamento subterrâneo; canal.
Gul.ly /gâ.li/ *s* fosso; ravina; vala.
Gulp /gâlp/ *s* trago; gole; *v* tragar (de um gole); engolir com avidez.
Gum /gâm/ *s* goma; grude; gengiva; galochas; goma de mascar; *v* grudar; colar; engomar.
Gun /gân/ *s* arma de fogo; pistola; rajada; *v* atirar (arma de fogo).
Gun.pow.der /gân.páu.dâr/ *s* pólvora.
Gur.gle /gârgol/ *s* golfada; *v* gorgulhar; borbulhar; borbotar.
Gush /gâxe/ *s* jorro; entusiasmo; efusão; *v* brotar; esguichar; jorrar; emocionar.
Gust /gâst/ *s* pé-de-vento; paixão; rajada; gosto; sabor.
Gus.ta.tion /gâstêi.xân/ *s* ato de provar; gustação.
Gus.ta.tive /gâstêitiv/ *adj* gustativo.
Gus.ta.to.ry /gâs.tâtôuri/ *examine* ⇒ Gustative.
Gust.i.ness /gâs.tinés/ *s* caráter; estado tempestuoso; borrascoso.
Gust.y /gâs.ti/ *adj* tempestuoso; violento; borrascoso.
Gut /gât/ *s* tripa; *pl* bofes; *v* esvaziar.
Gut.ter /gâ.târ/ *s* calha; goteira; canal; *v* instalar calhas; instalar canos.
Guy /gái/ *s* cabo; corda; fuga; corrente; FIG pessoa ridícula; GÍR cara; camarada; sujeito; indivíduo; *v* prender (com cabo); zombar ridicularizar.
Guz.zle /gâzl/ *v* beber (em excesso); comer (em excesso); embriagar-se.
Guz.zler /gâ.zlâr/ *s* ébrio; beberrão.
Gyp /djip/ *s* criado (da universidade de cambridge); vigarista; *v* trapacear; roubar; enganar.
Gyp.sum /djip.sâm/ *s* gesso.
Gyp.sy /dji.psi/ *s* cigano; *also* Gipsy.
Gy.rate /djái.rit/ *adj* circular; *v* girar; circular.
Gyration /djáirêi.xân/ *s* giro; rotação; volta.
Gyre /djáir/ *s* giro; volta.
Gyve /djái.vz/ *s pl* cadeias; grilhões; algemas; corrente; *v* encadear; algemar; acorrentar.

ABCDEFGHIJKLMNOPQRSTUVWXYZ

H /êitxe/ *s* oitava letra do alfabeto Português e do alfabeto Inglês.
Ha /há/ *interj* ah!
Ha.bil.i.tate /hâbi.litêit/ *v* habilitar; equipar.
Hab.it /hé.bit/ *s* hábito (roupa); hábito; costume.
Ha.bit.u.ate /hâbi.tAxuêit/ *v* habituar; habituarse; acostumar.
Hab.i.tude /hé.bitiud/ *s* hábito; uso; familiaridade; trato; costume.
Hack /héc/ *s* talho; corte; cavalo de corrida; *v* cortar; despedaçar; entalhar; montar cavalo; tossir.
Hacker /hécâr/ *s* pessoa muito habilitada em informática.
Hack.ney /héc.ni/ *v* esvaziar através de uso ininterrupto; conduzir em um vagão.
Hag /hég/ *s* feiticeira; velha feia.
Hag.gard /hé.gârd/ *adj* pálido; desfigurado; angustiado; fatogado.
Hag.gle /hégol/ *v* regatear; pechinchar; despedaçar.
Hail /hêil/ *s* saraiva; grito; granizo; saudação; *v* saudar.
Hair /hér/ *s* cabelo; crina; fibra; filamento.
Hair.brush /hér.brâxe/ *s* escova (de cabelo).
Hair.cut /hér.cât/ *s* corte (de cabelo).
Hair.less /hé.rlis/ *s* calvo; careca; pelado.
Hair.pin /hér.pin/ *s* grampo (de cabelo).
Hair.y /hé.ri/ *adj* cabeludo; felpudo; peludo.
Hake /héic/ *s* peixe (igual ao bacalhau).
Hale /hêil/ *adj* robusto; forte; são; *v* alar; puxar com força.
Half /háf/ *adv* meio; quase.
Half.way /háf.uêi/ *adj* incompleto; *adv* na metade do caminho; parcialmente.
Hall /hól/ *s* salão; corredor; vestíbulo; entrada.
Hall.mark /hól.márc/ *s* marca; carimbo (ouro ou prata).
Hal.lo /hêi.lôu/ *interj* olá! Alô!
Hal.low /hél.lôu/ *v* santificar; consagrar; reverenciar.
Hal.low.e.en /hélôw.in/ *s* véspera do Dia de Todos os Santos; Dia das Bruxas.
Hal.low.mass /hél.lôumâs/ *s* Dia de Todos os Santos.
Halo /hêi.lóu/ *s* halo; auréola; *v* aureolar.
Halt /hólt/ *s* parada; pausa; estacionamento; *v* mancar.
Hal.ter /hól.târ/ *v* encabrestar; amarrar (com uma corda).
Ham /hém/ *s* aldeia; presunto; curva (da perna); GÍR canastrão; rádio-amador.
Ham.let /hém.lét/ *s* aldeola; aldeia; lugarejo.
Ham.mer /hé.mâr/ *s* martelo; malho; percursor; cão (arma de fogo); *v* martelar.
Ham.mock /hém.mâc/ *s* rede.
Ham.per /hém.pâr/ *v* impedir; pôr (em cestos); estorvar; embaraçar.
Hand /hénd/ *s* mão; mão (vez de jogar); mão de obra; pata dianteira; *v* dar; guiar; transmitir; passar; conduzir; ajudar.
Hand.bag /hénd.bég/ *s* mala de mão; bolsa.
Hand.ball /hénd.ból/ *s* ESP jogo de bola.
Hand.book /hénd.buc/ *s* manual; guia; caderneta.
Hand.cuff /hénd.câf/ *s pl* algemas; *v* algemar; dominar.
Hand.ful /hénd.ful/ *s* mão-cheia; porção.
Hand.i.cap /hén.diquép/ *v* pôr embaraço.
Hand.i.craft /hén.dicréft/ *s* ofício; trabalho manual; mão-de-obra.
Hand.ker.chief /hén.cârtxif/ *s* lenço.
Han.dle /héndol/ *s* punho; maçaneta; manivela; *v* manejar; manipular.
Hand.maiden /hénd.meiden/ *s* criada.
Hand.out /hénd.óut/ *s* folheto (para publicidade); nota (para a imprensa).
Hand.sel /hénd.sél/ *s* presente comemorativo (casamento, Ano Novo, Natal); *v* estrear; presentear.
Hand.some /hén.sâm/ *adj* belo; bonito; elegante; simpático.
Hand.work /hénd.uôrc/ *s* trabalho manual.
Hand.writ.ing /hénd.raiting/ *s* escrita; letra; caligrafia.
Hang /hén/ *s* ladeira; caimento (de vestido, roupa, etc.); Propensão; *v* enforcar; pendurar; prender; depender; esperar; *past and pp* **Hunged** *or* **Hung**.
Han.gar /hân.gâr/ *s* hangar; galpão.
Han.ger /hén.nâr/ *s* carrasco; cabide; cartaz.

Hang.man /hénn.mân/ *s* carrasco (que enforca).
Hank /hénc/ *s* novelo de linha; laço; poder.
Han.ker /hén.câr/ *v* ansiar; almejar.
Hap /hép/ *s* sorte; acidente; acaso; *v* acontecer; ocorrer (forma antiga).
Hap.haz.ard /hép.zard/ *adj* casual; fortuito; *adv* casualmente.
Hap.less /hép.lés/ *adj* infeliz; sem sorte.
Hap.ly /hé.pli/ *adv* por acaso; casualmente.
Hap.pen /hépn/ *v* acontecer; ocorrer; suceder.
Hap.pen.ing /hép.nin/ *s* ocorrência; acontecimento; sucesso.
Hap.pi.ly /hé.pili/ *adv* felizmente.
Hap.pi.ness /hé.pinés/ *s* felicidade; prazer; graça.
Hap.py /hé.pi/ *adj* feliz; alegre; hábil; afortunado; próspero.
Har.ass /hé.râs/ *v* fustigar; cansar; aborrecer.
Har.bor /hâr.bâr/ *s* porto; asilo; alojamento; ancoradouro; *v* abrigar; alojar; refugiar-se.
Har.bour /hâr.bâr/ *examine* ⇒ **Harbor**.
Hard /hárd/ *adj* sólido; difícil; duro; rude; *adv* diligentemente; duramente; firmemente.
Hard.en /hârdn/ *v* insensibilizar; endurecer; temperar (aço, ferro, etc.); enrijecer.
Har.di.ness /hár.dinés/ *s* coragem; vigor; ânimo; valor.
Hard.ly /hár.dli/ *adv* raramente; duramente.
Hard.ship /hárd.xip/ *s* fadiga; trabalho.
Hard.ware /hárd.uér/ *s* ferramenta; quinquilharia; ferragem.
Har.dy /hár.di/ *s* cinzel; talhadeira; *adj* forte; robusto; vigoroso; intrépido; ousado.
Hare /hér/ *s* lebre; *v* correr rapidamente.
Har.i.cot /hé.ricôu/ *s* semente de feijão branco.
Hark /hárc/ *v* escutar atentamente.
Har.lot /hár.lât/ *s* meretriz; rameira.
Harm /hárm/ *s* prejuízo; dano; ofensa; *v* prejudicar; causar dano; ofender.
Harm.less /hárm.lés/ *adj* inocente; inofensivo; ileso.
Har.mo.nize /hár.monáiz/ *v* conciliar; harmonizar; pôr-se de acordo.
Har.mo.ny /hár.moni/ *s* MÚS harmonia; concórdia; concordância.
Harp /hárp/ *s* harpa; ASTR Lira (Constelação); *v* tocar harpa.
Har.poon /hárpun/ *v* arpoar.
Harp.si.chord /hár.piscórd/ *s* MÚS cravo.
Har.py /hár.pi/ *s* harpia (ave); chantagista.
Har.ry /hé.ri/ *v* assolar; oprimir; destruir.
Harsh /hárxe/ *adj* áspero; rigoroso; forte.
Harsh.en /hár.xen/ *v* tornar áspero; tornar cruel.
Hart /hárt/ *s* veado.
Har.vest /hár.vést/ *s* colheita; ceifa; sega; *v* ceifar; fazer a colheita.
Hash /héxe/ *s* picado; *v* picar; retalhar.
Hasp /hésp/ *s* broche; anel de cadeado; *v* fechar com cadeado.
Haste /hêist/ *s* prontidão; presteza; precipitação; diligência; urgência; *v* apressar.
Hast.i.ly /hêis.tli/ *adv* às pressas; apressadamente; aceleradamente.
Hast.y /hêis.ti/ *adj* apressado; vivo; precipitado.
Hat /hét/ *s* chapéu.
Hatch /hétxe/ *v* chocar (ovos); incubar.
Hatch.et /hét.xit/ *s* machadinha.
Hatch.ment /hé.txement/ *s* armas; brasões.
Hate /hêit/ *s* ódio; aversão; *v* odiar; abominar.
Hate.ful /hêit.ful/ *adj* detestável; reprovável; odioso.
Hat.er /hêi.târ/ *s* inimigo; abominador.
Haugh.ti.ness /hó.tinés/ *s* altivez; orgulho; arrogância.
Haugh.ty /hó.ti/ *adj* orgulhoso; soberbo; insolente.
Haul /hól/ *s* puxão; arrasto; arranco; *v* puxar; rebocar.
Haulm /hóm/ *s* caule; colmo.
Haunch /hántxe/ *s* anca; quadril.
Haunt /hánt/ *s* retiro; abrigo; *v* assombrar.
Haut.boy /hôu.bói/ *s* MÚS oboé.
Have /hév/ *v* ter; tomar (bebida); dever; aceitar; possuir; querer; ter de; *past and pp* **Had**.
Ha.ven /hêivn/ *s* porto; refúgio; asilo; abrigo.
Hav.er.sack /hé.vârséc/ *s* mochila; bornal.
Hav.oc /hé.vâc/ *s* destruição; ruína; estrago; *v* arruinar; destruir; devastar; destroçar.
Haw /hó/ *s* cerca; enxadão; cercado; *v* gaguejar; rir largamente.
Hawk /hóc/ *s* falcão (ave); pigarro; *v* pigarrear (limpar a garganta); caçar com falcão; mascatear.
Hawk.weed /hó.cuíd/ *s* chicória.
Haw.ser /hó.zâr/ *s* espia; cabo; amarra.
Hay /hêi/ *v* fazer feno; armar laços.
Hay.seed /hêi.sid/ *s* POP caipira; matuto.
Haz.ard /hé.zârd/ *s* azar; risco; perigo; acaso; *v* arriscar; aventurar-se; correr o risco.
Haz.ard.ous /hé.zârdâs/ *adj* arriscado; perigoso; incerto.
Haze /hêi.z/ *s* nevoeiro; mormaço; neblina; obscuridade; perturbação mental; *v* atemorizar; espantar; nublar.
Ha.zel /hêizol/ *s* aveleira; *adj* castanho (cor); castanha (noz).
Ha.zy /hêi.zi/ *adj* confuso; nebuloso.
He /hi/ *s* homem; símbolo químico do hélio; *adj* animal macho; **He-goat**: um bode; *pron* ele.
Head /héd/ *s* cabeça; chefe; cabeçalho; nascente (rio); cara (de moeda); *v* guiar; governar; chefiar; *adj* principal.
Head.ache /hé.dêic/ *s* dor de cabeça; enxaqueca.
Head.dress /hé.dres/ *s* penteado; toucado.
Head.er /hé.dâr/ *s* cabeça; chefe.
Head.line /héd.lain/ *s* título de jornal; manchete; cabeçalho.
Head.long /héd.long/ *adj* rápido; precipitado; temerário; repentino; *adv* precipitadamente; impetuosamente.

Head.phone /héd.fôn/ *s* fone de ouvido (aparelho de som).
Head.stone /héd.stoun/ *s* pedra fundamental; pedra angular; pedra tumular.
Head.strong /héd.stron/ *adj* teimoso; cabeçudo; indomável.
Head.work /héd.wêrc/ *s* trabalho mental; título.
Head.y /hé.di/ *adj* violento; forte; temerário; embriagante.
Heal /hil/ *v* curar; sarar; cicatrizar; remediar.
Heal.a.ble /hi.lâbol/ *adj* curável; sanável.
Heal.er /hi.lâr/ *s* médico.
Health /hélth/ *s* saúde; sanidade; sinceridade.
Health.ful /hélth.ful/ *adj* salubre
Health.y /hél.thi/ *adj* são; sadio; saudável.
Heap /hip/ *s* monte; pilha; acúmulo; aglomeração (de pessoas); *v* amontoar; aglomerar; cumular; empilhar.
Hear /hip/ *v* ouvir; escutar; examinar; *past and pp* Heard.
Hear.ing /hi.rin/ *s* audição; audiência; averiguação.
Hear.say /hir.sêi/ *s* boato; rumor; voz.
Hearse /hârs/ *s* carro fúnebre; ataúde.
Heart /hárt/ *s* coração; peito; interior; centro; coragem; ânimo; sensibilidade; alma.
Heart.en /hártân/ *v* animar; estimular.
Heart.i.ly /hár.tili/ *adv* sinceramente; cordialmente.
Heart.i.ness /hár.tinés/ *s* sinceridade; cordialidade.
Heart.y /hár.ti/ *adj* cordial; franco; sincero; robusto.
Heat /hit/ *s* calor; aquecimento; cólera; *v* aquecer; esquentar; animar-se; agitar.
Heat.er /hi.târ/ *s* aquecedor; estufa.
Heath /hi.th/ *s* mata; terreno baldio.
Heave /hiv/ *s* elevação; náusea; suspiro; *v* levantar (com grande esforço); suspender; lançar; *past and pp* Hove.
Heav.en /hévn/ *s* céu; firmamento; RELIG o Céu.
Heav.en.li.ness /hévn.linés/ *s* excelência suprema.
Heav.en.ly /hévn.li/ *adj* celestial; divino; *adv* divinamente.
Heav.i.ness /hé.vinés/ *s* peso; mágoa.
Heav.y /hé.vi/ *adj* pesado; oneroso; carregado; denso; maciço; triste; árduo.
Heav.y.weight /hé.vi.uêit/ *s* ESP peso-pesado.
He.bra.ic /hibrêic/ *adj* Hebraico.
He.bra.i.cal /hibrêi.câl/ *examine* ⇒ **Hebraic**.
He.brew /hi.bru/ *s* Hebreu; Judeu; *adj* Hebreu; Hebráico.
Heck.le /hécol/ *v* interpelar; apartear; importunar.
Hedge /hédj/ *s* cerca viva; proteger; tapume; obstáculo.
Hedge.row /hédj.rôu/ *s* planta que forma cerca, muro.
Heed /hid/ *s* cautela; cuidado; consideração; atenção; *v* prestar atenção a.
Heed.ful /hid.ful/ *adj* cuidadoso; precavido; atento; cauteloso.
Heel /hil/ *s* calcanhar; tacão; salto; *v* colocar salto ou tacão em; NÁUT inclinar.
Heft.y /héfti/ *adj* POP substancioso; pesado; violento.
He.gi.ra /hé.djirâ/ *s* Hégira.
Heif.er /hé.fâr/ *s* novilha; vitela.
Height /háit/ *s* altura; excelência; altitude; elevação; eminência.
Height.en /háitn/ *v* elevar; erguer; levantar; realçar; alçar.
Heir /ér/ *s* herdeiro; sucessor.
Heir.dom /ér.dâm/ *s* herança.
Hell /hél/ *s* inferno.
Hel.lo /hâllow/ *interj* alô!
Helm /hélm/ *s* leme; governo; timão; direção; *v* dirigir; governar; conduzir; guiar.
Hel.met /hél.mit/ *s* elmo; capacete.
Help /hélp/ *s* ajuda; socorro; auxílio; remédio; recurso; ajudante; *v* ajudar; auxiliar; socorrer.
Help.ful /hélp.ful/ *adj* proveitoso; útil; prestativo.
Help.mate /hélp.mêit/ *s* ajudante; companheiro (cônjuge).
Hem /hém/ *s* bainha; debrum; orla; pigarro; *v* debruar; embainhar; tossir; pigarrear.
Hem.lock /hémm.lóc/ *s* cicuta, (planta venenosa).
Hemp /hémp/ *s* cânhamo (árvore).
Hemp.en /hém.pem/ *adj* cânhamo.
Hen /hén/ *s* galinha; fêmea (de aves).
Hence /héns/ *adv* daqui; daí; desde que.
Hence.forth /héns.fôurth/ *adv* daqui em diante; para o futuro; de hoje em diante.
Hence.forward /héns.fór.uârd/ *examine* ⇒ Henceforth.
Hen.ner.y /hén.nâri/ *s* galinheiro.
Her /hâr/ *pron* seu; seus; sua; suas; dela; lhe; a ela.
Her.ald /hé.râld/ *s* o que anuncia; arauto; mensageiro; *v* anunciar; proclamar; apresentar; introduzir.
Her.ald.ry /hé.râldri/ *s* heráldica (ciência dos brasões); genealogia.
Herb /hârb/ *s* erva; planta; legume.
Herb.age /hâr.bidj/ *s* pastagem; pasto.
Herd /hârd/ *s* bando; multidão; grei; rebanho; manada; *v* andar em bandos.
Here /hir/ *adv* aqui; neste lugar; cá.
Here.af.ter /hir.áftâr/ *adv* doravante; para o futuro.
Here.by /hir.bái/ *adv* pela presente; por este meio; não longe daqui.
He.red.i.ta.bil.i.ty /hiréditâbi.liti/ *s* hereditariedade.
He.red.i.ta.ry /hiré.ditâri/ *adj* hereditário.
Here.in /hi.rin/ *adv* aqui dentro; nisto.
Here.of /hir.óf/ *adv* disto; a respeito disto; daqui; como resultado disto.
Here.on /hir.ón/ *adv* sobre isto; a respeito disto; para isso.
Here.to /hir.tu/ *adv* até agora; a este lugar; a esse fim.

Here.up.on /hir.âpón/ *adv* por causa disto.
Here.with /hir.uith/ *adv* com isto; junto, incluso.
Her.i.ta.ble /hé.ritâbol/ *adj* que pode ser recebido por herança.
Her.i.tage /hé.ritidj/ *s* tradição; herança.
Her.mit.age /hâr.mitidj/ *s* ermida; eremitério.
He.ro /hi.rôu/ *s* herói.
Her.o.ism /hé.roizm/ *s* heroísmo.
Her.on /hé.rân/ *s* garça (ave).
Hers /hârz/ *pron* seu (s); sua (as); dela.
Her.self /hârsélf/ *pron* ela mesma; ela própria.
Hes.i.tance /hé.zitâns/ *s* hesitação; indecisão; vacilação.
Hes.i.tan.cy /hé.zitânsi/ *examine* ⇒ Hesitance.
Hes.i.ta.tion /hézitêi.xân/ *examine* ⇒ Hesitance.
Hew /hiu/ *v* cortar; talhar; picar; desbastar; *past* hewed *and pp* Hewn.
Hew.er /hiu.âr/ *s* talhador; lenhador.
Hey /hêi/ *interj* olá! êh!
Hi /hái/ *interj* olá! oi!
Hi.a.tus /háitêi.tâs/ *s* hiato; brecha; fenda.
Hi.ber.nate /hái.bârnêit/ *v* hibernar.
Hic.cup /hi.câp/ *s* soluço.
Hide /háid/ *s* couro; pele; *v* esconder; ocultar; *past* Hid *and pp* Hid *or* Hidden.
Hide.bound /háid.báund/ *adj* intratável.
Hid.e.ous /hi.diâs/ *adj* abominável; horrível; feio.
Hid.ing /hái.din/ *s* encobrimento; esconderijo; surra; sova.
Hie /hái/ *v* ativar; apressar-se.
Hig.gle /higol/ *v* regatear; pechinchar.
Hig.gler /hi.glâr/ *s* regateador; pechinchador.
High /hái/ *adj* alto; grande; supremo; *adv* altamente; arrogantemente.
High.land.er /hái.léndâr/ *s* terra montanhosa; montanhês da Escócia (norte).
High.ness /hái.nés/ *s* elevação; altura; grandeza; sublimidade; alteza.
High.way /hái.uéi/ *s* estrada (de rodagem); rodovia.
Hike /háic/ *s* caminhada; *v* excursionar.
Hi.la.ri.ous /háilêi.riâs/ *adj* hilariante.
Hi.lar.i.ty /hilé.riti/ *s* hilaridade; jovialidade; alegria.
Hill /hil/ *s* colina; encosta; monte; *v* amontoar; acumular.
Hill.ock /hi.lâc/ *s* colina.
Hill.y /hi.li/ *adj* acidentado; montanhoso.
Hilt /hilt/ *s* punho; guarda; copos (de espada); cabo.
Him /him/ *pron* o; lhe; ele.
Him.self /himsélf/ *pron* ele mesmo; ele próprio; se.
Hind /háind/ *s* camponês; corça; *adj* posterior; traseiro.
Hinder /háin.dâr/ *v* embaraçar; impedir; obstruir; retardar.
Hinge /hindj/ *s* dobradiça; ponto principal; macho e fêmea do leme; *v* depender de; curvar.
Hint /hint/ *s* insinuação; sugestão; advertência; *v* sugerir; insinuar; dar a entender; aludir; advertir.
Hip /hip/ *s* anca; quadril; cadeiras; *v* entristecer; produzir melancolia.
Hire /háir/ *s* aluguel; salário; ordenado; *v* alugar; assalariar; subornar; contratar (empregado).
Hired /háir.ed/ *adj* de aluguel; mercenário; assalariado; alugado.
His /hiz/ *pron* seu; sua; seus; suas; dele.
Hiss /his/ *s* assobio; silvo; apupo; *v* assobiar; silvar; vaiar.
Hist /híst/ *interj* silêncio; psiu!
His.to.ry /his.tori/ *s* história.
Hit /hit/ *s* golpe; pancada; acerto; *v* ferir; bater; chocar-se; acertar; alcançar.
Hitch /hitxe/ *s* nó; laço; parada; obstáculo; dificuldade; problema; *v* sacudir; enganchar; atrelar.
Hitch-hiker /hitxe.háiquer/ *s* carona.
Hith.er /hi.târ/ *adj* aquém de; até aqui; para cá; para aqui; *adv* aquém de; até aqui; para cá; para aqui.
Hith.er.to /hi.dhârtu/ *adv* até agora; até aqui.
Hit.ter /hi.târ/ *s* o que bate; o que fere.
Hive /háiv/ *s* colmeia; enxame; *v* enxamear.
Hives /háivz/ *s* MED urticária.
Ho /hôu/ *interj* olá, alô!
Hoar /hôur/ *adj* alvo; grisalho; bolorento.
Hoard /hôurd/ *v* amontoar; acumular; entesourar.
Hoarse /hôurs/ *adj* discordante; rouco.
Hoar.y /hôu.ri/ *adj* esbranquiçado; branco; encanecido; velho.
Hoax /hôucs/ *s* mistificação; logro; burla; engano; *v* mistificar; lograr; fraudar.
Hob /hób/ *s* projeção da lareira (lateral).
Hob.ble /hobol/ *v* mancar; embaraçar; estorvar.
Hob.by /hó.bi/ *s* passatempo; ocupação; cavalinho de pau.
Hob.nail /hób.nêil/ *s* cravo de ferradura; prego; tachão.
Hob.nob /hób.nób/ *v* brindar à saúde.
Hock /hóc/ *s* jarrete; vinho (do Reno); *v* penhorar; GÍR pôr no prego.
Hock.ey /hó.qui/ *s* ESP hóquei.
Ho.cus-po.cus /hôu.câs.pôu.câs/ *s* farsa; prestidigitador; tolice; *v* mistificar; engodar; aturdir.
Hoe /hôu/ *s* enxada; máquina para cavar; *v* cavar; capinar.
Hog /hóg/ *s* porco; capado.
Hog.gish /hó.guixe/ *adj* porco; imundo; sujo.
Hoist /hóist/ *s* guindaste; guincho; elevador; *v* levantar; guindar; içar; alçar.
Hold /hôuld/ *s* apresamento; posse; prisão; *v* segurar; durar; conter; ocupar; *past and pp* Held.
Hold-all /hôul.dól/ *s* mochila; saco de viagem.
Hole /hôul/ *s* buraco; cavidade; cova; antro; caverna; *v* cavar; esburacar.
Hol.i.day /hó.lidêi/ *s* Dia Santo; feriado; dia de festa.
Hol.land.er /hó.lândâr/ *adj* Holandês.

Hol.low /hó.lôu/ *s* cavidade; vale; buraco; concavidade; antro; caverna; *v* perfurar; cavar; escavar; esvaziar; *adj* oco; enganador.
Hol.ster /hôuls.târ/ *s* coldre; portarrevólver.
Ho.ly /hôu.li/ *adj* santo; sagrado; piedoso.
Hom.age /hó.midj/ *s* homenagem; honraria; deferência.
Home /hôum/ *s* lar; casa; pátria; família; residência; *adj* doméstico; caseiro; natal.
Home.work /hôum.uôrc/ *s* tarefa de casa.
Hom.i.cide /hó.missáid/ *s* homicídio; assassinato.
Hom.i.ly /hó.mili/ *s* Homília, Sermão.
Hone /hôun/ *s* pedra de amolar (afiar); *v* afiar; amolar; lamentar-se; afligir-se.
Hon.est /ó.nist/ *adj* probo; sincero; franco; íntegro.
Hon.est.ly /ó.nistli/ *adv* honestamente; honradamente.
Hon.es.ty /ó.nisti/ *s* honradez; probidade; pureza.
Hon.ey /hâ.ni/ *s* mel; doçura; GÍR querido; querida; meu bem; *v* adoçar; falar com carinho; cobrir de mel; tornar doce.
Hon.ey.bee /hâ.nibi/ *s* abelha.
Hon.ey.moon /hâ.nimun/ *s* lua de mel.
Hon.or /ó.nâr/ *s* honra; honestidade; fama; dignidade; ornamento; senhoria; *v* honrar; homenagear; glorificar; COM pagar uma letra no dia do vencimento.
Hon.our /ó.nâr/ *examine* ⇒ **Honor**.
Hood /hud/ *s* touca; capuz; dobra; prega ornamental; chapéu; capa de chaminé; AUT capota de carro (capô); *v* encapuzar.
Hood.man.blind /hud.mân.bláind/ *s* cabra-cega.
Hood.wink /hud.uinc/ *v* vendar os olhos; lograr; enganar.
Hoof /huf/ *s* casco de diversos mamíferos; *v* andar a pé.
Hook /huc/ *s* gancho; anzol; engodo; *v* enganchar; dependurar; furtar; **Hook up**: juntar.
Hoop /hup/ *s* arco; círculo; anel; colar; *v* guinchar.
Hoot /hut/ *v* gritar; apupar; vaiar.
Hop /hóp/ *s* salto; pulo; baile; BOT lúpulo; *v* andar aos pulos; saltitar.
Hope /hôup/ *s* esperança; confiança; expectativa; *v* esperar; ter confiança.
Hope.ful /hôup.ful/ *adj* esperançoso; esperançado.
Hop.per /hó.pâr/ *s* saltador; recipiente que possui saída na base para descarga.
Horde /hôurd/ *s* horda; bando; clã.
Ho.ri.zon /horáizn/ *s* horizonte.
Horn /hórn/ *s* chifre; corno; antena de inseto; protuberância óssea; MÚS corneta.
Horn.y /hór.ni/ *adj* córneo; caloso.
Hor.ri.ble /hó.ribol/ *adj* horrível; espantoso; atroz.
Hor.rid /hó.rid/ *adj* horrível.
Hor.ri.fy /hó.rifái/ *v* horrorizar.
Horse /hórs/ *s* cavalo; cavalaria.
Horse.shoe /hórsixu/ *s* ferradura.
Hose /hôuz/ *s* meias; mangueira; calções; *v* puxar água.
Hos.pice /hós.pis/ *s* hospício.
Host /hôust/ *s* hoste; exército; bando; hóspede; hospedeiro; Hóstia (o corpo de Cristo); *v* hospedar; receber a bordo; sediar.
Hos.tage /hós.tidj/ *s* refém; garantia.
Hos.tel /hós.tel/ *s* hospedaria; estalagem; residência (para estudante).
Hos.tel.ry /hós.telri/ *examine* ⇒ **Hostel**.
Hos.tile /hós.til/ *adj* hostil; inimigo.
Hos.til.i.ty /hósti.liti/ *s* hostilidade; inimizade.
Hot /hót/ *adj* quente; ardente; violento.
Hot.ness /hót.nés/ *s* calor; furor; ardor; veemência.
Hot.spur /hót.spâr/ *adj* violento; temerário.
Hound /háund/ *s* cão de caça; sabujo; FIG pessoa vil.
Hour /áuâr/ *s* hora; tempo; ocasião.
Hour.ly /áuâr.li/ *adj* breve; recente; feito a cada hora.
House /háus/ *s* casa; residência; habitação; lar; casa de espetáculos ou comercial; *v* residir; hospedar; alojar; morar.
House.hold /háus.hôuld/ *s* família; lar; governo da casa.
House.wife /háus.uáif/ *s* dona da casa; estojo de costura.
Hov.el /hó.vel/ *s* choça; barraca; cabana; *v* abrigar-se (choça).
Hov.er /hó.ver/ *v* hesitar; pairar.
How /háu/ *adv* como; quão; de que modo; quanto.
How.be.it /háubi.it/ *adv* não obstante; seja como for.
How.ev.er /háu.évâr/ *adv* como quer que seja; *conj* ainda que; todavia; contudo.
Howl /hául/ *s* uivo; rugido; alarido; *v* uivar; latir.
How.so.ev.er /háusoé.vâr/ *adv* como quer que; de qualquer forma.
Hoy /hói/ *s* batelão; tipo de barco ou barcaça; *interj* olá!
Hoy.den /hóidn/ *s* moça atrevida.
Hub /háb/ *s* cubo da roda; centro; eixo.
Hub.bub /hâ.hâb/ *s* algazarra; grito; confusão.
Huck.le /hâcol/ *s* corcunda; corcova; saliência.
Hud.dle /hâdol/ *s* confusão; tumulto; *v* confundir; juntar às pressas; atropelar-se.
Hue /hiu./ *s* cor; matiz; tinta; tez.
Huff /hâf/ *s* bazófia; acesso de arrogância; *v* insultar; ofender.
Huff.y /hâ.fi/ *adj* insolente; fanfarrão.
Hug /hâg/ *s* abraço apertado; *v* abraçar.
Huge /hiudj/ *adj* enorme; colossal; tremendo.
Huge.ness /hiudj.nés/ *s* vastidão; enormidade.
Hull /hâl/ *s* casca (de fruta); vagem; NÁUT casco (de barco); *v* descascar; flutuar.
Hul.la.ba.loo /hâlâbâlu/ *s* algazarra; tumulto.
Hum /hium/ *v* sussurrar; zunir.
Hu.man /hiu.mân/ *adj* humano.
Hu.man.ise /hiu.mânaiz/ *v* humanizar.
Hu.man.ism /hiu.mânizm/ *s* humanismo.

Hu.man.i.ty /hiumé.niti/ *s* humanidade.
Hu.man.ize /hiu.mânáiz/ *examine* ⇒ Humanise.
Hu.man.kind /hiu.mâncáind/ *s* o gênero humano; a humanidade.
Hum.ble /hâmbol/ *v* humilhar; deprimir.
Hum.ble.ness /hâmbl.nés/ *s* humildade; nascimento humilde.
Hum.bug /hâm.bâg/ *s* engano; embuste; *v* lograr; enganar; mistificar.
Hu.mid /hiu.mid/ *adj* úmido.
Hu.mid.i.ty /hiumi.diti/ *s* umidade.
Hum.ming-bird /hâm.minn.bârd/ *s* beija-flor; colibri (pássaro).
Hum.mock /hâm.mâc/ *s* montículo; colina.
Hu.mor /hiu.mâr/ *s* humor; índole; disposição; capricho; *v* agradar; brincar; satisfazer.
Hu.mor.ist /hiu.mârist/ *s* humorista.
Hu.mor.ous /hiu.mârâs/ *adj* engraçado.
Hu.mour /hiu.mâr/ *examine* ⇒ Humor.
Hump /hâmp/ *s* corcunda; corcova; *v* curvar; esforçar-se; corcovar; dobrar-se.
Hump.back /hâmp.béc/ *s* corcunda.
Hunch /hânth/ *s* corcova; corcunda; cotovelada; *v* acotovelar; tornar-se corcunda.
Hunch.back /hântsh.baec/ *examine* ⇒ Humpback.
Hun.dred /hân.dred/ *adj* cem.
Hun.ger /hân.gâr/ *s* fome; *v* ter fome; ansiar.
Hun.gry /hân.gri/ *adj* esfomeado; faminto; estéril.
Hunk /hânc/ *s* POP pedaço grande; naco.
Hunks /hânks/ *s* avarento; avaro.
Hunt /hânt/ *s* caça; matilha; *v* caçar; perseguir; buscar.
Hunt.er /hân.târ/ *s* caçador; cão (de caça); cavalo (de caça).
Hur.dle /hârdol/ *v* fazer cerca de bambu; fechar (com cancelas); fechar (cercas de vime).
Hur.dy.gur.dy /hâr.di.gâr.di/ *s* realejo.
Hurl /hârl/ *s* arremesso; estrondo; confusão; tumulto; *v* arremessar; mover-se; atirar.
Hur.rah /hurrá/ *interj* viva!
Hur.ri.cane /hâ.riquêin/ *s* furacão; ciclone; tempestade.
Hur.ry /hâ.ri/ *s* pressa; tumulto; *v* apressar-se; acelerar.
Hurt /hârt/ *s* mal; prejuízo; dano; *v* magoar; ferir; prejudicar; estragar; *past and pp* Hurt; *adj* magoado; ofendido; prejudicado.
Hurt.ful /hârt.ful/ *adj* prejudicial; nocivo.
Hurt.ing /hâr.tin/ *s* dor.
Hurtle /hârtol/ *v* chocar-se; arremessar-se com violência.
Hus.band /hâz.bând/ *s* marido; esposo; *v* economizar; poupar.
Hush /hâxe/ *s* silêncio; *v* sossegar; acalmar.
Husk /hâsc/ *s* casca; folheto; vagem; *v* descascar; debulhar.
Husk.i.ness /hâs.quinés/ *s* rouquidão; aspereza sonora.
Husk.y /hâs.qui/ *adj* rouco; áspero; enérgico.
Hus.sy /hâ.zi/ *s* mulher fútil (leviana).
Hus.tle /hâstol/ *v* empurrar; atropelar; acotovelar-se; POP andar (com pressa).
Hus.tler /hâs.lâr/ *s* pessoa enérgica.
Hut /hât/ *s* cabana; choupana; barraca; *v* alojar (numa barraca).
Hy.a.line /hái.âlin/ *adj* cristalino; transparente; vítreo.
Hy.e.na /hái.nâ/ *s* hiena (mamífero).
Hy.gien.ic /hái.djienic/ *adj* higiênico.
Hymn /him/ *s* hino; *v* celebrar, cantar hinos.
Hy.phen /hái.fen/ *s* traço de união; hífen.
Hyp.no.tism /hip.notizm/ *s* hipnotismo.
Hyp.no.tize /hip.notáiz/ *v* hipnotizar.
Hy.poc.ri.sy /hipó.crissi/ *s* hipocrisia.
Hy.poth.e.cate /háipó.thiquêit/ *v* hipotecar.
Hy.poth.e.ca.tion /háipóthiquêi.xân/ *s* hipoteca.
Hy.poth.e.sis /háipó.thissis/ *s* hipótese.
Hy.po.thet.ic /háipóthé.tic/ *adj* hipotético; imaginário.
Hy.po.thet.i.cal /háipóthé.ticâl/ *examine* ⇒ Hypothetic.
Hys.ter.ics /histé.rics/ *s* ataque de histeria.

ABCDEFGHIJKLMNOPQRSTUVWXYZ

I /ái/ *s* nona letra do alfabeto Português e do alfabeto Inglês.
Ice /áis/ *s* gelo; sorvete; POP diamante; *v* gelar; cobrir com gelo; cobrir com açúcar cristalizado.
Ice.berg /áis.bârg/ *s* grande pedra de gelo flutuante.
Iced /áist/ *adj* congelado; coberto de açúcar.
I.ci.cle /ái.sicol/ *s* caramelo (de neve); massa de gelo (pendente).
Ic.ing /ái.sin/ *s* cobertura de bolo com açúcar; cobertura de gelo.
Ic.tus /ic.tâs/ *s* MED choque; pulsação (artéria); acento tônico.
I.cy /ái.si/ *adj* gélido; frio; indiferente.
I.de.a /áidi.â/ *s* ideia; pensamento; opinião.
I.de.al /áidi.âl/ *adj* ideal; mental; perfeito; imaginário.
I.de.al.ize /áidi.âláiz/ *v* idealizar.
I.den.ti.fi.ca.tion /áidéntifiquêi.xân/ *s* identificação; reconhecimento.
I.den.ti.fi.er /áidén.tifáiâr/ *s* identificador.
I.den.ti.fy /áidén.tifái/ *v* distinguir; identificar.
Id.i.o.cy /i.diossi/ *s* idiotismo; estupidez; imbecilidade.
Id.i.om /i.diâm/ *s* idioma; língua; linguagem.
Id.i.ot /i.diât/ *adj* idiota; imbecil; estúpido.
I.dle /áidol/ *adj* desocupado; ocioso; frívolo; *v* vadiar.
I.dle.ness /ái.dolnés/ *s* indolência; ociosidade.
I.dol.a.try /áidó.lâtri/ *s* idolatria.
I.dol.ize /ái.doláiz/ *v* idolatrar; venerar.
I.dyll /ái.dil/ *s* idílio.
If /if/ *conj* se, ainda que; suposto que; embora.
Ig.ne.ous /i.gniâs/ *adj* ígneo, incandescente.
Ig.nite /ignáit/ *v* acender o fogo; inflamar.
Ig.ni.tion /igni.xân/ *s* ignição; inflamação.
Ig.no.bil.i.ty /ignôubi.liti/ *s* baixeza; ignobilidade.
Ig.no.ble /ignôubol/ *adj* ignóbil; vil.
Ig.no.min.i.ous /ignomi.niâs/ *adj* ignominioso; vil; infame.
Ig.no.min.y /ig.nomini/ *s* ignomínia; infâmia; desonra.
Ig.no.rance /ig.norâns/ *s* ignorância, falta de conhecimento.
Ig.nore /ignôur/ *v* ignorar; rejeitar; desprezar.
Ill /il/ *s* mal; malícia; maldade; *adj* doente; mau; ruim; maléfico; *adv* mal; maldosamente; dificilmente.
Il.le.gal /ili.gâl/ *adj* ilegal; ilícito.
Il.leg.i.ble /ilé.djbol/ *adj* ilegível.
Il.lic.it /ili.sit/ *examine* ⇒ **Illegal.**
Il.lim.it.a.ble /ili.mitâbol/ *adj* ilimitado; infinito.
Ill.ness /il.nés/ *s* doença; moléstia.
Il.lume /ilium/ *v* iluminar; ilustrar; esclarecer; inspirar.
Il.lu.mi.nate /iliu.minêit/ *examine* ⇒ **Illume.**
Il.lu.mine /iliu.min/ *examine* ⇒ **Illume.**
Il.lu.sion /iliu.jân/ *s* ilusão; quimera; engano; decepção.
Il.lu.sion.ist /iliu.jânist/ *s* ilusionista; prestidigitador.
Il.lu.sive /iliu.siv/ *adj* falso; enganoso; ilusório.
Il.lus.trate /i.lâstrêit/ *v* ilustrar; explicar; explanar; demonstrar; elucidar.
Il.lus.tra.tion /ilâstrêi.xân/ *s* ilustração; explicação; celebridade; gravura.
Im.age /i.midj/ *s* imagem; retrato; estátua; ídolo; *v* imaginar.
Im.ag.i.na.ry /imé.djinâri/ *adj* imaginário; quimérico.
Im.ag.i.na.tion /imédjinêui.xân/ *s* ideia; concepção; imaginação; fantasia.
Im.ag.ine /imé.djin/ *v* imaginar; imaginar-se; conceber.
Im.bibe /imbáib/ *v* embeber; chupar; absorver; ensopar.
Im.bue /imbiu/ *v* imbuir; embeber; tingir.
Im.i.ta.ble /imi.tâbol/ *adj* imitável.
Im.i.tate /i.mitêit/ *v* imitar; copiar; falsificar.
Im.mac.u.late /imé.quiulit/ *adj* puro; imaculado.
Im.ma.nent /ímenent/ *adj* inerente; imanente.
Im.me.di.ate.ly /imi.diêtli/ *adv* em seguida; imediatamente; diretamente.
Im.men.si.ty /imén.siti/ *s* imensidade; infinidade.
Im.merge /imâr.ge/ *v* imergir; submergir; mergulhar.
Im.merse /imârs/ *examine* ⇒ **Immerge.**
Im.mer.sion /imâr.xân/ *s* imersão.

Im.mi.nence /i.minéns/ *s* iminência.
Im.mi.nent /i.minuént/ *adj* iminente.
Im.mod.er.ate /imó.dârit/ *adj* imoderado; excessivo; exagerado.
Im.mod.est /imó.dést/ *adj* imodesto.
Im.mod.es.ty /imó.desti/ *s* imodéstia; indecência; desonestidade.
Im.mo.late /i.molêit/ *v* imolar; sacrificar.
Im.mo.ral.i.ty /imoré.liti/ *s* imoralidade; depravação; desonestidade.
Im.mor.tal /imór.tâl/ *adj* imortal; perene.
Im.mor.tal.i.ty /imórté.liti/ *s* imortalidade.
Immortalize /imór.tâláiz/ *v* imortalizar.
Im.mu.ni.ty /imiu.niti/ *s* imunidade; isenção.
Im.mure /i.miur/ *v* emparedar; murar; encarcerar.
Im.mure.ment /i.miurêmênt/ *s* encarceramento; prisão.
Im.mu.ta.bil.i.ty /imiutâbi.liti/ *s* imutabilidade; firmeza; inalterabilidade.
Im.mu.ta.ble /imiu.tâbol/ *adj* imutável; invariável; inalterável.
Im.pact /impéct/ *s* impacto; choque; colisão; *v* embutir; comprimir.
Im.pair /impér/ *v* piorar; diminuir; prejudicar.
Im.pair.ment /impér.ment/ *s* dano; prejuízo; enfraquecimento.
Im.part /impárt/ *v* dar; conceder; comunicar.
Im.par.ti.al.i.ty /impárxâ.liti/ *s* imparcialidade.
Im.pass.a.ble /impé.sâbol/ *adj* impraticável; insuperável; intransitável.
Im.pas.sive /impé.siv/ *adj* impassível; insensível; apático.
Im.pa.tient /impêi.xânt/ *adj* impaciente.
Im.peach /impi.txe/ *v* impugnar; acusar; atacar.
Im.peach.ment /impi.txement/ *s* impugnação; impedimento; obstáculo.
Im.pec.ca.bil.i.ty /impecâ.biliti/ *s* impecabilidade.
Im.pede /impid/ *v* impedir; estorvar; entravar.
Im.ped.i.ment /impé.diment/ *s* impedimento; estorvo; embaraço.
Im.pel /impél/ *v* impelir; empurrar; instigar.
Im.pend /impénd/ *v* estar iminente; ameaçar.
Im.per.fect /impâr.féct/ *adj* imperfeito; defeituoso; incorreto.
Im.pe.ri.ous /impi.riâs/ *adj* urgente; imperioso; déspota; arrogante.
Im.per.ish.a.ble /impé.rixâbol/ *adj* imperecível; imortal.
Im.per.me.a.ble /impâr.miâbol/ *adj* impermeável.
Im.per.ti.nence /impâr.tinâns/ *s* impertinência; inoportunidade.
Im.per.ti.nent /impâr.tinént/ *adj* impertinente; insolente; atrevido.
Im.per.turb.a.ble /impârtâr.bâbol/ *adj* imperturbável; sereno.
Im.per.vi.ous /impâr.viâs/ *adj* impenetrável; inacessível; impermeável.
Im.pet.u.ous /impé.tiuâs/ *adj* impetuoso; violento.
Im.pe.tus /im.pitâs/ *s* ímpeto; impulso.
Im.pi.e.ty /impái.iti/ *s* impiedade; irreverência.
Im.pi.ous /im.piâs/ *adj* herege; ímpio.
Imp.ish /im.pixe/ *adj* travesso; ladino; endiabrado.
Imp.ish.ness /im.pixenés/ *s* diabrura; travessura.
Im.pla.ca.ble /implêi.câbol/ *adj* inexorável; implacável.
Im.ple.ment /im.plimént/ *s* instrumento; ferramenta; acessório.
Im.plic.it /impli.cit/ *adj* tácito; implícito; complicado.
Im.plore /implôur/ *v* implorar; rogar.
Im.ply /implái/ *v* implicar; significar; fazer supor; incluir.
Im.po.lite /impoláit/ *adj* incivil; rude.
Im.po.lite.ness /impolát.nés/ *s* incivilidade; grosseria; descortesia.
Im.port /im.pôrt/ *s* tendência; importância; significação; COM importação.
Im.port /im.pôrt/ *v* significar; envolver; COM importar.
Im.por.tance /impôur.tâns/ *s* importância; consequência; consideração.
Im.por.tu.nate /impór.tiunêit/ *adj* inoportuno; importuno.
Im.por.tune /impór.tiun/ *v* importunar; enfadar; molestar.
Im.pose /impôuz/ *v* impor; intimar; impingir.
Im.pos.ing /impôu.zin/ *adj* grandioso; majestoso; imponente.
Im.pos.si.bil.i.ty /impâssibi.liti/ *s* impossibilidade.
Im.pos.si.ble /impó.sibol/ *adj* impossível; irrealizável; impraticável.
Im.pound /impáund/ *v* encurralar; aprisionar.
Im.pov.er.ish /impó.vârixe/ *v* empobrecer.
Im.pov.er.ish.ment /impó.vârixement/ *s* empobrecimento.
Im.pre.cate /im.priquêit/ *v* imprecar; amaldiçoar.
Im.pre.ca.tion /impriquêi.xân/ *s* imprecação; maldição.
Im.pregn /imprin/ *v* fecundar.
Im.preg.na.ble /imprég.nábol/ *adj* impregnável; fecundável.
Im.preg.nate /impré.gnêit/ *v* fecundar; emprenhar; impregnar.
Im.press /imprés/ *s* timbre; impressão; cunho; *v* estampar; gravar; impressionar.
Im.press.i.ble /impré.sibol/ *adj* impressionável.
Im.pres.sion.a.ble /impré.xânâbol/ *adj* impressionável.
Im.print /im.print/ *s* impressão; marca; nome do editor (em publicação); *v* imprimir; marcar.
Im.pris.on /imprizn/ *v* aprisionar; encarcerar.
Im.pris.on.ment /imprizn.ment/ *s* encarceramento; prisão.
Im.prob.a.ble /impró.bâbol/ *adj* improvável.
Im.prove /impruv/ *v* melhorar; aperfeiçoar; progredir.

Im.prove.ment /impruv.ment/ *s* melhoramento; melhora; progresso.
Im.pugn /impiun/ *v* impugnar; contestar; atacar.
Im.pulse /im.pâls/ *s* impulso; incentivo.
Im.pul.sion /impâl.xân/ *s* impulso; ímpeto.
Im.pu.ni.ty /impiu.niti/ *s* impunidade.
Im.pure /ímpiur/ *adj* impuro; sórdido; contaminado.
Im.pu.ri.ty /impiu.riti/ *s* impureza.
Im.put.a.ble /impiu.tâbol/ *adj* imputável.
Im.pute /impiut/ *v* imputar; atribuir.
In /in/ *prep* em; de; por; para; *adv* dentro; em casa; **In** spades: muito, prá caramba.
In.a.bil.i.ty /inâbi.liti/ *s* inabilidade; incapacidade.
In.ac.ces.si.ble /inécsé.sibol/ *adj* inacessível.
In.a.lien.a.ble /inêi.lienâbol/ *adj* inalienável.
In.ane /inêin/ *s* vazio; vácuo; *adj* fútil; ôco; vão.
In.a.ni.tion /inâni.xân/ *s* inanição; fraqueza.
In.an.i.ty /iné.niti/ *s* inanidade; nulidade.
In.au.gu.rate /inó.guiurêit/ *v* inaugurar; empossar; iniciar.
In.born /in.bórn/ *adj* inato; congênito.
In.breathe /inbri.dh/ *v* inspirar.
In.bred /in.bréd/ *examine* ⇒ **Inborn**.
In.breed /inbrid/ *v* produzir; criar; gerar; *past and pp* **Inbred**.
In.ca.pac.i.ty /incâpé.siti/ *s* incapacidade; inabilidade.
In.car.cer.ate /incár.sârêit/ *v* encarcerar; aprisionar.
In.car.na.tion /incárnêi.xân/ *s* encarnação.
In.cense /in.séns/ *s* incenso; *v* provocar; incensar.
In.cept /insépt/ *v* começar; iniciar.
In.cep.tion /insép.xân/ *s* começo; princípio.
In.cep.tive /insép.tiv/ *adj* incipiente; inicial.
In.cest /in.sést/ *s* incesto.
Inch /intxe/ *s* polegada (2,54 cm).
In.cin.er.ate /insi.nârêit/ *v* incinerar.
In.cin.er.a.tion /insinârêi.xân/ *s* incineração.
In.cip.i.ence /insi.piéns/ *s* incipiência; começo; princípio.
In.cise /insáiz/ *v* cortar; talhar; incidir.
In.ci.sion /insi.jân/ *s* incisão; corte; talho.
In.ci.ta.tion /insitêi.xân/ *s* incitamento; estímulo.
In.cite /insáit/ *v* incitar; instigar; estimular.
In.cite.ment /insáit.ment/ *s* incitamento; estímulo.
In.clin.a.ble /inclái.nâbol/ *adj* inclinável.
In.cli.na.tion /inclinêi.xân/ *s* inclinação; reverência; declive.
In.cline /incláin/ *s* declive; inclinação; *v* inclinar; pender.
In.close /inclôu.z/ *v* incluir; encerrar; *also* **Enclose**.
In.clo.sure /inclôu.jur/ *s* cercado; conteúdo.
In.clude /includ/ *v* incluir; conter; abranger.
In.co.her.ence /inco.hi.réns/ *s* incoerência.
In.come /in.câm/ *s* ingresso; renda; receita.
In.com.ing /in.câmin/ *s* entrada; renda; *adj* entrante.
In.com.pa.ra.ble /incóm.pârâbol/ *adj* sem par; sem igual; incomparável.
In.com.pat.i.bil.i.ty /incómpétibi.liti/ *s* incompatibilidade.
In.com.ple.tion /incómpli.xân/ *s* falta; imperfeição.
In.com.pre.hen.si.ble /incómpri.hén.sibol/ *adj* incompreensível.
In.com.pre.hen.sion /incómprihén.xân/ *s* incompreensão.
In.con.ceiv.a.ble /incónsi.vâbol/ *adj* inconcebível; incrível; inacreditável.
In.con.gru.i.ty /incóngru.iti/ *s* incongruência; impropriedade.
In.con.se.quence /incón.sicuéns/ *s* inconsequência; contraditório.
In.con.sis.ten.cy /inconsis.ténsi/ *s* inconsistência; inconstância.
In.con.sis.tent /inconsis.tént/ *adj* inconsistente; inconstante.
In.con.stan.cy /incóns.tânsi/ *s* inconstância.
In.cor.po.rate /incór.porêit/ *v* incorporar; associar; *adj* incorporado; incluído.
In.cor.po.ra.tion /incórporêi.xân/ *s* incorporação; agrupamento; inclusão.
In.cor.ri.gi.ble /incó.ridjibol/ *adj* incorrigível; reincidente.
In.cor.rupt /incârâ.pt/ *adj* incorrupto; puro.
In.cor.rupt.i.bil.i.ty /incórâptibi.liti/ *s* incorruptibilidade; retidão.
In.crease /incris/ *s* aumento; incremento; *v* intensificar; acrescer; aumentar.
In.cred.i.bil.i.ty /incrédibi.liti/ *s* incredibilidade.
In.cred.i.ble /incré.dibol/ *adj* incrível; inacreditável.
In.cre.du.li.ty /incrédiu.liti/ *s* ceticismo; incredulidade.
In.cred.u.lous /incré.diulâs/ *adj* incrédulo.
In.cred.u.lous.ness /incré.diulâsnés/ *s* incredulidade, falta de fé.
In.crim.i.nate /incri.minêit/ *v* acusar; incriminar; inculcar.
In.crust /incrâst/ *v* incrustar; engastar.
In.cul.cate /incâl.quêit/ *v* inculcar; citar.
In.cul.pate /incâl.pêit/ *v* inculpar; acusar.
In.cum.ben.cy /incâm.bénsi/ *s* gestão; incumbência; benefício (eclesiástico).
In.cum.bent /incâm.bént/ *s* titular; presidente em exercício; *adj* obrigatório; incumbente.
In.cur /incâr/ *v* incorrer; expor-se; contrair.
In.cur.sion /incâr.xân/ *s* incursão; invasão.
In.cur.vate /incâr.vêit/ *v* curvar; dobrar; inclinar.
In.cur.va.tion /incârvêi.xân/ *s* encurvatura; curvatura; flexão.
In.curve /incârv/ *examine* ⇒ **Incurvate**.
In.cuse /inquiuz/ *s* impressão ou figura estampada em moeda; *adj* cunhado; estampado; *v* cunhar; estampar.

In.deed /indid/ *adv* na verdade; de fato; realmente; sem dúvida.
In.de.fat.i.ga.ble /indifé.tigâbol/ *adj* infatigável; incansável.
In.de.fea.si.bil.i.ty /indifizibi.liti/ *s* indestrutibilidade; irrevogabilidade.
In.de.fea.si.ble /indifi.zibol/ *adj* irrevogável; inalterável; indestrutível.
In.de.fin.a.ble /indifái.nâbol/ *adj* indefinível; inexplicável.
In.def.i.nite.ness /indé.finitnés/ *s* indefinibilidade.
In.del.i.ble /indé.libol/ *adj* indelével; indestrutível.
In.del.i.ca.cy /indé.licâssi/ *s* indelicadeza.
In.del.i.cate /indé.liquit/ *adj* rude; indelicado; malcriado.
In.dem.ni.fy /indém.nifái/ *v* livrar do perigo; indenizar.
In.dem.ni.ty /indém.niti/ *s* indenização; anistia; isenção.
In.dent /indént/ *s* impressão; ordem; requisição; encomenda (do exterior); *v* lavrar contrato; recortar.
In.den.ture /indén.txur/ *s* contrato; ajuste.
In.de.pen.dence /indipén.déns/ *s* liberdade; independência.
In.de.pen.den.cy /indipén.dénsi/ *examine* ⇒ Independence.
In.de.pen.dent.ly /indipén.déntli/ *adv* independentemente.
In.dex /in.décs/ *s* índice; indicador; dedo indicador; MAT expoente.
In.di.ca.tion /indiquêi.xân/ *s* indicação; indício; sinal.
In.dic.a.tive /indi.câtiv/ *s* GRAM o modo indicativo; *adj* designativo.
In.dif.fer.ent /in.difrêns/ *adj* indiferente.
In.di.gence /in.didjéns/ *s* pobreza; indigência.
In.di.gest.i.ble /indidjés.tibol/ *adj* enfadonho; indigerível.
In.dig.ni.ty /indig.niti/ *s* indignidade; afronta.
In.di.go /in.digôu/ *s* anil; índigo.
In.dis.creet /indiscrit/ *adj* indiscreto; imodesto; tagarela.
In.dis.cre.tion /indiscré.xân/ *s* indiscrição; imodéstia; imprudência.
In.dis.crim.i.na.tion /indiscriminêi.xân/ *s* indistinção; confusão.
In.dis.pen.sa.ble /indispén.sâbol/ *adj* necessário; indispensável.
In.dis.pose /indispôuz/ *v* indispor; inimizar.
In.dis.pu.ta.ble /indis.piutâbol/ *adj* incontestável; indisputável.
In.dis.solv.a.ble /indissôu.xiâbol/ *adj* inseparável; indissolúvel; *also* **Indissoluble**.
In.dis.tinct /indistinct/ *adj* indistinto; vago.
In.dite /indáit/ *v* redigir; ditar; escrever.
In.door /in.dôur/ *adj* interior; em casa; dentro (de casa).
In.doors /indôur.z/ *adv* dentro; portas adentro; em casa.
In.dorse /indórs/ *v* apoiar; sancionar; endossar; *same as* Endorse.
In.dorse.ment /indórs.ment/ *s* endosso; sanção; *same as* Endorsement.
In.draft /in.dráft/ *s* aspiração; sucção; absorção; *same as* Indraught.
In.du.bi.ta.ble /indiu.bitâbol/ *adj* indubitável; sem dúvida.
In.duce /indius/ *v* induzir; incitar; persuadir.
In.duce.ment /indius.ment/ *s* pretexto; motivo; instigação.
In.duct /indâct/ *v* instalar; introduzir.
In.dulge /indâldj/ *v* condescender; satisfazer.
In.dul.gent /indâl.djént/ *adj* indulgente; condescendente.
In.dus.tri.ous /indâs.triâs/ *adj* industrioso; hábil.
In.dus.try /indâs.tri/ *s* indústria; engenho.
In.dwell /induél/ *v* residir; morar; habitar.
In.dwell.er /indué.lâr/ *s* morador; habitante.
In.e.bri.ate /ini.briêit/ *v* embriagar.
In.ept /inépt/ *adj* inepto; inexperiente; incapaz.
In.eq.ui.ty /iné.cuiti/ *s* iniquidade; injustiça.
In.ert /inârt/ *adj* inerte; ocioso; inativo.
In.ert.ness /inârt.nés/ *s* inércia; ociosidade.
In.es.ti.ma.ble /in.estiâbol/ *adj* inapreciável; inestimável.
In.ev.i.ta.bil.i.ty /inevitâ.biliti/ *s* fatalidade; inevitabilidade.
In.ex.o.ra.ble /inéc.sorâbol/ *adj* inflexível; inexorável; rígido.
In.ex.pug.na.ble /inécspârg.nâbol/ *s* invencível; inexpugnável; inconquistável.
In.ex.tri.ca.ble /inécs.tricâbol/ *adj* intrincado; emaranhado; inextricável.
In.fal.li.bil.i.ty /infélibi.liti/ *s* indefectibilidade; infalibilidade.
In.fal.li.ble /infé.libol/ *adj* inevitável; indefectível; infalível.
In.fa.mize /in.famáiz/ *v* infamar.
In.fa.mous /in.fâmâs/ *adj* ignóbil; vil.
In.fa.my /in.fâmi/ *s* infâmia; vileza.
In.fan.cy /in.fânsi/ *s* infância.
In.fant /in.fént/ *adj* infantil; tenro.
In.fan.try /in.féntri/ *s* infantaria, tropa militar a pé.
In.fat.u.ate /infé.txuêit/ *v* cegar; perder a cabeça.
In.fat.u.a.tion /infétxuêi.xân/ *s* paixão; desvairamento.
In.fect /inféct/ *v* infectar; viciar; infeccionar.
In.fec.tious /inféc.xâs/ *adj* infeccioso.
In.fe.lic.i.tous /infili.sitâs/ *adj* infeliz; inepto; inadequado.
In.fe.lic.i.ty /infili.siti/ *s* desgraça; infortúnio; infelicidade.
In.fer /infâr/ *v* inferir; provar; deduzir.
In.fest /infést/ *v* infestar; assolar.
In.fi.del /in.fidél/ *adj* desleal; infiel; descrente.

In.fi.del.i.ty /infidé.liti/ *s* traição; infidelidade.
In.fil.trate /infil.trêit/ *v* infiltrar-se.
In.fin.i.ty /infi.niti/ *s* imensidade; infinidade.
In.firm /infârm/ *adj* enfermo; fraco; doente.
In.fir.ma.ry /infâr.mâri/ *s* enfermaria.
In.fir.mi.ty /infâr.miti/ *s* enfermidade.
In.fix /infi.cs/ *v* cravar; enterrar; imprimir.
In.flame /inflêim/ *v* inflamar; irritar; instigar.
In.flam.ma.ble /inflé.mâbol/ *adj* inflamável.
In.flate /inflêit/ *v* inflar; inchar.
In.fla.tion /inflêi.xân/ *s* inchação; inflação; ECON emissão excessiva de papel-moeda.
In.flect /infléct/ *v* inclinar; desviar; modular; variar; GRAM conjugar; flexionar.
In.flex.i.bil.i.ty /inflécsibi.liti/ *s* inflexibilidade.
In.flex.i.ble /infléc.sibol/ *adj* inflexível.
In.flict /inflict/ *v* infligir; impor.
In.flu.ence /in.fluéns/ *v* influir; persuadir.
In.flu.ent /in.fluént/ *adj* influente.
In.flu.en.tial /influén.xâl/ *examine* ⇒ **Influent**.
In.flux /in.flâcs/ *s* influxo; afluência.
In.fold /infôuld/ *v* envolver; encerrar.
In.form /infórm/ *v* informar; dar forma.
In.for.mal.i.ty /infórmé.liti/ *s* irregularidade; falta de formalidade.
In.for.ma.tion /infórmêi.xân/ *s* informação; aviso.
In.fringe /infrin.dj/ *v* infringir; transgredir.
In.fringe.ment /infrindj.ment/ *s* infração; violação; transgressão.
In.fu.ri.ate /infiu.riêit/ *adj* enfurecido; *v* enfurecer; irritar.
In.fuse /infiu.z/ *v* infundir; insinuar; inspirar.
In.fu.sion /infiu.jân/ *s* infusão; sugestão.
In.gath.er.ing /ingué.dhârin/ *s* colheita; *also* Harvest.
In.ge.nious /indji.niâs/ *adj* destro; hábil; engenhoso; astuto.
In.ge.nious.ness /indji.niâsnés/ *s* engenho; arte; habilidade.
In.ge.nu.i.ty /indji.niuiti/ *s* ingenuidade.
In.gen.u.ous /indjé.niuâs/ *adj* inocente; ingênuo.
In.gest /indjést/ *v* engolir; ingerir.
In.ges.tion /indjést.xân/ *s* ingestão, ação de engolir.
In.got /in.gót/ *s* lingote (barra de metal fundido).
In.grain /ingrêin/ *v* tingir.
In.gra.ti.ate /ingrêi.xiêit/ *v* insinuar-se.
In.gre.di.ent /ingri.dient/ *s* ingrediente.
In.gress /in.grés/ *s* ingresso; acesso; entrada.
In.grow.ing /in.grôuin/ *adj* que tem crescimento interior (para dentro).
In.gulf /ingâlf/ *v* engolir; engolfar.
In.hab.it /inhé.bit/ *v* habitar; ocupar; morar.
In.hab.i.tant /inhé.bitânt/ *s* habitante.
In.hab.i.ta.tion /inhébi.teixân/ *s* habitação; residência; morada.
In.hale /in.hêil/ *v* inalar; inspirar; aspirar.
In.hal.er /in.hêi.lâr/ *s* inalador; que inala; o que respira.
In.here /in.hir/ *v* estar inerente; estar ligado de forma íntima.
In.her.it /in.hé.rit/ *v* herdar.
In.her.i.tance /in.hé.ritâns/ *s* sucessão; herança.
In.hib.it /in.hi.bit/ *v* inibir; vedar; proibir.
In.hi.bi.tion /in.hibi.xân/ *s* inibição; embaraço.
In.hos.pi.ta.ble /in.hós.pitâbol/ *adj* inóspito; inospitaleiro.
In.hu.man /in.hiu.mân/ *adj* desumano; cruel; inumano.
In.hu.man.i.ty /in.hiumé.niti/ *s* crueldade; desumanidade.
In.hu.ma.tion /in.hiumêi.xân/ *s* enterro; inumação.
In.hume /in.hium/ *v* enterrar; sepultar; inumar.
In.im.i.ta.ble /ini.mitâbol/ *adj* inimitável.
In.iq.ui.tous /ini.cuitâs/ *adj* iníquo; mau; perverso.
In.iq.ui.ty /ini.cuiti/ *s* iniquidade; crime.
In.i.tial /ini.xâl/ *adj* inicial.
In.i.ti.ate /ini.xiêit/ *v* iniciar; originar; *adj* iniciado; começado.
In.ject /indjéct/ *v* injetar; introduzir.
In.junc.tion /indjânc.xân/ *s* ordem; injunção; exortação.
In.jure /indjur/ *v* prejudicar; lesar; danificar; debilitar; enfraquecer.
In.ju.ri.ous /indju.riâs/ *adj* prejudicial; nocivo; ofensivo; injusto.
In.ju.ry /in.djuri/ *s* dano; injustiça; mal; ferimento.
In.jus.tice /indjâs.tis/ *s* injustiça; iniquidade.
Ink /inc/ *s* tinta para escrever; *v* aplicar tinta.
Ink.y /in.ki/ *adj* de tinta; manchado de tinta.
In.land /in.lând/ *s* sertão; *adj* sertão; interior de um país.
In.land.er /in.lândâr/ *s* habitante do interior.
In.lay /inlêi/ *v* incrustar; embutir; *past and pp* Inlaid.
In.let /in.lét/ *s* angra; enseada.
In.ly /in.li/ *adj* interior; interno; *adv* interiormente; no íntimo.
In.mate /in.mêit/ *s* inquilino; interno de hospital; hóspede.
In.most /in.môust/ *adj* interior; recôndito; íntimo.
Inn /in/ *s* estalagem; hotel; hospedaria.
In.ner /in.nâr/ *adj* interior; íntimo; secreto.
In.ner.most /in.nârmôust/ *adj* íntimo; interior.
In.ner.vate /inâr.vêit/ *v* inervar.
In.no.cence /in.nosséns/ *s* inocência.
In.no.cen.cy /in.nossénsi/ *examine* ⇒ **Innocence**.
In.no.cent /in.nossént/ *adj* inocente.
In.noc.u.ous /nió.quiuâs/ *adj* inócuo; inofensivo.
In.nom.i.nate /inó.minit/ *adj* anônimo; sem nome.
In.no.vate /in.novêit/ *v* inovar.
In.no.va.tion /inovêi.xân/ *s* inovação; novidade.
In.nox.ious /inó.csiâs/ *adj* inócuo; inofensivo.
In.nu.en.do /iniuén.dôu/ *s* insinuação.
In.nu.mer.a.ble /iniu.mârâbol/ *adj* inumerável.

In.ob.serv.ance /inóbzâr.vâns/ *s* desatenção; inobservância.
In.oc.u.late /inó.quiulêit/ *v* inocular; contagiar.
In.of.fen.sive /inófén.siv/ *adj* inofensivo; manso; inocente.
In.pa.tient /in.pêixént/ *s* doente (internado em hospital); paciente.
In.put /in.pât/ *s* entrada.
In.quest /in.cuést/ *s* sindicância; JUR inquérito.
In.quire /incuáir/ *v* indagar; informar; investigar.
In.quir.y /incuái.ri/ *s* inquérito; pergunta.
In.qui.si.tion /incuizi.xân/ *s* inquisição; inquérito judicial.
In.road /in.rôud/ *s* incursão; invasão.
In.rush /in.râxe/ *s* invasão; irrupção.
In.sa.lu.bri.ous /insâliu.briâs/ *adj* insalubre; doentio.
In.sa.lu.bri.ty /insâliu.briti/ *s* insalubridade.
In.san.i.ty /insé.niti/ *s* insanidade; demência.
In.sa.ti.ate /insêi.xiêit/ *adj* insaciável.
In.scribe /ins.cráib/ *v* inscrever; gravar.
In.scrip.tion /inscrip.xân/ *s* inscrição; dedicatória; rótulo.
In.sect /in.séct/ *s* inseto.
In.se.cure /insiquiur/ *adj* incerto; arriscado.
In.se.cu.ri.ty /insiquiu.riti/ *s* risco; incerteza; perigo; insegurança.
In.sem.i.nate /insé.minêit/ *v* semear; fecundar.
In.sen.sate /insén.sêit/ *adj* insensato.
In.sen.si.bil.i.ty /insénsibi.liti/ *s* estupidez; insensibilidade; apatia.
In.sen.si.ble /insén.sibol/ *adj* insensível; estúpido; apático.
In.sen.ti.ent /insén.xiént/ *adj* sem vida; inanimado.
In.sep.a.ra.ble /insé.pârâbol/ *adj* inseparável.
In.sert /insârt/ *v* inserir; introduzir.
In.side /in.sáid/ *s* o interior; o conteúdo; *adv* dentro.
In.sid.i.ous /insi.diâs/ *adj* pérfido; insidioso.
In.sight /in.sáit/ *s* intuição; introspecção.
In.sin.u.ate /insi.niuêit/ *v* insinuar.
In.sin.u.at.ing /insi.niuêitin/ *adj* insinuante.
In.sin.u.a.tion /insiniuêi.xân/ *s* insinuação; indireta; sugestão.
In.sip.id /insi.pid/ *adj* insípido.
In.sip.id.ness /insi.pidnés/ *s* insipidez.
In.sist /insist/ *v* insistir; persistir.
In.sis.tence /insis.téns/ *s* insistência.
In.so.la.tion /insolêi.xân/ *s* insolação.
In.so.lent /in.solênt/ *adj* insolente; atrevido; descarado.
In.sol.u.ble /insó.liubol/ *adj* insolúvel.
In.solv.a.ble /insól.vâbol/ *adj* inexplicável; insolúvel; COM insolvente.
In.sol.ven.cy /insól.vensi/ *s* insolvência; falência.
In.sol.vent /insól.vent/ *adj* insolvente.
In.so.much /insôumâ.txe/ *adv* a tal ponto que; de sorte que; de tal modo que.
In.spect /inspéct/ *v* inspecionar; examinar; fiscalizar.
In.spec.tion /inspéc.xân/ *s* inspeção; exame.
In.spi.ra.tion /inspirêi.xân/ *s* inspiração; entusiasmo poético.
In.spire /inspáir/ *v* inspirar; respirar; aspirar.
In.sta.bil.i.ty /instâbi.liti/ *s* instabilidade; mutabilidade.
In.sta.ble /instêi.bol/ *adj* instável.
In.stall /instól/ *v* instalar; alojar; dar posse.
In.stal.la.tion /instólêi.xân/ *s* instalação; investidura; montagem.
In.stal.ment /instól.ment/ *s* instalação; prazo; pagamento parcial.
In.stance /ins.tâns/ *s* exemplo; urgência; JUR instância; *v* mencionar; alegar; exemplificar.
In.stan.cy /ins.tânsi/ *s* urgência; instância.
In.stant /ins.tânt/ *s* instante; momento; *adj* instante; urgente.
In.stead /instéd/ *adv* em vez; em lugar de.
In.step /ins.tép/ *s* tarso; peito do pé.
In.sti.gate /ins.tiguêit/ *v* instigar; inculcar; incitar.
In.sti.ga.tion /instiguêi.xân/ *s* instigação; excitamento; incitamento.
In.stil /instil/ *v* instilar; inculcar; inspirar; insuflar; *also* **Instill**.
In.stil.ment /instil.ment/ *s* instilação; insinuação; *also* **Instillment**.
In.stinct /ins.tict/ *adj* animado; impregnado.
In.sti.tute /ins.titiut/ *s* instituto; estabelecimento; *v* instituir; intentar; propor; nomear.
In.struct /instrâct/ *v* instruir; informar.
In.struc.tion /instrâc.xân/ *s* instrução; ensino; educação; *pl* ordens; indicações.
In.struc.tive /instrâc.tiv/ *adj* instrutivo.
In.suf.fer.a.ble /insâ.fârâbol/ *adj* intolerável; detestável; incômodo.
In.suf.fi.cien.cy /insâfi.xénsi/ *s* incapacidade; insuficiência.
In.suf.fi.cient /insâfi.xént/ *adj* insuficiente.
In.sult /insâlt/ *s* insulto; ofensa; *v* insultar; ofender; afrontar.
In.su.per.a.bil.i.ty /insiupârâbi.liti/ *s* invencibilidade; insuperabilidade.
In.su.per.a.ble /insiu.pârâbol/ *adj* insuperável; invencível.
In.sur.ance /inxu.râns/ *s* garantia; segurança; seguro.
In.sure /inxur/ *v* segurar; garantir.
In.tan.gi.bil.i.ty /inténdjibi.liti/ *s* intangibilidade (o que é intangível).
In.tan.gi.ble /intén.djibol/ *adj* impalpável; intangível.
In.te.grate /in.tigrêit/ *v* integrar; restaurar; completar.
In.teg.ri.ty /inté.griti/ *s* integridade; retidão; inteireza.

In.tel.lect /in.teléct/ *s* inteligência; entendimento; intelecto.
In.tel.lec.tion /inteléc.xân/ *s* intelecção; inteligência.
In.tel.lec.tu.al /inteléc.txual/ *s* espiritual; intelectual; *adj* espiritual; intelectual.
In.tel.lec.tu.al.ize /inteléc.tualáiz/ *v* intelectualizar; raciocinar.
In.tel.li.gence /inté.lidjéns/ *s* inteligência.
In.tem.per.ance /intém.pâréns/ *s* intemperança.
In.tend /inténd/ *v* tencionar; pretender.
In.ten.dance /intén.dâns/ *s* intendência.
In.tend.ed /intén.did/ *s* noivo; *adj* prometido.
In.tense.ness /inténs.nés/ *s* intensidade; veemência; ardor.
In.ten.si.fi.ca.tion /intensifiquêi.xân/ *s* intensificação.
In.ten.si.fy /intén.sifái/ *v* intensificar.
In.tent /intént/ *s* intento; intenção; propósito.
In.ten.tion /intén.xân/ *s* intenção; intento.
Inter /intâr/ *v* enterrar; sepultar.
Inter.act /intâréct/ *v* atuar um sobre outro.
In.ter.ac.tion /intâréc.xân/ *s* ação recíproca; interação.
In.ter.breed /intâr.brid/ *v* cruzar raças.
In.ter.ca.late /intâr.câlêit/ *v* intercalar.
In.ter.ca.la.tion /intârcâlêi.xân/ *s* intercalação.
In.ter.cede /intârsid/ *v* interceder; intervir.
In.ter.cept /intârsépt/ *v* interceptar; deter.
In.ter.change /intârtxén.dj/ *s* intercâmbio; permuta; *v* cambiar.
In.ter.change.a.ble /intârtxén.djâbol/ *adj* permutável; recíproco.
In.ter.course /in.târcôurs/ *s* intercurso; relações comerciais.
In.ter.cur.rent /intârcâ.rént/ *adj* intercorrente.
In.ter.dict /in.târdict/ *s* interdito; *v* interditar; proibir.
In.ter.dict.ion /intârdic.xân/ *s* interdição; proibição.
In.ter.est /in.târést/ *s* interesse; juro; lucro; *v* importar; interessar.
In.ter.est.ing /in.târéstin/ *adj* atraente; interessante; simpático.
In.ter.fere /intârfir/ *v* intervir; interferir; prejudicar; imiscuir-se.
In.ter.fer.ence /intârfi.réns/ *s* interferência; intervenção; intrometimento.
In.te.ri.or /inti.riâr/ *adj* interno; interior.
In.ter.ject /intârdjéct/ *v* interpor; intrometer; interpor-se.
In.ter.jec.tion /intârdjéc.xân/ *s* intervenção; GRAM exclamação; interjeição.
In.ter.lace /intârlêis/ *v* entrelaçar; misturar; enlaçar.
In.ter.lace.ment /intârlêis.ment/ *s* entrelaçamento; mistura.
In.ter.line /intârláin/ *v* entrelinhar.
In.ter.lin.e.a.tion /intârliniêi.xân/ *s* entrelinha.
In.ter.lock /intârlóc/ *v* abraçar; fixar.
In.ter.lo.cu.tion /intârloquiu.xân/ *s* interlocução.
In.ter.loc.u.tor /intârló.quiutâr/ *s* interlocutor.
In.ter.lope /intârlóup/ *v* contrabandear; intrometer-se.
In.ter.lude /in.târliud/ *s* MÚS interlúdio; TEATR farsa; intervalo.
In.ter.med.dle /intârmédol/ *v* intervir.
In.ter.me.di.ate /intârmi.diêit/ *v* servir de intermediário.
In.ter.ment /intâr.mént/ *s* enterro; funeral.
In.ter.mi.na.ble /intâr.minâbol/ *adj* interminável; ilimitado.
In.ter.min.gle /intârmingol/ *v* entremear; misturar-se; incorporar-se.
In.ter.mis.sion /intârmi.xân/ *s* intermissão; pausa; interrupção.
In.ter.mit /intârmit/ *v* interromper, cortar a continuação.
In.ter.mit.tent /intârmi.tént/ *adj* intermitente.
In.ter.mix /intârmi.cs/ *v* misturar-se.
In.ter.mix.ture /intârmics.txur/ *s* mistura.
In.tern /intârn/ *s* interno; *v* internar; *adj* interno.
In.ter.na.tion.al /intârné.xânâl/ *adj* internacional.
In.ter.na.tion.al.ize /intarné.xânâláiz/ *v* internacionalizar.
In.tern.ee /intâr.ni/ *s* médico interno em hospital.
In.tern.ment /intârn.ment/ *s* internação; internamento.
In.ter.pel.late /intârpé.lêit/ *v* interpelar.
In.ter.pose /intârpôuz/ *v* interpor; interferir; intrometer.
In.ter.pret /intâr.prét/ *v* interpretar.
In.ter.pre.ta.tion /intârpretêi.xân/ *s* interpretação; explicação; esclarecimento.
In.ter.ro.gate /intâ.roguêit/ *v* interrogar.
In.ter.ro.ga.tion /intâroguêi.xân/ *s* interrogação.
In.ter.rupt /intârrâpt/ *v* parar; interromper.
In.ter.rup.tion /intârrâp.xân/ *s* interrupção; intervalo; pausa.
In.ter.sect /intârséct/ *v* entrecortar; cortar; cruzar-se.
In.ter.sec.tion /intârséc.xân/ *s* intersecção; cruzamento de estrada.
In.ter.sperse /intârspârs/ *v* espalhar; difundir.
In.ter.val /in.târvâl/ *s* intervalo; pausa.
In.ter.vene /intârvin/ *v* intervir; acontecer.
In.ter.ven.tion /intârvén.xân/ *s* intervenção; interposição; mediação.
In.ter.view /in.târviú/ *s* entrevista; conferência; conversação; *v* entrevistar.
In.ter.weave /intâruiv/ *v* entrelaçar; enlaçar; entremear; *past and pp* **Interwoven**.
In.tes.ta.cy /intés.tassi/ *s* falta de testamento ou testemunho.
In.tes.tate /intés.têit/ *s* falecido sem testamento.

In.tes.tine /intés.tin/ *s* intestino; *adj* intestino; interior.
In.ti.ma.cy /in.timâssi/ *s* intimidade.
In.ti.mate /in.timêit/ *s* amigo íntimo; confidente; *v* sugerir; insinuar; *adj* íntimo; interno.
In.ti.ma.tion /intimêi.xân/ *s* intimação; notificação; aviso.
In.tim.i.date /inti.midêit/ *v* intimidar; amedrontar; desanimar; desencorajar.
In.tim.i.da.tion /intimidêi.xân/ *s* intimidação.
In.to /in.tu/ *prep* em; para dentro de.
In.tol.er.a.ble /intó.lârâbol/ *adj* insuportável; intolerável.
In.to.nate /in.tonêit/ *v* entoar; modular a voz.
In.tox.i.cate /intóc.siquêit/ *v* intoxicar; envenenar; embriagar.
In.tox.i.ca.tion /intócsiquêi.xân/ *s* embriaguez; êxtase; intoxicação.
In.trac.ta.ble /intréc.tâbol/ *adj* intratável.
In.tran.si.gent /intrén.sidjént/ *s* revolucionário; intransigente; intolerante; *adj* intolerante; intransigente.
In.trench /intrén.txe/ *v* entrincheirar; invadir; *also* Entrench.
In.tre.pid.i.ty /intrépi.diti/ *s* intrepidez.
In.tri.cate /in.triquit/ *adj* intricado; confuso.
In.trigue /intrig/ *s* intriga; trama; *v* intrigar; tramar.
In.tro.duce /introdius/ *v* introduzir; apresentar; estabelecer.
In.tro.it /intrôit/ *s* introito; começo.
In.tro.spec.tion /introspéc.xân/ *s* introspecção.
In.tro.spec.tive /introspéc.tiv/ *adj* introspectivo.
In.trude /intrud/ *v* intrometer-se.
In.trud.er /intru.dâr/ *s* intruso; intrometido.
In.tru.sion /intru.jân/ *s* intrusão; invasão.
In.tru.sive /intru.siv/ *adj* intruso; importuno.
In.tu.i.tion /intiui.xân/ *s* intuição; pressentimento.
In.tu.i.tive /intiui.tiv/ *adj* intuitivo.
In.tu.mes.cence /intiumé.sens/ *s* tumor; intumescência.
In.tu.mes.cent /intiumé.sent/ *adj* inchado; intumescente.
In.un.date /i,nândêit/ *v* submergir; inundar; alagar.
In.un.da.tion /inândêi.xân/ *s* inundação.
In.ure /iniur/ *v* acostumar; habituar.
In.ure.ment /iniur.ment/ *s* costume; prática; hábito.
In.vade /invêid/ *v* invadir; violar.
In.va.lid /in.vâlid/ *v* tornar-se inválido; MIL dar baixa por invalidez; *adj* nulo; inválido.
In.val.i.date /invé.lidêit/ *v* invalidar; inutilizar; anular.
In.val.u.a.ble /invé.liuâbol/ *adj* inestimável; incalculável.
In.va.sion /invêi.jân/ *s* invasão; usurpação.
In.vec.tive /invéc.tiv/ *s* invectiva; *adj* ultrajante; ofensivo; injurioso.
In.veigh /invêi/ *v* injuriar; vituperar; censurar.
In.vei.gle /invigol/ *v* seduzir; enganar; engodar.
In.vei.gler /invi.glâr/ *s* sedutor; enganador.
In.vent /invént/ *v* inventar; idear; descobrir.
In.ven.tion /invén.xân/ *s* invenção; inventiva; descoberta.
In.ven.tive /invén.tiv/ *adj* inventivo; engenhoso.
In.ven.tive.ness /invén.tivnés/ *s* inventiva; qualidade inventiva; engenho.
In.verse /invârs/ *s* inverso; invertido; *adj* inverso; invertido.
In.ver.sion /invâr.xân/ *s* inversão.
In.vert /in.vârt/ *s* homossexual; *v* inverter; transpor; trocar.
In.vest /invést/ *v* investir; aplicar dinheiro.
In.ves.ti.gate /invés.tiguêit/ *v* investigar; analisar; averiguar.
In.ves.ti.ga.tion /invéstiguêi.xân/ *s* investigação; indagação; inquirição.
In.vest.ment /invést.ment/ *s* investidura; investimento; bloqueio.
In.vet.er.ate /invé.târit/ *adj* inveterado; antigo; arraigado.
In.vid.i.ous /invi.diâs/ *adj* invejoso; odioso.
In.vig.or.ate /invi.gârêit/ *v* vigorar; fortalecer; fortificar.
In.vig.or.a.tion /invigârêi.xân/ *s* robustecimento; fortalecimento.
In.vin.ci.bil.i.ty /invinsibi.liti/ *s* insuperabilidade; invencibilidade.
In.vi.o.late /inváí.olit/ *adj* inviolado; intacto; íntegro.
In.vis.i.bil.i.ty /invizibi.liti/ *s* invisibilidade.
In.vis.i.ble /invi.zibol/ *adj* invisível.
In.vi.ta.tion /invitêi.xân/ *s* convite.
In.vite /inváit/ *v* convidar; solicitar.
In.vit.er /invái.târ/ *s* o que convida.
In.vit.ing /invái.tin/ *adj* convidativo; tentador; atraente.
In.vo.ca.tion /invoquêi.xân/ *s* invocação.
In.voice /in.vóis/ *s* fatura; remessa; *v* faturar.
In.voke /invôuc/ *v* invocar; implorar; chamar.
In.vo.lu.cre /in.voliucâr/ *s* invólucro.
In.vol.un.ta.ry /invó.lântéri/ *adj* involuntário.
In.vo.lu.tion /involiu.xân/ *s* envolvimento; enredo; MAT elevar a uma potência.
In.volve /invólv/ *v* envolver; incluir.
In.wall /in.uól/ *s* parede interna; *v* emparedar; murar.
In.ward /i.nuârd/ *s* o interior; *adj* interno; interior; íntimo; *adv* interiormente.
In.ward.ness /i.nuârdnés/ *s* o interior; intimidade; interioridade.
In.wrought /inrót/ *adj* lavrado; embutido.
I.o.ta /áiôu.tâ/ *s* jota (língua Grega); ponto; quantidade diminuta.
I.ras.ci.ble /áiré.xibol/ *adj* irascível.
I.rate /áirêit/ *adj* enfurecido; irado.
Ire /áir/ *s* ira; fúria; cólera.

Ire.ful /áir.ful/ *adj* irado; colérico.
Ire.ful.ness /áir.fulnés/ *s* fúria; cólera.
I.rish /ái.rixe/ *adj* Irlandês.
Irk /ârc/ *v* enfadar; cansar; molestar.
Irk.some /ârc.sôum/ *adj* penoso; enfadonho; incômodo.
Irk.some.ness /ârc.sôumnés/ *s* enfado; tédio; cansaço.
I.ron /ái.rân/ *s* ferro de engomar; ferro; utensílio; *adj* férreo; indômito; *v* passar a ferro; algemar.
I.ron.ic /áiró.nic/ *adj* irônico.
I.ron.mon.ger /ái.rânmângâr/ *s* ferrageiro; sucateiro.
I.ron.mon.ger.y /ái.rânmângâri/ *s* negócio de ferragens ou de quinquilharias.
I.ron.work /ái.rân.uârc/ *s* armação de ferro; ferragem.
I.ron.works /ái.rân.uârc/ *s* fundição; ferraria; forja.
I.ro.ny /ái.roní/ *s* ironia; zombaria; sarcasmo.
Ir.ra.di.ate /irrêi.diêit/ *v* irradiar; iluminar; aclarar.
Ir.ra.di.a.tion /irrêidiêi.xân/ *s* irradiação; propagação; brilho.
Ir.ra.tion.al /irréxânâl/ *adj* irracional; ilógico.
Ir.re.cov.er.a.ble /irricâ.vârâbol/ *adj* irreparável; irremediável.
Ir.re.deem.a.ble /irridi.mâbol/ *adj* irremissível; perpétuo; irresgatável.
Ir.re.duc.i.ble /irridiu.sibol/ *adj* irreduzível; irredutível.
Ir.re.fut.a.ble /irrifiu.tâbol/ *adj* irrefutável; evidente; inegável.
Ir.reg.u.lar /irré.guiulâr/ *adj* irregular; desigual.
Ir.rel.e.vance /irrélivânsi/ *s* irrelevância; impertinência; despropósito; *also* **Irrelevancy**.
Ir.rel.e.vant /irré.livânt/ *adj* impertinente; impróprio.
Ir.re.lig.ion /irrili.djân/ *s* irreligião; descrença.
Ir.re.lig.ious /irrili.djâs/ *adj* irreligioso; descrente.
Ir.re.lig.ious.ness /irrili.djâssnés/ *s* irreligiosidade; descrença.
Ir.re.me.di.a.ble /irrimi.diâbol/ *adj* irremediável; inevitável; incurável.
Ir.re.mov.a.bil.i.ty /irrimuvâbi.liti/ *s* imobilidade; quietude.
Ir.re.mov.a.ble /irrimu.vâbol/ *adj* fixo; irremovível; imutável.
Ir.rep.a.ra.bil.i.ty /irrépârâbi.liti/ *s* irreparabilidade.
Ir.rep.a.ra.ble /irré.pârâbol/ *adj* irremediável; irreparável.
Ir.re.pres.si.ble /irripré.sibol/ *adj* indomável; irreprimível.
Ir.re.proach.a.ble /irriprôu.txâbol/ *adj* irrepreensível; impecável.
Ir.re.sis.ti.ble /irrizist.tibol/ *adj* irresistível.
Ir.res.o.lute /irré.zoliut/ *adj* irresoluto.
Ir.res.o.lute.ness /irré.zoliutnés/ *s* irresolução; hesitação; indecisão.
Ir.re.spon.si.bil.i.ty /irrispónsibi.liti/ *s* irresponsabilidade.
Ir.re.spon.si.ble /irrispón.sibol/ *adj* inconsciente; irresponsável.
Ir.re.spon.sive /irrispón.siv/ *adj* indiscutível; incontestável; irrefutável.
Ir.re.triev.a.ble /irritri.vâbol/ *adj* irremediável; irreparável.
Ir.rev.er.ence /irré.vâréns/ *s* irreverência; desacato; desrespeito.
Ir.rev.er.ent /irré.vârént/ *adj* irreverente.
Ir.re.vers.i.ble /irrivâr.sibol/ *adj* irrevogável.
Ir.rev.o.ca.ble /irré.vocâbol/ *adj* irrevogável.
Ir.ri.gate /i.riguêit/ *v* irrigar; aguar; regar.
Ir.ri.ga.tion /irriguêi.xân/ *s* rega; irrigação.
Ir.ri.ta.bil.i.ty /irritâbi.liti/ *s* irritabilidade.
Ir.ri.ta.ble /irri.tâbol/ *adj* irritável; colérico.
Ir.ri.tant /iritânt/ *adj* estimulante; irritante.
Ir.ri.tate /i.ritêit/ *v* irritar; exacerbar; exasperar.
Ir.ri.ta.tion /irritêi.xân/ *s* irritação.
Is.lam.ic /is.lâmic/ *adj* Islâmico; Islamítico; Maometano.
Is.lam.ism /is.lâmizm/ *s* Islamismo.
Is.land /ái.lând/ *s* ilha.
Isle /áil/ *s* ilhota; ilha.
Is.let /ái.lét/ *s* ilhota; ilhéu.
I.so.late /i.solêit/ *v* isolar; separar.
I.so.la.tion /issolêi.xân/ *s* isolação; isolamento.
Is.ra.el.ite /iz.riéláit/ *s* Israelita; Hebreu; Judeu.
Is.ra.el.it.ish /izriéláitxi/ *adj* Judeu; Judaico; Hebraico; Hebreu.
Is.su.a.ble /i.xuâbol/ *adj* que pode ser emitido; publicável.
Is.sue /i.xu/ *s* emissão de valores; emanação; emissão; expedição; *v* sair; emanar; terminar; emitir; publicar; nascer.
Isth.mus /is.mâs/ *s* istmo.
It /it/ *s* encanto; atrativo; *pron* a; o; ele; ela; isto; isso.
I.tal.ian /ité.liân/ *adj* Italiano.
I.tal.ic /ité.lic/ *s* GRAF itálico; *adj* Itálico; Italiano.
I.tal.i.cize /ité.lissáiz/ *v* grifar; imprimir em itálico.
Itch /itxe/ *s* comichão; prurido; *v* coçar; prurir.
Itch.ing /i.txin/ *s* comichão.
Itch.y /i.txi/ *adj* sarnento.
It.er.ate /i.târêit/ *v* repetir; reiterar.
It.er.a.tion /itârêi.xân/ *s* iteração; repetição.
I.tin.er.acy /áiti.nârânsi/ *s* jornada; viagem.
I.tin.er.an.cy /áiti.nârânsi/ *s* jornada; viagem.
I.tin.er.ant /áiti.nârânt/ *s* errante; ambulante; *adj* errante; itinerante.
Its /íts/ *pron* seu; sua; seus; suas.
It.self /itsélf/ *pron* ele (ela) mesmo; ele (ela) próprio; se; sigo; si mesmo.
I.vo.ry /ái.vori/ *s* marfim; *adj* de marfim.

ABCDEFGHIJKLMNOPQRSTUVWXYZ

J /djêi/ *s* décima letra do alfabeto Português e do alfabeto Inglês.
Jab /dzéb/ *s* estocada; golpe; *v* bater; socar; ferir.
Jab.ber /djé.bâr/ *s* tagarelice; motim; gritaria; *v* tagarelar.
Jack /djéc/ *s* descalçadeira; espeto (para assar); marinheiro; valete (no baralho); lugar (tomada).
Jack.al /djé.cól/ *s* chacal.
Jack-a-napes /djéc.neips/ *s* pessoa presumida ou arrogante.
Jack.ass /djéc.és/ *s* asno; burro; FIG tolo.
Jack.daw /djéc.dó/ *s* gralha (ave).
Jack.et /djé.quét/ *s* jaqueta; blusão.
Jack.ie /djéqui/ *s* marinheiro.
Jac.o.bin /djécâ.bin/ *s* pombo (com penas em forma de capuz).
Jac.o.bin.ism /djécâbinism/ *s* jacobinismo.
Jade /djêid/ *s* jade (pedra verde ou branca); cavalo estropiado; POP mulher feia; *v* cansar; fatigar; desanimar.
Jag /djég/ *s* dente; recorte; carga; bebedeira; entalhe; *v* recortar; entalhar.
Jag.ged.ness /djé.guidnés/ *s* aspereza; irregularidade.
Jail /djêil/ *s* cárcere; prisão; cadeia.
Ja.lop.y /djé.lâp/ *s* POP calhambeque; automóvel antigo (lata velha).
Ja.lou.sie /djé.luzi/ *s* ciúme; persiana.
Jam /djém/ *s* geleia; aperto; apuro; GÍR pechincha. *v* espremer; apinhar; RÁD interferir.
Jamb /djém/ *s* umbral de porta.
Jam.bo.ree /djém.bâri/ *s* congresso de escoteiros.
Jan.gle /djéngol/ *s* sons discordantes; *v* discutir; brigar; disputar.
Jan.gler /djén.glâr/ *s* contendor; tagarela.
Jan.gling /djén.glin/ *s* altercação; discussão; som desagradável.
Jan.i.tor /djénitâr/ *s* bedel; servente.
Jan.u.a.ry /djé.niuéri/ *s* Janeiro.
Ja.pan /djépén/ *s* Japão; japan (goma-laca); verniz do Japão; *v* envernizar; engraxar.
Jap.a.nese /djépâniz/ *s* Japonês; *adj* Japonês; Nipônico.
Jape /djêip/ *s* gracejo; zombaria; *v* gracejar; lograr; iludir.
Jar /djár/ *s* jarro; pote; vibração de um choque súbido; *v* vibrar; tremer.
Jar.gon /djár.gân/ *s* gíria; dito popular.
Jar.ring /djá.rin/ *s* discordância; vibração; rixa; disputa; *adj* discordante.
Jas.mine /djás.min/ *s* jasmim (flor).
Jas.per /djés.pâr/ *s* jaspe (pedra quartzo).
Jaunt /djánt/ *s* excursão; passeio; *v* passear; perambular; vaguear; excursionar.
Jav.a.nese /djávâniz/ *adj* Javanês (de Java).
Jaw /djó/ *s* mandíbula.
Jay /djéi/ *s* USA palerma; simplório; TEATR canastrão.
Jazz /djés/ *s* música e dança improvisadas.
Jeal.ous /djé.lâs/ *adj* ciumento; zeloso; invejoso; desconfiado.
Jeal.ous.ly /djé.lâsi/ *adv* zelosamente; ciosamente.
Jeal.ous.y /djé.lâsi/ *s* ciúme; suspeita; receio.
Jeans /djêins/ *s* calça esporte.
Jeep /djip/ *s* MIL carro (automóvel) especial.
Jeer /djir/ *s* zombaria; escárnio; *v* zombar; escarnecer.
Jeer.er /dji.râr/ *s* zombeteiro; zombador.
Jeez /djiz/ *interj* de Jesus.
Je.hu /dji.hiu/ *s* cocheiro de carruagens.
Je.june /djidjun/ *adj* seco; estéril; árido; desprovido.
Je.june.ness /djidjun.nés/ *s* carência; esterilidade; pobreza.
Jel.ly /djé.li/ *s* geleia.
Jem.my /djé.ni/ *s* pé-de-cabra.
Jen.ny /djé.ni/ *s* torno; máquina (fiar); tacada (bilhar).
Jer.e.mi.ad /djéri.miad/ *s* choradeira.
Jerk /djârc/ *s* safanão; sacudida; POP idiota; caipira; *v* sacudir; arremessar.
Jer.sey /djâr.zi/ *s* bovino (de Jersey); jérsei (tecido).
Jes.sa.mine /djé.sâmin/ *s* jasmim (planta florida).
Jest /djést/ *s* gracejo; zombaria.
Jest.er /djés.târ/ *s* gracejador; bobo; palhaço.
Jes.u.it /djé.ziuit/ *s* Jesuíta.
Jesus /djizâs/ *s* RELIG Jesus.

Jet /djét/ *s* jato; cano de descarga; AER avião a jato; GÍR piloto; *v* fazer saliência; lançar; arrojar.
Jet.ty /djé.ti/ *s* cais; saliência; *adj* cor de azeviche.
Jew /dju/ *s* Judeu, Israelita.
Jew.el /dju.él/ *s* joia; pedra preciosa; prenda; *v* adornar.
Jew.el.er /dju.élâr/ *s* joalheiro.
Jew.el.ry /dju.éri/ *s* pedraria; pedras preciosas; joalheria.
Jew.ess /dju.és/ *s* Judia.
Jew.ish /dju.ish/ *adj* Judaico; Hebraico.
Jew.ry /dju.ri/ *s* bairro de Judeu.
Jif.fy /dji.fi/ *s* POP instante; momento.
Jig.saw /djig.só/ *s* serra de vaivém; quebra-cabeças (brinquedo).
Jill /djil/ *s* namorada; moça; fêmea do Furão.
Jilt /djilt/ *s* alguém que se desfaz do namorado; SCOT mulher jovem leviana; *v* abandonar o namorado.
Jin.go.ism /djingouism/ *s* Jacobinismo.
Jinx /djincs/ *s* indivíduo azarento.
Jit.ney /djitni/ *s* moeda (5 cents); lotação; quantia insignificante.
Jit.ter.bug /djitârbâg/ *s* pessoa que dança grotescamente; pessoa nervosa.
Jo /djôu/ *s* namorado; namorada.
Job /djób/ *s* emprego; serviço; trabalho; ocupação; embuste; lucro; *v* trabalhar de empreitada; fazer bico; agiotar.
Job.ber /djó.bâr/ *s* agiota; revendedor.
Job.bery /djó.bâri/ *s* agiotagem; usura.
Jock.ey /djó.qui/ *s* jóquei; negociante de cavalos; trapaceiro.
Jo.cose /djocôuz/ *adj* jocoso; alegre.
Jog /djóg/ *s* sacudidela; cotovelada; *v* mover-se vagarosamente; tocar de leve.
Jog.gle /djógol/ *s* entalhe (em peças de madeira); *v* sacudir; empurrar.
Join /djóin/ *v* unir; associar; reunir; aderir.
Join.er.y /djói.nâri/ *s* marcenaria.
Joint /djóint/ *s* articulação; nó; união; *v* juntar; ligar; articular; *adj* junto; associado.
Joint.er /djóin.târ/ *s* junteira, instrumento de carpinteiro (plaina).
Joist /djóist/ *s* viga; trave; barrote.
Joke /djôuc/ *s* gracejo; graça; piada; *v* gracejar; pilheriar.
Jok.er /djôu.câr/ *s* gracejador; brincalhão; curinga (cartas).
Jok.ing /djôu.quin/ *s* gracejo; brincadeira; *adj* gracejador; galhofeiro; brincalhão.
Jol.li.ness /djó.linés/ *s* jovialidade; alegria; júbilo.
Jol.ly /djó.li/ *adj* jovial; alegre.
Jol.ly.boat /djó.libôut/ *s* escaler (barco).
Jolt /djôult/ *s* balanço; sacudidela; *v* sacudir; balançar.
Jos.kin /djós.quin/ *s* POP matuto; caipira; comilão.
Jos.tle /djósol/ *v* empurrar; impelir; apertar.
Jot /djót/ *s* jota; ponto; til; *v* anotar; resumir.
Jour.nal /djâr.nâl/ *s* jornal; gazeta; periódico; livro-diário.
Jour.nal.ese /djâr.nâlis/ *s* linguagem jornalística.
Jour.nal.ism /djâr.nâlism/ *s* jornalismo.
Jour.nal.ist /djâr.nâlist/ *s* jornalista.
Jour.nal.ize /djâr.nâláiz/ *v* trabalhar (em jornal); lançar (em diário).
Jour.ney /djâr.ni/ *s* viagem; jornada; caminhada; *v* viajar.
Joust /djâst/ *s* torneio; peleja; justa.
Jowl /djául/ *s* rosto; face; bochecha.
Joy /djói/ *s* prazer; alegria; gozo; *v* alegrar-se; regozijar-se.
Joy.ful.ness /djói.fulnés/ *s* júbilo; contentamento.
Joy.less /djói.lés/ *adj* triste; melancólico.
Joy.less.ness /djói.lésnés/ *s* amargura.
Joy.ous /djói.âs/ *adj* alegre; jubiloso.
Ju.bi.lee /dju.bili/ *s* jubileu.
Ju.da.ism /dju.dêizm/ *s* Judaísmo.
Judge /djâdj/ *s* juiz; árbitro; perito; *v* julgar; distinguir; decidir; sentenciar.
Judge.ship /djâdj.ship/ *s* magistratura; cargo de juiz.
Judg.ment /djâdj.ment/ *s* juízo; sentença judiciária; bom senso; opinião.
Ju.di.ci.a.ry /djudi.xâri/ *s* judiciário; *adj* judiciário.
Ju.di.cious /djudi.xâs/ *adj* sábio; judicioso; sensato; discreto.
Ju.di.cious.ness /djudi.xâsnés/ *s* juízo; prudência; senso.
Jug /djâg/ *s* jarro; cântaro; *v* cozinhar (lebre); cantar (como rouxinol); POP encanar (prender).
Jug.gins /djâ.guins/ *s* POP simplório.
Jug.gle /djâgol/ *s* prestidigitação; *v* enganar; lograr.
Ju.go.slav /iugosláv/ *s* iugoslavo.
Juice /djus/ *s* sumo; suco.
Juic.i.ness /dju.sinés/ *s* suculência.
Juic.y /dju.si/ *adj* suculento; sucoso.
Ju.ly /djulái/ *s* Julho.
Jum.ble /djâmbol/ *s* confusão; baralhada; *v* misturar; confundir; atrapalhar; complicar.
Jum.bo /djâm.bou/ *s* colosso.
Jump /djâmp/ *s* salto; pulo; *v* pular; saltar; levantar.
Jump.er /djâm.pâr/ *s* saltador; vestido comprido; blusa de Esquimó.
Jump.y /djampi/ *adj* nervoso; excitado.
June /djun/ *s* Junho.
Jun.gle /djângol/ *s* selva; mato; floresta.
Jun.ior /dju.niâr/ *s* filho mais moço; estudante de um colégio; BR filho que leva o nome do pai; *adj* novo; júnior; mais moço.
Junk /djânc/ *s* junco (embarcação); sucata.
Jun.ker /djân.câr/ *s* jovem fidalgo (alemão).
Jun.ket /djân.quit/ *s* festa; pic-nic; *v* tomar parte em festejos.
Ju.ris.con.sult /djuriscón.sâlt/ *s* jurista.
Ju.ris.dic.tion /djurisdic.xân/ *s* jurisdição.

Ju.ris.pru.dence /djurispru.déns/ *s* jurisprudência.
Ju.rist /dju.rist/ *s* jurista; advogado.
Ju.ror /dju.râr/ *s* jurado, aquele que prestou juramento.
Ju.ry /dju.ri/ *s* júri.
Ju.ry.man /dju.rimân/ *s* jurado; *examine* ⇒ Venireman.
Just /djâst/ *adj* justo; imparcial; reto; legítimo; *adv* justamente; apenas; exatamente.
Jus.tice /djâs.tis/ *s* justiça; retidão; direito.
Jus.ti.fi.a.ble /djâs.tifáiâbol/ *adj* justificável.
Jus.ti.fi.a.ble.ness /djâs.tifáiâbolnés/ *s* justiça; retidão.
Jus.ti.fi.ca.tion /djâstifiquêi.xân/ *s* justificação; defesa.
Jus.ti.fi.er /djâs.tifáiâr/ *s* justificador.
Jus.ti.fy /djâs.tiái/ *v* justificar; defender; absolver; perdoar.
Jut /djât/ *s* projeção; saliência; *v* projetar-se.
Jute /djut/ *s* juta (planta).
Jut.ting /djâ.tin/ *adj* saliente; proeminente; arqueado.
Ju.ve.nes.cence /djuvené.sens/ *s* rejuvenescimento.
Ju.ve.nes.cent /djuvené.sent/ *adj* rejuvenescente.
Ju.ve.nile /dju.venil/ *s* jovem; mocinho; *adj* juvenil; jovem.
Ju.ve.nil.i.ty /djuveni.liti/ *s* juventude; mocidade; vivacidade.
Jux.ta.pose /djâscs.tâpôuz/ *v* justapor.
Jux.ta.po.si.tion /djâcstâpôzi.xân/ *s* justaposição; superposição.

ABCDEFGHIJKLMNOPQRSTUVWXYZ

K /quêi/ *s* décima-primeira letra do alfabeto Inglês e de outros alfabetos.
Kail.yard /quéi.liârd/ *s* horta (plantação).
Kale /quêil/ *s* repolho; couve; POP dinheiro.
Kan.ga.roo /quéngâru/ *s* canguru (animal).
Kay.ak /caiéc/ *s* caiaque (barco).
Keck /quéc/ *v* enojar-se; repugnar-se; fazer esforço para vomitar.
Keel /quil/ *s* quilha; barco; chata; *v* bater a quilha.
Keel.er /qui.lâr/ *s* caixa rasa; saleiro.
Keel.son /quél.sân/ *s* carlinga.
Keen /quin/ *adj* vivo; agudo; ávido.
Keep /quip/ *s* guarda; manutenção; proteção; *v* guardar; possuir; manter; ter; criar; *past and pp* Kept.
Keep.er /qui.pâr/ *s* guarda; protetor; guardião.
Kef /quéf/ *s* langor; torpor; sonolência.
Keg /quég/ *s* barril; barrica.
Ken /quén/ *s* alcance (da vista ou de conhecimento); *v* reconhecer; ver (ao longe).
Ken.nel /quén.nel/ *s* canil; vala; *v* abrigar-se (em covil ou toca).
Kerb /quérb/ *s* pedra de pavimento; meio fio.
Ker.chief /quértxif/ *s* lenço de cabeça.
Kern /cârn/ *s* caipira; simplório.
Ker.nel /cârnol/ *s* semente; miolo; grão.
Ker.sey.mere /câr.zimir/ *s* casimira.
Key /qui/ *s* chave; teclado; cais; recife; tipo (letra).
Key.board /qui.bôurd/ *s* teclado.
Key.hole /qui.houl/ *s* buraco de fechadura.
Key.stone /qui.stôun/ *s* pedra angular.
Kha.ki /câ.qui/ *s* cáqui, cor de barro.
Kibe /cáib/ *s* frieira.
Kick /quic/ *s* pontapé; coice; crítica; *v* escoicear; dar pontapés; criticar.
Kick.er /qui.câr/ *s* que dá pontapés ou coices.
Kid /quid/ *s* garoto; cabrito, pele ou carne de cabrito; cesta; *v* cobrir-se com pele (de cabritos); POP enganar; iludir; caçoar.
Kid.ding /quid.in/ *adj* bricalhão.
Kid.nap /quid.nép/ *v* raptar; sequestrar.
Kid.ney /qui.dni/ *s* disposição; humor; rim.
Kill /quil/ *s* canal; rio; arroio; *v* matar; executar; assassinar.
Kill.er /qui.lâr/ *s* assassino; matador.
Kiln /quiln/ *s* forno.
Kilt /quilt/ *s* SCOT saiote; *v* franzir; arregaçar.
Kin /quin/ *s* parentesco; *adj* parente.
Kind /cáind/ *s* gênero; espécie; *adj* afável; gentil; amável.
Kin.dle /quindol/ *v* acender; atear; excitar.
Kind.li.ness /cáin.dlinés/ *s* bondade; benevolência.
Kind.ly /cáin.dli/ *adj* benigno; amável; brando; bondoso.
Kind.ness /cáind.nés/ *s* amabilidade; bondade; benevolência.
King /quin/ *s* rei; majestade.
King.dom /quin.dâm/ *s* reino; império.
King.hood /quin.huud/ *s* realeza; soberania.
King.ly /quin.li/ *adj* real.
King.ship /quin.xip/ *s* majestade; realeza.
Kink /quinc/ *s* dobra; prega; tosse violenta; *v* torcer; dobrar; tossir muito.
Kins.folk /quinz.fôuc/ *s* parentesco.
Kin.ship /quin.xip/ *s* parentesco consaguíneo.
Ki.osk /quiâsc/ *s* quiosque; banca de jornal.
Kip /quip/ *s* pele (animal); peso (mil libras).
Kirk /quêrc/ *s* SCOT igreja.
Kiss /quis/ *s* beijo; *v* beijar.
Kiss.ing /qui.sin/ *s* ato de beijar; beijo.
Kit /quit/ *s* balde (para leite); barril (pequeno); ferramenta.
Kitch.en /qui.txen/ *s* cozinha.
Kitch.en.er /qui.txenâr/ *s* chefe (de cozinha); cozinheiro (chefe).
Kitch.en.ette /quitxe.inét/ *s* cozinha com copa (pequena).
Kite /cáit/ *s* milhafre (ave); papagaio de papel (pipa); COM nota promissória (papagaio).
Kith /quith/ *s* relações; amigos.
Kit.ten /quitn/ *s* gatinho.
Kit.ten.ish /quitnitxe/ *adj* travesso; jocoso; brincalhão.
Kit.tle /qui.tol/ *adj* intratável; difícil.
Kit.ty /quiti/ *s* gatinho (na fala de criança).

Knack /néc/ *s* destreza; habilidade; brinquedo.
Knack.er /né.câr/ *s* negociante ou fabricante de brinquedos.
Knag /nég/ *s* nó (de madeira); cavilha.
Knap /nép/ *s* estalido; rangido; *v* estalar; britar.
Knap.sack /nép.sac/ *s* mochila.
Knar /nér/ *s* nó de árvore.
Knave /nêiv/ *s* valete (jogo de cartas); criado; patife.
Knav.er.y /nêi.vâri/ *s* velhacaria; patifaria.
Knav.ish /nêi.vixe/ *adj* velhaco; patife.
Knav.ish.ness /nêi.vixenés/ *s* patifaria; velhacaria.
Knead /nid/ *v* amassar; unir; juntar.
Knead.er /ni.dâr/ *s* amassador; misturador.
Knee /ni/ *s* joelho; curva; **Knee** (ni) *v* ajoelhar; dobrar os joelhos.
Knee.cap /ni.quép/ *s* patela; rótula (do joelho).
Kneed /nid/ *adj* curvado (joelhos).
Kneel /nél/ *v* ajoelhar-se; *past and pp* **Knelt** *or* **Kneeled**.
Knell /nél/ *s* dobre de sinos (o bater); *v* dobrar os sinos.
Knick.er.bock.er /nique.bóquer/ *s* calção apertado (nos joelhos).
Knick.ers /níquers/ *s* calção; calça (de mulher).
Knick-knack /nic.néc/ *s* brinquedo; ninharia; bagatela.
Knife /náif/ *s* faca; navalha; punhal; *v* apunhalar; esfaquear; trair.
Knight /náit/ *s* cavaleiro; cavalo (jogo de xadrez); valete (no baralho).
Knight.hood /náit.hud/ *s* dignidade de cavaleiro; cavalaria.
Knight.ly /nái.tli/ *adv* cavalheiresco.
Knit /nit/ *v* fazer meia ou crochê; fazer renda; unir; enlaçar; *past and pp* **Knit** *or* **Knitted**.
Knit.ting /ni.tin/ *s* união; junção; confecção em meia.
Knob /nób/ *s* côrcova; botão; alça de gaveta (puxador); nó (em madeira).
Knob.bi.ness /nó.binés/ *s* nodosidade; que têm nós.
Knob.by /nó.bi/ *adj* protuberante; cheio de saliências.
Knock /nóc/ *s* pancada; golpe; toque; *v* bater; socar.
Knock.down /nóc.dáun/ *s* ESP soco que faz o adversário cair.
Knock.er /nó.câr/ *s* aquele que bate.
Knoc.kout /nók.óut/ *s* soco que faz o adversário cair.
Knoll /nóul/ *s* colina; morro; cume; dobre de finados; repicar de sino; *v* tinir; retinir.
Knop /nóp/ *s* botão (flor).
Knot /nót/ *s* nó; laço; dificuldade; nó (de madeira); *v* enlaçar; dar nós.
Knot.ti.ness /nó.tinés/ *s* dificuldade.
Knot.ty /nó.ti/ *adj* embaraçoso; difícil.
Know /nôu/ *v* conhecer; distinguir; saber; compreender; reconhecer; *past* **Knew** *and pp* **Known**.
Know.a.ble /nôu.âbol/ *adj* que se pode saber.
Know.er /nôu.âr/ *s* conhecedor; sábio.
Know.ing /nôu.in/ *adj* instruído; hábil; sagaz.
Know.ing.ness /nôu.innés/ *s* sagacidade; esperteza.
Knowl.edge /nó.ledj/ *s* saber; conhecimento; inteligência.
Known /nôun/ *adj* sabido; reconhecido.
Knuck.le /nâcol/ *s* articulação; junta; nó dos dedos; *v* curvar; sujeitar-se.
Knur /nâr/ *s* nó de madeira; tronco.
Knurl /nârl/ *s* protuberância; nó; estria.
Kohl /côul/ *s* pó preto (para pintar os cílios).
Kop.je /có.pi/ *s* outeiro; pequena colina.
Ko.ran /câran/ *s* Alcorão; Corão.
Ko.sher /côu.xâr/ *adj* puro; limpo (segundo a lei dos Judeus).
Ku.dos /quiu.dós/ *s* POP fama; glória; crédito.

ABCDEFGHIJKLMNOPQRSTUVWXYZ

L /él/ *s* décima-segunda letra do alfabeto Português e do alfabeto Inglês.
La /lá/ *s* lá, nota musical.
Laa.ger /lé.gâr/ *v* acampar.
La.bel /lêi.bél/ *s* rótulo; etiqueta; *v* rotular; classificar; etiquetar.
La.bi.al /lêi.biâl/ *s* letra labial; *adj* labial.
La.bor /lêi.bâr/ *s* labor; trabalho; MED dores de parto; *v* trabalhar; labutar; elaborar.
La.bor.er /lêi.barâr/ *s* operário; obreiro; trabalhador.
La.bo.ri.ous /lâbôu.riâs/ *adj* trabalhoso; difícil; penoso; árduo.
La.bour /lâbôur/ *examine* ⇒ **Labor**.
La.bour.er /lêi.barâr/ *examine* ⇒ **Laborer**.
Lab.y.rinth /lé.birinth/ *s* labirinto; dédalo; interior da orelha.
Lace /lêis/ *s* cordão; laço; fita; *v* guarnecer de rendas; atar; bater; enganar.
Lac.er.ate /lé.sârêit/ *v* lacerar; dilacerar; rasgar; *adj* lacerado; dilacerado; rasgado.
Lac.er.a.tion /léssârêi.xân/ *s* laceração; FIG tormento.
Lac.ing /lêi.sin/ *s* laçadura; ato de laçar.
Lack /léc/ *s* falta; ausência; privação; *v* carecer de; necessitar; precisar.
Lack.ey /lé.qui/ *s* lacaio; servidor; *v* servir de lacaio.
Lac.tate /léc.têit/ *v* amamentar; transformar (em leite).
Lac.y /lei.ssi/ *adj* rendado; feito de renda.
Lad /léd/ *s* moço; rapaz.
Lad.der /lé.dâr/ *s* escada de mão; fio corrido em meia.
Lad.die /lé.di/ *s* rapazinho; mocinho.
Lade /lêid/ *s* canal de rio; carga; *v* carregar; deitar fora; vazar; NÁUT entrar água (numa embarcação); *past and pp* **Laden** *or* **Laded**.
Lad.en /lêidn/ *adj* abatido; carregado.
Lad.ing /lêi.din/ *s* carregamento; carga; frete.
La.dle /lêidol/ *s* colher; concha.
La.dy /lêi.di/ *s* senhora; dona de casa; dama; esposa.
La.dy.bird /lêi.dibârd/ *s* joaninha; escaravelho.
La.dy.like /lêi.diláic/ *adj* senhoril; elegante; distinto.
Lag /lég/ *s* atraso; retardamento; *v* andar (vagarosamente); *adj* último; tardio.
Lag.ger /lé.gâr/ *s* retardatário; vagaroso.
La.goon /lâgun/ *s* lagoa; laguna.
La.ic /lêic/ *s* laico; leigo; secular; *adj* laico; leigo; secular.
Laid /lêid/ *adj* posto; estendido; colocado; que tem sulcos.
Lake /lêic/ *s* lago; lagoa; laca; goma-laca.
Lam /lém/ *s* lâmina (de ouro ou de prata); *v* GÍR bater; espancar.
La.ma /lá.mâ/ *s* Lama (sacerdote do Tibete); lama ou lhama (animal quadrúpede).
Lamb /lém/ *s* cordeiro; carne de cordeiro; *v* ação que retrata o parir de uma ovelha.
Lamb.skin /lém.squin/ *s* pele (de cordeiro); pelica.
Lame /lêim/ *adj* coxo; estropiado; imperfeito; *v* estropiar; mancar.
Lam.en.ta.ble /lâmén.tâbol/ *adj* lamentável; deplorável.
Lam.en.ta.tion /lâmentêi.xân/ *s* lamentação; lamento; pranto; queixume.
Lamp /lémp/ *s* lâmpada; lampião; lanterna.
Lam.poon /lémpun/ *s* pasquim (jornal satírico); jornaleco; *v* difamar; satirizar; escrever para pasquins.
Lam.poon.er /lémpu.nâr/ *s* escritor satírico; escritor de pasquins.
Lance /léns/ *s* lança; lanceta; *v* lancetar, ferir com lança.
Land /lénd/ *s* terra; terreno; região; continente; herdade; bens de raiz; *v* desembarcar; aterrizar; aterrar.
Land.ed /lén.did/ *adj* desembarcado.
Land.fall /lénd.fól/ *s* ganho não esperado; aterragem; JUR herança.
Land-holder /lénd.hôuldâr/ *s* proprietário rural (fazendeiro).
Land.ing /lén.din/ *s* desembarque; pouso; aterrizagem.
Land.mark /lénd.márc/ *s* limite; *adj* importantes.
Land.scape /lénd.squêip/ *s* paisagem; painel; panorama.
Lane /lêin/ *s* beco; viela; travessa; passagem.

Lan.guage /lén.güidj/ *s* língua; fala; linguagem; idioma.
Lan.guid /lén.güid/ *adj* lânguido; débil; fraco; desfalecido.
Lan.guid.ness /lén.güidnés/ *s* languidez; abatimento; prostração; cansaço.
Lan.guish /lén.güixe/ *v* desfalecer; consumir-se.
Lank /lénc/ *adj* magro; liso; franzino.
Lank.y /lén.qui/ *adj* frouxo; mole; débil; alto e magrelo.
Lan.tern /lén.târn/ *s* lanterna; farol; claraboia.
Lan.yard /lé.niârd/ *s* passadeira; correia; NÁUT corda (dos escaleres).
Lap /lép/ *s* recobrimento; bainha; dobra; colo; volta completa de uma pista; *v* dobrar; enrolar.
La.pel /lâpél/ *s* lapela.
Lap.pet /lé.pét/ *s* aba; pano; guia; lóbulo da orelha.
Lapse /léps/ *s* lapso; queda; falta de tempo; *v* cair; declinar; escorregar.
Lar.ce.nous /lár.sinâs/ *adj* ladrão.
Lar.ce.ny /lár.sini/ *s* furto.
Lard /lárd/ *s* banha (de porco); toucinho; *v* lardear; engordar; misturar.
Lar.der /lár.dâr/ *s* despensa.
Large /lárdj/ *adj* grande; largo; volumoso; espaçoso.
Large.ness /lár.djnés/ *s* grandeza; tamanho; extensão; liberalidade.
Lar.gess /lár.djés/ *s* dom; dádiva; presente.
Lark /lárc/ *s* calhandra, cotovia; brincadeira; travessura; peça; partida; *v* apanhar calhandras; dizer gracinhas.
Lar.ri.kin /lé.riquin/ *s* desordeiro; malandro de rua; vagabundo; *adj* desordeiro; malandro de rua; vagabundo.
Lar.rup /lé.râp/ *s* pancada; golpe; *v* GÍR espancar; surrar.
Las.civ.i.ous /léssi.viâs/ *adj* lascivo; obsceno.
Las.civ.i.ous.ness /léssi.viâsnés/ *s* lascívia; luxúria.
Laser /lêiza/ *s* lêiser.
Lash /léxe/ *s* látego; mecha; pestana; *v* açoitar; chicotear; satirizar.
Lash.ing /lé.xin/ *s* açoite; chicotada; castigo; amarrilho.
Lass /lés/ *s* moça; aldeã; namorada.
Las.sie /lé.si/ *s* mocinha; garota.
Las.si.tude /lé.sitiud/ *s* lassidão; cansaço; fraqueza.
Las.so /lé.sôu/ *s* laço; *v* laçar; agarrar com o laço.
Last /lést/ *s* o fim; carga; *v* durar; permanecer; *adj* último; passado; *adv* ultimamente; enfim.
Last.ly /lés.tli/ *adv* por fim; finalmente.
Latch /létxe/ *s* trinco; fecho; fechadura; *v* fechar com ferrolho.
Latch.et /lé.txét/ *s* cordão (para sapato ou sandália).
Late /lêit/ *adj* tardio; atrasado; *adv* tarde; fora de hora.
La.teen /lâtin/ *adj* Latino; latina (vela).
Late.ly /lêi.tli/ *adv* recentemente; ultimamente.
Late.ness /lêit.nés/ *s* atraso.
La.tent.ly /lêi.tentli/ *adv* secretamente; ocultamente.
Lat.er /lêi.târ/ *adj* posterior; subsequente; mais tardio; mais tarde; *adv* mais tarde.
Lat.est /lêi.tést/ *adj* o último; o mais recente.
Lath /léth/ *s* ripa; sarrafo; *v* cobrir com sarrafos.
Lat.in /lé.tin/ *s* o latim.
Lat.ish /lêi.tixe/ *adj* um tanto tarde; um pouco tardio.
Lat.ter /lé.târ/ *adj* o último de dois; este; o mais recente.
Lat.ter.ly /lé.târli/ *adv* recentemente; há pouco tempo.
Lat.tice /lé.tis/ *s* janela de grade; gelosia.
Lat.ticed /lé.tist/ *adj* engradado; gradeado.
Laud /lód/ *s* louvor; elogio; *v* louvar; elogiar.
Laugh /léf / *s* riso; risada; gargalhada; escárnio; *v* rir-se.
Laugh.er /lé.fâr/ *s* o que ri; folgazão; brincalhão.
Laugh.ter /léf.târ/ *s* risada; riso.
Launch /lán.txe/ *s* lancha; lançamento de navio (ao mar); *v* lançar à água.
Laun.dress /lón.drés/ *s* lavadeira; lavandeira.
Laun.dry /lón.dri/ *s* lavanderia; lavagem de roupa.
Lau.re.ate /ló.riit/ *v* laurear; aplaudir; festejar; *adj* laureado.
Lau.rel /ló.rél/ *s* loureiro; louro (planta); laurel; triunfo.
Lav.a.to.ry /lé.vâtôuri/ *s* lavatório; pia; banheiro.
Lav.en.der /lé.vendâr/ *s* lavanda.
La.ver /lêi.vâr/ *s* pia; bacia batismal; água do batismo.
Lav.ish /lé.vixe/ *adj* pródigo; esbanjador; *v* prodigalizar; esbanjar; gastar.
Lav.ish.ness /lé.vixnés/ *s* profusão; excesso.
Law /ló/ *s* lei; regra; direito; estatuto; constituição.
Law.ful /ló.ful/ *adj* legal; legítimo; estabelecido por lei.
Law.ful.ness /ló.fulnés/ *s* legitimidade; legalidade.
Law.less /ló.lés/ *adj* ilegal; ilegítimo; não sujeito a leis.
Lawn /lón/ *s* relva; prado; planície; relvado; cambraia de linho.
Law.yer /ló.âr/ *s* advogado; jurisconsulto; legista.
Lax /lécs/ *adj* lasso; frouxo; banho; vago; que tem diarreia.
Lax.i.ty /léc.siti/ *s* lassidão; diarreia.
Lay /lêi/ *s* situação; leito; camada; negócio; canto; balada; *v* pôr; colocar; depositar; estender; apostar; *past and pp* **Laid**; *adj* leigo; secular.
Lay-out /lêi.aut/ *s* plano; esboço; condição.
Laze /lêiz/ *v* viver ociosamente; esbanjar o tempo.
La.zi.ness /lêi.zinés/ *s* preguiça; indolência; ociosidade.
La.zy /lêi.zi/ *adj* preguiçoso; vadio; **Lazy bum:** vagabundo.
Lea /li/ *s* prado; campina; pastagem.

Lead /léd/ *s* chefia; direção; *v* conduzir; comandar; guiar; entrelinhar; chumbar; ser mão (no jogo); *past and pp* Led.
Lead.en /lédn/ *adj* de chumbo; cor (de chumbo).
Lead.er /li.dâr/ *s* condutor; guia; chefe; cavalo dianteiro.
Lead.er.ship /li.dârxip/ *s* direção; chefia; liderança.
Leaf /lif/ *s* folha (planta, livro, etc); *v* cobrir-se de folhas; desfolhar.
League /lig/ *s* liga; aliança; *v* ligar-se; associar-se.
Leak /lic/ *s* fenda; rombo; *v* derramar; gotejar; entrar água (em navio).
Leak.y /li.qui/ *adj* aberto; falador; que faz água.
Leal /lil/ *adj* leal; fiel; verdadeiro.
Lean /lin/ *s* repouso; inclinação; *v* pender; inclinar; firmar; *past and pp* Leant *or* **Leaned** *adj* magro; mesquinho.
Leap /lip/ *s* salto; pulo; **the Leap-year**: o ano bissexto; *v* saltar; pular.
Leap.ing /li.pin/ *s* salto; pulo.
Learn /lârn/ *v* aprender; instruir-se; ouvir dizer; *past and pp* Learnt *or* Learned.
Learn.er /lâr.nâr/ *s* aprendiz; calouro; novato.
Learn.ing /lâr.nin/ *s* ciência; saber; conhecimentos; estudo.
Lease /lis/ *s* arrendamento; escritura de arrendamento; posse; *v* arrendar; alugar.
Leash /lixe/ *s* correia; coleira; *v* atar; ligar; atrelar.
Least /list/ *adj* mínimo; menor; *adv* menos; no menor grau; **at Least**: pelo menos.
Least.ways /list.uêiz/ *adv* pelo menos; contudo.
Leath.er /lé.dhâr/ *s* pele (animal); couro; *v* curtir peles; aplicar couro.
Leath.ern /lé.dhârn/ *adj* de couro; feito de couro.
Leath.er.y /lé.dhâri/ *adj* igual a couro.
Leave /liv/ *s* licença; permissão; autorização; despedida; *v* deixar; abandonar; legar; sair; *past and pp* Left.
Leav.ing /li.vin/ *s* partida; saída.
Lech.er.y /lé.txâri/ *s* luxúria; perversão.
Lec.tion /léc.xân/ *s* lição; leitura.
Lec.ture /léc.txâr/ *s* leitura; lição; sermão; prática; repreensão; *v* que faz preleção; censurar; conferenciar; FAM repreender.
Lec.tur.er /léc.txarâr/ *s* preletor; conferencista.
Ledge /lédj/ *s* borda; filete; recife.
Ledg.er /lé.djâr/ *s* livro-mestre.
Lee /li/ *s* sotavento; abrigo; resguardo; *adj* a sotavento.
Leech /li.txe/ *s* sanguessuga; ventosa; NÁUT beira lateral da vela; *v* tratar; curar.
Leer /lir/ *s* olhar (malicioso de soslaio); *v* olhar de soslaio.
Lees /liz/ *s* fezes; excremento.
Leet /lit/ *s* lista; relação de candidatos (a emprego).
Lee.way /li.uêi/ *s* tempo de reserva; dinheiro (de reserva); deriva; declinação da rota.
Left /léft/ *s* esquerda; o lado esquerdo; *adj* esquerdo.
Left.ward /left.uârds/ *adv* para a esquerda; para o lado esquerdo.
Leg /lég/ *s* perna; pata; pé de mesa; suporte; perna de compasso; cano de bota.
Leg.a.cy /lé.gâssi/ *s* legado; doação; embaixada.
Le.gal /li.gâl/ *adj* legal; legítimo; lícito.
Le.gal.ize /li.gâláiz/ *v* legalizar; autenticar; legitimar.
Leg.ate /lé.guit/ *s* legado; delegado; embaixador; emissário.
Leg.a.tee /légâti/ *s* legatário.
Le.ga.tion /liguêi.xân/ *s* legação; embaixada.
Leg.end /lé.djend/ *s* lenda; legenda; inscrição; rótulo; história.
Leg.en.da.ry /lé.djendéri/ *adj* lendário.
Leg.i.ble /lé.djibol/ *adj* legível.
Le.gion /li.djân/ *s* legião; multidão.
Leg.is.late /lé.djislêit/ *v* legislar; fazer ou decretar (leis).
Leg.is.la.ture /lé.djislêitxâr/ *s* legislatura; mandato de uma assembleia legislativa.
Le.gist /li.djist/ *s* legista.
Le.git.i.ma.cy /lidji.timâssi/ *s* legitimidade.
Le.git.i.mate /lidji.timêit/ *adj* legitimado; legítimo; genuíno.
Le.git.i.ma.tion /lidjitimêi.xân/ *s* legitimação.
Leg.ume /lé.guium/ *s* legume.
Lei.sure /li.jur/ *s* lazer; ócio; descanso.
Lem.on /lé.mân/ *s* limão.
Lem.on.ade /lémânêi.d/ *s* limonada.
Lend /lénd/ *v* emprestar; dar; proporcionar; conceder; *past and pp* Lent.
Lend.ing /lén.din/ *s* empréstimo.
Length /lén.th/ *s* comprimento; extensão; duração; grau de alcance.
Length.en /lén.thn/ *v* alongar; prolongar.
Length.y /lén.thi/ *adj* longo; prolongado; prolixo.
Le.ni.ence /li.niéns/ *s* brandura; doçura.
Le.ni.en.cy /li.niénsi/ *examine* ⇒ Lenience.
Len.i.tive /lé.nitiv/ *s* lenitivo; calmante; laxativo; *adj* lenitivo.
Len.i.ty /lé.niti/ *s* brandura; clemência; indulgência.
Lens /léns/ *s* lente óptica; objetiva; cristalino.
Lent /lént/ *s* quaresma.
Len.til /lén.til/ *s* lentilha .
Le.o.nine /li.onin/ *adj* leonino.
Leop.ard /lé.pârd/ *s* leopardo.
Lep.er /lé.pâr/ *s* leproso; lázaro.
Lep.rous /lé.prôus/ *adj* leproso.
Lep.rous.ness /lé.prôusnés/ *s* estado de leproso; lepra.
Le.sion /li.jân/ *s* lesão; dano; ferida.
Less /lés/ *s* o mais moço; o inferior; *adj* menor; menos; inferior; *prep* menos; *adv* em menor grau.
Less.en /lésn/ *v* diminuir; reduzir; deprimir.
Les.son /lésn/ *s* lição; instrução; ensino; repreensão; censura.

Lest /lést/ *conj* a fim de que não; para que não; com receio que.
Let /lét/ *s* estorvo; obstáculo; impedimento; *v* deixar; permitir; alugar; fretar; POP **to Let rip:** mandar ver; *past and pp* **Let** *or* **Letted**.
Leth.ar.gy /lé.thârdji/ *s* letargia; apatia; indiferença.
Let.ter /lé.târ/ *s* letra; carta; diploma; *v* estampar letras.
Let.ter.head /lé.târhéd/ *s* cabeçalho; papel timbrado.
Let.ter.ing /lé.târin/ *s* título; letreiro; rótulo.
Let.tuce /lé.tis/ *s* alface.
Le.vant /livént/ *v* esconder.
Lev.ee /lé.vi/ *s* dique; represa; recepção governamental.
Lev.el /lévol/ *s* superfície plana; nível; plano; planície; *adj* plano; liso; probo; *v* nivelar.
Lev.el.ler /lévl.lâr/ *s* nivelador; *also* **Leveler**.
Lev.er /lé.vâr/ *s* alavanca; pé de cabra; *v* servir-se de alavanca.
Lev.er.age /lé.vâridj/ *s* força; poder da alavanca; FIG supremacia.
Lev.er.et /lé.vârét/ *s* lebre pequena, mamífero roedor.
Lev.i.tate /lé.vitêit/ *v* suspender; levitar; fazer flutuar ou boiar.
Lev.i.ta.tion /lévitêi.xân/ *s* levitação; suspensão de um corpo.
Lev.i.ty /lé.viti/ *s* leveza; leviandade; inconstância.
Lev.y /lé.vi/ *s* leva de tropas; coleta; cobrança; recrutamento; *v* recrutar; lançar impostos; penhorar.
Lewd /liúd/ *adj* lascivo; perverso.
Lex.i.con /léc.sicón/ *s* léxico; dicionário.
Li.a.bil.i.ty /láiâbi.liti/ *s* perigo; risco; responsabilidade; compromissos; o passivo.
Li.a.ble /lái.âbol/ *adj* sujeito; exposto; responsável; devedor de.
Li.ar /lái.âr/ *s* mentiroso; embusteiro.
Li.bel /lái.bél/ *s* libelo; calúnia; pasquim; difamação; *v* difamar; processar.
Li.ber /lái.bâr/ *s* livro de registro (títulos, hipotecas, etc).
Lib.er.al /li.bârâl/ *adj* liberal; generoso; franco; isento; nobre.
Lib.er.al.i.ty /libâré.liti/ *s* liberalidade; generosidade.
Lib.er.ate /li.bârêit/ *v* libertar; emancipar.
Lib.er.a.tion /libârêi.xân/ *s* libertação; liberdade; soltura.
Lib.er.ty /li.bârti/ *s* liberdade; permissão; licença.
Li.bid.i.nous /libi.dinâs/ *adj* libidinoso; imoral; lascivo.
Li.bra /láibrê/ *s* moeda (de muitos países).
Li.bra.ri.an /laibrarian/ *s* bibliotecário.
Li.bra.ry /lái.brâri/ *s* biblioteca.
Li.brate /lái.brêit/ *v* librar; equilibrar.
Li.bra.tion /láibrêi.xân/ *s* libração; equilíbrio; balanço.
Li.cence /lái.séns/ *s* licença; permissão; privilégio; autorização; desordem; *v* licenciar; autorizar; permitir.
Li.cense /lái.séns/ *examine* ⇒ **Licence**.
Li.cen.tious /láisén.xâs/ *adj* licencioso; libertino.
Li.cen.tious.ness /láisén.xâsnés/ *adj* licenciosidade; devassidão.
Lic.it /li.sit/ *adj* lícito; permitido.
Lick /lic/ *s* lambida; pancada; *v* lamber; derrotar; esmurrar.
Lick.er.ish /li.cârixe/ *adj* delicado; saboroso; voraz; guloso.
Lic.o.rice /li.coris/ *s* alcaçuz (raiz).
Lid /lid/ *s* tampa; cobertura; pálpebra.
Lid.less /li.dlés/ *adj* destampado; com as pálpebras abertas.
Lie /lái/ *s* mentira; fábula; ficção; *v* mentir; deitarse; furtar; suspender; jazer; *past* **lay** *and pp* **Lain**.
Lief /lif/ *adj* querido; caro; amado; *adv* de bom grado.
Liege /lidj/ *s* feudatário; vassalo; súdito; *adj* feudatário.
Liege.man /lidj.mân/ *examine* ⇒ **Liege**.
Lien /li.en/ *s* hipoteca; direito de retenção; penhora.
Lieu /liú/ *s* lugar.
Lieu.ten.ant /liuté.nânt/ *s* o posto de lugar-tenente; capitão-tenente.
Life /láif/ *s* vida; duração; existência; ser; biografia; ardor; movimento.
Life.less /láif.lés/ *adj* morto; inanimado; sem vida.
Life.like /láif.láic/ *adj* natural; como a vida; semelhante.
Life.long /láif.lón/ *adj* que dura toda a vida; vitalício.
Lif.er /lái.fâr/ *v* condenado a prisão perpétua.
Life.time /láif.tâim/ *s* duração da vida; existência.
Lift /lift/ *s* elevador; levantamento; (carona); USA **Elevator**; *v* levantar-se; içar; erguer-se.
Lift.er /lif.târ/ *s* o que levanta; suspende; alça; ladrão.
Light /láit/ *s* luz; claridade; clarão; inteligência; aurora; dia; percepção; *v* acender; iluminar; pousar; *past and pp* **Lit** *or* **Lighted**; *adj* claro; brilhante; leve.
Light.en /láitn/ *v* alumiar; esclarecer; relampejar.
Light.er /lái.târ/ *s* acendedor; fragata; isqueiro.
Light.ly /lái.tli/ *adv* ligeiramente; levemente; sem razão.
Light.ness /láit.nés/ *s* ligeireza; agilidade; leviandade.
Light.ning /láit.nin/ *s* iluminação; relâmpago; centelha.
Like /láic/ *adj* semelhante; análogo; parecido; igual; *v* gostar de; achar bom; querer; *adv* como; do mesmo modo.
Like.li.hood /lái.cli.hud/ *s* semelhança; probabilidade.
Like.ly /lái.cli/ *adj* agradável; idôneo; provável; verossímil; *adv* provavelmente.

Lik.en /láicn/ *v* assemelhar; comparar.
Like.ness /láic.nés/ *s* semelhança; aparência; aspecto; ar; retrato.
Like.wise /láic.uáiz/ *adv* da mesma forma; do mesmo modo; também.
Li.lac /lái.lâc/ *s* lilás (cor).
Lil.y /li.li/ *s* lírio (planta com flores); *adj* branco (como o lírio).
Limb /lim/ *s* membro (humano ou de animal); galho de árvore; saliência.
Lim.ber /lim.bâr/ *v* engatar; *adj* macio; brando; flexível.
Limber.ness /lim.bârnés/ *s* fragilidade; flexibilidade; condescendência.
Lime /láim/ *s* cal; lodo; limo (fruta); *v* caiar; cobrir de visco; apanhar com laço.
Lim.it.a.ble /li.mitâbol/ *adj* limitável; restringível.
Lim.it.less /li.mitlés/ *adj* ilimitado; indefinido.
Limp /limp/ *s* coxeadura; manqueira; *v* coxear; mancar; *adj* mole, brando.
Limp.er /lim.pâr/ *s* coxo; manco.
Lim.pid.i.ty /limpi.diti/ *s* limpidez; clareza; transparência.
Limp.ness /limp.nés/ *s* debilidade; fraqueza.
Line /láin/ *s* linha; traço; cabo; contorno; linha de navegação; frota mercante; *v* forrar; guarnecer; alinhar.
Lin.e.age /li.niidj/ *s* linhagem; estirpe; raça.
Lin.e.a.ment /li.niâmént/ *s* lineamento; feição; traço.
Line.man /láin.mân/ *s* guarda-linha telegráfico; ESP juiz de linha.
Lin.er /lái.nâr/ *s* forro; aeronave (navio ou avião de navegação ou uma linha aérea); camisa de cilindro.
Lines.man /láins.mân/ *s* ESP árbitro (de futebol); árbitro de linha (diversos esportes); bandeirinha.
Ling /lin/ *s* urze (peixe igual ao bacalhau).
Lin.ger /lin.gâr/ *v* demorar; tardar; dilatar.
Lin.ge.rie /lénjâri/ *s* lingerie (roupa íntima).
Lin.go /lin.gôu/ *s* gíria; calão; algaravia.
Lin.gual /lin.guâl/ *s* som lingual; *adj* lingual.
Lin.guist /lin.güist/ *s* poliglota; linguísta.
Lin.i.ment /li.nimént/ *s* linimento (óleo para massagens).
Link /linc/ *s* elo; archote; ligação; *v* ligar; encadear; unir.
Links /lincs/ *s* terreno arenoso; campo de golfe.
Lin.net /lin.net/ *s* pintarroxo (pássaro).
Lin.seed /lin.sid/ *s* linhaça (semente).
Li.on /lái.ân/ *s* leão; celebridade; herói.
Li.on.ize /lai.ânáiz/ *v* celebrizar.
Lip /lip/ *s* beiço; lábio; bordo; extremidade; *v* beijar; balbuciar; tocar com os lábios.
Lip.stick /lip.stic/ *s* batom (cosmético).
Liq.ue.fy /li.qüifái/ *v* liquidificar; derreter.
Li.queur /licâr/ *s* licor; cordial.
Liq.ui.date /li.cuidêit/ *v* liquidar; regularizar; saldar.
Liq.ui.da.tion /licuidêi.xân/ *s* liquidação de estoque.
Liq.uor /li.câr/ *s* bebida alcoólica; licor; *v* umedecer; untar; banhar.
Lisp /lisp/ *s* cicio; murmúrio; *v* ciciar; murmurar; balbuciar.
Lisp.er /lis.pâr/ *s* cicioso.
List /list/ *s* lista; rol; relação; arena; nomenclatura; desejo; filete; moldura; *v* alistar; orlar; listrar; catalogar.
Lis.ten /lisn/ *v* escutar; atender.
Lis.ten.er /lis.nâr/ *s* ouvinte; espião.
List.less /list.lés/ *adj* negligente; descuidado; indiferente.
Li.ter /li.târ/ *s* litro (medida de capacidade).
Lit.er.al.ly /li.terâli/ *adv* literalmente (letra por letra).
Lit.er.a.ry /li.terâri/ *adj* literário; dado à leitura.
Lit.er.a.ture /li.târâtxur/ *s* literatura; obras literárias; erudição.
Lithe /láidh/ *adj* brando; flexível.
Lithe.some /lái.dhsâm/ *adj* flexível; brando.
Lit.i.gant /li.tigânt/ *s* litigante; *adj* litigante.
Lit.i.gate /li.tiguêit/ *v* pleitear; contestar; demandar.
Li.tig.ious /liti.djâs/ *adj* litigioso; trapaceiro.
Lit.ter /li.târ/ *s* liteira; ninhada; confusão; lixo; resto; *v* ato de parir (animal).
Lit.tle /litol/ *s* pouca coisa; *adj* pouco; limitado; pequeno; breve; *adv* escassamente.
Lit.tle.ness /litol.nés/ *s* insignificância; pequenez; ninharia.
Liv.a.ble /li.vâbol/ *adj* habitável; tolerável.
Live /liv/ *v* morar; habitar; viver; *adj* vivo; ardente; eficaz; efetivo.
Lived /livd/ *adj* de vida elevada; de alto tom ou classe.
Live.li.hood /lái.vlihud/ *s* meio de vida; subsistência; sustento.
Live.li.ness /lái.vlinés/ *s* vivacidade; ânimo; disposição.
Live.ly /lái.vli/ *adj* vivo; animado; espirituoso; vigoroso; enérgico; galhardo; *adv* vivamente; vigorosamente.
Liv.er /li.vâr/ *s* fígado.
Liv.er.y /li.vâri/ *s* libré; ração de cavalo; posse; investidura.
Liv.id /li.vid/ *adj* lívido; pálido.
Liv.ing /li.vin/ *s* modo de vida; subsistência; sala de estar; *adj* vivo; vivificante; evidente; manifesto.
Liz.ard /li.zârd/ *s* lagarto; lagartixa; camaleão.
Load /lôud/ *s* carga; *v* carregar (veículos ou arma).
Load.ing /lôu.din/ *s* carga.
Load.stone /lôu.dstôun/ *s* pedra-ímã; magnetita.
Loaf /lôuf/ *s* filão de pão; vadiação; *v* vadiar.
Loaf.er /lôu.fâr/ *s* preguiçoso; malandro; *examine* ⇒ Bum.

Loan /lôun/ *s* empréstimo (valor ou o objeto); *v* emprestar (soma em dinheiro, etc.).
Loath /lôuth/ *adj* contrário; de má vontade.
Loathe /lôuth/ *v* detestar; odiar.
Loath.ly /lôu.thli/ *adj* detestável; repulsivo; *adv* contra vontade.
Loath.some /lôu.tsâm/ *adj* repugnante; asquerosos; aborrecível.
Lob.by /ló.bi/ *s* vestíbulo; corredor; o que exerce influência no congresso (na votação).
Lobe /lôub/ *s* lobo ou lóbulo.
Lob.ster /ló.bstâr/ *s* lagosta.
Lo.cal.i.ty /lóque.liti/ *s* localidade, lugar determinado.
Lo.cal.ize /lôu.caláiz/ *v* localizar, determinar o local de; limitar.
Lo.cate /lôu.quêit/ *v* colocar; designar o lugar de; situar; estabelecer.
Lo.ca.tion /lôuquêi.xân/ *s* colocação; situação; sítio; localidade; arrendamento.
Lock /lóc/ *s* fechadura; fecho; cadeado; comporta; cerca; *v* fechar a chave; trancar.
Lock.age /ló.quidj/ *s* comporta; taxa de eclusa; eclusa.
Lock.et /ló.quit/ *s* medalhão; broche.
Lock-out /ló.cáut/ *s* greve dos empregadores; fechamento de fábrica.
Lock.smith /lóc.smith/ *s* serralheiro.
Lo.co.mo.tion /locomôu.xân/ *s* locomoção.
Lo.cust /lôu.câst/ *s* locusta; gafanhoto.
Lo.cu.tion /loquiu.xân/ *s* locução; frase.
Lode /lód/ *s* filão; veio.
Lode.star /lôu.dstâr/ *s* a estrela polar; estrela-guia.
Lodge /lódj/ *s* loja; casa pequena; cubículo; covil; *v* alojar; hospedar; fixar; depositar; depor.
Lodge.ment /ló.djment/ *s* depósito bancário; alojamento.
Lodg.er /ló.djâr/ *s* hóspede; inquilino.
Loft /lóft/ *s* sótão; celeiro; pombal; galeria superior.
Loft.i.ness /ló.ftinés/ *s* elevação; altura; altivez; orgulho; majestade.
Loft.y /ló.fti/ *adj* elevado; alto; sublime; excelso.
Log /lóg/ *s* acha de lenha; barrote; trave.
Log.ger.head /ló.gâr.héd/ *s* tonto; imbecil; grande tartaruga marinha.
Log.ic /ló.djic/ *s* lógica; raciocínio; método; coerência.
Log.i.cal /ló.djicâl/ *adj* lógico; coerente.
Lo.gis.tic /lodjis.tic/ *s* logística; *adj* logístico.
Loin /lóin/ *s* lombo; quadril; filé; loro; correia; rins.
Loi.ter /lói.târ/ *v* demorar-se; tardar.
Loi.ter.er /lói.târâr/ *s* ocioso; vagabundo; vadio.
Loll /lól/ *v* recostar-se; refestelar-se; espreguiçarse; mostrar a língua.
Loll.er /ló.lâr/ *s* preguiçoso; indolente; ocioso.
Lol.li.pop /ló.lipóp/ *s* pirulito; caramelo.
Lone /lôun/ *adj* solitário; só; sozinho; solteiro.
Lone.li.ness /lôun.linés/ *s* solidão; isolamento.
Lone.ly /lôun.li/ *adj* solitário; só; deserto.
Lone.some /lôun.sâm/ *adj* solitário; só; isolado; triste.
Long /lón/ *s* longitude; *v* cobiçar; ansiar por; querer muito; *adj* longo; comprido, vagaroso; aflito; *adv* longamente; demoradamente.
Long.boat /lón.bôut/ *s* lancha.
Lon.gev.i.ty /lóndjé.viti/ *s* longevidade.
Long.hand /lón.hénd/ *s* escrita por extenso; escrita comum.
Long.ing /lón.nin/ *s* anseio; anelo; desejo ardente.
Long.ways /lón.uêiz/ *adv* longitudinalmente; *also* Longwise.
Loo.by /lu.bi/ *s* POP tolo; néscio.
Look /luc/ *s* olhar; espiada; fisionomia; *v* olhar; observar; contemplar; parecer; considerar; ver; **to Look about for:** procurar; **to Look after:** cuidar de; **to Look for;** procurar; **to Look into:** informar-se de; **to Look like:** parecer-se; **to Look ower:** examinar.
Loom /lum/ *s* tear; braço do remo; presença; miragem; *v* aparecer; reluzir.
Loom.ing /lu.min/ *s* miragem; visão.
Loon /lun/ *s* tratante; enganador.
Loon.y /lu.ni/ *s* POP bobo; tolo; paspalhão.
Loop /lup/ *s* presilha; alça; alarmar; *v* pôr presilha; fazer voltas.
Loose /lus/ *v* soltar; desatar; aliviar; afrouxar; *adj* solto; destacado; frouxo; móvel desocupado.
Loos.en /lusn/ *v* desprender; soltar; afroxar.
Loot /lut/ *s* saque; pilhagem; *v* saquear; pilhar.
Lop /lóp/ *s* ramos; galhos; *v* podar; desbastar; desgalhar.
Lope /lôup/ *s* trote largo; *v* galopar; saltar; pular.
Lo.qua.cious /locuêi.xâs/ *adj* loquaz; palrador; conversador.
Lord /lórd/ *s* lorde; senhor; Deus; *v* governar; mandar; dominar.
Lord.li.ness /lór.dlinés/ *s* grandeza; dignidade; altivez; orgulho.
Lord.ly /lór.dli/ *adj* altivo; fidalgo; orgulhoso.
Lore /lór/ *s* ciência; saber; erudição; doutrina.
Lorn /lórn/ *adj* sem parentes; sem amigos; abandonado.
Lor.ry /ló.ri/ *s* caminhão de carga; *also* Truck.
Lo.ry /ló.ri/ *s* arara (ave).
Lose /luz/ *v* perder; arruinar; desperdiçar; *past and pp* Lost.
Loss /lós/ *s* perda; dano; quebra; desperdício.
Lost /lóst/ *adj* desaparecido; perdido.
Lot /lót/ *s* lote; fortuna; ventura; grande porção; *v* lotear; repartir.
Lo.tion /lôu.xân/ *s* loção; liquido medicinal.
Lo.tus /lôu.tâs/ *s* lótus; loto (planta).
Loud /láud/ *adj* ruidoso; barulhento; escandaloso; *adv* ruidosamente.
Loud.ness /láud.nés/ *s* ruído; barulho; sonoridade.
Lounge /láun.dj/ *s* ociosidade; vadiagem; sofá; *v* vaguear; vadiar.

Louse /láus/ *s* piolho.
Lousy /láusi/ *adj* ruim.
Lout /láut/ *s* estúpido; bruto; estúpido.
Lout.ish /láu.tixe/ *adj* rústico; grosseiro.
Lov.a.ble /lâ.vâbol/ *adj* amável.
Love /lâv/ *s* amor; afeição; amizade; galanteio; pessoa amada; *v* amar; gostar; adorar.
Love.bird /lâv.bârd/ *s* periquito (ave).
Love.less /lâv.lés/ *adj* sem amor.
Love.li.ness /lâ.vlinés/ *s* amabilidade; encanto; beleza.
Love.ly /lâ.vli/ *adj* amável; agradável; simpático; fascinante.
Lov.er /lâ.vâr/ *s* amante; namorado.
Love.some /lâ.vârsâm/ *adj* simpático; atraente.
Lov.ing /lâvin/ *adj* afetuoso; amoroso; terno.
Low /lôu/ *s* balido; mugido; *v* deprimir; abaixar; balir; mugir; *adj* baixo; pequeno; fraco; humilde; moderado; servil; submisso; *adv* baixo; profundamente; vulgarmente.
Low.er /lôu.âr/ *adj* inferior; mais baixo; *v* baixar; abaixar; diminuir; escurecer; ameaçar tempestade.
Low.li.ness /lôu.linés/ *s* baixeza; vileza; humildade.
Low.ly /lôu.li/ *adj* baixo; vil; humilde; *adv* humildemente; modestamente.
Loy.al /ló.iâl/ *adj* leal; fiel; sincero.
Loy.al.ty /ló.iâlti/ *s* lealdade; fidelidade; sinceridade.
Lub.ber /lâ.bâr/ *s* desastrado; desajeitado.
Lub.ber.ly /lâ.bârli/ *adj* rústico; vadio; *adv* desastradamente.
Lu.bri.cant /liu.bricânt/ *s* lubrificante; *adj* lubrificante.
Lu.bri.cate /liu.briquêit/ *v* lubrificar; azeitar; amaciar.
Lu.cent /liu.sent/ *adj* luzente; brilhante.
Lu.cid /liu.sid/ *adj* lúcido; brilhante; transparente.
Lu.cid.ness /liu.sidnés/ *s* lucidez; claridade; clareza.
Luck /lâc/ *s* fortuna; acaso; sorte; ventura.
Luck.i.ness /lâc.nés/ *s* felicidade; boa sorte.
Luck.less /lâc.lés/ *adj* sem sorte.
Luck.y /lâ.qui/ *adj* sortudo; propício; afortunado; venturoso.
Lu.cu.brate /liu.quiubrêit/ *v* lucubrar.
Lu.cu.bra.tion /liuquiubrêi.xân/ *s* lucubração; cogitação profunda.
Lu.di.crous /liu.dicrâs/ *adj* burlesco; cômico; ridículo.
Lu.di.crous.ness /liu.dicrâsnés/ *s* jocosidade; extravagância.
Luff /lâf/ *s* barlavento; *v* pôr em direção ao vento.
Lug /lâg/ *s* orelha; alça; asa; *v* arrastar; içar; puxar.
Lug.gage /lâ.guidj/ *s* bagagem; *also* Baggage.
Lu.gu.bri.ous /luguiu.briâs/ *adj* lúgubre; triste; funerário.
Luke.warm /lu.cuórm/ *adj* morno; tépido; FIG insensível; indiferente; frio.
Luke.warm.ness /lu.cuórmnés/ *s* mornidão; indiferença; apatia.
Lull /lâl/ *s* calmaria; murmúrio; *v* embalar; acalmar; adormecer.
Lull.a.by /lâ.lâbâi/ *s* canção de ninar; arrulho.
Lum.bar /lâm.bâr/ *adj* lombar; dorsal.
Lum.ber /lâm.bâr/ *s* madeira; madeiramento; trastes; *v* amontoar ou cortar madeira; marchar pesadamente.
Lum.ber.man /lâm.bârmân/ *s* madeireiro.
Lu.mi.na.ry /liu.minâri/ *s* luminar; astro; corpo luminoso.
Lump /lâmp/ *s* massa; protuberância; bocado; *v* amontoar; aglomerar-se.
Lump.ish /lâm.pixe/ *adj* pesado; grosseiro; estúpido.
Lump.ish.ness /lâm.pixenés/ *s* grosseria; estupidez; brutalidade.
Lump.y /lâm.pi/ *adj* grumoso; granuloso.
Lu.na.cy /liu.nâssi/ *s* loucura; demência; insânia.
Lu.nate /liu.nit/ *adj* em forma de meia-lua ou crescente.
Lu.na.tic /liu.nâtic/ *s* lunático; alienado; *adj* lunático; alienado.
Lunch /lântxe/ *s* almoço; fazer merenda; *v* almoçar; merendar.
Lune /liun/ *s* a lua; mania.
Lung /lân/ *s* pulmão.
Lunge /lândj/ *s* investida; bote; investida; *v* dar botes; investir.
Lu.pin /liu.pin/ *s* tremoço (grão); *also* Lupine.
Lurch /lârtxe/ *s* desamparo; abandono; *v* iludir; emboscar-se.
Lure /liur/ *s* engodo; isca; armadilha; *v* engodar; atrair.
Lu.rid /liu.rid/ *adj* lúgubre; sombrio; fúnebre.
Lurk /lârc/ *v* emboscar-se; iludir.
Lush /lâxe/ *adj* suculento; viçoso.
Lust /lâst/ *s* desejo ardente; cobiça; luxúria; *v* cobiçar; desejar.
Lus.ter /lâs.târ/ *s* brilho; fulgor; candelabro.
Lus.tful /lâst.ful/ *adj* cobiçoso; sensual; devasso.
Lus.trous /lâs.trâs/ *adj* lustroso; brilhante.
Lust.y /lâs.ti/ *adj* forte; robusto; abundante.
Lute /liut/ *s* alaúde; *v* vedar com luto; tocar alaúde.
Lux.ate /lâc.sêit/ *v* deslocar; desconjuntar.
Lux.a.tion /lâcsêi.xân/ *s* luxação; deslocamento.
Luxe /lucs/ *s* luxo; ostentação.
Lux.u.ri.ous /lâgju.riâs/ *adj* luxurioso; exuberante; voluptuoso.
Lux.u.ry /lâc.xuri/ *s* luxo; suntuosidade; luxúria; prazer.
Ly.ce.um /láissi.âm/ *s* liceu.
Ly.ing /lái.in/ *s* mentira; engano; *adj* falso; mentiroso.
Lynch /lintxe/ *v* linchar.
Lynx /lincs/ *s* lince (animal felino).
Lyre /láir/ *s* MÚS lira (instrumento).
Lyr.ic /li.ric/ *s* poema lírico; canção lírica; *adj* lírico.

ABCDEFGHIJKLMNOPQRSTUVWXYZ

M /ém/ *s* décima-terceira letra do alfabeto Português e do alfabeto Inglês.
Ma'am /mém/ *s* contração de **Madam**: ⇒ minha senhora.
Mac.a.ro.ni /mécârôu.nic/ *s* macarrão.
Ma.caw /mâkó/ *s* arara.
Mace /mêis/ *s* maça; clava.
Mach.i.nate /mé.quinêit/ *v* maquinar; forjar.
Ma.chine /mâxin/ *s* máquina; engenho; Machine-gun: metralhadora; *v* trabalhar com máquinas.
Ma.chin.ist /mâxi.nist/ *s* mecânico.
Mack.in.tosh /mé.quintóxe/ *s* capa impermeável; casaco impermeável.
Mac.u.late /mé.quiulêit/ *v* macular; *adj* manchado.
Mad /méd/ *adj* louco; doido; raivoso.
Mad.am /médam/ *s* senhora.
Mad.cap /méd.quép/ *s* maluco; *adj* maluco.
Mad.den /médn/ *v* enlouquecer; enfurecer; encolerizar.
Made /mêid/ *adj* feito; fabricado.
Madly /mé.dli/ *adv* loucamente; furiosamente.
Mad.man /méd.mân/ *s* louco; doido; maníaco.
Mad.ness /méd.nés/ *s* loucura; raiva; fúria.
Mag /még/ *s* POP meio pêni (moeda).
Mag.a.zine /mégâzin/ *s* revista; magazine.
Mage /mêidj/ *s* mágico.
Mag.got /mé.gât/ *s* capricho; fantasia; larva.
Mag.ic /mêi.djic/ *s* magia; mago; mágica; *adj* mágico; feiticeiro.
Mag.is.trate /mé.djistrit/ *s* magistrado.
Mag.na.nim.i.ty /mégnéni.miti/ *s* magnanimidade; nobreza; generosidade.
Mag.nate /még.nêit/ *s* magnata.
Mag.net /még.nit/ *s* ímã; magneto.
Mag.ni.fi.ca.tion /mégnifiquêi.xân/ *s* ampliação; aumento; elevação.
Mag.nif.i.cence /méni.fisséns/ *s* magnificência; grandeza; suntuosidade.
Mag.ni.fi.er /még.nifáiâr/ *s* ampliador; lente de aumento.
Mag.ni.fy /még.nifái/ *v* aumentar; ampliar; engrandecer.
Ma.hog.a.ny /má.hó.gâni/ *s* mogno (madeira).
Maid /mêid/ *s* donzela; moça; criada.
Maid.en.hood /mêidn.hud/ *s* virgindade; pureza.
Maid.en.ly /mêidn.li/ *adj* virginal; puro; modesto; *adv* virginalmente.
Mail /mêil/ *s* mala postal; correio; correspondência; cota de malha; *v* enviar; remeter (via mala postal).
Mail.bag /mêil.bég/ *s* mala postal; mala (correio).
Mail.box /mêil.bócs/ *s* caixa do correio.
Mail.man /mêil.mân/ *s* carteiro; *examine* ⇒ Postman.
Maim /mêim/ *s* mutilação; ferida; *v* mutilar; cortar.
Main /mên/ *s* força; essencial; *adj* principal; essencial.
Main.land /mêin.lénd/ *s* continente; terra firme.
Main.ly /mêin.li/ *adv* principalmente; fortemente.
Main.tain /mêitêin/ *v* manter; sustentar.
Maize /mê.iz/ *s* milho.
Ma.jes.tic /mâdjés.tic/ *adj* majestoso; sublime.
Maj.es.ty /mé.djesti/ *s* majestade; grandeza.
Ma.jor /mêi.djâr/ *s* major; maioria; *adj* maior; principal.
Ma.jor.i.ty /mâdjó.riti/ *s* maioridade; maioria absoluta.
Make /mêic/ *s* forma; feitio; estrutura; *v* fazer; fabricar; somar; construir; causar; *past and pp* Made.
Make-believe /méic.biliv/ *s* embuste; pretexto; ficção; *adj* falso; imaginário.
Mak.er /mêi.câr/ *s* autor; fabricante; criador.
Make.shift /mêic.xift/ *s* substituto; *adj* temporário.
Make-up /mêi.câp/ *s* composição; TEATR TV caracterização; maquilagem; TIP composição.
Make.weight /mêi.cuêit/ *s* contrapeso.
Mak.ing /mêi.quin/ *s* manufatura; trabalho; fabrico; composição.
Mal.a.droit /méládróit/ *adj* desastrado; inábil.
Mal.con.tent /mél.cântént/ *s* descontente; insatisfeito; *adj* descontente; insatisfeito.
Male /mêil/ *s* macho; varão; *adj* masculino; varonil.
Mal.e.dic.tion /mélidic.xân/ *s* maldição; praga; execração.
Mal.e.fac.tor /méliféc.târ/ *s* malfeitor; desordeiro; criminoso.

Ma.lef.i.cent /mâlé.fissént/ *adj* maléfico.
Ma.lev.o.lence /mâlé.voléns/ *s* aversão; malevolência; ódio.
Mal.fea.sance /mélfi.zâns/ *s* malvadeza; malignidade.
Mal.ice /mê.lis/ *s* malícia; maldade; JUR má fé; dolo.
Ma.li.cious /mâli.xâs/ *adj* malicioso; maldoso; velhaco.
Malign /mâláin/ *v* difamar; *adj* maligno; daninho.
Ma.lig.ni.ty /mâlig.niti/ *s* malignidade; maldade; malícia.
Ma.lin.ger /mâlin.gâr/ *v* fingir-se doente.
Ma.lin.ger.er /mâlin.gârâr/ *s* falso doente.
Mall /mól/ *s* centro comercial; *examine* ⇒ Shopping Centre.
Mal.lard /mé.lârd/ *s* pato (ave).
Mal.le.a.ble /mé.liâbol/ *adj* maleável; dúctil; flexível.
Mal.let /mé.lit/ *s* malho; maço; malhete.
Mal.low /mé.lôu/ *s* malva (planta).
Mal.o.dor.ous /mélôu.dârâs/ *adj* mal cheiroso; fétido; desagradável.
Mal.prac.tice /mélpréc.tis/ *s* abuso.
Malt /mólt/ *s* malte.
Mal.treat /méltrit/ *v* maltratar; brutalizar.
Mal.treat.ment /méltrit.ment/ *s* maltrato.
Mal.ver.sa.tion /mélvârsêi.xân/ *s* prevaricação; má conduta; malversação.
Ma.ma /mâ.ma/ *s* mamãe; mãe; glândula mamária (mama).
Mam.mal /mé.mâl/ *s* mamífero.
Mam.my /mé.mi/ *s* mamãe.
Man /mân/ *s* homem; a humanidade; *v* tripular; equipar.
Man.a.cle /mé.nâcol/ *v* algemar.
Man.age /mé.nidj/ *v* gerir; controlar.
Man.ag.er /mé.nidjâr/ *s* diretor; gerente; administrador; regente; ESP técnico.
Man.da.to.ry /mén.dâtôuri/ *s* mandatário; *adj* obrigatório.
Man.di.ble /mén.dibol/ *s* mandíbula.
Man.drel /mén.drâl/ *s* MEC mandril; eixo; (cabo de torno mecânico).
Man.drill /ménd.ril/ *s* mandril (um babuíno grande).
Mane /mêin/ *s* juba; crina.
Man.ful /mân.ful/ *adj* viril; robusto; varonil.
Mange /mêindj/ *s* rabugem (sarna).
Man.ger /mén.djâr/ *s* manjedoura.
Man.go /mén.gôu/ *s* manga (fruta).
Man.hood /mân.hud/ *s* natureza humana; humanidade; vigor; virilidade.
Man.i.fest /mé.nifést/ *s* manifesto; *v* manifestar; demonstrar; patentear; evidenciar; *adj* manifesto; evidente.
Man.i.fest.ly /mé.niféstli/ *adv* manifestamente; claramente.
Man.i.fold /mé.nifôuld/ *s* cópia; agregado; *adj* múltiplos; diversos.
Man.i.kin /mé.niquin/ *s* manequim; boneco.
Ma.nip.u.late /mâni.piulêit/ *v* manipular; preparar; manejar.
Man.kind /mân.cáind/ *s* humanidade.
Man.ly /mân.li/ *adj* varonil; corajoso.
Man.ner /mé.nâr/ *s* maneira; modo; espécie.
Man.ner.ly /mé.nârli/ *adj* delicado; cortês; *adv* cortesmente.
Man.nish /mé.nixe/ *adj* masculino; viril.
Man.sion /mén.xân/ *s* mansão; morada.
Man.tle /méntol/ *s* manto; camada externa; capa; *v* cobrir; tapar; disfarçar.
Man.u.fac.to.ry /mé.niuféc.tori/ *s* fábrica; oficina; manufatura.
Man.u.fac.ture /méniuféc.txur/ *s* manufatura; indústria; *v* manufaturar; fabricar.
Ma.nure /mâniur/ *s* adubo; estrume; *v* adubar; estercar; fertilizar.
Man.y /mé.ni/ *s* multidão; povo; grande número; *adj* muitos; muitas; diversos.
Map /mép/ *s* mapa; carta geográfica; *v* traçar; delinear.
Mar /már/ *s* mancha; ofensa; borrão; *v* estragar; desfigurar.
Mar.ble /márbol/ *s* mármore; bola de gude.
March /mártxe/ *s* Março; marcha; progresso; *v* marchar; caminhar.
Mare /mér/ *s* égua.
Mar.gin /már.djin/ *s* margem; extremidade; *v* marginar; apostilar.
Ma.rine /mârin/ *s* marinha; *adj* marítimo; naval.
Mar.i.ner /mé.rinâr/ *s* marinheiro; fuzileiro naval.
Mar.ish /mé.rixe/ *s* pântano; *adj* pantanoso.
Mark /márc/ *s* marca; símbolo; nota escolar; testemunho; prova; *v* marcar; notar; observar.
Mar.ket /már.quit/ *s* mercado; venda; preço.
Mar.ket.ing /márc.tin/ *s* atuação ativa do mercado (compra, venda, etc.); *s* marca; marcação; cotação.
Mar.ma.lade /már.mâleid/ *s* compota (alimento doce).
Ma.roon /mârun/ *s* cor de castanha; marrom; *adj* castanho; marrom.
Mar.quis /már.cuis/ *s* marquês (título).
Mar.riage /mé.ridj/ *s* casamento; matrimônio.
Mar.ried /mé.rid/ *adj* casado; conjugal.
Mar.row /mé.rôu/ *s* tutano; medula.
Mar.ry /mé.ri/ *v* casar; unir; desposar.
Mars /márz/ *s* Marte (4° planeta do nosso sistema solar).
Marsh /márxe/ *s* pântano; malária.
Mar.shal /már.xâl/ *s* marechal; mestre-de-cerimônias.
Mart /márt/ *s* mercado; feira.
Mar.ten /már.ten/ *s* marta; pele de marta.
Mar.tial /már.xâl/ *adj* marciano.
Mar.tyr /mâr.târ/ *s* mártir; *v* martirizar; atormentar.

Mar.tyr.dom /már.tárdâm/ *s* martírio; tormento.
Mar.tyr.ize /már.târáiz/ *v* martirizar; atormentar.
Mar.vel /már.vel/ *s* maravilha; prodígio; *v* maravilhar-se; pasmar.
Mar.vel.lous /már.velâs/ *adj* maravilhoso; pasmoso; surpreendente; amante.
Mas.cu.line /més.quiulin/ *s* gênero masculino; *adj* masculino; varonil.
Mash /méxe/ *s* massa; confusão; desordem; *v* amassar; triturar.
Mask /másc/ *s* máscara; disfarce; pretexto; comédia de máscaras; *v* mascarar; encobrir.
Mason /mêisn/ *s* pedreiro; Maçom (Pedreiro-Livre).
Ma.son.ic /mâssó.nic/ *adj* Maçônico.
Ma.son.ry /mêisn.ri/ *s* ofício de pedreiro; Maçonaria.
Mas.quer.ade /més.cârêid/ *s* disfarce; *v* mascarar-se; disfarçar-se.
Mass /més/ *s* missa; massa; confusão; *v* celebrar missa; juntar em massa.
Mas.sa.cre /mé.sâcâr/ *s* massacre; extermínio; *v* massacrar.
Mas.sage /massáj/ *s* massagem; *v* fazer massagem.
Mast /mést/ *s* mastro; mastaréu; *v* mastrear.
Mas.ter /más.târ/ *s* mestre; professor; *v* dominar.
Mas.ter.dom /más.târdâm/ *s* mando; domínio.
Mas.ter.ful /más.târful/ *adj* altivo; impetuoso.
Mas.ter.ly /más.târli/ *adj* imperioso; dominante; *adv* magistralmente.
Mas.ter.piece /más.târpis/ *s* obra-prima.
Mas.ter.ship /más.târxip/ *s* magistério; domínio.
Mas.ter.y /más.târi/ *s* poder; superioridade; domínio; supremacia.
Mas.ti.cate /més.tiquêit/ *v* mastigar; mascar; triturar.
Mas.ti.ca.tion /méstiquêi.xân/ *s* mastigação; trituração.
Mas.tiff /més.tif/ *s* mastim (cão de guarda para gado).
Mat /mét/ *s* esteira; tapete; capacho; *adj* opaco; fosco.
Match /métxe/ *s* companheiro; fósforo; mecha; torcida; *v* emparelhar; casar; igualar.
Mate /mêit/ *s* companheiro; *v* igualar; casar.
Ma.te.ri.al.ize /mati.rialáiz/ *v* materializar; dar corpo; tornar comum.
Ma.ter.nal /mâtâr.nâl/ *adj* maternal; materno.
Ma.ter.ni.ty /mâtâr.niti/ *s* maternidade; estado ou qualidade de mãe.
Math /méth/ *s* matemática.
Math.e.ma.ti.cian /méthimâti.xân/ *s* matemático.
Mat.in /mé.tin/ *adj* matinal; matutino.
Ma.tric.u.late /mâtri.quiulêit/ *s* matriculado; *v* matricular; matricular-se.
Ma.tric.u.la.tion /mâtriquiulêi.xân/ *s* matrícula; inscrição.
Mat.ri.mo.nial /métrimôu.niâl/ *adj* matrimonial.
Mat.ri.mo.ny /mé.trimôuni/ *s* matrimônio; casamento; núpcias.
Ma.tron /mêi.trân/ *s* matrona; mãe de família; enfermeira-chefe.
Mat.ter /mé.târ/ *s* matéria; assunto; importância; *v* importar; supurar; interessar.
Mat.tock /mé.tóc/ *s* alvião (picareta).
Mat.u.rate /mé.tiurêit/ *v* amadurecer; esgotar um prazo.
Mat.u.ra.tion /métiurêi.xân/ *s* maturação; MED supuração.
Ma.ture /mâtiur/ *v* madurar; amadurecer; COM vencer (título, duplicata, etc); *adj* maduro; sazonado; completo; vencido.
Maud.lin /mó.dlin/ *adj* embriagado; estúpido.
Maul /mól/ *s* malho; martelo; *v* malhar; espancar; maltratar.
Maun.der /món.dâr/ *v* resmungar; andar vagarosamente.
Maw /mó/ *s* bucho; papo; ventre.
Max.im /méc.sim/ *s* máxima; preceito; regra.
May /mêi/ *s* Maio; *v* poder; ser possível; *past and pp* Might.
May.be /mêi.bi/ *adv* talvez; quiçá; porventura.
May.or /mêi.âr/ *s* presidente de câmara municipal; prefeito.
Maze /mêiz/ *s* labirinto; enredo; *v* confundir; hesitar.
Maz.i.ly /mêi.zili/ *adv* confusamente.
Maz.i.ness /mêi.zinés/ *s* confusão; indecisão.
Maz.y /mêi.zi/ *adj* confuso; embaraçoso.
Me /mi/ *pron* me; mim.
Mead /mid/ *s* hidromel (bebida).
Mead.ow /mé.dôu/ *s* prado; pasto; campina.
Mea.ger /mi.gâr/ *adj* magro; insuficiente; escasso; estéril.
Mea.gre /mi.gâr/ *examine* ⇒ Meager.
Meal /mil/ *s* refeição; farinha; comida; bocado.
Mean /min/ *s* meios; recursos; modo; forma; *v* destinar; tencionar; querer dizer; significar; *past and pp* Meant; *adj* baixo; vil; sovina; abjeto; mediano.
Me.an.der /mién.dâr/ *s* meandro; labirinto; *v* vagar, perambular.
Mean.ly /min.li/ *adv* vilmente; mesquinhamente.
Mean.time /min.táim/ *adv* entretanto; entrementes.
Mean.while /min.huáil/ *adv same as* Meantime.
Mea.sles /miz.liz/ *s* MED sarampo.
Mea.sly /miz.li/ *adj* desprezível; MED atacado de sarampo.
Mea.sure /mé.jur/ *s* medida; medição; grau; cadência; proporção; *v* medir; graduar.
Mea.sure.ment /mé.jurment/ *s* medição; graduação; medida.
Meat /mit/ *s* carne; alimento; comida.
Meat.y /mi.ti/ *adj* carnudo; nutritivo.
Me.chan.ic /miqué.nic/ *s* mecânico; artífice; operário; *adj* mecânico.

Me.chan.ics /miqué.nics/ *s* mecânica.
Mech.a.nize /mé.canáiz/ *v* mecanizar.
Med.al /mé.dâl/ *s* medalha.
Me.dal.lion /medé.liân/ *s* medalhão.
Med.dle /médol/ *v* intrometer-se; meter-se.
Med.dle.some /médol.sâm/ *adj* intrometido; intruso; curioso.
Me.di.ate /mi.diêit/ *v* mediar; *adj* intermédio; mediato; interposto.
Me.di.a.tion /midiêi.xân/ *s* mediação; intervenção; intercessão.
Med.i.cate /mé.diquêit/ *v* medicar.
Med.i.cine /mé.dissin/ *s* medicina; remédio; medicamento.
Me.di.oc.ri.ty /midió.criti/ *s* mediocridade; medianilidade; trivialidade.
Med.i.tate /mé.ditêit/ *v* meditar; cogitar.
Med.ley /mé.dli/ *s* mistura; miscelânea; *adj* confuso; misturado.
Meed /mid/ *s* recompensa; prêmio; pagamento.
Meek /mic/ *adj* afável; meigo; manso.
Meek.ness /mic.nés/ *s* brandura; modéstia.
Meet /mit/ *s* ponto de reunião; encontro; *v* encontrar; reunir-se; satisfazer; *past and pp* Met.
Meet.ing /mi.tin/ *s* encontro; entrevista.
Me.grim /mi.grim/ *s* enxaqueca.
Mel.an.chol.y /mé.lâncóli/ *s* melancolia; tristeza; *adj* melancólico.
Mel.low /mé.lôu/ *adj* maduro; mole; melodioso; *v* amadurecer; amolecer.
Me.lo.di.ous /mélôu.diâs/ *adj* melodioso; doce; suave.
Mel.o.dy /mé.lodi/ *s* melodia; canção; ária.
Mel.on /mé.lân/ *s* melão, espécie de fruta.
Melt /mélt/ *s* substância derretida; derretimento; *v* derreter; dissolver; fundir; *past and pp* **Melted** *or* Molten.
Mem.ber.ship /mém.bârxip/ *s* sociedade; confraria; irmandade.
Mem.o.ra.ble /mé.morâbol/ *adj* memorável.
Me.mo.ri.al /memóu.riâl/ *s* petição; memorial; nota; *adj* comemorativo.
Mem.o.rize /mé.moráiz/ *v* anotar; registrar; decorar; recordar.
Mem.o.ry /mé.mori/ *s* memória; lembrança; recordação.
Men.ace /mé.nis/ *s* ameaça; *v* ameaçar; intimidar.
Mend /ménd/ *s* emenda; melhoria; *v* consertar; remendar.
Men.da.cious /mendêi.xâs/ *adj* mentiroso; falso.
Men.dac.i.ty /mendé.siti/ *s* mentira; embuste.
Men.di.can.cy /mén.dicânsi/ *s* mendicância, ação de mendigar.
Men.di.cant /mén.dicânt/ *s* mendigo; *adj* mendigo; pedinte.
Men.ses /mén.siz/ *s* menstruação; regras.
Men.stru.al /méns.trual/ *adj* menstrual.
Men.stru.ate /méns.truêit/ *v* menstruar.
Men.stru.a.tion /ménstruêi.xân/ *s* menstruação; regras; fluxo.
Men.su.ra.ble /mén.xurâbol/ *adj* mensurável.
Men.su.ra.tion /ménxurêi.xân/ *s* mensuração; medida; medição.
Men.tal /mén.tâl/ *adj* mental; ideal; intelectual.
Men.tal.i.ty /mênté.liti/ *s* mentalidade.
Men.tion /mén.xân/ *s* menção; alusão; *v* mencionar; aludir.
Men.tor /mén.târ/ *s* mentor; guia; conselheiro.
Men.u /mé.niu/ *s* menu; cardápio.
Mer.ce.na.ry /mâr.sinéri/ *s* mercenário; *adj* mercenário; venal.
Mer.cer /mâr.sâr/ *s* negociante (fazendas e tecidos).
Mer.chan.dise /mâr.txândáiz/ *s* comerciante atacadista; varejista; *v* negociar; comerciar.
Mer.chant /mâr.txânt/ *s* negociante atacadista; comerciante varejista; *adj* mercantil; comercial.
Mer.ci.ful /mâr.siful/ *adj* misericordioso; clemente; compassivo; humano.
Mer.ci.ful.ness /mâr.sifulnés/ *s* misericórdia; clemência; compaixão.
Mer.ci.less /mâr.silés/ *adj* impiedoso; desalmado; cruel.
Mer.cu.ry /mâr.quiuri/ *s* mercúrio; ASTR mercúrio (planeta do nosso sistema solar).
Mer.cy /mâr.si/ *s* clemência; piedade.
Mere /mir/ *adj* mero; simples; puro.
Mere.ly /mir.li/ *adv* meramente; simplesmente; inteiramente.
Merge /mârdj/ *v* amalgamar; unir; fundir; imergir.
Mer.it /mé.rit/ *s* mérito; merecimento; prêmio; *v* merecer.
Merle /mârl/ *s* melro (pássaro).
Mer.lin /mâr.lin/ *s* esmerilhão (ave).
Mer.maid /mâr.mêid/ *s* MIT sereia (mulher-peixe).
Mer.ry /mé.ri/ *adj* alegre; jovial; feliz.
Mesh /méxe/ *s* malha; rede; laço; *v* prender com rede.
Mesh.y /mé.xi/ *adj* reticulado.
Mess /més/ *s* prato de comida; rancho; confusão; *v* comer; dar rancho; complicar.
Mes.sage /mé.sâdji/ *s* mensagem; recado; comunicação; embaixada.
Mes.si.ah /missaihâ/ *s* messias; Cristo; ungido.
Mess.y /mé.si/ *adj* desordenado; desarranjado; atravancado.
Met.al /mé.tâl/ *s* metal; liga; substância; cascalho; *v* cobrir ou revestir de metal.
Met.al.lur.gy /mé.tâlârdji/ *s* metalurgia.
Met.a.phor /mé.tâfâr/ *s* metáfora.
Mete /mit/ *s* divisa; limite; *v* medir; partilhar.
Me.te.or.ol.o.gy /mitioró.lodji/ *s* meteorologia.
Me.ter /mi.târ/ *s* metro, sistema de medida; medidor; contador.
Meth.od /mé.thâd/ *s* método; regra; ordem.
Meth.od.ism /mé.thâdizm/ *s* método; RELIG Metodismo.

Meth.od.ize /mé.thâdáiz/ *v* metodizar; regularizar.
Me.tic.u.lous /meti.quiulâs/ *adj* meticuloso; cuidadoso; sistemático.
Met.ri.fy /mi.trifái/ *v* metrificar.
Met.tle /métol/ *s* valor; coragem; vivacidade.
Mew /miu/ *v* miar.
Mewl /miul/ *s* choro de criança; miado; *v* choramingar como criança; lamentar-se.
Mi /mi/ *s* MÚS mi, notá musical (E).
Mi.crobe /mái.crôub/ *s* micróbio, ser animal ou vegetal microscópico.
Mi.cro.scope /mái.croscôup/ *s* microscópio, excessivamente pequeno.
Mid /mid/ *adj* meio; médio; intermediário.
Mid.day /mid.dêi/ *s* meio-dia; zênite.
Mid.dle /midol/ *adj* do meio; central; médio; intermediário.
Mid.dling /mi.dlin/ *adj* médio; mediano.
Midge /midj/ *s* mosquito; anão.
Midg.et /mid.gét/ *s* anão; pigmeu.
Mid.night /mid.náit/ *s* meia-noite; *adj* escuro; oculto; secreto.
Midst /midst/ *s* meio; centro; seio; *adv* no meio; *prep* entre.
Mid.sum.mer /mid.sâmâr/ *s* Solstício de Verão.
Mid.way /mid.uêi/ *s* meio caminho; *adj* a meio caminho.
Mid.wife /mid.uáif/ *s* parteira.
Mien /min/ *s* ar; semblante.
Might /máit/ *s* poder; força; *v* ser possível.
Might.y /mái.ti/ *adj* forte; poderoso; importante; eficaz.
Mi.grate /mái.grêit/ *v* migrar.
Mi.gra.tion /máigrêi.xân/ *s* migração.
Milch /miltxe/ *adj* lácteo; de leite.
Mild /máild/ *adj* suave; doce; ameno; macio.
Mild.ly /mil.dli/ *adv* pacificamente; suavemente.
Mile /máil/ *s* milha.
Mile.age /mái.lidj/ *s* comprimento em milhas.
Mile.stone /mail.stôun/ *s* marco (distância em milhas).
Mil.i.tan.cy /mi.litânsi/ *s* militância; guerra; combate.
Mil.i.ta.ry /mi.litéri/ *adj* militar; bélico; marcial.
Milk /milc/ *s* leite; suco leitoso de algumas plantas; *v* ordenhar; mamar.
Mill /mil/ *s* moinho; fiação; oficina; fábrica; POP pugilato; *v* moer; triturar; esmagar.
Mill.er /mi.lâr/ *s* moleiro; mariposa.
Mill.ing /mi.lin/ *s* moagem; fresagem; moenda.
Milt /milt/ *s* esperma de peixe; baço; *v* fecundar (ovas).
Mime /máim/ *s* mímica; farsa.
Mim.ic /mi.mic/ *adj* mímico; burlesco; grotesco; *v* arremedar; imitar.
Mim.ic.ry /mi.micri/ *s* mímica; pantomima; arremedo.
Mince /mins/ *v* picar; pronunciar aos poucos; medir palavras; andar com afetação.
Mince.meat /mins.mit/ *s* carne picada.
Mind /máind/ *s* mente; cabeça; ânimo; gosto; opinião; memória; *v* prestar atenção a; cuidar de; importar-se.
Mind.ful /máind.ful/ *adj* atento; cuidadoso; diligente.
Mine /main/ *s* mina; jazida; *v* minar; destruir; *pron* meu; minha; meus; minhas.
Min.gle /mingol/ *v* misturar; juntar; confundir.
Mini /mini/ *s* automóvel miniatura.
Min.i.fy /mini.fái/ *v* diminuir; reduzir; menosprezar.
Min.im /mi.nim/ *s* MÚS mínima; *also* **Half Note**; *adj* menor; mínimo.
Min.i.mize /mi.nimáiz/ *v* diminuir; encurtar; atenuar.
Min.ish /mi.nixe/ *v* diminuir.
Min.is.ter /mi.nistâr/ *s* ministro; sacerdote; *v* prover; dar; servir; celebrar missa; ministrar.
Min.is.try /mi.nistri/ *s* ministério; clero; cargo.
Mink /minc/ *s* espécie de marta; pele de marta; vison.
Mi.nor.i.ty /minó.riti/ *s* minoria; menoridade.
Min.ster /mins.târ/ *s* mosteiro; catedral; convento.
Mint /mint/ *s* casa da moeda; mina; *v* cunhar moeda; inventar; forjar.
Mint.er /min.târ/ *s* moedeiro; inventor; forjador.
Mir.a.cle /mi.râcol/ *s* milagre; maravilha.
Mi.rac.u.lous /miré.quiulâs/ *adj* miraculoso; maravilhoso.
Mi.rage /mirâj/ *s* miragem; ilusão; visão.
Mire /máir/ *s* atoleiro; lama; lodo; *v* atolar-se; enlamear.
Mir.i.ness /mái.rinés/ *s* sujidade; porcaria; imundície.
Mir.ror /mi.râr/ *s* espelho; modelo; *v* espelhar; refletir.
Mirth /mârth/ *s* alegria; contentamento.
Mirth.ful /mârth.ful/ *adj* alegre; jovial; jubiloso.
Mirth.less /mârth.lés/ *adj* triste; melancólico.
Mir.y /mái.ri/ *adj* lodoso; lamacento; enlameado.
Mis.ad.ven.ture /missédvént.xur/ *s* infortúnio; desgraça; revés.
Mis.al.li.ance /misséilái.âns/ *s* casamento não desejado.
Mis.ap.pro.pri.ate /misséprôu.priêit/ *v* malversar; apropriar com fraude.
Mis.car.riage /misqué.ridj/ *s* aborto; falta; culpa; malogro.
Mis.car.ry /misqué.ri/ *v* malograr; extraviar.
Mis.chance /mistxéns/ *s* infortúnio; desgraça; malogro.
Mis.chief /mis.txif/ *s* mal; prejuízo; travessura.
Mis.chie.vous /mis.txivâs/ *adj* malévolo; nocivo; desordeiro.

Mis.con.struc.tion /miscónstrâc.xân/ *s* interpretação errônea.
Mis.con.strue /miscónstru/ *v* interpretar mal.
Mis.deed /misdid/ *s* delito; culpa; má ação.
Mis.de.mean.our /misdimi.nâr/ *s* pequena contravenção; má conduta; *also* Misdemeanor.
Mi.ser /mái.zâr/ *s* usurário; avarento; avaro.
Mis.er.a.ble /mi.zârâbol/ *adj* desgraçado; infeliz; desditoso.
Mis.er.ly /mái.zârli/ *adj* avaro; avarento.
Mis.er.y /mi.zâri/ *s* miséria; desdita.
Mis.fit /misfit/ *s* o que encaixa mal; *v* não ajustar bem.
Mis.for.tune /misfór.txun/ *s* infortúnio; desventura; desgraça.
Mis.give /misguiv/ *v* inspirar receios.
Mis.guide /misgáid/ *v* extraviar; desencaminhar.
Mis.hap /mis.hép/ *s* desgraça; infortúnio; contratempo.
Mis.in.for.ma.tion /missinfórmêi.xân/ *s* informação errônea ou falsa.
Mis.in.ter.pret /missintâr.prét/ *v* interpretar mal; não entender.
Mis.in.ter.pre.ta.tion /missintârpré.têi.xân/ *s* má interpretação.
Mis.pro.nounce /mispronáuns/ *v* pronunciar mal.
Mis.rep.re.sent /misréprizént/ *v* deturpar; adulterar.
Mis.rule /misrul/ *s* desgoverno; desordem; confusão.
Miss /mis/ *s* erro; engano; menina; jovem; mocinha; *v* faltar; perder; omitir; saltar.
Mis.shap.en /mis.xêipn/ *adj* disforme; deformado.
Mis.sile /mi.sil/ *s* projétil; míssil.
Miss.ing /mi.sin/ *adj* desaparecido; extraviado; ausente; perdido.
Mis.sion /mi.xân/ *s* missão; destino; desígnio.
Mis.sive /mi.siv/ *s* missiva; carta; mensageiro; *adj* missivo.
Miss.y /mi.si/ *s* menina (diminutivo de Miss).
Mist /mist/ *s* neblina; névoa; nevoeiro.
Mis.take /mistêic/ *s* engano; erro; *v* compreender mal; tomar por engano; *past* Mistook *and pp* Mistaken.
Mis.tak.en /mistêicn/ *adj* errado; errôneo.
Mis.ter /mis.târ/ *s* senhor (Mr.).
Mis.tress /mis.trés/ *s* mestra; dona de casa.
Mis.trust /mistrâst/ *s* desconfiança; *v* desconfiar; recear; duvidar.
Mist.y /mis.ti/ *adj* enevoado; obscuro; nublado.
Mis.un.der.stand /missândârsténd/ *v* entender errado; equivocar-se; *past and pp* Misunderstood.
Mis.un.der.stand.ing /missândâr.stén.din/ *s* malentendido; equívoco, erro.
Mis.use /missiuz/ *s* abuso; maltrato; aplicação errônea; *v* abusar de; empregar mal; maltratar.
Mit.i.gate /mi.tiguêit/ *v* mitigar; consolar; acalmar; atenuar.
Mit.i.ga.tion /mitiguêi.xân/ *s* mitigação; consolo; alívio.
Mi.tre /mai.târ/ *s* mitra (barrete); *also* Miter.
Mix /mics/ *s* mistura; *v* misturar; baralhar; confundir-se; juntar.
Mix.er /mic.sâr/ *s* misturador; batedeira.
Mix.ture /mics.txur/ *s* mistura; misto; mescla.
Miz.zle /mizol/ *v* chuviscar; sucumbir; confundir.
Moan /môun/ *s* lamentação; lamúria; *v* lamentar; gemer.
Moat /môut/ *s* fosso; *v* cercar de fossos.
Mob /mób/ *s* motim; turba; multidão; *v* provocar um motim.
Mo.bile /môu.bil/ *adj* movediço; móvel.
Mo.bil.i.ty /môubi.liti/ *s* mobilidade; volubilidade.
Mo.bil.ize /môu.biláiz/ *v* mobilizar.
Mock /móc/ *adj* burlesco; falso; fingido; *v* zombar de; ridicularizar; imitar.
Mock.er.y /mó.câri/ *s* escárnio; zombaria; menosprezo; arremedo.
Mo.dal.i.ty /modé.liti/ *s* modalidade.
Mode /môud/ *s* modo; maneira; processo; método; uso; estilo; graduação; grau.
Mod.el /módl/ *s* modelo; amostra; norma; desenho; figurino; *v* modelar; fazer um molde.
Mod.el.ler /mó.delâr/ *s* modelador; desenhador; *also* Modeler.
Mod.el.ling /mó.delin/ *s* modelagem; modelação.
Mod.er.ate /mó.dârêit/ *v* moderar; acalmar; temperar; conter-se; *adj* moderado; medíocre; calmo; parco; módico.
Mod.er.a.tion /módârêi.xân/ *s* moderação; temperança; calma.
Mod.ern /mó.dârn/ *s* moderno; recente; banal; *adj* moderno; recente; banal.
Mo.der.ni.ty /módâr.niti/ *s* novidade; modernidade.
Mod.ern.ize /mó.dârnáiz/ *v* modernizar; tornar atual.
Mod.est /mó.dest/ *adj* modesto; moderado; casto; humilde.
Mod.es.ty /mó.desti/ *s* modéstia; recato; humildade.
Mod.i.fy /mó.difái/ *v* modificar; alterar; variar.
Mod.u.late /mó.diulêit/ *v* modular; variar o tom; cantar com harmonia.
Mod.u.la.tion /módiulêi.xân/ *s* modulação.
Moist /móist/ *adj* úmido; molhado.
Mois.ten /móistn/ *v* umedecer.
Mole /môul/ *s* verruga; muralha; dique.
Mo.lest /molést/ *v* molestar; perturbar; incomodar.
Mol.li.fy /mó.lifái/ *v* abrandar; aliviar; suavizar.
Mol.ten /môultn/ *adj* fundido; derretido; vasado.
Mo.ment /môu.mént/ *s* momento; instante; importância; peso; gravidade.
Mo.men.ta.ry /môu.mentéri/ *adj* passageiro; momentâneo.

Mo.men.tous /môu.mentâs/ *adj* momentoso; grave; importante.
Mon.as.ter.y /mó.nâstéri/ *s* mosteiro; convento.
Mon.day /mâu.dêi/ *s* Segunda-feira.
Mon.ey /mâ.ni/ *s* dinheiro; moeda; riqueza.
Mon.eyed /mâ.nid/ *adj* endinheirado.
Mon.ger /mân.gâr/ *s* negociante.
Mon.i.tor /mó.nitâr/ *s* monitor; instrutor; lagarto; navio de guerra.
Monk /mânc/ *s* monge; frade.
Monk.er.y /mân.câri/ *s* vida monástica; mosteiro.
Mon.key /mân.qui/ *s* macaco; bate-estacas; *v* brincar; mexer com.
Mon.o.dy /mó.nodi/ *s* monodia; canto fúnebre; elegia.
Mon.o.logue /mó.nâlóg/ *s* monólogo; *also* Monolog.
Mo.nop.o.lize /monó.poláiž/ *v* monopolizar.
Mo.nop.o.ly /monó.poli/ *s* monopólio; abarcamento; entreposto.
Mo.not.o.nous /monó.tânâs/ *adj* monótono; enfadonho.
Mon.strous /móns.trâs/ *adj* monstruoso; prodigioso; pavoroso; disforme.
Month /mânth/ *s* mês.
Month.ly /mân.thli/ *s* publicação mensal; regras, menstruação; *adj* mensal; *adv* mensalmente.
Mon.u.ment /mó.niumént/ *s* monumento; marco; sinal; lápide sepulcral.
Moo /mu/ *s* mugido; *v* mugir.
Mooch /mu.txe/ *v* vaguear; vadiar; errar.
Mood /mud/ *s* ânimo; humor; modo; disposição.
Mood.i.ness /mu.dinés/ *s* capricho; extravagância; tristeza.
Mood.y /mu.di/ *adj* triste; melancólico; caprichoso; taciturno.
Moon /mun/ *s* lua; fase lunar; *v* vaguear; andar sem destino.
Moon.light /mun.láit/ *s* luar; *adj* enluarado.
Moon.shine /mun.xáin/ *s* luar; disparate; desatino; tolice.
Moon.y /mu.ni/ *adj* simplório; lunar; claro como a lua; maníaco.
Moor /mur/ *s* charco; pântano; matagal; terreno baldio; mouro; *v* atracar; aportar; ancorar.
Moor.ing /mu.rin/ *s* ancoragem; amarra; amarração.
Moor.ish /mu.rixe/ *adj* pantanoso; mouro.
Moose /mus/ *s* alce.
Moot /mut/ *v* discutir; debater.
Mop /móp/ *s* esfregão; *v* esfregar; lavar; limpar; fazer caretas.
Mope /môup/ *s* indivíduo aborrecido; *v* desanimar; definhar; entristecer.
Mop.ish /môu.pixe/ *adj* triste; enfadado; imbecil; desgostoso.
Mop.ish.ness /môu.pixnés/ *s* estupidez; tristeza; enfado.
Mor.al /mó.râl/ *s* moralidade; moral; *adj* moral; ético; casto; digno.
Moral.ism /mó.râlizm/ *s* moralismo; religiosidade.
Mor.al.ize /mó.râláiz/ *v* moralizar; pregar moral.
Mo.rass /morés/ *s* pântano; lamaçal.
Mor.bid /mór.bid/ *adj* mórbido; sinistro.
Mor.bid.ness /mór.bidnés/ *s* morbidez.
More /môur/ *s* maior quantidade; *adj* adicional; extra; mais; em maior quantidade; *adv* mais; em maior número; além de.
More.o.ver /môur.ôuvâr/ *adv* além disso; demais.
Morn /mârn/ *s* manhã.
Morn.ing /mór.nin/ *s* manhã; alvorada; *adj* matutino; matinal.
Mo.rose /morôus/ *adj* melancólico; triste; impertinente; misantropo.
Mor.row /mó.rôu/ *s* amanhã.
Morse /mórs/ *s* telegrafia em códigos.
Mor.tal.i.ty /mórté.liti/ *s* mortalidade.
Mort.gage /mór.guidj/ *s* hipoteca; *v* hipotecar.
Mor.ti.fi.ca.tion /mortifiquêi.xân/ *s* mortificação.
Mor.ti.fy /mór.tifái/ *v* mortificar; atormentar; humilhar; gangrenar.
Mor.tise /mór.tis/ *s* entalhe; encaixe (de madeira); *v* entalhar.
Mor.tu.a.ry /mór.txuâri/ *s* necrotério; cemitério; *adj* mortuário; fúnebre.
Mo.sa.ic /mozêic/ *s* mosaico; *adj* mosaico (pavimento); relativo a Moisés.
Mos.lem /móz.lem/ *s* Muçulmano; Islamita; *adj* Muçulmano; Islamita.
Mosque /mósc/ *s* Mesquita.
Moss /mós/ *s* musgo; lagoa; *v* cobrir de musgo.
Most /môust/ *s* a maioria; a maior parte.
Most.ly /môus.tli/ *adv* principalmente.
Mote /môut/ *s* partícula de pó; molécula.
Moth /móth/ *s* traça; mariposa.
Moth.er /mâ.dhâr/ *s* mãe; genitora; madre; *adj* materno; natural; **Mother-in-law**: sogra; **Mother-in-god**: madrinha; **step-Mother**: madrasta.
Mo.tif /môuti.f/ *s* motivo; assunto; tema.
Mo.tion /môu.xân/ *s* movimento; gesto; moção; proposta; impulso; *v* fazer sinal; propor; aconselhar.
Mo.tive /môu.tiv/ *s* motivo; causa; ideia; *adj* motriz; motor.
Mot.ley /mó.tli/ *s* mescla de cores; traje de várias cores; *adj* matizado; mesclado.
Mo.tor /môu.târ/ *s* motor, máquina motriz.
Mo.tor.ize /môutâr.ráiz/ *v* motorizar; mecanizar.
Mot.tle /mó.tol/ *v* matizar; sarapinar.
Mot.to /moutou/ *s* lema; legenda; mote.
Mould /môuld/ *v* moldar; modelar; amassar pão; mofar; *also* **Mold**.
Mount /máunt/ *s* monte; morro; cavalaria; baluarte; *v* montar; subir; somar.
Moun.tain /máun.ten/ *s* montanha; serra; massa disforme.

Moun.tain.eer /máuntenir/ *s* montanhês; serrano; rústico.
Moun.tain.ous /máun.tenâs/ *adj* montanhoso; montês.
Mount.ing /máun.tin/ *s* montagem; subida; armadura.
Mourn /môurn/ *v* chorar; lamentar-se; deplorar; prantear.
Mourn.er /môur.nâr/ *s* o que está de luto.
Mourn.ful /môurn.ful/ *adj* triste; melancólico; choroso.
Mourn.ing /môur.nin/ *s* dor; lamentação; luto; *adj* triste; choroso.
Mouse /máuz/ *s* camundongo; rato.
Mous.tache /mâsté.xe/ *s* bigode; *also* Mustache.
Mouth /máudh/ *s* boca; entrada; bico; gargalo; garganta; embocadura; *v* mastigar; declamar.
Mouth.ful /máudh.ful/ *s* bocado; pedaço; gole; trago; porção; punhado.
Mouth.piece /máudh.pis/ *s* bocal; embocadura; boquilha; órgão; intérprete.
Mouth.y /máu.dhi/ *adj* falante.
Mov.a.ble /mu.vâbol/ *adj* móvel; mutável; movediço.
Mov.a.ble.ness /mu.vâblnés/ *s* movimento; mobilidade.
Move /muv/ *s* movimento; proposta; manobra; ação; mudança; *v* mover; mexer-se.
Move.ment /muv.ment/ *s* ação; ato; movimento; impulso; marcha; evolução.
Mov.er /mu.vâr/ *s* motor; autor de proposta; móvel.
Mov.ie /múvi/ *s* filme; fita de cinema.
Mow /môu/ *s* celeiro; *v* ceifar; segar; armazenar; *past* Mowed *and pp* Mown.
Mow.er /môu.âr/ *s* ceifeiro; segador; ceifadeira.
Much /mâtxe/ *s* grande quantidade; *adj* muito; excessivamente; assaz; *adv* muito; excessivamente; assaz; quase.
Much.ness /mâtxe.nés/ *s* quantidade; grandeza.
Muck /mâc/ *s* porcaria; estrume; *v* estrumar; adubar.
Muck.y /mâ.qui/ *adj* imundo; sujo; porco.
Mu.cus /miu.câs/ *s* muco; mucosidade.
Mud /mâd/ *s* lama; lodo; barro; *v* enlamear.
Mud.di.ness /mâ.dinés/ *s* imundície.
Mud.dle /mâdol/ *s* desordem; confusão; *v* turvar; embotar; misturar; entontecer.
Mud.dy /mâ.di/ *adj* turvo; lamacento; lodoso; perturbado de espírito; *v* enlamear; sujar.
Muff /mâf/ *s* pessoa desajeitada ou tímida; *v* proceder desajeitadamente.
Muf.fin /mâ.fin/ *s* bolo.
Muf.fle /mâfol/ *s* crisol; forno para esmaltar; luva de pugilista; *v* agasalhar; cobrir.
Muf.fler /mâ.flâr/ *s* capuz; venda; agasalho de pescoço; silenciador (de motor).
Mug /mâg/ *s* caneca; cara; tolo; simplório.
Mug.ger /mâ.gâr/ *s* crocodilo indiano.
Mug.gi.ness /mâ.guinés/ *s* calor úmido.
Mug.gy /mâ.gui/ *adj* úmido; climal quente (abafado).
Mulch /mâltxe/ *s* estrume; *v* cobrir plantas com estrume.
Mulct /mâlct/ *s* multa; penalidade; *v* despojar; multar.
Mule /miul/ *s* mula; máquina de fiar algodão; fuso mecânico.
Mul.ish /miu.lixe/ *adj* cabeçudo; obstinado.
Mul.ish.ness /miu.lixenés/ *s* teimosia; obstinação.
Mull /mâl/ *s* confusão; desordem; *v* confundir; atrapalhar; cogitar.
Mul.ti.fa.ri.ous /mâltifêi.riâs/ *adj* variado.
Mul.ti.form /mâl.tifórm/ *adj* multiforme.
Mul.ti.pli.ca.tion /mâltipliquêi.xân/ *s* multiplicação.
Mul.ti.plic.i.ty /mâltipli.siti/ *s* multiplicidade.
Mul.ti.pli.er /mâl.tipláiâr/ *s* multiplicador.
Mul.ti.ply /mâl.tiplái/ *v* multiplicar.
Mul.ti.ply.ing /mâl.tiplálin/ *s* multiplicação; *adj* multiplicador.
Mul.ti.tude /mâl.titiud/ *s* multidão; chusma; legião.
Mul.ti.tu.di.nous /mâltitiu.dinâs/ *adj* numeroso; em grande quantidade.
Mum /mâm/ *s* cerveja doce; *adj* silencioso; calado; *interj* silêncio!
Mum.ble /mâmbol/ *v* resmungar; murmurar.
Mum.mi.fi.ca.tion /mâmifiquêi.xân/ *s* mumificação.
Mum.mi.fy /mâ.mifái/ *v* mumificar.
Mum.my /mâ.mi/ *s* múmia.
Mump /mâmp/ *v* mendigar; enganar; lograr.
Mump.er /mâm.pâr/ *s* mendigo; impostor.
Mump.ish /mâm.pixe/ *adj* arisco; pensativo; irritável; intratrável.
Mumps /mâmps/ *s* caxumba, inflamação infecciosa das parótidas.
Munch /mântxe/ *v* mastigar; mascar.
Mu.nif.i.cence /miuni.fisséns/ *s* liberalidade; munificência; generosidade.
Mu.nif.i.cen.cy /miuni.fissénsi/ *examine* ⇒ Munificence.
Mu.ni.ment /miu.nimént/ *s* título de posse; escritura.
Mu.ni.tion /miuni.xân/ *s* munição; *v* municiar; equipar.
Mur.der /mâr.dâr/ *s* assassínio; assassinato; homicídio; *v* assassinar.
Mur.der.er /mâr.dârâr/ *s* assassino; homicida; criminoso.
Mur.der.ous /mâr.dârâs/ *adj* cruel; homicida; sanguinário.
Murk.i.ness /mâr.quinés/ *s* trevas; escuridão.
Mur.mur /mâr.mâr/ *s* murmúrio; lamento; rumor; queixa; *v* murmurar; queixar-se.
Mur.mur.ing /mâr.mârin/ *adj* murmurante.

Mus.cle /mâscol/ *s* músculo; força muscular.
Muse /miuz/ *s* musa, inspiração; *v* meditar; cismar; absorver.
Mu.se.um /miuzi.âm/ *s* museu.
Mush /mâxe/ *s* pirão; mingau.
Mush.room /mâxe.rum/ *s* cogumelo; *v* espalhar-se.
Mush.y /mâxi/ *s* piegas; sentimental.
Mu.sic /miu.zic/ *s* música; melodia; harmonia.
Mu.si.cal /miu.zicâl/ *adj* musical; melodioso.
Mu.si.cian /miuzi.xân/ *s* músico.
Mus.ing /miu.zin/ *adj* contemplativo; meditativo.
Musk /mâsc/ *s* almíscar, substância aromática; almiscareiro.
Mus.ket /mâs.quét/ *s* mosquete.
Mus.ket.eer /mâsquetir/ *s* mosqueteiro.
Musk.y /mâs.qui/ *adj* almiscarado.
Mus.lim /mâs.lim/ *s* Islamita; Muçulmano *also* ⇒ Moslem *s* musselina (tecido).
Muss /mâs/ *s* desordem; confusão; *v* desordenar; pôr em desordem.
Mus.sel /mâsol/ *s* mexilhão.
Must /mâst/ *s* sumo de uva; mofo; bolor; obrigação; imposição; *v* dever; ser obrigado.
Mus.tache /masta.xe/ *s* bigode.
Mus.tard /mâs.târd/ *s* mostarda.
Mus.ter /mâs.târ/ *s* revista; rol; lista; chamada; *v* passar em revista; reunir; fazer a chamada.
Must.i.ness /mâs.tinés/ *s* mofo; bolor.
Must.y /mâs.ti/ *adj* rançoso; mofado; bolorento; lento; vagaroso.
Mu.ta.ble /miu.tâbol/ *adj* mutável; variável.
Mu.tate /miu.têit/ *v* mudar; alterar.
Mu.ta.tion /miutêi.xân/ *s* mutação; mudança.
Mute /miut/ *s* mudo; letra muda; surdina; *adj* mudo; silencioso.
Mute.ness /miut.nés/ *s* mudez, privação da fala.
Mu.ti.late /miu.tilêit/ *v* mutilar; cortar; truncar.
Mu.ti.la.tion /miutilêi.xân/ *s* mutilação.
Mu.ti.neer /miutinir/ *s* revoltoso; amotinado.
Mu.ti.nous /miu.tinás/ *adj* amotinador; sedicioso; rebelde.
Mu.ti.ny /miu.tini/ *s* motim; insurreição; sedição; *v* amotinar-se; revoltar-se.
Mut.ism /miu.tizm/ *s* mutismo; mudez.
Mut.ter /mâ.târ/ *s* murmúrio; resmungo; *v* murmurar; resmungar.
Mut.ton /mâtn/ *s* carne de carneiro.
Mu.tu.al.i.ty /miutxué.liti/ *s* mutualidade; reciprocidade.
Muz.zle /mâzol/ *s* focinho; focinheira; *v* fazer calar; farejar; cheirar.
Muz.zy /mâ.zi/ *adj* confuso; distraído; embriagado.
My /mái/ *pron* meu; minha; meus; minhas.
Myrrh /môr/ *s* mirra (planta).
My.self /máissél.f/ *pron* eu próprio; eu mesmo; a mim mesmo.
Mys.te.ri.ous /misti.riâs/ *adj* misterioso; enigmático; obscuro.
Mys.te.ri.ous.ness /misti.riâsnés/ *s* mistério; caráter misterioso.
Mys.ter.y /mis.târi/ *s* mistério; enigma; mister.
Mys.tic /mis.tic/ *adj* místico; enigmático; secreto; misterioso.
Mys.ti.cism /mis.tissizm/ *s* misticismo, contemplação espiritual.
Mys.ti.fy /mis.tifái/ *v* mistificar; ofuscar; confundir; tornar misterioso.
Mys.ti.fy.ing /misti.fáin/ *adj* mistificador; mistificante.
Myth /mith/ *s* mito (fábula); utopia.
Myth.ic /mi.thic/ *adj* mítico; lendário; fabuloso.
Myth.i.cal /mi.thicâl/ *examine* ⇒ Mythic.
Myth.o.log.ic /mitholó.djic/ *adj* mitológico.
Myth.o.log.i.cal /mitholó.djicâl/ *examine* ⇒ Mythologic.
My.thol.o.gy /mithó.lodji/ *s* mitologia; mito; lenda.

ABCDEFGHIJKLMNOPQRSTUVWXYZ

N /én/ *s* décima-quarta letra do alfabeto Português e do alfabeto Inglês.
Nab /néb/ *v* apanhar rápida e subitamente.
Na.dir /nêi.dir/ *s* ponto oposto ao Zênite (no céu).
Nag /nég/ *s* garrano (cavalo); sendeiro; *v* importunar; ralhar; atormentar.
Nail /nêil/ *s* unha; prego; décima parte da jarda (= 21/2 pol); *v* pregar; encravar.
Na.ive /naiv/ *adj* crédulo; ingênuo; natural.
Na.ked /nêict/ *adj* nu; puro; indefeso.
Na.ked.ness /nêict.nés/ *s* nudez.
Name /nêim/ *s* nome; título; fama; crédito; reputação; *v* nomear; mencionar.
Name.less /nêim.lés/ *adj* sem nome; anônimo; desconhecido.
Name.sake /nêim.sêic/ *s* homônimo.
Nan.ny /nê.ni/ *s* ama-seca; babá.
Nap /nép/ *s* cochilo; soneca; *v* cochilar.
Nape /nêip/ *s* nuca.
Nap.kin /nép.cin/ *s* guardanapo.
Nap.py /né.pi/ *adj* felpudo; embriagado; cerveja forte.
Nar.co.tize /nár.cotáiz/ *v* narcotizar; anestesiar.
Nard /nárd/ *s* nardo (planta); bálsamo.
Na.res /nêi.riz/ *s* narinas; fossas nasais.
Nar.rate /nérrêit/ *v* narrar; relatar; contar.
Nar.ra.tive /né.râtiv/ *s* narrativa; narração; *adj* narrativo.
Nar.row /né.rôu/ *s* desfiladeiro; *v* estreitar; encolher; diminuir; *adj* estreito.
Na.sal /nêi.zâl/ *s* som nasal; *adj* nasal.
Na.sal.ize /nêi.zâláiz/ *v* nasalar; nasalizar.
Nas.cent /né.sent/ *adj* nascente.
Nas.ti.ness /nés.tinés/ *s* imundície; indecência; obscenidade; sujeira.
Nas.ty /nés.ti/ *adj* sujo; indecente; desonesto.
Na.tal /nêi.tâl/ *adj* natal.
Na.ta.tion /nâtêi.xân/ *s* natação.
Na.tes /nêi.tiz/ *s* nádegas.
Na.tion /nêi.xân/ *s* nação; país; povo.
Na.tion.al.i.ty /néxâné.liti/ *s* nacionalidade.
Na.tion.al.ize /né.xânâláiz/ *v* nacionalizar; naturalizar.
Na.tive /nêi.tiv/ *s* nativo; indígena; *adj* nativo; natural; original.
Na.tive.ness /nêi.tivnés/ *s* estado natural.
Na.tiv.i.ty /nâti.viti/ *s* nascimento.
Nat.ty /né.ti/ *adj* elegante; garboso; fino.
Nat.u.ral /né.txurâl/ *adj* natural; verdadeiro.
Nat.u.ral.i.za.tion /nétiurélizêi.xân/ *s* naturalização; adaptação; aclimatação.
Nat.u.ral.ize /né.tiurâláiz/ *v* naturalizar; aclimatar; habituar.
Nat.u.ral.ness /né.txurâlnés/ *s* naturalidade; estado natural; ingenuidade.
Na.ture /nêi.txur/ *s* natureza; caráter; gênero.
Naught /nót/ *s* nada; zero; *adj* sem valor.
Naugh.ti.ness /nó.tinés/ *s* desobediência.
Naugh.ty /nó.ti/ *adj* mau; malcriado; desobediente.
Nau.se.ous /nó.xâs/ *adj* repugnante; asqueroso.
Nave /nêiv/ *s* parte do templo entre o Átrio e o Santuário.
Na.vel /nêivol/ *s* centro; parte de dentro; ANAT umbigo.
Nav.i.ga.ble /né.vigâbol/ *adj* navegável; *v* navegar.
Nav.i.ga.tion /néviguêi.xân/ *s* navegação.
Nav.i.ga.tor /né.viguêitâr/ *s* navegador; navegante; piloto.
Na.vy /nêi.vi/ *s* marinha; esquadra.
Nay /nêi/ *s* desmentido; voto contrário; *adv* não; pelo contrário.
Neap /nip/ *s* águas mortas; *adj* baixo; ínfimo; maré vazante.
Near /niâr/ *v* aproximar; acercar-se; *adj* próximo; contíguo; íntimo; *adv* cerca; perto; quase; *prep* perto de.
Near.by /niâr.bái/ *adj* próximo; contíguo.
Near.ly /niâr.li/ *adv* quase; proximamente.
Neat /nir/ *s* gado; *adj* limpo; asseado; relativo ao gado.
Neat.ly /ni.tli/ *adv* asseadamente; destramente.
Neat.ness /nit.nés/ *s* limpeza; asseio; elegância; esmero.
Neb /néb/ *s* bico; ponta de pena; extremidade.
Neb.u.los.i.ty /nébiuló.siti/ *s* nebulosidade.
Necessary /né.sesséri/ *adj* necessário.

Ne.ces.si.tate /nessé.sitêit/ *v* tornar necessário; constranger.
Ne.ces.si.ty /nessé.siti/ *s* necessidade, precisão; carência.
Neck /néc/ *s* pescoço; gargalo; istmo; braço de instrumento.
Neck.lace /néc.lêis/ *s* colar.
Ne.crol.o.gy /necró.lodji/ *s* necrologia; obituário.
Need /nid/ *s* necessidade; falta; carência; urgência; miséria; *v* necessitar; precisar.
Nee.dle /nidol/ *s* agulha; bússola; obelisco.
Need.less /nid.lés/ *adj* desnecessário; imprestável; inútil.
Nee.dle.work /nidol.uârc/ *s* trabalho de agulha.
Needs /nids/ *adv* necessariamente; indispensavelmente.
Need.y /ni.di/ *adj* necessitado; indigente; pobre.
Ne.fa.ri.ous /nefêi.riâs/ *adj* nefando; abominável.
Ne.ga.tion /neguêi.xân/ *s* negação; negativa.
Neg.a.tive /né.gâtiv/ *s* negativa; denegação; *v* negar; desaprovar; *adj* negativo.
Neg.lect /negléct/ *s* negligência; desprezo; *v* negligenciar; descuidar.
Neg.li.gence /né.glidjéns/ *s* negligência; abandono; *adj* negligente.
Ne.go.ti.ate /negôu.xiêit/ *v* tratar.
Ne.go.ti.a.tion /negôuxiêi.xân/ *s* negociação.
Ne.gress /ni.grés/ *s* negra.
Ne.gro /ni.grôu/ *s* negro.
Neigh /nêi/ *s* relincho; rincho; *v* relinchar; rinchar.
Neigh.bor /nêi.bâr/ *s* vizinho; amigo; *v* aproximar; avizinhar; *adj* vizinho; próximo.
Neigh.bor.hood /nêi.bâr.hud/ *s* bairro; vizinhança; proximidade; arredores.
Neigh.bor.ing /nêi.bârin/ *adj* próximo; adjacente; vizinho.
Neigh.bor.ly /nêi.bârli/ *adj* cortês; atencioso; *also* Neighbourly.
Nei.ther /ni.dhâr/ *adj* nenhum dos dois; *conj* nem; também não.
Neph.ew /né.viu/ *s* sobrinho.
Nerve /nârv/ *s* nervosismo; coragem; sangue frio; ANAT, nervo; tendão; *v* revigorizar; animar.
Nerve.less /nârv.lés/ *adj* abatido; sem força.
Ner.vous /nâr.vâs/ *adj* nervoso; vigoroso.
Ner.vous.ness /nâr.vâsnés/ *s* nervosidade; força; vigor.
Ner.vure /nâr.viur/ *s* nervura; veia.
Nest /nêst/ *s* ninho; ninhada; série; *v* aninhar; alojar-se.
Nes.tle /néstêl/ *v* aninhar; acariciar.
Nest.ling /nés.tlin/ *s* pintainho; pinto.
Net /nét/ *s* rede; malha; *v* lançar a rede; render (lucro); *adj* limpo; puro; líquido.
Neth.er /ni.dhâr/ *adj* inferior.
Neth.er.most /ni.dhârmôust/ *adj* o mais baixo; o mais profundo.
Net.ting /né.tin/ *s* rede; renda; malha.
Net.tle /nétol/ *s* urtiga (planta).
Net.tling /né.tlin/ *s* irritação; provocação.
Neu.ter /niu.târ/ *adj* neutro; sem sexo.
Neu.tral /niu.tral/ *s* neutro; indiferente; ponto morto (motor); *adj* neutro.
Nev.er /név.âr/ *adv* nunca; jamais.
Nev.er.more /né.vârmôur/ *adv* jamais; nunca mais.
Nev.er.the.less /névârthlés/ *adv* contudo; não obstante; todavia.
New /niu/ *adj* novo; fresco.
New.com.er /niu.câmar/ *s* recém-chegado.
New.ly /niuli/ *adv* recentemente.
New.ness /niu.nés/ *s* novidade; início.
News /niuz/ *s* notícia; novidade; informação.
News.boy /niuz.bói/ *s* jornaleiro; *also* Newsy.
News.pa.per /niuz.pêipâr/ *s* jornal; diário.
News.pa.per.man /niuz.peipâr.mân/ *s* jornalista.
News-stand /nius.stand/ *s* banca de jornal.
News.y /niu.zi/ *s* jornaleiro; *adj* noticioso.
Next /nécst/ *adj* seguinte; próximo; vizinho; *adv* logo; *prep* junto a; ao lado de.
Nib /nib/ *s* bico; ponta; *v* aguçar.
Nib.ble /nibol/ *s* mordedura; dentada; *v* morder.
Nice /náis/ *adj* bom; ótimo; elegante.
Nice.ness /náis.nés/ *s* finura; gentileza.
Ni.ce.ty /nái.siti/ *s* gentileza; delicadeza.
Niche /nitxe/ *s* nicho.
Nick /nic/ *s* talho; corte; entalhe; ponto crítico; *v* entalhar; acertar no alvo; recortar.
Nick.el /ni.cel/ *s* níquel.
Nick.name /nic.nêim/ *s* apelido; alcunha; *v* apelidar; alcunhar.
Nic.tate /nic.têit/ *v* pestanejar.
Nic.ta.tion /nictêi.xân/ *s* pestanejo.
Niece /nis/ *s* sobrinha.
Nig /nig/ *v* lavrar; cortar.
Nig.gard /ni.gârd/ *s* mesquinho; avarento; *adj* mesquinho; avaro.
Nig.gle /nigol/ *v* zombar; esbanjar tempo com tolices.
Nigh /nái/ *adj* próximo; vizinho; *prep* perto de.
Night /náit/ *s* noite; cegueira; obscuridade.
Night.gown /náit.gáun/ *s* camisola.
Night.in.gale /nái.tinguêil/ *s* rouxinol (pássaro).
Night.ly /nái.tli/ *adj* noturno; *adv* de noite.
Night.mare /náit.mér/ *s* pesadelo.
Nil /nil/ *s* nulo; nada; nenhum.
Nim.ble /nimbol/ *adj* ágil; leve; ligeiro.
Nim.bly /nim.bli/ *adv* velozmente; ativamente.
Nine /náin/ *adj* nove.
Nin.ny /ni.ni/ *s* tolo; palerma; basbaque.
Ninth /náin.th/ *adj* nono.
Ninth.ly /náin.thli/ *adv* em nono lugar.
Nip /nip/ *s* dentada; pedaço; bocado; trago; *v* beliscar; picar; morder.
Nip.per /ni.pâr/ *s* pinça.
Nip.ple /nipol/ *s* mamilo; bico de mamadeira.
Nip.py /ni.pi/ *adj* picante; ácido; ágil.

Nit /nit/ *s* lêndea (ovo de piolho).
Nix /nics/ *s* POP nada; ninguém.
No /nôu/ *s* voto negativo; não; *adj* nenhum; nenhuma.
Nob /nób/ *s* cabeça; protuberância; nobre.
Nob.ble /nóbol/ *v* enganar; lograr; amarrar.
Nob.by /nó.bi/ *adj* ostentoso; elegante; distinto.
No.ble /nôubol/ *s* nobre; aristocrata; *adj* nobre.
No.ble.ness /nôubl.nés/ *s* nobreza; dignidade.
No.bod.y /nôu.bódi/ *s* o ninguém; *pron* ninguém.
Noc.tam.bu.list /nóctém.biulist/ *s* sonâmbulo.
Nod /nód/ *s* sinal; saudação; aceno; *v* acenar (com a cabeça); cochilar.
Nod.ding /nó.din/ *s* aceno; cumprimento com a cabeça.
Nod.dy /nó.di/ *s* estúpido; cabeçudo.
Node /nôud/ *s* nódulo; nó; tumor; protuberância.
Nog.gin /nó.guin/ *s* cuba; jarro; bilha.
No.how /nôu.háu/ *adv* de modo algum.
Noise /nóiz/ *s* barulho; ruído; fama; *v* fazer barulho.
Noise.less /noiz.lés/ *adj* silencioso; sossegado; tranquilo.
Noise.less.ness /nóiz.lésnés/ *s* silêncio; tranquilidade.
Nois.i.ness /nói.zinés/ *s* barulho; ruído; estrépito.
Nois.y /nói.zi/ *adj* ruidoso; clamoroso; estrepitoso.
Nom.i.nate /nó.minêit/ *v* nomear; designar.
Nom.i.na.tion /nóminêi.xân/ *s* nomeação.
Nom.i.nee /nómini/ *s* nomeado; candidato lançado.
Non.age /nó.nidj/ *s* menoridade.
Nonce /nóns/ *s* tempo presente; ocasião.
Non.cha.lance /nónxâléns/ *s* descuido; relaxamento.
None /nân/ *adv* não, de modo algum; de nenhum modo; *pron* nenhum; ninguém; nada.
Non.pa.reil /nónpârél/ *s* pessoa ou coisa de grande mérito; *adj* incomparável; sem par; sem rival.
Non.plus /nón.plâs/ *s* confusão; *v* confundir; embaraçar.
Non.sense /nón.séns/ *s* contrassenso; absurdo.
Non.sen.si.cal /nónsén.sicâl/ *adj* absurdo.
Non.sen.si.cal.ness /nónsén.sicâlnés/ *s* absurdo; insensatez.
Non.suit /nón.siut/ *s* abandono; revelia.
Noo.dle /niudol/ *s* simplório; tolo; bobo.
Noon /nun/ *s* meio-dia.
Noon.day /nun.dêi/ *s* meio-dia; *adj* meridional.
Noon.tide /nun.táid/ *s* meio-dia; apogeu; *adj* meridional.
Noose /nus/ *s* nó corrediço; armadilha; laço; *v* apanhar em laço.
Nor /nór/ *conj* nem; tampouco.
Norm /nórm/ *s* norma; regra; lei.
Nor.mal /nór.mâl/ *adj* normal; regular.
Nor.mal.i.za.tion /normâlizêi.xân/ *s* normalização; regularização.
Nor.mal.ize /nór.mâláiz/ *v* normalizar; regularizar.
Nor.mal.ly /nór.mâli/ *adv* normalmente.
North /nórth/ *s* norte; setentrião; *adj* setentrional; boreal.
North.ern /nór.dhârn/ *adj* setentrional; do norte.
Nose /nôuz/ *s* nariz; focinho; bico; *v* cheirar; defrontar-se.
Nose.band /nôuz.bénd/ *s* focinheira (de animal).
Nos.tril /nós.tril/ *s* narina; venta.
Nos.y /nôu.zi/ *adj* narigudo; curioso.
Not /nót/ *adv* não.
No.ta.bil.i.ty /nôutâbi.liti/ *s* notabilidade; importância; valor.
No.ta.ble /nôu.tâbol/ *adj* notável; atento; vigilante; cuidadoso.
No.ta.ble.ness /nó.tâblnés/ *s* vigilância; atividade; parcimônia; prudência.
No.ta.ry /nôu.târi/ *s* notário; tabelião.
No.ta.tion /notêi.xân/ *s* notação.
Notch /nótxe/ *s* entalhe; encaixe; corte; *v* entalhar; fazer cortes.
Note /nôut/ *s* nota; marca; sinal; vale; tom; nota musical; *v* notar; observar; reparar.
Note.book /nôut.buc/ *s* caderno; agenda; *inf* computador portátil.
Note.less /nôut.lés/ *adj* obscuro; desconhecido; pouco notável.
Note.wor.thy /nôut.uôrth/ *adj* importante; notável.
Noth.ing /nâ.thin/ *s* nada; coisa nenhuma; *adv* de modo algum; nada.
No.tice /nôu.tis/ *s* observação; nota; *v* notar; olhar.
No.tice.a.ble /nôu.tissâbol/ *adj* digno de atenção.
No.ti.fy /nôu.tifái/ *v* notificar; avisar.
No.tion /nôu.xân/ *s* noção; ideia; parecer.
No.to.ri.e.ty /nôutorái.iti/ *s* notoriedade.
No.to.ri.ous /nôtôu.riâs/ *adj* notório.
Nought /nót/ *s* nada; zero.
Noun /náun/ *s* nome; substantivo.
Nour.ish /nâ.rixe/ *v* nutrir; alimentar; sustentar.
Nour.ish.ment /nâ.rixement/ *s* alimento; alimentação; nutrição.
Nous /náus/ *s* inteligência; intelecto; alma.
Nov.el /nóvol/ *s* romance; *adj* novo; moderno; original.
No.vem.ber /novém.bâr/ *s* Novembro.
Nov.ice /nó.vis/ *s* noviço; novato.
Now /náu/ *s* o presente; o momento atual; *adv* agora; ora; já; imediatamente.
Now.a.days /náu.adêiz/ *adv* hoje em dia; presentemente.
No.way /nôu.uêi/ *adv* de nenhum modo.
No.where /nôu.huér/ *adv* em nenhum lugar; em parte alguma.
No.wise /nôu.uáis/ *adv* de forma alguma; de maneira nenhuma.
Nox.ious /nóc.xâs/ *adj* nocivo; pernicioso.
Nox.ious.ness /nóc.xâsnés/ *s* nocividade.
Noz.zle /nózol/ *s* embocadura; bico; agulheta.

Nub.ble /nâbol/ *s* protuberância; nó.
Nude /niud/ *adj* nu; despido; nulo; desnudar.
Nudge /nâdj/ *s* cotovelada; *v* tocar de leve.
Nu.di.ty /niu.diti/ *s* nudez; nudeza.
Nug.get /nâ.guet/ *s* pepita.
Nui.sance /niu.sâns/ *s* incômodo; dano; moléstia; indecência.
Null /nâl/ *adj* nulo; inválido; inútil; vão.
Nul.li.fy /nâ.lifái/ *v* anular; invalidar; *s* nulidade; anulação.
Numb /nâm/ *adj* entorpecido; paralisado; tolhido; *v* amortecer; entorpecer.
Numb.er /nâm.bâr/ *s* número; *v* numerar; contar; importar em.
Numb.ness /nâm.nés/ *s* torpor; adormecimento; entorpecimento.
Nu.mer.ous /niu.mârâs/ *adj* numeroso; copioso; abundante.
Num.skull /nâm.scâl/ *s* tolo.
Nun /nân/ *s* monja; religiosa; freira.
Nun.ner.y /nâ.nâri/ *s* convento de freiras.
Nurse /nârs/ *s* ama; enfermeira; enfermeiro; *v* cuidar de.
Nurse.maid /nârs.mêid/ *s* ama-seca; pajem.
Nurs.er.y /nârs.ri/ *s* creche; quarto de crianças; viveiro.
Nurs.ing /nâr.sin/ *s* criação; amamentação; alimentação.
Nur.ture /nâr.txur/ *s* alimentação; criação; *v* nutrir; educar.
Nut /nât/ *s* noz; avelã; porca de parafuso.
Nu.ta.tion /niutêi.xân/ *s* aceno de cabeça; mudança de posição; ASTR Nutação.
Nut.crack.er /nât.cré.câr/ *s* quebra-nozes.
Nut.heads /nât.héds/ *adj* idiotas.
Nut.meg /nât.még/ *s* noz-moscada.
Nu.tri.tion /niutri.xân/ *s* nutrição; alimentação; alimento.
Nu.tri.tious /niutri.xâs/ *adj* alimentício; nutritivo; substancioso.
Nut.ty /nâ.ti/ *adj* com sabor de nozes; abundante em nozes; POP amalucado.
Nuz.zle /nazol/ *v* fossar; focinhar.

ABCDEFGHIJKLMNOPQRSTUVWXYZ

O /ôu/ *s* décima-quinta letra do alfabeto Português e do alfabeto Inglês.
Oaf /ôuf/ *s* tolo.
Oaf.ish /ôu.fixe/ *adj* tolo; aparvalhado.
Oaf.ish.ness /ôu.fixenés/ *s* tolice; estupidez.
Oak /ôuc/ *s* carvalho.
Oak.en /ôu.quen/ *adj* de carvalho.
Oar /ôur/ *s* remo; *v* remar.
Oat /ôut/ *s* aveia.
Oat.en /outn/ *adj* de aveia.
Oath /ôuth/ *s* juramento; voto.
Oat.meal /ôut.mil/ *s* mingau; aveia.
Ob.du.ra.cy /ób.diurâssi/ *s* inflexibilidade; obstinação.
Ob.du.rate /ób.diurêit/ *adj* endurecido; obstinado; impenitente.
O.be.di.ence /óbi.diéns/ *s* obediência; sujeição; submissão.
O.be.di.ent /obi.diént/ *adj* obediente; submisso.
O.bese /obis/ *adj* obeso; gordo.
O.bes.i.ty /ou.bísiti/ *s* obesidade; gordura.
O.bey /obêi/ *v* obedecer; sujeitar; acatar.
Ob.fus.cate /óbfâs.quêit/ *v* ofuscar; obscurecer.
Ob.fus.ca.tion /óbfâsquêi.xân/ *s* ofuscação; obscurecimento.
O.bit /ôu.bit/ *s* óbito.
O.bit.u.a.ry /obi.txeuéri/ *s* obituário.
Ob.ject /ó.bjéct/ *s* objeto; coisa; assunto; matéria; desígnio; intento; GRAM objeto; *v* objetar; opor-se; visar.
Ob.jec.tion /óbdjéc.xân/ *s* objeção; oposição; reparo.
Ob.jec.tive /óbdjéc.tiv/ *s* lente de objetiva; destino; acusativo; *adj* objetivo.
Ob.jec.tiv.i.ty /óbdjécti.viti/ *s* objetividade.
Ob.jur.gate /ó.bdjârguêit/ *v* objurgar; censurar; repreender.
Ob.la.tion /óblêi.xân/ *s* oblação; oferenda.
Ob.li.gate /ó.bliguêit/ *v* obrigar; forçar; constranger.
Ob.li.ga.tion /óbliguêi.xân/ *s* obrigação; dever; obséquio; favor.
Ob.li.ga.to.ry /ó.bligâtôuri/ *adj* obrigatório; compulsório.
O.blige /obláidj/ *v* obrigar; obsequiar; constranger; forçar.
Ob.li.gee /óblidji/ *s* credor.
O.blig.ing /obláі.djin/ *adj* prestativo; cortês.
O.blig.ing.ness /obláі.djinés/ *s* delicadeza; polidez; bondade.
Ob.lit.er.ate /óbli.târêit/ *v* obliterar; apagar.
Ob.lit.er.a.tion /óblitârêi.xân/ *s* obliteração; extinção.
Ob.scene /óbsin/ *adj* obsceno; imoral; indecente.
Ob.scen.i.ty /óbsi.niti/ *s* obscenidade; torpeza; indescência.
Ob.scure /óbsquiur/ *adj* obscuro; confuso; tenebroso; enigmático; *v* obscurecer; ofuscar.
Ob.scu.ri.ty /óbsquiu.riti/ *s* obscuridade; escuridão; sombras.
Ob.se.cra.tion /óbsicrêi.xân/ *s* obsecração; súplica; rogo.
Ob.se.qui.ous /óbsi.caiâs/ *adj* obsequioso; servil; adulador.
Ob.serv.a.ble /óbzâr.vâbol/ *adj* observável; perceptível; usual.
Ob.ser.vance /óbzâr.vâns/ *s* observância; cumprimento; hábito.
Ob.ser.vant /óbzâr.vânt/ *adj* observador; submisso; acatador.
Ob.ser.va.tion /óbzârvêi.xân/ *s* observação; experiência; reflexão.
Ob.serve /óbzârv/ *v* observar; notar; cumprir.
Ob.sta.cle /ó.bstâcol/ *s* obstáculo; dificuldade; contrariedade.
Ob.sti.na.cy /óbs.tinâssi/ *s* obstinação; teima.
Ob.sti.nate /óbs.tinit/ *adj* obstinado; teimoso; tenaz.
Ob.struct /óbstrâct/ *v* obstruir; estorvar; dificultar.
Ob.struc.tion /óbstrâc.xân/ *s* obstrução; impedimento; obstáculo.
Ob.tain /óbtêin/ *v* obter; alcançar; prevalecer.
Ob.tain.a.ble /óbtêi.nâbol/ *adj* que se pode obter.
Ob.tain.ment /óbtêin.ment/ *s* obtenção; consecução.
Ob.trude /óbtrud/ *v* impor; ser importuno; apresentar à força.

Ob.tru.sion /óbtru.jân/ *s* intrometimento; intromissão; intrusão.
Ob.tu.rate /óbtiurêit/ *v* tapar; obturar.
Ob.vert /óbvârt/ *v* voltar; dirigir para.
Ob.vi.ate /ób.viêit/ *v* obviar; evitar; prevenir; precaver.
Ob.vi.ous /ób.viâs/ *adj* óbvio; manifesto; evidente.
Oc.ca.sion /óquêi.jân/ *s* ocasião; oportunidade; *v* ocasionar; causar.
Oc.cult /ócâlt/ *adj* oculto; secreto.
Oc.cul.ta.tion /ócâltêi.xân/ *s* ocultação; desaparecimento.
Oc.cu.pan.cy /ó.quiupânsi/ *s* ocupação: posse.
Oc.cu.pa.tion /óquiupêi.xân/ *s* ocupação; trabalho; emprego.
Oc.cu.py /ó.quiupái/ *v* ocupar; empregar; habitar.
Oc.cur /ocâr/ *v* ocorrer; acontecer; suceder.
Oc.cur.rence /ócâ.rens/ *s* ocorrência; acontecimento; incidente; *adj* ocorrente; casual; acidental.
O.cean /ôu.xân/ *s* oceano; mar; imensidade.
O.ce.an.i.an /ôuxeiêi.niân/ *s* oceânico; *adj* oceânico.
O.ce.an.ic /ôuxeié.nic/ *adj* oceânico; imenso.
Oc.to.ber /óctôu.bâr/ *s* Outubro.
Odd /ód/ *adj* singular; curioso; estranho.
Odd.i.ty /ó.diti/ *s* singularidade; originalidade.
Odd.ment /ód.ment/ *s* coisa supérflua; sobras.
Odd.ness /ód.nés/ *s* disparidade; singularidade; extravagância.
Odds /óds/ *s* diferença; vantagem; desigualdade; rixa.
O.di.ous /ôu.diâs/ *adj* odioso; detestável.
O.dor /ôu.dâr/ *s* odor; aroma; perfume.
O.dor.if.er.ous /ôudâri.farâs/ *adj* odorífero; aromático.
Of /óv/ *prep* de.
Off /óf/ *adj* desocupado; livre; desligado; *adv* longe; fora; ao largo; *prep* de; fora de.
Of.fence /ôfens/ *s* ofensa; ultraje; pecado; *also* Offense.
Of.fend /ofénd/ *v* ofender; magoar.
Of.fer /ó.fâr/ *s* oferta; convite; *v* oferecer.
Off.hand /óf.hénd/ *adj* improvisado; seco; bruto; *adv* de improviso.
Of.fice /ó.fis/ *s* escritório; repartição; ofício.
Of.fi.cer /ó.fissâr/ *s* servidor; oficial; *v* comandar.
Of.fi.ci.ate /ófi.xeiêit/ *v* oficiar; exercer.
Of.fi.cious /ófi.xeâs/ *adj* não oficial.
Off.ish /ó.fixe/ *adj* intratável; arisco.
Off.side /ófsáid/ *s* FUT o fora de jogo (impedimento); o impedido (jogador); *adv* fora do lugar próprio.
Off.spring /óf.sprin/ *s* geração; prole; descendência.
Oft.en /ófn/ *adj* frequente; *adv* frequentemente.
Oil /óil/ *s* óleo; azeite; petróleo; *v* azeitar; olear; untar; alisar.
Oil.y /ói.li/ *adj* oleoso; gorduroso; escorregadio.
O. k. /óuquêi/ *adv* certo; *examine* ⇒ All Right.
Old /ôuld/ *adj* velho; idoso; antigo.
Old.en /ôuldn/ *adj* velho; antigo.
Ol.ive /óliv/ *s* azeitona; *adj* azeitonado; esverdeado.
O.men /ôu.mén/ *s* presságio; agouro; prognóstico.
Om.i.nous /ôu.minâs/ *adj* ominoso; nefasto.
O.mis.sion /omi.xân/ *s* omissão; descuido.
O.mit /omit/ *v* omitir; descuidar; excluir.
Om.nip.o.tent /ómni.potént/ *adj* onipotente, que pode tudo (Deus).
On /ón/ *prep* em; sobre; a; na; no; *adv* em cima; adiante.
Once /uâns/ *adv* uma vez; um dia; outrora; antigamente; uma só vez.
One /uân/ *s* um; uma; o número um; uma pessoa; *adj* um; uma; um tal; um certo; *pron* um; algum; alguém; aquele; aquela; se; qualquer.
One.ness /uân.nés/ *s* unidade; indivisão; singularidade.
On.er.ous /ó.narâs/ *adj* oneroso; pesado; opressivo.
One.self /uânsélf/ *pron* si mesmo; si próprio; se; a si mesmo.
On.go.ing /óngôuin/ *adj* progressivo; avançado.
On.ion /â.niân/ *s* cebola.
On.ly /ôun.li/ *adj* único; só; raro; *adv* só; somente; *conj* mas; apenas; exceto.
On.ward /ón.uârd/ *adj* avante; avançado; progressivo.
On.wards /ón.uârdz/ *adv* progressivamente; para diante.
Ooze /uz/ *s* exsudação; lodo; lama; *v* vasar; exsudar; destilar; fluir.
O.pal /ôu.pâl/ *s* opala (pedra preciosa).
O.pal.ine /ôu.pâlin/ *adj* opalino; cintilante.
O.paque /opêic/ *adj* opaco; obscuro.
O.pen /ôupen/ *s* lugar descoberto; *v* abrir; revelar; encetar; começar; inaugurar; expor; *adj* aberto; patente; sincero; franco; suave.
O.pen.er /ôup.nâr/ *s* abridor; intérprete.
O.pen.ing /ôup.nin/ *s* abertura; inauguração; meio; campo aberto; *adj* que se abre.
O.pen.ly /ôu.penli/ *adv* claramente; abertamente.
O.pen.ness /ôu.penés/ *s* nudez; clareza; franqueza; sinceridade.
Op.er.ate /ó.parêit/ *v* operar; mover; acionar; funcionar.
Op.er.a.tion /ópârêi.xân/ *s* operação; efeito; ofício; manipulação.
O.pine /opáin/ *v* opinar; julgar.
O.pin.ion /opi.niân/ *s* parecer; julgamento; fama; reputação.
Op.po.nent /ópôu.nent/ *adj* oponente; adversário.
Op.por.tune /ópârtiun/ *adj* oportuno; favorável; exato.
Op.por.tu.ni.ty /ópârtiu.niti/ *s* oportunidade; ocasião.
Op.pose /ópôu.z/ *v* opor; objetar; impugnar.
Op.pos.er /ópôu.zâr/ *s* opositor; rival.

Op.po.site /ó.pozit/ *s* antagonista; *adj* oposto; fronteiro.
Op.po.si.tion /ópozi.xân/ *s* oposição; aversão; resistência.
Op.press /oprés/ *v* oprimir; tiranizar; comprimir.
Op.pro.bri.ous /óprôu.briâs/ *adj* ignominioso; infamante; ultrajante.
Op.pugn /ópiun/ *v* opor-se; resistir; combater.
Op.pug.nan.cy /ópâg.nânsi/ *s* oposição; resistência.
Op.tic /óp.tic/ *s* próprio da visão; vista; *adj* óptico.
Op.ti.cian /ópti.xân/ *s* óptico; oculista.
Op.ti.mism /óp.timizm/ *s* otimismo.
Op.tion /óp.xân/ *s* opção; escolha.
Op.tion.al /óp.xeanâl/ *adj* facultativo.
Op.u.lence /ó.piuléns/ *s* opulência; fartura; abundância.
O.pus.cule /ópâs.quiul/ *s* opúsculo; pequena obra.
Or /ór/ *s* ouro (em heráldica); *conj* ou; ou então.
Or.a.cle /ó.râcol/ *s* oráculo.
Or.ange /ó.rendj/ *s* laranja; *adj* alaranjado.
Or.ange.ade /órendjêid/ *s* laranjada.
O.rate /ôurêit/ *v* discursar; tagarelar.
O.ra.tion /ôurêi.xân/ *s* oração; discurso.
Orb /órb/ *s* orbe; globo; esfera; *v* cercar; arredondar; rodear.
Or.bit /ór.bit/ *s* órbita; cavidade ocular.
Or.chard /ór.txeârd/ *s* pomar.
Or.ches.tra /ór.questrâ/ *s* orquestra.
Or.ches.trate /ór.questrêit/ *v* orquestrar.
Or.chid /ór.quid/ *s* orquídea (flor).
Or.dain /órdêin/ *v* ordenar; decretar; nomear um ministério.
Or.de.al /ór.diâl/ *s* prova; exame; ensaio.
Or.der /ór.dâr/ *s* ordem; classe; condecoração; *v* ordenar; arrumar; requisitar.
Or.der.ly /ór.dârli/ *s* sentinela; soldado; *adj* ordenado; metódico; tranquilo.
Or.di.na.ry /ór.dinéri/ *adj* ordinário; habitual; comum; vulgar.
Or.di.nate /ór.dinit/ *s* ordenada; *adj* metódico; regulado.
Or.dure /ór.djur/ *s* imundície; excremento.
Ore /ôur/ *s* minério.
Or.gan /ór.gân/ *s* órgão do corpo; órgão, instrumento musical.
Or.gan.i.za.tion /órgânizêi.xân/ *s* organização; organismo; sociedade.
Or.gan.ize /ór.gânáiz/ *v* organizar.
Or.gy /ór.dji/ *s* orgia; bacana.
O.ri.ent /ôu.riént/ *s* oriente; leste; este; *adj* nascente; oriental.
O.ri.en.tal.ize /ôurién.tâláiz/ *v* orientar; *also* Orientate.
Or.i.fice /ó.rifis/ *s* orifício; buraco.
Or.i.gan /ó.rigân/ *s* orégano; orégão (planta).
Or.i.gin /ó.ridjin/ *s* origem; raiz; descendência.
O.rig.i.nal /ó.ridjinâl/ *s* original; protótipo; *adj* original; primitivo.
O.rig.i.nal.i.ty /oridjiné.liti/ *s* originalidade.
O.rig.i.nate /ori.djinêit/ *v* originar; produzir; inventar.
O.rig.i.na.tion /oridjinêi.xân/ *s* origem; princípio.
Or.i.son /ó.rizân/ *s* oração; prece; rogo.
Or.na.ment /ór.nâmént/ *s* ornamento; enfeite; decoração; insígnia.
Or.na.ment /ór.nâmént/ *v* ornamentar; embelezar.
Or.na.men.tal /órnâmén.tâl/ *adj* ornamental.
Or.nate /órnêit/ *adj* ornado; adornado; embelezado.
Or.thog.ra.phy /órthó.grâfi/ *s* ortografia.
Or.tho.pe.dic /órthopi.dic/ *adj* ortopédico.
Or.tho.pe.dics /órthopi.dics/ *s* ortopedia.
Os.cil.late /ó.silêit/ *v* oscilar; vibrar; flutuar.
Os.cil.lat.ing /ó.silêitin/ *adj* oscilante.
Os.cil.la.tion /óssilêi.xân/ *s* oscilação; vibração.
Os.cu.late /ós.quiulêit/ *v* oscular; beijar.
Os.cu.la.tion /ósquiulêi.xân/ *s* osculação; ósculo.
O.sier /ôu.jâr/ *s* vime; vimeiro; *adj* de vime.
Os.man.li /ózmén.li/ *s* Otomano.
Os.se.ous /ó.siâs/ *adj* ósseo.
Os.si.fy /ó.sifái/ *v* ossificar; ossificar-se.
Os.ten.si.ble /óstén.sibol/ *adj* ostensível; manifesto.
Os.ten.ta.tious /óstentêi.xeâs/ *adj* ostentoso; faustoso; magnificente.
Os.tra.cism /ós.trâssizm/ *s* ostracismo; degredo; banimento.
Os.trich /ós.tritxe/ *s* avestruz; ema.
Oth.er /â.dhâr/ *adj* outro; outra; outros; outras; *pron* o outro; a outra; *adv* de outra forma.
Oth.er.wise /á.dhâr.uáiz/ *adj* outro; diferente; *adv* de outro modo; aliás.
O.ti.ose /ôu.xeiôus/ *adj* negligente; ocioso; malandro; vadio.
O.ti.os.i.ty /ôuxeió.siti/ *s* ociosidade; desocupação.
Ot.ter /ó.târ/ *s* lontra (animal); pele de lontra; larva.
Ought /ót/ *s* zero; nada; *v* dever, ter obrigação.
Ounce /áuns/ *s* onça (animal); peso (**1 oz** = 28,350 gr).
Our /áur/ *adj* nosso; nossa; nossos; nossas.
Ours /áurs/ *pron* nosso; nossa (os, as).
Our.self /áursélf/ *pron* nós mesmos.
Oust /áust/ *v* tirar; desalojar; jogar fora.
Out /áut/ *s* exterior; oposição; *v* expulsar; desabrigar; *adv* fora; fora de; *interj* fora!
Out.board /áut.bôurd/ *adj* NÁUT parte externa; *adv* fora do centro.
Out.brave /áutbrêiv/ *v* atemorizar.
Out.break /áutbrêic/ *s* erupção; distúrbio; paixão.
Out.build.ing /áutbil.din/ *s* construção exterior; dependência exterior.
Out.burst /áut.bârst/ *s* erupção; explosão.
Out.cast /áut.quést/ *s* pária; desterrado; *adj* expulso; banido; exilado.
Out.class /áutclés/ *v* exceder; sobrepujar.

Out.come /áut.câm/ *s* consequência; resultado; êxito.
Out.crop /áutcróp/ *v* aparecer; aflorar.
Out.cry /áut.crái/ *s* clamor; algazarra; gritaria.
Out.do /áutdu/ *v* exceder; ultrapassar; *past* Outdid *and pp* Outdone.
Out.door /áut.dôur/ *adj* sob o ar livre; de fora; exterior; em ambiente aberto.
Out.doors /áut.dourz/ *s* o campo; o ar livre; *adv* ao ar livre.
Out.er /áu.târ/ *adj* exterior; externo.
Out.er.most /áu.târmôust/ *adj* extremo; o mais externo; *adv* o mais externo.
Out.fall /aut.fól/ *s* saída; desembocadura.
Out.fit /áut.fit/ *s* despesas de instalações; armamentos; vestuário.
Out.flow /áut.flôu/ *s* efusão; fluxo; jorro.
Out.go /áut.gôu/ *s* gasto; despesa; *v* exceder; sobrepujar; adiantar; *past* **Outwent** *and pp* **Outgone**.
Out.grow /áut.grôu/ *v* crescer em demasia; *past* Outgrew *and pp* Outgrown.
Out.growth /áut.grôuth/ *s* crescimento excessivo.
Out.house /áut.haus/ *s* alpendre; anexo.
Out.land.ish /áutlén.dixe/ *adj* grotesco; estrangeiro; ridículo.
Out.last /áutlést/ *v* exceder em duração; sobreviver.
Out.law /áut.ló/ *s* proscrito; banido; *v* banir; culpar; incriminar.
Out.law.ry /áut.lóri/ *s* incriminação; acusação.
Out.lay /áut.lêi/ *v* despender; gastar; *past and pp* Outlaid.
Out.let /áu.tlét/ *s* passagem; saída; mercado.
Out.line /áu.tláin/ *s* esboço; perfil; desenho; *v* esboçar; delinear.
Out.live /áutliv/ *v* sobreviver; escapar; resistir.
Out.look /áut.luc/ *s* vista; perspectiva; vigilância; panorama.
Out.ly.ing /áut.láin/ *adj* afastado; remoto.
Out.most /áut.môust/ *adj* extremo; mais exterior; mais saliente.
Out.post /áut.pôust/ *s* posto avançado.
Out.pour /áutpôur/ *v* jorrar; esguichar.
Out.put /áut.put/ *s* produção; rendimento.
Out.rage /áu.trêidj/ *s* ultraje; violência; transgressão; *v* ultrajar; injuriar.
Out.ra.geous /áutrêi.djâs/ *adj* ultrajante; excessivo.
Out.reach /áut.ri.txe/ *v* ir além de; ultrapassar.
Out.right /áut.ráit/ *adv* imediatamente; logo; francamente.
Out.side /áut.sáid/ *s* fora; lado de fora; *adj* externo; exterior; do lado de fora; *adv* exteriormente; *prep* fora de; além de.
Out.sid.er /áut.sáidâr/ *s* estranho; forasteiro.
Out.skirt /áut.scârt/ *s* bordo; orla; limite.
Out.speak /áut.spic/ *v* falar alto.
Out.spo.ken /áut.spôuquen/ *adj* franco; leal; sincero.
Out.stand /áutsténd/ *v* demorar-se; sair do alinhamento; resistir; *past and pp* **Outstood**.
Out.stand.ing /áutstén.din/ *adj* saliente; pendente.
Out.stretch /áutstré.txe/ *v* estender; esticar.
Out.strip /áutstrip/ *v* avançar; exceder.
Out.ward /áut.uârd/ *s* exterior; aparência; *adj* exterior; externo; visível; *adv* exteriormente; para o exterior.
Out.wit /áutuit/ *v* ser mais esperto que.
Out.worn /áutuôurn/ *adj* desgastado.
Ou.zel /uzl/ *s* melro (pássaro).
O.va.ry /ôu.vâri/ *s* ovário.
O.vate /ou.vêit/ *adj* oval.
Ov.en.bird /â.venbârd/ *s* joão-de-barro (ave).
O.ver /ôu.vâr/ *s* sobra; excesso; *adj* superior; excessivo; *adv* sobre; em cima; defronte; *prep* em cima de; além de; durante.
O.ver.act /ouvâréct/ *v* exagerar.
Over-all /ôu.vâról/ *adj* completo.
O.ver.alls /ôu.var.óls/ *s* macacão de operário; aventais.
O.ver.bal.ance /ouvârbé.lâns/ *s* excesso de peso; superioridade; *v* exceder; preponderar; sobrepujar.
O.ver.bear /ouvârbér/ *v* vencer; sujeitar; deprimir.
O.ver.bear.ing /ouvârbé.rin/ *adj* despótico; altivo; dominante.
O.ver.bur.den /ouvârbârdn/ *v* sobrecarregar; oprimir.
O.ver.cast /ouvârquest/ *adj* enuviado; tempo encoberto; *v* escurecer; cobrir de nuvens.
O.ver.charge /ouvârtxeár.dj/ *s* sobrecarga; *v* sobrecarregar.
O.ver.cloud /ouvârcláud/ *v* obscurecer; nublar; entristecer.
O.ver.coat /ôu.vârcôut/ *s* sobretudo; capote.
O.ver.come /ouvârcâm/ *v* tornar-se superior a; conquistar; superar; *past* **Overcame** *and pp* Overcome.
O.ver.do /ouvârdu/ *v* exceder; exagerar.
O.ver.flow /ouvârflôu/ *s* inundação; cheia; *v* transbordar; inundar; *past* **Overflowed** *and pp* Overflown.
O.ver.flow.ing /ouvârflôu.in/ *s* inundação; derramamento.
O.ver.grow /ouvârgrôu/ *v* crescer em excesso; *past* Overgrew *and pp* **Overgrown**.
O.ver.hang /ouvâr.hén/ *s* saliência; *v* sobressair; pender sobre; *past and pp* **Overhung**.
O.ver.haul /ouvâr.hól/ *v* rever; visitar.
O.ver.head /ôu.vâr.héd/ *adj* elevado; aéreo; *adv* em cima; no alto; por cima.
O.ver.joy /ouvârdjói/ *v* arrebatar; enlevar-se.
O.ver.land /ôu.vârlénd/ *adv* por terra; em terra.
O.ver.lap /ôu.vârlép/ *s* envoltório; *v* sobrepor; encobrir; envolver.
O.ver.lay /ouvârlêi/ *s* capar; *v* deitar; sobrepor; oprimir.

O.ver.look /ouvârluc/ *s* ato de olhar do alto; *v* ver de lugar mais alto; vigiar; descurar.
O.ver.mas.ter /ouvârmas.târ/ *v* dominar; exercer o controle sobre.
O.ver.match /ouvârmé.txe/ *s* adversário superior; *v* superar.
O.ver.much /ouvârmâ.txe/ *adj* excessivo; *adv* demais.
O.ver.night /ouvârnáit/ *adj* da véspera; noturno; *adv* durante a noite.
O.ver.pass /ouvârpés/ *v* atravessar; transpor.
O.ver.pow.er /ouvârpáu.âr/ *v* domar; vencer; subjugar.
O.ver.rule /ouvârul/ *v* rejeitar; ganhar; predominar.
O.ver.run /ouvârân/ *v* invadir; infestar; espezinhar; *past* Overran *and pp* Overrun.
O.ver.sea /ouvârsi/ *adj* ultramarino.
O.ver.see /ouvârsi/ *v* vigiar; inspecionar; descuidar; *past* Oversaw *and pp* Overseen.
O.ver.set /ouvârsét/ *v* derrubar; estragar; arruinar.
O.ver.shad.ow /ouvârxé.dôu/ *v* sombrear; sobrepujar; ultrapassar.
O.ver.shoot /ouvârxut/ *v* exceder o alvo; ultrapassar os limites.
O.ver.sight /ôu.vârsáit/ *s* descuido; inadvertência; vigilância.
O.ver.state /ouvârstêit/ *v* exagerar; ampliar.
O.ver.step /ouvârstép/ *v* exceder; ultrapassar.
O.ver.take /ouvârtêic/ *v* alcançar; apanhar, surpreenderem flagrante; *past* Overtook *and pp* Overtaken.
O.ver.throw /ouvârthôu/ *s* derrota; ruína; *v* demolir; derrubar; derrotar; *past* Overthrew *and pp* Overthrown.
O.ver.time /ôu.vârtáim/ *s* hora extra.
O.ver.top /ouvârtóp/ *v* exceder; sobressair.
O.ver.weight /ouvár.uêit/ *s* excesso de peso; superioridade; *v* exceder em peso.
O.vine /ôu.váin/ *s* ovino; *adj* ovino (de ovelhas).
O.vule /ôu.viul/ *s* óvulo.
Owe /ôu/ *v* ser devedor de; dever dinheiro; dever favores.
Ow.ing /ôu.in/ *adj* devido.
Owl /ául/ *s* coruja; mocho; pessoa notívaga; notívago; *adj* próprio; particular; individual.
Own /ôun/ *v* possuir; admitir; reconhecer.
Own.er /áu.nâr/ *s* dono; proprietário, amo.
Ox /ócs/ *s* boi; gado.
Ox.tail /ócs.têil/ *s* rabo (de gado).
Ox.y.gen /óc.sidjén/ *s* oxigênio (símbolo O).
Ox.y.gen.ate /ócsi.djinêit/ *v* oxigenar; oxidar.
Oys.ter /óis.târ/ *s* ostra (molusco).

ABCDEFGHIJKLMNOPQRSTUVWXYZ

P /pi/ *s* décima-sexta letra do alfabeto Português e do alfabeto Inglês.
Pace /pêis/ *s* passo; andadura; passada; estrado; tablado.
Pace /pêis/ *v* dar passos.
Pa.cif.ic /pâs.fic/ *adj* pacífico; quieto; tranquilo.
Pac.i.fy /pé.ssifái/ *v* pacificar; acalmar.
Pack /péc/ *s* pacote; saco; matilha; bando; *v* empacotar; embrulhar.
Pack.age /pé.quidj/ *s* enfardamento; pacote; fardo.
Pack.et /pé.quet/ *s* pacote; embrulho; mala; correio; *v* enfardar; embrulhar.
Pact /péct/ *s* pacto; ajuste; acordo; tratado.
Pad /péd/ *s* almofada; talão; teclado; bloco; *v* acolchoar; almofadar.
Pad.ding /pé.din/ *s* chumaço.
Pad.dle /pédol/ *s* pá de remo; *v* remar; brincar na água.
Pad.dock /pé.dóc/ *s* cercado de cavalos.
Pad.lock /pé.dlóc/ *s* cadeado; *v* fechar a cadeado.
Pa.gan.ism /péi.gânizm/ *s* paganismo.
Page /pêidj/ *s* página; pajem; ajudante; criado; *v* paginar.
Pag.eant /pé.djânt/ *s* espetáculo; pompa; cortejo cívico.
Pag.eant.ry /pé.djântri/ *s* pompa; aparato; ostentação.
Pag.i.nate /pé.djinêit/ *v* paginar.
Pail /pêil/ *s* balde.
Pain /pêin/ *s* pena; dor; tormento; *v* afligir; causar pena; atormentar.
Pain.ful /pêin.ful/ *adj* doloroso; aflitivo; penoso; trabalhoso; árduo.
Paint /pêint/ *s* tinta; pintura; *v* pintar; descrever; colorir.
Pair /pér/ *s* par; parelha; dupla; *v* emparelhar; igualar; casar.
Pa.ja.mas /pâdjá.mâs/ *s* pijama.
Pal /pél/ *s* companheiro; camarada; sócio.
Pal.at.a.ble /pé.litábol/ *adj* gostoso; saboroso; de apurado sabor.
Pal.ate /pé.lit/ *s* paladar; palato; céu da boca.
Pa.lav.er /pâlé.vâr/ *s* lisonja; conferência; conversação; *v* adular; lisonjear; palavrear.
Pale /pêil/ *s* estaca; sociedade; grêmio; *v* encerrar; cercar; empalidecer; *adj* pálido; amarelado; lívido; claro; descorado.
Pale.ness /pêil.nés/ *s* palidez.
Pall /pól/ *s* pano mortuário; mortalha; *v* tornar insípido; enjoar; enfastiar.
Pal.li.ate /pé.liêit/ *v* paliar; encobrir; disfarçar; desculpar; suavizar.
Pal.lid /pé.lid/ *adj* pálido; lívido; descorado.
Pal.lor /pé.lâr/ *s* palidez.
Palm /pám/ *s* palma da mão, medida; *v* empalmar; manejar.
Pal.mate /pél.mit/ *adj* espalmado.
Palm.y /pá.mi/ *adj* florescente; próspero; repleto de palmeiras.
Pal.pa.bil.i.ty /pélpâbi.liti/ *s* evidência; palpabilidade.
Pal.pa.ble /pél.pâbol/ *adj* palpável; claro; óbvio; evidente.
Pal.pi.tate /pél.pitêit/ *v* palpitar; pulsar; latejar.
Pal.sy /pól.zi/ *s* paralisia; marasmo; *v* paralisar.
Pal.ter /pól.târ/ *v* esquivar-se.
Pal.tri.ness /pól.trinés/ *s* vileza; sovinice.
Pam.per /pém.pâr/ *v* nutrir em excesso; engordar; deleitar; acariciar.
Pan /paen/ *s* panela; caçarola; chaleira; *v* cozinhar; ferver; POP criticar.
Pan.cake /pén.quêic/ *s* panqueca.
Pan.der /pén.dâr/ *s* alcoviteiro; mexeriqueiro; *v* intrometer-se; mediar malevolamente.
Pane /pêin/ *s* vidraça; lado; faceta.
Pan.el /pé.nel/ *s* caixilho; almofada de porta; lista de jurados; júri; *v* almofadar portas.
Pang /pén/ *s* dor; agonia.
Pan.ic /pé.nic/ *s* pânico; consternação; terror.
Pan.sy /pén.zi/ *s* amor-perfeito (flor).
Pant /pént/ *s* palpitação; ânsia; *v* palpitar; suspirar; ofegar; arquejar.
Pan.ta.loon /péntâluñ/ *s* arlequim; bobo; calça comprida; calção.
Pan.ther /pén.thâr/ *s* pantera (animal).

Panties /pén.tis/ *s* calcinhas.
Pan.try /pén.tri/ *s* despensa.
Pants /pénts/ *s* ceroulas; calças; *examine* ⇒ Trousers.
Pap /pép/ *s* teta; mamilo; peito; papinha.
Pa.per /pêi.pâr/ *s* papel; jornal; escrito; COM ordem de pagamento; *v* empapelar.
Pa.pil.la /pâpi.lâ/ *s* papila; glândula; teta.
Par /pár/ *s* igualdade; paridade.
Par.a.chute /pá.râxut/ *s* paraquedas.
Pa.rade /pârêid/ *s* parada; desfile; alarde; *v* alardear; desfilar.
Par.a.digm /pé.râdim/ *s* paradigma; cânone.
Par.a.dise /pé.râdáis/ *s* paraíso; céu; éden.
Par.a.graph /pé.râgráf/ *s* parágrafo; alínea; *v* dividir em parágrafos.
Par.a.keet /pé.râquit/ *s* periquito (ave).
Par.a.lyze /pé.râláiz/ *v* paralisar.
Par.a.mount /pé.râmáunt/ *adj* soberano; principal; superior.
Par.a.mour /pé.ramur/ *s* amante.
Par.a.sol /pé.râssól/ *s* sombrinha; guarda-sol.
Par.cel /pár.sel/ *s* parcela; porção; pacote; COM embarque; remessa; *v* parcelar; repartir; dividir; acondicionar.
Parch /pártxe/ *v* sapecar; ressecar; tostar; queimar.
Parch.ment /pár.txement/ *s* pergaminho.
Par.don /párdn/ *s* perdão; graça; absolvição; *v* perdoar; agraciar; remir.
Pare /pér/ *v* aparar; cortar; descascar.
Par.ent /pé.rent/ *s* pai; genitor.
Par.ish /pé.rixe/ *s* paróquia; freguesia; distrito.
Par.i.ty /pé.riti/ *s* paridade; igualdade.
Park /párc/ *s* parque; campina; ESP campo; estacionamento; *v* estacionar; parquear.
Par.ley /pár.li/ *s* conferência; discussão; *v* falar; conferenciar.
Par.lia.ment /pár.limént/ *s* parlamento; corte; câmara.
Par.lia.men.ta.ry /párlimén.târi/ *adj* parlamentar; do parlamento.
Par.lour /pár.lâr/ *s* sala de visitas; sala de conferência; *also* **parlor**.
Par.o.dy /pé.rodi/ *s* paródia; caricatura; *v* parodiar; arremedar.
Parr /pár/ *s* salmão filhote (peixe).
Par.rot /pé.rât/ *s* papagaio (ave).
Par.ry /pé.ri/ *s* defesa.
Parse /párs/ *v* analisar palavras ou sentença em suas categorias gramaticais, etc.
Pars.ley /párs.li/ *s* salsa (planta).
Par.son /pár.sân/ *s* pastor; clérigo; pároco.
Part /párt/ *s* parte; fração; componente; partido; *v* dividir; separar; partir.
Par.take /pártêic/ *v* participar; compartilha; *past* Partook *and pp* Partaken.
Par.tic.i.pate /párti.ssipêit/ *v* participar.
Par.ti.ci.ple /pár.tissipol/ *s* particípio.
Par.ti.cle /pár.ticol/ *s* partícula; porção.
Par.tic.u.lar.ize /párti.quiulâráiz/ *v* particularizar; pormenorizar; detalhar.
Part.ing /pár.tin/ *s* separação; adeus.
Par.ti.san /pár.tizân/ *s* partidário.
Part.ner /pár.tnâr/ *s* sócio; companheiro; *v* associar-se.
Par.tridge /pár.tridj/ *s* perdiz (ave).
Par.tu.ri.tion /pártiuri.xân/ *s* parto.
Par.ty /pár.ti/ *s* partido político; festa; facção; parte litigante; reunião festiva.
Pass /paes/ *s* passagem; salvo-conduto; *v* passar; entregar; dar; mover; ser aprovado.
Pas.sage /pae.sidj/ *s* passagem; travessia; acontecimento.
Pas.sion.ate /pé.xânit/ *adj* apaixonado; arrebatado; vivo; intenso.
Pass.word /paes.uârd/ *s* palavra de passe.
Past /paest/ *s* o passado; GRAM tempo pretérito; *adj* passado; decorrido; último.
Paste /pêist/ *s* pasta; cola; goma; *v* colar.
Paste.board *s* POP cartão de visita; carta de baralho, etc.
Past.ry /pêis.tri/ *s* pastelaria; massas; pastéis.
Pas.ture /pás.txur/ *s* pasto; *v* pastar; apascentar.
Past.y /pêis.ti/ *s* pastel; *adj* pastoso.
Pat /paet/ *s* pancadinha; carícia; afago; *v* bater de leve; afagar; *adj* exato; próprio; *adv* oportunamente; de modo conveniente.
Patch /pétxe/ *s* remendo; emplastro; esparadrapo; terreno; *v* remendar; consertar.
Pate /pêit/ *s* cabeça; cachola; crânio.
Path /péth/ *s* caminho; senda; passo.
Path.find.er /peth.fáindâr/ *s* explorador.
Path.less /péth.lés/ *adj* intransitável.
Path.way /péth.uêi/ *s* caminho; atalho; vereda; senda.
Pa.tience /pêi.xens/ *s* paciência; resignação; *s* paciente.
Pa.trol /patrôul/ *s* patrulha; ronda; vigilância; *v* patrulhar; rondar.
Pa.tron.ize /pé.trânáiz/ *v* patrocinar; favorecer; apadrinhar.
Pat.tern /pé.târn/ *s* modelo; norma; padrão; molde; *v* imitar; copiar; modelar.
Pat.ty /pé.ti/ *s* torta; pastel; empada.
Pau.ci.ty /pó.siti/ *s* exiguidade; escassez.
Paunch /pántxe/ *s* pança; abdome; barriga; abdômen.
Paunch.y /pán.txi/ *adj* barrigudo.
Pause /póz/ *s* pausa; interrupção; hesitação; *v* pausar; deter-se.
Pave /pêiv/ *v* calçar ruas; pavimentar.
Pave.ment /pêiv.ment/ *s* pavimento; piso; calçada.
Paw /pó/ *s* garra; pata.
Pawk.i.ness /pó.quinés/ *s* astúcia; manha.
Pawn /pón/ *s* penhor; peão (jogo de xadrez); *v* penhorar; empenhar.

Pay /pêi/ *s* soldo; salário; recompensa; *v* pagar; prestar homenagem ou atenção; *past and pp* Paid.
Pay.a.ble /pei.âbol/ *adj* pagável; descontável; amortizável.
Pay.ee /pêii/ *s* COM sacador.
Pay.er /pêi.âr/ *s* COM sacado.
Pay.ment /pêi.ment/ *s* pagamento; prêmio.
Pea /pi/ *s* ervilha.
Peace /pis/ *s* paz; calma; concórdia.
Peace.mak.er /pis.mêicâr/ *s* pacificador.
Peach /pitxe/ *s* pêssego; mulher jovem e linda.
Pea.cock /pi.cóc/ *s* pavão (ave).
Pea.cock.ish /pi.cóquixe/ *adj* vaidoso.
Peahen /pi.hén/ *s* pavoa.
Peak /pic/ *s* pico; cume; ponta.
Peal /pil/ *s* bulha; repique de sinos; *v* ressoar.
Pea.nut /pi.nât/ *s* amendoim.
Pear /pér/ *s* pera, fruta.
Pearl /pârl/ *s* pérola; aljôfar, pérola miúda.
Peas.ant /pé.zânt/ *s* aldeão; camponio.
Pec.can.cy /pé.cânsi/ *s* vício; defeito; imperfeição; falha.
Pec.cant /pé.cânt/ *adj* pecador; faltoso; MED doentio.
Peck /péc/ *s* bicada; beijo; o ponto de valor mais alto; *v* picar; espicaçar; bicar.
Ped.al /pé.dâl/ *s* pedal; *adj* relativo aos pedais; *v* pedalar.
Ped.ant /pé.dânt/ *adj* pedante.
Ped.ant.ry /pé.dântri/ *s* pedantismo.
Ped.dle /pédol/ *v* vender; mascatear.
Ped.i.gree /pé.digri/ *s* árvore genealógica; casta; linhagem de animais.
Peek /pic/ *v* espiar; espreitar; espionar.
Peel /pil/ *s* casca; pele; pá de remo; pá; *v* descascar.
Peel.er /pi.lâr/ *s* descascador.
Peep /pip/ *s* relance; olhadela; pio (de ave); *v* piar; surgir; aparecer; olhar de esguelha.
Peer /pir/ *s* par; companheiro; amigo da mesma idade; *v* espiar; espreitar.
Pee.vish /pi.vixe/ *adj* impertinente; rabujento.
Peg /pég/ *s* cavilha; estaca; pretexto; prendedor de roupa; *v* fixar com pregos.
Pelf /pélf/ *s* riqueza obtida fraudulentamente.
Pel.i.can /pé.licân/ *s* pelicano.
Pel.let /pé.let/ *s* bolinha; pelota; bala.
Pen /pén/ *s* pena de escrever; caneta de pena; caligrafia; escritor; curral; POP penitenciária; *v* encurralar; *past* Penned *or* Pent *and pp* Penned *or* Pent.
Pe.nal.ize /pi.nâláiz/ *v* penalizar; punir; declarar culpado.
Pen.al.ty /pé.nâlti/ *s* pena; penalidade; multa.
Pen.ance /pé.nâns/ *s* penitência; mortificação; confissão.
Pen.cil /pén.sil/ *s* lápis; pincel; pintura; *v* pintar; desenhar, riscar.
Pen.guin /pén.guin/ *s* pinguim (ave).
Pen.hold.er /pén.hôul.dâr/ *s* caneta.
Pen.knife /pén.náif/ *s* canivete.
Pen.ny /pé.ni/ *s* pêni (moeda inglesa).
Pent.house /pént.haus/ *s* sótão; alpendre; cobertura.
Peo.ple /pipol/ *s* povo; gente; o mundo.
Pep.per /pé.pâr/ *s* pimenta; pimenteira; *v* apimentar.
Per.ceive /pârsiv/ *v* perceber; notar.
Per.cep.tion /pârsép.xân/ *s* percepção; noção; ideia.
Perch /pârtxe/ *s* perca, peixe; poleiro; *v* empoleirar; pousar.
Per.cus.sion /pârcâ.xân/ *s* percussão; colisão; choque.
Per.di.tion /pârdi.xân/ *s* perdição; ruína.
Per.e.gri.nate /pé.rigrinêit/ *v* peregrinar; migrar, viajar.
Per.e.grine /pé.rigrin/ *s* falcão; *adj* peregrino; estrangeiro.
Per.fect /pârfect/ *v* aperfeiçoar; *adj* perfeito; acabado; completo.
Per.fect.i.ble /pârféc.tibol/ *adj* suscetível de aperfeiçoamento.
Per.fid.i.ous /pârfi.diâs/ *adj* pérfido; falso; desleal.
Per.fi.dy /pâr.fidi/ *s* perfídia; deslealdade.
Per.form /pârfórm/ *v* fazer; executar; cumprir; interpretar; representar.
Per.form.ance /pârfór.mâns/ *s* execução; desempenho; composição.
Per.fume /pârfium/ *s* perfume; fragrância; aroma; perfumista; *v* perfumar.
Per.haps /pâr.hé.ps/ *adv* talvez; porventura.
Per.ish /pé.rixe/ *v* perecer; acabar; sucumbir.
Per.i.wig /pé.riuig/ *s* peruca; cabeleira falsa.
Per.jure /pâr.djur/ *v* perjurar, jurar falso.
Per.ju.ry /pâr.djuri/ *s* perjúrio.
Perk /pârc/ *adj* vivo; alegre; altivo; *v* ataviar; ornar.
Perk.y /pâr.qui/ *adj* vivo; alegre.
Per.ma.nence /pâr.mânéns/ *s* permanência; constância; perseverança.
Per.ma.nent /pâr.mânént/ *adj* permanente; firme; imutável.
Per.me.a.ble /pâr.miâbol/ *adj* permeável.
Per.me.ate /pâr.miêit/ *v* permear; passar; atravessar.
Per.mis.si.ble /pârmi.sibol/ *adj* permissível; admissível.
Per.mit /pârmit/ *s* permissão; licença; *v* permitir; consentir.
Per.mut.a.ble /pârmiu.tâbol/ *adj* permutável.
Per.mute /pârmiut/ *v* permutar; trocar.
Per.ni.cious /pârni.xâs/ *adj* pernicioso; perigoso; funesto; fatal.
Per.pe.trate /pâr.pétrêit/ *v* perpetrar.
Per.pe.tra.tion /pârpétrêi.xân/ *s* perpetração.
Per.pet.u.ate /pârpé.txuêit/ *s* perpetuação; eternização.
Per.pe.tu.i.ty /pârpétxu.iti/ *s* perpetuidade.

Per.plex /pârplécs/ *v* embaraçar.
Per.plex.i.ty /pârpléc.siti/ *s* perplexidade; embaraço; irresolução.
Per.qui.site /pâr.quizit/ *s* gratificação.
Per.se.cute /pâr.siquiut/ *v* perseguir; atormentar.
Per.se.cu.tion /pârsiquiu.xân/ *s* perseguição; opressão.
Per.se.ver.ance /pârsivi.râns/ *s* perseverança; persistência.
Per.se.vere /pârsivir/ *v* perseverar.
Per.si.flage /pérsifláj/ *s* troça; zombaria; caçoada.
Per.sist /pârsist/ *v* persistir; insistir; continuar.
Per.sis.tence /pârsis.téns/ *s* persistência; constância; obstinação.
Per.son /pâr.sân/ *s* pessoa; indivíduo; personagem.
Per.son.age /pâr.sânidj/ *s* personagem.
Per.son.al.i.ty /pârsâné.liti/ *s* personalidade.
Per.son.ate /pâr.sânêit/ *v* fingir; representar.
Per.son.i.fy /pársâ.nifái/ *v* personificar; personalizar.
Per.spi.ca.cious /pârspiquêi.xâs/ *adj* perspicaz; sagaz; esclarecido.
Per.spi.ra.tion /pârspirêi.xân/ *s* transpiração; suor.
Per.spire /pârspáir/ *v* transpirar; suar.
Per.suade /pârsuêid/ *v* persuadir; convencer.
Pert /pârt/ *adj* atrevido; petulante; audaz.
Per.tain /pârtêin/ *v* pertencer; referir-se.
Per.ti.na.cious /pârtinêi.xâs/ *adj* pertinaz; obstinado; constante; decidido.
Per.turb /pârtârb/ *v* perturbar; inquietar; irritar.
Pe.ruke /peruc/ *s* peruca.
Pe.ruse /peruz/ *v* ler atentamente.
Per.vade /pârvêid/ *v* penetrar; impregnar.
Per.verse /pârvârs/ *adj* perverso; cruel; injusto; atrevido.
Per.verse.ness /pârvârs.nés/ *s* perversidade; crueldade.
Per.ver.sion /pârvâr.xân/ *s* perversão; corrupção.
Per.ver.si.ty /pârvâr.siti/ *s* perversidade.
Per.vert /pâr.vârt/ *s* apóstata; corruptor; *v* perverter; corromper; depravar.
Pest /pést/ *s* peste; epidemia; praga.
Pes.ter /pés.târ/ *v* atormentar; irritar; confundir.
Pes.tle /péstol/ *s* mão de pilão; *v* triturar.
Pet /pét/ *s* animal de estimação; enfado; *adj* mimado; *v* animar; acariciar.
Pet.al /pé.tâl/ *s* pétala.
Pe.ti.tion /peti.xân/ *s* petição; requerimento; *v* solicitar; requerer.
Pet.ri.fy /pé.trifái/ *v* petrificar; fossilizar.
Pet.ti.coat /pé.ticôut/ *s* anágua.
Pet.tish /pé.tixe/ *adj* rabugento; áspero; impertinente; irascível.
Pet.ty /pé.ti/ *adj* pequeno; mesquinho; insignificante; inferior.
Pet.u.lance /pé.tiulâns/ *s* petulância; irritação; insolência.
Pe.tu.ni.a /pitiu.niâ/ *s* petúnia (planta).
Pew /piu/ *s* banco comprido de igreja.
Phan.tom /fén.tâm/ *s* fantasma; espectro; ilusão.
Phar.ynx /fé.rincs/ *s* faringe.
Phase /fêiz/ *s* fase; aspecto; época; momento.
Pheas.ant /fé.sânt/ *s* faisão (ave).
Phil.o.mel /fi.lomél/ *s* rouxinol.
Phi.los.o.phize /filó.sofáiz/ *v* filosofar.
Phil.ter /fil.târ/ *s* filtro; feitiço; *also* Philtre.
Phil.ter /fil.târ/ *v* enfeitiçar; apaixonar.
Phlegm /flém/ *s* fleuma; impassibilidade.
Phleg.mat.ic /flégmé.tic/ *adj* fleumático; frio; indiferente.
Phone /fôun/ *s* POP telefone; fone; *v* telefonar.
Pho.to /fôu.to/ *s* fotografia.
Pho.to.graph /fôu.togréf/ *s* fotografia; *v* fotografar.
Pho.tog.ra.phy /fotó.grâfi/ *s* fotografia; arte fotográfica.
Phrase /frêiz/ *s* frase, sentença; *v* exprimir; expressar.
Phys.ic /fi.zic/ *s* medicina; remédio; purgante; *v* medicar; purgar.
Phy.si.cian /fizi.xân/ *s* médico.
Pi.an.ist /pié.nist/ *s* MÚS pianista.
Pi.an.o /pié.nôu/ *s* piano; *adj* MÚS piano; lento; *adv* lentamente; vagarosamente.
Pic.a.roon /picârun/ *s* pirata; ladrão; salteador.
Pick /pic/ *s* pico; *v* pegar; colher; apanhar; escolher.
Pick.axe /pic.écs/ *s* picareta; *also* **Pickax**.
Pick.ed /pict/ *adj* escolhido; selecionado; pontiagudo.
Pick.et /pi.quet/ *s* estaca; piquete; *v* rodear com estacas; fazer greve.
Pick.le /picol/ *s* conserva; salmoura; enredo; *v* pôr em salmoura.
Pick.lock /pic.lóc/ *s* ladrão; gatuno.
Pick.pock.et /pic.póquit/ *s* batedor de carteiras.
Pic.nic /pic.nic/ *s* piquenique; convescote; *v* fazer piquenique.
Pic.ture /pic.txur/ *s* pintura; imagem; quadro; descrição; filme; foto; *v* pintar; representar; descrever.
Pie /pái/ *s* torta; pastelão; pastel; empada.
Piece /pis/ *s* pedaço; peça; composição; TEATR peça; *v* remendar; acrescentar.
Pier /pir/ *s* pilar; cais; embarcadouro.
Pierce /pirs/ *v* furar; transpassar.
Pierc.ing /pir.sin/ *adj* agudo; cortante; comovente.
Pi.e.ty /pái.iti/ *s* piedade; devoção.
Pif.fle /pifol/ *s* tolice; futilidade; *v* dizer tolices.
Pig /pig/ *s* leitão; porco.
Pig.eon /pi.djân/ *s* pombo; ingênuo.
Pike /páic/ *s* pique; caminho; pico de montanha.
Pil.chard /pil.txârd/ *s* sardinha (peixe).
Pile /páil/ *s* pilha; estaca; pira; edifício; pelo; *v* empilhar; pôr estacas.
Piles /páils/ *s* hemorroidas; pilhas.
Pil.fer /pil.fâr/ *v* furtar; surripiar; enganar.
Pil.fer.er /pil.fârâr/ *s* gatuno; ladrão; larápio.
Pil.grim /pil.grim/ *s* peregrino; romeiro.

Pil.grim.age /pil.grimidj/ *s* peregrinação; romaria.
Pil.ing /pái.lin/ *s* acumulação; empilhamento.
Pill /pil/ *s* pílula; coisa aborrecida.
Pil.lage /pi.lidj/ *s* pilhagem; saque; roubo; *v* pilhar; saquear.
Pil.lar /pi.lâr/ *s* pilar; coluna; monumento.
Pil.low /pi.lôu/ *s* travesseiro; almofada.
Pi.lot /pái.lât/ *s* piloto; prático; guia.
Pimp.ing /pim.pin/ *adj* mesquinho; pequeno.
Pim.ple /pimpol/ *s* empola (bolha); borbulha.
Pin /pin/ *s* alfinete; broche; prego; eixo; coisa sem valor; *v* prender com alfinetes.
Pin.cers /pin.sârz/ *s* pinça; tenaz; torquês.
Pinch /pintxe/ *s* beliscão; aperto; pitada; *v* beliscar; agarrar; apertar; POP furtar; prender.
Pinch.beck /pintxe.béc/ *s* ouropel; ouro falso.
Pinch.er /pin.txâr/ *s* pinça; beliscador.
Pine /páin/ *s* pinheiro; pinho; *v* ansiar; lamentar.
Pine.apple /páin.aepol/ *s* abacaxi.
Ping /pin/ *s* silvo; sibilo; *v* sibilar.
Pin.ion /pi.niân/ *s* asa; AUT pinhão.
Pink /pinc/ *adj* rosa; rosado.
Pin.na.cle /pi.nâcol/ *s* auge; apogeu; *v* elevar.
Pi.o.neer /páionir/ *s* pioneiro; descobridor; explorador; *v* explorar.
Pi.ous /pái.âs/ *adj* pio; piedoso; religioso.
Pip /pip/ *s* semente; ponto (nas cartas); *v* piar.
Pipe /páip/ *s* cachimbo; cano; gaita; pipa; *v* tocar flauta.
Pip.er /pái.pâr/ *s* flautista; tocador gaita.
Pip.ing /pái.pin/ *s* tubulação; canalização; gemido; som de flauta; *adj* sibilante; ardente; adoentado; pastoril.
Pi.quant /pi.cânt/ *adj* picante; mordaz; áspero; satírico.
Pique /pic/ *s* melindre; má vontade; *v* irritar; ferir o orgulho de.
Pi.ra.cy /pái.râssi/ *s* pirataria.
Pi.rate /pái.rit/ *s* pirata; corsário; *v* piratear; pilhar; furtar.
Piss /pis/ *s* POP urina; *v* urinar; *also* **to urinate**.
Pis.tol /pis.tâl/ *s* pistola; revólver.
Pit /pit/ *s* buraco; fosso; túmulo; mina; *v* encerrar num buraco; marcar com furinhos; opor; competir.
Pitch /pitxe/ *s* piche; alcatrão; resina; declive; ponto; extremo; *v* pôr piche; lançar; atirar; precipitar-se; mergulhar.
Pitch.y /pi.txi/ *adj* triste; melancólico; tenebroso.
Pit.e.ous /pi.tiâs/ *adj* compassivo; terno; lastimoso.
Pit.fall /pit.fól/ *s* armadilha; engodo; buraco aberto.
Pith /pith/ *s* seiva; medula; energia; vigor.
Pith.y /pi.thi/ *adj* enérgico; eficaz.
Pit.i.ful /pi.tiful/ *adj* lastimável; lamentável.
Pit.i.less /pi.tilés/ *adj* desapiedado; desumano.
Pit.y /pi.ti/ *s* piedade; compaixão; dor; lástima; infortúnio; *v* compadecer-se; ter pena.
Piv.ot /pi.vât/ *s* pivô; espiga; *v* girar sobre um eixo.
Pix.ie /pic.si/ *s* fada; duende.
Plac.ard /plâcárd/ *s* cartaz; anúncio; *v* anunciar por cartazes.
Pla.cate /plêi.quêit/ *v* aplacar; pacificar; acalmar.
Place /plêis/ *s* lugar; sítio; espaço; praça de guerra; fortaleza; emprego; *v* pôr; colocar.
Plac.er /plêi.sâr/ *s* agente; garimpo.
Pla.cet /plêi.set/ *s* permissão; autorização.
Plac.id /plé.sid/ *adj* plácido; sereno; sossegado; calmo.
Pla.cid.i.ty /plâssi.diti/ *s* placidez; calma; serenidade.
Pla.gi.a.rize /plêi.djâráiz/ *v* plagiar.
Pla.gi.a.ry /plêi.djâri/ *s* plagiário.
Plague /plêig/ *s* praga; peste; flagelo; *v* infectar; atormentar.
Plagu.y /plêi.gui/ *adj* molesto; importuno; maligno.
Plaid /pléd/ *s* manta xadrez (escocesa).
Plaid.ed /plé.did/ *adj* enxadrezado; em quadrados.
Plain /plêin/ *s* campina; plano; planície; *v* chorar; lamentar; queixar-se; *adj* liso; plano; singelo.
Plain.ness /plêin.nés/ *s* superfície plana; simplicidade; evidência.
Plait /plêit/ *s* prega; dobra; *v* fazer pregas; dobrar; trançar.
Plan /plén/ *s* plano; projeto; esboço; *v* projetar; desenhar (plantas); elaborar (plantas).
Plane /plêin/ *s* plano; superfície plana; nível; aeroplano; *v* aplainar.
Plan.er /plêi.nâr/ *s* plaina mecânica; aplanador; alisador.
Plan.et /plé.net/ *s* planeta.
Plan.ish /plé.nixe/ *v* aplainar; alisar; polir.
Plank /plénc/ *s* prancha; tábua; *v* assoalhar.
Plant /plént/ *s* planta vegetal; maquinaria; policial infiltrado; *v* plantar; fundar; fixar; instalar.
Plan.ta.tion /pléntêi.xân/ *s* plantação; latifúndio.
Plant.er /plén.târ/ *s* plantador; colono; lavrador.
Plash /pléxe/ *s* atoleiro; lamaçal; esguicho; *v* enlamear; salpicar; espirrar.
Plas.ter /plés.târ/ *s* emplastro; estuque; *v* emplastrar; rebocar (parede).
Plat /plét/ *s* pedaço de terra; mapa de loteamento; *v* trançar; dividir em lotes.
Plate /plêit/ *s* chapa; lâmina; folha de metal; prataria; *v* chapear; blindar.
Plat.i.tude /plé.titiud/ *s* vulgaridade; baixeza.
Pla.toon /plâtun/ *s* pelotão.
Plat.ter /plé.târ/ *s* travessa; disco.
Plau.si.ble /pló.zibol/ *adj* plausível; louvável.
Play /plêi/ *s* jogo; brinquedo; comédia; divertimento; *v* jogar; brincar; tocar instrumentos; representar; bancar.
Play.er /plêi.âr/ *s* jogador; ator; músico.
Play.ful.ness /plêi.fulnés/ *s* jovialidade; brincadeira.
Play.wright /plêi.ráit/ *s* dramaturgo; autor.
Plea /pli/ *s* processo; demanda.
Pleach /plitxe/ *v* entretecer; trançar.
Plead /plid/ *v* pleitear; alegar; justificar.

Pleader /pli.dâr/ *s* defensor; advogado.
Pleas.ant /plé.zânt/ *adj* agradável; grato.
Please /pliz/ *v* agradar; satisfazer; gostar.
Pleas.ing /pli.zin/ *adj* agradável; amável.
Plea.sur.a.ble /plé.jurâbol/ *adj* agradável; divertido; alegre.
Plea.sure /plé.jur/ *s* prazer; encanto; agrado; satisfação; gozo.
Pledge /plédj/ *s* penhor; caução; fiança; brinde à saúde de; *v* penhorar; prometer.
Pledg.ee /plédji./ *s* caucionário; penhor.
Ple.na.ry /pli.nâri/ *adj* pleno; completo; inteiro.
Plen.ti.ful /plén.tiful/ *adj* copioso; abundante; fértil.
Plen.ti.ful.ness /plén.tifulnés/ *s* abundância; fertilidade.
Plen.ty /plén.ti/ *s* abundância; fartura; *adj* abundante; *adv* bastante.
Pli.a.bil.i.ty /pláiâbi.liti/ *s* flexibilidade; docilidade; brandura.
Pli.a.ble /plái.âbol/ *adj* dobradiço; flexível; brando.
Pli.an.cy /plái.ânsi/ *s* flexibilidade; docilidade.
Pli.er /pláir/ *s* alicate; tenaz.
Plight /pláit/ *s* penhor; promessa; dobra; aperto; *v* penhorar; empenhar.
Plod /plód/ *v* labutar; andar com dificuldade.
Plod.der /pló.dâr/ *s* trabalhador; labutador.
Plop /plóp/ *adv* repentinamente; subitamente; *s* conluio; trama; enredo; *v* tramar; conspirar.
Plot.ter /pló.târ/ *s* conspirador; maquinador.
Plough /pláu/ *s* arado; charrua; *v* lavrar; arar.
Pluck /plác/ *s* valor; ânimo; coragem; resolução; *v* arrancar; depenar.
Pluck.y /plâ.qui/ *adj* valente; corajoso; valoroso.
Plug /plâg/ *s* rolha; registro; tomada; *v* arrolhar; tapar.
Plum /plâm/ *s* ameixa; GÍR sorte; cem mil libras esterlinas; riqueza; fortuna.
Plu.mage /plu.midj/ *s* plumagem; adorno; enfeite.
Plumb /plâm/ *s* prumo; fio de prumo; *v* chumbar; soldar; sondar; pôr a prumo; *adj* completo; acabado; perfeito; *adv* perpendicularmente.
Plume /plum/ *s* pluma; orgulho; jactância; *v* jactar-se; depenar.
Plum.met /plâ.met/ *s* prumo; sonda; contrapeso.
Plump /plâmp/ *s* bando; grupo; aglomerado; *v* engordar; cair pesadamente; *adj* gordo; brusco; rude; *adv* repentinamente.
Plump.ness /plâmp.nés/ *s* gordura; descortesia.
Plun.der /plân.dâr/ *s* saque; pilhagem; roubo; *v* saquear; pilhar; mergulhar.
Plunge /plândj/ *s* mergulho; imersão; salto; *v* mergulhar.
Plung.er /plân.djâr/ *s* mergulhador; pescador de pérolas.
Plus /plâs/ *s* quantidade positiva; MAT positivo.
Plush /plâxe/ *s* pelúcia; tecido macio; luxuoso.
Plush.y /plâ.xi/ *adj* felpudo.
Pluto /plutu/ *s* Plutão.
Ply /plâi/ *s* prega; dobra; hábito; costume; *v* trabalhar ativamente; insistir; dobrar.
Pneu.mat.ic /pniumé.tic/ *adj* pneumático.
Pock /póc/ *s* pústula; varíola.
Pock.et /pó.quit/ *s* bolso; cavidade; *v* pôr no bolso; embolsar.
Pod /pód/ *s* casca; vagem; *v* inchar; encher-se.
Podg.y /pó.dji/ *adj* gordo; graxo; atarracado.
Po.em /pôu.em/ *s* poema; poesia.
Po.et /pôu.et/ *s* poeta.
Po.et.ry /pôu.etri/ *s* poesia.
Po.grom /pogróm/ *s* massacre; devastação.
Poign.ant /pói.nânt/ *adj* doloroso.
Point /póint/ *s* ponta; ponto; sinal de pontuação; ponto de vista; *v* apontar; aguçar; indicar.
Point.er /póin.târ/ *s* indicador; ponteiro.
Point.less /póin.tlés/ *adj* obtuso; sem ponta.
Poise /póiz/ *s* peso; equilíbrio; *v* equilibrar; pesar.
Poi.son /póizn/ *s* veneno; tóxico; *v* intoxicar; envenenar.
Poi.son.ous /póiz.nâs/ *adj* venenoso; tóxico.
Poke /pôuc/ *s* impulso; jugo; bolsa; saco; *v* empurrar; atiçar; andar às apalpadelas.
Pok.er /pôu.câr/ *s* pôquer (jogo); atiçador de fogo.
Pok.y /pôu.qui/ *adj* lento; estúpido; pequeno; acanhado.
Pole /pôul/ *s* polo; estaca; vara de medir; mastro.
Pole-axe /pôul.écs/ *s* machadinha; *also* **Pole-Ax**.
Po.lice /pôlis/ *s* polícia; *v* policiar; vigiar.
Po.lice.man /pôlis.mân/ *s* policial.
Pol.i.cy /pó.lissi/ *s* política; prudência; astúcia.
Pol.ish /pó.lixe/ *s* polimento; cortesia; *v* polir; lustrar; engraxar.
Po.lite /poláit/ *adj* polido; cortês; fino; elegante.
Po.lite.ness /poláit.nés/ *s* urbanidade; cortesia.
Pol.i.tic /pó.litic/ *adj* político.
Poll /pôul/ *s* cabeça; lista; rol; nomeação; *v* tosquiar; desramar; votar.
Pol.lard /pó.lârd/ *s* árvore podada; *v* podar árvores.
Pol.lute /póliut/ *v* poluir; manchar; desonrar.
Pol.lu.tion /póliu.xân/ *s* poluição.
Pol.troon /póltrun/ *s* poltrão; covarde.
Pol.troon.er.y /póltru.nâri/ *s* covardia.
Pol.y.glot /pó.liglót/ *s* poliglota; *adj* poliglota.
Pom.ace /pâ.mis/ *s* polpa (maçã, de frutas).
Po.made /pomêid/ *s* pomada; brilhantina.
Pome.gran.ate /póm.grénit/ *s* romã.
Pom.mel /pâm.mél/ *s* pomo; punho de espada; *v* bater; surrar.
Pomp /pómp/ *s* pompa; esplendor; fausto.
Pom.pos.i.ty /pómpó.siti/ *s* pompa; ostentação.
Pom.pous /póm.pâs/ *adj* pomposo; aparatoso.
Pond /pómp/ *s* tanque; bacia; lagoa.
Pond.er /pón.dâr/ *v* ponderar; meditar; refletir.
Pon.der.ous /pón.dârâs/ *adj* grave; ponderado; veemente.
Pon.iard /pó.niârd/ *s* punhal pequeno; *v* apunhalar.

Pon.tiff /pón.tif/ *s* pontífice; papa.
Pon.toon /póntun/ *s* chata; barcaça; doca.
Po.ny /pôu.ni/ *s* pônei, pequeno cavalo; POP dinheiro.
Poo.dle /pudol/ *s* cachorro.
Pool /pul/ *s* lago; piscina; jogo de bilhar; COM união de interesses; *v* COM conciliar interesses.
Poop /pup/ *s* NÁUT popa (posterior à proa).
Poor /pur/ *adj* pobre; necessitado; infeliz.
Poor.ness /pur.nés/ *s* pobreza; miséria.
Pop /póp/ *s* estalo; detonação; estouro; ruído; MÚS concerto popular; *v* estalar; sobrevir de repente; atirar; soltar; disparar.
Pop.corn /póp.córn/ *s* milho de pipoca; pipoca estourada.
Pope /pôup/ *s* Papa.
Pop.lin /pó.plin/ *s* popelina (tecido).
Pop.ple /pópol/ *v* mexer; deslizar; agitar-se.
Pop.py /pó.pi/ *s* papoula.
Pop.u.lar /pó.piulâr/ *adj* popular; do povo.
Pop.u.lar.i.ty /pópiulé.riti/ *s* popularidade.
Pop.u.lar.ize /pó.piulâráiz/ *v* popularizar; vulgarizar.
Porce.lain /pórs.lin/ *s* porcelana; louça refinada; *adj* de porcelana.
Porch /pórtxe/ *s* pórtico; átrio; vestíbulo.
Por.cu.pine /pór.quiupáin/ *s* porco-espinho; ouriço.
Pore /pôur/ *s* poro; *v* ter os olhos fixos em; estudar atentamente.
Pork /pórc/ *s* carne de porco; negociata.
Po.rous /pôu.râs/ *adj* poroso.
Por.ridge /pó.ridj/ *s* cozido; mingau.
Por.rin.ger /pó.rindjâr/ *s* tigela.
Port /pórt/ *s* porto; baía; porta; portal; *v* levar; conduzir.
Port.a.ble /pór.tâbol/ *adj* portátil; desmontável; manual.
Port.age /pór.tidj/ *s* porte; espaço entre dois rios ou canais.
Por.tal /pór.tâl/ *s* portal; fachada.
Por.tend /pórténd/ *v* prognosticar; pressagiar; vaticinar.
Por.tent /pórtént/ *s* presságio; vaticínio.
Por.ten.tous /pórtén.tâs/ *adj* nefasto; prodigioso; portentoso.
Por.ter /pór.târ/ *s* porteiro; carregador.
Por.tion /pór.xân/ *s* porção; quinhão; *v* dotar; repartir.
Port.ly /pór.tli/ *adj* majestoso; nobre; grosso.
Por.trait /pór.trit/ *s* retrato; pintura.
Por.tray /pórtrêi/ *v* retratar; pintar.
Por.tu.guese /pórtiuguiz/ *s* o Português; a língua Portuguesa; *adj* Português.
Pose /pôuz/ *s* postura; pose estudada; *v* posar; embaraçar.
Pos.er /pôu.zâr/ *s* pergunta embaraçosa; examinador.
Pos.i.tive /pó.zitiv/ *adj* positivo; formal; categórico; imperativo; teimoso.
Pos.i.tive.ness /pó.zitivnés/ *s* positividade; certeza; segurança; obstinação.
Pos.sess /pózés/ *v* possuir; ter; apoderar-se.
Pos.ses.sive /pózé.siv/ *s* GRAM o caso possessivo; *adj* possessivo.
Pos.si.bil.i.ty /póssibi.liti/ *s* possibilidade.
Pos.si.ble /pó.sibol/ *adj* possível.
Pos.si.bly /pó.sibli/ *adv* possivelmente; provavelmente.
Post /pôust/ *s* poste; pilar; correio; posto; emprego; mensageiro; cargo; *v* lançar; registrar; informar; colocar no correio; *adv* rapidamente.
Post.age /pôs.tidj/ *s* porte; tarifa.
Pos.ter.i.ty /posté.riti/ *s* posteridade.
Pos.thu.mous /pós.tiumâs/ *adj* póstumo.
Post.man /pôust.mân/ *s* carteiro; *examine* ⇒ Mailman.
Post.mark /pôust.márc/ *s* carimbo do correio; *v* carimbar.
Post.mas.ter /pôust.maestâr/ *s* agente do correio.
Post.pone /pôust.pôun/ *v* pospor; adiar; transferir.
Pos.tu.late /pós.tiulit/ *s* postulado; *v* solicitar.
Pos.ture /pós.txur/ *s* postura; posição; atitude; situação; condição; *v* colocar em posição.
Po.sy /pôu.zi/ *s* divisa; conceito; pensamento; flor.
Pot /pót/ *s* panela; pote; aposta conjunta; taça prêmio.
Po.ta.tion /pôutêi.xân/ *s* bebida; gole; trago.
Po.ta.to /potêi.tôu/ *s* batata.
Po.ten.cy /pôu.tensi/ *s* potência; força; autoridade.
Po.tent /pôu.tent/ *adj* potente; forte; poderoso.
Po.ten.tate /pôu.tentêit/ *s* potentado; soberano.
Poth.er /pó.dhâr/ *s* bulha; confusão; motim; *v* atormentar; importunar.
Po.tion /pôu.xân/ *s* poção.
Pot.sherd /pót.xârd/ *s* caco.
Pot.tage /pó.tidj/ *s* sopa; mingau; caldo.
Pot.ter.er /pó.târâr/ *s* preguiçoso.
Pot.ter.y /pó.târi/ *s* olaria; cerâmica.
Pot.tle /pótol/ *s* jarro; vaso; cesta de fruta.
Pouch /páutxe/ *s* saco; bolsa; cartucheira; *v* embolsar; engolir; tragar.
Poult /pôult/ *s* pinto; frango.
Poul.tice /pôul.tis/ *s* emplastro; cataplasma; *v* aplicar um cataplasma.
Poul.try /pôul.tri/ *s* aves domésticas.
Pounce /páuns/ *s* garra; unha; pó de carvão; *v* lançar-se; precipitar-se.
Pound /páund/ *s* libra esterlina; curral; *v* moer; quebrar em pedaços.
Pour /pôur/ *s* temporal; aguaceiro; *v* derramar; chover muito.
Pour.boire /purboár/ *s* propina; gorjeta.
Pout /páut/ *v* embirrar; fazer beicinho.
Pov.er.ty /pó.vârti/ *s* pobreza; indigência.

Pow.der /páu.dâr/ *s* pó; polvilho; talco; pólvora; *v* pulverizar; empoar.
Pow.er /páu.âr/ *s* poder; força; energia.
Pow.er.house /páuâr.hâus/ *s* usina elétrica.
Pox /pócs/ *s* pústula; varíola.
Prac.ti.ca.ble /préc.ticâbol/ *adj* praticável; viável.
Prac.tice /préc.tis/ *s* prática; experiência; praxe; uso; clientela; *v* praticar; exercer; *also* Practise.
Prac.tic.er /préc.tissâr/ *s* prático; praticante.
Prac.ti.tion.er /précti.xâner/ *s* profissional (geralmente médico).
Prai.rie /pré.ri/ *s* pradaria; campina.
Praise /prêiz/ *s* louvor; elogio; mérito; *v* louvar; elogiar; rezar.
Praiser /prêi.zâr/ *s* admirador; louvador.
Praise.wor.thi.ness /prêiz.uârthinés/ *s* valor; merecimento.
Praise.wor.thy /prêiz.uârthi/ *adj* louvável; meritório.
Pram /prám/ *s* carrinho de criança.
Prank /prénc/ *s* logro; burla; *v* ornar; enfeitar; adornar.
Prate /prêit/ *s* tagarelice; loquacidade; *v* tagarelar.
Prat.tle /prétol/ *s* murmúrio; tagarelice; *v* tagarelar; murmurar.
Prat.tler /pré.tlâr/ *s* tagarela; murmurador.
Prawn /prón/ *s* lagostim.
Pray /prêi/ *v* rezar; orar
Prayer /prêi.âr/ *s* oração; prece; reza.
Preach /pritxe/ *v* pregar.
Preach.er /pri.txâr/ *s* pregador.
Preach.i.fy /pri.txeifái/ *v* arengar; discursar de modo enfadonho.
Pre.am.ble /pri.émbol/ *s* preâmbulo; exórdio; introdução.
Pre.ca.ri.ous /priquêi.riâs/ *adj* precário; incerto; duvidoso; perigoso.
Pre.cede /prissid/ *v* preceder; antepor.
Pre.ce.dence /prissi.déns/ *s* precedência; prioridade.
Pre.cept /pri.sépt/ *s* preceito; regra; máxima.
Pre.cep.tor /prissép.târ/ *s* preceptor; mestre.
Pre.ces.sion /prissé.xân/ *s* precedência; ASTR precessão.
Pre.ci.os.i.ty /préxeió.siti/ *s* preciosismo.
Pre.cious /pré.xâs/ *adj* precioso; estimado.
Prec.i.pice /pré.sipis/ *s* precipício; despenhadeiro.
Pre.cip.i.tate /prissi.pitêit/ *v* precipitar; apressarse; *adj* precipitado.
Pre.cip.i.tous /prissi.pitâs/ *adj* precipitado; arrojado.
Pre.cise /prissáis/ *adj* preciso; exato; justo.
Pre.ci.sion /prissi.jân/ *s* precisão; exatidão; justeza.
Pre.co.cious /pricó.xâs/ *adj* precoce; prematuro.
Pre.cur.sor /prikâr.sâr/ *s* precursor.
Pred.a.to.ry /pré.dâtôuri/ *adj* predatório.
Pred.e.ces.sor /prédissé.sâr/ *s* predecessor; antecessor.
Pre.des.ti.nate /pridés.tinêit/ *v* predestinar, destinar de antemão; *adj* predestinado.
Pre.des.ti.na.tion /pridéstinêi.xân/ *s* predestinação.
Pre.de.ter.mine /priditâr.min/ *v* predeterminar.
Pre.dic.a.ment /pridi.câmént/ *s* predicamento; categoria; condição; apuro.
Pred.i.cate /pré.diquêit/ *s* predicado; *v* afirmar; basear.
Pre.dis.pose /pridispôuz/ *v* predispor.
Pre.dis.po.si.tion /pridispôuzi.xân/ *s* predisposição.
Pre.dom.i.nance /pridó.minâns/ *s* predominância; supremacia.
Pre.dom.i.nate /pridó.minêit/ *v* predominar; prevalecer; influir.
Pre.em.i.nence /prié.minéns/ *s* preeminência; superioridade.
Pre.empt /priémpt/ *v* adquirir por preempção (compra antecipada).
Pre.emp.tion /priémp.xân/ *s* preempção.
Pref.ace /pré.fis/ *s* prefácio; introdução; *v* prefaciar.
Pre.fect /pri.féct/ *s* prefeito.
Pre.fec.ture /priféc.txur/ *s* prefeitura.
Pre.fer /prifâr/ *v* preferir; escolher; eleger; apresentar.
Pref.er.ence /pré.fâréns/ *s* preferência; predileção; primazia.
Pre.fer.ment /prifâr.ment/ *s* promoção; elevação; cargo.
Pre.fix /prifics/ *v* prefixar; *s* prefixo.
Preg.nan.cy /prég.nânsi/ *s* gravidez.
Preg.nant /prég.nânt/ *adj* grávida; prenhe.
Pre.hen.sile /pri.hén.sil/ *adj* capaz de agarrar; tenaz.
Prej.u.dice /pré.djudis/ *s* preconceito; dano; prejuízo; *v* prejudicar; causar dano.
Pre.lim.i.na.ry /prili.minéri/ *s* preliminar; *adj* preliminar.
Prel.ude /priliud/ *s* prelúdio; prólogo; *v* preceder.
Pre.med.i.tate /primé.ditêit/ *v* premeditar.
Prem.ise /primáiz/ *s* premissa; instalação; *v* explicar; expor antecipadamente.
Pre.mo.ni.tion /primoni.xân/ *s* premonição; presságio; pressentimento.
Pre.oc.cu.pa.tion /prióquiupêi.xân/ *s* preocupação; prevenção.
Pre.oc.cu.py /prió.quiupái/ *v* preocupar; inquietar; ocupar primeiro.
Prep.a.ra.tion /prépârêi.xân/ *s* preparação; preparativo; disposição; fabricação.
Pre.par.a.tive /pripé.râtiv/ *s* preparativo; *adj* preparatório.
Pre.pare /pripér/ *v* preparar; aprontar.
Pre.par.er /pripé.râr/ *s* preparador.
Pre.pay /pripêi/ *v* pagar adiantadamente.
Pre.pay.ment /pripêi.ment/ *s* pagamento com antecipação.

Pre.pense /pripéns/ *adj* premeditado.
Pre.pon.der.ance /pripón.dârâns/ *s* preponderância; predomínio.
Pre.pon.der.ant /pripón.dârânt/ *adj* preponderante.
Pre.pon.der.ate /pripón.dârêit/ *v* sobrepujar; predominar; prevalecer.
Pre.pon.der.a.tion /pripón.dârêi.xân/ *s* predomínio; preponderância.
Prep.o.si.tion /prepózi.xân/ *s* GRAM preposição.
Pre.pos.i.tive /pripó.zitiv/ *adj* prepositivo; prefixo.
Pre.rog.a.tive /priro.gâtiv/ *s* prerrogativa; privilégio; *adj* privilegiado.
Pres.age /prissêi.dj/ *s* presságio; *v* pressagiar; profetizar.
Pres.by.ter /prés.bitâr/ *s* presbítero; padre.
Pres.by.te.ri.an /présbiti.riân/ *s* Presbiteriano; *adj* Presbiteriano.
Pres.by.ter.y /prés.bitâri/ *s* presbitério; assembleia de pastores e anciãos (igreja Presbiteriana).
Pre.sci.ence /pri.xeiéns/ *s* presciência; previsão.
Pre.scribe /priscráib/ *v* prescrever; receitar.
Pre.script /pris.cript/ *s* prescrição; regra; preceito.
Pre.scrip.tion /priscrip.xân/ *s* prescrição; receita médica.
Pre.scrip.tive /priscrip.tiv/ *adj* prescritivo; sancionado; prescrito.
Pres.ence /pré.zens/ *s* presença; porte; aparição; auditório.
Pres.ent /pré.zent/ *s* o presente; o atual; *v* apresentar; presentear; *adj* presente; vigente; corrente.
Pres.en.ta.tion /prézentêi.xân/ *s* apresentação; exibição; oferecimento.
Pre.sen.ti.ment /prissén.timént/ *s* pressentimento; prenúncio.
Pres.ent.ly /pré.zentli/ *adv* presentemente; logo.
Pres.er.va.tion /prézârvêi.xân/ *s* preservação; resguardo.
Pre.ser.va.tive /prizâr.vâtiv/ *s* preservativo; preventivo; *adj* preservativo; profilático.
Pre.serve /prizârv/ *s* conserva; compota; *v* preservar; conservar.
Pre.serv.er /prizâr.vâr/ *s* preservador; conservador.
Pre.side /prizáid/ *v* presidir; dirigir; superintender.
Pres.i.den.cy /pré.zidénsi/ *s* presidência; governo.
Pres.i.dent /pré.zidént/ *s* presidente.
Pres.i.den.tial /prézidén.xâl/ *adj* presidencial.
Press /prés/ *s* prensa; imprensa; multidão; opressão; *v* apertar; exigir pressa.
Press.er /pré.sâr/ *s* prensador; impressor.
Press.ing /pré.sin/ *adj* urgente; importante.
Press.man /prés.mân/ *s* impressor; jornalista.
Pres.sure /pré.xâr/ *s* pressão; aperto; urgência; impulso; impressão.
Pres.ti.dig.i.ta.tion /préstididjitêi.xân/ *s* prestidigitação; ilusionismo.
Pres.ti.dig.i.ta.tor /préstidi.djitêitâr/ *s* prestidigitador.
Pres.tige /prés.tidj/ *s* prestígio; reputação; influência.
Pre.sum.a.ble /priziu.mâbol/ *adj* presumível; provável.
Pre.sume /prizium/ *v* presumir.
Pre.sump.tion /prizâmp.xân/ *s* presunção; conjetura; suspeita.
Pre.sump.tive /prizâmp.tiv/ *adj* presuntivo; suposto; presumido.
Pre.sump.tu.ous /prizâmp.tiuâs/ *adj* presunçoso; vaidoso; arrogante.
Pre.sup.pose /prissâpôuz/ *v* pressupor.
Pre.sup.po.si.tion /prissâpôuzi.xân/ *s* pressuposição; conjetura.
Pre.tend /priténd/ *v* pretextar; fingir; simular; fraudar.
Pre.tend.er /pritén.dâr/ *s* impostor; embusteiro.
Pre.tense /priténs/ *s* pretexto; pretensão; máscara; simulação; *also* **Pretence**.
Pre.ten.sion /pritén.xân/ *s* pretexto; simulação; pretensão.
Pre.ten.tious /pritén.xâs/ *adj* pretensioso; afetado.
Pret.er.ite /pré.târite/ *s* pretérito; passado; *adj* pretérito; *also* **Preterit**.
Pre.ter.nat.u.ral /pritârné.txurâl/ *adj* sobrenatural; extraordinário.
Pre.text /pritékst/ *s* pretexto; dissimulação.
Pret.ti.ness /pri.tinés/ *s* beleza; graça; formosura.
Pret.ty /pri.ti/ *adj* bonito; elegante; garboso.
Pre.vail /privêi.il/ *v* prevalecer; sobrepujar.
Pre.vail.ing /privêi.lin/ *adj* predominante; eficaz; salutar.
Prev.a.lence /pré.vâléns/ *s* predomínio; preponderância; domínio.
Prev.a.lent /pré.vâlént/ *adj* predominante; eficaz; preponderante.
Pre.var.i.cate /privé.riquêit/ *v* prevaricar; mentir.
Pre.var.i.ca.tion /privériquêi.xân/ *s* mentira; prevaricação.
Pre.var.i.ca.tor /privé.riquêi.târ/ *s* prevaricador.
Pre.vent /privént/ *v* prevenir; evitar; impedir.
Pre.vent.a.ble /privén.tâbol/ *adj* evitável.
Pre.ven.tion /privén.xân/ *s* prevenção.
Pre.ven.tive /privén.tiv/ *adj* preventivo.
Pre.view /pri.viu/ *s* pré-estreia.
Pre.vi.ous /pri.viâs/ *adj* prévio; antecipado; anterior.
Pre.vi.sion /privi.jân/ *s* previsão; profecia.
Prex.y /préchi/ *s* POP presidente (termo utilizado por estudantes); *also* **Prex**.
Prey /prêi/ *s* presa; depredação; pilhagem; *v* pilhar; devorar; FIG remoer.
Price /práis/ *s* preço; valor; prêmio; *v* avaliar; fixar.
Price.less /práis.lés/ *adj* inestimável.
Prick /pric/ *s* picada; alfinetada; *v* picar; ferroar.
Prick.er /pri.câr/ *s* ponta; bico; picador.

Prick.ing /pri.quin/ *s* picada.
Prick.le /pricol/ *s* bico; pua; espinho.
Pride /práid/ *s* orgulho; vaidade; *v* orgulhar-se.
Priest /prist/ *s* padre; sacerdote.
Priest.hood /prist.hud/ *s* sacerdócio; clero.
Priest.ly /pris.tli/ *adj* sacerdotal; eclesiástico.
Prig /prig/ *s* tolo; estúpido; pedante; *v* furtar; surrupiar.
Prig.gish /pri.guixe/ *adj* presunçoso.
Prig.gish.ness /pri.guixenés/ *s* presunção; afetação.
Prim /prim/ *adj* afetado; *v* afetar.
Pri.ma.cy /prái.mâssi/ *s* primazia; superioridade.
Pri.mal /prái.mâl/ *adj* original; primeiro; principal.
Pri.ma.ry /prâi.mâri/ *adj* primário; primeiro; primitivo; original.
Pri.mate /prái.mit/ *s* primaz; ZOO primata.
Prime /práim/ *s* manhã; alvor; prima; *adj* primeiro; primitivo; principal; MAT número primo; *v* estar preparado; aparelhar.
Prim.er /prái.mâr/ *s* espoleta; cartilha; livro.
Pri.me.val /práimi.vâl/ *adj* primitivo; original; primário; primeiro.
Prim.ing /prái.min/ *s* primeira mão; preparação.
Prim.i.tive /pri.mitiv/ *adj* primitivo; primordial; originário.
Pri.mor.dial /práimór.diâl/ *s* primórdio; origem; *adj* primordial; primitivo.
Prim.rose /prim.rôuz/ *s* primavera (flor); *adj* de cor amarela.
Prince /prins/ *s* príncipe.
Prin.cess /prin.sés/ *s* princesa.
Prin.ci.pal /prin.sipâl/ *s* chefe; gerente; capital; JUR constituinte; registro de órgão; *adj* principal; capital; fundamental; essencial.
Prin.ci.pal.i.ty /prinsipé.liti/ *s* superioridade; primazia; soberania.
Prin.ci.ple /prin.sipol/ *s* princípio; origem; *v* instruir; principiar.
Prink /princ/ *v* enfeitar-se.
Print /print/ *s* impressão; estampa; jornal; *v* imprimir; desenhar letras.
Print.er /prin.târ/ *s* impressor; tipógrafo.
Print.er.y /prin.târi/ *s* tipografia.
Print.ing /prin.tin/ *s* impressão; tipografia; imprensa; impresso.
Pri.or /prái.âr/ *s* prior; *adj* anterior; prévio.
Pri.or.i.ty /práió.riti/ *s* prioridade; precedência.
Prism /prizm/ *s* prisma.
Pris.mat.ic /prizmé.tic/ *adj* prismático.
Pris.on /prizn/ *s* prisão; cárcere; *v* prender; encarcerar.
Pris.on.er /priz.nâr/ *s* prisioneiro; preso.
Pris.tine /pris.tin/ *adj* pristino; primitivo; original.
Pri.va.cy /prái.vâssi/ *s* retiro; privacidade; solidão.
Pri.vate /prái.viti/ *adj* privado; secreto; particular; solitário; reservado.
Pri.vate.ness /prai.vitnés/ *s* segredo; retiro; recolhimento.
Pri.va.tion /práivêi.xân/ *s* privação; escassez; carência.
Priv.a.tive /pri.vâtiv/ *s* negação; *adj* privativo; negativo.
Priv.i.lege /pri.vilidj/ *s* privilégio; *v* privilegiar; eximir.
Priv.i.ty /pri.viti/ *s* confidência; segredo.
Priv.y /pri.vi/ *adj* privado; secreto; particular.
Prize /práiz/ *s* prêmio; recompensa; *v* premiar; avaliar.
Priz.er /prái.zâr/ *s* avaliador; apreciador.
Pro /prôu/ *s* voto a favor; *adv* por; a favor; para.
Prob.a.bil.i.ty /próbâbi.liti/ *s* probabilidade.
Prob.a.ble /pró.bâbol/ *adj* provável; possível.
Pro.ba.tion /prôubêi.xân/ *s* prova; exame; provação.
Pro.ba.tion.er /prôubêi.xânâr/ *s* candidato; aprendiz; aspirante.
Pro.ba.tive /prôu.bâtiv/ *adj* probatório.
Probe /prôub/ *s* prova; *v* sondar; provar.
Pro.bi.ty /pró.biti/ *s* probidade; honradez; honestidade.
Prob.lem /pró.blém/ *s* problema; questão.
Prob.lem.at.ic /próblemé.tic/ *adj* duvidoso; problemático.
Pro.ce.dure /prossi.djur/ *s* procedimento.
Pro.ceed /prossid/ *v* proceder; provir.
Pro.ceed.ing /prossi.din/ *s* procedimento; processo; conduta.
Pro.ceeds /prôu.sidz/ *s* produtos; ganhos, rendas.
Proc.ess /pró.sés/ *s* procedimento; curso; processo; *v* processar.
Pro.ces.sion /prossé.xân/ *s* marcha; andamento; procissão.
Pro.claim /proclêim/ *v* proclamar; professar.
Pro.claim.er /proclêi.mâr/ *s* proclamador; aclamador.
Proc.la.ma.tion /proclâmêi.xân/ *s* proclamação; edital; édito; edito; decreto.
Pro.cliv.i.ty /procli.viti/ *s* propensão; tendência; predisposição.
Pro.cras.ti.nate /procrés.tinêit/ *v* procrastinar; adiar; pospor.
Pro.cras.ti.na.tion /procréstinêi.xân/ *s* procrastinação; demora; adiamento.
Pro.cre.ate /prôu.criêit/ *v* procriar; gerar.
Pro.cre.a.tion /prôcriêi.xân/ *s* procriação; germinação; geração.
Pro.cre.a.tor /prôu.criêitâr/ *s* procriador; genitor; pai.
Proc.tor /próc.târ/ *s* procurador; censor; inspetor de colégio.
Proc.u.ra.tion /próquiurêi.xân/ *s* JUR procuração.
Proc.u.ra.tor /pró.quiurêitâr/ *s* procurador.
Pro.cure /proquiur/ *v* achar; encontrar; conseguir.
Prod /pród/ *s* objeto de ponta; picada; *v* picar; agulhar.

Prod.i.gal /pró.digâl/ *adj* pródigo; perdulário; abundante.
Prod.i.gal.i.ty /pródigué.liti/ *s* prodigalidade.
Pro.dig.ious /prodi.djâs/ *adj* prodigioso; maravilhoso; extraordinário.
Prod.i.gy /pró.didji/ *s* prodígio; maravilha.
Prod.uce /prodius/ *s* produto; produção; rendimento; provisões; *v* produzir; render; exibir; mostrar.
Pro.duc.er /prodiu.sâr/ *s* produtor; autor; diretor, empresário (de teatro).
Pro.du.ci.ble /prodiu.sibol/ *adj* produtível.
Prod.uct /pró.dâct/ *s* produto; resultado; rendimento.
Pro.duc.tion /prodâc.xân/ *s* produção; composição.
Pro.duc.tive /prodâc.tiv/ *adj* produtivo; fértil; lucrativo.
Prof.a.na.tion /profânêi.xân/ *s* profanação.
Pro.fane /profêin/ *adj* profano; não sagrado; leigo; secular; *v* profanar; violar.
Pro.fan.er /profêi.nâr/ *s* profanador; sacrílego; violador.
Pro.fess /profés/ *v* professar; exercer; reconhecer; declarar; proclamar.
Pro.fes.sion /profé.xân/ *s* profissão; mister; ofício; arte; declaração.
Pro.fes.sion.al /profé.xânâl/ *s* profissional.
Pro.fes.sor /profé.sâr/ *s* professor.
Pro.fes.sor.ate /profé.sârit/ *s* professorado; magistério.
Prof.fer /pró.fâr/ *s* oferecimento; proposta; *v* oferecer; propor.
Prof.fer.er /pró.fârâr/ *s* ofertante; proponente.
Pro.fi.cien.cy /profi.xeênsi/ *s* proficiência; talento; capacidade.
Pro.fi.cient /profi.xent/ *adj* proficiente; perito; hábil.
Pro.file /prôu.fáil/ *s* perfil; *v* desenhar o perfil.
Prof.it /pró.fit/ *s* lucro; proveito; utilidade; *v* aproveitar; lucrar.
Prof.it.a.ble /pró.fitâbol/ *adj* proveitoso; produtivo; vantajoso.
Prof.it.a.ble.ness /pró.fitâbolnés/ *s* proveito; utilidade; vantagem.
Prof.it.less /pró.fitlés/ *adj* desvantajoso.
Pro.found /profáund/ *s* profundidade; *adj* profundo; fundo; extremo; intenso.
Pro.fuse /profius/ *adj* profuso; intenso.
Pro.fu.sion /profiu.jân/ *s* profusão; abundância; prodigalidade; desperdício.
Pro.gen.i.tor /prodjé.nitâr/ *s* progenitor.
Prog.e.ny /pró.djini/ *s* progênie; prole.
Prog.nos.tic /prógnôus.tic/ *s* prognóstico.
Prog.nos.ti.cate /prógnôus.tiquêit/ *v* prognosticar; vaticinar.
Pro.gram /prôu.grém/ *s* programa; plano.
Prog.ress /progrés/ *s* progresso; *v* melhorar; progredir; avançar; continuar.
Pro.gres.sion /progré.xân/ *s* progressão; marcha; sequência.
Prog.ress.ist /progré.sist/ *s* progressista.
Pro.gres.sive /progré.siv/ *adj* progressivo.
Pro.hib.it /pro.hi.bit/ *v* proibir; tolher.
Pro.hi.bi.tion /pro.hibi.xân/ *s* proibição; interdição; impedimento.
Pro.hib.i.tive /pro.hi.bitiv/ *adj* proibitivo.
Proj.ect /pró.djéct/ *s* projeto; plano; traçado; *v* projetar; inventar; lançar-se; arremessar.
Pro.jec.tion /prodjéc.xân/ *s* projeção.
Pro.le.ta.ri.an /prôulitêi.riân/ *s* proletário; operário.
Pro.lif.ic /proli.fic/ *adj* prolífico; produtivo.
Pro.lif.ic.ness /proli.ficnés/ *s* fecundidade; fertilidade.
Pro.lix /prôu.lics/ *adj* prolixo.
Pro.lix.i.ty /prolic.siti/ *s* prolixidade; superabundância.
Pro.log /prôu.lóg/ *s* prólogo; introdução; prefácio.
Pro.long /prolón/ *v* prolongar; alongar.
Pro.lon.ga.tion /prolonguêi.xân/ *s* prolongamento; prorrogação; continuação.
Prom.e.nade /promenád/ *s* passeio; baile; concerto; *v* passear.
Prom.i.nence /pró.minéns/ *s* eminência; importância; distinção.
Prom.i.nent /pró.minént/ *adj* proeminente; eminente; conspícuo; saliente.
Pro.mis.cu.i.ty /promisquiu.iti/ *s* promiscuidade; mistura; confusão.
Pro.mis.cu.ous /promis.quiuâs/ *adj* promíscuo; confuso; misturado.
Prom.ise /pró.mis/ *s* promessa; compromisso; *v* prometer; dar esperança.
Prom.is.er /pró.missâr/ *s* prometedor.
Pro.mote /promôut/ *v* promover; elevar; favorecer; animar; patrocinar.
Pro.mot.er /promôu.târ/ *s* promotor; agente; autor.
Pro.mo.tion /promôu.xân/ *s* promoção; adiantamento; incentivo.
Prompt /prómpt/ *s* dia de vencimento; lembrete; *v* incitar; TEATR assistir um ator relembrando sua fala; *adj* pronto; rápido.
Prompt.er /prómp.târ/ *s* incitador; instigador; TEATR ponto (pessoa escondida no palco, relembrando o que se fala na peça).
Promp.ti.tude /prómp.titiud/ *s* prontidão; pontualidade; exatidão.
Pro.mul.gate /promâl.guêit/ *v* promulgar; tornar público; anunciar.
Pro.mul.ga.tion /promâlguêi.xân/ *s* promulgação.
Pro.mul.ga.tor /pro.mâlguêitâr/ *s* promulgador.
Prone /prôn/ *adj* deitado; debruçado; propenso; inclinado.
Prong /prón/ *s* instrumento pontiagudo; enxadão.
Pro.noun /prôu.náun/ *s* pronome.
Pro.nounce /pronáuns/ *v* pronunciar.

Pro.nounced /pronáunst/ *adj* pronunciado; acentuado; marcado.
Pro.nounce.ment /pronáuns.ment/ *s* declaração ou proclamação formal.
Proof /pruf/ *s* prova; experiência; evidência; *adj* impenetrável; comprovante.
Prop /próp/ *s* apoio; suporte; coluna; *v* apoiar; suportar; manter.
Prop.a.gate /pró.pâguêit/ *v* propagar.
Prop.a.ga.tion /própâguêi.xân/ *s* propagação; transmissão; multiplicação.
Pro.pel /propél/ *v* impelir; propelir; propulsar.
Pro.pel.ler /propé.lâr/ *s* motor; propulsor.
Pro.pen.si.ty /propén.siti/ *s* propensão; inclinação; vocação.
Prop.er /pró.pâr/ *adj* próprio; devido; justo; adequado; correto.
Prop.er.ly /pró.pârli/ *adv* propriamente; exatamente; adequadamente.
Prop.er.ty /pró.pârti/ *s* propriedade; coisa possuída; bens.
Proph.e.cy /pró.fissi/ *s* profecia; presságio.
Proph.e.si.er /pró.fissáiâr/ *s* profetizador; profeta; vaticinador.
Proph.e.sy /pró.fissái/ *v* profetizar.
Proph.et /pró.fit/ *s* profeta.
Pro.pi.ti.ate /propi.xeiêit/ *v* propiciar; conciliar; favorecer.
Pro.pi.tious /propi.xâs/ *adj* propício; oportuno; benéfico.
Pro.por.tion /propôr.xân/ *s* proporção; relação; regra; medida; analogia; *v* proporcionar; ajustar; comparar.
Pro.por.tion.ate /propór.xânêit/ *adj* simétrico; harmônico; proporcionado.
Pro.pose /propôuz/ *v* propor casamento.
Pro.pos.er /propôu.zâr/ *s* proponente.
Prop.o.si.tion /própozi.xân/ *s* proposição; oferta; proposta.
Pro.pound /propáund/ *v* propor; expor; sustentar uma opinião.
Pro.pri.e.ta.ry /propréi.itéri/ *s* proprietário; dono; *adj* de propriedade.
Pro.pri.e.ty /propréi.iti/ *s* propriedade; conveniência; decoro; decência.
Pro.pul.sion /propâl.xân/ *s* propulsão.
Pro.ro.ga.tion /prôuroguêi.xân/ *s* prorrogação; adiamento; prolongação.
Pro.rogue /prorôu.g/ *v* prorrogar; diferir; prolongar.
Pro.sa.ic /prozêic/ *adj* prosaico; trivial; vulgar.
Pro.scribe /proscráib/ *v* proscrever; interdizer; denunciar.
Pro.scrip.tion /proscrip.xân/ *s* proscrição; proibição.
Prose /prôuz/ *s* prosa; conversa; palestra.
Pros.e.cute /pró.siquiut/ *v* prosseguir; executar.
Pros.e.cu.tion /próssiquiu.xân/ *s* prossecução; prosseguimento.
Pros.e.lyte /pró.siláit/ *s* neófito; adepto.
Pros.er /prôu.zâr/ *s* prosador; narrador enfadonho.
Pro.sod.ic /prossó.dic/ *adj* prosódico.
Pros.o.dy /pró.sodi/ *s* prosódia (pronúncia perfeita).
Pros.pect /prós.péct/ *s* perspectiva; aspecto; pretendente; vista; *v* garimpar; aguardar; pôr-se de expectativa.
Pro.spec.tive /prospéc.tiv/ *adj* previdente; antecipado; prospectivo.
Pros.per /prós.pâr/ *v* medrar; prosperar; progredir.
Pros.per.i.ty /prospé.riti/ *s* prosperidade; ventura; felicidade.
Pros.per.ous /prós.pârâs/ *adj* próspero; feliz; propício.
Pros.tate /prós.têit/ *s* próstata (glândula).
Pros.ti.tu.tion /próstitiu.xân/ *s* prostituição; desonra; corrupção.
Pros.trate /prós.trêit/ *adj* prostrado; abatido; humilhado; *v* prostrar; derrubar; debilitar.
Pros.tra.tion /próstrêi.xân/ *s* prostração; abatimento; fraqueza.
Pros.y /prôu.zi/ *adj* prosaico; sem graça; insípido.
Pro.tect /protéct/ *v* proteger; defender; favorecer.
Pro.tec.tion /protéc.xân/ *s* proteção; amparo; apoio; auxílio.
Pro.tec.tive /protéc.tiv/ *s* abrigo; *adj* protetor; defensor.
Pro.tec.tor /protéc.târ/ *s* protetor; defensor; patrono; tutor.
Pro.te.in /prôu.ţiin/ *s* proteína.
Pro.test /prôu.tést/ *s* protesto; *v* protestar.
Pro.tes.ta.tion /protestêi.xân/ *s* protesto; juramento; declaração solene.
Pro.ton /prôu.ton/ *s* FÍS próton.
Pro.to.plasm /prôu.toplaesm/ *s* protoplasma.
Pro.to.type /prôu.totáip/ *s* protótipo.
Pro.tu.ber.ance /protiu.bârâns/ *s* protuberância; inchação; proeminência.
Pro.tu.ber.ant /protiu.bârânt/ *adj* protuberante; intumescido; inchado.
Proud /práud/ *adj* orgulhoso; grande.
Prove /pruv/ *v* provar; demonstrar; evidenciar; justificar.
Prov.er /pru.vâr/ *s* provador; demonstrador; argumentador.
Prov.erb /pró.vârb/ *s* provérbio.
Pro.vide /prováid/ *v* prover; munir; fornecer.
Pro.vid.ed /provái.did/ *conj* contanto que; com a condição de.
Prov.i.dence /pró.vidéns/ *s* providência.
Prov.i.dent /pró.vidént/ *adj* previdente; prudente.
Pro.vid.er /provái.dâr/ *s* provisor; provedor.
Prov.ince /pró.vins/ *s* província; cargo; obrigação; competência.
Pro.vi.sion /provi.jân/ *s* provisão; abastecimento; cláusula; *v* prover; abastecer.

Pro.vi.sion.al /provi.jânâl/ *adj* provisional; temporário; provisório.
Pro.vi.so /provái.zôu/ *s* condição; item; cláusula.
Prov.o.ca.tion /próvoquêi.xân/ *s* provocação; estímulo.
Pro.voke /provôuc/ *v* provocar; excitar.
Pro.vok.er /provôu.câr/ *s* provocador.
Pro.vok.ing /provôu.quin/ *adj* provocante; enervante; provocador.
Prov.ost /pró.vâst/ *s* preboste; reitor.
Prow /práu/ *s* NÁUT proa.
Prow.ess /práu.és/ *s* proeza; ânimo; façanha.
Prowl /prául/ *v* rondar.
Prowl.er /práu.lâr/ *s* gatuno; vagabundo.
Prox.i.mate /próc.simit/ *adj* próximo; imediato; seguinte.
Prox.im.i.ty /próc.simit/ *s* proximidade.
Prox.y /próc.si/ *s* representante; procurador; procuração.
Pru.dence /pru.déns/ *s* prudência; cautela; ponderação.
Pru.dent /pru.dént/ *adj* prudente; precavido; prevenido.
Prud.er.y /pru.dâri/ *s* afetação; falsa modéstia.
Prud.ish /pru.dixe/ *adj* melindroso.
Prune /prumn/ *s* ameixa preta; *v* podar; desramar; aparar.
Prun.er /pru.nâr/ *s* podador.
Pru.ri.ence /pru.riéns/ *s* prurido; comichão; desejo ardente.
Pru.ri.ent /pru.riént/ *adj* pruriente; impuro.
Pry /prái/ *s* bisbilhotice; pesquisa; reconhecimento; *v* esquadrinhar; pesquisar; alçar.
Psalm /sám/ *s* Salmo.
Psalm.ist /sá.mist/ *s* salmista.
Psal.ter.y /sól.târi/ *s* parte da Bíblia que contém os Salmos.
Pseu.do.nym /siu.donim/ *s* pseudônimo.
Psy.chic /sái.quic/ *adj* psíquico.
Psy.cho.log.ic /sáicoló.djic/ *adj* psicológico.
Psy.chol.o.gist /saicó.lodjist/ *s* psicólogo.
Psy.chol.o.gy /sáicó.lodji/ *s* psicologia.
Pu.ber.ty /piu.bârti/ *s* puberdade.
Pu.bes.cence /piubé.sens/ *s* pubescência.
Pu.bes.cent /piubé.sent/ *adj* pubescente.
Pub.lic /pâ.blic/ *s* o público; o povo; *adj* público; comum; geral; conhecido.
Pub.li.can /pâ.blicân/ *s* publicano.
Pub.li.ca.tion /pâbliquêi.xân/ *s* publicação; jornal; revista.
Pub.lic.i.ty /pâbli.siti/ *s* publicidade.
Pub.li.cize /pâbli.sais/ *v* dar publicidade; divulgar.
Pub.lish /pâ.blixe/ *v* publicar; editar; promulgar.
Pub.lish.er /pâ.blixâr/ *s* publicador; editor; divulgador.
Puck /pâc/ *s* duende; fada; fantasma; gênio.
Puck.er /pâ.câr/ *v* enrugar; franzir.
Pud.ding /pu.din/ *s* pudim.
Pud.dle /pâdol/ *s* lamaçal; poça; pântano; *v* cimentar; enlamear.
Pudg.y /pâ.dji/ *adj* gorducho; rechonchudo.
Pu.er.ile /piu.ârâl/ *adj* pueril; infantil; ingênuo.
Pu.er.il.i.ty /piuâri.liti/ *s* puerilidade.
Puff /pâf/ *s* sopro; aragem; elogio; baforada; *v* bafejar; soltar baforadas; inchar.
Puff.er /pâ.fâr/ *s* adulador.
Puff.i.ness /pâ.finés/ *s* inchação; inchaço; intumescência.
Puff.y /pâ.fi/ *adj* intumescido; inchado; presumido; orgulhoso.
Pu.gi.lism /piu.djilizm/ *s* pugilismo; boxe; pugilato.
Pu.gi.list /piu.djilist/ *s* pugilista.
Puke /piuc/ *s* vômito; *v* vomitar.
Pule /piul/ *v* piar; choramingar; chorar.
Pull /pul/ *s* puxão; sacudidela; influxo; remada; *v* puxar; arrancar; remar.
Pull.back /pul.béc/ *s* estorvo; obstáculo; impedimento.
Pull.er /pu.lâr/ *s* puxador; arrancador.
Pul.ley /pu.li/ *s* polia; roldana.
Pull.man /pul.mân/ *s* poltrona; carro-dormitório.
Pul.lu.late /pâ.liulêit/ *v* pulular; germinar; brotar.
Pul.lu.la.tion /pâliulêi.xân/ *s* pululação; germinação.
Pulp /pâlp/ *s* polpa; medula; pasta; massa; *v* descascar; tornar pasta.
Pul.pit /pul.pit/ *s* púlpito; palanque; tribuna.
Pulp.y /pâl.pi/ *adj* polposo; polpudo.
Pul.sate /pâl.sêit/ *v* pulsar; bater; palpitar.
Pul.sa.tion /pâlsêi.xân/ *s* pulsação.
Pulse /pâls/ *s* pulso; pulsação; *v* pulsar; bater; palpitar.
Pul.ver.i.za.tion /pâlvârizêi.xân/ *s* pulverização.
Pul.ver.ize /pâl.váráiz/ *v* pulverizar.
Pum.ice /pâ.mis/ *s* pedra-pomes; *v* alisar (com pedra-pomes).
Pump /pâmp/ *s* bomba d'água (ar, etc.); *v* sondar; tatear.
Pump.kin /pâmp.quin/ *s* abóbora; jerimum.
Pun /pân/ *s* trocadilho; *v* fazer trocadilhos.
Punch /pântxe/ *s* punção; furador; palhaço; murro; ponche; *v* furar; perfurar; ferroar; bater; golpear; esmurrar.
Pun.cheon /pân.txân/ *s* buril; escora; barril; furador.
Punc.til.i.o /pâncti.lio/ *s* exatidão; escrúpulo; meticulosidade.
Punc.til.i.ous /pâncti.liâs/ *adj* pontual; exato; escrupuloso.
Punc.til.ious.ness /pâncti.liâsnés/ *s* pontualidade rigorosa; exatidão.
Punc.tu.al /pânc.txuâl/ *adj* pontual; exato; rigoroso; justo; preciso; certo.
Punc.tu.al.i.ty /pânctxué.liti/ *s* pontualidade; exatidão; presteza.
Punc.tu.a.tion /pânctxuêi.xân/ *s* pontuação.

Punc.ture /pânc.txur/ *s* picada; punção; *v* furar; perfurar.
Pun.gence /pân.djéns/ *s* pungência; acidez; acrimônia; mordacidade.
Pun.gent /pân.djént/ *adj* pungente; mordaz; ferino; acrimonioso; cáustico.
Pun.ish /pâ.nixe/ *v* punir; corrigir; surrar; castigar.
Pun.ish.er /pâ.nixâr/ *s* castigador.
Pun.ish.ment /pâ.nixement/ *s* castigo; pena; correção; punição.
Punk /pânc/ *s* POP tolice; lixo; prostituta; gângster jovem; *adj* POP inútil.
Pun.ster /pâns.târ/ *s* trocadilhista.
Punt /pânt/ *s* barcaça; barca; chata; *v* conduzir (balsas).
Punt.er /pân.târ/ *s* apostador; pontos (em jogo); empurrador de balsa.
Pu.ny /piu.ni/ *adj* pequeno; débil; fraco.
Pup /pâp/ *s* cachorrinho; filhote; jovem; *v* ZOO dar cria, parir.
Pu.pil /piu.pil/ *s* aluno; pupila; menina dos olhos; pupilo; tutelado.
Pup.pet /pâ.pét/ *s* boneco; fantoche; manequim.
Pup.py /pâ.pi/ *s* cachorrinho; fedelho; velhaco; malandro.
Pur.chas.a.ble /pâr.txeisâbol/ *adj* comprável; adquirível.
Pur.chase /pâr.txeis/ *s* compra; aquisição; *v* comprar; adquirir; obter.
Pur.chas.er /pâr.txeisâr/ *s* comprador.
Pure /piur/ *adj* puro; genuíno; legítimo; inocente; simples.
Pure.ness /piur.nés/ *s* pureza; castidade; ingenuidade.
Pur.ga.tive /pâr.gâtiv/ *s* purgante; *adj* purgativo.
Pur.ga.to.ry /pâr.gâtôuri/ *s* purgatório; *adj* purgatório; purificador.
Purge /pârdj/ *s* purga; purgação; purgante; *v* purgar; purificar; desobstruir.
Pu.ri.fi.er /piu.rifáiâr/ *s* purificador.
Pu.ri.fy /piu.rifái/ *v* purificar; clarificar; limpar.
Pu.ri.ty /piu.riti/ *s* pureza; castidade.
Purl /pârl/ *s* murmúrio; ondulação; sussurro; *v* sussurrar; murmurar.
Pur.loin /pârlón/ *v* furtar; plagiar.
Pur.loin.er /pârlói.nâr/ *s* plagiário; ladrão.
Pur.ple /pârpol/ *s* púrpura; dignidade real; *v* purpurar; ruborizar; *adj* purpúreo.
Pur.port /pâr.pôurt/ *s* conteúdo; teor; escopo; alvo; *v* dar a entender; propor-se.
Pur.pose /pâr.pâs/ *s* propósito; razão; finalidade; *v* tencionar; propor-se.
Pur.pose.ly /pâr.pâsli/ *adv* de propósito.
Purr /pâr/ *s* som que imita o ronronar do gato; *also* Pur.
Purse /pârs/ *s* bolsa; tesouro; coleta; prêmio; *v* embolsar; franzir.
Pur.su.ance /pârsiu.âns/ *s* prosseguimento; seguimento; continuação.
Pur.su.ant /pârsiu.ânt/ *adv* em consequência.
Pur.sue /pârsiu/ *v* perseguir; seguir; continuar.
Pur.su.er /pârsiu.âr/ *s* perseguidor.
Pur.suit /pârsiut/ *s* perseguição; caça; ocupação; pretensão.
Pur.vey /pârvêi/ *v* prover; abastecer; fornecer.
Pur.vey.ance /pârvêi.âns/ *s* abastecimento; provisão; víveres.
Pur.vey.or /pârvêi.âr/ *s* abastecedor; fornecedor.
Push /puxe/ *s* empurrão; ataque; encontrão; *v* empurrar; impelir; acelerar; apressar-se.
Push.er /pu.xâr/ *s* impulso; pessoa ativa; traficante.
Push.ing /pu.xein/ *adj* empreendedor; ativo; vigoroso; operoso.
Pu.sil.lan.i.mous /piussilé.nimâs/ *adj* pusilânime; covarde; medroso.
Puss /pus/ *s* gatinho; menina; mocinha.
Pus.tule /pâs.tiul/ *s* pústula.
Put /put/ *v* pôr; colocar.
Pu.tre.fac.tion /piutriféc.xân/ *s* putrefação; decomposição.
Pu.tre.fy /piu.trifái/ *v* putrefazer; putrificar; apodrecer; decompor-se.
Pu.tres.cence /piutré.sens/ *s* putrescência; decomposição.
Pu.trid /piu.trid/ *adj* pútrido; apodrecido.
Put.ting /pu.tin/ *s* colocação; ato de pôr.
Puz.zle /pâzol/ *s* adivinhação; enigma; quebracabeça; confusão; *v* confundir; embaraçar.
Puz.zler /pâz.lâr/ *s* embaraçador.
Pyg.my /pig.mi/ *s* pigmeu; anão.
Pyr.a.mid /pi.râmid/ *s* pirâmide.

ABCDEFGHIJKLMNOPQRSTUVWXYZ

Q /quiu/ *s* décima-sétima letra do alfabeto Português e do alfabeto Inglês.
Quack /qüéc/ *s* grasnido; curandeiro; *v* grasnar.
Quack.ish /qüé.quixe/ *adj* charlatanesco.
Quad /qüéd/ *s* cadeia; prisão.
Quad.ra.ges.i.ma /qüódrâdjé.simâ/ *s* quadragésima; quaresma.
Quad.ran.gle /qüó.drêngol/ *s* quadrilátero; pátio.
Quad.rant /qüó.drânt/ *s* GEOM quadrante.
Quad.rate /qüó.drêit/ *s* quadrado; MÚS bequadro; *v* quadrar; convir; ir bem; assentar; *adj* quadrado; quadrangular; conveniente.
Quad.rat.ic /qüá.drá.tic/ *s* equação quadrática ou de segundo grau; *adj* quadrado.
Quad.ra.ture /qüó.drâtxur/ *s* quadratura; esquadro.
Qua.drille /qüé.dril/ *s* MÚS quadrilha (dança e música).
Quad.roon /qüódrun/ *s* quarteirão.
Quad.ru.ple /qüó.drupol/ *s* quádruplo; *v* quadruplicar; *adj* quádruplo.
Quad.ru.pli.cate /qüódru.pliquêit/ *v* quadruplicar; quadruplicar-se; *adj* quadruplicado.
Quad.ru.pli.ca.tion /qüódrupliquêi.xân/ *s* quadruplicação.
Qua.er /qüêi.vâr/ *v* trilar; gorjear; tremer; vibrar; tremular.
Quaff /qüéf/ *s* trago; gole; copo; *v* esvaziar; sorver; tragar.
Quaff.er /qüé.fâr/ *s* beberrão; ébrio.
Quag /qüég/ *s* pântano; alagadiço.
Quag.gy /qüé.gui/ *adj* pantanoso; alagadiço.
Quail /qüêil/ *s* codorniz.
Quaint /qüêint/ *adj* belo; bonito; curioso.
Quaint.ness /qüêint.nés/ *s* elegância; singularidade; curiosidade.
Quake /qüêic/ *s* tremor; estremecimento; tremer; *v* tremer.
Quak.er /qüêi.câr/ *s* o que treme.
Qual.i.fi.ca.tion /qüólifiquêi.xân/ *s* qualificação; habilitação; idoneidade; reserva.
Qual.i.fied /qüó.lifáid/ *adj* apto; qualificado.
Qual.i.fi.er /qüó.lifáiâr/ *s* qualificador; GRAM qualificativo.
Qual.i.fy /qüó.lifái/ *v* qualificar; limitar; particularizar; habilitar.
Qual.i.ty /qüó.liti/ *s* qualidade.
Qualm.ish /qüá.mixe/ *adj* enjoado; escrupuloso.
Qualm.ish.ness /qüá.mixenés/ *s* náuseas; enjoo.
Quan.da.ry /qüón.dâr/ *s* dúvida; incerteza.
Quan.ti.ty /qüón.titi/ *s* quantidade; soma; número; volume.
Quar.an.tine /qüórântin/ *s* quarentena; *v* pôr em quarentena.
Quar.rel /qüó.rel/ *s* querela; questão; diamante de corte; *v* altercar; querelar.
Quar.rel.ling /qüó.relin/ *s* disputas; questões; querelas.
Quar.rel.some /qüó.relsâm/ *adj* bulhento; brigão.
Quar.ry /qüó.ri/ *s* pedreira; pedraria.
Quart /qüórt/ *s* quarto; MÚS quarta.
Quar.ter /qüór.târ/ *s* quarto; quarta parte; bairro; semínima; *v* alojar; hospedar.
Quar.ter.age /qüór.târidj/ *s* pagamento trimestral.
Quar.ter.ly /qüór.târli/ *s* publicação trimestral; *adj* trimestral; *adv* trimestralmente.
Quar.tet /qüórtét/ *s* MÚS quarteto.
Quartz /qüártz/ *s* quartzo (mineral).
Quash /qüóxe/ *v* esmagar; achatar; anular.
Qua.ter.na.ry /qüâtâr.nâri/ *s* período quaternário; *adj* quaternário.
Quat.rain /qüó.trêin/ *s* quarteto; quadra.
Qua.ver /qüêi.vâr/ *s* trilo; gorjeio; MÚS colcheia; oitava nota.
Quay /qui/ *s* cais; doca; desembarcadouro.
Quean /qüin/ *s* meretriz; rameira.
Quea.si.ness /qüi.zinés/ *s* enjoo; náusea.
Quea.sy /qüi.zi/ *adj* enjoativo; escrupuloso.
Queen /qüin/ *s* rainha; dama (em jogos de cartas, xadrez, etc.).
Queen.ly /qüin.li/ *adj* de rainha; próprio de rainha; régio.
Queer /qüir/ *s* moeda falsa; esquisito; GÍR homossexual; *v* embaraçar; ridicularizar; arruinar; *adj* original; raro; singular.
Queer.ness /qüir.nés/ *s* excentricidade; singularidade; originalidade.

Quell /qüél/ *v* esmagar; dominar; aliviar; aplacar.
Quench /qüéntxe/ *v* saciar; extinguir; debelar; abafar.
Quench.a.ble /qüén.txâbol/ *adj* saciável; extinguível.
Quench.er /qüên.txâr/ *s* extintor; apagador.
Quer.u.lous /qüé.rulâs/ *adj* queixoso; lamuriante; rabujento.
Quer.u.lous.ness /qüé.rulâsnés/ *s* lamúria.
Que.ry /qüi.ri/ *s* quesito; pergunta; o ponto de interrogação; *v* interrogar; indagar; duvidar; pôr ponto de interrogação.
Quest /qüést/ *s* busca; pesquisa; procura; investigação; *v* investigar; buscar; indagar; pesquisar.
Ques.tion /qüés.txân/ *s* pergunta; questão; problema; controvérsia; debate; *v* interrogar; perguntar; examinar.
Ques.tion.a.ble /qüés.txânâbol/ *adj* duvidoso; questionável; contestável.
Ques.tion.a.ry /qüést.enéri/ *s* questionário.
Queue /quiu/ *s* cauda; trança; fila de pessoas; taco de bilhar.
Quib.ble /qüibol/ *s* trocadilho; jogo de palavra; argúcia; *v* sofismar; discutir.
Quick /qüic/ *adj* rápido; veloz; ligeiro; vivo; esperto; *adv* velozmente; ligeramente.
Quick.en /qüicn/ *v* vivificar; apressar-se; animar; agitar-se.
Quick.en.er /qüicnâr/ *s* o que anima ou vivifica.
Quick.lime /qüic.láim/ *s* cal viva.
Quickly /qüic.li/ *adv* rapidamente; vivamente; prontamente.
Quick march /qüic.mártxe/ *s* marcha rápida, acelerada.
Quick.match /qüic.mátxe/ *s* estopim (fio para bomba).
Quick.ness /qüic.nés/ *s* ligeireza; presteza; vivacidade.
Quick.sand /qüic.sénd/ *s* areia movediça.
Quick.set /qüicsét/ *s* planta de cercas; *v* prover de cerca viva.
Quick.sil.ver /qüic.silvâr/ *s* mercúrio.
Quid /qüid/ *s* fumo (de mascar); remoedura; POP Libra Esterlina.
Qui.es.cence /qüáié.sens/ *s* quietude; repouso; descanso.
Qui.es.cent /qüáié.sent/ *adj* inativo; imóvel.
Qui.et /qüái.et/ *s* quietude; sossego; calma; *v* acalmar; fazer calar; tranquilizar; *adj* calado; sossegado; calmo.
Qui.et.ly /qüái.etli/ *adv* calmamente; serenamente.
Quill /qüil/ *s* pena de ave; espinho; pena de escrever; *v* franzir; enrugar; depenar.
Quilt /qüilt/ *s* colcha; acolchoado; *v* acolchoar.
Quilt.ing /qüil.tin/ *s* acolchoamento; ação de estofar.
Quince /qüins/ *s* marmelo; marmeleiro.
Quin.qua.ge.na.ri.an /qüinqüâdjiné.riân/ *s* quinquagenário; *adj* quinquagenário.
Quin.sy /quin.zi/ *s* tonsilite; amigdalite.
Quint /qüint/ *s* quinteto; conjunto de cinco; um quinto.
Quin.tes.sence /qüinté.sens/ *s* o mais alto grau; requinte.
Quin.tu.ple /qüin.tiupol/ *v* quintuplicar; *adj* quíntuplo.
Quip /qüip/ *s* troça; sarcasmo; zombaria; ironia; *v* ironizar; censurar; replicar.
Quip.ster /qüipster/ *adj* escarnecedor; sarcástico.
Quirk /qüârc/ *s* desvio; volta fechada; curva fechada.
Quis.ling /qüiz.lin/ *s* colaboracionista; traidor.
Quit /qüit/ *v* deixar; abandonar; parar; demitir-se.
Quite /qüáit/ *adv* completamente; totalmente; inteiramente.
Quit.tance /qüi.tâns/ *s* quitação; pagamento; recompensa.
Quit.ter /qüí.ter/ *s* desertor; covarde.
Quiv.er /qüi.vâr/ *s* coldre; *v* tremer; arrepiar; estremecer.
Quix.ot.ic /qüic.xótic/ *adj* quixotesco; aventureiro.
Quiz /qüiz/ *s* enigma; logro; arguição; *v* zombar; mistificar; olhar de través.
Quiz.zi.cal /qüi.zicâl/ *adj* zombador; excêntrico; estranho.
Quod /qüód/ *s* cadeia; prisão.
Quoin /cóin/ *s* pedra angular; canto; ângulo; cunha; esquina; *v* acunhar, pôr cunhas.
Quoit /qüóit/ *s* malha, no jogo de malha.
Quo.ta /qüôu.tâ/ *s* cota; contingente; contribuição.
Quot.a.ble /qüôu.tâbol/ *adj* citável.
Quo.ta.tion /qüôutêi.xân/ *s* citação; COM cotação de preços; orçamento.
Quote /qüôut/ *v* citar; COM cotar preços.
Quo.tid.i.an /qüoti.diân/ *adj* cotidiano; diário.
Quo.tient /qüôu.xent/ *s* MAT quociente.

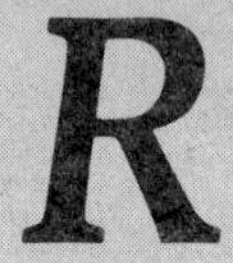

ABCDEFGHIJKLMNOPQRSTUVWXYZ

R /ér/ *s* décima-oitava letra do alfabeto Português e do alfabeto Inglês.
Rab.bet /ré.bét/ *s* malhete; estria; *v* encaixar; entalhar.
Rab.bi /ráebai/ *s* Rabino.
Rab.bit /ré.bit/ *s* coelho.
Rab.ble /rébol/ *s* multidão; ralé; plebe.
Rab.id /ré.bid/ *adj* furioso; raivoso; radical.
Ra.bies /rêi.biiz/ *s* raiva; hidrofobia.
Race /rêis/ *s* raça humana; geração; corrida; descendência; *v* correr.
Rac.er /rêi.sâr/ *s* cavalo ou carro de corridas; corredor.
Rack /réc/ *s* tortura; suplício; prateleira; *v* torturar; extorquir.
Rack.et /ré.quét/ *s* raqueta; barulho.
Rac.y /rêi.si/ *adj* vigoroso; picante.
Radish /ré.dixe/ *s* rábano; rabanete.
Ra.dix /rêi.dics/ *s* raiz; origem; fonte.
Raf.fle /réfol/ *s* rifa; sorteio; loteria; *v* rifar; sortear.
Raft /ráft/ *s* jangada; balsa; *v* transportar jangada ou balsa.
Rag /rég/ *s* trapo; *v* escarnecer; atormentar.
Rag.a.muf.fin /ré.gâmafin/ *s* malandro.
Rage /rêidj/ *s* raiva; fúria; entusiasmo; *v* enfurecer-se; assolar; devastar.
Rag.ged /ré.guid/ *adj* esfarrapado; roto; áspero.
Rag-tag /rég.tég/ *s* gentalha; ralé; plebe.
Rag.time /rég.táim/ *s* dança e música (sincopada).
Raid /rêid/ *s* ataque; invasão; *v* invadir.
Rail /rêil/ *s* trilho; grade; corrimão; balaústre; ferrovia; *v* pôr grade; zombar.
Rail.ler.y /rêi.lâri/ *s* repreensão.
Rail.road /rêil.rôud/ *s* grade de proteção.
Rail.way /rêi.luêi/ *s* via férrea.
Rain /rêin/ *s* chuva; *v* chover.
Rain.bow /rêin.bôu/ *s* arco-íris.
Rain.coat /rêin.côut/ *s* casaco de chuva.
Rain.fall /rêin.fól/ *s* tempestade de água, granizo ou neve.
Rain.proof /rêin.pruf/ *s* vestuário impermeável; *adj* impermeável; *also* Raincoat.
Raise /rêiz/ *s* aumento (em todos os sentidos); *v* levantar; edificar; acumular.
Rais.er /rêi.sâr/ *s* levantador; autor; cultivador; criador.
Rai.sin /rêizn/ *s* uva seca.
Rake /rêic/ *s* ancinho; *v* raspar; limpar com ancinho.
Rake.off /rêic.óf/ *s* POP lucro ilícito; propina.
Rak.er /rêi.câr/ *s* raspadeira; trabalhador (com o ancinho).
Rak.ing /rêi.quin/ *s* limpador que usa ancinho; exame meticuloso; censura.
Ral.ly /ré.li/ *s* reunião; comício; zombaria; recuperação; *v* reunir; zombar; reanimar-se.
Ram /rém/ *s* carneiro; martelo; bate-estacas; ASTR Constelação de Áries; *v* calcar; enterrar.
Ram.ble /rémbol/ *s* excursão; passeio; *v* passear (de auto).
Ram.bler /rém.blâr/ *s* passeante; vadio.
Ram.i.fy /ré.mifái/ *v* ramificar-se.
Ram.mer /ré.mâr/ *s* maço; martelo (bate-estacas).
Ramp /rémp/ *s* rampa; declive; salto; *v* pular; dar cambalhotas.
Ram.page /rémpêi.dj/ *s* barulho; agitação; alvoroço; *v* fazer alvoroço.
Ram.pan.cy /rém.pânsi/ *s* exuberância; extravagância.
Ram.part /rém.párt/ *s* baluarte; muro; *v* fortificar.
Ranch /réntxe/ *s* fazenda; rancho; *v* rasgar; criar gado.
Ranch.er /rént.xâr/ *s* rancheiro; vaqueiro.
Ran.cid /rén.sid/ *adj* rançoso; repugnante.
Ran.cor /rén.câr/ *s* rancor; ódio.
Ran.cor.ous /rén.câras/ *adj* rancoroso; vingativo.
Ran.dom /rén.dâm/ *s* acaso; aleatório; *adj* fortuito.
Range /rêindj/ *s* fila; gama; série; classe; fogão; *v* alinhar; classificar; percorrer.
Rang.er /rêin.djâr/ *s* cão de caça; guarda florestal.
Rank /rénc/ *s* fila; fileira; classe; ordem; classe social; grau; *v* ordenar, dispor em ordem.
Ran.kle /réncol/ *v* ulcerar; inchar; irritar-se.
Ran.sack /rén.séc/ *v* saquear; esquadrinhar; revistar com minúcias.

Ran.som /rén.sâm/ *s* resgate; preço de um resgate; *v* resgatar.
Rant /rént/ *s* linguagem extravagante; *v* falar com extravagância.
Rap /rép/ *s* pancada; batida na porta; piparote; *v* bater; vociferar; *past and pp* Rapped *or* Rapt.
Ra.pa.cious.ness /rapêi.xâsnés/ *s* rapacidade; avidez.
Rape /rêip/ *s* violação; estupro; *v* violar; violentar; estuprar.
Rap.id /ré.pid/ *adj* rápido; veloz; ligeiro.
Ra.pi.er /rêi.piâr/ *s* florete; espadim.
Rap.ine /ré.pin/ *s* rapina; roubo; saque.
Rapt /répt/ *adj* extasiado; enlevado.
Rap.ture /rép.txâr/ *s* arroubo; enlevo; êxtase.
Rap.tur.ous /rép.txâras/ *adj* arrebatador; sedutor; encantador.
Rare /rér/ *adj* raro; escasso; notável; mal passado.
Rar.e.fy /ré.rifái/ *v* rarefazer-se.
Rash /réxe/ *s* erupção; borbulha; *adj* arrojado; ousado.
Rash.er /ré.xâr/ *s* pedaço de toucinho (fatia).
Rash.ness /réxe.nés/ *s* temeridade; imprudência; precipitação.
Rasp /résp/ *s* grosa; lima; *v* raspar.
Rat /rét/ *s* rato; traidor; fura-greve; *v* mudar (de partido).
Ratch /rétxe/ *s* catraca; alavanca.
Rate /rêit/ *s* preço; taxa; índice; valor; *v* avaliar; classificar; repreender.
Rath.er /ra.dhâr/ *adv* antes; bastante; um tanto; algo; mais.
Rat.i.fy /ré.tifái/ *v* aprovar; confirmar.
Ra.ti.oc.i.nate /réxió.sinêit/ *v* raciocinar.
Ra.ti.oc.i.na.tion /réxióssinêi.xân/ *s* raciocínio.
Ra.tion /rêi.xân/ *s* ração; *v* racionar.
Ra.tion.al /ré.xanâl/ *s* ente racional; *adj* racional; judicioso.
Ra.tion.al.i.ty /réxâné.liti/ *s* racionalidade; raciocínio.
Ra.tion.al.ize /ré.xânâláiz/ *v* raciocinar; ponderar; refletir.
Rat.tle /rétol/ *s* estrondo; tagarelice; *v* ressoar; agitar com estampidos; atordoar.
Rat.tle.snake /rét.snêic/ *s* cascavel (cobra).
Rat.tle.trap /rétol.trép/ *s* calhambeque.
Rat.tling /ré.tlin/ *adj* alegre; vivo.
Rau.cit.y /ró.siti/ *s* rouquidão.
Rau.cous /ró.câs/ *adj* rouco.
Rav.age /ré.vidj/ *s* destruição; devastação; ruína; *v* assolar; devastar; destruir.
Rave /rêiv/ *v* delirar; divagar.
Rav.el /révol/ *v* desfiar; emaranhar; revelar.
Ra.ven /rêivn/ *s* rapina; restos; presa; *v* apresar; rapinar; devorar.
Rav.in /ré.vin/ *s* pilhagem; rapacidade; presa; *v* apresar; rapinar; ser voraz.
Rav.ing /rêi.vin/ *s* delírio; alucinação; *adj* alucinado; delirante.
Rav.ish /ré.vixe/ *v* arrebatar; raptar.
Raw /ró/ *adj* cru; verde; fresco.
Raw.hide /ró.háid/ *s* couro cru; chicote (feito de couro cru).
Ray /rêi/ *s* raio; fila; linha reta; *v* irradiar; cintilar; listrar.
Raze /rêiz/ *v* arrasar; derrubar; raspar; limar.
Ra.zor /rêi.zâr/ *s* navalha (para barba).
Reach /ritxe/ *s* extensão; alcance; desígnio; *v* estender; tocar; alcançar; atingir.
Read /rid/ *v* ler; decifrar; interpretar; compreender; *past or pp* Read.
Read.ing /ri.din/ *s* leitura; comentário; estudo; *adj* de leitura.
Re.ad.just /riédjâst/ *v* reajustar; compor; consertar.
Re.ad.just.ment /riêdjâst.ment/ *s* reajustamento.
Read.y /ré.di/ *adj* pronto; disposto; rápido.
Re.al /riâl/ *adj* real; autêntico; positivo; sincero.
Re.al.i.ty /rié.liti/ *s* realidade.
Re.al.ize /ri.âláiz/ *v* compreender; imaginar.
Re.al.ly /ri.âli/ *adv* realmente; na verdade; é mesmo.
Reap /rip/ *v* ceifar; colher.
Rear /rir/ *s* retaguarda; traseira; *v* elevar; educar; discutir; raciocinar; empinar-se; *adj* traseiro; posterior; último.
Re.ar.range /riérén.dj/ *v* reajustar; recompor; reorganizar.
Rea.son /rizn/ *s* razão; motivo; argumento; *v* raciocinar; discutir.
Rea.son.a.ble /riz.nâbol/ *adj* razoável; módico; moderado.
Rea.son.a.ble.ness /riz.nâblnés/ *s* justiça; moderação; equidade.
Rea.son.er /riz.nâr/ *s* raciocinador; pensador.
Re.bate /ri.bêit/ *s* rebate; desconto; dedução; *v* abater; diminuir; deduzir.
Re.bel /rébol/ *s* rebelde; revoltoso; *v* revoltarse; rebelar-se; *adj* rebelde.
Re.bel.lion /ribé.liân/ *s* rebelião; motim; *adj* rebelde; insubordinado.
Re.bound /ribáund/ *s* repercussão; *v* repercutir.
Re.buff /ribâf/ *s* recusa; resistência; *v* repelir; rejeitar.
Re.buke /ribiuc/ *s* repreensão; *v* repreender; censurar.
Re.but /ribât/ *v* replicar; repelir.
Re.call /ricól/ *s* revocação; chamada; recordação; MIL toque de reunir; *v* retratar-se; anular; lembrar-se.
Re.cant /riquént/ *v* retratar-se.
Re.ca.pit.u.late /riquépi.txeulêit/ *v* recapitular.
Re.cede /rissid/ *v* retirar-se; desistir.
Re.ceipt /rissit/ *s* recibo; recebimento; *v* passar recibo.
Re.ceiv.a.ble /rissi.vâbol/ *adj* aceitável.
Re.ceive /rissiv/ *v* receber; permitir; conter.

Re.cep.ta.cle /rissép.tâcol/ *s* receptáculo; recipiente.
Re.cep.tion /rissép.xân/ *s* recepção; recebimento; acolhimento.
Re.cep.tive /rissép.tiv/ *adj* receptivo.
Re.cess /rissés/ *s* retirada; intervalo; pausa; retiro; recesso.
Re.ces.sion /rissé.xân/ *s* recesso; retirada; caída; depressão.
Rec.i.pe /récipi/ *s* receita (médica, de culinária, etc).
Re.cip.i.ent /rissi.pient/ *s* recipiente.
Re.cite /rissáit/ *v* recitar; narrar.
Reck /réc/ *v* importar-se; ter cuidado.
Reck.less /réc.lés/ *adj* negligente; descuidado; atrevido.
Reck.less.ness /réc.lésnés/ *s* descuido; negligência.
Reck.on /récn/ *v* contar; calcular; POP pensar; julgar.
Re.claim /riclêim/ *v* reformar; recuperar; amansar; regenerar.
Re.claim.a.ble /riclêi.mâbol/ *adj* recuperável.
Re.cline /ricláin/ *v* pender; reclinar-se.
Re.cluse /riclus/ *s* recluso; eremita; *adj* recluso; solitário.
Re.clu.sion /riclu.jân/ *s* reclusão; retiro.
Rec.og.ni.tion /récogni.xân/ *s* reconhecimento; confissão.
Rec.og.niz.a.ble /ré.cógnaízâbol/ *adj* reconhecível.
Re.cog.ni.zance /ricóg.nizâns/ *s* reconhecimento; obrigação sob fiança.
Rec.og.nize /récâgnaiz/ *v* reconhecer; admitir.
Re.coil /ricóil/ *s* recuo; coice de arma de fogo; temor; repugnância; *v* recuar; retirar-se.
Rec.om.pense /ré.cómpens/ *s* recompensa; remuneração; indenização; *v* recompensar; indenizar.
Rec.on.dite /ré.cóndáit/ *adj* recôndito; secreto; profundo.
Re.con.sid.er /ricónsi.dâr/ *v* rever; reconsiderar.
Rec.ord /ricórd/ *s* registro; disco (de vitrola); crônica.
Re.cord.er /ricór.dâr/ *s* registrador; gravador (som).
Re.cov.er /ricâ.vâr/ *v* recobrir; recuperar; recobrar; convalescer; restabelecer-se.
Re.cov.er.a.ble /ricâ.vârâbol/ *adj* recuperável; curável.
Rec.re.ate /ré.criêit/ *v* recrear; divertir-se.
Rec.re.a.tion /récriêi.xân/ *s* recreação; recreio.
Re.crim.i.nate /ricri.minêit/ *v* recriminar; acusar; censurar.
Re.cru.des.cence /ricrudé.sens/ *s* recrudescência.
Re.cru.des.cent /ricrudé.sent/ *adj* recrudescente.
Re.cruit /ricrut/ *s* novato; recruta; suprimento; *v* recrutar; refazer-se; restabelecer-se.
Re.cruit.ment /recrut.ment/ *s* recrutamento; alistamento.
Rec.ti.fy /réc.tifái/ *v* retificar; corrigir; destilar.
Rec.tor /réc.târ/ *s* reitor; pároco; cura; pastor.
Re.cu.per.ate /riquiu.parêit/ *v* recuperar a saúde; convalescer.
Re.cu.per.a.tion /riquiuparêi.xân/ *s* recuperação; restabelecimento.
Re.cur /ricâr/ *v* ocorrer novamente; recorrer.
Re.cur.rence /ricâ.râns/ *s* volta; retorno; repetição.
Re.cur.rent /ricâ.rânt/ *adj* periódico.
Red /réd/ *s* cor vermelha (de sangue); *v* avermelhar; *adj* vermelho; rubro.
Re.dact /ridéct/ *v* redigir; editar.
Red.den /rédn/ *v* corar; incandescer; enrubecer.
Red.dish /ré.dixe/ *adj* avermelhado.
Re.deem /ridim/ *v* remir; redimir; resgatar; compensar.
Re.deem.a.ble /ridi.mâbol/ *adj* remível; resgatável.
Re.demp.tion /ridémp.xân/ *s* redenção; resgate; amortização (de dívida).
Red.o.lence /ré.doléns/ *s* aroma; perfume; odor.
Red.o.lent /ré.dolént/ *adj* fragrante; cheiroso.
Re.dou.ble /ridâ.bol/ *v* redobrar; repetir.
Re.doubt /ridúat/ *s* reduto; refúgio.
Re.doubt.a.ble /ridáu.tâbol/ *adj* formidável; terrível; respeitável.
Re.dound /ridáund/ *v* redundar; resultar.
Re.draft /ridráft/ *s* novo projeto; nova redação.
Re.dress /ridrés/ *s* emenda; correção; *v* reparar; consolar; aliviar; desagravar.
Re.duce /ridius/ *v* diminuir; degradar; reduzir; transformar; subjugar; emagrecer.
Re.duc.er /ridiu.sâr/ *s* tubo de redução.
Re.duc.i.ble /ridiu.sibol/ *adj* redutível.
Re.dun.dance /ridân.dâns/ *s* redundância; pleonasmo.
Re.dun.dant /ridân.dânt/ *adj* redundante; pleonástico; superabundante.
Reed /rid/ *s* cana; caniço; flecha; gaita; flauta.
Reed.y /ri.di/ *adj* coberto de colmo; feito de junco; fino como um caniço.
Reef /rif/ *s* recife; sarna; erupção; filão.
Reek /ric/ *s* fumo; vapor; exalação; *v* exalar; lançar vapores; fumegar; cheirar forte.
Reel /ril/ *s* torniquete; carretel; bobina; *v* cambalear; vacilar; enrolar.
Re.en.force /riénfôurs/ *s* reforço; *v* reforçar; fortificar.
Re.fec.to.ry /riféc.tôuri/ *s* refeitório.
Re.fer /rifâr/ *v* referir; referir-se; transmitir.
Ref.e.ree /réfâri/ *s* árbitro; juiz; ESP árbitro.
Ref.er.ence /ré.fâréns/ *s* referência; alusão; menção; observação.
Re.fill /rifil/ *v* reencher; tornar a encher.
Re.fine.ment /rifáin.ment/ *s* refinamento; cultura.
Re.fin.er.y /rifái.nâri/ *s* refinaria.
Re.fit /rifit/ *v* consertar; aparelhar; armar.
Re.flect /rifléct/ *v* refletir; ponderar; censurar; projetar; criticar.
Re.flec.tion /rifléc.xân/ *s* reflexão; reflexo; meditação; consideração.

Re.flex /ri.flécs/ *s* reflexo; *adj* reflexo; reflexivo.
Re.form /rifórm/ *s* reforma; *v* reformar; modernizar; emendar.
Ref.or.ma.tion /réfórmêi.xân/ *s* reforma; reformação.
Re.fract /rifréct/ *v* refratar; refranger.
Re.frac.tion /rifréc.xân/ *s* refração.
Re.frac.to.ry /rifréc.tôuri/ *adj* refratário; obstinado; teimoso; indócil.
Re.frain /rifrêin/ *s* refrão; estribilho; *v* refrear; abster-se; reter.
Re.fresh /rifré.xe/ *v* restaurar; reparar as forças; recrear; divertir-se.
Re.fresh.ing /rifré.xin/ *adj* refrigerante; reanimador; restabelecedor.
Re.fresh.ment /rifréxe.ment/ *s* refresco; alívio; refrigério.
Re.frig.er.ate /rifri.djârêit/ *v* refrigerar; refrescar.
Re.frig.er.a.tor /rifri.djârêitâr/ *s* refrigerador; geladeira.
Ref.uge /ré.fiudj/ *s* refúgio; abrigo; subterfúgio; *v* abrigar; proteger.
Ref.u.gee /réfiudji/ *s* refugiado; asilado.
Re.ful.gence /rifâl.djéns/ *s* refulgência.
Re.ful.gent /rifâl.djént/ *adj* refulgente; brilhante.
Re.fund /rifând/ *v* reembolsar; restituir.
Re.fus.al /rifiu.zâl/ *s* recusa; repulsa.
Ref.use /rifiuz/ *s* refugo; sobra; resíduo; *v* recusar; rejeitar; *adj* rejeitado; de refugo.
Re.fut.a.bil.i.ty /réfiutâbi.liti/ *s* refutabilidade.
Re.fute /rifiut/ *v* refutar; constestar; rebater.
Re.gain /riguêin/ *v* reganhar; recobrar.
Re.gal /ri.gâl/ *adj* real; régio.
Re.gale /riguêil/ *v* banquetear; recrear; alegrar; lisonjear.
Re.gard /rigárd/ *s* consideração; respeito; estima; *v* considerar; olhar.
Re.gard.less /rigár.dlés/ *adj* desatento; indiferente; descuidado.
Re.gen.er.ate /ridjé.nârêit/ *v* regenerar-se; reproduzir; *adj* regenerado; renascido.
Re.gen.er.a.tion /ridjénârêi.xân/ *s* regeneração; restauração; reprodução.
Re.gent /ri.djent/ *s* regente; governador; *adj* regente.
Reg.is.ter /ré.djistâr/ *s* registro; arquivo; *v* registrar; indicar; anotar.
Reg.is.try /ré.djistri/ *s* registro; arquivo; protocolo.
Reg.nant /ré.gnânt/ *adj* reinante; dominante.
Re.gress /rigrés/ *s* regresso; volta; *v* regressar; retornar.
Re.gres.sion /rigré.xân/ *s* regressão; regresso.
Re.gret /rigrét/ *s* pesar; sentimento; pena; dor; *v* lamentar; arrepender.
Re.gret.ful /rigrét.ful/ *adj* arrependido; pesaroso.
Re.gret.ta.ble /rigré.tâbol/ *adj* lastimável; sensível; deplorável.
Reg.u.late /ré.guiulêit/ *v* regular; ordenar; dirigir.
Re.hears.al /ri.hâr.sâl/ *s* narração; ensaio; repetição.
Re.hearse /ri.hârs/ *v* narrar; repetir; recitar; ensaiar.
Reign /rêin/ *s* reino; reinado; soberania; *v* reinar; imperar.
Re.im.burse /riimbârs/ *v* reembolsar; indenizar.
Re.im.burse.ment /riimbârs.ment/ *s* reembolso.
Rein /rêin/ *s* rédea; governo; *v* governar; guiar por rédeas.
Re.in.state /riinstêit/ *v* reintegrar; restabelecer; repor.
Re.it.er.ate /rii.târêit/ *v* reiterar; repetir.
Re.it.er.a.tion /riitârêi.xân/ *s* reiteração; repetição.
Re.ject /ridjéct/ *v* rejeitar; recusar; repudiar.
Re.joice /ridjóis/ *v* regozijar-se; alegrar-se.
Re.joic.ing /ridjói.sin/ *s* alegria; regozijo; *adj* deleitável; alegre.
Re.join /ridjóin/ *v* reajuntar; reunir.
Re.ju.ve.nate /ridju.venêit/ *v* remoçar; rejuvenescer.
Re.ju.ve.na.tion /ridjuvenêi.xân/ *s* rejuvenescimento.
Re.lapse /riléps/ *s* recaída; reincidência; *v* recair; reincidir.
Re.late /rilêit/ *v* relatar; referir-se; narrar; ter parentesco.
Re.la.tion /rilêi.xân/ *s* relação; afinidade; parentesco.
Re.la.tion.ship /rilêi.xânxip/ *s* parentesco; relacionamento.
Re.lax /rilécs/ *v* relaxar; afrouxar; soltar; largar; expandir-se; desabrochar.
Re.lay /ri.lêi/ *s* muda (de cavalos); substituição; relé (dispositivo elétrico); *v* repor.
Re.lease /rilis/ *s* liberação; desobrigação; quitação; *v* soltar; liberar; livrar.
Re.lent /rilént/ *v* abrandar-se.
Re.lent.less /rilén.tlés/ *adj* empedernido; implacável.
Rel.e.vance /ré.livâns/ *s* relação; importância.
Re.li.a.bil.i.ty /riláiâbi.liti/ *s* confiança; segurança.
Re.li.a.ble /rilái.âbol/ *adj* de confiança; seguro.
Rel.ic /ré.lic/ *s* relíquia; ruína.
Re.lief /rilif/ *s* alívio; reparação; realce; relevo.
Re.liev.a.ble /rili.vâbol/ *adj* remediável; reparável.
Re.lieve /riliv/ *v* aliviar; realçar; ressaltar.
Re.lig.ious /rili.djâs/ *adj* religioso; devoto; escrupuloso.
Re.lig.ious.ness /rili.djâsnés/ *s* piedade; religião; sentimento religioso.
Re.lin.quish /rilin.cuixe/ *v* abandonar; renunciar.
Re.lin.quish.ment /rilin.cuixement/ *s* abandono; cedência; desistência.
Rel.ish /ré.lixe/ *s* gosto; sabor; gulodice; *v* saborear; ter bom gosto.
Re.luc.tance /rilâc.tâns/ *s* relutância; objeção; resistência.

Re.ly /rilái/ *v* confiar em; contar com.
Remain /rimêins/ *s pl* (**Remains**) restos; sobras; restos mortais; *v* ficar; permanecer.
Re.main.der /rimêin.dâr/ *s* resto; restante; saldo.
Re.mand /riménd/ *v* reenviar; retornar.
Re.mark.a.ble /rimár.câbol/ *adj* notável; invulgar; extraordinário.
Re.mem.ber /rimém.bâr/ *v* lembrar-se; recordar; ter em mente.
Re.mem.brance /rimém.brâns/ *s* lembrança; recordação; memória.
Re.mind /rimáind/ *v* lembrar; avisar.
Rem.i.nis.cence /rémini.sens/ *s* reminiscência; memória.
Rem.i.nis.cent /rémini.sent/ *adj* recordativo; rememorativo.
Re.mise /rimáiz/ *s* repetição de golpe (esgrima) JUR renúncia; cessão; *v* repetir golpe.
Re.miss /rimis/ *adj* remisso; lento; negligente; despreocupado.
Re.mis.sion /rimi.xân/ *s* remissão; indulto; perdão.
Re.mit /rimit/ *v* remeter; largar; perdoar; soltar; abandonar.
Re.mit.tance /rimi.tâns/ *s* remessa (de dinheiro, etc).
Rem.nant /rém.nânt/ *s* remanescente; resto; retalho.
Re.morse /rimórs/ *s* remorso; arrependimento.
Re.morse.ful /rimórs.ful/ *adj* com remorsos; arrependido; contrito.
Re.morse.less /rimórs.lés/ *adj* sem remorsos; impenitente; cruel; desumano.
Re.morse.less.ness /rimórs.lésnés/ *s* impenitência; desumanidade.
Re.mote /rimôut/ *adj* remoto; afastado; retirado; isolado; alheio.
Re.mote.ness /rimôut.nés/ *s* afastamento; distância considerável.
Re.mov.a.ble /rimu.vâbol/ *adj* removível; transportável.
Re.mov.al /rimu.vâl/ *s* remoção; demissão; retirada; afastamento.
Re.move /rimuv/ *s* remoção; mudança; grau de parentesco; *v* remover; retirar.
Re.mu.ner.ate /rimiu.nârêit/ *v* remunerar; recompensar.
Re.mu.ner.a.tion /rimiunârêi.xân/ *s* remuneração; recompensa.
Re.mu.ner.a.tive /rimiu.nârâtiv/ *adj* remunerativo; lucrativo.
Ren.as.cence /riné.sens/ *s* renascença; renascimento.
Rend /rénd/ *v* rasgar; despedaçar; arrancar; *past and pp* Rent.
Rend.er /rén.dâr/ *v* fazer; dar; tornar.
Re.new /riniu/ *v* renovar; reiterar; refazer.
Re.new.al /riniu.âl/ *s* renovação; renovo; reforma.
Re.nounce /rináuns/ *v* renunciar; rejeitar (em público).
Re.nounce.ment /rináuns.mént/ *s* renúncia.
Ren.o.vate /ré.novêit/ *v* renovar; restaurar; reformar.
Re.nown /rináun/ *s* renome; fama; *v* afamar; celebrizar.
Rent /rént/ *s* aluguel; arrendamento; fenda; *v* alugar; arrendar.
Rent.er /rén.târ/ *s* arrendatário; locatário; inquilino.
Re.nun.ci.a.tion /rinânsiêi.xân/ *s* renunciação; renúncia; repúdio.
Re.o.pen /riôupn/ *v* reabrir.
Re.or.gan.ize /riór.gânáiz/ *v* reorganizar; melhorar; reformar.
Re.pair /ripér/ *s* reparo; restauração; guarida; *v* reparar; consertar; dirigir-se; indenizar.
Re.pair.er /ripé.rār/ *s* reparador; restabelecedor; restaurador.
Rep.ar.tee /répârti/ *s* réplica; resposta.
Re.past /ripést/ *s* refeição; alimento.
Re.pa.tri.ate /ripé.triêit/ *v* repatriar.
Re.pay /ripéi/ *v* repagar; reembolsar indenizar.
Re.pay.a.ble /ripêi.âbol/ *adj* reembolsável.
Re.pay.ment /ripêi.ment/ *s* reembolso; novo pagamento; devolução.
Re.peal /ripil/ *s* revogação; ab-rogação; anulação; *v* revogar; ab-rogar; expulsar.
Re.peat /ripit/ *s* repetição; estribilho; *v* repetir; recitar.
Re.peat.er /ripi.târ/ *s* repetidor; recitador.
Re.pel /ripél/ *v* repelir; rechaçar.
Re.pel.lent /ripé.lent/ *s* tecido impermeável; *adj* repelente.
Re.pent /ripént/ *v* arrepender-se; mudar de parecer.
Re.pen.tance /ripén.tâns/ *s* arrependimento; contrição.
Re.peo.ple /ripipol/ *v* repovoar.
Re.per.cus.sion /riparcâ.xân/ *s* repercussão.
Rep.e.ti.tion /répiti.xân/ *s* repetição; recitação.
Re.pine /ripáin/ *v* lamentar-se; queixar-se; murmurar.
Re.pin.er /ripái.nâr/ *s* murmurador.
Re.pin.ing /ripái.nin/ *s* queixa; lamentação; pesar; desgosto.
Re.place /riplêis/ *v* repor; restabelecer; substituir.
Re.place.ment /riplêis.ment/ *s* reposição; reembolso; substituição.
Re.plen.ish /riplé.nixe/ *v* reabastecer.
Re.plete /riplit/ *adj* repleto; cheio; recheado.
Re.plev.in /riplé.vin/ *s* reivindicação; desembargo.
Rep.li.ca.tion /répliquêi.xân/ *s* réplica; objeção.
Re.ply /ripláí/ *s* resposta; réplica; *v* responder.
Re.port /ripôurt/ *s* relatório; relação; descrição; boato; rumor; *v* referir; relatar.
Re.port.er /ripôur.târ/ *s* repórter; noticiarista.

Re.pose /ripôuz/ *s* repouso; descanso; tranquilidade; *v* repousar; confiar em.
Rep.re.hend /répri.hénd/ *v* repreender.
Rep.re.hen.si.ble /répri.hén.sibol/ *adj* censurável; repreensível.
Rep.re.sent /réprizént/ *v* representar; descrever; interpretar.
Re.press /riprés/ *v* reprimir; dominar; conter.
Re.prieve /ripriv/ *s* suspensão de pena; *v* suspender sentença.
Rep.ri.mand /réprimend/ *s* reprimenda; repreensão; *v* repreender; reprovar.
Re.print /riprint/ *s* reimpressão; reedição; *v* reimprimir; reeditar.
Re.pri.sal /ripräi.zâl/ *s* represália; vingança; desforra.
Re.proach /riprôu.txe/ *s* censura; vitupério; opróbrio; *v* exprobrar; censurar.
Re.proach.ful /riprôu.txefâl/ *adj* injurioso; ultrajante; condenatório.
Rep.ro.bate /ré.probêit/ *v* reprovar; condenar; rejeitar.
Re.pro.duce /riprodius/ *v* reproduzir.
Re.pro.duc.tion /riprodâc.xân/ *s* cópia; reprodução.
Re.proof /ripruf/ *s* reprovação; censura.
Re.prov.a.ble /ripru.vâbol/ *adj* reprovável; censurável.
Re.prove /ripruv/ *v* censurar.
Re.prov.er /ripru.vâr/ *s* reprovador; censurador.
Re.pub.lic /ripâ.blic/ *s* república.
Re.pu.di.ate /ripiu.diêit/ *v* repudiar; repelir; rejeitar.
Re.pu.di.a.tion /ripiudiêi.xân/ *s* repúdio; rejeição; renúncia.
Re.pug.nance /ripâg.nâns/ *s* aversão; oposição; repugnância.
Re.pug.nant /ripâg.nânt/ *adj* oposto; contrário; repugnante.
Re.pulse /ripâls/ *s* repulsa; rejeição; recusa; *v* repelir; recusar.
Re.pul.sion /ripâl.xân/ *s* repulsão; repugnância.
Re.pul.sive.ness /ripâl.sivnés/ *s* repelência; aversão.
Re.pute /ripiut/ *s* fama; crédito; *v* reputar; considerar.
Re.quest /riquést/ *s* pedido; requisição; reclamação; *v* pedir; solicitar.
Re.quire /ricuáir/ *v* precisar; requerer; exigir.
Req.ui.site.ness /ré.cuizitnés/ *s* necessidade; exigência; precisão.
Req.ui.si.tion /récuizi.xân/ *s* requisição; requisito; pedido; *v* requisitar.
Re.qui.tal /ricuái.tâl/ *s* recompensa; paga; revide.
Re.quite /ricuáit/ *v* recompensar; devolver.
Re.scind /rissind/ *v* rescindir; anular.
Re.scis.sion /rissi.jân/ *s* rescisão; anulação.
Res.cue /rés.quiu/ *s* socorro; libertação; *v* livrar; socorrer.
Re.search /rissâr.txe/ *s* pesquisa; busca; investigação; *v* pesquisar; investigar; procurar.
Re.sell /rissél/ *v* revendedor.
Re.sem.blance /rizém.blâns/ *s* semelhança; parecença; analogia.
Re.sem.ble /rizémbol/ *v* assemelhar-se; parecer-se.
Re.sent /rizént/ *v* ressentir-se; indignar-se com.
Re.sent.ful /rizént.ful/ *adj* ressentido; vingativo; rancoroso.
Re.sent.ment /rizént.ment/ *s* ressentimento; enfado; queixa.
Res.er.va.tion /rézârvêi.xân/ *s* reserva; restrição; dissimulação.
Re.serve /rizârv/ *s* reserva; cautela; circunspecção; *v* reservar; conservar.
Re.set /rissét/ *s* nova disposição; recolocação; *v* recompor; recolocar; retomar.
Re.side /rizáid/ *v* residir; habitar; morar.
Res.i.dence /rá.zidéns/ *s* residência; morada; habitação.
Res.i.due /ré.zidiu/ *s* resíduo; resto; sobra; remanescente.
Re.sign /rizáin/ *v* resignar-se; demitir-se.
Res.ig.na.tion /rézignêi.xân/ *s* resignação; demissão; renúncia.
Re.sist /rizist/ *v* resistir; opor-se; suportar; aguentar.
Re.sis.tance /rizis.tâns/ *s* resistência; oposição; obstáculo; impedimento.
Re.sis.tant /rizis.tânt/ *adj* resistente.
Res.o.lu.ble /ré.zoliubol/ *adj* resolúvel.
Res.o.lute /ré.zoliut/ *adj* resoluto; decidido; firme.
Res.o.lute.ness /ré.zoliutnés/ *s* resolução; firmeza; constância.
Res.o.lu.tion /rézoliu.xân/ *s* resolução; solução; firmeza.
Re.solve /rizólv/ *s* resolução; acordo; determinação; *v* resolver; dissolver; analisar.
Res.o.nance /ré.zonâns/ *s* ressonância.
Res.o.nant /ré.zonânt/ *adj* ressonante.
Re.sort /rizórt/ *s* recurso; estância; *v* recorrer; frequentar.
Re.sound /rizáund/ *v* ressoar; retinir; ter fama; ecoar.
Re.source /rissôurs/ *s* recurso; meio; expediente.
Re.spect /rispéct/ *s* respeito; aspetos; consideração; *v* respeitar.
Re.spect.a.ble /rispéc.tâbol/ *adj* respeitável; honroso; venerável.
Re.spect.ful /rispéct.ful/ *adj* respeitoso.
Re.spect.ing /rispéc.tin/ *prep* quanto a; com respeito a; visto que.
Re.spec.tive /rispéc.tiv/ *adj* respectivo; particular; individual.
Re.spire /rispáir/ *v* respirar; viver; *s* descanso; pausa; folga; prorrogação.
Res.pite /rés.pit/ *v* prorrogar.

Re.splen.dence /risplén.déns/ *s* resplendor; brilho; fulgor.
Re.splen.dent /risplên.dént/ *adj* resplendente; brilhante.
Re.spond /rispónd/ *s* resposta; solução; *v* responder; corresponder.
Re.sponse /rispóns/ *s* resposta; reação; réplica; responsório.
Re.spon.si.bil.i.ty /rispónsibi.liti/ *s* responsabilidade; dever; obrigação.
Re.spon.si.ble /rispón.sibol/ *adj* responsável.
Re.spon.sive /rispón.siv/ *adj* compreensivo.
Re.spon.sive.ness /rispón.sivnés/ *s* correspondência; conformidade.
Re.spon.so.ry /rispón.sôuri/ *s* responsório; responso; *adj* responsivo.
Rest /rést/ *s* repouso; tranquilidade; resto; MÚS pausa; *v* descansar; repousar.
Rest.ful /rést.ful/ *adj* sossegado; tranquilo; quieto.
Rest.ful.ness /rést.fulnés/ *s* tranquilidade; repouso; quietude.
Res.tive /rés.tiv/ *adj* teimoso; impaciente.
Res.tive.ness /rés.tivnés/ *s* impaciência; teimosia; obstinação; indocilidade.
Rest.less /rés.tlés/ *adj* inquieto; incessante; insaciável; inquieto.
Rest.less.ness /rés.tlésnés/ *s* inquietação; impaciência.
Res.to.ra.tion /ristorêi.xân/ *s* restituição; restauração.
Re.store /ristôur/ *v* restaurar; reconstruir, devolver.
Re.strain /ristrêin/ *v* refrear; restringir; limitar.
Re.strain.a.ble /ristrêi.nâbol/ *adj* restringível; restringente.
Re.straint /ristrêint/ *s* sujeição; coerção; restrição; constrangimento.
Re.strict /ristrict/ *v* restringir; limitar.
Re.sume /rizium/ *v* retomar; renovar; reiniciar; reassumir.
Re.sump.tion /rizâmp.xân/ *s* reinício.
Res.ur.rec.tion /rézâréc.xân/ *s* ressurreição; restabelecimento.
Re.sus.ci.ta.tion /rissâssitêi.xân/ *s* ressurreição.
Re.tail /rité.il/ *s* retalho; *v* vender a retalho.
Re.tain /ritêin/ *v* reter; assalariar; conservar.
Re.take /ritêic/ *v* retomar; recobrar; *past* Retook *and pp* Retaken.
Re.tal.i.ate /rité.liêit/ *v* vingar-se; retaliar; desagravar.
Re.tal.i.a.tion /ritéliêi.xân/ *s* represália; vingança.
Re.tard /ritârd/ *s* demora; atraso; delonga; *v* retardar; protelar; demorar.
Retch /rétxe/ *v* vomitar.
Re.ten.tion /ritén.xân/ *s* retenção; limitação; conservação.
Ret.i.cence /ré.tisséns/ *s* reticência.
Ret.i.nue /ré.tiniu/ *s* comitiva; séquito; cortejo.
Re.tire /ritáir/ *v* retirar-se; recolher-se; aposentar-se.
Re.tired /ritáird/ *adj* retirado; ermo; aposentado.
Re.tire.ment /ritáir.ment/ *s* retiro; retraimento; reforma; aposentadoria.
Re.tort /ritórt/ *s* retorta; destilador; recriminação; *v* retorquir; replicar; repelir.
Re.touch /ritâ.txe/ *s* retoque; última demão; *v* retocar; corrigir.
Re.trace /ritrêis/ *v* retraçar; narrar; remontar; retroceder.
Re.tract /ritréct/ *v* retratar; recuar; voltar.
Re.trac.ta.tion /ritréctêi.xân/ *s* retratação.
Re.trac.tion /ritréc.xân/ *s* retração; contração; retraimento.
Re.treat /ritrit/ *s* retiro; retirada; retraimento; *v* retirar-se.
Re.trench /ritrén.txe/ *v* entrincheirar; poupar; economizar.
Re.trench.ment /ritrén.txement/ *s* diminuição; redução; economia.
Ret.ri.bu.tion /rétribiu.xân/ *s* retribuição; desforra.
Re.triev.a.ble /ritri.vâbol/ *adj* reparável; restaurável; recuperável.
Re.trieve /ritriv/ *v* reaver; recobrar; restabelecer.
Re.triev.er /ritri.vâr/ *s* cão ensinado.
Re.turn /ritârn/ *s* volta; regresso; reposição; relação; lista; reembolso; *v* restituir; voltar.
Re.turn.a.ble /ritâr.nâbol/ *adj* restituível.
Re.un.ion /riu.niân/ *s* reunião; reconciliação.
Re.u.nite /riunáit/ *v* reunir; juntar; reconciliar.
Re.veal /rivil/ *v* revelar; descobrir; publicar.
Re.veal.a.ble /rivi.lâbol/ *adj* revelável; divulgável.
Rev.el /ré.vel/ *s* prazer; brincadeira; folia; *v* divertir-se; festejar.
Rev.e.la.tion /révelêi.xân/ *s* revelação; publicação.
Rev.el.ler /ré.velâr/ *s* farrista; *also* Reveler.
Rev.el.ry /ré.velri/ *s* festança; folia; orgia.
Re.venge /rivén.dj/ *s* vingança; desforra; *v* vingar-se; desforrar-se.
Re.venge.ful /rivén.djful/ *adj* vingativo.
Rev.e.nue /ré.viniu/ *s* renda; fisco; benefício; direitos de importação.
Re.ver.ber.ate /rivâr.bârêit/ *v* reverberar; repercutir; retinir.
Re.ver.ber.a.tion /rivârbârêi.xân/ *s* eco; reflexão; reverberação.
Re.vere /rivir/ *v* reverenciar; venerar; respeitar.
Rev.er.ence /ré.vârêns/ *s* reverência; respeito; veneração; *v* reverenciar; respeitar; honrar; saudar (com respeito).
Rev.er.ent /ré.vârént/ *adj* reverente; submisso.
Rev.er.en.tial /révârén.xâl/ *adj* reverencial; respeitoso.
Rev.er.ie /ré.vâri/ *s* devaneio; sonho.
Re.verse /rivârs/ *s* reverso; inverso; verso; contrário; vicissitude; mudança; contratempo; *v* inverter (sentido, etc).
Re.vers.i.ble /rivâr.sâbol/ *adj* reversível.
Re.ver.sion /rivâr.xân/ *s* reversão.

Re.vert /rivârt/ *v* reverter; retroceder.
Re.view /riviu/ *s* revista; exame; análise; *v* rever; revisar; passar em revista; criticar.
Re.view.al /riviuual/ *s* o ato de revisar.
Re.vile /riváil/ *v* injuriar; caluniar.
Re.vise /riváiz/ *s* revisão; *v* rever; revisar.
Re.vi.sion /rivi.jân/ *s* revisão; edição; revista; correção.
Re.vi.val /rivái.vâl/ *s* revivificação; restauração; renovação.
Re.vive /riváiv/ *v* ressuscitar; reviver.
Re.viv.er /rivái.vâr/ *s* reanimador.
Re.viv.i.fy /rivi.vifái/ *v* revivificar; reviver.
Rev.o.ca.ble /ré.vocâbol/ *adj* revogável.
Rev.o.ca.tion /révoquêi.xân/ *s* revogação; anulação.
Re.voke /rivóuc/ *v* revogar; anular; renunciar.
Re.volt /rivôult/ *s* sedição; rebelião; revolta; *v* revoltar-se.
Rev.o.lu.tion /révoliu.xân/ *s* revolução; giro.
Rev.o.lu.tion.a.ry /révoliu.xânéri/ *s* revolucionário; *adj* revolucionário.
Rev.o.lu.tion.ist /révoliu.xânist/ *s* revolucionário.
Rev.o.lu.tion.ize /révoliu.xânáiz/ *v* revolucionar; amotinar.
Re.volve /rivólv/ *v* virar; girar; relembrar.
Re.volv.er /rivól.vâr/ *s* revólver (arma); *examine* ⇒ Gun.
Re.vul.sion /rivâl.xân/ *s* revulsão; retrocesso; repugnância.
Re.ward /riuórd/ *s* recompensa; prêmio; remuneração; *v* recompensar; premiar.
Rheum /rum/ *s* reuma; catarro.
Rheu.ma.tism /ru.mâtizm/ *s* reumatismo.
Rhi.noc.e.ros /ráinó.serâs/ *s* rinoceronte.
Rhyme /ráim/ *s* rima; *same as* Rime; *v* rimar; versejar.
Rhythm /ri.thm/ *s* ritmo; cadência; harmonia; compasso.
Rhyth.mic /rith.mic/ *adj* rítmico; ritmado; cadenciado; harmônico.
Rib /rib/ *s* costela; carne (porção de costela); faixa; friso; nervura das folhas; vareta (de guarda-chuva); *v* estriar; listrar; POP caçoar.
Rib.ald /ri.bóld/ *adj* pertencente ou alusivo a insulto.
Rib.ald.ry /ri.bóldri/ *s* libertinagem; cinismo; obscenidade.
Rib.bon /ri.bân/ *s* fita; laço; cinta; banda; faixa; freio; *v* ornar; enfeitar.
Rice /ráis/ *s* arroz.
Rich /ritxe/ *adj* rico; suntuoso; valioso; fértil; saboroso.
Rich.es /ri.txiz/ *s* riquezas; bens.
Rich.ness /ri.txenés/ *s* riqueza; fertilidade; opulência.
Rick /ric/ *s* pilha; monte; *v* amontoar.
Rick.ets /ri.quits/ *s* raquitismo.
Rick.et.y /ri.queti/ *adj* raquítico.
Rid /rid/ *adj* livre; desembaraçado; *v* livrar; desembaraçar; *past and pp* Rid.
Rid.dance /ri.dâns/ *s* livramento; desembaraço.
Rid.dle /ridl/ *s* enigma; mistério; *v* falar enigmaticamente.
Rid.dler /ri.dlâr/ *s* fala enigmática.
Ride /ráid/ *s* passeio (de carro, de bicicleta, cavalo, trem,etc); *v* cavalgar; pedalar; viajar; *past* Rode *and pp* Ridden.
Rid.er /rái.dâr/ *s* cavaleiro; montador; ciclista; viajante.
Ridge /ridji/ *s* espinhaço; cume; recife; rego; cordilheira; *v* sulcar.
Rid.i.cule /ri.diquiul/ *s* ridículo; zombaria; mofa; *v* ridicularizar; zombar de.
Rife /ráif/ *adj* corrente; comum; numeroso; abundante.
Ri.fle /ráifol/ *s* carabina; fuzil; rifle; *v* pilhar; roubar.
Rift /rift/ *s* fenda; racha; brecha; *v* fender-se; rachar.
Rig /rig/ *v* guarnecer navios; vestir; armar; enfeitar.
Right /ráit/ *s* lado direito; justiça; direito; *v* endireitar; fazer justiça; *adj* direito; certo; reto; correto; *adv* de acordo.
Right.eous /rái.txâs/ *adj* direito; justo; reto.
Right.eous.ness /rái.txâsnés/ *s* retidão; honestidade; justiça; probidade.
Right.ful /raít.ful/ *adj* legítimo; justo; reto.
Rig.id /ri.djid/ *adj* rígido; rigoroso.
Rig.or /ri.gâr/ *s* rigor; severidade; dureza.
Rig.or.ous /ri.gârâs/ *adj* rigoroso; severo; duro; inflexível.
Rill /ril/ *s* ribeiro; regato; riacho.
Rim /rim/ *s* borda; extremidade; aro; pestana.
Rime /ráim/ *s* rima; degrau; fenda; geada; *v* gelar; gear.
Rind /ráind/ *s* casca; vagem; crosta.
Rin.der.pest /rin.dârpést/ *s* sarna.
Ring /rin/ *s* anel; argola; aro; cerne; *v* cercar; circundar; encaracolar; *past and pp* Ringed.
Ring 2 /rin/ *v* tocar, repicar; soar; zumbir; telefonar; *past* Rang *or* Rung *and pp* Rung.
Ring.worm /rin.uârm/ *s* impingem.
Rink /rinc/ *s* pista de patinação.
Rinse /rins/ *v* lavar; enxaguar.
Rins.ing /rin.sin/ *s* ação de enxaguar.
Riot /rái.ât/ *s* tumulto; confusão; revolta; *v* fazer distúrbios; tumultuar.
Rip /rip/ *s* ruptura; rasgão; instrumento de raspar; *v* fender; dilacerar; despedaçar.
Ripe /ráip/ *adj* sazonado; acabado; oportuno.
Rip.en /ráipn/ *v* amadurecer.
Rip.ple /ripol/ *s* ondulação; ruído das águas; *v* ondular; agitar.
Rise /ráiz/ *s* elevação; subida; alta; acesso; cheia; *v* levantar; subir; erguer-se; aumentar; *past* Rose *and pp* Risen.
Ris.i.ble /ri.zibol/ *adj* irrisório; ridículo.

Risk /risc/ *s* risco; perigo; acaso; *v* arriscar; aventurar.
Risk.y /ris.qui/ *adj* arriscado; perigoso.
Rite /ráit/ *s* rito; cerimônia.
Ri.val.ry /rái.vâlri/ *s* rivalidade; emulação.
Rive /ráiv/ *v* fender; despedaçar; *past* Rived *and pp* Riven.
Riv.er /rái.vâr/ *s* rio; cópia; abundância.
Riv.er.side /ri.vârsáid/ *s* margem de rio.
Riv.et /ri.vet/ *s* rebite; arrebite; *v* rebitar; fixar com rebites.
Riv.u.let /ri.viulit/ *s* regato; arroio; riacho.
Roach /rôutxe/ *s* barata.
Road /rôud/ *s* estrada.
Road.stead /rôud.stéd/ *s* enseada; ancoradouro.
Road.way /rôud.uêi/ *s* rodovia; estrada; o leito da rua.
Roam /rôum/ *v* vagar; percorrer.
Roam.er /rôu.mâr/ *s* vadio; vagabundo.
Roar /rôur/ *s* rugido; estrondo; grito; *v* rugir; vociferar; mugir.
Roar.ing /rôu.rin/ *adj* que ruge; que ronca.
Roast /rôust/ *s* carne assada; assado; *v* assar; tostar; *adj* assado; tostado.
Roast.er /rôus.târ/ *s* assador.
Rob /rób/ *v* assaltar; saquear; pilhar.
Rob.ber /ró.bâr/ *s* ladrão; assaltante.
Rob.ber.y /ró.bâri/ *s* roubo; saque; pilhagem.
Robe /rôub/ *s* veste; túnica; roupão; *v* vestir; revestir; enfeitar.
Rob.ot /roubôut/ *s* autômato.
Ro.bust /robâst/ *adj* robusto; vigoroso; forte; duro; rude.
Ro.bust.ness /robâst.nés/ *s* robustez; força.
Rock /róc/ *s* rocha; rochedo; *v* balançar; agitar.
Rock.er.y /ró.câri/ *s* gruta artificial; pedras.
Rock.et /ró.quet/ *s* foguete; foguetão.
Rock.y /ró.qui/ *adj* empedrado; endurecido.
Rod /ród/ *s* vareta; vara (de pescar, de castigo); linhagem.
Roe /rôu/ *s* cabrito (montês).
Ro.ga.tion /roguêi.xân/ *s* rogações; súplicas; preces.
Rogue /rôug/ *s* vadio; velhaco.
Rogu.er.y /rôu.gâri/ *s* velhacaria; vadiagem; malícia.
Rogu.ish /rôu.guixe/ *adj* velhaco; maldoso; folgazão; travesso.
Rogu.ish.ness /rôu.guixenés/ *s* velhacaria; jocosidade, maldade.
Roist.er /róis.târ/ *v* fazer barulho.
Role /rôul/ *s* TEATR papel; função; parte.
Roll /rôul/ *s* rolo; cilindro; lista; rol; rufo do tambor, pau de vassoura; *v* rolar; rodar; enrolar; revolver; envolver; rufar o tambor.
Roll.er /rôu.lâr/ *s* rolo; cilindro; vaga; maresia.
Roll.ing /rôu.lin/ *s* rotação; giro; ato de enfaixar; laminação; *adj* que roda; ondulado.
Ro.man /rôu.mân/ *adj* romano; severo; austero; nobre.
Ro.mance /romens/ *s* romance; conto; namoro; *v* romancear; *adj* romântico.
Ro.man.tic /romén.tic/ *adj* romântico; fabuloso; sentimental; imaginário.
Romp /rómp/ *s* garota desembaraçada; *v* brincar ruidosamente.
Romp.ish /róm.pixe/ *adj* brincalhão; gracejador.
Rood /rud/ *s* cruz; crucifixo.
Roof /ruf/ *s* telhado; abóbada; teto; habitação; abrigo; *v* abrigar; telhar.
Rook /ruc/ *s* gralha; torre (xadrez); *v* lograr; trapacear.
Rook.er.y /ru.câri/ *s* antro; casa muito povoada (cortiço).
Room /rum/ *s* quarto; sala; causa; motivo; oportunidade; alojamento; razão; *v* alojar.
Room.y /ru.mi/ *adj* espaçoso; amplo; vasto.
Roost /rust/ *s* poleiro; lugar de descanso; *v* empoleirar.
Roost.er /rustâr/ *s* galo.
Root /rut/ *s* raiz; origem; base; MÚS nota tônica; *v* arraigar-se.
Rope /rôup/ *s* corda; cabo; réstia; enfiada; *v* amarrar; enganar; laçar.
Ro.sa.ry /rôu.zâri/ *s* rosário; coroa de rosas.
Rose /rôuz/ *s* rosa; roseira; cor-de-rosa; rubor.
Rose-cross /rôuz.cros/ *s* a Rosacruz, símbolo do Rosacrucianismo (uma Rosa e uma Cruz unidas).
Ros.ter /rós.târ/ *s* registro de homens e oficiais ativos; qualquer lista.
Ros.y /rôu.zi/ *adj* rosado; róseo; agradável; lisonjeiro; otimista.
Rot /rót/ *s* podridão; putrefação; cárie; *v* apodrecer; decompor.
Ro.ta.ry /rôu.târi/ *adj* giratório; rotativo.
Ro.tate /rôu.têit/ *adj* em forma de roda; *v* girar; dar voltas.
Ro.ta.tion /rotêi.xân/ *s* rotação; volta; revolução; alternativa.
Rote /rôut/ *s* rotina; som (de ondas).
Ro.tund /rotând/ *adj* redondo; rotundo; esférico.
Rou.ble /rubol/ *s* Rublo (moeda).
Rough /râf/ *s* estado tosco; grosseiro; desordeiro; *v* tornar; tornar rude; encapelar (o mar); *adj* rude; áspero.
Rough. ly /râfli/ *adv* asperamente; mais ou menos; bruscamente.
Rough.ness /râf.nés/ *s* aspereza; tormenta; tempestade.
Round /ráund/ *s* círculo; roda; degrau de escada; giro; globo; rota; caminho; *adj* redondo; circular; cilíndrico; sonoro; íntegro; *v* arredondar; andar em volta de; *adv* em roda de; ao redor de.
Rouse /ráuz/ *v* acordar; despertar; excitar.
Rous.er /ráu.zâr/ *s* despertador; excitador; embuste; mentira.
Rout /ráut/ *s* derrota; tumulto; confusão; *v* derrotar; pôr em fuga.

Route /rut/ *s* caminho; rumo; rota.
Rou.tine /rutin/ *s* rotina; prática; hábito.
Rove /rôuv/ *s* correria; passeio; *v* percorrer; vagar.
Rov.er /rôu.vâr/ *s* vagabundo; pessoa indecisa; ladrão.
Row /rôu/ *s* fila; fileira; passeio de barco; contenda; tumulto; algazarra; *v* conduzir remando; armar tumulto.
Row.di.ness /ráu.dinés/ *s* turbulência; bulha.
Row.dy.ism /ráu.diizm/ *s* tumulto; desordem.
Row.el /ráu.âl/ *s* roda dentada (espora); *v* picar com espora (roda dentada).
Roy.al /rói.âl/ *adj* real; régio; superior.
Roy.al.ism /rói.âlizm/ *s* realismo; monarquia.
Roy.al.ist /rói.âlist/ *s* realista.
Roy.al.ty /rói.âlti/ *s* realeza; dignidade real; JUR direitos de patente, autoral, etc.
Rub /râb/ *s* fricção; atrito; polimento; sarcasmo; vaia; *v* friccionar; lustrar; tirar com borracha.
Rub.ber /râ.bâr/ *s* borracha; caucho; polidor; pedra de amolar; lima; disputa em jogo (melhor de três); *adj* feito de borracha.
Rub.bish /râ.bixe/ *s* lixo; refugo; insignificância.
Rub.ble /râbol/ *s* cascalho; seixo.
Ru.by /ru.bi/ *s* rubi; *v* tornar rubro.
Ruck /râc/ *s* prega; vinco; *v* vincar.
Ruc.tion /râc.xân/ *s* POP algazarra; tumulto.
Rud.der /râ.dâr/ *s* governo; direção; leme.
Rud.dy /râ.di/ *adj* vermelho; rubro; rosado.
Rude /rud/ *adj* rude; imperfeito; turbulento.
Rude.ness /rud.nés/ *s* rudeza; grosseria; rigor; insolência.
Ru.di.ment /ru.dimént/ *s* rudimento; embrião.
Ru.di.men.tal /rudimén.târi/ *adj* rudimentar; elementar.
Rue /ru/ *s* arrependimento; pesar; arruda; *v* lastimar; pesar; arrepender-se.
Rue.ful /ru.ful/ *adj* triste; pesaroso; lúgubre; lamentável.
Rue.ful.ness /ru.fulnés/ *s* pena; tristeza.
Ruff /râf/ *s* prega; franzido; rufo de tambor; *v* rufar (tambor); pôr em desordem.
Ruf.fle /râfol/ *s* confusão; desordem; rufar (tambor); *v* franzir; amarrotar; arrepiar-se.
Rug /râg/ *s* tapete; coberta; manta de viagem.
Rug.ged /râgd/ *adj* rude; carrancudo; robusto.
Rug.ged.ness /râgd.nés/ *s* rudeza; severidade.
Rule /rul/ *s* regra; estatuto; risco; governo; autoridade; régua; norma; JUR parecer de um tribunal; *v* governar; regular; disciplinar; reinar.
Rul.er /ru.lâr/ *s* soberano; régua; governador.
Rum /râm/ *s* rum; aguardente; POP bebida alcoólica; *adj* estranho; singular; ótimo.
Rum.ble /râmbol/ *s* rumor; ruído; estrondo; ronco; ribombo; *v* retumbar; repreender.
Ru.mi.nate /ru.minêit/ *v* ruminar; refletir.
Rum.mage /râm.midj/ *s* busca minuciosa; vistoria; *v* remexer; revolver.
Rum.mer /rum.mâr/ *s* copázio; taça; copo.
Ru.mor /ru.mâr/ *s* rumor; boato; *v* divulgar; espalhar boatos.
Rump /râmp/ *s* anca; garupa; nádegas.
Rum.ple /râmpol/ *s* prega; dobra; vinco; *v* amarrotar; enrugar.
Rum.pus /râm.pâs/ *s* motim; distúrbio.
Run /rân/ *s* corrida; viagem; aceitação; *v* correr; *past* Ran *and pp* Run.
Rung /rân/ *s* degrau (escada); vareta; caverna.
Run.ner /rân.nâr/ *s* corredor; peão; mensageiro; fugitivo; corretor.
Ruse /ruz/ *s* ardil; astúcia; artimanha.
Rush /râxe/ *s* ímpeto; carga; arremetida; fúria; *v* fazer com muita urgência; acelerar.
Rusk /râsc/ *s* rosca; biscoito.
Rus.set /râ.set/ *s* cor avermelhada; traje; *adj* avermelhado; rústico; grosseiro.
Rust /râst/ *s* ferrugem; bolor; *v* enferrujar.
Rus.tle /râsol/ *s* murmúrio; sussurro; ruído; *v* sussurrar; roçar.
Rust.y /râs.ti/ *adj* inutizável por falta de uso; enferrujado.
Rut /rât/ *s* rotina; cio; buraco.
Rye /rái/ *s* centeio.
Ryot /rái.ât/ *s* lavrador.

S

ABCDEFGHIJKLMNOPQRSTUVWXYZ

S /és/ *s* décima-nona letra do alfabeto Português e do alfabeto Inglês.
Sa.ble /sêibol/ *s* zibelina ou marta; pele (de marta); roupa de luto; *adj* negro; sombrio.
Sab.o.tage /sabotáj/ *s* sabotagem; *v* sabotar.
Sa.bre /sei.br/ *s* sabre (espada); *also* Saber.
Sab.u.lous /sé.biulâs/ *adj* arenoso; *also* Sabulose.
Sac /séc/ *s* bolsa membranosa; BIO cavidade.
Sack /séc/ *s* saco; saca; saque; *v* ensacar; saquear.
Sac.ri.fice /sé.crifáis/ *s* sacrifício; holocausto; vítima; *v* sacrificar; imolar.
Sac.ri.lege /sé.crilidj/ *s* sacrilégio; profanação.
Sac.ri.le.gious /sécrili.djâs/ *adj* sacrílego; profano.
Sad /séd/ *adj* circunspecto; triste; pesaroso; melancólico.
Sad.den /sédn/ *v* entristecer-se.
Sad.dle /sédol/ *s* sela; selim; *v* selar; pôr carga (na sela).
Sad.ness /séd.nés/ *s* tristeza; melancolia; abatimento.
Safe /sêif/ *s* cofre-forte; *adj* salvo; ileso; intacto; leal; digno de confiança.
Safe.guard /sêif.gárd/ *s* salvaguarda; proteção.
Safe.ty /sêif.ti/ *s* segurança; abrigo; lugar seguro.
Saf.fron /sêi.frân/ *s* açafrão; *adj* cor (de açafrão).
Sag /ség/ *s* inclinação; dobra; curvatura; *v* vergar; curvar.
Sa.ga.cious /sâguêi.xâs/ *adj* sagaz; astuto.
Sage /sêidj/ *s* sábio; salva (planta); *adj* sábio; prudente.
Sage.ness /sêidj.nés/ *s* sabedoria; prudência.
Sail /sêil/ *s* vela de navio; barco (vela); *v* navegar; velejar.
Sail.boat /sêil.bôut/ *s* veleiro.
Sail.cloth /sêil.clóth/ *s* lona.
Sail.ing /sêi.lin/ *s* navegação; mareação; partida; largada.
Sail.or /sêi.lâr/ *s* marinheiro; navegante.
Saint /sêint/ *s* santo; santa.
Sake /sêic/ *s* atenção; causa; fim; motivo.
Sa.la.cious /sâlêi.xâs/ *adj* impudico; lascivo; obsceno.
Sa.la.cious.ness /sâlêi.xâsnés/ *s* lascívia; luxúria; obscenidade.
Sal.a.ry /sé.lâri/ *s* salário; ordenado.
Sale /sêil/ *s* ação de vender; liquidação; leilão; mercado.
Sale.a.ble /sêi.lâbol/ *adj* vendável.
Sa.li.ence /sêi.liéns/ *s* saliência; projeção; proeminência.
Sa.li.ent /sêi.liént/ *s* ângulo saliente (em fortificação); *adj* saliente.
Sal.i.va.tion /sélivêi.xân/ *s* salivação.
Sal.low /sé.lôu/ *adj* amarelado; descorado; pálido.
Sal.low.ness /sé.lôunés/ *s* lividez; palidez.
Sal.low.y /sé.lôui/ *adj* cheio de salgueiros; lívido; pálido.
Sal.ly /sé.li/ *s* excursão; saída; sortida; *v* sair às pressas.
Sa.loon /sâlun/ *s* salão; sala de recepção.
Sal.si.fy /sél.sifi/ *s* barba-de-bode (planta).
Salt /sólt/ *s* sal; sabor; gosto; graça; espírito; marinheiro; *v* salgar; *adj* salgado; picante.
Sal.ta.tion /séltêi.xân/ *s* palpitação; pulo; pulsação; salto.
Sa.lute /séliut/ *s* saudação; MIL continência; salva; *v* saudar.
Sal.vage /sél.vidj/ *s* salvamento; os salvados.
Sal.va.tion /sélvêi.xân/ *s* salvação; redenção.
Salve /sáv/ *s* unguento; pomada; emplastro; *v* aplicar unguento.
Sal.ver /sél.vâr/ *s* salva; bandeja de prata.
Same /sêim/ *adj* mesmo (a, os, as); idêntico.
Same.ness /sêim.nés/ *s* identidade; semelhança.
Sam.ple /sémpol/ *s* amostra; modelo; exemplo; *v* dar amostra; experimentar.
Sanc.ti.fy /sénc.tifái/ *v* santificar.
Sanc.tion /sénc.xân/ *s* sanção; confirmação; *v* sancionar.
Sanc.tu.a.ry /sénc.txuéri/ *s* santuário; abrigo; altar; templo.
Sanc.tum /sénc.tâm/ *s* lugar sagrado.
Sand /sând/ *s* areia; areal; praia; *v* arcar; cobrir de areia.
San.dal /sândol/ *s* sandália; alparcata.

Sand.wich /sén.duitxe/ *s* sanduíche.
Sand.y /sân.di/ *adj* arenoso; ruivo.
Sane /sêin/ *adj* de mente sã; sensato; sadio.
Sane.ness /sêin.nés/ *s* sanidade; higidez.
San.i.ty /sé.niti/ *s* sanidade; razão.
San.ta claus /sén.tâclós/ *s* Papai Noel.
Sap /sép/ *s* seiva; fluido vital; MIL trincheira estreita e funda; *v* solapar; escavar.
Sap.a.jou /sé.pâju/ *s* macaquinho; mico.
Sa.pi.ence /sêi.piéns/ *s* sapiência; sabedoria.
Sa.pi.ent /sêi.piént/ *adj* sapiente; sábio.
Sap.ling /sé.plin/ *s* árvore nova; um jovem; a mocidade.
Sap.o.na.ceous /séponêi.xâs/ *adj* saponáceo.
Sa.pon.i.fy /sâpó.nifái/ *v* saponificar.
Sap.phire /sé.fáir/ *s* safira (pedra).
Sap.py /sé.pi/ *adj* imaturo; sentimental; suculento; tolo; viçoso.
Sar.casm /sár.quézm/ *s* sarcasmo; ironia.
Sar.cas.tic /sárqués.tic/ *adj* sarcástico.
Sarce.net /sárs.net/ *s* tafetá.
Sar.coph.a.gus /sárcó.fâgâs/ *s* sarcófago.
Sark /sárc/ *s* camisa; mortalha.
Sash /séxe/ *s* cinto; caixilho de janela; faixa; vidraça corrediça.
Sate /sêit/ *v* saciar; fartar.
Sa.ti.ate /sêi.xeiêit/ *v* saciar; satisfazer.
Sa.ti.e.ty /sâtái.iti/ *s* saciedade.
Sat.in /sé.tin/ *s* cetim; *adj* de ceetim; acetinado.
Sat.ire /sé.táir/ *s* sátira (composição literária); censura jocosa.
Sat.i.rize /sé.tiráiz/ *v* satirizar.
Sat.is.fac.tion /sétisféc.xân/ *s* satisfação; compensação; confirmação.
Sat.is.fac.to.ry /sétisféc.tôuri/ *adj* satisfatório.
Sat.is.fy /sé.tisfái/ *v* satisfazer; bastar; contentar; convencer; pagar.
Sat.ur.day /sé.târdêi/ *s* sábado (7° dia da semana).
Sat.yr /sé.târ/ *s* MIT sátiro.
Sauce /sós/ *s* molho; atrevimento; *v* temperar; dizer insolências.
Sauce.pan /sós.pân/ *s* caçarola (panela).
Sau.cer /só.sâr/ *s* pires.
Sau.cy /só.si/ *adj* insolente; petulante.
Saun.ter /són.târ/ *v* perambular; vaguear; vadiar.
Sau.sage /só.sidj/ *s* salsicha; chouriço; POP pênis.
Sav.age /sé.vidj/ *s* selvagem; *adj* selvagem; feroz; bárbaro; inculto.
Sa.vant /saván/ *s* sábio; erudito.
Save /sêiv/ *v* salvar; poupar; socorrer; economizar; *prep* salvo; *conj* a não ser que.
Sav.iour /sêi.viâr/ *s* salvador.
Sa.vor.y /sêi.vâri/ *s* prato saboroso (servido após a refeição principal); *adj* interessante; saboroso; gostoso.
Sa.vour /sêi.vâr/ *s* sabor; gosto; *v* provar; saborear.
Sa.voy /sâvói/ *s* repolho (variedade).
Savvy /saevi/ *s* habilidade; conhecimento; compreensão.
Saw /só/ *s* serra; *v* serrar; *past* **Sawed** *and pp* **Sawed** *or* **Sawn**.
Say /sêi/ *s* fala; palavra; discurso; tecido (lã ou seda); *v* dizer; falar; recitar; contar; *past and pp* **Said**.
Scab /squéb/ *s* crosta de ferida; ronha; sarna; operário.
Scab.bi.ness /squé.binés/ *s* estado sarnento; mesquinhez; vileza.
Sca.bi.ous /squé.biâs/ *adj* sarnoso.
Scaf.fold /squé.fâld/ *s* estrado; andaime; tablado; cadafalso; *v* fazer andaimes.
Scald /scóld/ *s* escaldadura; queimadura; tinta; *v* escaldar.
Scale /squêil/ *s* balança; escala.
Scalp /squélp/ *s* couro cabeludo; *v* escalpar.
Scal.y /squêi.li/ *adj* avaro; escamoso; mesquinho; revestido (com escamas).
Scam /squêim/ *s* golpe; fraude.
Scamp /squémp/ *s* velhaco; patife; *v* trabalhar negligentemente.
Scamp.er /squém.pâr/ *s* fuga; *v* fugir.
Scan /squén/ *v* examinar; esquadrinhar; metrificar um verso.
Scan.dal.ize /squén.dâláiz/ *v* escandalizar; aviltar; desonrar; difamar.
Scant /squént/ *v* restringir; limitar; *adj* escasso; raro; limitado; *adv* escassamente.
Scant.i.ness /squén.tinés/ *s* escassez.
Scant.y /squén.ti/ *adj* avarento; escasso; exíguo.
Scape /squêip/ *s* escapo; haste; pedúnculo.
Scap.u.la /squé.piulâ/ *s* omoplata; espádua.
Scar /scár/ *s* cicatriz; escoriação; *v* marcar com cicatrizes.
Scar.ab /squé.râb/ *s* escaravelho; escarabeu (inseto).
Scarce /squérs/ *adj* raro; escasso; incomum.
Scarce.ly /squérs.li/ *adv* escassamente; apenas; mal.
Scare /squér/ *s* susto; sobressalto; terror; *v* assustar.
Scare.crow /squér.crôu/ *s* espantalho; pessoa mal vestida.
Scarf /scárf/ *s* mantilha; lenço para pescoço; tapete para toucador.
Scathe /squêidh/ *s* prejuízo; dano; *v* prejudicar; criticar severamente.
Scat.ter /squé.târ/ *v* espalhar; dispersar.
Scav.enge /squé.vendj/ *v* varrer; limpar (rua).
Scene /sin/ *s* cena; cenário; paisagem.
Scen.er.y /si.nâri/ *s* cenário; paisagem; decoração.
Scent /sént/ *s* cheiro; perfume; indício; pista; rastro; *v* perfumar; cheirar.
Scent.less /sén.tlés/ *adj* inodoro.
Scep.ter /sép.târ/ *s* cetro; FIG realeza.
Scep.ti.cism /squép.tissizm/ *s* FIL Ceticismo (a verdade absoluta é inatingível ao homem).
Sched.ule /squé.djul/ *s* catálogo; horário; inventário; lista; *v* inventariar; incluir numa lista; discriminar; arrolar.

Scheme /squim/ *s* esquema; projeto; esboço; traçado; trama; *v* projetar; planejar.
Schism /sizm/ *s* cisma.
Schmuck /ximâc/ *adj* GÍR panaca, trouxa (**Yiddish**).
Schol.ar /scó.lâr/ *s* aluno; estudante; sábio; erudito.
Schol.ar.ship /scó.lârxip/ *s* saber; erudição; bolsa de estudos.
School /scul/ *s* escola; classe; aula; cardume de peixes.
Schoon.er /scu.nâr/ *s* escuna; galeota; copo (para cerveja).
Sci.ence /sái.ens/ *s* ciência; saber; erudição.
Sci.en.tist /sái.entist/ *s* cientista; sábio; conhecedor.
Scin.til.lant /sin.tilânt/ *adj* cintilante; luminoso.
Sci.on /sái.ân/ *s* enxerto; renovo; broto; descendente.
Scis.sion /si.jân/ *s* cisão; corte; divisão.
Scis.sors /si.zârs/ *s* tesoura.
Scoff /scóf/ *s* escárnio; zombaria; *v* escarnecer; zombar de.
Scoff.er /scó.fâr/ *s* escarnecedor; zombador.
Scold /scôuld/ *s* pessoa faladora; pessoa rabugenta; *v* repreender; ralhar.
Scold.er /scôul.dâr/ *s* ralhador; rabugento.
Scold.ing /scôul.din/ *s* repreensão; ralhos.
Sconce /scóns/ *s* arandela; fortificação; POP bom senso; *v* fortificar; abrigar.
Scoop /scup/ *s* pá; colher grande; cratera; lucro; furo jornalístico; *v* vazar; despejar com colherão; escavar.
Scoot /scut/ *v* fugir (rapidamente); safar-se.
Scoot.er /scu.ter/ *s* motoneta (motocicleta).
Scope /scôup/ *s* escopo; esfera; extensão; fim; liberdade de ação.
Scorch /scórtxe/ *s* queimadura; *v* crestar; chamuscar; magoar (com palavras).
Score /scôur/ *s* incisão; risco; conta; pontos (num jogo); partitura; *v* marcar pontos; orquestrar; lançar em conta.
Scor.er /scôu.râr/ *s* marcador; contador de pontos (em jogo).
Scorn /scórn/ *s* desdém; escárnio; *v* desprezar; escarnecer.
Scorn.ful.ness /scórn.fulnés/ *s* desprezo.
Scor.pi.on /scór.piân/ *s* escorpião; lacrau.
Scot /scót/ *s* o dialeto Escocês; Escocês.
Scotch /scótxe/ *s* Escocês; aguardente Escocesa; uísque Escocês; *adj* Escocês.
Scoun.drel /scáun.drel/ *s* velhaco; biltre; tratante.
Scour /scáur/ *s* ação de desentupir; *v* branquear; esfregar; polir.
Scourge /scârdj/ *s* chicote; açoite; castigo; *v* flagelar; chicotear; castigar.
Scout /scáut/ *s* escoteiro; explorador; batedor; *v* fazer reconhecimento.
Scow /scáu/ *s* barcaça de fundo chato.
Scowl /scául/ *s* carranca; olhar ameaçador; *v* fazer carranca.
Scrab.ble /scrébol/ *s* garatuja; arranhão; *v* escrever mal; lutar; trepar.
Scrag /scrég/ *s* coisa delgada (fina); pessoa magra; *v* matar (enforcando).
Scrag.gi.ness /scré.guinés/ *s* aspereza; escabrosidade; magreza.
Scram.ble /scrémbol/ *s* esforço; diligência; competição renhida; *v* esforçar-se.
Scrap /scrép/ *s* bocado; fragmento; resto; migalha; luta; discussão; *v* despojar material velho; lutar; discutir.
Scrape /scrêip/ *s* embaraço; raspadura; ruído; cortesia desajeitada; *v* raspar; arranhar; apagar.
Scrap.er /scrêi.pâr/ *s* raspador; raspadeira.
Scratch /scrétxe/ *s* arranhão; raspadura; ESP equipe; *v* arranhar; coçar; riscar.
Scrawl /scró/ *s* escrita ilegível; rabiscos; *v* rabiscar; escrever mal.
Screak /scric/ *s* grito agudo; *v* ranger; chiar; gritar.
Scream /scrim/ *s* pio; grito; *v* dar gritos agudos; gritar.
Scream.er /scri.mâr/ *s* o que grita.
Screech /scri.txe/ *s* guincho; grito agudo; *v* guinchar; soltar gritos agudos.
Screech.y /scri.txi/ *adj* agudo; áspero; estridente.
Screed /scrid/ *s* fragmento; pedaço; tira; retalho.
Screen /scrin/ *s* grade; tela de cinema; *v* abrigar; proteger; esconder; mostrar filme.
Screw /scru/ *s* parafuso; rosca; hélice; torcedura; avarento; salário; *v* parafusar; atarraxar; apertar; oprimir; torcer.
Scrib.ble /scribol/ *s* rabisco; *v* rabiscar.
Scribe /scráib/ *s* escrevente; escritor; escrivão; *v* escrever; riscar.
Scrim.mage /scri.midj/ *s* escaramuça; contenda; luta corpo a corpo.
Scrimp /scrimp/ *s* pessoa econômica; avaro; muquirana; *v* encurtar; estreitar; restringir; economizar.
Scrip /scrip/ *s* bolsa; alforje; certificado.
Script /script/ *s* escrita; manuscrito.
Scrip.ture /scrip.txur/ *s* escritura; Bíblia.
Scrive /scráiv/ *v* registrar; inscrever.
Scriv.en.er /scriv.nâr/ *s* notário.
Scroll /scrôul/ *s* rolo de papel; rolo de pergaminho; espiral.
Scro.tum /scrôu.tâm/ *s* escroto.
Scrub /scrâb/ *s* pobre-coitado; mato; ninharia; cavalo; *v* esfregar; lavar com escova; dar-se ao trabalho; *adj* desprezível; abjeto.
Scrub.ber /scrâ.bâr/ *s* esfregão; encerador.
Scrub.by /scrâ.bi/ *adj* mau; sem préstimo; indigente; coberto de mato.
Scruff /scrâf/ *s* nuca.
Scrunch /scrântxe/ *v* trincar; mascar; esmagar.
Scru.ple /scrupol/ *s* dúvida; escrúpulo; pequena quantidade; escrópulo (peso antigo = **1,295** grama); antiga moeda Romana; *v* ter escrúpulos; hesitar.

Scru.pu.lous /scru.piulâs/ *adj* escrupuloso; delicado; consciencioso.
Scru.ti.nize /scru.tiráiz/ *v* examinar; observar cuidadosamente; investigar.
Scru.ti.ny /scru.tini/ *s* investigação; exame.
Scud /scâd/ *s* fuga; nuvens; *v* fugir, deslizar, correr apressadamente.
Scuf.fle /scâfol/ *s* briga; rixa; tumulto; luta corpo a corpo; *v* bater-se; lutar contra.
Scuf.fler /scâ.flâr/ *s* altercador; brigão.
Scull /scâl/ *s* barquinho; remo longo; par de remos; *v* remar; impelir barco (com remo).
Scul.ler.y /scâ.lâri/ *s* copa.
Scul.lion /scâ.liân/ *s* lavador (de pratos).
Sculp /scâlp/ *s* gravura; *v* POP esculpir; gravar.
Sculp.ture /scâlp.txur/ *s* escultura; *v* cinzelar; esculpir; entalhar; gravar.
Scum /scâm/ *s* escória dos metais; espuma; escuma.
Scum.mer /scâ.mâr/ *s* escumadeira; espumadeira.
Scurf /scârf/ *s* caspa; crosta; tinha.
Scur.ry /scâ.ri/ *s* fuga apressada; *v* correr.
Scur.vy /scâr.vi/ *adj* desprezível; vil; miserável; atacado de escorbuto.
Scut /scât/ *s* rabo curto; POP pessoa contemplativa; *v* cortar (cauda de animal); *adj* curto (rabo, cauda).
Scutch /scâtxe/ *s* estopa.
Scut.tle /scâtol/ *s* escotilha; cesto; corrida acelerada; passo apressado; *v* fazer rombos (para afundar navio); apressar-se.
Scythe /sáidh/ *s* foice; *v* ceifar; segar.
Sea /si/ *s* mar; oceano; colosso.
Sea.far.er /si.férâr/ *s* navegante; marinheiro.
Sea.go.ing /si.gôuin/ *adj* de alto-mar; marítimo.
Seal /sil/ *s* selo, sinete; carimbo; sigilo; foca; pele de foca; *v* lacrar; chancelar; afixar sobre (selo ou rubrica)
Seam /sim/ *s* costura; junta; ruga; cicatriz; *v* costurar; coser; cerzir; juntar.
Sea.man /si.mân/ *s* marinheiro.
Seam.stress /sims.trés/ *s* costureira.
Sea.plane /si.plêin/ *s* hidroavião.
Sear /sir/ *s* sinal de queimadura; *v* murchar; secar; tostar; *adj* murcho; seco; árido.
Search /sârtxe/ *s* busca; pesquisa; exame; *v* procurar; pesquisar; dar busca; investigar.
Sea.shore /si.xôur/ *s* litoral; costa; praia.
Sea.sick.ness /si.sic.nés/ *s* enjoo do mar.
Sea.son /sizn/ *s* estação do ano; época; momento propício; *v* amadurecer; acostumar; aclimatar; endurecer.
Sea.son.ing /siz.nin/ *s* condimento; tempero.
Seat /sit/ *s* assento; banco ou lugar em veículo; fundo; posição; domicílio; *v* assentar; sentar; estabelecer o lugar.
Sea.ward /si.uârd/ *adj* para o mar, soprando do mar (vento); *adv* em direção do mar.
Se.cede /sissid/ *v* fazer corte; ir embora; separar.
Se.ces.sion /sissé.xân/ *s* cisão; secessão; separação.
Se.clude /siclud/ *v* excluir; separar; segregar.
Se.clu.sion /siclu.jân/ *s* afastamento; separação; segregação.
Sec.ond /sé.când/ *s* auxiliar; segundo; instante; padrinho (no boxe); testemunha; mercadoria; *v* apoiar; secundar; ajudar; *adj* segundo; inferior.
Sec.on.da.ry /sé.cândéri/ *adj* secundário; subordinado.
Se.cre.cy /si.cressi/ *s* segredo; retiro; sigilo; reserva.
Se.cret /si.cret/ *s* segredo; *adj* secreto; oculto; recôndito.
Sec.re.ta.ry /sé.critéri/ *s* secretário; escrivaninha.
Se.crete /sicrit/ *v* guardar um secredo; ocultar; segregar.
Se.cre.tive /sicri.tiv/ *adj* reservado; calado.
Sect /séct/ *s* seita; doutrina; partido.
Sec.ta.ri.an /séctêi.riân/ *s* sectário; partidário; *adj* partidário.
Sec.ta.ry /séc.târi/ *s* sectário; fanático.
Sec.tion /séc.xân/ *s* artigo; secção; divisão; parte; parágrafo.
Sec.u.lar /sé.quiulâr/ *s* secular; temporal; mundano; leigo; *adj* secular; leigo; mundano.
Se.cur.a.ble /siquiu.râbol/ *adj* que se pode segurar.
Se.cure /siquiur/ *v* pôr em segurança; resguardar; garantir; obter a posse; trancar; *adj* seguro; em segurança.
Se.cur.i.ty /siquiu.riti/ *s* segurança; penhor; proteção.
Se.date /sidêit/ *adj* calmo; sossegado; tranquilo.
Se.di.tion /sidi.xân/ *s* sedição; tumulto; revolta.
Sè.di.tious /sidi.xâs/ *adj* insurreto; rebelde.
Se.duce /sidius/ *v* seduzir; corromper.
Se.duce.ment /sidius.ment/ *s* corrupção; sedução.
Sed.u.lous /sé.diulâs/ *adj* assíduo; ativo; aplicado; diligente.
See /si/ *s* sé; catedral; *v* compreender; enxergar; examinar; imaginar; pensar; visitar; ver; *past* Saw *and pp* Seen.
Seed /sid/ *s* semente; origem; geração; fonte; *v* semear; espigar; brotar.
Seed.y /si.di/ *adj* cheio de sementes; gasto; usado; miserável.
Seek /sic/ *v* aspirar; buscar; lidar; procurar; tentar; *past and pp* Sought.
Seek.er /si.câr/ *s* investigador.
Seem /sim/ *v* parecer; aparentar.
Seem.ly /sim.li/ *adj* decoroso; conveniente; *adv* convenientemente.
Seer /sir/ *s* vidente; profeta.
See.saw /si.só/ *s* gangorra; balanço; *v* balançar em gangorra; *adj* de balanço.
Seethe /sidh/ *v* ferver; FIG ser ou estar agitado; *past* Sod *and pp* Sodden.
Seg.re.gate /sé.griguêit/ *v* segregar; isolar, separar.
Seg.re.ga.tion /ségriguêi.xân/ *s* segregação; separação.

Seize /siz/ *v* agarrar; confiscar; embargar; penhorar; prender; sequestrar.
Seiz.ing /si.zin/ *s* tomada de posse; penhora.
Sei.zure /si.jur/ *s* apreensão; captura; embargo; prisão; tomada.
Sel.dom /sél.dâm/ *adv* raramente.
Se.lect /siléct/ *v* escolher; selecionar; *adj* seleto; escolhido.
Se.lec.tion /siléc.xân/ *s* seleção; escolha.
Self /sélf/ *s* eu; indivíduo; pessoa; *adj* se; mesmo; próprio; individual; pessoal.
Self.ish /sél.fixe/ *adj* egoísta; vaidoso; interesseiro.
Self.same /sélf.sêim/ *adj* mesmo; idêntico.
Sell /sél/ *v* vender; *past or pp* **Sold**.
Sell.er /sé.lâr/ *s* vendedor.
Sel.vage /sél.vidj/ *s* orla (de tecido); ourela.
Se.man.tics /simén.tics/ *s* semântica.
Sem.a.phore /sé.mâfôur/ *s* semáforo.
Sem.blance /sém.blâns/ *s* semelhante; aspecto; aparência.
Sem.i.co.lon /sé.mi.côu.lân/ *s* ponto e vírgula.
Sem.i.nar /séminár/ *s* estudante que faz curso especial.
Sem.i.na.ry /sé.minéri/ *s* seminário; grupo de estudos.
Send /sénd/ *v* mandar; enviar; mandar buscar; expedir; transmitir; arrojar; *past and pp* **Sent**.
Send.er /sén.dâr/ *s* remetente; expedidor; despachante.
Se.nior /si.niâr/ *s* sênior; ancião; decano.
Sen.sa.tion /sénsêi.xân/ *s* sensação; comoção; excitação.
Sense /séns/ *s* espírito; razão; sentimento; significado; senso; sentido; *v* perceber.
Sense.less /séns.lés/ *adj* insensato; néscio; algo sem sentido.
Sense.less.ness /séns.lésnés/ *s* insensatez; tolice; absurdo.
Sen.si.bil.i.ty /sénsibi.liti/ *s* sensibilidade; susceptibilidade.
Sen.si.ble /sén.sibol/ *adj* sensível; razoável; sensato.
Sen.su.al /sén.xuâl/ *adj* sensual; carnal.
Sen.su.al.i.ty /sénxué.liti/ *s* sensualidade; volúpia.
Sen.su.ous /sén.xuâs/ *adj* sensual; sensitivo; terno.
Sen.tence /sén.tens/ *s* sentença; decisão; opinião; máxima; GRAM sentença; frase; *v* sentenciar.
Sen.ten.tious /sentén.xâs/ *adj* breve; conciso; lacônico; sentencioso.
Sen.ten.tious.ness /sentén.xâsnés/ *s* laconismo; concisão.
Sen.ti.ment /sén.timént/ *s* sentimento; afeto; juízo; opinião; parecer.
Sen.ti.men.tal /séntimén.tâl/ *adj* sentimental; sensível; terno.
Sen.ti.men.tal.ism /séntimén.tâlizm/ *s* sentimentalismo; sensibilidade.
Sen.ti.nel /sén.tinél/ *s* sentinela.
Sep.a.ra.bil.i.ty /sépârâbi.liti/ *s* separabilidade; divisibilidade.
Sep.a.ra.ble /sé.pârâbol/ *adj* separável; divisível.
Sep.a.rate /sé.pârêit/ *v* separar; distinguir; dividir; *adj* separado; desunido; distinto.
Sep.a.ra.tion /sépârêi.xân/ *s* separação; desunião; divisão.
Sep.a.ra.tist /sé.pârâtist/ *s* separatista.
Sep.tem.ber /séptém.bâr/ *s* Setembro (9° mês do ano).
Sep.tic /sép.tic/ *adj* séptico; relativo à putrefação (tecido orgânico).
Se.pul.chral /sipâl.crâl/ *adj* sepulcral; sombrio.
Se.pul.chre /sé.pâlcâr/ *s* sepulcro; túmulo; *v* sepultar; enterrar.
Sep.ul.ture /sé.pâltxur/ *s* túmulo; jazigo; sepultura.
Se.qua.cious /sicuêi.xâs/ *adj* sequaz; servil.
Se.quel /si.cuél/ *s* sequela; resultado; consequência.
Se.quence /si.cuéns/ *s* sequência; continuação; série.
Se.ques.ter /sicués.târ/ *v* sequestrar; apoderarse; ocultar; separar.
Se.ques.trate /sicués.trêit/ *v* sequestrar; apoderar-se de; confiscar.
Ser.e.nade /sérenêid/ *s* serenata; seresta.
Se.rene /sirin/ *adj* sereno; calmo; plácido; tranquilo.
Se.ren.i.ty /siré.niti/ *s* serenidade; paz.
Serf /sârf/ *s* servo; escravo; empregado.
Serf.age /sâr.fidj/ *s* servidão; sujeição; escravidão.
Serge /sârdj/ *s* sarja; tecido (lã ou seda).
Ser.geant /sár.djânt/ *s* sargento.
Se.ri.al /si.riâl/ *s* publicação periódica; folhetim; *adj* disposto em série.
Se.ries /si.ris/ *s* série; sucessão de coisas ou fatos da mesma natureza.
Se.ri.ous /si.riâs/ *adj* sério; grave; circunspecto; solene.
Ser.pen.tine /sâr.pentáin/ *s* serpentina.
Ser.rate /sé.rit/ *adj* dentado como serra.
Ser.ra.tion /serrêi.xân/ *s* recorte dentado.
Ser.vant /sâr.vâl/ *s* criado; criada; servo; servidor.
Serve /sârv/ *v* servir; ser suficiente; exercer (cargo); pagar; compensar; fornecer.
Serv.er /sâr.vâr/ *s* servidor; criado; bandeja.
Ser.vice /sâr.vis/ *s* serviço; préstimo; utilidade; obséquio; ajuda; baixela.
Ser.vile /sâr.vil/ *adj* servil; adulador; humilde.
Ser.vil.i.ty /sârvi.liti/ *s* servilidade; servilismo; servidão.
Ser.vi.tude /sâr.vitiud/ *s* servidão; escravidão.
Ses.a.me /sé.sâmi/ *s* palavra que expressava poderes mágicos; BOT sésamo.
Ses.sion /sé.xân/ *s* sessão; audiência.
Set /sét/ *s* aparelho; classe; coleção; jogo; conjunto; partida; *adj* determinado; fixo; regulado; firme; pronto; *v* adaptar-se; causar; engomar; embutir; embaraçar; fixar; montar; obrigar; *past and pp* **Set**.

Set.ter /sé.târ/ *s* cão (de caça).
Set.tle /sétol/ *v* acalmar; colonizar; casar-se; deter; dispor.
Set.tle.ment /sé.tolment/ *s* ajuste; depósito; dote.
Set.tler /sé.tlâr/ *s* colonizador; fazendeiro.
Set.tling /sé.tlin/ *s* assentamento; acordo estabelecimento; instalação.
Sev.er /sé.vâr/ *v* cortar; desfazer; dividir; romper.
Sev.er.al /sé.vârâl/ *adj* alguns; distinto; diversos; diferente; vários.
Sev.er.ance /sé.vârâns/ *s* separação.
Se.vere /sivir/ *adj* austero; difícil; rigoroso; sério; severo.
Se.ver.i.ty /sivé.riti/ *s* austeridade; rigor; severidade.
Sew /sôu/ *v* costurar; cerzir; coser; *past* Sewed *and pp* Sewed *or* Sewn.
Sew.age /siu.idj/ *s* imundície; esgotos; dejetos.
Sew.ing /sôu.in/ *s* costura.
Sex /sécs/ *s* sexo.
Sex.tet /sécs.tét/ *s* MÚS sexteto.
Sex.u.al /séc.xuâl/ *adj* sexual.
Sex.u.al.i.ty /sécxué.liti/ *s* sexualidade.
Shab.bi.ness /xé.binés/ *s* baixeza; desalinho; mesquinhez; vileza.
Shab.by /xé.bi/ *adj* mesquinho; sórdido; vil.
Shack.le /xécol/ *s* algemas; trava; *v* algemar; embaraçar.
Shade /xêid/ *s* cortina transparente (de janela); gradação de cor; imagem; ilusão; sombra; visão; *v* escurecer.
Shadiness /xêi.dinés/ *s* escuridão; sombra; sombreado.
Shad.ow /xé.dôu/ *s* abrigo; reflexo (de espelho; etc.); sombra; traço; vestígio; *v* escurecer; nublar; sombrear.
Shad.y /xêi.di/ *adj* sombrio; opaco; escuro.
Shaft /xáft/ *s* cano; eixo; fuso; fuste; haste.
Shag /xég/ *s* felpa; pelúcia; pelo áspero.
Shag.gy /xé.gui/ *adj* áspero; felpudo; peludo.
Shah /xá/ *s* xá, título (soberano persa).
Shake /xêic/ *s* sacudidela; aperto de mão; *v* abalar; sacudir; tremer; desembaraçar-se; *past* Shook *and pp* Shaken.
Shall /xél/ *v* GRAM formador do futuro nas primeiras pessoas (auxiliar); *past* Should.
Shal.low /xé.lôu/ *s* lugar baixo; *adj* baixo; superficial; pouco profundo.
Sham /xém/ *s* falsa aparência; fingimento; fraude; pretexto; *v* simular; fingir; enganar; *adj* dissimulado; postiço.
Sham.ble /xémbol/ *s* passo vacilante; *v* caminhar com dificuldade.
Sham.bles /xém.bols/ *s* matadouro.
Shame /xêim/ *s* vergonha; pudor; *v* desonrar; envergonhar-se.
Sham.my /xé.mi/ *s* camurça (animal).
Shank /xénc/ *s* cabo; haste; perna; tíbia; tubo.
Shan.ty /xén.ti/ *s* barracão; cabana; choça.
Shape /xêip/ *s* aspecto; contorno; estado; figura; forma; molde; *v* adaptar; formar; moldar; modelar; regular; *past* Shaped *and pp* Shaped *or* Shapen.
Shape.ly /xêi.pili/ *adj* bem feito ou modelado; estético; gracioso; simétrico.
Share /xér/ *s* ação; quota; participação; *v* compartilhar; dividir; repartir; ter parte em.
Share.hold.er /xér.hôul.dâr/ *s* acionista.
Shar.er /xé.râr/ *s* acionista; partícipe; repartidor.
Shark /xárc/ *s* tubarão; FIG tratante; velhaco; gatuno; *v* lograr; roubar.
Sharp /xárp/ *s* agulha comprida; MÚS sustenido; som agudo; *v* afiar; aguçar; enganar; irritar; MÚS elevar o tom; *adj* afiado; fino; vivo; *adv* pontualmente; exatamente.
Sharp.en /xárpn/ *v* amolar; afiar; aguçar; abrir o apetite; azedar; exasperar; estimular.
Sharp.er /xár.pâr/ *s* vigarista; caloteiro.
Shat.ter /xá.târ/ *v* destruir; despedaçar; esmigalhar; frustrar; quebrar.
Shatters /xá.târz/ *s* pedaços; fragmentos; quebra.
Shave /xêiv/ *s* ato de barbear; ação de aparar; ação de escapar (por um triz); *v* roçar; extorquir; aplainar; *past* Shaved *and pp* Shaven *or* Shaved.
Shav.er /xêi.vâr/ *s* aparelho de fazer a barba; barbeiro; POP rapaz.
Shawl /xól/ *s* xale; manta.
Shawm /xóm/ *s* MÚS oboé (instrumento).
She /xi/ *pron* ela.
Sheaf /xif/ *s* feixe; molho; gavela; *v* fazer feixes; enfeixar.
Shear /xir/ *s* tosquiadela; tosquia; *v* tosquiar; tosar; podar; ceifar (o trigo); FIG despojar; *past* Shore *and pp* Shorn.
Shears /xirz/ *s* tesouras (próprias para tosquiar, podar).
Sheath /xith/ *s* bainha; estojo; vagem.
Sheathe /xidh/ *v* embainhar a espada; revestir; ocultar.
Shed /xéd/ *s* telheiro; alpendre; cabana; barraca; *v* espalhar; derramar; entornar; *past and pp* Shed.
Sheen.y /xi.ni/ *adj* lustroso; brilhante.
Sheep /xip/ *s* carneiro; ovelha; tolo; pele de carneiro.
Sheer /xir/ *v* desviar-se; afastar-se; *adj* puro; completo; fino; escarpado, perpendicular; *adv* duma vez.
Sheet /xeit/ *s* lençol; folha de papel; lâmina de metal; *v* envolver em lençóis.
Shelf /xélf/ *s* prateleira; estante; baixio; banco de areia.
Shell /xél/ *s* casco; casca (noz, ovo, etc.); concha; vagem; carcaça; barco de regatas; *v* descascar; bombardear.
Shel.ter /xél.târ/ *s* abrigo; asilo; proteção; amparo; *v* abrigar; proteger.
Shelve /xélv/ *v* desprezar; pôr em prateleira; inclinar-se.

Shelv.y /xél.vi/ *adj* inclinado; ressaltado; saliente; protuberante.
Shenn /xin/ *s* brilho; luz; reflexo; resplendor.
Shep.herd /xé.pârd/ *s* pastor; FIG pastor; guia; *v* cuidar; guiar; proteger.
Sher.bet /xâr.bet/ *s* refresco gelado; sorvete.
Sher.iff /xé.rif/ *s* xerife, chefe de condado.
Sher.ry /xé.ri/ *s* xerez.
Shield /xild/ *s* escudo; proteção; blindagem; *v* escudar; defender; proteger.
Shift /xift/ *s* meio; expediente; mudança; revezamento (de operários); *v* mudar; mover; esguiarse; desviar; alterar.
Shift.y /xif.ti/ *adj* astuto; velhaco.
Shil.ling /xi.lin/ *s* xêlim (moeda prateada Inglesa).
Shim /xim/ *s* calço; enchimento.
Shin /xin/ *s* canela; tíbia; *v* escalar; subir; trepar.
Shine /xáin/ *s* brilho; claridade; *v* brilhar; luzir; lustrar; *past or pp* Shone.
Shin.er /xái.nâr/ *s* aquilo que brilha; moeda de ouro.
Shin.gle /xingol/ *s* ripa; sarrafo; letreiro de escritório; *v* cobrir de ripas; cortar o cabelo.
Shiny /xái.ni/ *adj* brilhante.
Ship /xip/ *s* avião; barco; navio; *v* embarcar; despachar; expedir; receber a bordo.
Ship.mate /xip.mêit/ *s* camarada de bordo.
Ship.ment /xip.ment/ *s* ato de embarcar (mercadorias).
Ship.ping /xi.pin/ *s* marinha mercante; esquadra; navios.
Ship.wreck /xip.réc/ *s* naufrágio marítimo; infortúnio; ruína; *v* naufragar.
Shire /xáir/ *s* divisão territorial na Inglaterra; condado.
Shirk /xârc/ *v* esquivar-se; evitar.
Shirt /xârt/ *s* camisa (para homem).
Shit /xit/ *s* GÍR merda; *v* cagar.
Shiv.er /xi.vâr/ *s* tremor; calafrio; *v* tremer.
Shiv.er.y /xi.vâri/ *adj* friorento; febril.
Shoal /xôul/ *s* baixio; banco de areia; cardume; bando; multidão; *v* juntar-se; encher-se de bancos de areia; *adj* pouco fundo.
Shock /xóc/ *s* choque; colisão; *v* chocar; abalar; colidir; ofender.
Shod.dy /xó.di/ *s* imitação de lã; coisa inferior; *adj* aparente; falso; de lã artificial.
Shoe /xu/ *s* sapato; ferradura; *v* calçar; ferrar; *past and pp* Shod *or* Shodden.
Shoe.mak.er /xu.mêi.câr/ *s* sapateiro.
Shoot /xut/ *s* tiro; coador; *v* atirar; filmar; caçar; lançar; *past and pp* Shot.
Shoot.ing /xu.tin/ *s* ato de atirar.
Shop /xóp/ *s* estabelecimento; loja; oficina; *v* fazer compras.
Shop.ping /xó.pin/ *s* compras.
Shore /xôur/ *s* praia; litoral; costa; escora; pontão; *v* escorar.
Short /xórt/ *adj* breve; curto; escasso; insuficiente; limitado; próximo; perto; *adv* brevemente.
Short.age /xeór.tidj/ *s* deficiência; escassez; falta.
Short.en /xórtn/ *v* encurtar; diminuir; abreviar.
Shot /xót/ *s* tiro de arma; flecha; atirador; parte; *v* carregar uma arma.
Shoul.der /xôul.dâr/ *s* ombro; espádua; parte saliente; *v* levar ao ombro (a arma).
Shout /xáut/ *s* brado; grito; berro; *v* gritar; berrar; aclamar.
Shove /xâv/ *s* empurrão; impulso; *v* empurrar.
Shov.el /xâvol/ *s* pá; escavadeira; *v* escavar.
Show /xôu/ *s* exibição; exposição; mostra; *v* aparecer; demonstrar; exibir; explicar; guiar; indicar; mostrar; *past* Showed *and pp* Shown *or* Showed.
Show.er /xôu.âr/ *s* aguaceiro; abundância; chuveiro; *v* tomar ducha ou banho.
Show.piece /xôu.piss/ *s* obra-prima.
Show.y /xôui/ *adj* pomposo; alegre; vistoso.
Shred /xeréd/ *s* pedaço; tira estreita; fragmento; *v* retalhar; picar; *past or pp* Shred *or* Shredded.
Shrew /xeru/ *s* megera; mulher de mau gênio.
Shrewd /xerud/ *adj* inteligente; perspicaz.
Shrewd.ness /xerud.nés/ *s* astúcia; perspicácia; sagacidade.
Shriek /xeric/ *s* grito agudo; guincho; *v* gritar; emitir som agudo.
Shrift /xerift/ *s* confissão; confidência.
Shrimp /xerimp/ *s* camarão; anão; homem sem valor.
Shrine /xeráin/ *s* relicário; santuário; túmulo de Santo.
Shrink /xerinc/ *s* contração; *v* encolher-se; recuar; *past* Shrank *or* Shrunk *and pp* Shrunk *or* Shrunken.
Shrive /xeráiv/ *v* ouvir confissão de; confessar; *past* Shrived *or* Shrove *and pp* Shrived *or* Shriven.
Shroud /xeráud/ *s* mortalha; abrigo; *v* abrigarse; refugiar-se.
Shrub /xeráb/ *s* arbusto; árvore pequena; *s* encolhimento de ombros.
Shrug /xerâg/ *v* sacudir os ombros; levantar os ombros; dar de ombros.
Shud.der /xâ.dâr/ *s* tremor; frêmito; arrepio de medo; aversão; *v* estremecer; tremer de medo.
Shuf.fle /xâfol/ *s* confusão; mistura; trapaça; arrastar os pés; *v* baralhar; misturar; enganar; trapacear.
Shun /xân/ *v* evitar; desviar *s* desvio; derivação.
Shunt /xânt/ *v* desviar-se; mudar de linha.
Shut /xât/ *adj* fechado; *v* fechar; excluir; *past and pp* Shut.
Shut.ter /xâ.târ/ *s* postigo, pequena porta; buraco em porta (para observação).
Shy /xái/ *adj* tímido; acanhado; reservado; *v* recuar; desviar-se; assustar-se.
Shy.ness /xái.nés/ *s* acanhamento; timidez.
Sib.i.la.tion /sibilêi.xân/ *s* assobio; silvo.

Sick /sic/ *adj* doente; adoentado; enjoado; com náuseas.
Sick.en /sicn/ *v* adoecer; cansar-se; aborrecer.
Sick.ish /si.quixe/ *adj* adoentado.
Sick.le /sicol/ *s* segadeira, foice.
Sick.li.ness /si.clinés/ *s* indisposição.
Sick.ly /si.cli/ *adj* adoentado; fraco; débil; *adv* debilmente.
Sick.ness /sic.nés/ *s* doença; enfermidade; aborrecimento; enjoo.
Side /saíd/ *s* lado; flanco; declive; facção; partido; *v* tomar partido de alguém; estar ao lado; *adj* lateral; secundário.
Side.board /sáid.bôurd/ *s* aparador.
Side.long /sáid.lón/ *adj* lateral; *adv* lateralmente.
Si.de.re.al /sáidi.riâl/ *adj* sideral; astral; estelar.
Side.walk /sáid.uólc/ *s* calçada.
Side.ways /sáid.uêiz/ *adv* obliquamente; de lado.
Sid.ing /sái.din/ *s* desvio.
Si.dle /sáidol/ *v* mover-se de lado; caminhar de lado.
Siege /sidj/ *s* sítio; cerco; assédio.
Sieve /siv/ *s* peneira; crivo.
Sift /sift/ *v* peneirar; examinar com detalhe.
Sigh /sái/ *v* suspirar; lamentar.
Sight /sáit/ *s* vista; visão; cena; mira de arma de fogo; opinião; julgamento; *v* ver; avistar; fazer pontaria; *adv* **at first Sight**: à primeira vista.
Sign /sáin/ *s* sinal; aviso; indício; vestígio; *v* assinar; rubricar; significar; fazer sinais.
Sig.nal /sig.nâl/ *s* sinal; aviso; *v* fazer sinais a; indicar; *adj* notável; memorável.
Sig.nal.ize /sig.nâláiz/ *v* assinalar; particularizar; distinguir.
Sig.na.to.ry /sig.nâtôuri/ *s* signatário; assinante; *adj* signatário; assinante.
Sig.na.ture /sig.nâtxur/ *s* assinatura; firma.
Sig.net /sig.nit/ *s* carimbo; sinete; selo.
Sig.ni.fy /sig.nifái/ *v* significar; querer dizer; importar; indicar; assinalar.
Silk /silc/ *s* seda; *v* vestir ou combrir com seda; *adj* de seda.
Silk.en /silkn/ *adj* de seda; macio; sedoso.
Silk.worm /silc.uârm/ *s* bicho-da-seda.
Silk.y /sil.qui/ *adj* de seda; sedoso; macio.
Sill /sil/ *s* peitoril de janela.
Sil.ly /si.li/ *s* louco; néscio.
Silt /silt/ *s* lama; lodo; depósito sedimentar; *v* obstruir com lodo.
Silt.y /sil.ti/ *adj* lodoso; sedimentoso.
Sil.ver /sil.vâr/ *s* prata; moeda de prata; cor de prata; *v* pratear; estanhar um espelho; branquear; *adj* argênteo.
Sil.ver.ware /sil.vâr.uér/ *s* prataria; artigos de prata (talheres); *examine* ⇒ **Tableware**.
Sim.i.lar /si.milâr/ *adj* similar; semelhante.
Sim.i.lar.i.ty /similé.riti/ *s* semelhança; conformidade.
Sim.per /sim.pâr/ *s* sorriso afetado; *v* sorrir tolamente.
Sim.ple /simpol/ *s* pessoa estúpida, simplória; *adj* simples; cândido; inocente; tolo.
Sim.ple.ness /simpl.nés/ *s* simplicidade.
Sim.ple.ton /simpl.tân/ *s* simplório.
Sim.plic.i.ty /simpli.siti/ *s* simplicidade; clareza; singeleza.
Sim.pli.fy /sim.plifái/ *v* simplificar.
Sim.ply /sim.pli/ *adv* simplesmente; meramente.
Sin /sin/ *s* pecado; culpa; *v* pecar; errar.
Since /sins/ *adv* desde; desde então; *prep*; desde então; *conj* desde que; uma vez que.
Sin.cere /sinsir/ *adj* sincero; leal; franco; verdadeiro.
Sin.cer.i.ty /sinsé.riti/ *s* sinceridade; franqueza.
Sin.ew /si.niu/ *s* tendão; fibra; nervo; energia; *v* fortalecer; ligar com tendões.
Sin.ew.y /si.niui/ *adj* com tendões fortes; duro; vigoroso; resistente como tendão.
Sin.ful /sin.ful/ *adj* pecador.
Sing /sin/ *v* cantar; celebrar em canto ou em verso; zumbir; exaltar; louvar; *past* **Sang** *or* **Sung** *and pp* **Sung**.
Sing.er /sin.nâr/ *s* cantor; cantora.
Sin.gle /singol/ *adj* simples; só; singelo; solteiro; único; *v* distinguir; destacar; escolher.
Sin.gle.ness /singol.nés/ *s* simplicidade; singeleza; singularidade; solidão.
Sin.glet /sinn.lit/ *s* camiseta.
Sin.gu.lar /sin.guiulâr/ *s* singular; único; *adj* singular; único; extraordinário.
Sin.gu.lar.i.ty /singuiulé.riti/ *s* singularidade; particularidade.
Sink /sinc/ *s* cano de esgoto; fundo do porão; pia; latrina; *v* afundar; diminuir; escavar um poço; humilhar; *past* **Sank** *or* **Sunk** *and pp* **Sunk** *or* **Sunken**.
Sink.er /sin.câr/ *s* o que afunda; perfurador de poços.
Sin.less /sin.lés/ *adj* impecável; puro; santo.
Sin.ner /sin.nâr/ *s* pecador; pecadora.
Sin.u.ous /si.niuâs/ *adj* sinuoso; curvo; tortuoso.
Si.nus /sái.nâs/ *s* seio; cavidade; fístula.
Sip /sip/ *s* sorvo; gole; *v* bebericar.
Si.phon /sái.fân/ *s* sifão.
Sir /sâr/ *s* senhor; título de respeito.
Sire /sáir/ *s* genitor; pai; progenitor; *v* procriar cavalos.
Si.ren /sái.ren/ *s* sereia.
Sis.ter /sis.târ/ *s* irmã; freira.
Sit /sit/ *v* sentar; velar; reunir-se; ajustar; *past and pp* **Sat** *or* **Sate**.
Site /sáit/ *s* sítio; local; lugar; situação.
Sit.ting /si.tin/ *s* ato de sentar; pose para fotografia; *adj* sentado; em sessão.
Sit.u.ate /si.txuêit/ *v* situar; colocar.
Sit.u.a.tion /sitxuêi.xân/ *s* situação; ocupação; emprego.

Size /sáiz/ *s* tamanho; medida; calibre; número; *v* medir; calibrar; classificar; colar.
Siz.zle /sizol/ *s* chiado; sibilo; *v* chiar.
Skate /squêit/ *s* patim; arraia; *v* patinar.
Skel.e.ton /squé.letân/ *s* esqueleto; *adj* esquelético.
Sketch /squétxe/ *s* croqui; esboço; desenho; traçado; rascunho; *v* esboçar; desenhar; traçar.
Skew /squiu/ *s* engano; olhar estrábico; *adj* oblíquo; torcido; esguelhado (olhar).
Ski /squi/ *s* esqui.
Skid /squid/ *s* calço de roda; sapata; trem de aterrizagem; *v* calçar a roda; travar; derrapar.
Skiff /squif/ *s* esquife (barco de remos).
Skil.ful /squil.ful/ *adj* hábil; destro; habilidoso; *also* Skillful.
Skill /squil/ *s* perícia; habilidade; destreza.
Skilled /squild/ *adj* perito; destro; hábil.
Skil.let /squi.lit/ *s* caçarola; frigideira.
Skim /squim/ *s* escuma; escumadeira; *v* escumar; escorregar; desnatar; folhear; roçar.
Skim.mer /squim.mậr/ *s* escumadeira.
Skimp /squimp/ *v* descuidar; cercear; restringir.
Skimp.i.ness /squim.pinés/ *s* feito sem cuidado.
Skimp.y /squim.pi/ *adj* imperfeito.
Skin /squin/ *s* pele; couro; forro; pergaminho; *v* tirar a pele; esfolar; cicatrizar.
Skin.flint /squin.flint/ *s* sovina; avarento.
Skin.ni.ness /squi.ninés/ *s* magreza excessiva.
Skin.ny /squi.ni/ *adj* magro; definhado; descarnado.
Skip /squip/ *s* salto; pulo; omissão; *v* pular; omitir; saltar uma linha (etc.).
Skip.per /squi.pâr/ *s* capitão (barco pesca); patrão; bicho do queijo; ESP líder de equipe.
Skir.mish /scâr.mixe/ *s* escaramuça; conflito.
Skirt /scârt/ *s* aba; fronteira; orla; saia; *v* orlar; ladear; costear.
Skit /squit/ *s* mofa; panfleto; peça humorística.
Skit.tish /squi.tixe/ *adj* leviano; volúvel; caprichoso; excitável.
Skit.tish.ness /squi.tixenés/ *s* capricho; leviandade; manha.
Skulk /scâlc/ *s* covarde; medroso; *v* fugir; ocultar-se; sair de fininho.
Skull /scâl/ *s* crânio; caveira.
Sky /scái/ *s* céu; firmamento.
Sky.scrap.er /scái.scrêi.pâr/ *s* arranha-céu.
Slab /sléb/ *s* folha; prancha; laje; *v* cortar (em pranchas, em tábuas).
Slack /sléc/ *s* parte bamba de uma corda; carvão miúdo; pausa; *v* abrandar; estancar; apagar; *adj* bambo.
Slack.ness /sléc.nés/ *s* frouxidão; indolência.
Slacks /slécs/ *s* calças compridas.
Slag /slég/ *s* escumalha; escória.
Slake /slêic/ *v* apaziguar; diminuir; estancar.
Slam /slém/ *s* ação de bater porta; estrondo; *v* fechar porta com violência.
Slan.der /slén.dâr/ *s* calúnia; difamação; *v* caluniar; maldizer.
Slan.der.er /slén.dârâr/ *s* difamador; caluniador.
Slang /slén/ *s* gíria; calão; jargão.
Slant /slént/ *s* obliquidade; ladeira; inclinação; *v* enviesar; inclinar.
Slap /slép/ *s* bofetada; tapa; *v* esbofetear.
Slash /sléxe/ *s* corte; talho; entalhe; cicatriz; *v* esmagar.
Slat /slét/ *s* lasca; fragmento de madeira; ripa; pessoa alta e magra.
Slate /slêit/ *s* lousa; chapa eleitoral; *v* cobrir com ardósia.
Slaugh.ter /slâ.târ/ *s* matança; carnificina; *v* trucidar; matar.
Slave /slêiv/ *s* escravo; servo; *v* trabalhar como escravo; labutar.
Slav.er /slêi.vâr/ *s* traficante de escravos; negreiro; navio negreiro; baba; *v* babar.
Slav.er.y /slêi.vâri/ *s* escravidão; escravatura.
Slav.ish /slêi.vixe/ *adj* de escravo; servil; cativo.
Slay /slêi/ *v* matar; assassinar; *past* Slew *and pp* Slain.
Slay.er /slêi.âr/ *s* matador; assassino.
Sleave /sliv/ *s* seda crua; *v* desenredar; desembaraçar.
Slea.zy /slizi/ *adj* nojento; desprezível.
Sled /sled/ *s* trenó; marreta; ENGL Sledge.
Sleek /slic/ *v* alisar; amaciar; polir; *adj* liso; macio; polido.
Sleep /slip/ *s* sono; repouso; *v* dormir; adormecer; *past and pp* Slept.
Sleep.less.ness /slip.lénés/ *s* insônia.
Sleet /slit/ *s* granizo; chuva; neve; *v* chover; nevar.
Sleeve /sliv/ *s* manga de camisa.
Slen.der /slén.dâr/ *adj* esbelto; elegante.
Slen.der.ness /slén.dârnés/ *s* delgadeza; elegância; sobriedade.
Slice /sláis/ *s* fatia; posta; *v* retalhar; cortar em fatias.
Slide /sláid/ *s* superfície escorregadia; CIN chapa de projeção; *v* resvalar; escorregar; deslizar; *past* Slid *and pp* Slid *or* Slidden.
Slight /sláit/ *s* desprezo; desfeita; *v* desleixar; desprezar; desconsiderar; *adj* ligeiro.
Slight.ing /slái.tin/ *adj* desdenhoso.
Slight.ness /sláit.nés/ *s* insignificância; fraqueza; irreverência.
Slim /slim/ *adj* esbelto; esguio; garboso; delgado; *s* lodo; limo.
Slim.y /slái.mi/ *adj* coberto com lodo; trapaceiro.
Sling /slin/ *s* funda; estilingue; *v* alçar; atirar com estilingue; *past or pp* Slung.
Slink /slinc/ *s* animal premato; *v* escapulir-se; esquivar-se; *past and pp* Slunk *or* Slank.
Slip /slip/ *s* escorregadela; *v* escorregar; escapulir; errar; largar; tirar; despir; pôr (roupa); omitir; fugir da memória.

Slip.per /sli.pâr/ *s* chinelo.
Slip.per.y /sli.pâri/ *adj* escorregadio; incerto; obsceno.
Slit /slit/ *s* fenda; racha; *v* rachar; fazer incisão; *past and pp* **Slit**.
Slob.ber /sló.bâr/ *s* baba; *v* babar; dizer baboseiras.
Slo.gan /slôu.gân/ *s* grito; lema; frase de propaganda.
Sloop /slup/ *s* NÁUT chalupa; escaler.
Slop /slóp/ *s* líquido derramado; roupas de confecção; *v* derramar; verter; entornar.
Slope /slôup/ *s* declive; inclinação; *v* inclinar; enviesar.
Slop.py /sló.pi/ *adj* lamacento; molhado; sujo.
Slosh /slóxe/ *s* lama; neve derretida; *v* enlamear.
Slot /slót/ *s* fenda; ranhura; pista.
Sloth /slóth/ *s* indolência; bicho-preguiça; preguiça.
Slouch /sláutxe/ *s* inclinação; andar desajeitado; pântano; pele de cobra; *v* abaixar a cabeça; mudar a pele (cobra).
Slow /slôu/ *adj* vagaroso; demorado; *v* diminuir a velocidade.
Slow.ly /slôu.li/ *adv* vagarosamente; lentamente.
Slug /slâg/ *s* bloco de chumbo; preguiçoso; lesma; bala (arma de fogo).
Slug.gard /slâ.gârd/ *s* mandrião; indolente; preguiçoso.
Sluice /slus/ *s* comporta; eclusa; represa.
Slum /slâm/ *s* bairro pobre; favela; *v* visitar, por razões de filantropia, bairros pobres.
Slum.ber /slâm.bâr/ *s* soneca; cochilo; *v* adormecer; cochilar.
Slump /slâmp/ *s* fracasso; baixa no preço das mercadorias; *v* afundar (repentinamente).
Slur /slâr/ *s* pronúncia não compreensível; estigma; MÚS modulação; *v* manchar; macular; modular; censurar.
Slush /slâxe/ *s* neve derretida; lama; lodo; graxa lubrificante.
Slut /slât/ *s* mulher relaxada; GÍR mulher da vida (prostituta).
Sly /slái/ *adj* manhoso; astuto; dissimulado.
Smack /sméc/ *s* sabor; gosto; aroma; beijoca com estalo; palmada; *v* fazer estalo.
Small /smól/ *adj* tamanho pequeno; baixo; pobre.
Smart /smárt/ *s* dor aguda; aflição; *v* sofrer; pungir; arder; doer; *adj* vivo; esperto; sagaz; elegante.
Smart.en /smártn/ *v* embelezar.
Smash /sméxe/ *s* quebra; estrondo; falência; *v* despedaçar; quebrar; falir.
Smat.ter /smé.târ/ *s* leve noção; *v* falar sem conhecimento.
Smear /smir/ *s* borrão; sujeira de gordura; *v* lambuzar; sujar.
Smell /smél/ *s* cheiro; aroma; *v* cheirar; descobrir; *past and pp* **Smelt** *or* **Smelled**.
Smelt /smélt/ *v* fundir; refinar por fusão.
Smile /smáil/ *s* sorriso; olhar alegre; *v* sorrir.
Smirch /smârtxe/ *s* sujeira; mancha; degradação; *v* sujar; manchar; desacreditar.
Smirk /smârc/ *s* sorriso afetado ou forçado; *v* sorrir com afetação.
Smite /smáit/ *v* atingir; afetar; golpear; castigar *past* **Smote** *or* **Smit** *and pp* **Smit** *or* **Smitten**.
Smith /smith/ *s* ferreiro; forjador.
Smog /smóg/ *s* combinação de fumaça e névoa.
Smoke /smôuc/ *s* fumaça; *v* fumar; defumar; fumegar.
Smolder /smôul.dâr/ *v* queimar; *also* **Smoulder**.
Smooth /smudh/ *s* leve; macio; suave; calmo; liso; *v* alisar; aplainar; suavizar; *adj* liso; macio; suave; polido.
Smoth.er /smâ.dhâr/ *s* nuvem (de fumaça, de poeira); *v* abafar; extinguir.
Smudge /smâdj/ *s* mancha; fogo com fumaça para espantar os insetos; nódoa; *v* lambuzar; sujar.
Smug /smâg/ *adj* elegante; presumido.
Smug.gler /smâ.glâr/ *s* contrabandista; navio de contrabando.
Smut /smât/ *s* negror que resulta da fuligem; obscenidade; linguagem obscena.
Smutty /smâ.ti/ *adj* enegrecido; obsceno.
Snack /snéc/ *s* refeição leve; merenda; quinhão.
Snag /snég/ *s* árvore submersa; nó; laço; saliência; empecilho; *v* impedir.
Snail /snêil/ *s* caracol; caramujo; lesma.
Snake /snêic/ *s* cobra; serpente; pessoa falsa.
Snap /snép/ *s* ruptura; estalo; estrépito; dentada; resposta rude; foto instantânea; *v* quebrar subitamente; estalar.
Snare /snér/ *s* laço; armadilha; cilada; ardil.
Snarl /snárl/ *s* rosnadura; confusão; *v* rosnar; ralhar; resmungar.
Snatch /snétxe/ *s* agarramento; breve período; *v* agarrar.
Sneak /snic/ *s* homem vil; dissimulação; *v* introduzir-se furtivamente; agir servilmente.
Sneak.er /sniquer/ *s* tênis (sapato esportivo de lona, com sola de borracha); covarde.
Sneer /snir/ *s* olhar de escárnio; riso zombeteiro; *v* zombar.
Sneeze /sniz/ *s* espirro; *v* espirrar.
Snell /snél/ *adj* ativo; agudo; severo.
Snick /snic/ *s* corte; entalhe; *v* cortar; entalhar.
Sniff /snif/ *s* aspiração; fungada; *v* aspirar; fungar; cheirar.
Snig.ger /sni.gâr/ *s* riso abafado; *v* rir sorrateiramente; rir sem motivo.
Snip /snip/ *s* ato de cortar; apara; retalho; *v* cortar; aparar.
Snipe /snáip/ *s* tiro de tocaia; *v* atirar em caça (às escondidas).
Sniv.el /snivol/ *s* muco nasal; fala hipócrita; *v* choramingar; pingar do nariz.
Sniv.el.ler /sniv.lâr/ *s* ranhento; choramingas.

Snob /snób/ *s* pretensioso; presumido; esnobe; (LAT sine nobilitas: sem nobreza).
Snooze /snuz/ *s* sesta; soneca; *v* POP dormir; cochilar.
Snore /snôur/ *s* ronco; *v* roncar durante o sono.
Snow /snôu/ *s* neve; *v* nevar.
Snow.fall /snôu.fól/ *s* nevada; queda brusca de neve.
Snow.flake /snôu.flêic/ *s* floco de neve.
Snow.storm /snôu.stórm/ *s* nevasca; tempestade de neve.
Snub /snâb/ *s* menosprezo; injúria; afronta; nariz chato; nariz arrebitado; *v* censurar; repreender.
Snuff /snâf/ *s* rapé; coto de vela; tabaco; *v* aspirar; cheirar; fungar.
Snuf.fle /snâfol/ *s* som fanhoso; *v* falar fanhoso.
Snuf.fler /snâ.flâr/ *s* pessoa fanhosa.
Snug /snâg/ *adj* abrigado; agasalhado; cômodo; bem espaçoso; em boa ordem.
Snug.gle /snâgol/ *v* aninhar-se; aconchegar-se.
So /sôu/ *adv* assim; bem; da mesma forma; deste modo.
Soak /sôuc/ *s* encharcado; orgia; bebedeira; beberrão; *v* beber demais; embeber.
Soak.er /sôu.câr/ *s* beberrão.
Soap /sôup/ *s* sabão; sabonete; *v* ensaboar.
Soar /sôur/ *s* voo; *v* esvoaçar; elevar-se; planar.
Sob /sób/ *s* soluço; sussurro; *v* soluçar; suspirar; sussurrar.
So.ber /sôu.bâr/ *adj* sóbrio; moderado; sensato; prudente modesto; *v* sossegar; tornar-se moderado; sensato.
Soc.cer /sócquer/ *s* futebol, corruptela de association (Association Football *and* Footer).
Sock /sóc/ *s* meia; soco; golpe; *v* POP dar socos; esmurrar.
Sock.et /só.quet/ *s* bocal; soquete de lâmpada; órbita do olho; alvéolo do dente.
Sod /sód/ *s* gramado; turfa; torrão; *v* cobrir com relva.
Sod.den /sódn/ *v* encharcar; embriagar; *adj* molhado; empapado; encharcado.
Soft /sóft/ *s* pessoa simplória; *adj* mole; amolecido; brando; suave; maleável; ameno.
Soft.en /sóften/ *v* amolecer; abrandar; suavizar.
Soft.y /sóf.ti/ *s* indivíduo muito sentimental.
Sog.gy /só.gui/ *adj* encharcado; ensopado.
Soil /sóil/ *s* solo; terra; região; país; mancha; sujeira; *v* manchar; sujar.
Sol.ace /só.lis/ *s* conforto; consolo; *v* confortar; consolar.
Sol.dier /sôul.djâr/ *s* soldado; militar; guerreiro; *v* assentar praça.
Sole /sôul/ *s* planta do pé; sola do sapato; linguado; *v* pôr solas; solar; *adj* só; único; exclusivo.
Sol.emn /só.lemn/ *adj* solene; sério.
So.lem.ni.ty /sólem.niti/ *s* solenidade; seriedade.
Sol.em.nize /só.lemnáiz/ *v* celebrar.
So.lic.it /soli.sit/ *v* solicitar; pedir; apelar.
So.lic.i.ta.tion /solissitêi.xân/ *s* solicitação; pedido; requerimento.
Sol.i.dar.i.ty /sólidé.riti/ *s* solidariedade; fraternidade.
So.lid.i.fy /soli.difái/ *v* solidificar.
Sol.i.ta.ry /só.litâri/ *s* solitário; recluso; ermitão; *adj* solitário.
Sol.i.tude /só.litiud/ *s* lugar sem habitantes; solidão.
So.lu.tion /soliu.xân/ *s* solução; explicação.
Solv.a.ble /sól.vâbol/ *adj* solúvel; solvente; pagável.
Solve /sólv/ *v* resolver; esclarecer; decifrar.
Som.ber /sóm.bâr/ *adj* sombrio; obscuro; melancólico.
Som.ber.ness /sóm.bârnés/ *s* escuridão; obscuridade; melancolia.
Some /sâm/ *pron* algum (a); alguns (as); uns; umas; um pouco; uma parte de.
Some.bod.y /sâm.bódi/ *s* alguém.
Some.how /sâm.háu/ *adv* de alguma forma; seja como for.
Some.one /sâm.uan/ *pron* alguém.
Some.thing /sâm.thin/ *s* alguma coisa; qualquer coisa; *adv* algo; um tanto.
Some.time /sâm.táim/ *adv* antigamente; noutra ocasião.
Some.times /sâm.táimz/ *adv* às vezes; de vez em quando.
Some.what /sâm.uót/ *s* alguma coisa; *adv* um tanto; algo.
Some.where /sâm.uér/ *adv* algures; em algum lugar.
Som.no.lence /sóm.noléns/ *s* sonolência.
Som.no.lent /sóm.nolênt/ *adj* sonolento.
Son /sân/ *s* filho.
Song /sôn/ *s* canto; canção; cantiga; poesia; verso.
Son.net /són.net/ *s* soneto.
Sonny /sân.ni/ *s* filhinho.
Son.ship /sân.xip/ *s* filiação.
Soon /sun/ *adv* cedo; em breve; de boa vontade; depressa; prontamente.
Soot /sut/ *s* fuligem; *v* cobrir de fuligem.
Soothe /sudh/ *v* acalmar; afagar; aliviar; amenizar.
Sop /sóp/ *s* pão embebido em sopa; sopa; suborno; *v* umedecer; ensopar.
So.phis.ti.cate /sofis.tiquêit/ *v* sofismar; falsificar; adulterar.
Sor.cer.er /sór.sârâr/ *s* feiticeiro; mágico.
Sor.cer.y /sór.sâri/ *s* feitiçaria; bruxaria; magia.
Sor.did /sór.did/ *adj* sórdido; vil; mesquinho; nojento.
Sore /sôur/ *s* chaga; desgosto; pena; *adj* dorido; sensível; triste; *adv* dolorosamente.
Sore.ness /sôur.nés/ *s* dor; parte doente; sensibilidade; inflamação.
Sor.row /só.rôu/ *s* pena; tristeza; infortúnio; *v* entristecer-se; afligir-se.

Sor.row.ful /só.rôuful/ *adj* pesaroso; aflito.
Sor.ry /só.ri/ *adj* triste; pesaroso; miserável.
Sort /sórt/ *s* espécie; sorte; maneira; classe; forma; *v* classificar; sortir; combinar.
Sot /sót/ *s* uma pessoa estúpida por viver habituamente embriagada.
Sot.tish /só.tixe/ *adj* bêbedo.
Soul /sôul/ *s* alma; espírito.
Sound /sáund/ *s* som; ruído; *v* soar; ecoar; sondar; parecer; *adj* são; sadio; forte.
Sound.ing /sáun.din/ *s* sonda; *adj* sonoro; sonante.
Soup /sup/ *s* sopa; caldo.
Sour /sâur/ *v* azedar; ficar de mau humor; irritar; *adj* azedo; ácido; mal-humorado.
Source /sôurs/ *s* fonte; manancial; origem.
Souse /sáus/ *s* encharque; *v* salgar; ensopar.
South /sáuth/ *s* sul; *adj* meridional; austral.
South.ern /sâ.dhârn/ *adj* meridional; sulino; do sul.
Sow /sôu/ *s* porca; lingote de chumbo; *v* semear; fazer a sementeira; *past* **Sowed** *and pp* **Sown**.
Soy /sói/ *s* soja; feijão-soja (leguminosa).
Space /spêis/ *s* espaço; área; distância; extensão; intervalo; *v* espaçar.
Space.craft /spêis.cráaft/ *s* espaçonave; astronave; foguete.
Spade /spêid/ *s* pá; enxada; naipe de espada.
Span /spén/ *s* palmo; vão; pequeno intervalo; *v* medir aos palmos; atravessar.
Span.gle /spéngol/ *s* lantejoula; *v* brilhar; cintilar; ornamentar (com lantejoulas).
Span.ish /spé.nixe/ *s* Espanhol; língua espanhola.
Spank /spénc/ *s* palmada; *v* dar palmadas.
Spar /spár/ *s* espato; raio de roda; *v* altercar; treinar box; esmurrar.
Spare /spér/ *adj* vago; livre; magro; sobressalente; *v* economizar; poupar.
Spar.ing /spé.rin/ *adj* econômico.
Spark /spárc/ *s* faísca; chispa; centelha; vislumbre; *v* lançar faísca.
Spar.kle /spárcol/ *s* centelha; fagulha pequena; *v* cintilar; luzir, brilhar; faiscar.
Spar.row /spé.rôu/ *s* pardal.
Sparse /spárs/ *adj* disperso; espalhado.
Spat /spét/ *s* palmada; disputa; polaina; *v* dar palmada; questionar.
Spa.tial /spêi.xeâl/ *adj* espacial.
Spat.ter /spé.târ/ *s* salpico; *v* salpicar; enlamear; manchar; difamar.
Spawn /spón/ *s* ovas; fruto; prole; *v* gerar; desovar.
Speak /spic/ *v* falar; dizer; pronunciar; revelar; indicar; declarar; *past* **Spoke** *and pp* **Spoken**.
Spear /spir/ *s* lança; arpão; folha de erva; *v* matar com a lança.
Spe.cial /spé.xeâl/ *adj* distinto; de primeira plana; especial; privativo.
Spe.cial.ize /spé.xeâláiz/ *v* especializar-se.
Spe.cif.ic /spissi.fic/ *adj* específico; exclusivo; preciso.
Spec.i.fy /spé.sifái/ *v* especificar; descrever.
Speck /spéc/ *s* nódoa; mácula; pinta; *v* mosquear; manchar; salpicar.
Spec.ta.cle /spéc.tâcol/ *s* espetáculo; exibição; óculos.
Spec.u.late /spé.quiulêit/ *v* meditar; especular.
Speech /spitxe/ *s* palavra; fala; conversação; linguagem; discurso.
Speech.less /spi.txelés/ *adj* mudo; sem fala.
Speed /spid/ *s* velocidade; rapidez; pressa; *v* apressar; acelerar; apressar-se; *past and pp* **Sped** *or* **Speeded**.
Speed.y /spi.di/ *adj* rápido; ligeiro; apressado.
Spell /spél/ *s* temporada; período; feitiço; encanto; *v* soletrar; encantar; significar.
Spell.bind /spél.báind/ *v* fascinar; enfeitiçar; encantar.
Spell.bound /spél.báund/ *adj* encantado; enfeitiçado; fascinado.
Spell.er /spé.lâr/ *s* livro de ensino (para escrita); soletrador.
Spell.ing /spé.lin/ *s* soletração; ortografia.
Spenc.er /spén.sâr/ *s* jaqueta curta; jaleco.
Spend /spénd/ *v* gastar; despender; passar o tempo; passar uma temporada; empregar; *past and pp* **Spent**.
Spent /spént/ *adj* gasto; exausto; sem força.
Spew /spiu/ *s* vômito; *v* vomitar; lançar.
Spice /spáis/ *s* especiaria; condimento; sabor; *v* temperar; dar sabor a comida.
Spic.y /spái.si/ *adj* aromático; de especiarias.
Spi.der /spái.dâr/ *s* aranha; frigideira.
Spike /spáic/ *s* espiga; prego forte; espigão; ponta; *v* encravar; pregar.
Spill /spil/ *s* tombo; queda; derramamento; *v* derramar; *past and pp* **Spilt**.
Spin /spin/ *s* giro; volta; rodopio; passeio; *v* fiar; entrançar; girar; rodar; *past* **Spun** (antigamente **Span**); *pp* **Spun**.
Spin.ach /spi.nitxe/ *s* espinafre (planta).
Spin.dle /spindol/ *s* fuso; rosca sem fim.
Spine /spáin/ *s* espinha; coluna vertebral.
Spi.nous /spái.nâs/ *adj* espinhoso.
Spin.ster /spins.târ/ *s* solteirona; donzela.
Spire /spáir/ *s* espiral; ápice; agulha de torre; ponta de igreja.
Spir.it /spi.rit/ *s* espírito; alma; talento; lealdade; bebida alcoólica; *v* animar; arrebatar.
Spit /spit/ *s* cuspe; assador; *v* expectorar; cuspir; *past and pp* **Spat**.
Spite /spáit/ *s* despeito; rancor; malevolência; *v* mostrar despeito; perseguir; irritar.
Spit.tle /spitol/ *s* cuspe; saliva.
Spit.toon /spitun/ *s* escarradeira.
Splash /spléxe/ *s* salpico de lama; *v* salpicar; enlamear.
Splat.ter /splé.târ/ *s* salpico; *v* esparramar líquidos; espargir; salpicar.

Splay /splêi/ *s* inclinação; abertura; alargamento; *v* abrir; alargar; inclinar.
Spleen /splin/ *s* baço; desânimo; rancor; hipocondria.
Spleen.y /spli.ni/ *adj* rabugento; colérico.
Splen.did /splén.did/ *adj* esplêndido; brilhante; magnífico; excelente.
Splice /spláis/ *s* união de dois cabos ou pontas de corda; *v* justar; unir; juntar.
Splint /splint/ *s* lasca; fragmento de objeto duro; *v* lascar; pôr em talas.
Splin.ter /splin.târ/ *s* lasca; fragmento; estilhaço; *v* lascar; estilhaçar-se.
Split /split/ *s* fenda; racha; separação; rompimento; *v* fender; rachar; *past and pp* **Split**.
Splotch /splótxe/ *s* mancha; nódoa; borrão; *v* manchar; borrar.
Splut.ter /splâ.târ/ *s* confusão; barulho; *v* balbuciar; gaguejar; crepitar; cuspir.
Spoil /spóil/ *s* despojos; presa; roubo; saque; dano; *v* roubar; pilhar; estragar; *past and pp* **Spoiled** *or* **Spoilt**.
Sponge /spândj/ *s* esponja; parasita; que vive à custa de outrem; *v* limpar; embeber.
Spon.sor /spón.sâr/ *s* padrinho de batismo (ou madrinha); *v* apadrinhar.
Spon.ta.ne.i.ty /spóntâni.iti/ *s* espontaneidade; naturalidade.
Spoof /spuf/ *s* burla; imitação; logro; *v* lograr; enganar; burlar.
Spook /spuc/ *s* fantasma; assombração.
Spool /spul/ *s* carretel; *v* dobar; enrolar em novelos; *s* colher; simplório.
Spoon /spun/ *s* colher; *v* apanhar com uma colher; entregar-se a namoro ostensivo.
Spoon.y /spu.ni/ *s* simplório; tolo; *adj* sentimental; apaixonado.
Spoor /spur/ *s* rasto, trilha de animal; *v* seguir o rastro.
Sport /spórt/ *s* desporto; esporte; atletismo; passatempo; diversão; *v* ostentar; divertir-se.
Sportswear /spór.tzuér/ *s* roupa esporte.
Spot /spót/ *s* mancha; nódoa; salpico; lugar; sítio; *v* manchar; descobrir; notar.
Spout /spáut/ *s* cano; tubo; bica; jato; repuxo; *v* esguichar; jorrar; declamar; correr.
Sprain /sprêin/ *s* torcedura; mau jeito; *v* torcer; machucar; deslocar.
Sprawl /spról/ *s* espreguiçamento; *v* espichar; espreguiçar-se.
Spray /sprêi/ *s* ramo de flores; borrifo; pulverizador; *v* borrifar.
Spread /spréd/ *s* expansão; cobertor; patê; *v* espalhar; divulgar; *past and pp* **Spread**.
Sprig /sprig/ *s* galho; renovo; broto; *v* enfeitar com ramos.
Spring /sprin/ *s* salto; pulo; lance; fonte; nascente; primavera; mola; *v* saltar; brotar; nascer; *past* **Sprang** *or* **Sprung** *and pp* **Sprung**.
Sprin.kle /sprincol/ *s* borrifo; chuvisco; *v* borrifar; chuviscar.
Sprint /sprint/ *s* corrida curta e rápida; *v* correr.
Sprint.er /sprin.târ/ *s* corredor; atleta.
Sprite /spráit/ *s* espírito; duende; fada.
Sprock.et /spró.quet/ *s* dente de roda.
Sprout /spráut/ *s* renovo; rebento; *v* germinar; brotar.
Spry /sprái/ *adj* ligeiro; leve; ativo.
Spud /spâd/ *s* pá de jardineiro; faca pequena; POP batata.
Spume /spium/ *s* espuma; efervescência; *v* espumar.
Spunk /spânc/ *s* coragem; brio; isca; madeira podre.
Spur /spâr/ *s* espora; estímulo; *v* esporear; estimular; andar a cavalo; apressar-se.
Spurn /spârn/ *s* desdém; desprezo; *v* desprezar; rejeitar com desdém.
Spurt /spârt/ *s* jorro; esguicho; esforço repentino; *v* esguichar; fazer esforço.
Sput.ter /spâ.târ/ *s* baba; perdigoto, falar espirrando saliva; *v* cuspir falando; balbuciar.
Spy /spái/ *s* espião; *v* espiar; avistar; enxergar; espreitar.
Squab /scuób/ *s* gorducho; almofada; ave pequena (pombo); *adj* atarracado; implume.
Squab.ble /scuóbol/ *s* questão; rixa; altercação; *v* discutir; altercar.
Squad.ron /scuó.drân/ *s* esquadrão; uma parte da esquadra; batalhão.
Squal.id /scuó.lid/ *adj* esquálido; miserável; imundo.
Squall /scuól/ *s* tempestade; borrasca; aguaceiro; *v* gritar agudamente.
Squal.or /scuó.lâr/ *s* esqualidez; sujidade.
Squan.der /scuón.dâr/ *v* dissipar; esbanjar.
Square /scuér/ *s* quadrado; largo; praça; conformidade; *v* quadrar; ajustar; elevar ao quadrado; *adj* quadrado.
Squash /scuóxe/ *s* abóbora; coisa mole; polpa; aperto; *v* esmagar; achatar.
Squat /scuót/ *v* acocorar-se; *adj* acocorado; agachado.
Squeak /scuic/ *s* grito agudo; chiado; *v* gritar; chiar.
Squeal /scuil/ *s* grito agudo e intenso; *v* gritar agudamente; POP trair; denunciar.
Squeeze /scuiz/ *s* aperto; abraço; pressão; *v* apertar; abraçar; comprimir.
Squelch /scuél.txe/ *s* queda pesada; ruído de esmagamento; *v* esmagar; ficar esmagado.
Squib /scuib/ *s* busca-pé; sátira; pessoa insignificante; *v* lançar busca-pés; satirizar.
Squig.gle /scuigol/ *s* curva pequena e irregular; letra ilegível; *v* rabiscar.
Squint /scuint/ *s* ato de olhar de soslaio; estrabismo; *v* olhar vesgo; *adj* vesgo.

Squire /scuáir/ *s* escudeiro; cavalheiro; proprietário rural; nobre rural; juiz de paz.
Squirm /scuârm/ *s* torcedura; torção; *v* torcer; retorcer.
Squir.rel /scui.rel/ *s* esquilo; pele de esquilo.
Squirt /scuârt/ *s* seringa; esguichadela; *v* esguichar.
Stab /stéb/ *s* golpe; punhalada; *v* apunhalar; ferir; injuriar; ofender.
Sta.bil.i.ty /stâbi.liti/ *s* estabilidade; firmeza; solidez.
Sta.ble /stêibol/ *s* estábulo; cavalariça; *v* ocupar um estábulo; viver em cavalariça.
Stack /stéc/ *s* pilha de trigo ou feno; cano; estante; *v* empilhar; amontoar.
Staff /stáf/ *s* estado maior; corpo administrativo; bastão; cajado; báculo.
Stag /stég/ *s* veado adulto; macho de animais.
Stage /stêidj/ *s* estrado; palco; grau; fase; cenário; cena; *v* pôr em cena; exibir no palco.
Stag.ger /sté.gâr/ *s* vacilação; cambaleio; *v* cambalear; vacilar; hesitar.
Stag.na.tion /stégnêi.xân/ *s* estagnação.
Staid /stêid/ *adj* grave; sério; sóbrio; sereno.
Stain /stêin/ *s* mácula; nódoa; *v* manchar; macular; enodoar; tingir; infamar.
Stain.less /stêin.lés/ *adj* imaculado; limpo; sem manchas.
Stair /stér/ *s* degrau; escada.
Stair.case /stér.cêis/ *s* escada.
Stake /stêic/ *s* estaca; poste; parada; aposta; *v* apoiar; escorar; arriscar no jogo; apostar.
Stale /stêil/ *adj* velho; antigo; passado; gasto; *v* tornar deteriorado.
Stale.mate /stêil.mêit/ *s* posição no xadrez que provoca empate, pois o rei fica sem movimento, isto é, sempre em cheque.
Stalk /stóc/ *s* talo; cano; andar afetadamente; *v* caçar à espreita; perseguir.
Stall /stól/ *s* estábulo; lugar no coro da igreja; *v* encurralar; sentar-se; enguiçar.
Stal.wart /stól.uârt/ *s* robusto; *adj* forte; rijo; robusto; valente; destemido.
Stam.mer /sté.mâr/ *s* gaguez; gagueira; *v* gaguejar.
Stam.mer.er /sté.mârâr/ *s* gago.
Stamp /stémp/ *s* selo; cunho; impressão; marca; carimbo; prensa; *v* estampar; cunhar; selar; carimbar; bater com os pés no piso.
Stam.pede /stémpid/ *s* estouro; corrida por pânico; *v* debandar em pânico.
Stance /sténs/ *s* lugar; postura; posição.
Stanch /sténtxe/ *adj* constante; fiel; são; sólido; zeloso; *v* estancar o sangue; vedar.
Stan.chion /stén.xân/ *s* escora; suporte; pau de toldo; *v* escorar.
Stand /sténd/ *s* lugar; local; pedestal; estante; mesinha; barraca; *v* achar-se; apresentar-se; consistir; estar em pé; manter-se; resistir; suportar; *past and pp* Stood.
Stan.dard /stén.dârd/ *s* modelo; norma; padrão; poste; critério; estandarte; *adj* clássico; normal; oficial; típico.
Stand.ing /stén.din/ *adj* em pé; ereto; erguido.
Stand-off /stén.dof/ *s* impasse; afastamento.
Sta.ple /stêipol/ *s* mercado; empório; produto; matéria bruta; grampo de metal.
Star /stâr/ *s* astro; asterisco; destino; estrela; TV CIN atores (consagrados); *v* estrear.
Starch /stártxe/ *s* amido; fecula; goma; *v* engomar.
Stare /stér/ *s* olhar fixo; *v* fitar os olhos.
Stark /stárc/ *adj* forte; rígido; completo; absoluto; contrastante.
Star.ling /stár.lin/ *s* estorninho (pássaro); ARQT espigão.
Start /stárt/ *s* arremesso; começo; impulso; partida; *v* começar; dar nova direção.
Star.tle /stártol/ *v* espantar; estremecer.
Star.tling /stár.tlin/ *adj* assustador; surpreendente; aterrador.
Star.va.tion /starvêi.xân/ *s* estado de aguda desnutrição; definhamento; fome.
Starve /stárv/ *v* morrer ou sofrer de fome.
State /stêit/ *s* classe; condição; estado; *v* afirmar; declarar; dizer; expor; fixar; formular; manifestar.
State.ment /stêit.ment/ *s* declaração; resumo; relato; COM balanço.
States.man /stêi.tzmân/ *s* homem de estado; político; estadista.
Sta.tion /stêi.xân/ *s* classe; condição social; estação.
Sta.tion.er.y /stêi.xânéri/ *s* papelaria; artigos de escritório.
Stat.ue /sté.tiu/ *s* estátua; imagem.
Stat.ure /sté.txur/ *s* estatura; tamanho.
Stave /stêiv/ *s* bastão; MÚS pentagrama; POES estrofe; estância; *v* prover de aduelas; guarnecer de aduelas.
Stay /stêi/ *s* apoio; demora; escora; estada; obstáculo; parada; residência; suspensão; *v* esperar; deter; ficar; hospedar-se; parar.
Stead /stéd/ *s* lugar; local.
Stead.fast /stéd.fést/ *adj* estável; constante.
Stead.y /sté.di/ *adj* firme; seguro; sólido; resistente; *v* firmar; fixar.
Steak /stêic/ *s* bife, fatia de carne.
Steal /stil/ *s* roubo; furto; *v* furtar; roubar; plagiar; entrar furtivamente; *past* Stole *and pp* Stolen.
Stealth.y /stél.thi/ *adj* clandestino; oculto; secreto.
Steam /stim/ *s* vapor; fumaça; *v* evaporar; mover a vapor; FIG tornar-se enérgico.
Steam.er /sti.mâr/ *s* barco ou navio a vapor; dispositivo para colocar água.
Steed /stid/ *s* cavalo de batalha; corcel.
Steel /stil/ *s* aço (lâmina, folha, etc.); *adj* de aço; insensível; duro.
Steep /stip/ *s* abismo; precipício; *v* mergulhar; ensopar; *adj* excessivo; difícil.
Stee.ple /stipol/ *s* campanário; torre (de igreja).
Steer /stir/ *s* bezerro; novilho; *v* dirigir leme.

Stem /stém/ *s* haste; pedúnculo; proa; talo; GRAM raiz; *v* opor-se; repelir; deter; resistir.
Stench /sténtxe/ *s* mau cheiro; fedentina.
Sten.cil /stén.sil/ *s* estêncil (papel para gravar; modelo; chapa de gravação); *v* pintar.
Step /stép/ *s* degrau; marcha; passo; passada; passo de dança; *v* andar; caminhar.
Step.broth.er /stép.brâdhâr/ *s* meio-irmão.
Step.child /stép.txeáild/ *s* enteado; enteada.
Step.dame /stép.dêim/ *s* madastra.
Step.daught.er /stép.dótâr/ *s* enteada.
Step.fath.er /stép.fâdhâr/ *s* padrasto.
Step.moth.er /stép.mâdhâr/ *s* madrasta.
Step.sist.er /stép.sistâr/ *s* meio-irmã.
Step.son /stép.sân/ *s* enteado.
Ster.il.ize /sté.riláiz/ *v* esterilizar; desinfetar.
Ster.ling /stâr.lin/ *s* prata esterlina; *adj* pura; de bom quilate.
Stern /stârn/ *s* rabo de animal; NÁUT popa; ré; *adj* severo; duro; rígido; inflexível.
Stern.ness /stârn.nés/ *s* severidade; rigor; austeridade.
Stew /stiu/ *s* ensopado; agitação mental; ansiedade; *v* estufar; cozer (com fogo lento).
Stew.ard /stiu.ârd/ *s* mordomo; intendente; comissário de bordo; administrador de terras.
Stick /stic/ *s* pau; bastão; bengala; cavaco; *v* furar; apunhalar; afixar; afeiçoar-se; hesitar; *past and pp* Stuck.
Stiff /stif/ *s* cadáver; pessoa formal; *adj* duro; teso; firme; afetado; obstinado.
Stiff.en /stifn/ *v* endurecer; obstinar-se.
Sti.fle /stáifol/ *v* sufocar; abafar.
Stig.ma.ti.za.tion /stigmâtizêi.xân/ *s* estigmatização.
Stig.ma.tize /stig.mâtáiz/ *v* estigmatizar; marcar.
Stile /stáil/ *s* degrau sobre cercados; barreira.
Still /stil/ *s* silêncio; sossego; alambique; *v* acalmar; apaziguar; destilar; satisfazer; *adj* calmo; tranquilo; morto; *adv* ainda; sempre; até agora; *conj* todavia; entretanto; contudo.
Still.y /sti.li/ *adj* calmo; silencioso; *adv* silenciosamente; sossegadamente.
Stim.u.lant /sti.miulânt/ *adj* estimulante; excitante.
Sting /stin/ *s* ferrão; remorso; dor aguda; *v* picar; aferroar; afligir; sentir remorsos; *past and pp* Stung *or* Stang.
Stink /stinc/ *s* fedentina; fedor; mau cheiro; *v* ter mau cheiro; *past* Stank *or* Stunk *and pp* Stunk.
Stint /stint/ *s* restrição; limite; quantidade; *v* restringir; limitar.
Stip.ple /stipol/ *s* gravura ponteado; desenho ponteado; *v* enfeitar com pontos; pontuar.
Stip.u.late /sti.piulêit/ *v* estipular; fazer estipulações.
Stir /stâr/ *s* agitação; atividade; excitação; rebuliço; tumulto; *v* agitar; comover; mexer.
Stir.a.bout /stâr.âbáut/ *s* mingau de aveia; pessoa ativa; pessoa muito diligente.
Stir.rup /stir.râp/ *s* estribo; degrau.
Stitch /stitxe/ *s* ponto de costura; ponteada; malha; *v* coser; dar pontos.
Stith.y /sti.thi/ *s* bigorna; forja.
Stock /stóc/ *s* tronco; estirpe; cabo; COM capital; estoque; *v* armazenar; fornecer; sortir.
Stock.ade /stóquêid/ *s* estacada; paliçada; *v* cercar; fortificar com paliçada.
Stock.ings /stó.quins/ *s* meias; meias longas.
Stodge /stódj/ *v* comer excessivamente.
Sto.i.cism /stôu.issizm/ *s* Estoicismo.
Stole /stôul/ *s* estola.
Stol.id /stó.lid/ *adj* parvo; impassível.
Stom.ach /stâ.mâc/ *s* estômago; *v* engolir; suportar.
Stone /stôun/ *s* pedra; pedra preciosa; caroço de frutas; cálculo biliar; *v* apedrejar.
Stool /stul/ *s* banco; evacuação; privada; sanitário.
Stoop /stup/ *s* condescendência; pendor; submissão; *v* abaixar-se; inclinar; submeter-se.
Stop /stóp/ *s* suspensão; parada; pausa; espera; alojamento; GRAM ponto; *v* deter; fechar; ficar; hospedar-se; impedir; obturar; parar.
Store /stôur/ *s* armazém; depósito; *v* fornecer; abastecer; armazenar.
Stork /stórc/ *s* cegonha.
Storm /stórm/ *s* tempestade; tumulto; assalto; *v* assaltar; enraivecer-se.
Storm.y /stór.mi/ *adj* tempestuoso; violento; turbulento.
Sto.ry /stôu.ri/ *s* história; conto; narrativa; anedota; andar; pavimento.
Stout /stáut/ *s* cerveja preta; *adj* forte; vigoroso; intrépido.
Stove /stôuv/ *s* fogão; fogareiro; estufa.
Stow /stôu/ *v* arrumar; armazenar; pôr em ordem.
Stow.age /stôu.idj/ *s* armazenamento; armazenagem.
Strad.dle /strédol/ *s* postura de pernas bem abertas; *v* andar com as pernas abertas.
Strag.gle /strégol/ *v* afastar-se; vagar.
Straight /strêit/ *s* pista direita; reta; curso; linha; *adj* direito; reto; franco; *adv* diretamente; imediatamente.
Straight.en /strêit.nés/ *v* endireitar; pôr em ordem.
Strain /strêin/ *s* esforço; raça; linhagem; condição; *v* forçar; exagerar; esticar; filtrar; coar.
Strain.er /strêi.nâr/ *s* coador; filtro.
Strait /strêit/ *s* desfiladeiro; dificuldade; apuro; *adj* estreito; rigoroso; estrito.
Strait.en /strêi.nâr/ *v* estreitar; pôr em apuros; limitar.
Strange /strêin.dj/ *adj* estranho; singular; raro; inexperiente.
Strang.er /strêin.djâr/ *s* estranho; intruso.
Stran.gle /stréngol/ *v* estrangular; sufocar.

Strap /strép/ *s* correia; tira; alça; presilha; *v* apertar com correia.
Strat.e.gy /stré.tidji/ *s* estratégia.
Strat.i.fy /stré.tifái/ *v* estratificar; *past and pp* Stratified.
Straw /stró/ *s* palha; canudo para beber refrescos; ninharia.
Straw.ber.ry /stró.béri/ *s* morango; morangueiro.
Stray /strêi/ *s* extravio; *v* vagar; extraviar-se; *adj* extraviado; desgarrado.
Streak /stric/ *s* risca; listra; indício; vestígio; raio de luz; *v* listrar; riscar; raiar.
Stream /strim/ *s* corrente; *v* correr; fluir.
Street /strit/ *s* rua.
Strength /strén.th/ *s* força; energia.
Strength.en /strén.thn/ *v* fortificar; fortalecer; robustecer.
Stren.u.ous /stré.niuâs/ *adj* corajoso; enérgico; tenaz.
Stress /strés/ *s* força; tensão; importância; GRAM acento; *v* insistir; tensionar; acentuar.
Stretch /strétxe/ *s* tensão; dilatação; trecho; pedaço; esforço; *v* estender; esticar.
Strew /stru/ *v* espalhar; derramar; polvilhar; *past* Strewed *and pp* Strewed *or* Strewn.
Strick.en /stricn/ *adj* atacado; ferido.
Strict /strict/ *adj* estrito; exato; estreito; restrito; rigoroso; severo.)
Stride /stráid/ *v* cavalgar; galopar; montar; andar apressadamente; Strides: passos; *past* Strode *and pp* Stridden.
Strife /stráif/ *s* luta; contenda; discussão.
Strike /stráic/ *s* pancada; golpe; greve; *v* bater; achar; cunhar; fazer greve; *past* Struck *and pp* Struck *or* Stricken.
String /strin/ *s* cordão; fio; tendão; fila; MÚS corda; *v* afinar; amarrar; esticar; MÚS encordoar; *past and pp* Strung.
Strin.gen.cy /strin.djensi/ *s* rigor; severidade; pressão.
Strin.gent /strin.djent/ *adj* rigoroso; severo; meticuloso.
Strip /strip/ *v* despojar; despir; saquear; descascar.
Stripe /stráip/ *s* listra; gênero; tipo; chicotada; *v* riscar; açoitar.
Strip.y /strái.pi/ *adj* listrado; raiado.
Strive /stráiv/ *v* esforçar-se; disputar; competir; *past* Strove *and pp* Striven *or* Strived.
Striv.er /strái.vâr/ *s* competidor; porfiador.
Stroke /strôuc/ *s* golpe; pincelada; MED derrame cerebral (hemorragia); ESP tacada (no bilhar); *v* acariciar; friccionar.
Stroll /strôul/ *s* excursão; giro; volta; *v* passear; vaguear.
Strong /strón/ *adj* forte; vigoroso; violento; COM que indica tendência para a alta.
Strong.hold /strón.hôuld/ *s* praça forte; fortaleza.
Struc.ture /strâc.txur/ *s* estrutura; disposição; organização; constituição.
Strug.gle /strâgol/ *s* luta; esforço; disputa; *v* lutar; debater; brigar.
Strug.gler /strâ.glâr/ *s* lutador; contendor.
Strum /strâm/ *v* MÚS tocar mal instrumento de corda (desafinando).
Strum.pet /strâmpt/ *s* prostituta; meretriz.
Strut /strât/ *s* andar altivo; escora; suporte; *v* emproar-se; empertigar-se.
Stub /stâb/ *s* toco; cepo; fragmento; resto; ponta; talão de cheques.
Stub.born /stâ.bârn/ *adj* obstinado; teimoso; intratável.
Stub.by /stâ.bi/ *adj* atarracado; POP curto e grosso.
Stud /stâd/ *s* viga; prego de cabeça larga; botão; *v* prover de pregos; semear.
Stud.ent /stiu.dent/ *s* estudante; aluno.
Stud.ied /stâ.did/ *adj* estudado; calculado; premeditado.
Stu.di.ous /stiu.diâs/ *adj* estudioso; aplicado; estudado.
Stud.y /stâ.di/ *s* estudo; meditação; atenção; *v* estudar; meditar; imaginar; projetar.
Stuff /stâf/ *s* matéria; material; tecido; tolice; ninharia; *v* encher; estofar; apertar.
Stuff.ing /stâ.fin/ *s* enchimento; recheio.
Stuff.y /stâ.fi/ *adj* mal ventilado; abafado.
Stul.ti.fi.ca.tion /stâltifiquêi.xân/ *s* embrutecimento de uma pessoa.
Stul.ti.fy /stâl.tifái/ *v* ensandecer; embasbacar; desacreditar.
Stum.ble /stâmbol/ *s* tropeção; cabeçada; erro; *v* tropeçar; encontrar por acaso.
Stump /stâmp/ *s* talo; estrado; plataforma; *v* discursar em praça pública; confundir.
Stun /stân/ *s* golpe que atordoa; *v* estontear; aturdir.
Stun.ning /stâ.nin/ *adj* estonteante; surpreendente; assombroso.
Stunt /stânt/ *s* impedimento no progresso de; ocupação; *v* tolher; atrofiar; feito notável; fazer piruetas.
Stu.pe.fac.tion /stiupiféc.xân/ *s* estupefação; estupor; espanto.
Stu.pe.fy /stiu.pifái/ *v* pasmar; espantar.
Stu.pen.dous /stiupén.dâs/ *adj* enorme; colossal.
Stu.pid /stiu.pid/ *adj* estúpido; néscio; imbecil; enfadonho.
Stur.dy /stâr.di/ *adj* forte; sadio; robusto; vigoroso.
Stur.geon /stâr.djân/ *s* esturjão.
Stut.ter /stâ.târ/ *s* gaguez; *v* gaguejar; titubear.
Sty /stái/ *s* chiqueiro; pocilga; terçol.
Style /stáil/ *s* estilo; modo; linguagem; gosto; estilete; *v* nomear; chamar; apelidar.
Sty.let /stái.lit/ *s* estilete; sonda.
Styl.ish /stái.lixe/ *adj* elegante; moderno; na moda.
Styl.ist /stái.list/ *s* estilista.
Sua.sion /suêi.jân/ *s* persuasão; conselho.

Sub.con.scious /sâbcón.xâs/ *adj* subconsciente.
Sub.due /sâbdiu/ *v* subjugar; submeter; amansar.
Sub.du.er /sâbdiu.âr/ *s* dominador; vencedor.
Sub.ject /sâbjéct/ *s* assunto; texto; tese; *v* sujeitar; submeter; expor; *adj* sujeito; subordinado.
Sub.jec.tion /sâbdjéc.xân/ *s* sujeição; obediência; dependência; submissão.
Sub.join /sâbdjó.in/ *v* ajuntar; anexar; acrescentar.
Sub.ju.gate /sâb.djuguêit/ *v* subjugar; submeter; dominar.
Sub.ju.ga.tion /sâbdjuguêi.xân/ *s* subjugação.
Sub.lease /sâblis/ *s* sublocação; *v* sublocar; *also* Sublet.
Sub.li.mate /sâ.blimit/ *s* sublimado; elevado; *v* sublimar; elevar; *adj* sublimado.
Sub.merge /sâbmâr.dj/ *v* submergir; imergir; afundar.
Sub.mer.sion /sâbmâr.xân/ *s* submersão; imersão.
Sub.mis.sion /sâbmi.xân/ *s* submissão; obediência.
Sub.mit /sâbmit/ *v* submeter; sujeitar.
Sub-rosa /sâb.rouz/ *s* sob silêncio; secreto.
Sub.scribe /sâbscráib/ *v* subscrever; endossar; assinar.
Sub.scrib.er /sâbscrái.bâr/ *s* subscritor; assinante.
Sub.script /sâbs.cript/ *s* subscrição; *adj* subscrito; escrito; firmado.
Sub.scrip.tion /sâbscrip.xân/ *s* subscrição; assinatura.
Sub.se.quence /sâb.sicuéns/ *s* subsequência.
Sub.se.quent /sâb.sicuént/ *adj* subsequente.
Sub.serve /sâbsârv/ *v* servir; estar na dependência de; ser útil; favorecer.
Sub.ser.vi.ence /sâbsâr.viéns/ *s* subserviência.
Sub.side /sâb.sáid/ *v* acalmar-se; assentar; baixar ao fundo.
Sub.si.dence /sâbsái.déns/ *s* calma; apaziguamento; colapso; QUÍM precipitação.
Sub.si.dy /sâb.sidi/ *s* subsídio; ajuda; subvenção.
Sub.sist /sâbssist/ *v* subsistir; viver.
Sub.sis.tence /sâbssis.téns/ *s* subsistência; sustento; manutenção.
Sub.soil /sâb.sóil/ *s* subsolo.
Sub.stance /sâbs.tâns/ *s* substância; matéria.
Sub.stan.tive /sâ.bstântiv/ *s* substantivo; nome.
Sub.sti.tute /sâ.bstitiuti/ *s* substituto; *v* substituir.
Sub.sti.tu.tion /sâbstitiu.xân/ *s* substituição; intercâmbio; troca.
Sub.ten.an.cy /sâbté.nânsi/ *s* sublocação.
Sub.ten.ant /sâbté.nânt/ *s* sublocatário.
Sub.ter.fuge /sâb.târfiudj/ *s* subterfúgio; pretexto.
Sub.ter.ra.ne.an /sâbterêi.niân/ *adj* subterrâneo.
Sub.tile /sâb.til/ *adj* sutil; tênue; astuto.
Sub.til.ize /sâb.tiláiz/ *v* requintar; refinar.
Sub.tle /sâtol/ *adj* sutil; delicado; fino; astuto; engenhoso.
Sub.tract /sâbtrékt/ *v* subtrair; tirar; deduzir; diminuir.
Sub.trac.tion /sâbtréc.xân/ *s* subtração.
Sub.tra.hend /sâb.trâ.hend/ *s* MAT subtraendo.
Sub.urb /sâ.bârb/ *s* subúrbio; arrabalde.
Sub.ven.tion /sâbvén.xân/ *s* subvenção; subsídio; auxílio pecuniário.
Sub.vert /sâbvârt/ *v* subverter; corromper; arruinar.
Sub.way /sâ.buêi/ *s* caminho subterrâneo; metrô; ENGL Underground.
Suc.ce.da.ne.ous /sâcssidêi.niâs/ *adj* sucedâneo.
Suc.ceed /sâcsid/ *v* suceder; conseguir; sair-se bem.
Suc.cess /sâcsés/ *s* êxito; triunfo; sucesso.
Suc.cess.ful /sâcsés.ful/ *adj* bem-sucedido; feliz; auspicioso.
Suc.ces.sion /sâcsé.xân/ *s* sucessão; seguimento; linhagem; sequência.
Suc.ces.sive /sâcsé.siv/ *adj* sucessivo.
Suc.ces.sor /sâcsé.sâr/ *s* sucessor; herdeiro.
Suc.cinct /sâcsinct/ *adj* sucinto; conciso; resumido.
Suc.co.ry /sâ.cori/ *s* chicória.
Suc.cu.lence /sâ.quiuléns/ *s* suculência; *also* Succulency.
Suc.cu.lent /sâ.quiulênt/ *adj* suculento.
Suc.cumb /sâcâm/ *v* sucumbir; submeter-se.
Such /sâtxe/ *adj* tal; tais; semelhante; aquele; aquela; *pron* tal; tais; o (os) mesmo (s); aquele (as); o; a; os; as. **Such as:** muito; **He's such a nice guy!** Ele é um cara tão legal!
Suck /sâc/ *s* sucção; mamada; chupada; *v* sugar; chupar; mamar.
Suck.le /sâcol/ *v* amamentar; criar; nutrir; mamar.
Sud.den /sâdn/ *adj* repentino; súbito; inesperado.
Sud.den.ness /sâdn.nés/ *s* precipitação; imprevisto; rapidez.
Suds /sâds/ *s* espuma.
Sue /siu/ *v* demandar; processar; pleitear; acionar em juízo.
Su.et /siu.et/ *s* gordura; sebo.
Su.et.y /siu.eti/ *adj* seboso; gorduroso.
Suf.fer /sa.far/ *v* sofrer; tolerar; aguentar.
Suf.fer.a.ble /sa.farâbol/ *adj* suportável; tolerável.
Suf.fer.ance /sa.farâns/ *s* sofrimento; dor; paciência; tolerância.
Suf.fer.er /sa.farâr/ *s* sofredor.
Suf.fice /sâ.fáis/ *v* bastar; ser suficiente.
Suf.fi.cien.cy /sâfi.xeênsi/ *s* suficiência; competência; aptidão.
Suf.fo.cate /sâ.foquêit/ *v* sufocar; asfixiar.
Suf.fo.ca.tion /sâfoquêi.xân/ *s* sufocação; asfixia.
Suf.frage /sâ.fridj/ *s* sufrágio; voto; direito de voto.
Suf.fra.gette /sâ.fridjgét/ *s* sufragista.
Suf.fuse /sâfiuz/ *v* estender; difundir; espalhar.
Sug.gest /sâdjést/ *v* sugerir; insinuar; indicar.
Sug.ges.tion /sâdjés.txân/ *s* sugestão; instigação.
Sug.ges.tive /sâdjés.tiv/ *adj* sugestivo.
Su.i.cide /siu.issáid/ *s* suicídio; suicida.
Suit /siut/ *s* sortimento; série; traje; petição; demanda; ação; naipe; *v* adaptar-se; ajustar-se.
Suit.a.ble /siu.tâbol/ *adj* conveniente; adequado; apropriado.

Suite /suit/ *s* suíte; MÚS suíte.
Suit.or /siu.târ/ *s* solicitante; homem que corteja uma mulher.
Sulk /sâlc/ *s* mau humor; *v* estar de mau humor; zangar.
Sul.len /sâ.len/ *adj* mal-humorado.
Sul.ly /sâ.li/ *s* mancha de sujeira, mácula; *v* sujar; manchar; violar.
Sul.tan /sâl.tân/ *s* sultão.
Sul.try /sâl.tri/ *adj* abafado; sufocante.
Sum /sâm/ *s* soma; total; quantia; *v* somar; adicionar; resumir.
Sum.ma.ri.ness /sâ.mârinés/ *s* brevidade; ação sumária.
Sum.ma.rize /sâ.mâráiz/ *v* resumir; compendiar.
Summar.y /sâ.mâri/ *s* sumário; resumo; *adj* sumário.
Sum.mer /sâ.mâr/ *s* verão; estio; *v* veranear.
Sum.mit /sâ.mit/ *s* cume; ápice; topo.
Sum.mon /sâ.mân/ *v* apelar; citar; notificar; convocar; *s* convocação; intimação; citação.
Sump /sâmp/ *s* reservatório; tanque; depósito; recipiente.
Sump.tu.ous /sâm.txuâs/ *adj* suntuoso; luxuoso; magnífico.
Sun /sân/ *s* sol; luz do sol; brilho; *v* aquecer, expor ao sol.
Sun.beam /sân.bim/ *s* raio de sol.
Sun.bow /sân.bôu/ *s* arco-íris.
Sun.burn /sân.bârn/ *s* queimadura feita pelos raios solares.
Sun.day /sân.dêi/ *s* Domingo; *adj* domingueiro; dominical.
Sun.der /sân.dâr/ *v* separar; dividir.
Sun.dry /sân.dri/ *adj* vários; diversos; variados.
Sun.flow.er /sân.fláuâr/ *s* girassol.
Sun.light /sân.láit/ *s* luz do sol.
Sun.ny /sân.ni/ *adj* ensolarado; alegre.
Sun.rise /sân.ráiz/ *s* o nascer do sol.
Sun.shade /sân.xeêid/ *s* sombrinha; para-sol.
Sun.shine /sân.xeáin/ *s* brilho do sol; calor.
Sun.stroke /sân.strôuc/ *s* insolação.
Sup /sâp/ *s* gole; trago; *v* cear.
Su.per.a.ble /siu.pârâbol/ *adj* superável.
Su.per.a.bun.dance /siupârâbân.dâns/ *s* superabundância.
Su.per.a.bun.dant /siupârâbân.dânt/ *adj* superabundante.
Su.per.an.nu.ate /siupâré.niuêit/ *v* aposentar por idade.
Su.per.an.nu.a.tion /sipâréniuêi.xân/ *s* inabilitação; aposentadoria por idade; reforma.
Su.perb /siupârb/ *adj* soberbo; elegante; majestoso.
Su.per.car.go /siupârcár.gôu/ *s* NÁUT comissário de bordo; sobrecarga.
Su.per.cil.i.ous /siupârsi.liâs/ *adj* altivo; arrogante; desdenhoso; orgulhoso.
Su.per.fi.cial /siupârfi.xeâl/ *adj* superficial.
Su.per.fi.ci.al.i.ty /siupârfixeé.liti/ *s* superficialidade.
Su.per.fi.ci.es /siupârfi.xeiis/ *s* superfície.
Su.per.flu.ous /siupâr.fluâs/ *adj* supérfluo.
Su.per.im.pose /siupârimpôuz/ *v* sobrepor.
Su.per.im.po.si.tion /siupârimpôuzi.xân/ *s* sobreposição.
Su.per.in.tend /siupârinténd/ *v* superintender; dirigir; controlar; fiscalizar.
Su.per.in.ten.dence /siupârintén.déns/ *s* superintendência; direção.
Su.per.in.ten.dent /siupârintén.dént/ *s* superintendente; diretor.
Su.pe.ri.or /siupi.riâr/ *s* superior; chefe; *adj* superior.
Su.pe.ri.or.i.ty /siupirió.riti/ *s* superioridade; vantagem.
Su.per.la.tive /siupâr.lâtiv/ *adj* superlativo; supremo.
Su.per.man /siu.pârmân/ *s* super-homem.
Su.per.pose /siupârpôuz/ *v* sobrepor.
Su.per.po.si.tion /siupârpôuzi.xân/ *s* sobreposição.
Su.per.scribe /siupârscráib/ *v* sobrescrever; endereçar.
Su.per.scrip.tion /siupârscrip.xân/ *s* sobrescrito; endereço; direção.
Su.per.sede /siupârsid/ *v* substituir o lugar de outrem.
Su.per.sti.tion /siupârsti.xân/ *s* superstição; crendice.
Su.per.sti.tious /siupârsti.xâs/ *adj* supersticioso.
Su.per.struc.ture /siupârstrâc.txur/ *s* superestrutura.
Su.per.vi.sion /siupârvi.jân/ *s* supervisão; inspeção; fiscalização.
Su.pine /siupáin/ *adj* supino; deitado de costas; recostado.
Su.pine.ness /siupáin.nés/ *s* supinação; inércia.
Sup.per /sâ.pâr/ *s* ceia; jantar.
Sup.plant /sâplént/ *v* suplantar; substituir; minar; derrubar.
Sup.ple /sâpol/ *v* fazer flexível; *adj* brando; maleável; flexível.
Sup.ple.ment /sâ.plimént/ *s* suplemento; acréscimo; *v* acrescentar; suprir.
Sup.ple.ness /sâ.plinés/ *s* flexibilidade; bajulação.
Sup.pli.ant /sâ.pliânt/ *s* suplicante; requerente; impetrante; *adj* suplicante; requerente; impetrante.
Sup.pli.cate /sâ.pliquêit/ *v* suplicar.
Sup.pli.ca.tion /sâpliquêi.xân/ *s* súplica; rogo.
Sup.ply /sâplái/ *s* suprimento; provisão; abastecimento; *v* suprir; fornecer; completar.
Sup.port /sâpôurt/ *s* sustento; apoio; sustentáculo; *v* sustentar; suportar; desempenhar.
Sup.port.a.ble /sâpôur.tâbol/ *adj* suportável; tolerável; sustentável.
Sup.port.er /sâpôur.târ/ *s* o que suporta; sustentáculo; defensor; partidário.

Sup.pose /sâpôuz/ *v* supor; imaginar; conjeturar.
Sup.po.si.tion /sâpôuzi.xân/ *s* suposição; conjetura.
Sup.press /sâprés/ *v* suprimir; reprimir; dissimular.
Sup.pres.sion /sâpré.xân/ *s* supressão; repressão.
Sup.pres.sor /sâpré.sâr/ *s* supressor.
Sup.pu.ra.tion /sâpiurêi.xân/ *s* supuração.
Su.prem.a.cy /siupré.mâssi/ *s* supremacia; domínio.
Su.preme /siupri.mn/ *adj* supremo.
Sur.charge /sârtxeár.dj/ *s* sobrecarga; *v* sobrecarregar.
Sur.coat /sâr.côut/ *s* sobretudo; capote.
Sure /xur/ *adj* certo; seguro; infalível; *adv* POP naturalmente; certamente.
Sure.ness /xur.nés/ *s* segurança; confiança; certeza.
Sure.ty /xur.ti/ *s* segurança; confiança; fiança; certeza.
Sure.ty.ship /xur.tixip/ *s* caução; fiança.
Surf /sârf/ *s* ressaca; rebentação; onda.
Sur.face /sâr.fis/ *s* superfície; aparência exterior; *v* nivelar; alisar.
Sur.feit /sâr.fit/ *s* fartura; excesso; indigestão; *v* fartar; saciar.
Surge /sârdj/ *s* onda; vaga; maré; *v* encresparse; encapelar-se.
Sur.geon /sâr.djân/ *s* cirurgião.
Sur.ger.y /sâr.djâri/ *s* cirurgia.
Sur.gi.cal /sâr.djicâl/ *adj* cirúrgico.
Sur.li.ness /sâr.linés/ *s* mau humor; grosseria.
Sur.ly /sâr.li/ *adj* áspero; grosseiro; impertinente; mal humorado.
Sur.mise /sâr.máiz/ *s* desconfiança; suspeita; conjetura; *v* conjeturar; supor; pressentir.
Sur.mount /sârmáunt/ *v* superar; vencer; sobrepujar.
Sur.mount.a.ble /sârmáun.tâbol/ *adj* superável.
Sur.name /sâr.nêim/ *s* sobrenome; apelido; *v* apelidar.
Sur.pass /sârpés/ *v* exceder; superar.
Sur.pass.ing /sârpé.sin/ *adj* superior; transcendente.
Sur.plice /sâr.plis/ *s* sobrepeliz (vestimenta).
Sur.plus /sâr.plâs/ *s* excesso; sobra.
Sur.prise /sârpráiz/ *s* surpresa; admiração; *v* surpreender; admirar.
Sur.pris.ing /sârprái.zin/ *adj* surpreendente; inesperado.
Sur.ren.der /sârén.dâr/ *s* rendição; entrega; renúncia; *v* entregar-se; render-se; entregar; ceder.
Sur.ro.gate /sâ.roguêit/ *s* sub-rogado; delegado; substituto.
Sur.round /sâráund/ *v* rodear; circundar; cercar.
Sur.round.ings /sâráun.dins/ *s* arredores; ambientes.
Sur.veil.lance /sarvêi.lânss/ *s* vigilância.
Sur.vey /sârvêi/ *s* agrimensura; exame; inspeção; *v* medir e avaliar terras; inspecionar; examinar.
Sur.vey.or /sârvêi.âr/ *s* agrimensor; superintendente; inspetor.
Sur.viv.al /sâr.váivâl/ *s* sobrevivência; resto.
Sur.vive /sârváiv/ *v* sobreviver; permanecer vivo.
Sur.vi.vor /sârvái.vâr/ *s* sobrevivente.
Sus.cep.ti.bil.i.ty /sâsséptibi.liti/ *s* suscetibilidade; sensibilidade.
Sus.cep.ti.ble /sâssép.tibol/ *adj* suscetível; sensível; melindroso.
Sus.pect /sâspéct/ *s* pessoa suspeita; *v* suspeitar; desconfiar.
Sus.pend /sâspénd/ *v* suspender; enforcar; pendurar.
Sus.pend.er /sâspén.dâr/ *s* o que suspende; suspensórios.
Sus.pense /sâspéns/ *s* dúvida; indecisão; incerteza; suspensão.
Sus.pen.sion /sâspén.xân/ *s* suspensão; o objeto suspenso.
Sus.pen.sive /sâspén.siv/ *adj* suspensivo.
Sus.pi.cion /sâspi.xân/ *s* suspeita; desconfiança; porção de um ingrediente.
Sus.pi.cious /sâspi.xâs/ *adj* suspeito; receoso; desconfiado.
Sus.tain /sâstêin/ *v* experimentar; manter; prolongar.
Sus.tain.er /sâstêi.nâr/ *s* sustentador; mantenedor.
Sus.te.nance /sâs.tinâns/ *s* sustento; sustentação.
Sus.ten.ta.tion /sâstentêi.xân/ *s* sustentação; manutenção.
Swab /suób/ *s* esfregão; pessoa desajeitada; *v* esfregar; limpar.
Swag.ger /sué.gâr/ *s* maneiras insolentes; bravata; *v* mostrar-se insolente; jactar-se.
Swag.ger.er /sué.gârâr/ *s* fanfarrão; gabola.
Swain /suêin/ *s* jovem camponês; namorado.
Swal.low /suó.lôu/ *s* andorinha; trago; bocado; *v* engolir; tragar.
Swamp /suómp/ *s* pântano; brejo; *v* submergir; inundar.
Swan /suón/ *s* cisne.
Swank /suénc/ *s* ostentação.
Swap /suóp/ *s* troca; permuta; barganha; *v* trocar; permutar.
Sward /suórd/ *s* erva (fina e rasteira); campo recoberto de relva.
Swarm /suórm/ *s* multidão; *v* aglomerar-se; atropelar-se.
Swarth.y /suór.thi/ *adj* trigueiro; moreno.
Swash /suóxe/ *v* agitar; esguichar; esparramar água.
Swath /suóth/ *s* fileira; fiada; tira.
Sway /suêi/ *s* agitação; balanço; influência; *v* governar; dominar; influir.
Swear /suér/ *v* jurar; blasfemar; prometer; *past* Swore *and pp* Sworn.
Swear.er /sué.râr/ *s* o que jura.
Sweat /suét/ *s* suor; fadiga; cansaço; *v* suar; fatigar-se; *past and pp* Sweat.

Sweat.er /sué.târ/ *s* que transpira muito; patrão explorador; suéter (blusa de lã).
Sweat.i.ness /sué.tinés/ *s* transpiração; suor.
Swede /suid/ *s* sueco; sueca; espécie de nabo.
Swed.ish /sui.dixe/ *s* a língua sueca; *adj* sueco.
Sweep /suip/ *s* varredura; carreira rápida; limpador de chaminés; alcance; *v* varrer; arrebatar; limpar; marchar; *past and pp* Swept.
Sweep.stake /sui.pstêic/ *s* jogador que ganha todo o prêmio.
Sweet /suit/ *s* doçura; doce; querido; deleite; caro; *adj* belo; doce; suave; melodioso; fresco; agradável; delicado.
Sweet.en /suitn/ *v* adoçar; açucarar.
Sweet.heart /suit.hárt/ *s* namorado; amada; namorada; querido; querida; amante.
Sweet.ish /sui.tixe/ *adj* adocicado.
Sweet.ness /suit.nés/ *s* doçura; suavidade.
Swell /suél/ *s* bojo; intumescer; *v* inchar; aumentar; engrossar; envaidecer-se; *past* Swelled *and pp* Swelled *or* Swollen; *adj* elegante; magnífico.
Swell.ing /sué.lin/ *s* inchaço; tumor; protuberância; *adj* inchado.
Swel.ter /suél.târ/ *v* sufocar; abafar; suar.
Swerve /suârv/ *s* desvio; mudança súbita de direção; *v* afastar-se; desviar.
Swift /suift/ *s* gavião; corrente de rio; *adj* veloz; ágil; rápido.
Swift.ness /suift.nés/ *s* ligeireza; rapidez; presteza.
Swig /suig/ *s* gole; trago; bêbedo; *v* beber demasiadamente.
Swill /suil/ *s* trago, excesso de bebida; lavagem de louça; *v* beber excessivamente; enxaguar; lavar; banhar.
Swim /suim/ *s* natação; nado; tendência; *v* nadar; boiar; transbordar; ter vertigens; *past* Swam *and pp* Swum.
Swim.mer /sui.mâr/ *s* nadador.
Swim.ming /sui.min/ *s* natação; *adj* natatório.
Swin.dle /suindol/ *s* logro; trapaça; *v* enganar; trapacear.
Swin.dler /suin.dlâr/ *s* trapaceiro; caloteiro.
Swin.dling /suin.dlin/ *s* fraude; burla; logro.
Swine /suáin/ *s* porco; suíno.
Swing /suin/ *s* balanço; tipo de dança ou de música; dança do box; *v* balançar; oscilar; vibrar; *past and pp* Swung.
Swipe /suáip/ *s* POP golpe; pancada forte; *v* dar pancada violenta.
Swirl /suârl/ *s* redemoinho; friso; movimento giratório; *v* rodar; girar; dar voltas.
Swiss /suis/ *s* Suíço; *adj* suíço.
Switch /suitxe/ *s* vara flexível; chibata; chave de estrada de ferro; comutador; interruptor; *v* chicotear; ligar ou desligar.
Swiv.el /suivol/ *s* elo, argola (móvel); *v* girar sobre um eixo.
Swoon /suun/ *s* desmaio; síncope; *v* desmaiar; desfalecer.
Swoon.ing /suu.nin/ *s* desmaio.
Swoop /suup/ *s* golpe repentino; *v* agarrar; apanhar; cair sobre.
Sword /sôurd/ *s* espada; sabre; arma branca.
Sword.fish /sôurd.fixe/ *s* peixe-espada.
Swords.man /sôurdz.mân/ *s* esgrimista.
Syc.a.mine /si.câmáin/ *s* amoreira preta.
Syce /sáis/ *s* criado.
Syl.lab.ic /silé.bic/ *adj* silábico.
Syl.la.ble /si.lâbol/ *s* sílaba; *v* silabar; articular.
Syl.la.bus /si.lâbâs/ *s* sílabo; resumo; sumário.
Syl.van /sil.vân/ *adj* silvestre; rústico.
Sym.bol /sim.bâl/ *s* símbolo; figura; emblema.
Sym.bol.ic /simbó.lic/ *adj* simbólico; figurativo.
Sym.bol.ism /sim.bolizm/ *s* simbolismo.
Sym.bol.i.za.tion /simbolizêi.xân/ *s* simbolização.
Sym.bol.ize /sim.boláiz/ *v* simbolizar.
Sym.met.ric /simé.tric/ *adj* simétrico.
Sym.me.try /sim.metri/ *s* simetria; harmonia; proporção.
Sym.pa.thet.ic /simpâthé.tic/ *adj* simpático; solidário; harmonioso.
Sym.pa.thize /sim.pâtháiz/ *v* compadecer-se; condoer-se de.
Sym.pa.thy /sim.pâthi/ *s* simpatia; compaixão; solidariedade.
Sym.phon.ic /simfó.nic/ *adj* sinfônico.
Sym.pho.ny /sim.foni/ *s* sinfonia; harmonia; melodia.
Symp.tom /simp.tâm/ *s* sintoma; sinal; indício.
Syn.chro.ni.za.tion /sincronizêi.xân/ *s* sincronização.
Syn.chro.nize /sin.cronáiz/ *v* sincronizar; ter analogia; ser simultâneo; regular relógio.
Syn.chro.nous /sin.cronâs/ *adj* síncrono; sincrônico; simultâneo.
Syn.co.pate /sin.copêit/ *v* sincopar.
Syn.cre.tism /sin.critizm/ *s* sincretismo.
Syn.cre.tize /sin.critáiz/ *v* sincretizar.
Syn.dic /sin.dic/ *s* síndico.
Syn.di.cate /sin.diquit/ *s* sindicato.
Syn.di.cate /sin.diquit/ *v* sindicar.
Syn.od /si.nâd/ *s* sínodo (reunião em assembleia de sacerdotes).
Syn.o.nym /si.nonim/ *s* sinônimo.
Syn.tax /sin.técs/ *s* sintaxe.
Syn.the.sis /sin.thissis/ *s* síntese.
Syn.the.size /sin.thissáiz/ *v* sintetizar.
Syn.thet.ic /sinthé.tic/ *adj* sintético; resumido.
Sy.rin.ga /sirin.gâ/ *s* lilás; flor.
Syr.inge /si.rindj/ *s* seringa.
Syr.up /si.râp/ *s* xarope.
Sys.tem /sis.tém/ *s* sistema; método.
Sys.tem.at.ic /sistemé.tic/ *adj* sistemático.
Sys.tem.a.tize /sis.temâtáiz/ *v* sistematizar.

T

ABCDEFGHIJKLMNOPQRSTUVWXYZ

T /ti/ *s* vigésima letra do alfabeto Português e do alafbeto Inglês.
Tab.er.na.cle /té.bârnécol/ *s* tabernáculo.
Ta.ble /têibol/ *s* mesa; tabela; índice; *v* pôr na mesa; comer à mesa; exibir; mostrar.
Ta.ble.land /têibol.lénd/ *s* tabuleiro; planalto.
Tab.let /té.blet/ *s* tabuleta gravada; painel; comprimido.
Tab.loid /têblóid/ *s* pastilha; comprimido; jornal sem expressão, jornaleco.
Ta.boo /tâbu/ *s* proibição; *v* proibir; vedar; interdizer.
Tab.u.la.tion /tébiulêi.xân/ *s* arranjo em forma de tabela.
Tac.it /té.sit/ *adj* tácito; implícito.
Tac.i.turn /té.sitârn/ *adj* taciturno; calado; silencioso.
Tack /téc/ *s* tacha; preguinho; adesão; *v* pregar com tachas; ligar.
Tack.le /técol/ *s* roldana; equipamento; *v* amarrar; agarrar; atacar; prover de cordagem.
Tack.ling /té.clin/ *s* equipamento.
Tact /téct/ *s* tato; jeito; tino.
Tac.tic /téc.tic/ *adj* tático; estratégico.
Tad.pole /téd.pôul/ *s* sapinho; girino.
Taf.fy /té.fi/ *s* puxa-puxa; caramelo; *same as* Toffee.
Tag /tég/ *s* chapa; atacador; plebe; ponta de cauda; marca; sinal; *v* ligar; fixar presilha; fixar etiqueta; seguir.
Tail /têil/ *s* rabo; cauda; cabo; cortejo; *v* prender à cauda.
Tai.lor /téi.lâr/ *s* alfaiate.
Taint /têint/ *s* mancha; infecção; corrupção; *v* infeccionar; corromper-se; poluir; estragar.
Take /têic/ *s* ação de tomar; *v* tomar; pegar; segurar; *past* Took *and pp* Taken.
Tak.ing /téi.quin/ *adj* fascinante; atraente.
Tale /têil/ *s* conto; fábula; narrativa; história.
Tale.bear.er /têil.bérâr/ *s* mexeriqueiro.
Tal.ent /té.lent/ *s* talento; gênio; engenho; talento (moeda).
Talk /tóc/ *s* conversa; conversação; discurso; *v* falar; conversar; dizer; narrar.
Talk.a.tive /tóc.âtiv/ *adj* falador; conversador; tagarela.
Tall /tól/ *adj* alto; elevado; excessivo.
Tall.ness /tól.nés/ *s* altura; estatura.
Tal.low /té.lôu/ *s* sebo; *v* ensebar; engordurar.
Tal.ly /té.li/ *s* contagem; marcação; *v* corresponder; condizer.
Tal.on /té.lân/ *s* garra; unha.
Tam.a.ble /têi.mâbol/ *adj* domável.
Tame /téim/ *adj* dócil; manso; doméstico; abatido; *v* amansar; cativar; domar; submeter.
Tam.per /tém.pâr/ *v* intrometer-se; experimentar; ocupar-se de.
Tan /tén/ *s* casca que possui tanino; cor parda; *v* curtir; *adj* crestado; trigueiro.
Tan.dem /tén.dem/ *s* carro de dois cavalos; bicicleta de dois selins; *adv* um atrás do outro.
Tang /tén/ *s* espigão; som agudo; sabor; *v* retinir.
Tan.gi.ble /tén.djibol/ *adj* tangível; palpável.
Tangle /téngol/ *s* enredo; confusão; alga; *v* emaranhar; entrelaçar; misturar.
Tank /ténc/ *s* tanque; cisterna; MIL tanque.
Tan.ner /té.nâr/ *s* curtidor.
Tan.ner.y /té.nâri/ *s* curtume.
Tan.ta.mount /tén.tâmáunt/ *adj* equivalente; igual.
Tap /tép/ *s* punção; cânula (tubo para cirurgia); torneira; pancada; *v* bater; furar tonel.
Tape /têip/ *s* trena; fita de medição; cadarço; liga; fita.
Ta.per /têi.pâr/ *s* círio (vela grande); facho; luz; pavio; afilamento; *v* afilar-se; iluminar com círios; *adj* cônico.
Tap.es.try /té.pestri/ *s* tapete bordado; tapeçaria.
Tar.dy /tár.di/ *adj* vagaroso; moroso; lento.
Tare /tér/ *s* COM tara (peso líquido).
Tar.get /tár.djét/ *s* alvo; mira; meta; pontaria.
Tar.iff /táerif/ *s* tarifa.
Tarn /tárn/ *s* lago entre montanhas.
Tar.ri.er /té.riâr/ *s* retardatário.
Tar.ry /té.ri/ *v* retardar; tardar; deter-se.
Tart /tárt/ *s* torta; pastelão (doce ou salgado); *adj* ácido; picante; azedo; mordaz.

Tar.tar /tár.târ/ *s* tártaro (depósito salino); calcário nos dentes; sarro.
Task /tésc/ *s* tarefa; empreitada; emprego; empresa; *v* dar uma tarefa a.
Tas.sel /tésol/ *s* borla; gancho.
Taste /têist/ *s* gosto; sabor; prova; amostra; *v* provar alimento ou bebida; saborear.
Taste.ful /têist.ful/ *adj* gostoso; saboroso; de bom gosto.
Taste.less /têist.lés/ *adj* insípido; insosso; sem gosto.
Tast.i.ness /têis.tinés/ *s* gosto; sabor; graça; elegância.
Tast.y /têis.ti/ *adj* gostoso.
Tat.ter /té.târ/ *s* farrapo; trapo; *v* estraçalhar; reduzir a farrapos.
Tat.tered /té.târd/ *adj* esfarrapado; andrajoso.
Tat.tle /tétol/ *v* tagarelar; mexericar.
Tat.tler /té.tlâr/ *s* tagarela; palrador.
Tat.too /té.tu/ *s* tatuagem; toque de recolher; *v* tatuar.
Tat.too.ing /tétu.in/ *s* tatuagem.
Taunt /tónt/ *s* mofa; zombaria; *v* insultar; verberar; exprobar; *adj* elevado; alto.
Taunt.er /tón.târ/ *s* escarnecedor; insultante; zombador.
Tav.ern /té.vârn/ *s* taberna; botequim.
Taw.dry /tó.dri/ *adj* extravagante; espalhafatoso.
Taw.ny /tó.ni/ *adj* tostado; moreno.
Tax /técs/ *s* taxa; encargo; imposto; obrigação; *v* taxar; sobrecarregar; acusar.
Tax.a.tion /técsêi.xân/ *s* taxação.
Tax.i /téc.si/ *s* táxi.
Tax.i.der.mist /téc.sidârmist/ *s* taxidermista.
Tax.i.der.my /téc.sidârmi/ *s* taxidermia.
Tax.i.me.ter /técsi.mitâr/ *s* taxímetro.
Tea /ti/ *s* chá.
Teach /titxe/ *v* ensinar; treinar; instruir; *past or pp* Taught.
Teach.er /ti.txâr/ *s* professor; instrutor.
Teach.ing /ti.txin/ *s* ensino; instrução; magistério.
Team /tim/ *s* parelha; junta; bando; equipe; *v* transportar em parelha; juntar numa manada.
Tea.poy /ti.pói/ *s* mesinha de chá.
Tear /tér/ *s* lágrima; *v* rasgar; despedaçar; *past* Tore *and pp* Torn.
Tear.ful /tér.ful/ *adj* lacrimoso; choroso; dilacerante.
Tear.ful.ness /tér.fulnés/ *s* lacrimação; choro.
Tear.ing /té.rin/ *adj* violento; furioso; dilacerante.
Tease /tiz/ *s* arrelia; enfado; aborrecimento; *v* atormentar; importunar; cardar.
Teas.er /ti.zâr/ *s* importuno; aborrecedor.
Teat /tit/ *s* teta; úbere; bico de seio.
Tech.ni.cian /técni.xân/ *s* técnico; prático; perito.
Tech.nol.o.gy /técnó.lodji/ *s* tecnologia.
Tech.y /té.txei/ *adj* rabugento; colérico.
Te.di.ous /ti.diâs/ *adj* tedioso; enfadonho; maçante.
Tee /ti/ *s* meta.
Teem /tim/ *v* gerar; abundar em.
Teem.ing /ti.min/ *adj* abundante; fértil.
Teen.ager /tin.êidjâr/ *s* adolescente.
Teeth /tith/ *s* dentes; plural de Tooth.
Teeth.ing /ti.thin/ *s* dentição.
Tel.e.phone /té.lefôun/ *s* telefone; *v* telefonar.
Te.leph.o.ny /telé.foni/ *s* telefonia.
Tel.e.vi.sion /televisiân/ *s* televisão.
Tell /tél/ *v* dizer; contar; informar; revelar; ordenar; *past and pp* Told.
Tell.er /té.lâr/ *s* narrador.
Tell.tale /tél.têil/ *s* mexeriqueiro; indicador; *adj* falador.
Te.mer.i.ty /timé.riti/ *s* temeridade; ousadia.
Tem.per /tém.pâr/ *s* têmpera; gênio; calma; sangue frio; temperamento; *v* temperar; modelar; misturar; ajustar.
Tem.per.ate /tém.pârit/ *adj* temperado; moderado; sóbrio; brando; ameno.
Tem.per.a.ture /tém.parâtxeur/ *s* temperatura.
Tem.pest /tém.pést/ *s* tempestade; tormenta; tumulto.
Tem.pes.tu.ous /tempés.txeuâs/ *adj* tempestuoso.
Tem.ple /témpol/ *s* templo; basílica; igreja; MED fonte.
Tem.po.ra.ry /tém.poréri/ *adj* temporário; transitório; provisório.
Tem.po.rize /tém.poráiz/ *v* aceder; acomodar-se a; render-se; capitular.
Tempt /témpt/ *v* tentar; atrair; seduzir.
Temp.ta.tion /témptêi.xân/ *s* tentação.
Ten.a.ble /té.nâbol/ *adj* defensável; sustentável.
Te.na.cious /tenêi.xeâs/ *adj* tenaz; firme; persistente.
Ten.ant /té.nânt/ *s* inquilino; locatário.
Ten.ant.less /té.nântlés/ *adj* desocupado; devoluto; vago.
Tend /ténd/ *v* cuidar de; tratar; acompanhar; contribuir para.
Ten.der /tén.dâr/ *s* oferta; proposta; *v* oferecer; propor; *adj* tenro; mole.
Ten.der.ly /tén.dârli/ *adv* ternamente, delicadamente.
Ten.der.ness /tén.dârnés/ *s* ternura; suavidade; brandura; escrúpulo.
Ten.don /tén.dân/ *s* tendão.
Ten.e.brous /té.nibrâs/ *adj* tenebroso; escuro.
Ten.e.ment /té.nemént/ *s* cortiço; habitação coletiva; JUR prazo judicial.
Ten.fold /tén.fôuld/ *adj* décuplo.
Ten.nis /tén.nis/ *s* tênis.
Tense /téns/ *s* GRAM tempo (flexão verbal); *adj* tenso; esticado.
Tense.ness /téns.nés/ *s* tensão; esforço; rigidez.
Ten.si.ty /tén.siti/ *s* tensão; rigidez.
Tent /tént/ *s* tenda; barraca; atenção; *v* sondar; acampar.
Ten.ta.cle /tén.tâcol/ *s* tentáculo.
Ten.ter /tén.târ/ *s* escápula; gancho.

Ten.u.ous /té.niuâs/ *adj* tênue; delgado.
Tep.id /té.pid/ *adj* tépido (morno).
Ter.gi.ver.sate /târ.djivârsêit/ *v* tergiversar.
Ter.gi.ver.sa.tion /târdjivârsêi.xân/ *s* tergiversação; rodeios; evasivas.
Term /târm/ *s* termo; palavra; limite; prazo; *v* nomear; designar.
Ter.ma.gant /târ.magânt/ *s* mulher colérica; *adj* turbulento; inquieto.
Ter.mi.nate /târ.minêit/ *v* terminar.
Ter.mi.na.tion /târminêi.xân/ *s* terminação; término.
Ter.mi.nol.o.gy /târminó.lodji/ *s* terminologia.
Ter.mite /târ.mait/ *s* térmita; cupim; formiga branca.
Ter.ri.ble /té.ribol/ *adj* terrível; horrível; espantoso; tremendo; grave.
Ter.ri.er /té.riâr/ *s* cão rateiro.
Ter.rif.ic /téri.fic/ *adj* terrífico; terrível; horrível.
Ter.ri.fy /té.rifái/ *v* terrificar; apavorar; amedrontar.
Ter.ri.to.ry /té.ritôuri/ *s* território; praça; zona.
Ter.ror.ize /té.roráiz/ *v* aterrorizar; horrorizar.
Terse /târs/ *adj* polido; conciso.
Test /tést/ *s* teste; exame; análise; padrão; *v* examinar; experimentar.
Test.a.ble /tés.tâbol/ *adj* o que se pode legar.
Tes.ta.ment /tés.tâmént/ *s* JUR testamento.
Tes.ta.men.ta.ry /téstâmén.târi/ *adj* testamentário.
Tes.ter /tés.târ/ *s* testador; examinador; analisador; ensaiador.
Tes.ti.fi.ca.tion /téstifiquêi.xân/ *s* atestação.
Tes.ti.fi.er /tés.tifáiâr/ *s* depoente; certificante; testemunha.
Tes.ti.fy /tés.tifái/ *v* depor; testemunhar; atestar; declarar.
Tes.ti.mo.ny /tés.timôuni/ *s* testemunho; depoimento.
Tes.ti.ness /tés.tinés/ *s* impertinência.
Tes.ty /tés.ti/ *adj* colérico; irritável.
Tet.a.nus /té.tânâs/ *s* tétano.
Teth.er /té.dhâr/ *s* cabresto; peia; sujeição; *v* pear; travar.
Tet.ter /té.târ/ *s* impingem (afecção cutânea).
Text /técst/ *s* texto; tópico; tema.
Tex.ture /té.cstxur/ *s* textura; contextura; tecido.
Than /dhen/ *conj* do que; que.
Thank /thénc/ *s* agradecimentos; graças; *v* agradecer.
Thank.ful /thénc.ful/ *adj* agradecido; grato.
Thank.ful.ness /thénc.fulnés/ *s* gratidão; reconhecimento.
Thank.less /thénc.lés/ *adj* ingrato.
Thanks.giv.ing /théncsgui.vin/ *s* Ação de Graças.
That /dhét/ *pron* esse (a); isso; aquele (a); aquilo; *conj* que; para que; a fim de que; *adv* tão; de tal modo.
Thaw /thó/ *s* degelo; *v* degelar; derreter.
The /dhâ/ *art* o; a; os; as.
The.a.ter /thi.âtâr/ *s* teatro; *also* Theatre.
The.at.ri.cal /thié.tricâl/ *adj* teatral.
Thee /dhi/ *pron* POES te; ti.
Theft /théft/ *s* furto; roubo.
Their /dhér/ *pron* seu (s); sua (s); deles (as).
Theirs /dhérz/ *pron* o(s); a(s); seu(s); sua(s); deles(as).
The.ism /thi.izm/ *s* teísmo.
Them /dhém/ *pron* os; as; lhes; eles (as).
Theme /thim/ *s* tema; tese; assunto; matéria.
Them.selves /dhémsélvz/ *pron* se; a si mesmos; eles mesmos, elas mesmas.
Then /dhén/ *adj* daquele tempo; daquela época; que existia; *adv* então; naquele tempo; doutra feita; em seguida.
Thence /dhéns/ *adv* daí; dali; de lá; portanto.
Thence.forth /dhéns.fórth/ *adv* desde então.
Thence.for.ward /dhéns.fóruârd/ *adv* dali em diante; desde então.
The.o.rem /thi.orém/ *s* teorema.
The.o.ry /thi,ori/ *s* teoria.
There /dhér/ *adv* aí; ali; lá; acolá.
There.a.bout /dhér.âbáut/ *adv* por aí; perto; aproximadamente.
There.af.ter /dhér.áfter/ *adv* depois disso; desde então.
There.at /dhér.át/ *adv* naquele lugar; nisso; por isso; com isso.
There.by /dhér.bái/ *adv* por aí; desse modo.
There.fore /dhér.fôur/ *adv* por isso; por conseguinte; por essa razão.
There.from /dhér.frôum/ *adv* disso; dalí; daí.
There.in /dhér.in/ *adv* ali; lá; então; nisto.
There.of /dhér.óv/ *adv* disto; disso; daquilo.
There.on /dhér.ón/ *adv* nisto; nisso; naquilo.
There.with.al /dhér.uidál/ *adv* com isso; além disso; ademais.
Ther.mal /thâr.mâl/ *adj* térmico.
Ther.mom.e.ter /thârmó.mitâr/ *s* termômetro.
The.sau.rus /thessó.râs/ *s* tesouro; léxico; dicionário.
These /dhiz/ *adj* estes; estas; *pron* estes; estas.
They /dhêi/ *pron* eles; elas.
Thick /thic/ *s* espessura; grossura; densidade; *adj* grosso; denso; espesso; abundante; íntimo; familiar; *adv* densamente; continuamente; abundantemente.
Thick.en /thiquên/ *v* engrossar; densificar; aumentar.
Thick.et /thi.quet/ *s* bosque; moita; mato.
Thick.ness /thic.nés/ *s* espessura; grossura; grosseria; estupidez.
Thief /thif/ *s* ladrão; ladra; gatuno.
Thieve /thiv/ *v* roubar; furtar.
Thiev.er.y /thi.vâri/ *s* roubo; furto.
Thiev.ishe /thi.vixe/ *adj* inclinado ao roubo; furtivo; secreto.
Thiev.ishe.ness /thi.vixenés/ *s* cleptomania.
Thigh /thái/ *s* coxa.

Thill /thil/ *s* lança; varal.
Thim.ble /thimbol/ *s* dedal.
Thin /thin/ *adj* magro; fino; leve; superficial; *v* emagrecer; afinar; definhar.
Thing /thin/ *s* coisa; objeto; negócio.
Think /thin/ *v* pensar; julgar; achar; imaginar; crer; *past and pp* Thought.
Think.er /thin.câr/ *s* pensador; filósofo.
Think.ing /thin.quin/ *s* pensamento; meditação.
Thin.ness /thin.nés/ *s* tenuidade; magreza.
Thirst /thârst/ *s* sede; ânsia; desejo.
Thirst.y /thârs.ti/ *adj* sedento; com sede.
This /dhis/ *adj* este; esta; isto; *pron* este; esta; isto.
This.tle /thisol/ *s* cardo (planta).
Thith.er /dhi.dhâr/ *adv* para lá; naquela direção.
Thith.er.ward /dhidhâr.uârd/ *adv* para ali; para lá; nessa direção.
Thong /thón/ *s* correia; tira.
Tho.rax /thôu.récs/ *s* tórax; peito.
Thorn /thórn/ *s* espinho; pico; espinheiro.
Thor.ough /thâ.ro/ *adj* inteiro; completo.
Thor.ough.bred /thâ.robréd/ *s* animal de puro sangue; *adj* puro sangue.
Thor.ough.fare /thâ.rofér/ *s* via pública; estrada; entrada principal.
Thor.ough-go.ing /thâ.rogôuin/ *adj* completo; cabal; extremo.
Those /dhôuz/ *adj* esses; aqueles (as); os; as.
Though /dhôu/ *conj* contudo; não obstante; conquanto; posto que; *s* pensamento; meditação; opinião; juízo.
Thought.ful /thót.ful/ *adj* pensativo.
Thought.ful.ness /thót.fulnés/ *s* meditação; inquietação; ansiedade.
Thought.less /thót.lés/ *adj* irrefletido; descuidado; imprevidente.
Thrall /thról/ *s* escravo; cativo; servo; *v* escravizar.
Thrall.dom /thról.dâm/ *s* cativeiro; escravidão; servidão.
Thrash /thréxe/ *v* debulhar; sovar; espancar; labutar.
Thrash.ing /thré.xein/ *s* debulha; sova.
Thread /thréd/ *s* linha; fio; rosca; *v* enfiar a linha na agulha; atravessar; traspassar.
Threat /thrét/ *s* ameaça; promessa de castigo.
Threat.en /thrétn/ *v* ameaçar; assustar.
Three.fold /thri.fôuld/ *adj* triplo; triplicado.
Thresh.old /thré.xeâld/ *s* limiar; soleira.
Thrice /thráis/ *adv* três vezes; muito.
Thrift /thrift/ *s* economia; ganho; lucro.
Thrill /thril/ *s* estremecimento; *v* furar; palpitar; emocionar.
Thrill.ing /thri.lin/ *adj* comovente.
Thrive /thráiv/ *v* prosperar; *past* Throve *or* Thrived *and pp* Thriven *or* Thrived.
Throat /thrôut/ *s* garganta; gargalo; orifício.
Throb /thrób/ *s* pulsação; palpitação; *v* bater; pulsar; palpitar.
Throe /thrôu/ *s* angústia; agonia; *v* agonizar.
Throng /thrón/ *s* multidão; aglomerado.
Throt.tle /thrótol/ *s* garganta; traqueia; *v* estrangular; asfixiar.
Through /thru/ *adj* completo; contínuo; direto; *prep* por meio de; devido a; por causa de; *adv* cabalmente; completamente.
Through.out /thru.áut/ *prep* de uma à outra extremidade; por meio de; *adv* por toda a parte.
Throw /thrôu/ *s* arremesso; impulso; *v* atirar; arremessar; *past* Threw *and pp* Thrown.
Thrum /trâm/ *v* arranhar, tocar mal um instrumento.
Thrush /thrâxe/ *s* tordo; pássaro canoro; afta (sapinho).
Thrust /thrâst/ *s* golpe de esgrima; ataque; bote; arremetida; empurrão; *v* empurrar; arrombar; forçar; apunhalar.
Thud /thâd/ *s* baque; pancada; ruído surdo; *v* baquear.
Thug /thâg/ *s* assassino; matador.
Thumb /thâm/ *s* dedo polegar; *v* folhear.
Thump /thâmp/ *s* murro; soco; *v* dar um murro; golpear surdo.
Thun.der /thân.dâr/ *s* trovão; estrondo; gritaria; *v* trovejar; retumbar; reboar.
Thun.der.bolt /thân.dârbôult/ *s* raio; faísca.
Thun.der.ing /thân.dârin/ *adj* estrondoso.
Thurs.day /thârs.dêi/ *s* quinta-feira.
Thus /dhâs/ *adv* assim; desta forma; por conseguinte.
Thwart /thuórt/ *s* banco de remador; *v* atravessar; contrariar; *adj* transversal.
Thy /dhái/ *pron* POES teu (s); tua (s).
Thy.roid /thái.roid/ *adj* tiroide; da glândula tiroide; *also* Thyreoid.
Thy.self /dháissélf/ *pron* POES tu mesmo; a ti mesmo.
Tick /tic/ *s* toque; crédito; empréstimo; carrapato; *v* fiar; comprar ou vender a crédito; bater (como um relógio).
Tick.et /ti.quet/ *s* bilhete; etiqueta; rótulo; letreiro; cédula; *v* marcar; etiquetar; rotular.
Tick.le /ticol/ *s* cócega; *v* fazer cócegas; lisonjear; divertir.
Tick.lish /ti.clixe/ *adj* coceguento; instável; melindroso.
Tick-tack /tic.téc/ *s* tique-taque; pulsação.
Tide /táid/ *s* maré; corrente; curso; estação; *v* ir com a maré.
Ti.di.ness /tái.dinés/ *s* asseio; elegância; ordem.
Ti.dy /tái.di/ *v* arrumar; assear; arranjar; *adj* asseado; limpo; elegante.
Tie /tái/ *s* laço; nó; gravata; empate; ligação; *v* atar; ligar; sujeitar; empatar; constranger.
Tiff /tif/ *s* gole; trago de bebida; discórdia; aborrecimento; *v* disputar; zangar-se; enfeitar.
Ti.ger /tái.gâr/ *s* tigre.
Tigerish /tái.gârixe/ *adj* feroz; sanguinário.

Tight /táit/ *adj* apertado; embriagado.
Tight.en /táitn/ *v* apertar; tornar rijo.
Tight.ness /táit.nés/ *s* impermeabilidade; tensão.
Ti.gress /tái.grés/ *s* fêmea do tigre.
Til.bur.y /til.bâri/ *s* tíburi.
Tile /táil/ *s* telha; ladrilho; azulejo; *v* entelhar; ladrilhar; segregar.
Til.ing /tái.lin/ *s* telhado; azulejo; ladrilho.
Till /til/ *s* caixa (de guardar dinheiro); *v* cultivar; lavrar; *conj* até; até que.
Till.age /ti.lidj/ *s* lavoura; cultivo da terra.
Till.er /ti.lâr/ *s* broto; rebento; lavrador; cultivador.
Tilt /tilt/ *s* toldo; coberta de lona; torneio; estocada; inclinação; *v* cobrir com toldo.
Tilth /til.th/ *s* lavoura.
Tim.bal /tim.bâl/ *s* timbale.
Tim.ber /tim.bâr/ *s* vigamento (madeira); *v* guarnecer de madeira.
Time /táim/ *s* tempo; época; hora; momento; vez; *v* adaptar ao tempo; observar a hora exata; servir de cronometrista.
Time.li.ness /táim.linés/ *s* oportunidade; momento propício; ocasião.
Time.ly /táim.li/ *adj* oportuno; a propósito.
Time.piece /táim.pis/ *s* relógio de mesa.
Tim.er /tái.mâr/ *s* cronômetro; cronometrista.
Tim.id /ti.mid/ *adj* tímido; acanhado.
Ti.mid.i.ty /timi.diti/ *s* timidez; acanhamento.
Tim.ing /tái.min/ *s* adaptação; ajustamento.
Tim.or.ous /ti.mâras/ *adj* medroso; tímido.
Tin /tin/ *s* estanho; folha-de-flandres; latinha *v* enlatar; *also* Can.
Tin.der /tin.dâr/ *s* mecha para isqueiro.
Tin.der.box /tin.dârbócs/ *s* isqueiro.
Ting /tin/ *s* tinido; *v* tinir; tilintar.
Tin.gle /tingol/ *s* dor; formigueiro; formigamento; *v* tinir; formigar; arder; estremecer.
Tink.er /tin.câr/ *s* caldeireiro; latoeiro; funileiro; *v* consertar.
Tin.kle /tincol/ *v* zunir; tinir; soar.
Tint /tint/ *s* tinta; cor; *v* tingir; matizar.
Ti.ny /tái.ni/ *adj* minúsculo; pequenino; ínfimo.
Tip /tip/ *s* ponta; pancada; gorjeta; palpite; informação secreta; *v* dar gorjetas; colocar ponta; avisar; informar; aconselhar; pender.
Tip.ple /tipol/ *s* bebida; licor; bebedeira; *v* beber com frequência; embebedar-se.
Tip.ster /ti.pstâr/ *s* POP informante de apostas (corrida de cavalo, da bolsa de valores, etc.).
Tip.sy /ti.psi/ *adj* ébrio; embriagado.
Tip.toe /tip.tôu/ *s* ponta do pé; *v* andar na ponta dos pés.
Tip-top /tip.tóp/ *s* auge; cume; topo; *adj* supremo; excelente.
Tire /táir/ *s* pneumático; adorno; fileira; *v* cansar; fatigar; colocar um pneu.
Tired /táird/ *adj* cansado; aborrecido.
Tire.less /táir.lés/ *adj* incansável.
Tire.some /táir.sâm/ *adj* fatigante; aborrecido; cansativo.
Tis.sue /ti.xu/ *s* tecido fino; encadeamento; ANAT tecido.
Tit /tit/ *s* cavalinho; passarinho; teta; POP mulherzinha ordinária.
Tit.bit /tit.bit/ *s* gulodice; migalha; bocado.
Ti.tle /táitol/ *s* título; documento; *v* intitular; qualificar.
Tit.ter /ti.târ/ *s* riso abafado; *v* rir em surdina.
Tit.tle /titol/ *s* ponto; pingo; nada; ninharia.
To /tu/ *prep* a; para; em; até; para com; por; *adv* em direção a; para diante.
Toad /tôud/ *s* sapo.
Toad.y /tôu.di/ *s* adulador; bajulador; *v* adular; bajular.
Toast /tôust/ *s* brinde; torrada; *v* brindar; torrar.
Toast.er /tôus.târ/ *s* torrador; brindador.
To.bac.co /tobé.côu/ *s* tabaco; fumo.
To.day /tudêi/ *s* hoje; *adv* hoje; na época atual.
Tod.dle /tódol/ *s* andar vacilante; *v* andar como um bebê.
Toe /tôu/ *s* dedo do pé; *v* tocar com a ponta do pé; pisar.
Tof.fee /tó.fi/ *s* caramelo; bala puxa-puxa ou de caramelo.
Tog /tóg/ *s* peça de vestuário.
To.geth.er /tugué.dhâr/ *adv* juntamente; em companhia.
Toil /tóil/ *s* trabalho; fadiga; laço; cilada; *v* trabalhar; mourejar.
Toil.er /tói.lâr/ *s* trabalhador; aquele que trabalha com afinco.
Toil.ful /tóil.ful/ *adj* árduo; penoso; trabalhoso.
To.ken /tôucn/ *s* sinal; marca; lembrança; *v* marcar; fazer saber.
Tol.er.a.ble /tó.lârâbol/ *adj* tolerável; suportável; aceitável.
Tol.er.ance /tó.lârâns/ *s* tolerância; complacência.
Tol.er.ate /tó.lârêit/ *v* tolerar; suportar.
Tol.er.a.tion /tólârêi.xân/ *s* tolerância, qualidade de tolerante.
Toll /tôul/ *s* dobre de sinos; *v* tocar os sinos; badalar.
Tom /tóm/ *s* macho de alguns animais.
To.ma.to /tomêi.tôu/ *s* tomate.
Tomb /tum/ *s* túmulo; sepultura; *v* sepultar; enterrar.
Tom.cat /tóm.quét/ *s* denominação atribuída aos machos do felino doméstico (gato).
Tome /tôum/ *s* tomo; volume; livro.
Tom.fool /tóm.ful/ *s* tolo; palerma.
Tom.my /tó.mi/ *s* gato; comida dada como ordenado.
To.mor.row /tumó.rôu/ *s* amanhã; o dia de amanhã; *adv* amanhã.
Ton /tân/ *s* tonelada.
To.nal.i.ty /toné.liti/ *s* tonalidade.

Tone /tôun/ *s* tom; som; entonação; timbre; acento; inflexão; *v* entoar; mudar o tom.
Tongue /tân/ *s* língua; idioma; lingueta; fiel de balança.
Tongue.less /tân.lés/ *adj* sem língua; mudo.
To.night /tunáit/ *adv* hoje à noite.
Ton.nage /tân.nidj/ *s* tonelada; porte.
Ton.sil /tón.sil/ *s* tonsila (amídalas).
Too /tchu/ *adv* demais; demasiado; também; igualmente; *s* ferramenta; instrumento.
Tool /tul/ *v* talhar; modelar.
Tooth /tuth/ *s* dente; sabor; gosto; paladar; *v* dentear; colocar dentes.
Tooth.ache /tuth.êic/ *s* dor de dente.
Tooth.brush /tuth.brâxe/ *s* escova de dente.
Tooth.less /tuth.lés/ *adj* desdentado.
Tooth.pick /tuth.pic/ *s* palito.
Tooth.some /tuth.sâm/ *adj* gostoso.
Top /tóp/ *s* cume; alto; pico; remate; copa da árvore; chefe; *v* dominar; elevar-se; encimar; encabeçar; coroar; *adj* superior; mais elevado.
To.paz /tôu.pés/ *s* topázio.
Tope /tôup/ *s* tubarão; túmulo budista; *v* bebericar.
Top.er /tôu.pâr/ *s* beberrão; bêbado.
Top.ic /tó.pic/ *s* tópico; assunto; ponto; matéria.
Top.most /tóp.môust/ *adj* superior.
Top.ple /tópol/ *v* desabar; cair.
Top.sy.tur.vy /tópsitâr.vi/ *s* confusão; bagunça; *adj* virado de cima para baixo; *adv* de pernas para o ar.
Torch /tórtxe/ *s* tocha; archote.
Tor.ment /tórmént/ *s* tormento; suplício; sofrimento; *v* atormentar; torturar; irritar.
Tor.pid /tór.pid/ *adj* adormecido; dormente; entorpecido; apático.
Tor.pid.i.ty /tórpi.diti/ *s* torpor; entorpecimento.
Tor.rent /tó.rent/ *s* torrente; corrente.
Tor.rid /tó.rid/ *adj* tórrido; torrado.
Tor.sion /tór.xân/ *s* torção; torcedura.
Tor.tu.ous /tór.xâs/ *adj* tortuoso; sinuoso.
Tor.ture /tór.txur/ *s* tortura; tormento; *v* torturar; irritar.
Tor.tur.er /tór.txurâr/ *s* atormentador; algoz.
Toss /tós/ *s* lance; arremesso; *v* lançar; atirar para o ar.
Tossing /tó.sin/ *s* sacudidela; agitação.
Tot /tót/ *s* criança; soma de uma coluna; gole de bebida alcoólica.
To.tal /tôu.tâl/ *s* total; soma; *v* somar; totalizar; *adj* total; cabal.
To.tal.i.ty /tôuté.liti/ *s* soma; totalidade.
To.tal.ize /tôu.tâláiz/ *v* totalizar; somar; completar.
Tot.ter /tó.târ/ *v* vacilar; cambalear; oscilar.
Tot.ter.y /tó.târi/ *adj* cambaleante; vacilante; hesitante.
Tou.can /tu.cân/ *s* tucano.
Touch /tâtxe/ *s* toque; tato; contato; tintura; dor; apalpadela; *v* tocar em; comover; atracar em; escalar; POP morder, pedir dinheiro.
Touch.a.ble /tâ.txeâbol/ *adj* palpável.
Touch.ing /tâ.txein/ *s* escala; toque; *adj* tocante; comovente; *prep* tocante a; relativo a; concernente a.
Touch.stone /tâ.txetôun/ *s* pedra de toque; exame.
Touch.y /tâ.txi/ *adj* irascível; melindroso.
Tough /táf/ *s* durão; violento; *adj* duro; resistente.
Tough.en /táfn/ *v* enrijecer.
Tough.ness /tâf.nés/ *s* dureza; rijeza; tenacidade.
Tour /tur/ *s* jornada; passeio; giro; *v* viajar; dar um giro.
Tour.ism /tu.rism/ *s* turismo.
Tour.ist /tu.rist/ *s* turista.
Tour.ma.lin /tur.mâlin/ *s* turmalina (pedra preciosa).
Tour.ney /tur.ni/ *s* torneio; competição.
Touse /táus/ *v* puxar; sacudir; amarrotar.
Tou.sle /táuzol/ *v* desarranjar; desordenar.
Tout /táut/ *s* angariador; agenciador; *v* procurar freguesia.
Tow /tôu/ *s* reboque; rebocador; *v* rebocar.
To.ward /tôu.ârd/ *adj* dócil; favorável; propício; *also* Towards.
To.wards /tôu.ârdz/ *prep* para; voltado para; acerca de.
Tow.el /táu.el/ *s* toalha.
Tow.er /táu.âr/ *s* torre; fortaleza; cidadela; rebocador; *v* elevar-se.
Town /táun/ *s* cidade; aldeia.
Toy /tói/ *s* brinquedo; ninharia; galanteio; *v* brincar; divertir-se; galantear.
Trace /trêis/ *s* sinal; pista; vestígio; trilha; *v* traçar; esboçar; içar; andar; viajar; dançar.
Tra.che.a /trêi.quiâ/ *s* traqueia.
Track /tréc/ *s* pegada; rasto; trilha; via férrea; estrada; curso; leito de rio; *v* seguir a rastro.
Tract /tréct/ *s* região; área; extensão; curso; série; tratado; panfleto.
Tract.a.ble /tréc.tâbol/ *adj* tratável; dócil; meigo.
Trade /trêid/ *s* comércio; ocupação; arte; navegação; *v* negociar; traficar; permutar.
Trad.er /trêi.dâr/ *s* negociante; comerciante.
Trad.ing /trêi.din/ *adj* comercial.
Tra.di.tion /trâdi.xân/ *s* tradição.
Tra.duce /trâdius/ *v* caluniar; difamar; detratar; censurar; vituperar.
Traf.fic /tré.fic/ *s* tráfico; comércio; transporte; *v* comerciar; traficar.
Traf.fick.er /tré.ficâr/ *s* traficante.
Trail /trêil/ *s* pista; rasto; atalho; *v* arrastar; baixar; rastejar.
Trail.er /trêi.lâr/ *s* rastejador; reboque; trecho de um filme.
Train /trêin/ *s* trem; comboio; séquito; cortejo; cauda; rabo; cilada; *v* treinar; puxar; educar; disciplinar.
Train.er /trêi.nâr/ *s* instrutor; domesticador; disciplinador.
Train.ing /trêi.nin/ *s* treino; exercício; instrução.

Tram.mel /tré.mel/ *s* rede; impedimento; *v* algemar; limitar; impedir.
Tramp /trémp/ *s* caminhada; ruído feito com os pés; vadio; *v* vagar; caminhar; pisar.
Tram.ple /trémpol/ *v* pisar; calcar; insultar.
Trance /tréns/ *s* êxtase; enlevo; letargia; arrebatamento.
Trans.ac.tion /trénséc.xân/ *s* transação; operação; negócio.
Tran.scend /trénsénd/ *v* transcender; sobrepujar; exceder.
Tran.scen.den.tal /trénsendén.tâl/ *adj* transcendental.
Tran.scribe /trénscráib/ *v* transcrever; copiar; transladar.
Tran.script /tréns.cript/ *s* transcrição; cópia.
Tran.scrip.tion /trénscrip.xân/ *s* transcrição.
Trans.fer /trénsfâr/ *s* transferência; *v* transferir; transmitir; vender; reproduzir.
Trans.fer.ee /trénsfâri/ *s* cessionário.
Trans.fer.ence /trénsfâ.rens/ *s* transferência; transmissão.
Trans.fig.ure /trénsfi.guiur/ *v* transfigurar.
Trans.form /trénsfórm/ *v* transformar; transformar-se; modificar.
Trans.gress /trénsgrés/ *v* transgredir; infringir; exceder; pecar.
Trans.gres.sion /trénsgré.xân/ *s* transgressão; violação; ofensa; pecado.
Tran.sient /trén.ziênt/ *adj* transitório; passageiro; breve; de pouca duração.
Tran.sit /trén.sit/ *s* trânsito.
Tran.si.tion /trénsi.xân/ *s* transição; mudança; passagem.
Tran.si.tive /trén.sitiv/ *adj* transitivo.
Tran.si.to.ry /trén.sitôuri/ *adj* transitório; provisório; passageiro.
Trans.late /trénslêit/ *v* traduzir; transferir.
Trans.la.tion /trénslêi.xân/ *s* tradução; interpretação; transferência.
Trans.la.tor /trénslêi.târ/ *s* tradutor.
Trans.mi.gra.tion /trénsmigrêi.xân/ *s* transmigração.
Trans.mis.si.ble /trénsmi.sibol/ *adj* transferível; transmissível.
Trans.mit /traenz.mit/ *v* transmitir.
Trans.mu.ta.tion /trénsmiutêi.xân/ *s* transmutação; conversão.
Trans.mute /trénsmiut/ *v* transmutar; alterar; transformar.
Tran.som /trén.sâm/ *s* trave; viga.
Trans.par.en.cy /trénspé.rensi/ *s* transparência.
Tran.spi.ra.tion /trénspirêi.xân/ *s* transpiração.
Tran.spire /trénspáir/ *v* transpirar; exalar; divulgar-se; propalar-se; acontecer.
Trans.port /trénspórt/ *s* transporte; arrebatamento; êxtase; *v* transportar; exilar.
Trans.port.er /trénspór.târ/ *s* transportador.
Trans.pose /trénspôuz/ *v* transpor; mudar de lugar.
Trans.verse /trénsvârs/ *adj* transversal; atravessado; oblíquo.
Trap /trép/ *s* laço; armadilha; ratoeira; *v* apanhar no laço.
Trap.ping /tré.pin/ *s* arreios; *pl* enfeites.
Trash /tréxe/ *s* refugo; lixo; imundície; gente vil; *v* impedir.
Trash.y /tré.xei/ *adj* desprezível; vil; inútil.
Trav.el /trévol/ *s* viagem; peregrinação; jornada; *v* viajar.
Trav.es.ty /tré.vesti/ *s* dissimulado; mascarado; *v* disfarçar.
Trawl /tról/ *s* rede de arrasto; *v* pescar com rede de arrasto.
Tray /trêi/ *s* tabuleiro; bandeja; salva.
Treach.er.ous /tré.txeârâs/ *adj* pérfido; insidioso; traiçoeiro.
Treach.er.y /tré.txeâri/ *s* traição; perfídia; insídia.
Trea.cly /tri.cli/ *adj* meloso; melado.
Tread /tréd/ *s* passo; pegada; trilha; *v* pisar; *past* Trod *and pp* Trodden.
Tread.le /trédol/ *s* pedal; *v* pedalar; *also* Treddle.
Trea.son /trizn/ *s* traição; deslealdade; perfídia.
Trea.sure /tré.jur/ *s* tesouro; riqueza; *v* entesourar; dar grande valia a.
Trea.sur.y /tré.juri/ *s* tesouraria; erário; fazenda; tesouro.
Treat /trit/ *s* convite; festim; gosto; *v* tratar; pagar para; entreter; obsequiar; regalar.
Trea.tise /tri.tis/ *s* tratado; discurso; exposição.
Treat.ment /trit.ment/ *s* tratamento; trato.
Trea.ty /tri.ti/ *s* negociação; convênio; ajuste.
Tree /tri/ *s* árvore; madeiro; lenho; *v* abrigar-se numa árvore.
Trem.ble /trémbol/ *s* tremor; *v* tremer; estremecer.
Trem.bling /trém.blin/ *adj* trêmulo; bamboleante.
Tre.men.dous /trimén.dâs/ *adj* tremendo; formidável.
Tremulous /tré.miulâs/ *adj* trêmulo; vacilante.
Trench /tréntxe/ *s* trincheira; vala; fossa; *v* abrir valetas; cavar; sulcar; entrincheirar.
Trench.an.cy /trén.txeânsi/ *s* causticidade; mordacidade.
Trench.ant /trén.txeânt/ *adj* trinchante; cortante; agudo.
Trend /trénd/ *s* inclinação; tendência; *v* tender; dirigir-se.
Tres.pass /trés.pâs/ *s* violação; ofensa; *v* usurpar; invadir; pecar.
Tress /trés/ *s* trança; cacho de cabelo.
Tres.tle /trésol/ *s* tripeça; cavalete.
Tri.ad /trái.éd/ *s* tríade; trio; trindade.
Tri.al /trái.âl/ *s* julgamento; exame; sofrimento; provação; expiação.
Trib.u.la.tion /tribiulêi.xân/ *s* tribulação; aflição; infortúnio.
Trib.ute /tri.biut/ *s* tributo; imposto; taxa.

Trice /tráis/ *s* instante; momento; *v* içar; guindar.
Trick /tric/ *s* artifício; astúcia; engano; *v* lograr; pregar uma peça; trapacear; enfeitar.
Trick.er.y /tri.câri/ *s* trapaça; velhacaria.
Trick.ish /tri.quixe/ *adj* trapaceiro; velhaco.
Trick.le /tricol/ *s* gota; pingo d'água; respingo; *v* escoar.
Trig /trig/ *adj* forte; são; bonito; *v* travar; calçar.
Trig.ger /tri.gâr/ *s* gatilho de arma de fogo; gancho; calço; início, desencadeador.
Trill /tril/ *s* trinado; vibração; gorjeio; *v* trinar; vibrar a voz.
Trim /trim/ *s* enfeite; arrumação; NÁUT estiva; calado; navegabilidade; *v* endireitar; arranjar; equipar; enfeitar; podar; censurar; *adj* enfeitado; composto.
Trim.ness /trim.nés/ *s* asseio; elegância; limpeza.
Trip /trip/ *s* excursão; pequena viagem; tropeção; passo; *v* dar rasteiras em; tropeçar e cair; errar; enganar-se; correr; dançar.
Trip.le /tripol/ *v* triplicar; *adj* triplo.
Trite /tráit/ *adj* trivial; comum; vulgar.
Troll /tról/ *s* canção com diversas estrofes; anão do folclore escandinavo (suvenir); *v* cantar; virar; rodar; pescar.
Troop /trup/ *s* tropa; companhia militar; companhia; *v* ir em bandos; ir em tropa.
Troth /tróth/ *s* verdade; fé; fidelidade.
Troub.le /trâbol/ *s* perturbação; aflição; dissabor; calamidade; *v* importunar; perturbar.
Troub.ler /trâ.blâr/ *s* aborrecedor; perturbador.
Troub.le.some /trâbol.sâm/ *adj* importuno; aborrecido.
Trou.sers /tráu.zârs/ *s* calças.
Trous.seau /trussou/ *s* enxoval de noiva.
Trout /tráut/ *s* truta, peixe.
Trow.el /tráu.el/ *s* trolha; colher de pedreiro; *v* rebocar; estucar.
Tru.an.cy /tru.ânsi/ *s* vadiagem.
Tru.ant /tru.ânt/ *s* vadio; gazeador; *adj* vadio; gazeador.
Truce /trus/ *s* armistício; pausa; trégua.
Truck /trâc/ *s* troca; permuta; carrinho de mão; vagão ferroviário; caminhão; *v* transportar (em caminhão); trocar.
Truck.age /trâ.quidj/ *s* transporte em vagão ou caminhão.
Trudge /trâdj/ *v* caminhar com esforço.
True /tru/ *adj* verdadeiro; autêntico; genuíno; puro; fiel; sincero; constante; leal; *adv* verdadeiramente.
Truf.fle /trâ.fol/ *s* trufa, túbera (cogumelo).
Tru.ly /tru.li/ *adv* verdadeiramente; sinceramente; exatamente.
Trump /trâmp/ *s* trombeta; clarim; jogo de trunfo; *v* jogar trunfo; inventar; forjar; MÚS tocar trombeta.
Trun.cate /trân.quêit/ *adj* truncado; *v* truncar.
Trun.cheon /trân.txân/ *s* clava; bastão; cassetete.
Trunk /trânc/ *s* tronco; baú; cofre; mala; tromba de elefante.
Truss /trâs/ *s* suporte de teto; suporte de ponte; molho; *v* embrulhar; enfeixar.
Trust /trâst/ *s* confiança; cuidado; fé; crédito; *v* confiar em; dar crédito.
Trust.ful /trâst.ful/ *adj* confiante; honesto; leal.
Trust.y /trâs.ti/ *adj* fiel; leal; seguro; firme; resoluto.
Truth /truth/ *s* verdade; verdadeiro; verídico; realidade.
Truth.less /truth.lés/ *adj* falso; inverídico; fingido.
Try /trái/ *s* prova; ensaio; experiência; *v* tentar; julgar; experimentar.
Tub /tâb/ *s* tina; cuba; pote; GÍR púlpito; *v* pôr numa tina; banhar.
Tub.by /tâ.bi/ *adj* corpulento; gordo.
Tuck /tâc/ *s* dobra; prega; *v* arregaçar; acomodar; fazer pregas em.
Tues.day /tius.dêi/ *s* terça-feira.
Tuft /tâft/ *s* penacho; borla; ramalhete; *v* empenachar; enfeitar.
Tuft.y /tâf.ti/ *adj* espesso; copado; enfeitado.
Tug /tâg/ *s* ato de puxar com força; custo; esforço; *v* puxar, arrastar com esforço.
Tu.i.tion /tiui.xân/ *s* instrução; ensino.
Tu.lip /tiu.lip/ *s* tulipa (planta).
Tum.ble /tâmbol/ *s* tombo; confusão; desordem; *v* cair; dar cambalhotas; derrubar; amarrotar; rolar.
Tu.mes.cent /tiumé.sent/ *adj* intumescente; túmido; inchado.
Tu.mid /tiu.mid/ *adj* túmido; inchado.
Tu.mult /tiu.mâlt/ *s* tumulto; motim.
Tun /tân/ *s* tonel; pipa; barril; tina; *v* pôr, guardar em pipa.
Tune /tiun/ *s* melodia; cantiga; toada; consonância; *v* MÚS afinar; cantar.
Tune.less /tiun.lés/ *adj* dissonante; desarmônico; discordante.
Tun.er /tiu.nâr/ *s* afinador; MÚS tornar harmônico.
Tu.nic /tiu.nic/ *s* túnica.
Tun.nel /tân.nel/ *s* túnel; cano de chaminé; funil; *v* construir em túnel.
Tun.ny /tân.ni/ *s* atum (peixe).
Tur.ban /târ.bân/ *s* turbante.
Tur.bu.lence /târ.biulêns/ *s* turbulência; confusão; perturbação.
Tu.reen /tiurin/ *s* terrina.
Turf /târf/ *s* turfa; gramado; gleba; *v* cobrir com relva.
Turf.man /târf.mân/ *s* turfista.
Turf.y /târ.fi/ *adj* relativo ao turfe.
Tur.gid /târ.djid/ *adj* túrgido; inchado.
Tur.gid.i.ty /târdji.diti/ *s* inchação; turgescência.
Tur.key /târ.qui/ *s* peru (ave).
Tur.moil /târ.móil/ *s* tumulto; perturbação; *v* perturbar; enfraquecer.

Turn /târn/ *s* favor; forma; giro; inclinação; mudança; pender; vez; *v* adaptar; aproveitar; converter; desviar-se.
Turn.coat /târn.côut/ *s* vira-casaca; desertor.
Tur.nip /târ.nip/ *s* nabo.
Turn.key /târn.qui/ *s* carcereiro.
Tur.ret /tâ.ret/ *s* torre; torre blindada.
Tur.tle /târtol/ *s* tartaruga (réptil).
Tusk /tâsc/ *s* presa de animais.
Tus.sle /tâsol/ *v* lutar; brigar.
Tus.sock /tâ.sâc/ *s* tufo de ramos; tufo de cabelos.
Twad.dle /tuódol/ *s* bisbilhotice; disparates; *v* tagarelar.
Twang /tuén/ *s* som agudo; som fanhoso; *v* ressoar; zunir.
Tweed /tuid/ *s* pano de duas cores.
Twee.dle /tiudol/ *s* o som do violino.
Tweez.ers /tui.zârs/ *s* pinças; tenazes.
Twice /tuáis/ *adv* duas vezes; dupladamente.
Twiddle /tuidol/ *s* giro; volta; *v* fazer girar.
Twig /tuig/ *s* rebento; broto; *v* observar; castigar; avistar.
Twi.light /tuái.láit/ *s* crepúsculo; noitinha; sombra; *adj* crepuscular; obscuro; sombrio.
Twin /tuin/ *s* gêmeo.
Twine /tuáin/ *s* fio; barbante; *v* torcer; enroscar; entrelaçar; serpear.
Twinge /tuindj/ *s* dor aguda; aflição; beliscão; *v* arder; picar; latejar.
Twin.kle /tuincol/ *s* cintilação; brilho; piscar os olhos; momento; instante; *v* brilhar.
Twin.kling /tuin.clín/ *s* volver de olhos; instante; vislumbre.
Twirl /tuârl/ *s* volta; giro; rotação.
Twist /tuist/ *s* trança; cordão; fio; torcedura; *v* torcer; girar; entrelaçar.
Twit /tuit/ *v* censurar; acusar.
Twitch /tuitxe/ *s* puxão; espasmo; beliscão.
Twit.ter /tui.târ/ *s* chilro; trinado; *v* chilrear; pipilar; tagarelar.
Two.fold /tu.fôuld/ *adj* duplo; duplicado; *adv* duplamente.
Type /táip/ *s* tipo; modelo; padrão; cunha; emblema; TIP tipo; *v* datilografar; imprimir.
Type.write /táip.ráit/ *v* datilografar; *past* Typewrote *and pp* Typewritten.
Ty.phoon /táifun/ *s* tufão; furacão.
Typ.i.fy /ti.pifái/ *v* tipificar; representar.
Tyr.an.nize /ti.rânáiz/ *v* tiranizar.

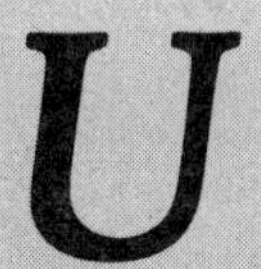

ABCDEFGHIJKLMNOPQRSTUVWXYZ

U /in/ *s* vigésima-primeira letra do alfabeto Português e do alfabeto Inglês.
Ud.der /â.dâr/ *s* úbere; teta.
Ug.li.ness /â.glinés/ *s* fealdade; vileza.
Ug.ly /â.gli/ *adj* feio; mal encarado; vil.
Ul.lage /â.lidj/ *s* falta; déficit.
Ul.ster /âls.târ/ *s* gabão comprido.
Ul.ti.mate /âl.timit/ *adj* derradeiro; último; definitivo.
Um.ber /âm.bâr/ *s* pigmento de cor escura; *adj* sombreado; *v* sombrear.
Um.bil.i.cus /âmbilái.câs/ *s* umbigo.
Um.bra.geous /âmbrêi.djâs/ *adj* sombrio.
Um.bra.geous.ness /âmbrêi.djâsnés/ *s* sombra; obscuridade.
Um.brel.la /âmbré.lâ/ *s* guarda-chuva.
Um.pire /âm.pâir/ *s* árbitro; *v* arbitrar.
Un.a.ble /anêibol/ *adj* incapaz; impotente.
Un.af.fect.ed /anéféc.tid/ *adj* natural; não afetado.
Un.af.fect.ed.ness /anéféc.tidnés/ *s* simplicidade; naturalidade; franqueza.
U.na.nim.i.ty /iunâni.miti/ *s* unanimidade.
U.nan.i.mous /iuné.nimâs/ *adj* unânime; geral.
Un.apt /anépt/ *adj* inapto; incapaz.
Un.armed /anármd/ *adj* desarmado; inerme.
Un.at.tached /anété.txet/ *adj* desligado; solto; separado.
Un.a.ware /anâuér/ *adj* despercebido; desatento.
Un.be.com.ing /anbicâ.min/ *adj* indecente; impróprio; indecoroso.
Un.be.lief /anbilif/ *s* descrença.
Un.be.liev.a.ble /anbili.vâbol/ *adj* incrível; inacreditável.
Un.bend /anbénd/ *v* endireitar; afrouxar-se; descurvar; *past and pp* **Unbent**.
Un.bid.den /anbidn/ *adj* espontâneo; inesperado.
Un.bind /anbáind/ *v* desatar; soltar; desligar.
Un.blush.ing /anblâ.xin/ *adj* sem-vergonha.
Un.bolt /âmboult/ *v* desatarraxar.
Un.born /anbórn/ *adj* futuro; nascituro.
Un.bo.som /anbu.zâm/ *v* revelar; confessar; confiar.
Un.cer.tain /ansâr.tin/ *adj* incerto; duvidoso; indeciso.
Un.cer.tain.ty /ansâr.tinti/ *s* incerteza; dúvida; risco; irresolução.
Un.chain /antxêin/ *v* desacorrentar.
Un.clasp /anclésp/ *v* desabotoar; desprender; soltar.
Un.cle /ancol/ *s* tio.
Un.clean /anclin/ *adj* sujo; imundo; obsceno.
Un.clean.ness /ancli.nés/ *s* porcaria; indecência.
Un.close /anclôuz/ *v* abrir; desabrochar; revelar.
Un.coil /ancóil/ *v* desenrolar; estender.
Un.com.fort.a.ble /ancâm.fârtâbol/ *adj* desconfortável; penoso; incômodo; desagradável.
Un.con.cern /ancón.sârn/ *s* indiferença; apatia; frieza. *adj* despreocupado.
Un.con.scious /ancón.xâs/ *adj* inconsciente; ignorante.
Un.cork /an.quêrc/ *v* desarrolhar.
Un.cov.er /anca.vâr/ *v* descobrir; destampar.
Unc.tion /anc.xân/ *s* unção; fervor; unguento.
Un.de.ni.a.ble /andinái.âbol/ *adj* inegável; incontestável.
Un.der /andâr/ *adj* inferior; subordinado; *adv* debaixo; embaixo; por baixo; *prep* debaixo; embaixo.
Un.der.bred /andârbred/ *adj* malcriado; rude.
Un.der.croft /andârcróft/ *s* câmara subterrânea; cripta.
Un.der.done /andârdân/ *adj* mal passado.
Un.der.foot /andârfut/ *adv* sob os pés; debaixo dos pés.
Un.der.gar.ment /andârgar.ment/ *s* roupa íntima (de baixo).
Un.der.go /andârgôu/ *v* sofrer; sujeitar-se; tolerar; provar; *past* **Underwent** *and pp* **Undergone**.
Un.der.ground /andârgráund/ *s* subterrâneo; masmorra; *adj* subterrâneo.
Un.der.hand /andâr.hénd/ *adj* secreto; clandestino; *adv* clandestinamente.
Un.der.line /andârláin/ *s* sublinhar; *v* sublinhar.
Un.der.most /andârmôust/ *adj* o mais baixo.
Un.der.neath /andârni.th/ *adv* debaixo; por baixo; abaixo.
Un.der.prop /andârpróp/ *v* escorar.

Un.der.score /andêrs.câr/ *v* sublinhar.
Un.der.set /andârsét/ *v* reforçar; suportar; escorar.
Un.der.shirt /andârxârt/ *s* camiseta.
Un.der.side /andârsáid/ *s* lado de baixo; face inferior.
Un.der.sign /andârsáin/ *v* subscrever; assinar; firmar.
Un.der.stand /andârsténd/ *v* supor; saber; compreender; *past and pp* Understood.
Un.der.stand.a.ble /andârstén.dâbol/ *adj* compreensível; inteligível.
Un.der.take /andârtêic/ *v* empreender; prometer; contratar.
Un.der.tak.ing /andârtêi.quin/ *s* empreendimento; empreitada.
Un.der.tow /andârtôu/ *s* ressaca; fluxo e refluxo; cansaço.
Un.der.wear /andâr.uér/ *s* roupa de baixo.
Un.der.work /andâr.uârc/ *s* trabalho subordinado; rotina; *v* trabalhar pouco (menos do que o necessário).
Un.der.write /andâráit/ *v* subscrever; garantir; tomar um seguro.
Un.do /andu/ *v* desfazer; desatar; empobrecer; *past* Undid *and pp* Undone.
Un.done /andân/ *adj* desfeito; invalidado; arruinado; incompleto.
Un.dress /andrés/ *s* roupa comum (diária); *v* despir.
Un.due /andiu/ *adj* indevido; ilegal; excessivo.
Un.dy.ing /andái.in/ *adj* imortal; perene; eterno.
Un.earth /anâr.th/ *v* desenterrar; descobrir; revelar.
Un.em.ploy.ment /animplói.ment/ *s* desemprego; inatividade.
Un.e.qual /ani.cuâl/ *adj* desigual; irregular.
Un.err.ing /anâ.rin/ *adj* infalível.
Un.e.ven /anivn/ *adj* desigual.
Un.e.vent.ful /anivén.tiful/ *adj* calmo; tranquilo; sossegado.
Un.ex.cep.tion.al /anicsép.xânâl/ *adj* usual; corrente; banal.
Un.fair /anfér/ *adj* injusto; desleal; falso.
Un.fair.ness /anfér.nés/ *s* deslealdade; infidelidade; deslealdade.
Un.fast.en /anfésn/ *v* desparafusar; desabotoar; soltar; desligar.
Un.fa.vor.a.ble /anfêi.vârâbol/ *adj* desfavorável; adverso; desvantajoso.
Un.feel.ing /anfi.lin/ *adj* insensível; cruel.
Un.feigned /anfêind/ *adj* verdadeiro.
Un.fit /anfit/ *adj* incapaz; inadequado; *v* inabilitar; incapacitar.
Un.fold /anfôuld/ *v* desdobrar.
Un.for.get.ta.ble /anfórgué.tâbol/ *adj* inesquecível.
Un.for.tu.nate /anfór.txânit/ *adj* infortunado; infeliz.
Un.grate.ful /angrêit.ful/ *adj* ingrato; desagradável.
Un.gu.la /an.guiulâ/ *s* unha; garra; casco.
Un.hand /an.hénd/ *v* largar; soltar.
Un.hap.pi.ness /an.hé.pinés/ *s* infelicidade; infortúnio.
Un.hap.py /an.hé.pi/ *adj* infeliz; desgraçado.
Un.ho.ly /an.hôu.li/ *adj* ímpio.
U.ni.form /iu.nifórm/ *adj* uniforme; igual.
U.ni.form.i.ty /iunifór.miti/ *s* uniformidade.
U.ni.fy /iu.nifái/ *v* unificar; uniformizar.
Un.im.peach.a.ble /animpi.txâbol/ *adj* impecável; irrepreensível.
U.nion /iu.niân/ *s* união; aliança; sindicato de empregados.
U.nit /iu.nit/ *s* unidade.
U.ni.ta.ry /iu.nitâri/ *adj* unitário; integral.
U.nite /iunáit/ *v* unir; aliar-se; reunir.
U.nit.ed /iunái.tid/ *adj* unido; reunido; junto.
U.ni.ty /iu.niti/ *s* unidade; união; concórdia.
Un.just /andjást/ *adj* injusto.
Un.kind /ancáind/ *adj* indelicado; descortês.
Un.kind.ness /ancáind.nés/ *s* indelicadeza; grosseria; maldade.
Un.known /anôun/ *adj* ignorado; incógnito; desconhecido; estranho.
Un.lace /anlêis/ *v* desapertar; desatar.
Un.lade /anlêid/ *v* descarregar mercadorias; desembaraçar.
Un.law.ful /anló.ful/ *adj* ilegal; bastardo; ilegítimo.
Un.learned /anlârnd/ *adj* iletrado; ignorante.
Un.leav.ened /anlévnd/ *adj* ázimo.
Un.less /anlés/ *conj* salvo se; a não ser que; a menos que.
Un.like /anláic/ *adj* diferente; desigual.
Un.load /anlôud/ *v* descarregar; aliviar; exonerar.
Un.lock /anlóc/ *v* destrancar; desferrolhar; abrir.
Un.loose /anlus/ *v* desatar; afroxar.
Un.love.ly /anlâ.vli/ *adj* desagradável; não amado.
Un.luck.i.ness /anlâ.quinés/ *s* infelicidade; desventura; infortúnio.
Un.luck.y /anlâ.qui/ *adj* infeliz; funesto; que dá azar.
Un.man /anmân/ *v* desanimar; efeminar; castrar.
Un.man.li.ness /anmân.linés/ *s* efeminação; desumanidade.
Un.man.ly /anmân.li/ *adj* efeminado; afemindado.
Un.mer.ci.ful /anmâr.siful/ *adj* impiedoso; cruel; inexorável.
Un.mer.ci.ful.ness /anmâr.sifulnés/ *s* crueldade; inclemência.
Un.mind.ful /anmáind.ful/ *adj* desquidado; esquecido; negligente.
Un.mis.tak.a.ble /anmistêi.câbol/ *adj* manifesto; claro; evidente; óbvio.
Un.moor /anmur/ *v* NÁUT desamarrar; levantar ferros.
Un.nec.es.sa.ri.ness /ané.sessérinés/ *s* inutilidade.
Un.nec.es.sa.ry /ané.sesséri/ *adj* desnecessário; dispensável; supérfluo.
Un.nerve /anârv/ *v* enervar; tirar a coragem; enfraquecer.

Un.pack /anpéc/ *v* desenfardar; desembrulhar; desabafar.
Un.peo.ple /anpipol/ *v* despovoar; devastar.
Un.pick /anpic/ *v* desatar; desfazer; descoser.
Un.pleas.ant /anpléznat/ *adj* desagradável; enfadonho; aborrecido.
Un.prof.it.a.ble /anpró.fitâbol/ *adj* inútil; inaproveitável.
Un.rav.el /anré.vâl/ *v* desenredar; desfiar; desemaranhar.
Un.read /anréd/ *adj* não lido; ignorante.
Un.read.y /anré.di/ *adj* desprevenido; não preparado.
Un.rea.son /anrizn/ *s* tolice; absurdo.
Un.rea.son.a.ble /anriz.nâbol/ *adj* desarrazoado; exorbitante.
Un.re.li.a.ble /anrilái.âbol/ *adj* inexato; duvidoso.
Un.re.mit.ting /anrimi.tin/ *adj* persistente; contínuo; incessante.
Un.rest /anrést/ *s* inquietação; desassossego; inquietude.
Un.re.strained /anristrêind/ *adj* desenfreado; livre; imoderado; impedido.
Un.ripe /anráip/ *adj* não maduro (verde).
Un.ripe.ness /anráip.nés/ *s* estado imaturo; falta de amadurecimento.
Un.ru.ly /anru.li/ *adj* indômito; desenfreado; turbulento.
Un.sa.vor.y /ansêi.vâri/ *adj* insípido; sem sabor.
Un.say /ansê.i/ *v* desdizer; retratar-se.
Un.screw /ans.cru/ *v* desparafusar; desapertar; desenroscar; desatarrachar.
Un.scru.pu.lous /anscru.piulâs/ *adj* inescrupuloso.
Un.search.a.ble /ansâr.txâbol/ *adj* inescrutável; insondável.
Un.sea.son.a.ble /ansâr.txâbol/ *adj* extemporâneo; inoportuno; intempestivo.
Un.seat /ansit/ *v* derrubar; tirar do lugar.
Un.seem.ly /ansim.li/ *adj* indecoroso; indecente; feio.
Un.set.tle /ansétol/ *v* deslocar; remover.
Un.shap.en /anxêipn/ *adj* disforme; informe.
Un.ship /anxip/ *v* NÁUT descarregar; desembarcar.
Un.skil.ful /anscil.ful/ *adj* inábil; inexperiente.
Un.skil.ful.ness /anscil.fulnés/ *s* imperícia; falta de habilidade.
Un.sound /ansáund/ *adj* doente; corrompido.
Un.sound.ness /ansáund.nés/ *s* falta de força; corrupção; fraqueza.
Un.spar.ing /anspé.rin/ *adj* franco; liberal; generoso.
Un.spar.ing.ness /anspé.rinés/ *s* generosidade.
Un.speak.a.ble /anspi.câbol/ *adj* inexprimível; inefável.
Un.sta.ble /anstêibol/ *adj* instável; variável.
Un.suit.a.ble /ansiu.tâbol/ *adj* impróprio; desproporcionado.
Un.sus.pect.ed /ansâspéc.tid/ *adj* insuspeito.
Un.sus.pect.ing /ansâspéc.tin/ *adj* confiante; ingênuo.
Un.tan.gle /anténgol/ *v* desembaraçar; desenredar.
Un.ten.a.ble /anti.nâbol/ *adj* indefensável; insustentável.
Un.thank.ful /anthénc.ful/ *adj* ingrato.
Un.ti.di.ness /antái.dinés/ *s* falta de asseio; negligência.
Un.ti.dy /antái.di/ *adj* desarranjado; sujo; negligente.
Un.tie /antái/ *v* desatar; desamarrar; soltar; afrouxar.
Un.til /antil/ *prep* até; *conj* até que.
Un.to /an.tu/ *prep* a; ao; aos; em; para; dentro.
Un.touch.a.ble /antâ.txâbol/ *adj* intocável; inatacável.
Un.to.ward /antôu.ârd/ *adj* perverso; desagradável.
Un.to.ward.ness /antôu.ârdnés/ *s* teima; perversidade.
Un.true /antru/ *adj* não verídico; inverossímil; falso.
Un.truth /antru.th/ *s* falsidade; mentira.
Un.truth.ful /antru.thful/ *adj* falso; inverídico; desleal.
Un.twist /antuíst/ *v* destorcer; desentrançar; desenrolar.
Un.wa.ry /anué.ri/ *adj* incauto.
Un.whole.some /an.hôul.sâm/ *adj* insalubre; doentio.
Un.wise /anuáiz/ *adj* imprudente; ignorante; insensato.
Un.wit.ting /anui.tin/ *adj* inconsciente; despercebido.
Un.wor.thy /anuâr.thi/ *adj* indigno; desonroso.
Un.wrap /anrép/ *v* desembrulhar; desenrolar.
Un.writ.ten /anritn/ *adj* verbal; não escrito.
Up /ap/ *s* o alto; subida; prosperidade; *v* levantar-se; *adj* ascendente; *adv* em cima; em posição vertical; com segurança; *prep* em cima; acima; sobre; em.
Up.braid /apbrêid/ *v* censurar; repreender; afrontar; ultrajar.
Up.cast /ap.cást/ *s* arremesso para o alto; *adj* levantado.
Up.grade /ap.grêid/ *s* elevação; subida; aclive; elevar a qualidade.
Up.heave /ap.hiv/ *v* levantar; sublevar; soerguer; alçar.
Up.hold /ap.hôuld/ *v* levantar; sustentar; proteger; *past and pp* Upheld.
Up.hold.er /ap.hôul.dâr/ *s* apoio; sustentáculo.
Up.hol.ster /ap.hôuls.târ/ *v* acolchoar; estofar.
Up.hol.ster.y /ap.hôuls.târi/ *s* tapeçaria.
Up.lift /ap.lift/ *v* levantar; elevar.
Up.on /apón/ *prep* sobre; em cima de; próximo de.
Up.per /â.pâr/ *s* parte superior dum calçado; *adj* superior; mais alto.
Up.per case /â.pâr.ceiz/ *s* maiúscula.
Up.per.most /â.pârmôust/ *adj* o mais alto; o mais elevado.

Up.pish /â.pixe/ *adj* altivo; soberbo; orgulhoso.
Up.pish.ness /â.pixenés/ *s* soberba; arrogância.
Up.raise /aprêiz/ *v* levantar; erguer; excitar; exaltar.
Up.right /ap.ráit/ *adj* direito; ereto; vertical; de pé; *adv* verticalmente.
Up.rise /apráis/ *s* subida; ladeira; *v* levantar; surgir.
Up.roar /â.prôur/ *s* tumulto; algazarra; barulho.
Up.set /apsét/ *s* transtorno; desarranjo; *v* derrubar; chatear; entristecer; desapontar; *adj* contrariado; aborrecido.
Up.shot /ap.xót/ *s* fim; remate; conclusão.
Up.side /ap.sáid/ *s* a parte superior.
Up.stairs /ap.stérz/ *s* o andar superior; *adj* do andar superior; *adv* no andar superior.
Up.start /ap.stárt/ *s* pessoa que chegou ao sucesso; novo-rico; *v* elevar-se subitamente.
Up.take /ap.têic/ *s* ato de levantar; tubo de caldeira; FIG apreensão mental; captação.
Up.thrust /ap.thrâst/ *s* impulso para cima.
Up.ward /ap.uârd/ *adj* dirigido para cima; levantado; *adv* para cima; mais; além.
U.ra.nus /ue.rêinês/ *s* Urano.
Ur.chin /âr.txin/ *s* ouriço; moleque; menino travesso.
Urge /ârdj/ *v* urgir; insistir com; apressar; empurrar.
Ur.gen.cy /âr.djensi/ *s* urgir; insistir; instar; provocar.
U.ri.nal /iu.rinâl/ *s* urinol.
U.rine /iu.rin/ *s* urina.
Urn /ârn/ *s* urna; vaso; cântaro; túmulo.
Ur.sine /âr.sáin/ *adj* ursino; de urso.
Us /âs/ *pron* nós; nos.
Us.age /iu.zidj/ *s* uso; prática; costume; hábito.
Use /iuz/ *s* uso; costume; hábito; *v* usar; utilizar.
Use.ful /iuz.ful/ *adj* útil; proveitoso; lucrativo.
Use.ful.ness /iuz.fulnés/ *s* utilidade; vantagem; lucro.
Ush.er /â.xâr/ *s* porteiro; escudeiro; *v* introduzir; anunciar.
U.su.al /iu.juâl/ *adj* usual; frequente; habitual.
U.su.al.ly /iu.juâli/ *adv* usualmente.
U.surp /iuzârp/ *v* usurpar; apoderar-se de.
U.ten.sil /iutén.sil/ *s* utensílio; instrumento; vasilha.
U.til.i.ty /iuti.liti/ *s* utilidade; proveito.
U.til.i.za.tion /iutilizêi.xân/ *s* utilização.
U.til.ize /iu.tiláiz/ *v* utilizar; aproveitar; tirar proveito de.
Ut.most /ât.môust/ *adj* extremo; máximo.
Ut.ter /â.târ/ *adj* total; completo; *v* proferir; pronunciar; revelar.
Ut.ter.most /â.târmôust/ *adj* extremo. *same as* Utmost.

ABCDEFGHIJKLMNOPQRSTUVWXYZ

V /vi/ *s* vigésima-segunda letra do alfabeto Português e do alfabeto Inglês.
Va.can.cy /vêi.cânsi/ *s* vaga; lacuna; vácuo.
Va.cate /vé.quêit/ *v* vagar; anular.
Va.ca.tion /vêiquêi.xân/ *s* férias; descanso; anulação.
Vac.il.late /vé.silêit/ *v* vacilar; hesitar.
Vac.il.la.tion /véssilêi.xân/ *s* vacilação; hesitação.
Va.cu.i.ty /vâquiu.iti/ *s* vacuidade; estupidez; vão; vácuo.
Va.ga.ry /vâguêi.ri/ *s* excentricidade; capricho.
Va.gran.cy /vêi.grânsi/ *s* vadiagem; ociosidade.
Va.grant /vêi.grânt/ *s* vagabundo; vadio; errante; *adj* vagabundo; vadio; errante.
Vague /vêig/ *adj* vago; incerto; impreciso.
Vague.ness /vêig.nés/ *s* incerteza; imprecisão.
Vain /vêin/ *adj* vão; vaidoso; fútil.
Vain.glo.ry /vêin.glôuri/ *s* vanglória; vaidade; frivolidade.
Val.en.tine /váelentain/ *s* galã; namorado.
Val.et /vé.let/ *s* valete; servo; criado; pajem; *v* pajear.
Val.id /vé.lid/ *adj* válido; poderoso; eficaz.
Va.lid.i.ty /vâli.diti/ *s* validade.
Val.u.a.ble /vé.liuâbol/ *adj* valioso; precioso; útil.
Val.ue /vé.liu/ *s* valor; preço; mérito; *v* avaliar; estimar; taxar.
Va.moose /vamôus/ *v* POP sair; *also* Vamose.
Vamp /vémp/ *s* remendo; *v* recolocar couro numa botina.
Van /vén/ *s* vanguarda; carroça; caminhão.
Va.nil.la /vâni.lâ/ *s* baunilha (planta).
Van.ish /vé.nixe/ *v* desaparecer; dissipar-se; desfalecer.
Van.i.ty /vé.niti/ *s* vaidade; orgulho.
Van.quish /vén.qüixe/ *v* vencer; conquistar; domar.
Van.tage /vén.tidj/ *s* vantagem; proveito; lucro.
Vap.id /vé.pid/ *adj* evaporado; insípido.
Va.pid.i.ty /vépi.diti/ *s* insipidez; sem gosto.
Va.por.ize /vêi.pâráiz/ *v* vaporizar.
Va.por.ous /vêi.parâs/ *adj* vaporoso; etéreo; quimérico.
Va.ri.a.tion /vâriêi.xân/ *s* variação; diferença; mudança.
Va.ri.e.ty /vârái.iti/ *s* variedade; diversidade; sortimento.
Va.ri.ous /vêi.riâs/ *adj* vário; variado; diverso, variável.
Va.ri.ous.ness /vêi.riâsnés/ *s* diversidade; variedade.
Va.ry /vê.ri/ *v* variar; desviar.
Vast /vést/ *s* vastidão; imensidade; *adj* vasto.
Vast.ness /vést.nés/ *s* vastidão; enormidade; grandeza.
Vat /vét/ *s* tina; tanque; tonel; *v* pôr em tinas.
Vault /vólt/ *s* abóbada; catacumba; adega; *v* abobadar; arquear; saltar.
Vaunt /vánt/ *v* gabar-se; exibir ostentação.
Veal /vil/ *s* carne de vitela.
Veg /védj/ *v* vegetar.
Ve.he.mence /vi.himéns/ *s* veemência; ímpeto.
Ve.he.ment /vi.himént/ *adj* veemente; impetuoso.
Ve.hi.cle /vi.icol/ *s* veículo; carro.
Veil /vêil/ *s* véu; faixa; capa; *v* velar; cobrir; disfarçar; ocultar.
Vein /vêin/ *s* veia; veio; filão; talento.
Ve.loc.it.y /viló.siti/ *s* velocidade; celeridade; rapidez.
Vel.vet /vé.lvet/ *s* veludo; *adj* de veludo; aveludado.
Vend /vénd/ *v* vender; oferecer para vender.
Ven.er.ate /vé.nâreit/ *v* venerar; respeitar.
Ven.er.a.tion /vénârei.xân/ *s* veneração; respeito.
Ve.ne.tian /veni.xân/ *s* veneziano; *adj* Veneziano (de Veneza, na Itália).
Ven.geance /vén.djâns/ *s* vingança; desforra.
Venge.ful /véndj.ful/ *adj* vingativo.
Ven.i.son /vé.nizân/ *s* carne de veado.
Ven.om /vénâm/ *s* veneno; rancor; maldade; peçonha.
Ven.om.ous /vé.nâmas/ *adj* venenoso; peçonhento; odiento.
Vent /vént/ *s* saída; passagem; vento; *v* dar saída a; desafogar; divulgar.
Ven.ti.late /vén.tilêit/ *v* ventilar; elucidar; arejar; discutir.
Ven.ture /vén.txur/ *v* aventurar.
Ven.ture.some /vén.txursâm/ *adj* aventureiro; ousado.

Ven.ture.some.ness /vén.txursâmnés/ *s* ousadia.
Ven.tur.ous /vén.txurâs/ *adj* atrevido; corajoso; audaz.
Ven.ue /vêniu/ *s* jurisdição.
Ve.nus /vínâs/ *s* Vênus.
Ve.ra.cious /verêi.xâs/ *adj* verídico; verdadeiro.
Ve.rac.i.ty /veré.siti/ *s* veracidade; verdade.
Verb /varb/ *s* verbo.
Ver.bos.i.ty /varbó.siti/ *s* verbosidade; prolixidade.
Ver.dant /vâr.dânt/ *adj* verde; verdejante; inexperiente.
Verge /vârdj/ *s* borda; margem; beira; *v* tender; pender; aproximar-se.
Ver.i.fy /vé.rifái/ *v* verificar; autenticar; provar.
Ver.i.ta.ble /vé.ritâbol/ *adj* verdadeiro; real; autêntico.
Ver.i.ty /vé.riti/ *s* verdade; realidade.
Ver.sa.tile /vâr.sâtáil/ *adj* versátil; mutável.
Verse /vârs/ *s* verso; estrofe; poesia; *v* versificar.
Ver.si.cle /vâr.sicol/ *s* versículo; verso bíblico; verseto.
Ver.si.fy /vâr.sifái/ *v* versificar; versejar.
Ver.tig.i.nous /vârti.djinâs/ *adj* vertiginoso; estonteante.
Ver.y /vé.ri/ *adj* verdadeiro; próprio; *adv* muito; bastante; perfeitamente.
Ves.per /véspar/ *s* vésper, estrela da noite (Vênus); véspera.
Ves.sel /vésol/ *s* vaso; navio; vaso; canal.
Vest /vést/ *s* camiseta; colete; *v* vestir; empossar; investir.
Vest.ment /vést.ment/ *s* vestimenta; vestuário.
Ves.try /vés.tri/ *s* sacristia.
Ves.ture /vés.txur/ *s* veste; cobertura; investidura; *v* vestir; envolver.
Vet.er.an /vé.târan/ *adj* veterano.
Vex /vécs/ *v* atormentar; irritar-se; disputar.
Vex.a.tion /vécsêi.xân/ *s* opressão; tormento; irritação.
Vex.a.tious /vécsêi.xâs/ *adj* irritante; penoso; incômodo.
Vi.al /vái.âl/ *s* frasco; ampulheta; pequena garrafa.
Vi.and /vái.ând/ *s* provisão; abundância.
Vi.brant /vái.brânt/ *adj* vibrante; trêmulo.
Vi.brate /vái.brêit/ *v* vibrar; oscilar; agitar; balançar.
Vi.bra.to.ry /vái.brâtôuri/ *adj* vibratório; vibrante.
Vic.ar /vi.câr/ *s* vigário; cura.
Vi.ca.ri.ous /váiquêi.riâs/ *adj* de vigário; vicário; substituto.
Vice /váis/ *s* vício; vice; *prep* em lugar.
Vi.cin.i.ty /vissi.niti/ *s* vizinhança; adjacência; proximidade.
Vi.cious /vi.xâs/ *adj* vicioso; corrompido; viciado.
Vic.to.ri.ous /vic.tôu.riâs/ *adj* vitorioso.
Vic.to.ri.ous.ness /victôu.riâsnés/ *s* caráter vitorioso.
Vic.to.ry /vic.tôuri/ *s* vitória; triunfo.
Vict.ual /vitxuol/ *v* fornecer víveres; abastecer.
Vie /vái/ *v* disputar; competir; desafiar.
View /viu/ *s* vista; paisagem; modo de ver; *v* ver; observar; contemplar.
View.less /viu.lés/ *adj* invisível.
Vig.il /vi.djil/ *s* vigília; velório.
Vig.i.lance /vi.djilâns/ *s* vigilância; prevenção; sentinela.
Vig.i.lant /vi.djilânt/ *adj* vigilante; atento; cauteloso.
Vig.or /vi.gâr/ *s* vigor; força; poder; energia.
Vig.or.ous /vi.gâras/ *adj* vigoroso; enérgico.
Vig.or.ous.ness /vi.gârasnés/ *s* vigor; robustez.
Vile /váil/ *adj* vil; desprezível; indigno.
Vile.ness /váil.nés/ *s* vileza; baixeza.
Vil.i.fi.er /vi.lifáiâr/ *s* difamador; caluniador.
Vil.i.fy /vi.lifái/ *v* aviltar; difamar; vilipendiar.
Vil.lage /vi.lidj/ *s* vila; aldeia; povoação; *adj* de aldeia.
Vim /vim/ *s* energia; força; vigor.
Vin.ci.ble /vin.sibol/ *adj* vencível; conquistável.
Vin.di.cate /vin.diquêit/ *v* justificar; vingar; defender; vingar.
Vin.di.ca.tion /vindiquêi.xân/ *s* justificação; defesa.
Vine /váin/ *s* videira; vinha; trepadeira.
Vin.e.gar /vi.nigâr/ *s* vinagre.
Vine.yard /vi.niârd/ *s* vinha (plantação de videiras).
Vi.o.late /vái.olêit/ *v* violar; ultrajar; profanar; transgredir.
Vi.o.la.tion /váiolêi.xân/ *s* violação; transgressão; desonra.
Vi.o.lence /vái.oléns/ *s* violência; fúria; tirania.
Vi.o.let /vái.olét/ *s* a cor violeta; violeta (flor); *adj* violeta.
Vi.o.lin /váiolin/ *s* violino.
Vi.o.lon.cel.lo /váiolóntxé.lôu/ *s* violoncelo.
Vi.per /vái.pâr/ *s* víbora (réptil); pessoa de mau gênio.
Vir.gin.i.ty /vârdji.niti/ *s* virgindade; pureza.
Vi.rid.i.ty /viri.diti/ *s* verdura; verdor.
Vir.ile /vi.ril/ *adj* viril; varonil; másculo.
Vi.ril.i.ty /viri.liti/ *s* virilidade; masculinidade.
Vir.tue /vâr.txu/ *s* virtude; mérito; valor.
Vir.tu.ous /vârt.xuâs/ *adj* virtuoso; casto; puro.
Vir.u.lence /vi.ruléns/ *s* virulência; rancor; malignidade.
Vi.rus /vái.râs/ *s* vírus (germe patogênico).
Vis.age /vi.zidj/ *s* semblante; aspecto; rosto.
Vis.cid /vi.sid/ *adj* viscoso; pegajoso.
Vis.cid.i.ty /visi.diti/ *s* viscosidade.
Vis.cos.i.ty /viscó.siti/ *s* viscosidade.
Vis.count /vái.cáunt/ *s* visconde.
Vis.cous /vis.câs/ *adj* viscoso; pegajoso.
Vise /váis/ *s* torno mecânico.
Vis.i.bil.i.ty /vizibi.liti/ *s* visibilidade.
Vis.i.ble /vi.zibol/ *adj* visível; claro; evidente.
Vi.sion /vi.jân/ *s* visão; fantasma; *v* visionar; imaginar.
Vi.sion.a.ry /vi.jânéri/ *s* visionário; utopista; *adj* visionário; imaginativo.

Vis.it /vi.zit/ *s* visita; reconhecimento; *v* visitar; inflingir; frequentar.
Vis.i.tant /vi.zitânt/ *s* visitante; visita.
Vis.i.ta.tion /vizitêi.xân/ *s* visita; inspeção; recompensa.
Vis.i.ter /vi.zitá/ *s* visitador; visita; hóspede; *also* Visitor.
Vis.or /vái.zâr/ *s* viseira; máscara.
Vis.u.al /vi.juâl/ *adj* visual; aparência.
Vis.u.al.i.za.tion /vijuélizêi.xân/ *s* visualização.
Vis.u.al.ize /vi.juéláiz/ *v* visualizar; imaginar.
Vi.tal.i.ty /váité.liti/ *s* vitalidade; vigor; ânimo.
Vi.tal.ize /vái.tâláiz/ *v* vitalizar; animar; reanimar.
Vi.ti.a.ble /vi.xiâbol/ *adj* corruptível.
Vi.ti.ate /vi.xiêit/ *v* viciar; arruinar.
Vit.re.ous /vi.triâs/ *adj* vítreo; vidroso.
Vit.ri.fy /vi.trifái/ *v* vitrificar; vitrificar-se.
Vi.tu.per.ate /váitiu.parêit/ *v* vituperar; ralhar; censurar; injuriar.
Vi.va.cious /vivêi.xâs/ *adj* vivaz; vivo; animado.
Vi.vac.i.ty /vivé.siti/ *s* vivacidade; perspicácia.
Viv.i.fy /vi.vifái/ *v* avivar; vivificar.
Viv.i.sect /vivisséct/ *v* dissecar.
Vix.en /vi.csn/ *s* raposa.
Vo.ca.ble /vôu.câbol/ *s* vocábulo; palavra.
Vo.cab.u.la.ry /voqué.biuléri/ *s* vocabulário; glossário.
Vo.cal.ize /vôu.câláiz/ *v* vocalizar; pronunciar.
Vo.ca.tion /voquêi.xân/ *s* vocação; posto; ofício; tendência.
Vo.cif.er.ate /vôussi.farêit/ *v* vociferar; bramar; berrar.
Vo.cif.er.a.tion /vôussifarêi.xân/ *s* vociferação; vozerio.
Vo.cif.er.ous /vôussi.fâras/ *adj* vociferante; barulhento.
Vogue /vôug/ *s* voga; moda.
Voice /vóis/ *s* voz; palavra; tom; sufrágio; voto; *v* divulgar; proclamar; vociferar.
Voice.ful /vóiss.ful/ *adj* sonoro.
Voice.less /vóis.lés/ *adj* sem voz; mudo.
Void /vóid/ *s* vácuo; vacuidade; *v* esvaziar; invalidar; *adj* vazio; desocupado.
Void.a.ble /vói.dâbol/ *adj* anulável; invalidável; cancelável.
Void.ance /vói.dâns/ *s* vocatura; invalidação; expulsão.
Vol.a.tile /vó.lâtil/ *adj* volátil; inconstante.
Vol.a.tile.ness /vó.lâtilnés/ *s* volatilidade; mutabilidade; inconstância.
Vol.a.til.i.za.tion /vólâtilizêi.xân/ *s* volatilização.
Vol.a.til.ize /vó.lâtiláiz/ *v* volatilizar-se.
Volition /vôuli.xân/ *s* volição; vontade.
Vol.ley /vó.li/ *s* descarga; aclamação; salva de artilharia; *v* dar salva com descarga.
Vol.u.ble /vó.liubol/ *adj* volúvel; tagarela; prolixo.
Vo.lu.mi.nous /vóliu.minâs/ *adj* volumoso; extenso; grosso.
Vo.lu.mi.nous.ness /vóliu.minâsnés/ *s* volume; grossura.
Vol.un.ta.ry /vó.lântéri/ *s* teima; arbítrio; *adj* voluntário; espontâneo.
Vol.un.teer /vólântir/ *s* voluntário; *adj* voluntário; *v* alistar-se; oferecer-se.
Vo.lup.tu.ous /volâp.txuâs/ *adj* voluptuoso.
Vo.lup.tu.ous.ness /volâp.txuâsnés/ *s* voluptuosidade; sensualidade.
Vo.lu.tion /voliu.xân/ *s* volta; giro; revolução.
Vom.it /vó.mit/ *s* vômito; *v* vomitar.
Vo.ra.cious /vorêi.xâs/ *adj* voraz; ávido; devorador.
Vo.ra.cious.ness /vorêi.xâsnés/ *s* voracidade.
Vo.rac.i.ty /voré.siti/ *s* voracidade; avidez.
Vote /vôut/ *s* voto; escrutínio; *v* votar em; eleger; deliberar.
Vot.ing /vôu.tin/ *s* votação; escrutínio.
Vo.tive /vôu.tiv/ *adj* comemorativo.
Vouch /váutxe/ *s* garantia; testemunho; *v* atestar; certificar.
Vouch.er /váu.txâr/ *s* fiador; prova; testemunho.
Vouch.safe /váutxesêif/ *v* conceder; outorgar, permitir.
Vow /váu/ *s* voto;-promessa; *v* jurar; fazer um voto a Deus.
Vow.el /váu.âl/ *s* vogal; *adj* de vogal.
Voy.age /vói.idj/ *s* viagem; *v* viajar; navegar.
Voy.ag.er /vói.idjâr/ *s* viajante.
Vul.gar /vâl.gâr/ *s* o povo; a plebe; *adj* vulgar; comum.
Vul.gar.i.ty /vâlgué.riti/ *s* vulgaridade; banalidade.
Vul.gar.i.za.tion /vâlgârizêi.xân/ *s* vulgarização.
Vul.gar.ize /vâl.garáiz/ *v* vulgarizar; popularizar; generalizar.
Vul.ner.a.bil.i.ty /vâlnârabi.liti/ *s* vulnerabilidade.
Vul.ner.a.ble /vâl.nârabol/ *adj* vulnerável.
Vul.ner.a.ry /vâl.naréri/ *adj* vulnerário.
Vul.ture /vâl.txur/ *s* abutre (ave); urubu.
Vul.tur.ine /vâl.txurin/ *adj* de abutre; *also* Vulturous.
Vul.va /vâl.vâ/ *s* vulva; parte externa da genitália feminina.
Vy.ing /váin/ *adj* rival; concorrente.
Vy.ing.ly /váin/ *adv* rivalidade.

ABCDEFGHIJKLMNOPQRSTUVWXYZ

W /dâ.bliu/ *s* vigésima-terceira letra do alfabeto Português e do alfabeto Inglês.
Wad /uód/ *s* estopa; molho; monte; feixe; chumaço; *v* acolchoar; encher; fartar.
Wad.dle /uódol/ *s* bamboleio; *v* balançar; bambolear; gingar.
Wade /uêid/ *s* vau (lugar raso em um rio etc.); *v* patinhar.
Wad.er /uêi.dâr/ *s* o que anda com dificuldade.
Waf.fle /uófol/ *s* bolo; panqueca.
Waft /uáft/ *v* flutuar.
Waft.age /uáf.tidj/ *s* condução; transporte (por água ou ar).
Wag /uég/ *s* balanço; sacudidela; *v* agitar; oscilar.
Wage /uêidj/ *s* paga, salário; (de mão-de-obra); parada (no jogo); *v* apostar.
Wa.ger /uêi.djâr/ *s* aposta; *v* apostar; arriscar (no jogo).
Wag.ger.y /uêi.djârâr/ *s* brincadeira; malícia; esperteza.
Wag.gish /ué.guixe/ *adj* brincalhão; divertido; jocoso.
Wag.on /ué.gân/ *s* carroça; carro; vagão; *v* transportar.
Wail /uêil/ *s* lamento; queixume; gemido; *v* lamentar.
Wain /uêin/ *s* carro; carroça; carreta.
Wain.scoat /uêin.scât/ *s* estuque; *v* emadeirar.
Waist /uêist/ *s* cintura; cinta; meio; talhe.
Waist.coat /uêist.côut/ *s* colete; *also* Vest.
Wait /uêit/ *s* demora; espera; detença; *v* atender; esperar; servir.
Wait.er /uêi.târ/ *s* garçom; garção; servidor.
Wait.ing /uêi.tin/ *s* ato de esperar; serviço.
Wait.ress /uêi.trés/ *s* copeira; garçonete.
Waive /uêiv/ *s* desistência; renúncia; *v* desistir de; renunciar a.
Wake /uêic/ *s* insônia; vigília; *v* acordar; despertar; velar; *past* Woke *or* Waked *and pp* Woken *or* Waked.
Wake.ful /uêic.ful/ *adj* alerta; desperto.
Wale /uêil/ *s* marca (de pancada); vinco; vergão; raia; sulco; *v* açoitar; vincar.
Walk /uóc/ *s* carreira; giro; o andar; passeio; *v* andar.
Wall /uól/ *s* muro; muralha; parede; *v* murar; emparedar.
Wal.let /uó.let/ *s* carteira.
Wal.lop /uó.lâp/ *s* golpe; pancada; *v* bater; ferver; surrar.
Wal.nut /uól.nât/ *s* noz; nogueira.
Waltz /uól.ts/ *s* valsa; *v* valsar.
Wan /uón/ *adj* doentio; pálido; sem brilho; fraco.
Wand /uónd/ *s* batuta; bastão; vara; varinha.
Wan.der /uón.dâr/ *s* excursão; viagem; *v* delirar; errar; vagar.
Wan.der.ing /uón.dârin/ *adj* errante; inconstante; vadio.
Wanna /uóna/ *v* contração de **Want To**.
Want /uónt/ *s* carência; escassez; falta; *v* desejar.
Want.age /uón.tidj/ *s* carência; falta.
War /uór/ *s* guerra; *v* guerrear; combater.
War.ble /uórbol/ *s* gorjeio; trinado; *v* chilrear; gorjear; trinar.
Ward /uórd/ *s* guarda; ala; distrito; *v* cuidar; proteger.
War.den /uór.dn/ *s* diretor (de colégio, de presídio etc.).
Ward.robe /uór.drôub/ *s* guarda-roupa; vestuário.
Ward.ship /uór.dxip/ *s* custódia; tutela.
Ware /uér/ *s* mercadoria; *adj* acautelado; *v* ter cuidado com.
Ware.house /uér.háus/ *s* armazém; depósito; *v* armazenar; abastecer.
War.fare /uór.fér/ *s* conflito; guerra.
Wa.ri.ness /ué.rinés/ *s* cuidado; cautela; prudência.
War.like /uór.láic/ *adj* belicoso; hostil; marcial.
War.lock /uór.lóc/ *s* feiticeiro; mágico.
Warm /uórm/ *adj* apaixonado; quente; *v* aquecer.
Warn /uórn/ *v* avisar; advertir; admoestar; prevenir.
Warn.ing /uór.nin/ *s* aviso; advertência.
Warp /uórp/ *s* urdidura; *v* corromper; empenar (madeira); rebocar (barco); tecer.
War.rant /uó.rânt/ *s* autorização; diploma; alvará; *v* afiançar; autorizar; garantir.
War.ran.tee /uórânti/ *s* JUR afiançado; abonado.

War.ri.or /uó.riâr/ *s* guerreiro; soldado experimentado.
Wart /uórt/ *s* verruga.
Wa.ry /uêi.ri/ *adj* cauteloso; prudente.
Was /uós/ *v* passado do verbo To Be.
Wash /uóxe/ *s* camada de tinta; lavagem; *v* dar uma demão de tinta; lavar.
Wash.board /uóxe.bôurd/ *s* rodapé; tábua (de lavar roupa).
Wash.ing /uó.xin/ *s* lavagem; roupa lavada; *adj* lavável.
Wash.y /uó.xi/ *adj* aguado; fraco; molhado; úmido.
Wasp /uósp/ *s* vespa.
Wasp.ish /uó.pixe/ *adj* rabugento.
Was.sail /uós.sil/ *s* brinde; festim; orgia; *v* brindar.
Wast.age /uêis.tij/ *s* desperdício; desgaste.
Waste /uêist/ *s* desgaste; desperdício; *v* desperdiçar; *adj* arruinado; supérfluo.
Waste.ful /uêist.ful/ *adj* gastador; esbanjador.
Waste.ful.ness /uêist.fulnés/ *s* esbanjamento; desperdício.
Watch /uótxe/ *s* guarda; relógio; vigília; *v* assistir; espreitar; observar; vigiar.
Watch.er /uó.txâr/ *s* guarda; sentinela; vigia.
Watch.ful /uó.txeful/ *adj* atento; vigilante; esperto.
Watch.ful.ness /uó.txefulnés/ *s* atenção; guarda; vigilância.
Wa.ter /uó.târ/ *s* água; *v* banhar; molhar; regar.
Wa.ter.er /uó.târâr/ *s* aguador; regador.
Wa.ter.less /uó.târlés/ *adj* árido; seco.
Water-logged /uó.târlóguid/ *adj* encharcado de água.
Wa.ter.man /uó.tarmân/ *s* remador.
Wa.ter.mel.on /uó.târ.mé.lon/ *s* melancia.
Wa.ter.proof /uó.târpruf/ *s* impermeável; *v* impermeabilizar. *adj* **à prova d'água** resistente à água; impermeável.
Wa.ter.y /uó.târi/ *adj* aquoso; líquido.
Wave /uêiv/ *s* aceno; onda; vaga; ondulação; *v* acenar; ondular; vibrar.
Wav.er /uêi.vâr/ *v* ondear; ondular; oscilar.
Wav.er.er /uêi.vârâr/ *s* hesitante; pessoa indecisa.
Wav.i.ness /uêi.vinés/ *s* flutuação; indecisão; ondulação.
Wav.y /uêi.vi/ *adj* flutuante; ondulatório; ondulado.
Wax /uécs/ *s* cera; cerume; *v* crescer; encerar; engrandecer.
Wax.en /uéc.sân/ *adj* feito com cera; revestido com cera.
Wax.y /uó.csi/ *adj* de cera; ceroso; ceráceo.
Way /uêi/ *s* canal; caminho; modo; passagem; via.
Way.lay /uêi.lêi/ *v* emboscar-se; surpreender; *past and pp* Waylaid.
Way.ward /uêi.uârd/ *adj* caprichoso; impertinente; instável; travesso.
Way.ward.ness /uêiúârdnés/ *s* capricho; instabilidade; mau humor.
We /ui/ *pron* nós.
Weak /uic/ *adj* débil; fraco; frágil; inábil; tolerante; ineficaz.
Weak.en /uicn/ *v* atenuar; debilitar; enfraquecer.
Weak.ness /uic.nés/ *s* debilidade; fraqueza.
Weal /uil/ *s* bem-estar; felicidade; prosperidade.
Weald /uild/ *s* descampado; extensão de mata; duna.
Wealth /uélth/ *s* bens de fortuna; prosperidade; riqueza.
Wealth.y /uél.thi/ *adj* abastado; rico.
Wean /uin/ *v* desmamar; desacostumar; separar.
Weap.on /ué.pân/ *s* arma; armamento.
Wear /uér/ *s* desgaste; moda; uso; *v* passar o tempo; trajar; usar; vestir; *past* Wore *and pp* Worn.
Wear.ing /ué.rin/ *adj* exaustivo; fatigante.
Wea.ry /ui.ri/ *adj* aborrecido; cansado; enfastiado; *v* aborrecer; cansar.
Wea.sel /uizol/ *s* doninha; fuinha.
Weath.er /ué.dhâr/ *s* clima; *v* dobrar um cabo; navegar ao vento; resistir.
Weave /uiv/ *s* ato de tecer; tecido; trama; *v* entrelaçar; tecer; trançar; *past* Wove *and pp* Woven.
Web /uéb/ *s* enredo; rolo de papel contínuo; tecido fino; teia.
Web.ster /ué.bstâr/ *s* tecelão.
Wed /uéd/ *v* casar; desposar.
Wed.ding /ué.din/ *s* bodas; casamento; núpcias.
Wedge /uédj/ *s* calço; cunha; *v* apertar; encravar; fender.
Wed.lock /uéd.loc/ *s* matrimônio; vida matrimonial.
Wednes.day /uenz.dêi/ *s* quarta-feira.
Weds /uéds/ *s* **abreviatura de Wednesday:** quarta-feira.
Wee /ui/ *s* pequeno espaço (de tempo ou distância); *adj* pequenino; pequerrucho.
Weed /uid/ *s* erva daninha; joio; *v* capinar; limpar.
Week /uic/ *s* semana.
Week.ly /ui.cli/ *s* semanário; *adj* semanal; *adv* semanalmente.
Weep /uip/ *s* choro; *v* chorar; lamentar; *past and pp* Wept.
Weep.er /ui.pâr/ *s* aquele que chora; aquele que lamenta.
Weft /uéft/ *s* urdidura; trama; tecido.
Weigh /uêi/ *v* calcular a importância de; considerar; pesar; *s* peso.
Weight.i.ness /uêi.tinés/ *s* gravidade; importância; peso.
Weight.less /uêi.tinés/ *adj* sem gravidade; sem peso.
Weight.y /uêi.ti/ *adj* eficaz; grave pesado.
Weir /uir/ *s* açude; dique; represa.
Weird /uird/ *s* destino; sorte, sina; fado; *adj* misterioso.
Wel.come /uél.câm/ *s* boas-vindas; saudação; *v* acolher; bendizer; dar boas-vindas; *adj* agradável; bem-vindo.

Wel.com.ing /uél.câmin/ *s* ser bem acolhido.
Weld /uéld/ *s* solda; *v* caldear; soldar.
Wel.fare /uél.fér/ *s* bem-estar; saúde; ventura.
Well /uél/ *s* fonte; nascente; poço; NÁUT porão de navio; *v* brotar; esguichar; emanar; nascer; *adj* bom; confortável; feliz; *adv* bem; devidamente; felizmente; muito.
Welt /uélt/ *s* margem; orla; vinco; vergão; *v* debruar; orlar.
Wen /uén/ *s* lobinho; quisto sebáceo.
Wend /uénd/ *v* ir; passar; encaminhar; seguir.
Were.wolf /ué.ruulf/ *s* lobisomem.
West /uést/ *s* oeste; ocidente; poente; ocaso; *adj* do oeste; ocidental; *adv* para o oeste.
West.er.ly /ués.târli/ *adj* ocidental; *adv* em direção do ocidente.
West.ern /ués.târn/ *s* ocidental; CIN faroeste; *adj* do oeste.
Wet /uét/ *s* água; chuva; umidade; *v* umedecer; molhar; *adj* molhado; bêbado.
Whale /huêil/ *s* baleia (mamífero); cachalote.
Whale.bone /huêil.bôun/ *s* barba de baleia.
Whang /huén/ *s* pancada; surra; correia; *v* cortar em fatias; espancar.
Whap /huáp/ *s* pancada; *v* bater; espancar; surrar.
Wharf /huórf/ *s* cais; desembarcadouro.
What /huót/ *adj* aquilo; aquele (a) que; aqueles (as) que; o que; que; *pron* aquilo; aquele (a) que; aqueles (as) que; o que; que; *conj* que; *adv* de que maneira; em que.
What.ev.er /huót.évâr/ *pron* tanto faz; seja o que for; tudo aquilo que; todo que.
What.not /huót.nót/ *s* algo trivial ou indefinido; POP sei lá mais o que!
What.so.ev.er /huót.sôué.vâr/ *adj* por mais que; seja qual for; tudo quanto; *pron* por mais que; seja qual for.
Wheat /huit/ *s* trigo.
Whee.dle /huidol/ *v* lisonjear.
Wheel /huil/ *s* roda; disco; *v* girar; rodar.
Wheel.ing /hui.lin/ *s* ato de rodar; pedalar.
Wheeze /huiz/ *s* respiração ofegante; *v* respirar com esforço.
Whelp /huélp/ *s* filhote (de mamífero); *v* dar cria.
When /huén/ *adv* logo; no tempo; no momento em que; quando; *conj* logo; no tempo; no momento em que.
Whence /huéns/ *adv* consequentemente; donde; por essa razão; por isso.
When.ev.er /huéné.vâr/ *adv* quando; sempre que; todas as vezes que; *conj* quando; sempre que; todas as vezes que.
Where /huér/ *adv* em que lugar; para onde; onde.
Where.a.bouts /huér.âbáuts/ *adv* perto; próximo.
Where.by /huér.bái/ *adv* como; por que meio; por onde.
Where.fore /huér.fôur/ *s* causa; motivo; *adv* por que; *conj* para que; por que.
Where.so.ev.er /huérsoé.vâr/ *adv* em qualquer parte; sempre que.
Whet /huét/ *s* estimulante; excitante; *v* afiar; excitar; estimular.
Wheth.er /hué.dhâr/ *conj* ou; quer seja; se; *pron* qual dos dois.
Which /huitxe/ *pron* o(a) qual; os(as) quais; cujo (os); cuja (as); que.
Which.ev.er /huitxé.vâr/ *pron* qualquer; um ou outro.
Which.so.ev.er /huitxésou.vâr/ *pron* qualquer; um ou outro.
Whiff /huif/ *s* baforada; bafejo; brisa; cheiro; sopro.
Whif.fler /hui.flâr/ *s* assobio; pessoa inconstante; pessoa frívola; *v* mudar; ser inconstante; variar.
Whig /huig/ *adj* liberal.
While /huáil/ *s* espaço de tempo; momento; vez; *v* distrair; entreter; passar; retardar; *conj* conquanto; ainda que; *adv* no tempo em que.
Whim.per /huim.pâr/ *s* lamúria; queixume; *v* choramingar; lamuriar.
Whip /huip/ *s* açoite; chicote; chibata; cocheiro; carroceiro; *v* açoitar; alinhavar costura.
Whir /huâr/ *s* silvo; zunido; zumbido; *v* girar zunindo.
Whirl /huârl/ *s* giro; remoinho; turbilhão; volta; rotação; *v* girar rapidamente; rodopiar.
Whirl.pool /huêr.pul/ *s* redemoinho (em água).
Whirl.wind /huêr.uind/ *s* redemoinho (de vento); tufão.
Whis.key /huis.qui/ *s* uísque; *also* Whisky.
Whis.per /huis.pâr/ *s* murmúrio; sussurro; segredo; *v* cochichar; sussurrar.
Whis.per.ing /huis.pârin/ *s* insinuação; maledicência; murmúrio; *adj* murmurante; sussurrante.
Whist /huist/ *s* jogo de cartas; *adj* mudo; calado; *interj* silêncio!
Whis.tle /huistol/ *s* assobio; silvo; sibilo; apito; *v* assobiar; apitar; silvar.
Whit /huit/ *s* porção mínima; átomo.
White /huáit/ *s* branco; brancura; *v* branquear; caiar; *adj* branco; inocente; puro.
White.ness /huáit.nés/ *s* alvura; brancura; inocência.
Whit.sun /huitsn/ *adj* de pentecostes.
Whit.sun.day /huit.sândêi/ *s* domingo de Pentecostes.
Whit.tle /huitol/ *v* aparar; modelar; cortar.
Who /hu/ *pron* o(a) qual; os(as) quais; aquele (s) que; aquela (s) que; que; quem.
Who.ev.er /hué.vâr/ *pron* quem quer que; qualquer.
Whole /hôul/ *s* a totalidade; o todo; *adj* inteiro; todo; total.
Whole.ness /hôul.nés/ *s* integridade; o todo; totalidade.
Whole.sale /hôul.sêil/ *s* venda por atacado; *adj* por atacado.

Whole.some /hôul.sâm/ *adj* benéfico; saudável; são.
Whom /hum/ *pron* a quem; que; o (a) qual.
Whoop /hup/ *s* algazarra; grito de guerra; pio da coruja; *v* apupar; berrar; piar; vaiar.
Whose /huz/ *pron* cujo (os); cuja (as); de quem.
Why /huái/ *adv* por quê; por que razão; *interj* caramba!
Wick /uic/ *s* mecha; pavio; torcida.
Wick.ed.ness /ui.quidnés/ *s* iniquidade; imoralidade; maldade.
Wick.er /ui.câr/ *s* vime; trabalho (de vime).
Wick.et /ui.quet/ *s* postigo; portinhola; cancela.
Wide /uáid/ *s* amplidão; largura; *adj* amplo; largo; vasto; FIG inteligente; liberal; *adv* ao longe; extensamente; longe.
Wid.en /uáidn/ *v* alargar; dilatar; estender.
Wide-spread /uáids.prid/ *adj* amplo; muito difundido.
Wid.ow /ui.dôu/ *s* viúva; *v* despojar; enviuvar.
Width /uidth/ *s* amplitude; extensão; largura.
Wield /uild/ *v* dirigir; manejar.
Wife /uáif/ *s* esposa; mulher.
Wife.hood /uáif.hud/ *s* condição de mulher casada; estado de mulher casada.
Wig /uig/ *s* cabeleira postiça; peruca; *v* POP repreender severamente em público; ralhar.
Wig.ger.y /ui.gâri/ *s* cabelo postiço; peruca.
Wild /uáild/ *s* deserto; ermo; *adj* bravo; feroz; inculto; selvagem.
Wild boar /uáild.bór/ *s* javali; porco selvagem.
Wild.ness /uáild.nés/ *s* ferocidade; loucura; selvageria.
Wile /uáil/ *s* ardil; engano; logro; *v* lograr; usar de astúcia.
Will /uil/ *s* escolha; inclinação; vontade; GRAM auxiliar que forma o futuro; *v* desejar; querer; *past and pp* Would.
Will.ful /uil.ful/ *adj* obstinado; teimoso.
Wil.low /ui.lôu/ *s* salgueiro.
Wilt /uilt/ *v* definhar; esmorecer; murchar.
Wi.ly /uái.li/ *adj* astuto; manhoso.
Wim.ble /uimbol/ *s* broca; furador; pua.
Wim.ple /uimpol/ *s* flâmula; touca de freira; *v* cobrir com véu; velar.
Win /uin/ *v* cativar; ganhar; induzir; vencer; *past and pp* Won.
Wince /uins/ *s* retraimento; *v* escoicear; retrair-se; pestanejar.
Wind 1 /uind/ *s* aragem; brisa; vento; *v* arejar; abanar; ventar.
Wind 2 /uaind/ *s* enroscamento; curvatura; torcedura; volta; *v* enroscar; girar; serpentear; *past and pp* Winded.
Wind 3 /uaind/ *v* buzinar; tocar instrumento; *past and pp* Wound.
Wind.er /uin.dâr/ *s* pessoa que enrola corda em relógio.
Wind.i.ness /uin.dinés/ *s* flatulência; inchação.
Wind.lass /uind.lâs/ *s* molinete; *v* fazer rodeios; içar com molinete.
Wind.mill /uind.mil/ *s* moinho de vento.
Win.dow /uin.dôu/ *s* janela; coberta; tampa; vitrina; abertura; *v* expor; pôr janelas.
Wind.screen /uins.crin/ *s* AUT para-brisa; USA Windshield.
Wind.ward /uind.uârd/ *s* barlavento; *adj* de barlavento; *adv* a barlavento.
Wind.y /uin.di/ *adj* pomposo; ventoso.
Wine /uáin/ *s* vinho.
Wing /uin/ *s* asa; ala; bastidor; voo; FUT ponta; *v* dar asas a; levar sobre as asas.
Wink /uinc/ *s* cochilo; piscadela; soneca; *v* piscar; disfarçar; fazer sinal (piscando).
Win.ner /uin.nâr/ *s* ganhador; vencedor.
Win.ter /uin.târ/ *s* inverno; *v* invernar; *adj* hibernal.
Win.try /uin.tri/ *adj* de inverno; frio; gélido.
Wipe /uáip/ *s* ato de limpar; bofetada; gracejo; *v* enxugar; limpar.
Wire /uáir/ *s* arame; fio elétrico; telégrafo; MÚS corda; *v* cercar (com arame); instalar fios elétricos; ligar.
Wis.dom /uis.dâm/ *s* juízo; sabedoria.
Wise /uáiz/ *s* maneira de agir; modo; *adj* discreto; douto; prudente; sábio; sensato.
Wish /uixe/ *s* desejo; vontade; voto; *v* desejar; querer.
Wish.ful /uixe.ful/ *adj* ansioso; ávido; desejoso.
Wisp /uisp/ *s* bando (de pássaros); escova; feixe; punhado; *v* esfregar; enfeixar.
Wist.ful /uist.ful/ *adj* ansioso; anelante; atento; pensativo.
Wist.ful.ness /uist.fulnés/ *s* anseio; desejo ardente.
Wit /uit/ *s* aptidão; destreza; engenho; imaginação; *v* cientificar-se; saber.
Witch /uitxe/ *s* bruxa; feiticeira; *v* encantar; enfeitiçar.
With /uídh/ *prep* com; contra; em; entre; por.
With.al /uidhól/ *adv* além disso; demais; por outra parte.
With.draw /uidhdró/ *v* desviar; desdizer-se; retirar; tirar; *past* **Withdrew** *and pp* **Withdrawn**.
With.er /ui.dhâr/ *v* definhar; murchar; mirrar; secar.
With.hold /uidh.hôuld/ *v* deter; impedir; reter; recusar; *past and pp* **Withheld** *or* **Withholden**.
With.in /uidhin/ *adv* dentro; em; no interior; na parte de dentro; *prep* dentro; em.
With.out /uidháut/ *adv* destituído; fora de; sem; exteriormente; *prep* destituído; exteriormente; fora de; sem.
Wit.less /ui.tlés/ *adj* imbecil; néscio; sem graça.
Wit.ness /uit.nés/ *s* testemunha; declarante; indício; testemunho; *v* JUR atestar; depor; presenciar.
Wit.ty /ui.ti/ *adj* engraçado; divertida; engenhoso.
Wive /uáiv/ *v* casar-se com; contrair matrimônio.

Wiz.ard /ui.zârd/ *s* adivinho; feiticeiro; mago; sábio; *adj* encantador; mágico.
Wiz.ard.ry /ui.zârdri/ *s* feitiçaria; magia; prestidigitação.
Wiz.en /uizn/ *adj* murcho; *v* murchar; secar.
Woe /uôu/ *s* calamidade; dor; desgraça; *interj* êh!, ô!
Woe.ful.ness /uôu.fulnés/ *s* aflição; desgraça; miséria.
Wold /uôuld/ *s* descampado; duna; planície.
Wolf /uolf/ *s* conquistador; lobo.
Wo.man /uu.mam/ *s* mulher; *adj* feminino.
Womb /uum/ *s* cavidade; útero; ventre.
Wond.er /uân.dâr/ *s* admiração; espanto; prodígio; maravilha; *v* admirar-se; estranhar.
Won.der.ful /uân.dârful/ *adj* admirável; estupendo; magnífico; prodigioso.
Won.der.ful.ness /uân.dârfulnés/ *s* beleza; esplendor; maravilha; prodígio.
Won.der.ment /uân.dârment/ *s* admiração; pasmo; prodígio.
Won.drous /uân.drâs/ *adj* extraordinário; maravilhoso; notável.
Wont /uónt/ *s* costume; hábito; uso; *v* acostumar; estar acostumado.
Woo /uu/ *v* cortejar; solicitar; suplicar amor.
Wood /uud/ *s* bosque; floresta; lenha; pau; selva; *v* fornecer lenha.
Wood.cut.ter /uud.câ.târ/ *s* lenhador.
Wood.en /uudn/ *adj* desastrado; estúpido; feito de madeira; grosseiro; rude.
Wood.peck.er /uud.pécâr/ *s* pica-pau (ave).
Wood.y /uu.di/ *adj* de madeira; silvestre.
Woof /uuf/ *s* trama (em tecido).
Wool /uul/ *s* cabelo; lã; lanugem; pelo.
Wool.en /uu.len/ *s* tecido de lã; *adj* de lã; lanoso.
Word /uârd/ *s* palavra; dito; expressão; linguagem; ordem; sinal; termo; vocábulo; *v* exprimir; enunciar; escrever; frasear.
Word.ing /uâr.din/ *s* dicção; expressão; enunciação; redação.
Word.less /uâr.dlés/ *adj* calado; silencioso.
Word.y /uâr.di/ *adj* falador; prolixo; verbal.
Work /uârc/ *s* emprego; obra; trabalho; tarefa; *v* bordar; explorar; operar; lavrar; produzir; trabalhar; *past and pp* Worked.
Work.a.ble /uâr.câbol/ *adj* em condições de funcionar; em condições de trabalhar; viável.
Work.a.day /uâr.cādêi/ *adj* de todos os dias; laborioso; rotineiro.
Work.er /uâr.câr/ *s* artífice; operário; trabalhador.
Work.house /uârc.háus/ *s* asilo; reformatório.
Work.man /uârc.mân/ *s* artífice; operário.
Work.man.ship /uârc.mânxip/ *s* feitio; habilidade; mão-de-obra; trabalho.
Work.shop /uorc.shóp/ *s* fábrica; oficina.
World /uârld/ *s* mundo.
Worm /uârm/ *s* verme; larva; pessoa vil; remorso; rosca de parafuso; *v* arrastar-se; insinuar-se; escorregar.
Worm.y /uâr.mi/ *adj* bichento; carunchoso; rastejante.
Worn /uórn/ *adj* gasto.
Wor.ried /uâ.rid/ *adj* apreensivo; aflito; inquieto.
Wor.ry /uâ.ri/ *s* incômodo; inquietação; tormento; *v* afligir-se; aborrecer; despedaçar.
Worse /uârs/ *s* o pior; prejuízo; *adj* pior; *adv* pior.
Wor.ship /uâr.xip/ *s* adoração; culto; veneração; *v* adorar.
Wor.ship.ful /uâr.xipful/ *adj* adorável; respeitável; venerável.
Worst /uârst/ *adj* o pior; o mais doente; péssimo; *v* derrotar; vencer; *adv* o pior possível.
Wors.ted /uârs.tâd/ *s* lã fiada; *adj* feito de lã fiada.
Wort /uârt/ *s* cerveja (sem fermento); erva; planta.
Worth /uârth/ *s* custo; importância; mérito; preço; valor; *adj* digno; que vale; que merece.
Wor.thi.ness /uâr.dhinés/ *s* dignidade; mérito; merecimento.
Worth.less /uâr.dhlés/ *adj* desprezível; indigno.
Wor.thy /uâr.dhi/ *adj* digno; merecedor.
Wound /uáund/ *s* ferida; lesão; chaga; *v* ferir; lastimar.
Wrack /réc/ *s* alga; naufrágio; ruína.
Wran.gle /réngol/ *s* altercação; contenda; disputa; *v* contender; discutir; *s* disputador.
Wrap /rép/ *s* agasalho; *v* cobrir; dobrar; envolver; embrulhar; *past and pp* **Wrapped** *or* **Wrapt**.
Wrap.per /ré.pâr/ *s* capa; envoltório.
Wrath /rath/ *s* ira; indignação; raiva.
Wrath.ful /réth.ful/ *adj* furioso; irado.
Wreak /ric/ *v* desafogar; infligir; saciar; satisfazer; vingar.
Wreath /rith/ *s* espiral; grinalda; coroa.
Wreathe /ridh/ *v* coroar; entrelaçar; enroscar-se.
Wreck /uréc/ *s* alga marinha; destroços; naufrágio; ruína; *v* destruir; naufragar.
Wreck.age /ré.quidj/ *s* destroços; naufrágio.
Wrench /réntxe/ *s* arranco; puxão; *v* arrancar; arrebatar; forçar; torcer.
Wrest /rést/ *v* arrancar à força; lutar.
Wrest.er /rés.târ/ *s* infrator; que arranca.
Wres.tle /résol/ *v* brigar; combater.
Wres.tler /rés.lâr/ *s* lutador; competidor.
Wretch /rétxe/ *s* desgraçado; infeliz; miserável.
Wretch.ed /ré.txed/ *adj* indigno; infeliz.
Wretch.ed.ness /ré.txednés/ *s* desdita; desgraça; miséria.
Wrig.gle /rigol/ *s* movimento em ziguezague; *v* enroscar; torcer.
Wrig.gler /ri.glâr/ *s* que se move (em ziguezague).
Wright /ráit/ *s* artífice; operário; obreiro.
Wring /rin/ *v* virar; torcer; espremer; *past and pp* Wrung.

Wrin.kle /rincol/ *s* prega; ruga; vinco; *v* enrugar; dobrar.
Wrist /rist/ *s* munheca; pulso; punho.
Writ /rit/ *s* citação; mandado; ordem.
Write /ráit/ *v* compor; escrever; redigir; *past* Wrote *and pp* Written.
Writ.er /rái.târ/ *s* escritor; escrevente.
Writ.ing /rái.tin/ *s* artigo; composição; escrito; manuscrito; obra.
Wrong /rón/ *s* crime; delito; dano; injustiça; mal; *v* fazer mal; lesar; prejudicar; tratar com injustiça; *adj* errado; errôneo; injusto; irregular; *adv* às avessas; injustamente; mal.
Wrong.ful /rón.ful/ *adj* falso; injusto; iníquo.
Wrong.ful.ness /rón.fulnés/ *s* falsidade; injustiça.
Wroth /rôuth/ *adj* aborrecido; furioso; irado.
Wrought /rót/ *adj* forjado.
Wry /rái/ *adj* torto; torcido.

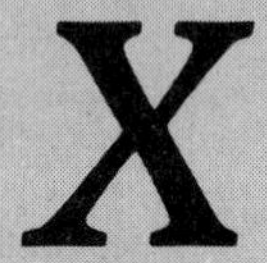

ABCDEFGHIJKLMNOPQRSTUVWXYZ

X /écs/ *s* vigésima-quarta letra do alfabeto Português e do alfabeto Inglês.
X-chromosome /écs-cromosom/ *s* cromossomo.
Xmas /cris.mâs/ *s* Natal.
X-ray /écs.rêi/ *s* ráio-X.
Xy.lo.graph /zái.lograf/ *s* xilogravura; xilografia.
Xy.log.ra.pher /záiló.grâfâr/ *s* xilógrafo.
Xy.log.ra.phy /záiló.grâfi/ *adj* xilografia.
Xy.lo.phone /zái.lofôunn/ *s* MÚS xilofone; marimba.

ABCDEFGHIJKLMNOPQRSTUVWXYZ

Y /uái/ *s* vigésima-quinta letra do alfabeto Português e do alfabeto Inglês.
Yacht /iât/ *s* iate; barco (de recreio); *v* dirigir, competir.
Yahoo /iá.hú/ *s* pessoa de baixos instintos; bruta.
Yankee /iénc/ *s* ianque.
Yap /iép/ *s* POP conversa; caipira; latido; *v* latir; tagarelar.
Yard /iárd/ *s* quintal; jarda.
Yarn /iárn/ *s* conto; história; fio de tecer; estame.
Yawl /iól/ *s* iole (embarcação a vela).
Yawn /ión/ *s* bocejo; *v* bocejar; suspirar.
Ye /i/ *pron same as* You ⇒ (arcaico)
Yeah /iêa/ *adv* certamente; sim.
Yearn /iârn/ *v* aspirar; almejar; ansiar.
Yeast /iist/ *s* fermento.
Yegg /ijég/ *s* POP ladrão de cofres (arrombador).
Yell /iél/ *s* grito; alarido; uivo; *v* berrar; gritar; uivar.
Yel.low /ié.lôu/ *adj* amarelo.
Yelp /iélp/ *s* ganido; *v* ganir.
Yep /iés/ *adv* POP sim; certamente.
Yes.ter.day /iés.târdêi/ *adv* ontem.
Yet /iét/ *adv* ainda; já; contudo; todavia; porém, mas.
Yid.dish /éidixe/ *s* Iídiche (língua do povo judeu).
Yield /iild/ *s* rendimento; produção; *v* produzir; render.
Yoke /iôuc/ *s* jugo; escravidão; *v* escravizar; ligar.
Yo.kel /iôucol/ *s* caipira; interiorano.
Yolk /iôuc/ *s* gema (de ovo); vitelo.
Yon /ión/ *adj* aquele (a); aqueles (as); *adv* além; acolá; lá.
Yore /iôur/ *adv* outrora; antigamente; no passado.
You /iu/ *pron* tu; vós; você(s); o senhor.
Young /iân/ *s* juventude; mocidade; *adj* jovem; moço.
Young.ish /iân.nixe/ *adj* um tanto jovem.
Young.ling /iân.lin/ *s* animal, pessoa jovem; cria.
Young.ster /iâns.târ/ *s* jovem; criança.
Your /iôur/ *adj* seu (s); sua (as); teu(s); tua(s); vosso(s); vossa(s).
Your.self /iôursélf/ *pron* você mesmo.
Youth /iuth/ *s* adolescência; juventude.
Youth.ful /iuth.ful/ *adj* alegre; juvenil; jovem.
Youth.ful.ness /iuth.fulnés/ *s* juventude.
Yule /iul/ *s* Natal.

Z

ABCDEFGHIJKLMNOPQRSTUVWXYZ

Z /zed/ *s* vigésima-sexta letra do alfabeto Português e vigésima-sexta letra do Inglês.
Za.ny /zê.ni/ *s* tolo; cômico.
Zeal /zil/ *s* ardor; zelo.
Zeal.ot /zé.lât/ *s* fanático.
Zeal.ot.ry /zé.lâtri/ *s* fanatismo.
Zeal.ous /zé.lâs/ *adj* zeloso; entusiasmo.
Zeal.ous.ness /zé.lâsnés/ *s* zelo.
Ze.bra /zi.brâ/ *s* zebra (mamífero).
Ze.bu /zi.biu/ *s* zebu (bovino).
Ze.nith /zi.nith/ *s* ASTR zênite.
Zeph.yr /zé.fâr/ *s* zéfiro (briza, aragem).
Zep.pe.lin /zi.pêlin/ *s* Zepelim, aeronave construída pelo conde **Zeppelin**.
Ze.ro /zi.rôu/ *s* zero; *v* zerar.
Zest /zést/ *s* entusiasmo; sabor; vivacidade; prazer; condimento; *v* dar gosto a.
Zest.ful /zést.fâl/ *adj* agradável; saboroso.
Zinc /zinc/ *s* QUÍM zinco (símbolo **Zn**).
Zin.cog.ra.pher /zincó.grafâr/ *s* zincógrafo.
Zin.cog.ra.phy /zincó.grâfi/ *s* zincografia.
Zin.ga.ro /zin.garou/ *s* zíngaro; cigano; *also* Zingano.
Zip.per /zi.pâr/ *s* zíper.
Zip.py /zi.pi/ *adj* POP alegre; animado; cheio de energia.
Zith.er /zi.thâr/ *s* cítara; guitarra.
Zo.di.ac /zôu.diéc/ *s* ASTR Zodíaco.
Zom.bi /zâmbi/ *s* fantasma; zumbi.
Zone /zôun/ *s* ponto; região.
Zoo /zu/ *s* zoológico.
Zo.ol.a.try /zôuó.lâtri/ *s* zoolatria (adoração de animais).
Zo.o.log.i.cal /zôuoló.djicâl/ *adj* zoológico.
Zo.ol.o.gist /zôuó.lodjist/ *s* zoólogo; zoologista.
Zo.ol.o.gy /zôuó.lodjist/ *s* zoologia.
Zoom /zum/ *s* aumento (rápido e repentino); subida (rápida e vertical); *v* zumbir.
Zo.o.mor.phy /zôuó.morfi/ *s* zoomorfia, zoomorfismo.
Zy.go.ma /zái.gôu.mâ/ *s* zigoma (osso do rosto).
Zyme /záimm/ *s* fermento; germe de doença.
Zy.mol.o.gy /záimó.lodji/ *s* zimologia.
Zy.mot.ic /záimó.tic/ *adj* zimótico.

Português

Inglês

ABCDEFGHIJKLMNOPQRSTUVWXYZ

A *s* the first letter of the Portuguese alphabet and of the English alphabet.
À *prep* mais *art* (a+a) at the; for the; to the.
A.ba.ca.te *s* alligator pear; avocado.
A.ba.ca.xi *s* BOT pineapple.
A.ba.far *v* to suffocate; to swelter; to muffle (sound); to cover.
A.bai.xar *v* to lower; to turn down.
A.bai.xo *adv* below; under; beneath; down.
A.ba.jur *s* lampshade.
A.ba.lar *v* to upset.
A.ba.lo *s* shake; shock.
A.bal.ro.a.men.to *s* crash; collision.
A.bal.ro.ar *v* to crash; to collide.
A.ba.na.dor *s* one who fans.
A.ba.nar *v* to fan.
A.ban.do.nar *v* to abandon; to forsake to; to desert.
A.bar.ro.tar *v* to overstock.
A.bas.tar *v* to supply.
A.bas.te.cer *v* to supply; to provide.
A.ba.ter *v* to abate; to slaughter (cattle).
Ab.di.car *v* to give up; to abdicate.
Ab.do.me *s* abdomen; belly; *also* **Abdômem**.
Ab.du.zir *v* to abduct.
A.be.ce.dá.rio *s* the alphabet.
A.be.lha *s* bee; honey bee.
A.ben.ço.ar *v* to bless.
A.ber.ra.ção *s* aberrance; aberration.
A.ber.ta.men.te *adv* openly; freely.
A.ber.to *adj* open; exposed; free.
A.bis.coi.tar *v* to gain from; to steal.
A.bis.mar *v* to amaze; to astound.
A.bis.mo *s* abyss.
Ab.ju.rar *v* to renounce to any doctrine; to portray.
A.blu.ção *s* ablution.
Ab.ne.gar *v* to renounce; to abnegate.
A.bo.ba.do *adj* stupid; silly; foolish.
A.bó.bo.ra *s* pumpkin.
A.bo.bri.nha *s* squash.
A.bo.lir *v* to suppress; to abolish.
A.bo.mi.nar *v* to abhor; to hate; to abominate.
A.bo.mi.ná.vel *adj* abominable; hateful; odious.
A.bo.nar *v* to guarantee; to assure; to warrant.
A.bo.no *s* bonus; allowance; warranty.
A.bor.da.gem *s* boarding.
A.bor.dar *v* to board; to approach.
A.bor.re.cer *v* to abhor; to bore; to annoy.
A.bor.re.ci.do *adj* annoyed; bored.
A.bor.tar *v* to abort.
A.bor.to *s* abortion; POP BR monster.
A.bo.to.a.du.ra *s* cufflink.
A.bo.to.ar *v* to button.
A.bra.ça.de.i.ra *s* cramp.
A.bra.çar *v* to embrace; to hug; to clasp.
A.bra.ço *s* embrace; hug; clasp.
A.bran.dar *v* to soften; to soothe.
A.bran.ger *v* to encompass; to contain.
A.bra.si.lei.rar *v* to adopt the Brazilian way (in the music, dressing, language etc.).
A.bre.vi.ar *v* to shorten; to abbreviate; to condense.
A.bre.vi.a.tu.ra *s* abbreviation.
A.bri.gar *v* to shelter; to protect; to cover.
A.bri.go *s* shelter; FIG protection.
A.bril *s* April, the fourth month of the year.
A.bri.lhan.tar *v* to brighten; to embellish.
A.brir *v* to open, to unlock.
A.brup.to *adj* rugged; abrupt; FIG sudden.
A.bru.ta.lhar *v* to brutify.
Ab.so.lu.ta.men.te *adv* absolutely.
Ab.so.lu.to *adj* complete; absolute; despotic.
Ab.sol.ver *v* to acquit; to absolve; to pardon.
Ab.sor.ção *s* absorption.
Ab.sor.to *adj* absent-minded.
Ab.sor.ven.te *adj* absorbent; absorbing.
Ab.sor.ver *v* to consume; to absorb.
Abs.tê.mio *adj* abstemious; teetotal.
Abs.ter *v* to abstain; to restrain.
Abs.ti.nên.cia *s* abstinence; continence.
Abs.tra.ir *v* to separate; to abstract; to isolate.
A.bun.dan.te *adj* plenty.
A.bu.tre *s* vulture.
A.ca.ba.do *adj* complete; finished; over.
A.ca.bar *v* to complete; to accomplish.
A.ca.bru.nha.do *adj* downcast.
A.ca.de.mi.a *s* academy.
A.ça.frão *s* saffron.

A.ca.len.tar *v* to lull; to rock gently.
A.cal.mar *v* to calm; to pacify; to quiet; to soothe.
A.ca.lo.rar *v* to excite.
A.ca.ma.do *adj* bedridden.
A.ca.mar *v* to dispose by layers; to lie in bed.
A.çam.bar.car *v* to buy up; to engross; to monopolize.
A.cam.pa.men.to *s* camp; camping; encampment.
A.cam.par *v* to camp; to go camping; to encamp.
A.ca.nha.do *adj* timid; too tight; bashful; shy.
A.ca.nhar *v* to depress.
A.ção *s* action; activity; act; COM stock; share.
A.ca.re.a.ção *s* facing; confronting; *also* Acareamento.
A.ca.re.ar *v* to confront (witnesses); to face.
A.ca.ri.ci.ar *v* to fondle; to caress; to cherish.
Á.ca.ro *s* mite; tick.
A.car.re.tar *v* to cause; to cart; to bring about.
A.ca.sa.lar *v* to mate; to pair; to couple (animals); to match.
A.ca.so *s* luck; sort; chance; *adv* by the way; by chance.
A.ca.tar *v* to fulfil; to respect; to accept.
A.cau.te.lar *v* to take care; to caution; to beware of.
A.ce.der *v* to agree to; to accede.
A.cé.fa.lo *adj* without head; acephalous.
A.cei.ro *s* backfire; firebreak.
A.cei.tar *v* to agree; to admit; to accept.
A.ce.le.ra.ção *s* haste; acceleration; pickup.
A.ce.le.rar *v* to speed; to accelerate.
A.cém *s* loin.
A.ce.nar *v* to beckon; to make a sign.
A.cen.de.dor *s* lighter.
A.cen.der *v* to set on fire; to excite.
A.ce.no *s* beckon; nod; sign.
A.cen.to *s* stress; tone; accent.
A.cen.tu.a.ção *s* accent; accentuation.
A.cen.tu.ar *v* to accent; to emphasize.
A.cep.ção *s* meaning; sense; acceptance.
A.cer.bar *v* to acerbate; to make sour.
A.cer.ca *adv* about; near; nearly; *prep* about; as regards; concerning.
A.cer.car *v* to surround.
A.cer.tar *v* to guess right; to set right.
A.cer.vo *s* patrimony; lot; accumulation.
A.ce.so *adj* alight; lighted; lit.
A.ces.si.bi.li.da.de *s* accessibility; attainability.
A.ces.sí.vel *adj* approachable; accessible.
A.ces.so *s* admittance; access; approach.
A.ce.ti.nar *v* to soften; to gloss; to make satin-like.
A.cha *s* fire-wood.
A.cha.car *v* to assault; to rob; to steal through intimidation.
A.char *v* to find; to hit upon; to come across; to discover.
A.cha.tar *v* to make flat; to flatten; to overcome.
A.ci.den.tal.men.te *adv* accidentally; by chance.
A.ci.den.tar-se *v* to injure oneself accidentally.
A.ci.den.te *s* accident; casualty.
A.ci.ma *adv* above; besides; *prep* on top of.
A.cin.te *s* provocation; spite.
A.cin.zen.tar *v* to gray; to color grayish.
A.cir.rar *v* to irritate; to stir up; to provoke.
A.cla.ma.ção *s* applause; acclamation; acclaim.
A.cla.mar *v* to applaud; to acclaim; to hail.
A.cla.rar *v* to clarify; to explain.
A.cli.mar *v* to acclimate; to acclimatize.
A.cli.ma.tar *v* to acclimate; to acclimatize.
A.cli.ve *s* acclivity; upward slope; *adj* steep.
A.ço *s* steel.
A.co.ber.tar *v* to cover; to conceal; to protect.
A.co.co.rar-se *v* to crouch; to squat.
A.ço.dar *v* to incite; to hurry; to hasten; to instigate.
A.çoi.tar *v* to scourge; to whip; to flog.
A.çoi.te *s* scourge; whip.
A.co.lá *adv* over there; there; in that place.
A.col.cho.a.do *s* quilt; comforter; *adj* quilted; padded; upholstered.
A.col.cho.ar *v* to quilt; to pad; to wad.
A.co.lher *v* to shelter; to protect; to heed.
A.co.mo.dar *v* to lodge; to arrange; to accommodate.
A.com.pa.nha.men.to *s* accompaniment; attendance; retinue; escort.
A.com.pa.nhar *v* to accompany; to attend; to follow; to escort.
A.con.che.gar *v* to warm; to snuggle; to shelter; to cuddle.
A.con.di.ci.o.nar *v* to arrange; to pack (goods).
A.con.se.lhar *v* to advise; to counsel; to recommend.
A.con.se.lhá.vel *adj* advisable.
A.con.te.cer *v* to happen; to occur; to come about; to take place.
A.con.te.ci.men.to *s* event; happening; incident.
A.co.plar *v* to join; to connect; to couple.
A.cor.dar *v* to awake; to awaken; to agree with; to harmonize with; to tune.
A.cor.deão *s* MÚS accordion.
A.cor.do *s* accord; deal; bond.
A.cor.ren.tar *v* to chain; to link; to enthrall.
A.cos.sa.dor *s* pursuer.
A.cos.sar *v* to hunt; to pursue; to chase.
A.cos.ta.men.to *s* the space beside a main road.
A.cos.tar *v* to approach.
A.cos.tu.ma.do *adj* used to; accustomed; usual.
A.cos.tu.mar *v* to accustom; to inure.
A.çou.gue *s* butcher shop; butchery.
A.çou.guei.ro *s* butcher.
A.co.var.dar *v* to intimidate; to fright; to frighten.
A.cre.di.tar *v* to believe; to trust; to rely on.
A.cres.cen.tar *v* to add; to increase; to append.
A.cres.cer *v* to grow; to add; to increase.
A.crós.ti.co *s* acrostic.
A.cu.ar *v* to corner.
A.çú.car *s* sugar.

A.çu.ca.rar *v* to sweeten; to sugar.
A.çu.ca.rei.ro *s* sugar-basin; sugar-bowl.
A.çu.de *s* dam; a barrier across a watercourse.
A.cu.dir *v* to go to help; to give first aid.
A.cu.i.da.de *s* sharpness; acuteness; perspicacity.
A.çu.lar *v* to instigate; to provoke.
A.cu.me *s* acumen; quickness of perception.
A.cu.mu.la.dor *s* battery; accumulator; storage battery.
A.cu.mu.lar *v* to heap up; to accumulate; to pile up.
A.cu.rar *v* to perfect; to make accurate.
A.cu.sa.ção *s* accusation; imputation.
A.cu.sar *v* to accuse; to blame; to charge.
A.da.ga *s* dagger.
A.da.gi.ar *v* to quote adages; to quote proverbs.
A.dá.gio *s* adage; proverb; MÚS adage, slowly movement.
A.dap.ta.bi.li.da.de *s* adaptability; adjustment.
A.dap.ta.ção *s* adjustment; adaptation; accommodation.
A.dap.tar *v* to adapt; to fit; to adjust.
A.de.ga *s* wine cellar.
A.de.mais *adv* also; beside; furthermore; moreover; in addition.
A.den.trar-se *v* to enter; to penetrate.
A.dep.to *s* admirer; follower; partisan; supporter.
A.de.qua.ção *s* fitness; adequacy.
A.de.qua.da.men.te *adv* properly; adequately.
A.de.quar *v* to adapt; to adjust.
A.de.re.çar *v* to adorn; to deck; to ornament.
A.de.re.ço *s* adornment; ornament; finery.
A.de.rên.cia *s* adhesion; adherence.
A.de.rir *v* to join; to adhere; to unite.
A.de.são *s* support; adhesion; joining; attachment.
A.de.si.vo *s* sticking plaster; *adj* adhesive.
A.des.tra.ção *s* training; drilling.
A.des.tra.do *adj* skilled; trained; skilful; drilled.
A.des.trar *v* to instruct; to train; to teach; to exercise.
A.deus *interj* so long; bye-bye; good-bye.
A.di.an.tar *v* to progress; to advance; to anticipate.
A.di.an.te *adv* forward; ahead; farther on; along.
A.di.ar *v* to adjourn; to postpone; to defer.
A.di.ção *s* increase; addition; sum.
A.di.ci.o.nar *v* to add; to join; to sum.
A.di.do *adj* adjoined.
A.dim.ple.men.to *s* complement.
A.di.ta.men.to *s* supplement; addition.
A.di.tar *v* to add; to adjoin.
A.di.ti.vo *adj* additive..
A.di.vi.nha.ção *s* guess; divination; prophecy.
A.di.vi.nhar *v* to guess; to foretell.
Ad.ja.cên.cia *s* adjacency; proximity; contiguity.
Ad.je.ti.var *v* to adjective; to qualify.
Ad.je.ti.vo *s* GRAM adjective.
Ad.jun.to *s* assistant; adjunct; accessory; *adj* adjoined.
Ad.mi.nis.tra.ção *s* direction; management; administration.
Ad.mi.nis.trar *v* to conduct; to run; to administer; to conduct; to run; to manage.
Ad.mi.ra.ção *s* wonder; admiration; astonishment.
Ad.mi.rar *v* to admire; to marvel at; to be surprised at.
Ad.mis.são *s* admittance; entrance.
Ad.mis.si.bi.li.da.de *s* admissibility.
Ad.mis.sí.vel *adj* admissible.
Ad.mi.tir *v* to admit; to hire; to confess.
Ad.mo.es.ta.ção *s* warning; admonition; advice.
Ad.mo.es.tar *v* to admonish; to warn.
A.do.çan.te *adj* sweetener.
A.do.ção *s* adoption.
A.do.çar *v* to sweeten.
A.do.ci.car *v* to sweeten.
A.do.e.cer *v* to fall ill; to get sick.
A.do.en.tar *v* to sicken.
A.doi.da.do *adj* mad; haywire; crazy; foolish.
A.doi.dar *v* to madden.
A.do.les.cên.cia *s* youth; teens.
A.do.les.cen.te *s* youth; adolescent; teenager; *adj* adolescent.
A.do.ra.ção *s* worship; adoration; idolatry.
A.do.rar *v* to adore; to worship; to idolize.
A.do.rá.vel *adj* adorable; POP charming.
A.dor.me.cer *v* to fall asleep.
A.dor.nar *v* to ornament; to adorn; to embellish; to deck.
A.dor.no *s* ornament; ornamentation; adornment.
A.do.ta.do *adj* adopted.
A.do.tar *v* to adopt; to affiliate; to espouse.
A.do.ti.vo *adj* adoptive.
Ad.qui.rir *v* to obtain; to get; to acquire; to buy.
A.dre.de *adv* purposely; deliberately; intentionally.
A.du.ba.ção *s* fertilization; manure.
A.du.ba.dor *s* manurer.
A.du.ba.gem *s* *examine* ⇒ Adubação.
A.du.ba.men.to *s* *examine* ⇒ Adubação.
A.du.bar *v* to manure; to season; to fertilize; to spice.
A.du.bo *s* manure; fertilizer.
A.du.lar *v* to adulate; to toady; to fawn upon.
A.dúl.te.ra *s* adulteress.
A.dul.te.ra.ção *s* adulteration.
A.dul.te.rar *v* to adulterate; to forge; to debase; to corrupt.
A.dul.té.rio *s* adultery.
A.dúl.te.ro *s* adulterer; adulterous.
A.dul.to *adj* adult; mature.
A.du.to.ra *s* pipe-line to carry water.
A.du.zir *v* to adduce; to cite.
Ad.ven.to *s* advent; coming.
Ad.ver.bi.al *adj* adverbial.
Ad.ver.bi.ar *v* to employ as an adverb.
Ad.vér.bi.o *s* adverb.

Ad.ver.sá.rio *s* opponent; adversary; enemy; antagonist.
Ad.ver.si.da.de *s* adversity.
Ad.ver.so *adj* contrary; adverse; hostile.
Ad.ver.tên.cia *s* warning; admonishment.
Ad.ver.ti.do *adj* adverted; admonished.
Ad.ver.tir *v* to warn; to advise; to advert.
Ad.vir *v* to result from; to succeed.
Ad.vo.ca.ci.a *s* advocacy; law.
Ad.vo.ga.do *s* lawyer; attorney; advocate.
Ad.vo.gar *v* to advocate; to practice law.
A.é.reo *adj* aerial; airy; imaginary.
A.e.ro.mo.ça *s* flight stewardess; air hostess.
A.e.ro.mo.ço *s* flight steward.
A.e.ro.nau.ta *s* aeronaut.
A.e.ro.na.ve *s* airship; aircraft.
A.e.ro.pla.no *s* aeroplane; airplane.
A.e.ro.por.to *s* airport.
A.e.ro.vi.a *s* airway; air lane.
A.e.ro.vi.á.rio *s* airline employee.
A.fã *s* eagerness; diligence; anxiety.
A.fa.bi.li.da.de *s* affability; friendliness.
A.fa.gar *v* to caress; to pet; to fondle.
A.fa.go *s* caress; fondling.
A.fa.mar *v* to make famous.
A.fas.ta.do *adj* far away; remote; distant; long ago.
A.fas.tar *v* to drive away; to remove; to push.
A.fá.vel *adj* courteous; affable; amiable.
A.fa.zer *v* to accustom; to habituate; to inure.
A.fe.ar *v* to make ugly; to deface.
A.fe.gã *adj* Afghan, native of Afghanistan
A.fei.ção *s* affection; love; friendship; fondness.
A.fei.ço.ar *v* to charm; to captivate.
A.fei.to *adj* used to; accustomed to.
A.fe.ri.do *adj* gauged; compared; checked.
A.fe.rir *v* to compare; to gauge; to check.
A.fe.ta.ção *s* affectation; mannerism; pretension; vanity.
A.fe.ta.do *adj* affected; pedant.
A.fe.tar *v* to affect.
A.fe.ti.vo *adj* affective; dedicated.
A.fe.to *s* affection; fondness.
A.fe.tu.o.si.da.de *s* affection; fondness; friendliness.
A.fe.tu.o.so *adj* affectionate.
A.fi.an.ça.do *adj* warranted; bonded; guaranteed.
A.fi.an.çar *v* to assure; to bail; to guarantee; to warrant; to assert.
A.fi.ar *v* to sharpen; to grind; to edge; to whet.
A.fi.ci.o.na.do *s* amateur; enthusiast; fan.
A.fi.lha.da *s* goddaughter; godchild.
A.fi.lha.do *s* godson; godchild.
A.fi.li.ar *v* to join; to admit; to affiliate.
A.fim de *conj* so that; in order to; *s* relative; affine; *adj* similar; akin; kin.
A.fi.na.ção *s* refinement; tuning; *also* **Afinamento**.
A.fi.na.do *adj* tuned.
A.fi.nal *adv* after all; at last.
A.fi.nar *v* to adjust; to tune; to harmonize.
A.fin.co *s* perseverance; tenacity; stubbornness.
A.fi.ni.da.de *s* relationship; affinity; rapport.
A.fir.ma.ção *s* assertion; affirmation; protestation.
A.fir.mar *v* to assert; to confirm; to affirm.
A.fir.ma.ti.va *s* affirmative; affirmation.
A.fir.ma.ti.vo *adj* affirmative; positive; affirmatory.
A.fir.má.vel *adj* affirmable; maintainable.
A.fi.xo *s* affix.
A.fli.ção *s* distress; sorrow; affliction; anxiety; anguish.
A.fli.gir *v* to cause pain; to afflict; to torment.
A.fli.ti.vo *adj* distressing; afflictive; afflicting.
A.fli.to *adj* distressed; afflicted; grieved; worried.
A.flo.rar *v* to appear on the surface; to crop; to outcrop.
A.flu.ên.cia *s* plenty; crowd; affluence; convergence.
A.flu.ir *v* to flow into; to run into; to converge.
A.flu.xo *s* afflux; flowing.
A.fo.ba.ção *s* bustle; hurry; excited activity; flurried haste.
A.fo.bar *v* to hurry; to upset.
A.fo.far *v* to make fluffy; to fluff.
A.fo.ga.do *s* a person that drowned; *adj* drowned; suffocated; stuffy.
A.fo.ga.dor *adj* drowning; suffocating; *s* choker; AUT choke.
A.fo.gar *v* to drown; to suffocate; **Afogar-se:** to be drowned.
A.fo.ra *adv* outside; out into; *prep* except; apart from; excepting.
A.for.mo.se.ar *v* to embellish; to adorn.
A.fres.co *s* PINT fresco.
A.fri.ca.no *adj* African.
A.fro.di.sí.a.co *s* aphrodisiac.
A.fro.di.te *s* Aphrodite.
A.fron.ta *s* outrage; affront; dishonor; insult; offense.
A.fron.tar *v* to insult; to affront; to face; to confront.
A.frou.xar *v* to loosen; to slacken; to loose; to relax.
Af.ta *s* MED thrush; aphtha.
A.fu.gen.tar *v* to chase; to drive away.
A.fun.dar *v* to deepen; to sink.
A.fu.ni.lar *v* to make like funnel; to narrow.
A.ga.cha.do *adj* crouching; squat.
A.ga.char-se *v* to squat; to crouch.
Á.ga.pe *s* agape, the love feast of the primitive Christians; ceremonial dinner.
A.gar.ra.do *adj* held fast; caught.
A.gar.rar *v* to seize; to catch.
A.ga.sa.lha.do *adj* well sheltered; covered.
A.ga.sa.lhar *v* to shelter; to lodge; to warm.
A.ga.sa.lho *s* warm clothes; wrap; muffler.
A.gas.tar *v* to anger; to vex.
A.gên.cia *s* agency; office.
A.gen.ci.ar *v* to manage; to negotiate; to promote.
A.gen.da *s* notebook; agenda; appointment book.

A.gen.te *s* agent; broker.
Á.gil *adj* active; agile; nimble.
A.gi.li.da.de *s* agility; nimbleness.
A.gir *v* to work; to proceed; to act; to operate.
A.gi.ta.ção *s* excitement; agitation; emotion; tumult.
A.gi.tar *v* to perturb; to agitate; to disturb.
A.glo.me.ra.ção *s* mass; crowd; agglomeration.
A.glo.me.rar *v* to heap up; to agglomerate; to assemble.
A.glu.ti.nar *v* to glue together; to agglutinate.
A.go.nia *s* anguish; agony; affliction; nausea.
A.go.ni.ar *v* to cause affliction.
A.go.ni.zan.te *adj* agonizing.
A.go.ni.zar *v* to be dying; to agonize.
A.go.ra *adv* at this moment; the present time; now.
A.go.ri.nha *adv* just now; just now even.
A.gos.to *s* August, the eighth month of the year.
A.gou.rar *v* to augur; to foretell; to forecast.
A.gou.ro *s* omen; augury; presage.
A.gra.ci.a.do *adj* graced; honoured.
A.gra.ci.ar *v* to grace; to decorate with; to honor.
A.gra.dar *v* to please; to gratify; to delight; to oblige; to satisfy.
A.gra.dá.vel *adj* agreeable; pleasant.
A.gra.de.cer *v* to give tanks; to be grateful for.
A.gra.de.ci.men.to *s* the act of thanking; thankfulness; gratitude.
A.gra.do *s* liking; pleasure; courtesy.
A.gra.van.te *adj* aggravating; *s* aggravating circumstance.
A.gra.var *v* to aggravate; to vex; to burden; to exasperate.
A.gra.vo *s* offence; injury; JUR appeal.
A.gre.dir *v* to assault; to aggress; to strike.
A.gre.ga.ção *s* aggregation; agglomeration.
A.gre.ga.do *adj* aggregate; annexed; joined.
A.gre.gar *v* to join; to add.
A.gre.mi.a.ção *s* fraternity; club; society.
A.gres.são *s* attack; aggression; offense.
A.gres.sor *s* aggressor.
A.gres.te *s* BR arid zone in the northeastern; *adj* rough; agrestic; agrestical.
A.gri.ão *s* watercress.
A.gri.cul.tor *s* farmer; agriculturist.
A.gru.pa.men.to *s* cluster; gathering.
A.gru.par *v* to group; to cluster; to assort; to classify.
A.gru.ra *s* sourness; roughness; acerbity.
Á.gua *s* water; rain.
A.gua.cei.ro *s* squall; cloudburst; shower.
A.gua.do *adj* watery; watered; waterish.
Água-furtada *s* garret; attic.
A.guar *v* to dilute; to water.
A.guar.dar *v* to expect; to wait for.
A.guar.den.te *s* any alcoholic liquor; that comes from disked and fermented sugar-cane; brandy.
Á.gua-vi.va *s* jellyfish.
A.gu.ça.do *adj* sharpened; pointed; acute.
A.gu.çar *v* to excite; to sharpen.
A.gu.dez *s* acuteness; sharpness; smartness.
A.gu.de.za *s* acuteness; perspicacity.
A.gu.do *adj* acute; sharp; keen; critical.
A.guei.ro *s* gutter.
A.guen.tar *v* to support; to sustain; to bear.
A.guer.ri.do *adj* warlike; bellicose; valiant.
A.guer.rir *v* to be warlike.
Á.guia *s* eagle; FIG a clever person.
A.gu.lha *s* needle.
A.gu.lhar *v* to prick.
Ai! *interj* oh! alas! ouch!
Ai.a *s* governess.
A.in.da *adv* yet; still; even.
Ai.po *s* celery.
A.jar.di.nar *v* to landscape.
A.jei.tar *v* to adjust.
A.jo.e.lha.do *adj* kneeling; genuflected; FIG humiliated; abased.
A.jo.e.lhar *v* to kneel down.
A.ju.da *s* assistance; help; aid.
A.ju.dan.te *s* assistant; helper.
A.ju.dar *v* to help; to aid; to succor.
A.ju.i.za.do *adj* discreet; wise; judicious.
A.ju.i.zar *v* to estimate; to judge.
A.jun.ta.men.to *s* crowd; throng; multitude.
A.jun.tar *v* to assemble.
A.jus.ta.bi.li.da.de *s* adaptability.
A.jus.ta.do *adj* settled; stipulated; just; fair.
A.jus.ta.do *s* adjusted; combined.
A.jus.ta.men.to *s* adjusting; fitting; adaptation.
A.jus.tar *v* to adjust; to settle; to fit; to stipulate; to adapt.
A.jus.tá.vel *adj* adjustable; adaptable; applicable.
A.jus.te *s* settlement; pact; adjustment; agreement; accord.
A.la *s* row; rank; tier; wing; file.
A.la.do *adj* winged; alated; wingy.
A.la.ga.do *adj* overflowed.
A.la.gar *v* to flood; to inundate; to overflow.
A.la.go.a.no *adj* a native or inhabitant or relating to the state of Alagoas.
A.lam.bi.que *s* alembic.
A.lam.bra.do *s* a fence, usually of wire, for great areas.
A.lam.brar *v* to fence with wire.
A.la.me.da *s* a row of trees; alley.
A.lar.de *s* ostentation; parade; show; vainglory.
A.lar.de.ar *v* to boast; to brag; to parade.
A.lar.ga.men.to *s* enlargement; widening; dilatation.
A.lar.gar *v* to extend; to enlarge; to slacken.
A.la.ri.do *s* out-cry; shout; din; clamor.
A.lar.man.te *s* alarming; scary.
A.lar.mar *v* to alert; to alarm; to frighten.
A.lar.me *s* alert; alarm; *also* **Alarma**.
A.lar.mis.ta *s* alarmist.

A.las.tra.men.to *s* spreading; diffusion; propagation.
A.las.trar *v* to scatter; to spread; to strew; to diffuse.
A.la.ú.de *s* MÚS lute.
A.la.van.ca *s* lever; crowbar; crank.
A.la.zão *s* a kind of horse.
Al.ba.nês *adj* Albanian.
Al.ba.troz *s* albatross.
Al.ber.gue *s* shelter; inn.
Al.bi.nis.mo *s* MED albinism.
Al.bi.no *s* albino.
Ál.bum *s* albun; scrapbook; snaps-book.
Al.ça *s* handle; grip; loop; brace; catch.
Al.ca.cho.fra *s* artichoke.
Al.ca.çuz *s* licorice.
Al.ça.da *s* competence; jurisdiction; power.
Al.ça.men.to *s* elevation; lifting; hoisting.
Al.can.ça.do *s* caught; reached; obtained.
Al.can.ça.men.to *s* attainment.
Al.can.çar *v* to reach; to achieve; to succeed.
Al.can.ce *s* competence; reach.
Al.ça.pão *s* trap-door; trap; snare.
Al.ca.par.ra *s* caper.
Al.çar *v* to lift up; to raise; to rise up.
Al.ca.tei.a *s* gang; pack of wolves.
Al.ca.ti.fa *s* carpet.
Al.ca.ti.far *v* to carpet.
Al.ca.tra *s* rump.
Al.ca.trão *s* tar.
Al.ce *s* moose.
Ál.co.ol *s* alcohol.
Al.co.ó.la.tra *s* alcoholic.
Al.co.o.li.zar *v* to alcoholize.
Al.co.rão *s* Koran, islamic divine book.
Al.co.va *s* alcove; bedroom; hiding-place.
Al.co.vi.tar *v* to pander; to gossip; to intrigue.
Al.co.vi.tei.ro *s* panderer; pander; pimp; intriguer.
Al.cu.nha *s* nickname.
Al.cu.nhar *v* to nickname.
Al.de.ão *s* villager; peasant.
Al.dei.a *s* borough; village; hamlet.
Al.de.o.ta *s* hamlet; small village.
A.le.a.tó.ri.o *adj* aleatory; contingent; fortuitous.
A.le.crim *s* rosemary.
A.le.ga.ção *s* argument; allegation; claim.
A.le.gar *v* to quote; to allege; to claim.
A.le.go.ria *s* GRAM allegory; figurative language.
A.le.gó.ri.co *adj* allegoric; allegorical.
A.le.go.ri.zar *v* to allegorize.
A.le.grar *v* to cheer up; to make happy.
A.le.gre *adj* cheerful; merry; happy.
A.le.gri.a *s* cheerfulness; merriment; joy.
A.le.gro *s* MÚS allegro.
A.lei.jar *v* to disable; to maim; to cripple.
A.lei.tar *v* to feed on milk; to suckle; to nurse.
A.le.lui.a *s* hallelujah; alleluia.
A.lém *adv* beyond; further; *prep* besides; plus; moreover.
A.le.mão *s* German; *adj* German.
A.len.tar *v* to comfort; to encourage.
A.len.to *s* breath; breathing; courage.
A.ler.gi.a *s* allergy.
A.ler.ta *s* alert; alarm; *adj* alert; alive; vigilant; *adv* vigilantly; on the alert.
A.ler.tar *v* to put on guard; to warn.
A.le.van.tar *v* to get up; to lift; *examine* ⇒ Levantar.
Al.fa.be.ti.za.ção *s* alphabetization; the action of teaching reading and writing.
Al.fa.be.ti.za.do *adj* literate; able to read and to write.
Al.fa.be.ti.zar *v* to teach to read and to write.
Al.fa.be.to *s* alphabet.
Al.fa.ce *s* lettuce.
Al.fa.ci.nha *s* native of Lisbon.
Al.fa.fa *s* alfalfa.
Al.fai.a *s* ornament; jewelry.
Al.fai.a.ta.ria *s* tailor's shop.
Al.fai.a.te *s* tailor.
Al.fân.de.ga *s* customhouse.
Al.fa.ze.ma *s* perfumed water; lavender.
Al.fi.ne.tar *v* to prick with a pin.
Al.fi.ne.te *s* pin.
Al.fi.ne.te.i.ra *s* pincushion.
Al.for.je *s* bag; saddlebag; knapsack; wallet.
Al.ga *s* alga.
Al.ga.ris.mo *s* symbol for a number; numeral.
Al.ga.zar.ra *s* tumult; clamour; clamor.
Ál.ge.bra *s* algebra.
Al.gé.bri.co *adj* algebraic; algebraical.
Al.ge.ma *s* handcuff; shackle.
Al.ge.mar *v* to handcuff; to fetter; to manacle.
Al.gi.a *s* MED pain.
Al.gi.bei.ra *s* pocket; back-pocket.
Al.go *pron* something; *adv* somewhat; a little.
Al.go.dão *s* cotton.
Al.go.do.al *s* cotton plantation; cotton field.
Al.go.do.ei.ro *s* cotton plant.
Al.goz *s* executioner; hangman.
Al.guém *pron* someone; somebody.
Al.gum *adj* something; some; any; *pron* some; any.
A.lhei.o *s* strange; *adj* strange; another's.
A.lho *s* garlic.
A.li *adv* there; over there; in that place.
A.li.a.do *s* ally; *adj* allied.
A.li.an.ça *s* alliance; covenant.
A.li.ar *v* to join; to ally; to associate.
A.li.ás *adv* on the other hand; as a matter of fact; besides.
Á.li.bi *s* alibi; justification.
A.li.ca.te *s* pliers.
A.li.cer.çar *v* to build foundation; to cement.
A.li.cer.ce *s* foundation; base; bottom.
A.li.ci.a.dor *s* allurer; enticer; seducer.
A.li.ci.a.men.to *s* allurement; seduction.
A.li.ci.ar *v* to entice; to seduce; to allure.

A.lie.na.ção *s* alienation; insanity.
A.lie.na.do *adj* insane; alienated.
A.lie.nar *v* to alienate; to withdraw; to divert; to deviate; to enrapture.
A.lie.na.tó.rio *s* transferee; alienee; *adj* alienable.
A.lie.ní.ge.na *s* alien; foreigner; E.T. (extra terrestriae).
A.lie.nis.ta *s* alienist; psychiatrist.
A.li.gá.tor *s* cayman; alligator.
A.li.men.ta.ção *s* nutrition; alimentation; nourishment.
A.li.men.tar *v* to feed; to nourish.
A.li.men.to *s* food; aliment.
A.lí.nea *s* sub-paragraph; subheading.
A.li.nha.do *adj* aligned.
A.li.nha.men.to *s* alignment; ranging.
A.li.nhar *v* alignment; to align; to range.
A.li.nha.var *v* to tack; to baste.
A.lí.quo.ta *adj* aliquot.
A.li.sa.do *adj* polished; smoothed; leveled.
A.li.sar *v* to level; to plane; to smooth.
A.lis.ta.do *adj* enlisted; recruited; *s* draftee; conscript.
A.lis.ta.men.to *s* enlistment; engagement.
A.lis.tar *v* to enlist; to recruit.
A.li.te.rar *v* to alliterate.
A.li.viar *v* to alleviate; to relieve; to assuage.
A.lí.vio *s* relief; alleviation; comfort.
Al.ma *s* soul; spirit; essence.
Al.ma.ço *s* foolscap.
Al.mei.rão *s* chicory.
Al.me.jar *v* to crave; to hanker; to yearn.
Al.mo.çar *v* to have lunch.
Al.mo.ço *s* lunch.
Al.mo.fa.da *s* pad; pillow; cushion.
Al.mo.fa.di.nha *s* small cushion; small pillow; BR wealthy person.
Al.môn.de.ga *s* croquette; meat ball.
Al.mo.xa.ri.fa.do *s* stock room; warehouse.
Al.mo.xa.ri.fe *s* stockman; stock clerk.
A.lô *interj* hi! hello!
A.lo.cu.ção *s* allocution; address.
A.lo.ja.men.to *s* accommodation; lodging; dormitory.
A.lo.jar *v* to lodge; to shelter; to store.
A.lon.gar *v* to prolongate; to lengthen; to extend; to elongate.
Al.pa.ca *s* alpaca.
Al.pa.car.ta *s* a canvas shoe.
Al.par.ga.ta *s* *examine* ⇒ Alpacarta.
Al.pen.dre *s* porch; shed; piazza.
Al.pi.nis.mo *s* climber.
Al.pi.nis.ta *s* alpinist; mountaineer.
Al.pis.te *s* birdseed.
Al.que.bra.do *adj* weakened; worn-out; exhausted.
Al.que.brar *v* to weaken; to stoop.
Al.quei.re *s* BR a measure of land equivalent to 24.200 m^2.
Al.qui.mi.a *s* alchemy.
Al.qui.mis.ta *s* alchemist.
Al.ta *s* rise; increase; FIG it refers to a person that exits from a hospital, after having gotten better.
Al.ta.nei.ro *adj* haughty; arrogant.
Al.tar *s* altar; sanctuary.
Al.te.ra.ção *s* alteration; change; altercation.
Al.te.rar *v* to alter; to change; to modify.
Al.te.rá.vel *adj* alterable; changeable; modifiable.
Al.ter.car *v* to quarrel; to altercate; to wrangle.
Al.ter.na.ção *s* alteration.
Al.ter.na.do *adj* alternate; *s* alternator.
Al.ter.nar *v* to take turns; to alternate.
Al.ter.na.ti.va *s* option; alternative; choice.
Al.te.za *s* highness; elevation; excellence; greatness.
Al.tís.si.mo *s* extremely high; FIG God; the Almighty.
Al.tis.so.nan.te *adj* high-sounding.
Al.ti.tu.de *s* altitude; height.
Al.ti.vez *s* fieriness; pride; arrogance.
Al.ti.vo *adj* haughty; arrogant; proud.
Al.to *s* top; height; halt; *adj* high; tall; loud.
Alto-falante *s* loudspeaker.
Alto-relevo *s* high-relief.
Al.tu.ra *s* height; stature; altitude.
A.lu.ci.na.ção *s* hallucination; illusion; delusion.
A.lu.ci.na.do *adj* crazy; hallucinated.
A.lu.ci.nar *v* to hallucinate; to madden.
A.lu.de *s* avalanche.
A.lu.dir *v* to refer; to allude; to mention.
A.lu.gar *v* to hire; to lease.
A.lu.guel *s* rental.
A.lu.mí.nio *s* aluminum.
A.lu.no *s* student; pupil; scholar; learner.
A.lu.são *s* reference; allusion; hint.
A.lu.si.vo *adj* referring to; allusive; alluding.
Al.va *s* dawn; daybreak.
Al.vai.a.de *s* ceruse.
Al.va.rá *s* license; warrant.
Al.ve.jan.te *adj* whitening; albescent.
Al.ve.jar *v* to whiten; to blanch; to bleach.
Al.ve.na.ria *s* masonry; brickwork.
Al.vis.sa.rei.ro *adj* favorable; good news.
Al.vi.tre *s* advice; suggestion.
Al.vo *s* target; objective; aim; *adj* white; pure; limpid.
Al.vo.ra.da *s* dawn; daybreak; aurora.
Al.vo.re.cer *s* dawn; daybreak.
Al.vo.ro.çar *v* to stir up; to excite; to agitate.
Al.vo.ro.ço *s* riot; disturbance; agitation.
Al.vu.ra *s* purity; whiteness; limpidity.
A.má *s* governess; nanny; nursemaid.
A.ma.bi.li.da.de *s* affability; amiability.
A.ma.ci.ar *v* to soften; to smooth; to soothe.
A.ma.da *s and adj* darling; lover; sweetheart.
A.ma.do *s and adj* beloved; dear; sweetheart.
A.ma.dor *s* amateur; lover.

A.ma.du.re.cer *v* to age; to mature; to ripen.
A.ma.du.re.ci.men.to *s* ripening; ripeness; maturity.
Â.ma.go *s* soul; heart; pith.
A.mal.di.ço.a.do *adj* damned; cursed.
A.mal.di.ço.ar *v* to execrate; to curse; to damn.
A.ma.men.ta.ção *s* breast-feeding; lactation; suckling.
A.ma.men.tar *v* to suckle; to feed; to nurse.
A.man.ce.bar-se *v* to cohabit as lover with another person.
A.ma.nhã *s* tomorrow.
A.ma.nhe.cer *v* to dawn.
A.man.sar *v* to pacify; to tame; to soothe.
A.man.te *s* lover; admirer.
A.ma.pa.en.se *adj* relative to the territory of the Amapa.
A.mar *v* to love; to be loving.
A.ma.re.la.do *adj* yellowish.
A.ma.re.lão *s* hookworm disease.
A.ma.re.lar *v* to make yellow; to yellow.
A.ma.re.lo *adj* yellow.
A.mar.gar *v* to embitter; to make bitter; BR to make painful, unpleasant.
A.mar.go *s* bitterness; *adj* bitter.
A.mar.gor *s* bitterness.
A.mar.gu.ra *s* affliction; grief; bitterness; anguish.
A.mar.gu.rar *v* to afflict; to grieve.
A.mar.ra *s* hawser; cord; cable.
A.mar.rar *v* to tie.
A.mar.ro.tar *v* to crease; to wrinkle.
A.ma-se.ca *s* nanny.
A.má.sia *s* concubine.
A.ma.siar-se *v* to cohabit as lover with another person.
A.mas.sa.do *adj* squashed; kneaded.
A.mas.sar *v* to knead; to mix; to squash.
A.má.vel *adj* kind; amiable; pleasant.
A.ma.zo.na *s* amazon.
A.ma.zô.ni.co *adj* amazonian.
Âm.bar *s* amber.
Am.bi.ção *s* ambition; *s* ambitious.
Am.bi.cio.nar *v* to desire; to aspire.
Am.bi.cio.so *adj* eager; aspiring; ambitious.
Am.bi.ên.cia *s* environment.
Am.bi.en.tar *v* to adapt.
Am.bi.en.te *s* environment; ambient.
Am.bi.gui.da.de *s* ambiguity; double meaning.
Am.bí.guo *adj* ambiguous; doubtful.
Âm.bi.to *s* circuit; ambit; field; orbit.
Am.bos *pron* both.
Am.bu.lân.cia *s* field hospital; ambulance.
Am.bu.lan.te *adj* itinerant; ambulant.
Am.bu.la.tó.rio *adj* ambulatory; *s* clinic.
A.me.a.ça *s* menace; threat; threatening.
A.me.a.çar *v* to threaten; to menace; to frighten.
Amedrontado *adj* afraid; scared; frightened.
A.me.dron.tar *v* to scare; to frighten; to intimidate.
A.mei.xa *s* prune; plum.
A.mei.xe.i.ra *s* plum-tree.
A.mém *interj* amen! so be it!
A.mên.doa *s* almond.
A.men.do.im *s* peanut.
A.me.ni.da.de *s* amenity; delight.
A.me.ni.zar *v* to make pleasant; to soothe.
A.me.no *adj* agreeable; mild; soft.
A.me.ri.ca.no *adj* American.
A.mí.da.la *s* tonsil; amygdala.
A.mi.do *s* starch.
A.mi.ga *s* girl friend.
A.mi.gar-se *v* to become friend of someone; to live together with someone.
A.mi.gá.vel *adj* amiable; friendly; amicable.
A.mi.go *s* boy friend.
A.mis.to.so *adj* affable; friendly; cordial.
A.mi.za.de *s* amity; friendship.
A.mo *s* landlord; master.
A.mo.la.ção *s* grinding; annoying; worry.
A.mo.lar *v* to sharpen; to grind; BR POP to bore.
A.mol.dar *v* to mould; to adapt; to fashion.
A.mo.le.cer *v* to weaken; to melt; to soften.
A.mon.to.ar *v* to accumulate; to pile up.
A.mor *s* love; affection.
A.mo.ra *s* mulberry.
A.mor.da.çar *v* to muzzle; to gag.
A.mo.ro.so *adj* amorous.
Amor-perfeito *s* perfect love; pansy.
A.mor.ti.zar *v* to amortize; to pay off.
A.mos.tra *s* model; specimen; sample.
A.mos.tra.gem *s* sampling.
A.mo.ti.nar *v* to agitate, to go against the authority.
Am.pa.rar *v* to take care; to protect; to support; to sustain.
Am.pli.a.ção *s* enlargement; amplification.
Am.pli.ar *v* to augment; to amplify; to lengthen; *also* Amplificar.
Am.pli.fi.ca.dor *s* amplifier.
Am.pli.tu.de *s* amplitude; spaciousness.
Am.plo *adj* ample; extensive; wide; large.
Am.pu.lhe.ta *s* hourglass.
Am.pu.tar *v* to amputate; to mutilate.
A.mu.ar *v* to annoy; to vex; to bother.
A.mu.le.to *s* talisman; amulet; luck charm.
A.nã *s* woman dwarf.
A.ná.gua *s* slip; petticoat; underskirt.
A.nais *s* chronicles; annals.
A.nal *adj* anal; annual.
A.nal.fa.be.tis.mo *s* illiteracy.
A.nal.fa.be.to *s* illiterate.
A.na.li.sar *v* to examine; to analyze; to investigate.
A.ná.lo.go *adj* alike; similar; analogous.
A.não *s* dwarf.
An.ces.tral *adj* ancestral.
An.ci.ã *s* old woman.
An.ci.ão *s* elderly.
Ân.co.ra *s* anchor.

An.co.ra.dou.ro *s* harbour; harbor; anchorage.
An.dar *v* to pace; to walk; to go; to move.
An.do.ri.nha *s* swallow; martin.
A.ne.do.ta *s* anecdote.
A.nel *s* ring.
A.ne.lar *v* to pine; to long for; to desire.
A.ne.lo *s* craving; desire; longing; yearning.
A.ne.xa.ção *s* annexation.
A.ne.xar *v* to annex; to join; to attach.
A.ne.xo *adj* joined; annexed.
An.fi.tri.ão *s* host.
An.ga.ri.ar *v* to attract; to entice; to solicit.
An.go.la.no *s* native of Angola.
An.gra *s* cove; small bay.
An.gús.tia *s* anxiety; affliction; anguish.
An.gus.ti.ar *v* to afflict; to anguish; to distress; to grieve.
A.ni.a.gem *s* coarse; made from cotton or another fabric or plant.
A.nil *s* anil; bluing; indigo.
A.ni.ma.ção *s* animation; enthusiasm; movement.
A.ni.mal *s* animal; BR POP an ignorant man.
A.ni.mar *v* to comfort; to put somebody up; to animate; to cheer; to stimulate.
A.ní.mi.co *adj* relative to the soul.
Â.ni.mo *s* animus; soul; courage.
A.ni.qui.lar *v* to destroy; to annihilate; to humiliate.
A.ni.ver.sá.ri.o *s* anniversary; birthday.
An.jo *s* angel.
A.no *s* year.
A.noi.te.cer *s* dusk; evening; nightfall; *v* to darken; to grow night.
A.no.ta.ção *s* note; annotation; notation.
A.no.tar *v* to annotate; to take notes.
An.sei.o *s* ardent desire; longing; anxiety.
Ân.sia *s* affliction; anxiety; strong desire.
An.ta *s* tapir.
An.ta.go.ni.zar *v* to antagonize.
An.ta.nho *adv* long ago; in the past.
An.te *prep* before.
An.te.bra.ço *s* forearm.
An.te.ce.dên.cia *s* antecedence; precedence.
An.te.ce.der *v* to antecede.
An.te.ces.sor *s* ancestors.
An.te.ci.pa.ção *s* anticipation.
An.te.mão *adv* beforehand.
An.te.na *s* antenna; spar.
An.te.no.me *s* forename; first name.
An.te.on.tem *adv* the day before yesterday.
An.te.pas.sa.do *s* forefather; ancestor; *adj* past; bygone.
An.te.por *v* to place before; to set before.
An.te.ri.or *adj* former; previous.
An.te.ri.or.men.te *adv* ago.
An.tes *adv* before; formerly; ago.
An.ti.ga.men.te *adv* anciently; formerly.
An.ti.go *adj* ancient; old; antique.
An.ti.gui.da.de *s* antiquity; ancient times.
An.tí.lo.pe *s* antelope.
An.ti.pa.tia *s* aversion; dislike; antipathy.
An.ti.qua.do *adj* archaic; out of date; oldfashioned.
An.tro *s* cavern; cave; hangout.
A.nu.al *s* yearly; annual.
A.nu.ên.cia *s* consent; acquiescence; agreement.
A.nu.ir *v* to approve; to agree; to acquiesce.
A.nu.la.ção *s* cancellation; annulment; abolition.
A.nu.lar *adj* annular; **dedo Anular**: ring-finger.
A.nu.lar *v* to annul; to destroy; to eliminate.
A.nun.ci.ar *v* to advertise; to announce; to inform.
A.nún.cio *s* advertisement; notice; sign.
An.ver.so *s* obverse.
An.zol *s* hook; fishhook.
Ao (a+o) *prep+art* at the; to the one; to the; for the; in the; by the; into the; to that.
A.on.de *adv* whence; to what place; where.
A.pa.dri.nhar *v* to be godfather to; to support.
A.pa.gar *v* to erase; to extinguish; to turn off the lamp.
A.pai.xo.na.do *adj* in love.
A.pai.xo.nar *v* to fall in love.
A.pal.par *v* to touch; to feel; to grope.
A.pa.nhar *v* to pick up; to catch; to seize.
A.pa.re.cer *v* to appear; to come round.
A.pa.re.lhar *v* to prepare; to fit out; to equip.
A.pa.re.lho *s* set; equipment; gear.
A.pa.rên.cia *s* garb; aspect; appearance.
A.pa.ren.ta.do *adj* kindred.
A.pa.ren.tar *v* to feign; to resemble.
A.pa.ren.te *adj* apparent; feigned; seeming.
A.pa.ri.ção *s* vision; apparition; ghost.
A.par.ta.men.to *s* apartment; division; ENGL flat.
A.par.tar *v* to separate; to divide; to grade.
A.par.te *adv* interruption; remark; aside.
A.par.te.ar *v* to interrupt.
A.pa.vo.rar *v* to scare; to frighten; to terrify.
A.pa.zi.guar *v* to pacify; to appease; to calm.
A.pe.ar *v* to drop; to dismount; to unhorse.
A.pe.dre.jar *v* to pelt; to throw stones on somebody; to insult.
A.pe.gar-se *v* to attach oneself; to cling to.
A.pe.la.ção *s* appeal; appealing.
A.pe.lar *v* to apply; to appeal; to resort.
A.pe.li.dar *v* to name; to nickname; to surname.
A.pe.lo *s* appeal.
A.pe.nas *adv* only; just.
A.per.fei.ço.a.men.to *s* perfecting; improving; improvement.
A.per.fei.ço.ar *v* to polish; to improve; to perfect.
A.pe.ri.ti.vo *s* appetizer; aperitif.
A.per.tar *v* to tie; to tighten; to afflict.
A.per.to *s* pressing; jam; difficult situation.
A.pe.ti.te *s* appetite; desire; ambition.
Á.pi.ce *s* apex; summit; top.
A.pi.e.dar-se *v* to have compassion for; to take pity on.
A.pi.men.tar *v* to pepper; to stimulate.

A.pi.nha.do *adj* crowded; agglomerate.
A.pi.nhar *v* to jam; to heap up; to crowd.
A.pi.tar *v* to whistle.
A.pi.to *s* whistle.
A.pla.nar *v* to smooth; to remove; to level.
A.plau.dir *v* to cheer; to clap; to applaud.
A.plau.so *s* clap; applause; acclamation.
A.pli.ca.do *adj* applied; diligent; studious.
A.pli.car *v* to affix; to apply.
A.po.ca.lip.se *s* Apocalypse, the last book of the Bible.
A.po.de.rar-se *v* to invade; to occupy.
A.po.dre.cer *v* to rot; to corrupt; to decay.
A.poi.ar *v* to support.
A.pó.li.ce *s* share; bond; policy; stock.
A.po.lo.gia *s* defence; apology.
A.pon.tar *v* to aim; to sharpen; to sight; to point out.
A.pós *prep* after; afterwards; since; *adv* after; afterward; after that.
A.po.sen.ta.do *adj* retired; pensioned off.
A.po.sen.tar *v* to retire; to pension off.
A.po.sen.to *s* room.
A.pos.sar *v* to master; to possess; to dominate.
A.pra.zí.vel *adj* charming; pleasing.
A.pre.ci.ar *v* to appreciate; to estimate.
A.pre.ço *s* account; estimation; consideration; esteem.
A.pre.en.der *v* to apprehend.
A.pren.der *v* to learn; to receive instruction.
A.pren.diz *s* novice; apprentice.
A.pre.sar *v* to capture; to arrest; to apprehend.
A.pre.sen.ta.ção *s* presentation; introduction.
A.pre.sen.tar *v* to introduce; to present; to show; to exhibit.
A.pres.sa.do *adj* hurried; hasty; in a hurry.
A.pri.mo.rar *v* to perfect; to improve.
A.pri.si.o.nar *v* to jail; to imprison; to arrest.
A.pro.fun.dar *v* to deepen; to sink.
A.pron.tar *v* to equip; to get ready.
A.pro.pri.ar *v* to appropriate.
A.pro.var *v* to approve; to commend.
A.pro.vei.tar *v* to enjoy; to apply.
A.pro.xi.ma.ção *s* approach; approximation.
A.pro.xi.mar *v* to approach; to approximate.
Ap.ti.dão *s* ability; aptness; aptitude.
Ap.to *adj* able; capable.
A.pu.nha.lar *v* to stab.
A.pu.par *v* to boo; to hiss at.
A.pu.rar *v* to prove; to clear up; to purify.
A.quá.rio *s* aquarium.
A.que.ce.dor *s* heater.
A.que.cer *v* to warm; to heat; to excite.
A.que.la *adj* that (she, it); *pron* that one (she, it); *also* Aquele.
A.quém *adv* beneath; below; less than.
A.qui *adv* here; herein; in this place.
A.qui.es.cên.cia *s* consent; agreement; acquiescence.
A.qui.es.cer *v* to consent; to agree.
A.qui.si.ção *s* purchase; acquisition.
Ar *s* air; wind; atmosphere.
Á.ra.be *s* the arabic language; *adj* Arabian; Arabic; Arab.
A.ra.do *s* plow.
A.ra.me *s* wire.
A.ra.nha *s* spider.
A.rar *v* to plow; to plough.
A.ra.ra *s* macaw.
Ar.bi.tra.gem *s* mediation; arbitration.
Ar.bi.trar *v* to arbitrate.
Ar.bí.trio *s* opinion; decision; will; arbitrament.
Ár.bi.tro *s* referee; arbiter.
Ar.bus.to *s* bush; shrub; arbuscle.
Ar.ca *s* ark; coffer.
Ar.ca.bou.ço *s* chest; skeleton; framework.
Ar.cai.co *adj* archaic.
Ar.ca.no *s* arcanum; *s* occult; mysterious.
Ar.car *v* to arch; to bow; to endeavour; to assume.
Ar.ce.bis.po *s* archbishop.
Ar.cho.te *s* torch.
Ar.co *s* arch; bow.
Arco-íris *s* rainbow.
Ar.der *v* to flame; to burn; to blaze.
Ar.di.do *adj* burnt; fermented; rancid.
Ar.dil *s* stratagem; trick.
Ar.di.lo.so *adj* tricky; artful; crafty.
Ar.dor *s* ardor; itch.
Ar.do.ro.so *adj* ardent; zealous.
Ár.duo *adj* hard; arduous.
A.re *s* are.
Á.rea *s* area.
A.re.al *s* sands; strand.
A.re.ar *v* to sand; to scour.
A.rei.a *s* sand.
A.re.jar *v* to air; to ventilate; to aerate.
A.res.ta *s* edge; corner.
Ar.gi.la *s* adobe; clay; argil.
Ar.go.la *s* ring; hoop.
Ar.gú.cia *s* astuteness; acuteness; acumen.
Ar.gui.ção *v* argumentation; inquiry.
Ar.guir *v* to argue; to accuse; to question.
Ar.gu.men.tar *v* to argue; to discuss.
Ar.ma *s* arm; weapon; gun.
Ar.ma.di.lha *s* snare; trap; pitfall.
Ar.má.rio *s* chest; closet; wardrobe.
Ar.ma.zém *s* store; shop; warehouse.
A.ro *s* ring; hoop.
A.ro.ma *s* scent; balm; fragrance.
Ar.qui.ban.ca.da *s* bleachers.
Ar.qui.pé.la.go *s* archipelago.
Ar.qui.te.tar *v* to built; to plan; to imagine.
Ar.qui.te.to *s* architect.
Ar.qui.var *v* to file; to shelve.
Ar.qui.vo *s* file; folder.

Ar.ra.bal.des *s* outskirts; suburbs; environs.
Ar.rai.ga.do *adj* fixed; rooted.
Ar.rai.gar *v* to fix; to root; to settle down.
Ar.ran.car *v* to drag; to pull out; to pluck out; to dig up.
Ar.ra.nha-céu *s* skyscraper.
Ar.ra.nhar *v* to scratch.
Ar.ran.jar *v* to dispose; to arrange; to settle.
Ar.ran.jo *v* ordering; order; arrangement; BR POP connivance.
Ar.ra.sar *v* to ruin; to demolish; to destroy.
Ar.ras.tar *v* to trail; to drag; to haul.
Ar.re.ba.tar *v* to grab; to snatch; to pull; to ravish.
Ar.re.bi.ta.do *adj* pert; turned-up.
Ar.re.ca.dar *v* to collect.
Ar.re.di.o *s* solitary; retired.
Ar.re.don.dar *v* to round.
Ar.re.do.res *s* surroundings; neighborhood.
Ar.re.ga.çar *v* to roll up.
Ar.rei.o *s* harness; adornment.
Ar.re.li.a *s* worry; trouble; vexation.
Ar.re.ma.tar *v* to hoe; to conclude.
Ar.re.mes.sar *v* to hurl; to throw; to cast away.
Ar.re.me.ter *v* to dash at.
Ar.re.pen.der-se *v* to rue; to repent; to be sorry.
Ar.re.pen.di.men.to *s* sorrow; repentance.
Ar.re.pi.ar *v* to frighten; **Arrepiar-se**: to shiver.
Ar.re.pi.o *s* gooseflesh; chill; shiver.
Ar.ris.car *v* to risk; to venture.
Ar.ro.gân.cia *s* arrogance.
Ar.roi.o *s* brook; rill; streamlet.
Ar.ro.ja.do *adj* daring; fearless; bold.
Ar.ro.jar *v* to hurl; to drag; to trail; to cast.
Ar.rom.bar *v* to break down; to burst.
Ar.ro.tar *v* to brag; to belch; to boast.
Ar.roz *s* rice.
Ar.ru.a.ça *s* tumult; mess; riot.
Ar.ru.i.nar *v* to destroy; ruin; to demolish; to damage.
Ar.ru.lho *s* lullaby; coo.
Ar.ru.mar *v* to tidy; to put in order; to arrange.
Ar.te *s* art; skill; craft; artifice.
Ar.te.lho *s* toe.
Ar.té.ria *s* artery.
Ar.tí.fi.ce *s* artisan; craftsman.
Ar.ti.fi.ci.al *adj* artificial.
Ar.ti.fí.cio *s* skill; trick; artifice; craft.
Ar.ti.ma.nha *s* fraud; stratagem.
Ar.tis.ta *s* artist.
Ár.vo.re *s* tree.
Ás *s* ace.
A.sa *s* wing; lug; handle.
As.cen.dên.cia *s* origin; ascendance.
As.co *s* aversion; gorge; disgust.
As.fal.tar *v* to asphalt.
As.fal.to *s* asphalt.
A.si.la.do *adj* given asylum; cared for.
As.nei.ra *s* nonsense; folly; silliness.
As.no *s* a dunce; ass; FIG stupid person.
As.pas *s* inverted commas; quotation marks.
As.pec.to *s* aspect; expression; air.
Ás.pe.ro *adj* rough; severe; harsh.
As.pi.ra.dor *s* suction pump; aspirator.
As.pi.rar *v* to inhale; to aspirate; to breathe.
As.sa.do *s* roasted; baked.
As.sal.tar *v* to assault; to rob.
As.sa.nhar *v* to irritate; to incite; to anger.
As.sar *s* to burn; to roast; to bake.
As.sas.si.nar *v* to murder; to kill.
As.sas.si.na.to *s* murder; killing.
As.saz *adv* enough; sufficiently.
As.se.ar *v* to clean.
As.se.di.ar *v* to importune.
As.sé.di.o *s* harassment.
As.se.gu.rar *v* to assure; to assert; to affirm.
As.sei.o *s* cleanliness; neatness.
As.se.me.lhar *v* to make similar; to resemble.
As.sen.tar *v* to seat; to place; to fix.
As.sen.to *s* rump; seat; buttocks.
As.ses.sor *s* adviser; aide; assessor.
As.se.ve.rar *v* to asseverate; to affirm.
As.si.dui.da.de *s* perseverance; diligence.
As.sí.duo *adj* frequent; constant; diligent.
As.sim *adv* thus; so; in this way.
As.si.mi.lar *v* to absorb; to assimilate.
As.si.na.do *adj* signed.
As.si.na.lar *v* to mark; to signalize.
As.si.nar *v* to sign
As.si.na.tu.ra *s* signature.
As.sis.tên.cia *s* audience; attendance; aid; assistance.
As.sis.tir *v* to be present; to attend.
As.so.bi.ar *v* to hoot at; to whistle.
As.so.ci.a.ção *s* society; association; partnership.
As.su.mir *v* to assume; to take on.
As.sun.to *s* matter; subject.
As.sus.tar *v* to frighten.
As.te.ca *s* Aztec; *adj* aztec.
As.te.ris.co *s* asterisk.
As.tro *s* star.
As.tú.cia *s* slyness; sagacity; cunning.
A.ta *s* a book that registers what happened in a meeting.
A.ta.car *v* to attack.
A.ta.lho *s* short cut; bypass; byway.
A.ta.que *s* attack; assault; insult; aggression.
A.tar *v* to tie; to fasten.
A.ta.re.fa.do *adj* occupied; busy.
A.ta.ú.de *s* coffin; casket.
A.ta.vi.ar *v* to trim; to adorn; to attire.
A.té *prep* until; up till; till; *adv* still; even.
A.te.ar *v* to inflame; to stir up; to fire.
A.ten.ção *s* attention; care; respect.
A.ten.der *v* to pay attention; to attend.
A.ten.tar *v* to mind; to consider; to attack.
A.te.nu.a.ção *s* diminution; attenuation.

A.te.nu.ar *v* to attenuate; to diminish.
A.ter.rar *v* to frighten; to terrify; to land.
A.ter.ris.sar *v examine* ⇒ Aterrizar.
A.ter.ri.za.gem *s* landing; landfall; *also* Aterrissagem.
A.ter.ri.zar *v* to land an airplane.
A.ter.ro *s* embankment.
A.ter.ro.ri.zar *v* to terrify.
A.ter-se *v* to stick to.
A.tes.tar *v* to attest; declare; to certify.
A.tin.gir *v* to reach; to attain.
A.ti.rar *v* to shoot; to throw.
A.ti.tu.de *s* posture; position; attitude.
A.tle.ta *s* athlete.
A.to.lei.ro *s* swamp; FIG disgrace.
A.tô.ni.to *adj* amazed; astonished; surprised.
A.tor *s* actor.
A.tor.men.tar *v* to torture; to torment.
A.tra.ção *s* magnetism; appeal; attraction.
A.tra.car *v* to moor; to land; to dock.
A.tra.en.te *adj* charming; attractive.
A.trai.ço.ar *v* to betray; to double-cross.
A.tra.ir *v* to attract; to draw to; to entice.
A.tra.pa.lhar *v* to bother; to trouble.
A.trás *adv* behind; before; back; ago.
A.tra.sa.do *adj* backward; late; delayed.
A.tra.vés *adv* across; transversally; through; *prep* across; through.
A.tra.ves.sa.do *adj* oblique; FIG restless; illhumored.
A.tra.ves.sar *v* to cross.
A.tre.lar *v* to harness.
A.tre.ver-se *v* to dare; to risk; to venture.
A.tri.bui.ção *s* competence; attribution.
A.tri.to *s* friction; attrition.
A.tro.ci.da.de *s* cruelty; outrage; atrocity.
A.tro.pe.lar *v* to trample on.
A.troz *adj* atrocious; cruel.
A.tu.al *adj* present; current.
A.tu.ar *v* to act.
A.tum *s* tunny fish.
A.tu.rar *v* to support; to bear.
A.tur.dir *v* to amaze; to deafen.
Au.dá.cia *s* audacity; courage.
Au.di.ção *s* hearing.
Au.di.ên.cia *s* audience; session.
Au.ge *s* pinnacle; summit; apogee.
Au.gu.rar *v* to presage; to augur.
Au.la *s* class; classroom.
Au.men.tar *v* to enlarge; to increase; to augment; to amplify.
Au.ra *s* aura; gentle breeze.
Au.ro.ra *s* aurora; dawn.
Au.sên.cia *s* absence; lack of.
Au.ten.ti.car *v* to certify; to attest.
Au.to.mó.vel *s* car; automobile.
Au.tor *s* author; creator.
Au.to.ri.zar *v* to empower; to authorize; to permit; to warrant; to grant.
Au.xi.li.ar *v* to assist; to aid.
A.ve *s* bird; fowl.
A.ven.ca *s* fern.
A.ven.tu.rar *v* to risk; to hazard; to venture.
A.ve.ri.guar *v* to check; to investigate.
A.ves.so *adj* adverse; averse; contrary.
A.ves.truz *s* ostrich.
A.vi.a.men.to *s* preparation; execution.
A.vi.ão *s* aircraft; aeroplane; airplane; avion.
A.vil.tar *v* to vilify; to degrade; to dishonor.
A.vi.sar *v* to inform; to advice; to warn; to beware.
A.vi.so *s* notice; warning; advice.
A.vis.tar *v* to sight; to see.
A.vô *s* grandfather; grandpa.
A.vó *s* grandmother; grandmama; grandma.
A.xi.la *s* armpit; axilla; axil.
A.za.lei.a *s* azalea.
A.zar *s* adversity; bad luck.
A.ze.dar *v* to sour; to embitter.
A.zei.te *s* oil; olive-oil.
A.zei.to.na *s* olive.
A.zi.a *s* heartburn; stomach acidity.
Á.zi.mo *adj* azymic; unleavened.
A.zul *adj* blue.
A.zu.le.jo *s* tile.

ABCDEFGHIJKLMNOPQRSTUVWXYZ

B *s* the second letter of the Portuguese alphabet and of the English alphabet.
Ba.ba *s* slime; drool; *s* nanny; maid.
Ba.ba.dor *s* bib.
Ba.bar *v* to drivel; to slaver; to slobber.
Ba.bel *s* Babel tower; FIG tumult.
Ba.bo.sei.ra *s* silliness; slobber; nonsense.
Ba.ca.lhau *s* codfish; cod.
Ba.ca.lho.a.da *s* prepared stew with cod.
Ba.ca.na *adj* GÍR BR cool or handsome or rich person.
Ba.ca.nal *s* orgy; bacchanal.
Ba.cha.re.lar *v* to receive the degree of bachelor; to prattle; to babble.
Ba.ci.a *s* basin; MED the pelvic cavity.
Ba.ço *s* MED spleen.
Ba.da.lar *v* to ring; to blab; to ring.
Ba.de.jo *s* name of several kinds of fish.
Ba.der.na *s* revelry; tumult.
Ba.du.la.que *s* trash; cosmetic; junk.
Ba.fa.fá *s* dispute; uproar; tumult; confusion.
Ba.fe.jar *v* to exhale; to blow softly.
Ba.fo *s* exhalation.
Ba.fo.ra.da *s* blow of cigarette smoke, etc.
Ba.ga.gei.ro *s* luggage rack.
Ba.ga.gem *s* luggage; baggage.
Ba.go *s* grain; GÍR BR testicle.
Ba.gre *s* catfish.
Ba.gu.lho *s* grapestone; GÍR BR ugly person.
Ba.gun.ça *s* disorder; mess; tumult.
Ba.ia *s* stall.
Ba.í.a *s* bay; harbor; harbour.
Bai.ão *s* MÚS BR popular folk music and dance.
Bai.lar *v* to dance.
Ba.i.nha *s* scabbard.
Ba.i.o *s* fur horse (hair, leather) brown clear.
Baio.ne.ta *s* bayonet.
Bai.rris.mo *s* to love in excess to the neighborhood where lives, municipal district, borough etc.
Ba.ir.ro *s* neighborhood.
Ba.i.ta *adj* GÍR BR huge.
Ba.i.u.ca *s* little tavern; canteen.
Ba.i.xa *s* decrease; abatement; dismissal from service.
Ba.i.xar *v* to come down; to decrease.
Ba.i.xe.la *s* tableware; silverwares.
Ba.i.xe.za *s* vileness; inferiority.
Ba.i.xi.nho *adj* GÍR BR person of low stature; *adv* to speak whispering.
Ba.i.xo *s* low; short; cheap.
Ba.i.xo.te *adj* rather low.
Ba.ju.la.ção *s* adulation; flattery; toadyism.
Ba.ju.lar *v* to toady; to flatter; to cajole.
Ba.la *s* bullet; shot; BR candy; sweet.
Ba.la.da *s* ballad; ballade, pop song; GIR night party.
Ba.lan.ça *s* balance; scale.
Ba.lan.çar *v* to swing; to rock; to balance.
Ba.lan.ce.a.men.to *s* balancing.
Ba.lan.ce.te *s* COM balance sheet.
Ba.lan.ço *s* a toy that goes forward and back; COM balance sheet.
Ba.lan.drau *s* overcoat; mantle; large cape.
Ba.lan.gan.dã *s* trinket.
Ba.lão *s* balloon.
Ba.lar *v* to bleat or to cry as a sheep.
Ba.la.ús.tre *s* baluster.
Bal.bu.ci.ar *s* to stutter; to babble; to stammer.
Bal.búr.dia *s* disorder; confusion; tumult.
Bal.cão *s* balcony; counter.
Bal.co.nis.ta *s* BR clerk.
Bal.de *s* pail; bucket.
Bal.de.a.ção *s* transfer.
Bal.de.ar *v* to decant; to transfer the travelleres from one bus, train, car or underground (subway) to another.
Bal.dio *s* fallow land; uncultivated ground; *adj* fallow; uncultivated.
Ba.le.ar *v* to reach, to hurt with a revolver bullet.
Ba.le.ia *s* whale; baleen; FIG BR fat person.
Ba.le.la *v* BR GIR lie; fib.
Ba.lir *v* to bleat; to baa.
Ba.li.za *s* landmark.
Ba.li.zar *v* to demarcate; to buoy.
Bal.ne.á.rio *s* balneae.
Ba.lo.fo *adj* puffy; fluffy.
Bal.sa *s* ferry boat; raft; small raft.
Bál.sa.mo *s* balsam; balm.

Bal.za.qui.a.na *adj* it is said of the woman that is 30 years old more or less, in reference to the romance of Honoré de Balzac.
Bam.ba *adj* GÍR BR it is said of an intelligent person, a true ace.
Bam.bu *s* bamboo; cane; reed.
Ba.nal *adj* banal; commonplace; trivial.
Ba.na.li.zar *v* to render trivial.
Ba.na.na *s* banana.
Ba.na.ne.i.ra *s* banana tree; banana plant.
Ban.ca *s* desk; table; lawyer's office.
Ban.car *v* to pretend.
Ban.da.gem *s* bandage; compress.
Ban.da.lhei.ra *s* vileness; lowness.
Ban.dei.ra *s* banner; flag; standard.
Ban.dei.ran.te *s* BR scout; name given to the Portugueses and Brazilians that did expeditions to capture people (Indian) and to discover gold, diamonds etc., for the centuries 16, 17 and 18.
Ban.dei.ri.nha *s* little flag; ESP FUT linesman.
Ban.de.ja *s* tray; salver.
Ban.di.do *s* gangster; robber; bandit.
Ban.do *s* group; crew; gang; band.
Ban.do.lim *s* MÚS mandolin (instrument).
Ba.nha *s* fat.
Ba.nhar *v* to bathe.
Ba.nhei.ra *s* bathtub.
Ba.nhei.ro *s* bathroom.
Ba.nho *s* bath.
Ba.ni.do *s* outlaw; *adj* banished, outlawed.
Ba.nir *v* to expatriate; to deport; to banish.
Ban.que.ta *s* small bench.
Ban.que.te.ar *v* to banquet; to feast.
Ban.zé *s* disturbance; disorder; riot.
Ba.que.ar *v* to tumble down; almost to faint.
Bar *s* bar; saloon; tavern; public house.
Ba.ra.lho *s* pack of cards; deck of cards.
Ba.ra.ta *s* cockroach.
Ba.ra.te.ar *v* to reduce price.
Ba.ra.to *adj* inexpensive; cheap.
Bar.ba *s* beard; **fazer a barba**: to shave.
Bar.ban.te *s* string; packingthread.
Bar.ba.ri.da.de *s* barbarity; absurdity.
Bár.ba.ro *adj* barbarous; savage; cruel.
Bar.ba.ta.na *s* fin of a fish; whalebone.
Bar.be.ar *v* to shave.
Bar.be.a.ri.a *s* barbershop.
Bar.bei.ra.gem *s* it is said of the maneuver badly done or of mistakes when driving a car.
Bar.bei.ro *s* barber; BR insect that transmits the disease of Chagas; BR GÍR terrible driver.
Bar.bi.cha *s* goatee.
Bar.bu.do *s* full-bearded.
Bar.ca *s* ferryboat; bark.
Bar.co *s* boat; vessel; ship.
Bar.ga.nha *s* exchange; trade; dicker.
Bar.ga.nhar *v* to bargain; to exchange; to dicker.
Bar.quei.ro *s* boatman; ferryman.
Bar.ra *s* bar; beam; BR final part of the fabric of the pants; GÍR something very difficult of doing or anything that causes mess or problem.
Bar.ra.ca *s* hut; shanty.
Bar.ra.cão *s* shack; shed.
Bar.ra.co *s* shanty; hut; shack.
Bar.ra.cu.da *s* barracuda (fish).
Bar.ran.co *s* ravine.
Bar.rar *v* to bar; to obstruct.
Bar.rei.ro *s* muddy land.
Bar.ren.to *adj* muddy.
Bar.re.te *s* night-cap; bastion.
Bar.ri.ca *s* cask; keg.
Bar.ri.ga *s* belly.
Bar.ri.gu.do *adj* with a very big belly.
Bar.ril *s* barrel; cask; keg.
Bar.ro *s* clay; muddy.
Ba.ru.lhei.ra *s* uproar; din.
Ba.ru.lho *s* uproar; noise.
Bas.cu.lan.te *s* inclinable.
Ba.se *s* base; support; background.
Ba.se.a.do *adj* based; supported; BR GÍR marijuana cigarette.
Ba.se.ar *v* to base; to establish.
Ba.se.bol *s* baseball.
Bá.si.co *adj* basic; fundamental; *also* Basilar.
Ba.sí.li.ca *s* basilica; main church.
Bas.que.te.bol *s* basketball.
Bas.ta! *interj* stop!; shut up!
Bas.tan.te *adv* enough; quite.
Bas.tão *s* stick; cane; baton.
Bas.tar *v* to suffice; to be enough.
Bas.ti.dor *s* back stage.
Ba.ta *s* dressing gown.
Ba.ta.lha *s* battle; combat; fight.
Ba.ta.lhar *v* to fight; to battle.
Ba.ta.ta *s* potato; **Batata-doce**: sweet potato; Batata-frita: french fries.
Bate-boca *s* BR POP altercation; quarrel.
Ba.te.dor *s* scout; BR POP **Batedor de carteira**: pickpocket.
Ba.ten.te *s* doorpost.
Bate-papo *s* chit-chat; chat.
Ba.ter *v* to beat; to streak; to knock.
Ba.te.ri.a *s* battery.
Ba.te.ris.ta *s* drummer.
Ba.ti.da *s* beating; collision.
Ba.tis.mo *s* baptism.
Ba.ti.za.do *s* baptism.
Ba.ti.zar *v* to baptize.
Ba.tom *s* lipstick.
Ba.tu.ca.da *s* BR sound of percussion instruments (drums) done by several people.
Ba.tu.car *v* BR to drum (to play percussion instrument, creating the necessary rhythm to the Brazilian samba); POP to speak repeatedly.
Ba.tu.que *s* name given to the afro-brazilian rhythm.

Ba.tu.ta *s* POP expert; intelligent; MÚS baton.
Ba.ú *s* trunk; chest; ark.
Ba.zar *s* bazaar.
Ba.zu.ca *s* bazooka.
Be.a.ta *s* bigot, devout person.
Be.a.ti.fi.car *v* to beatify.
Bê.ba.do or **bê.be.do** *adj* drunk; drunken.
Be.bê *s* baby.
Be.be.dou.ro *s* drinking fountain.
Be.ber *v* to drink.
Be.ber.rão *s* drunkard.
Be.bi.da *s* beverage; drink.
Be.ca *s* gown.
Be.ça *s* too much; a lot.
Be.co *s* alley.
Be.del *s* beadle.
Be.de.lho *s* lad; boy.
Be.ge *adj* beige.
Bei.ça *s* POP pout.
Bei.ci.nho *s* small lip.
Bei.ço *s* lip.
Bei.çu.do *adj* thick-lipped.
Beija-flor *s* hummingbird.
Bei.jar *v* to kiss.
Bei.jo *s* kiss.
Bei.jo.ca *s* smack; kiss.
Bei.jo.quei.ro *adj* smooching.
Bei.ju *s* a delicacy type done with tapioca.
Bei.ra *s* border; brink; brim; edge.
Bei.ra.da *s* border; eaves; margin; edge.
Bei.rar *v* to edge.
Be.la *s* beautiful woman.
Bel.da.de *s* beauty.
Be.le.za *s* beauty.
Bel.ga *s* Belgian.
Be.li.che *s* bunk.
Be.lis.cão *s* nip; pinch.
Be.lis.car *v* to pinch; to nip.
Be.lo *s* beauty; beautiful.
Bel-prazer *s* free will.
Bel.tra.no *s* so-and-so.
Bem *s* good; *adv* well.
Be.mol *s* MÚS flat.
Bên.ção *s* benediction; blessing.
Ben.di.to *adj* blessed.
Ben.di.zer *v* to praise; to bless.
Be.ne.fi.cên.ci.a *s* beneficence; charity.
Be.ne.fi.cen.te *adj* charitable; beneficent.
Be.ne.fi.ci.a.do *adj* beneficiary; *s* beneficiary.
Be.ne.fi.ci.ar *v* to better; to improve.
Be.ne.fí.cio *s* benefit; *adj* advantageous.
Be.ne.vo.lên.cia *s* benevolence; goodness.
Be.ne.vo.len.te or **be.né.vo.lo** *adj* kind; benign.
Ben.fa.ze.jo *adj* beneficent.
Ben.fei.tor *s* benefactor.
Ben.ga.la *s* cane.
Be.nig.no *adj* mild; indulgent; benign.
Ben.ja.mim *s* BR socket.
Bens *s* property.
Ben.to *adj* blessed; sacred.
Ben.zer *v* to bless.
Be.que *examine* ⇒ Zagueiro.
Ber.çá.rio *s* nursery.
Ber.ço *s* cradle.
Be.rin.je.la *s* aubergine; eggplant.
Ber.lin.da *s* carriage; BR to be very exposed.
Ber.rar *v* to bellow; to bawl; to scream.
Be.sou.ro *s* horn-beetle; beetle.
Bes.ta *s* beast, pack-animal; blockhead.
Bes.tei.ra *s* foolishness; nonsense.
Bes.ti.fi.car *v* to become stupid.
Be.sun.tar *v* to grease.
Be.ter.ra.ba *s* beet.
Be.xi.ga *s* MED bladder; BR MED smallpox.
Be.zer.ro *s* calf.
Bí.blia *s* Bible.
Bi.bli.o.te.ca *s* library.
Bi.ca *s* spout.
Bi.car *v* to peck.
Bi.cha *s* worm; leech; GÍR gay; fag.
Bi.cha.do *adj* maggoty.
Bi.cha.no *s* kitty.
Bi.cha.ra.da *s* a bunch of animals.
Bi.cho *s* animal; bug.
Bi.ci.cle.ta *s* bicycle; bike; cycle.
Bi.co *s* beak; GÍR BR temporary job.
Bi.co.ta *s* BR smack.
Bi.cu.do *adj* beaked.
Bi.e.la *s* MEC connecting rod.
Bi.fe *s* beefsteak; steak.
Bi.go.de *s* moustache; mustache.
Bi.gor.na *s* anvil; ANAT small bone of the ear.
Bi.ju.te.ri.a *s* trinkets; jewelry.
Bi.lhar *s* billiard; billiard table.
Bi.lhe.te *s* note; ticket.
Bí.lis *s* bile; gall.
Bi.ná.rio *adj* binary.
Bi.nó.cu.lo *s* binocular.
Bio.gra.far *v* to elaborate a biography.
Bi.om.bo *s* screen (a furniture that divides atmospheres).
Bí.pe.de *adj* biped.
Bi.quei.ra *s* extremity.
Bi.qui.nho *s* small beak.
Bir.ra *s* whim; anger.
Bi.ru.ta *s* device done of cloth.
Bis *adv* bis, twice; *interj* encore.
Bi.sar *v* to encore.
Bis.avô *s* great-grandfather.
Bis.avó *s* great-grandmother.
Bis.bi.lho.tar *v* to snoop; to peer.
Bis.bi.lho.tei.ro *s* snooper.
Bis.ca.te *s* odd job; GIR whore.
Bis.coi.to *s* biscuit; USA cracker.
Bis.na.ga *s* tube.
Bis.ne.ta *s* great-granddaughter.

Bis.ne.to *s* great-grandson.
Bi.so.nho *adj* shy; inexperienced.
Bis.po *s* bishop.
Bis.sex.to *adj* bissextile.
Bis.tu.ri *s* scalpel; bistoury.
Bi.to.la *s* standard measure; gauge.
Bi.to.lar *v* to gauge.
Bi.zar.ro *adj* gallant; bizarre; strange.
Blas.fe.mar *v* to blaspheme.
Blas.fê.mia *s* blasphemy.
Ble.far *v* to bluff.
Blin.da.gem *s* screening.
Blin.dar *v* to armor.
Blo.co *s* block.
Blo.que.ar *v* to blockade; to bar.
Bloqueio *s* blockade; blockage.
Blu.sa *s* blouse.
Blu.são *s* blouse.
Bo.a *s* a kind of snake (serpent); *adj* good.
Boa-noite *s* good-night.
Boa-sorte *interj* good luck!
Boas-vindas *s* welcome.
Bo.a.to *s* rumour; rumor.
Boa-vida *s* loafer, idler.
Bo.ba.gem *s* nonsense; foolishness.
Bo.ba.lhão *s* great fool; silly; idiot.
Bo.be.ar *v* to miss out.
Bo.bei.ra *s* silliness.
Bo.bi.ce *s* silliness, foolishness.
Bo.bi.nar *v* to coil; to spool.
Bo.bo *s* jester; buffoon; jerk.
Bo.ca *s* mouth.
Bo.ca.do *s* mouthful; morsel; bit.
Bo.cal *s* socket; MÚS mouthpiece.
Bo.çal *adj* stupid; rude.
Bo.ce.jar *s* to yawn; to gap.
Bo.ce.jo *s* yawn; gape.
Bo.ce.ta *s* little box; jewel box.
Bo.che.cha *s* cheek.
Bo.che.char *v* to wash the mouth; to gargle.
Bo.che.cho *s* mouthwash.
Bo.có *adj* foolish; stupid.
Bo.das *s* wedding anniversaries.
Bo.de *s* goat.
Bo.ê.mio *s* bohemian.
Bo.fe.ta.da *s* slap.
Bo.fe.tão *s* great slap in the face.
Bo.fe.te *s* slap.
Bo.i *s* ox.
Bo.i.a *s* buoy; chow; GÍR BR food.
Bo.i.a.da *s* herd of cattle; drove.
Bo.i.a.dei.ro *s* cowboy.
Bo.i.ar *v* to float.
Bo.i.co.tar *v* to boycott.
Bo.i.co.te *s* boycott.
Boi.na *s* beret; cap.
Bo.jo *s* salience.
Bo.la *s* ball; sphere.
Bo.la.cha *s* biscuit; cracker; cookie.
Bo.la.da *s* a lot of money.
Bo.lar *v* BR to perceive; to plan.
Bo.lei.a *s* BR cockpit on a truck.
Bo.le.ro *s* bolero, a musical rhythm for to dance and to sing.
Bo.le.tim *s* bulletin.
Bo.le.to *s* ticket.
Bo.lha *s* blister; bubble.
Bo.li.che *s* bowling.
Bo.li.nho *s* little cake.
Bo.lo *s* cake; cupcake.
Bol.sa *s* handbag; pouch; purse.
Bol.so *s* pocket; wrinkle.
Bom *adj* good; kind.
Bom.ba *s* bomb.
Bom.bei.ro *s* fireman.
Bo.na.chão *s* good-natured; *adj* kind; friendly.
Bon.da.de *s* goodness; benevolence.
Bon.de *s* trolley car; streetcar.
Bon.do.so *adj* kind; benevolent.
Bo.né *s* cap.
Bo.ne.ca *s* doll; puppet.
Bo.ni.fi.car *v* to give bonus.
Bo.ni.te.za *s* prettiness; beauty.
Bo.ni.to *adj* fine; pretty; handsome.
Bô.nus *s* bonus; bond.
Bo.quei.rão *s* wide opening; mouth of river, see or canal.
Bo.qui.nha *s* little mouth.
Bor.bo.le.ta *s* butterfly.
Bor.bu.lhar *v* to bubble; to boil.
Bor.da *s* edge; border.
Bor.da.do *s* embroidery.
Bor.dar *v* to embroider.
Bor.do.a.da *s* knock; crash.
Bor.la *s* tassel.
Bo.ro *s* boron.
Bo.ro.co.xô *adj* GÍR BR weak; coward.
Bor.ra.cha *s* rubber; eraser.
Bor.ra.chei.ro *s* BR person who repairs tires.
Bor.ra.cho *s* drunkard; *adj* drunkard.
Bor.ra.chu.do *s* stilt; mosquito.
Bor.rão *s* blot; stain.
Bor.rar *s* to stain; to soil.
Bor.ras.ca *s* storm; gale.
Bor.ri.far *v* to spray; to sprinkle.
Bos.que *s* woods; forest; grove.
Bos.sa *s* bump; POP talent.
Bos.ta *s* dung, animal excrement; shit.
Bo.ta *s* boot.
Bo.tão *s* button.
Bo.tar *v* to put; to set; to place.
Bo.te *s* boat.
Bo.te.co *s* public house; small pub; *also* Botequim
Bo.ti.ca *s* drugstore; pharmacy.
Bo.ti.cão *s* tooth extractor.
Bo.ti.cá.rio *s* druggist.

Bo.ti.na *s* boot.
Bo.to *s* kind of dolphin.
Bo.xe.a.dor *s* boxer; pugilist.
Bra.ça.dei.ra *s* tieback.
Bra.ce.le.te *s* bracelet; bangle.
Bra.ço *s* arm.
Bra.dar *v* to cry out; to shout.
Bra.mi.do *s* roar; shout.
Bra.mir *v* to roar; to bellow.
Bran.ca *s* white (feminin form).
Bran.co *s* white.
Bran.da.men.te *adv* softly.
Bran.do *s* gentle; soft; mild.
Bran.du.ra *s* blandness.
Bran.que.ar *v* to bleach.
Bra.sa *s* ember.
Bra.sei.ro *s* brazier.
Bra.si.lei.ro *s and adj* brazilian.
Bra.va.ta *s* brag; boast.
Bra.va.te.ar *v* to boast; to brag.
Bra.ve.za *s* fury; ferocity; savagery.
Bravio *adj* untamed; savage; wild; fierce.
Bra.vo! *interj* bravo!
Bra.vu.ra *s* bravery, courage, heroism.
Bre.car *v* to brake.
Bre.cha *s* gap; rift.
Bre.jo *s* swamp; bog; marsh.
Bre.que *s* brake.
Bre.tão *adj* Breton.
Breu *s* pitch.
Bre.ve *adj* short; rapid; *adv* soon; shortly.
Bre.ve.men.te *adv* briefly; soon; shortly.
Bre.vi.da.de *s* briefness.
Bri.ga *s* quarrel; fight; wrangle.
Bri.gar *v* to fight.
Bri.lhan.te *s* bright; brilliant.
Bri.lhar *v* to shine; to glitter.
Bri.lho *s* brilliance; radiance; brightness.
Brim *s* canvas.
Brin.ca.dei.ra *s* joke; fun; jest.
Brin.car *v* to play; to joke.
Brin.co *s* earring; jewel.
Brin.dar *v* to toast.
Brin.de *s* present; gift.
Brin.que.do *s* toy.
Bri.o *s* honour; pride.
Bri.sa *s* breeze.
Bri.tâ.ni.co *s* British; *adj* British.
Bro.a *s* bread of corn; cake.
Bro.ca *s* drill.
Bro.che *s* brooch.
Bron.co *adj* BR dull; stupid; rough.
Bron.ze *s* bronze; bearing.
Bron.ze.a.do *adj* tan.
Bron.ze.ar *v* to bronze; to tan.
Bro.tar *v* to sprout; to bud.
Bro.ti.nho *s* BR young; teen person; a small bud.
Bro.to.e.ja *s* prickly heat.
Bro.xa *s* painter's brush.
Brus.ca.men.te *adj* abruptly; roughly.
Brus.co *adj* rude; sudden; rough.
Bru.tal *adj* brutal; savage, cruel; coarse.
Bru.ta.li.zar *v* to brutalize.
Bru.ta.mon.tes *s* savage; brute.
Bru.to *adj* brute; rough; savage.
Bru.xa *s* witch; sorceress.
Bru.xa.ri.a *s* sorcery; witchcraft.
Bru.xo *s* wizard; sorcerer.
Bru.xu.le.ar *s* to flicker.
Bu.cha *s* wad; scourer.
Bu.cho *s* name of the stomach of some animals; BR paunch; GÍR a very ugly person.
Bu.có.li.co *adj* bucolic; pastoral
Bu.ei.ro *s* culvert.
Bú.fa.lo *s* buffalo.
Bu.far *v* to puff; to snort.
Bu.gi.ga.nga *s* trinket; bauble.
Bugio *s* monkey.
Bu.gre *s* indian; FIG rough person.
Bu.jão *s* plug.
Bu.le *s* teapot; coffeepot.
Búl.ga.ro *s* bulgarian; *adj* bulgarian.
Bu.lha *s* noise; confusion.
Bu.lhar *v* to quarrel; to fight.
Bu.lir *v* to move; to stir.
Bum.bo *s* drum.
Bu.ra.co *s* hole; cavity.
Bur.bu.ri.nho *s* murmur; buzz.
Bur.guês *s* citizen; burgher.
Bu.ril *s* burin; stone chisel.
Bu.ri.lar *v* to cute; to incise.
Bur.lar *v* to trick; to mock.
Bu.ro.cra.cia *s* bureaucracy.
Bu.ro.cra.ta *s* bureaucrat.
Bur.ra *s* BR safe; strong box; GIR silly woman.
Bur.ro *s* donkey; ass; *adj* silly; stupid.
Bus.ca *s* search.
Bus.car *v* to seek; to search.
Bús.so.la *s* compass.
Bus.to *s* bust; torso; breast.
Bu.zi.na *s* automobile horn.
Bu.zi.nar *v* to honk.

ABCDEFGHIJKLMNOPQRSTUVWXYZ

C *s* the third letter of the English alphabet and of the Portuguese alphabet.
Cá *adv* here.
Ca.bal *adj* complete; full.
Ca.ba.na *s* cottage; cot; hut.
Ca.be.ça *s* head; mind.
Ca.be.ça.lho *s* headline; foreword.
Ca.be.çu.do *adj* FIG headstrong.
Ca.be.lo *s* hair.
Caber *v* to suit; to fix; to fit.
Ca.bi.de *s* hanger.
Ca.bi.na *s* cockpit.
Ca.bo *s* extremity; cape.
Ca.bo.clo *s* a person who descends from brazilian Amerindian and white European.
Ca.bo.ti.no *s* exhibitionist; traveling comedian.
Ca.bra *s* female goat.
Ca.bres.to *s* halter.
Ca.bri.to *s* baby goat.
Ca.ça *s* hunt; pursuit; chase.
Ca.çar *v* to hunt; to chase; to pursue.
Ca.ca.re.cos *s* junk; trash.
Ca.ca.re.jo *s* cluck.
Ca.ça.ro.la *s* casserole; saucepan.
Ca.cau *s* cocoa.
Ca.ce.ta.da *s* BR action of beating on the head; POP beat of automobiles.
Ca.ce.te *s* stick; bludgeon; club.
Ca.cha.ça *s* BR alcoholic drink done with cane of sugar.
Ca.che.a.do *adj* curly, wavy.
Ca.che.col *s* scarf; stole.
Ca.chim.bo *s* pipe.
Ca.cho.ei.ra *s* falls; cataract.
Ca.chor.ra *s* female canine; *also* Cadela.
Ca.chor.ro *s* dog; canine.
Ca.chum.ba *s* mumps.
Ca.ci.fe *s* a sum to be won.
Ca.ci.que *s* cacique; boss.
Ca.co *s* shard; bit.
Ca.ço.ar *v* to jest; to jeer; to mock.
Ca.co.e.te *s* habit (shake nervous).
Ca.çu.la *s* youngest child.
Ca.da *adj* every; each.
Ca.dar.ço *s* thread to tie shoes.
Ca.das.tro *s* cadaster; cadastre; dossier.
Ca.dá.ver *s* cadaver; corpse.
Ca.de.a.do *s* padlock.
Ca.dei.a *s* chain; gaol; penitentiary; jail.
Ca.dei.ra *s* chair; seat.
Ca.den.ci.ar *v* to cadence.
Ca.den.te *adj* cadent; shooting; falling.
Ca.der.ne.ta *s* passbook of a bank; notebook.
Ca.der.no *s* copybook; notebook.
Cá.di *s* a judge among Turks, Arabs etc.
Ca.du.car *v* to become decrepit; to grow old.
Ca.du.ceu *s* caduceus, symbol of mercury (ancient divinity).
Ca.du.co *adj* caducous; decrepit; senile; aged.
Ca.fa.jes.te *s* a shrimp; vulgar person; boor.
Ca.fé *s* coffee; café.
Ca.fe.zi.nho *s* small cup of black coffee.
Ca.fu.né *s* caress.
Cai.ar *v* to whitewash.
Cãi.bra *s* cramp; kink; crick; *also* Cãimbra.
Cai.pi.ra *s* yokel; hillbilly.
Ca.ir *s* to fall; to relapse; drop.
Ca.is *s* quay; pier; wharf; dock.
Cai.xa *s* box; chest; case; cashier.
Cai.xão *s* coffin; bin; box; case.
Ca.ju *s* cashew-nut; cashew.
Cal *s* whitewash.
Ca.la.bou.ço *s* prison; jail.
Ca.la.fri.o *s* shiver.
Ca.lão *s* jargon; slang.
Ca.lar *v* to hush; to silence.
Cal.ça.da *s* walkway; pavement.
Cal.ça.dei.ra *s* shoehorn; bootjak.
Cal.ça.do *s* footwear; shoe; boots.
Cal.ca.nhar *s* heel; heelpiece.
Cal.ção *s* breeches; shorts; trunks.
Cal.çar *v* to shoes; to pave; to wedge.
Cal.car *v* to tread; to trace; to trample on.
Cal.ças *s* trousers; pants.
Cal.ço *s* wedge; shim.
Cal.cu.lar *v* to calculate.

Cál.cu.lo *s* calculation; computation.
Cal.do *s* soup; gravy; broth; juice.
Ca.le.jar *v* to be callous; to harden.
Ca.len.dá.rio *s* calendar; almanac.
Ca.lha *s* trough; gutter; trench.
Ca.lham.be.que *s* small coasting vessel; BR an old car.
Ca.lhar *v* to tally; to fit in; to square.
Ca.li.brar *v* to calibrate; to gauge.
Cá.li.ce *s* chalice; cup; wine-glass.
Ca.li.gra.fi.a *s* calligraphy; handwriting.
Cal.ma *s* calm; calmness; tranquillity.
Cal.mo *adj* calm; quiet; cool; serene.
Ca.lo *s* corn; callus; callosity.
Ca.lor *s* heat; warmth; hotness; FIG vivacity, animation.
Ca.lo.ta *s* hub cap; skull cap.
Ca.lo.te *s* swindle; bad debt.
Ca.lou.ro *s* neophyte; novice.
Ca.lú.ni.a *s* calumny; defamation; slander.
Ca.lu.ni.ar *v* to calumniate; to slander.
Cal.va *s* baldness; hairless scalp; *also* Calvo.
Cal.vá.rio *s* calvary.
Cal.ví.ci.e *s* baldness.
Cal.vi.nis.mo *s* RELIG Calvinism.
Ca.ma *s* bed; sack; bunk.
Câ.ma.ra *s* chamber; cabin; room in a house; town hall.
Ca.ma.ra.da *s* comrade; pal; companion; guy.
Ca.ma.rão *s* shrimp.
Ca.ma.rei.ra *s* chambermaid.
Ca.ma.rei.ro *s* chamberlain; valet.
Ca.ma.rim *s* cabinet; dressing room.
Ca.ma.ro.te *s* stateroom.
Cam.ba.la.cho *s* barter; fraud; trick; cheat.
Cam.ba.le.ar *v* to totter; to stagger.
Cam.ba.lho.ta *s* gambol.
Cam.be.ta *adj* bow-legged; lame; bow-leg.
Câm.bio *s* exchange.
Cam.bis.ta *s* exchange banker; BR seller of tickets of theatre, movies, plays, soccer etc.
Cam.bra.i.a *s* cotton cloths; cambric.
Ca.me.lo *s* camel.
Ca.mi.nha.da *s* walk; hike.
Ca.mi.nhão *s* lorry; camion; van; truck.
Ca.mi.nhar *v* to walk; to go.
Ca.mi.nho *s* way; route; road; path.
Ca.mi.sa *s* shirt.
Ca.mi.se.ta *s* undershirt; vest; singlet.
Ca.mi.so.la *s* camisole; nightdress.
Cam.pa.i.nha *s* bell.
Cam.peão *s* champion; champ.
Cam.po *s* camp; field.
Cam.po.nês *adj* rural, rustic; *s* countryman.
Ca.mu.fla.gem *s* camouflage; disguise.
Ca.mu.flar *v* to camouflage.
Ca.mun.don.go *s* mouse.
Ca.mur.ça *s* chamois.
Ca.na *s* cane; reed; BR jail; prison.
Ca.na.lha *s* infamous person; rabble; mob; *adj* infamous; vile.
Ca.na.li.zar *v* to canalize.
Ca.na.pé *s* settee.
Can.ção *s* song; air.
Can.ce.la *s* barred gate; gate; wicket.
Can.ce.lar *v* to cancel, annul or destroy; to abolish.
Cân.cer *s* ASTRL Cancer.
Ca.ne.ca *s* cannikin.
Ca.ne.la *s* cinnamon; shin; shinbone.
Ca.ne.ta *s* pen; penholder.
Can.ga.cei.ro *s* bandit; outlaw.
Can.go.te *s* POP nape.
Câ.nha.mo *s* hemp.
Ca.nhão *s* cannon (gun).
Ca.nho.to *s* left-hander.
Ca.ni.ço *s* reed; fishing rod.
Ca.nil *s* kennel.
Ca.ni.no *s* canine tooth.
Ca.ni.ve.te *s* penknife; pocketknife.
Can.ja *s* chicken soup.
Can.ji.ca *s* hominy.
Ca.no *s* pipe; tube; conduit.
Ca.no.a *s* canoe.
Ca.no.ni.zar *v* to canonize.
Can.sa.ço *s* tiredness; weariness.
Can.sar *v* to tire; to weary.
Can.sei.ra *s* fatigue; weariness.
Can.ta.dor *s* singer.
Can.tar *v* to sing; to croon; BR POP to flirty; to seduce somebody.
Cân.ta.ro *s* jar; jug.
Can.ta.ro.lar *v* to hum; to croon.
Can.tei.ro *s* quarryman; stonecutter.
Can.ti.ga *s* ballad; ode.
Can.til *s* flask.
Can.to *s* song.
Can.tor *s* singer; crooner.
Ca.nu.do *s* tube; pipe.
Cão *s* dog.
Ca.o.lho *adj* cross-eyed; cockeyed.
Ca.os *s* chaos; anarchy.
Ca.ó.ti.co *adj* chaotic; anarchic.
Ca.pa *s* cape; cover.
Ca.pa.ce.te *s* helmet.
Ca.pa.ci.tar *v* to enable; to capacitate.
Ca.pan.ga *s* BR bodyguard; gangster.
Ca.par *v* to castrate; to geld.
Ca.pa.taz *s* foreman.
Ca.paz *adj* capable; able.
Ca.pe.la *s* chapel; shrine.
Ca.pen.ga *adj* lame.
Ca.pe.ta *s* BR GIR the devil.
Ca.pim *s* grass.
Ca.pi.nar *v* to cut the grass.

Ca.pin.zal *s* grazing field.
Ca.pi.tal *s* capital; money; *adj* capital.
Ca.pi.tão *s* captain.
Ca.pí.tu.lo *s* chapter.
Ca.pô *s* bonnet; hood.
Ca.po.ei.ra *s* BR brazilian fight.
Ca.po.tar *v* to turn over (an auto); BR POP to sleep very quickly.
Ca.po.te *s* cloak; overcoat; rain coat.
Ca.pri.char *v* to perfect.
Ca.pri.cór.nio *s* ASTR Capricorn, the tenth sign of the zodiac.
Cáp.su.la *s* capsule; cartridge.
Cap.tar *v* to catch; to receive; to get.
Cap.tu.rar *v* to capture; to arrest; to prize.
Ca.puz *s* hood; calash; cowl.
Ca.qui *s* kaki.
Cá.qui *adj* khaki (color of fabric); drab-colored.
Ca.ra *s* face; look; aspect; man; guy.
Ca.ra.bi.na *s* rifle; carbine.
Ca.ra.col *s* caracole; curl; snail.
Ca.rac.te.res *s pl* characters; charactery.
Ca.rac.te.ri.zar *v* to characterize; to distinguish.
Ca.ram.ba *interj* fie!
Ca.ra.me.lo *s* caramel; toffee; taffy.
Ca.ra.mu.jo *s* periwinkle.
Ca.ran.gue.jo *s* crab; ASTR Cancer.
Ca.rá.ter *s* character.
Car.bo.ná.rio *s* member of an anti-French secret society of the 19th century.
Car.bu.ra.dor *s* carburettor.
Car.ca.ça *s* carcass; body; skeleton.
Cár.ce.re *s* gaol; jail; prison.
Car.dá.pio *s* menu.
Car.du.me *s* shoal; FIG crowd.
Ca.re.ca *s* baldness; bald man; *adj* bald; balding.
Ca.re.cer *v* to lack; to need; to want.
Ca.rên.cia *s* lack; need; want.
Ca.re.ta *s* grimace; mask.
Car.ga *s* load; burden; freight; cargo.
Car.go *s* function; office; charge.
Car.guei.ro *s* cargo ship.
Ca.ri.a.do *adj* carious; decayed.
Ca.ri.ca.tu.rar *v* to caricature.
Ca.rí.cia *s* caress; fondness; fondling.
Ca.ri.da.de *s* charity; pity; mercy.
Cá.rie *s* caries; decay; tooth decay.
Ca.rim.bar *v* to seal; to stamp.
Ca.rim.bo *s* seal; stamp.
Ca.ri.nho *s* love; fondness; affection; caress.
Ca.ri.o.ca *s* BR born in Rio de Janeiro city.
Ca.ris.ma *s* charisma.
Car.ne *s* flesh; meat.
Car.ne.gão *s* the part lasts of certain tumors.
Car.nei.ro *s* sheep; ram.
Car.ni.ça *s* decayed meat; carrion, offal.
Ca.ro *adj* dear, loved; expensive; *adv* dearly; expensively.
Ca.ro.chi.nha *s* fairy story; legend.
Ca.ro.ço *s* seed.
Ca.ro.na *s* POP hitchhiker.
Car.pin.ta.ria *s* carpentry; carpenter's shop.
Car.ra.pa.to *s* tick.
Car.ras.co *s* hangman; executioner.
Car.re.ar *v* to cart; to drive.
Car.re.gar *v* to load; to carry.
Car.rei.ra *s* run; race; career.
Car.re.ta *s* cart; truck; wagon.
Car.re.tel *s* bobbin; coil; reel; spool.
Car.re.to *s* freight charge; cartage; portage.
Car.ro *s* cart; car; automobile.
Car.ta *s* letter; card; map.
Car.tão *s* card.
Car.taz *s* bill; poster; billboard; FIG popularity; fame.
Car.tei.ra *s* desk; notebook; wallet; pocketbook; BR driver's licence.
Car.tei.ro *s* postman; mailman.
Car.ti.lha *s* primer.
Car.to.la *s* top hat; BR directors of the clubs of soccer.
Car.to.li.na *s* cardboard.
Car.to.man.te *s* fortune-teller; fortuneteller.
Car.tu.chei.ra *s* cartridge holder.
Car.tu.cho *s* cartridge.
Car.va.lho *s* oak.
Car.vão *s* coal.
Ca.sa *s* house; home; residence; **Casa da Moeda:** mint.
Ca.sa.ca *s* dress-coat.
Ca.sa.co *s* coat; jacket.
Ca.sa.do *adj* married; wedded.
Ca.sal *s* couple; married couple; partner.
Ca.sa.men.to *s* marriage; wedding.
Ca.sar *v* to marry.
Cas.ca *s* peel; skin.
Cas.ca.lho *s* gravel; pebble-stones.
Cas.ca.ta *s* cascade; waterfall.
Cas.ca.vel *s* ZOO viper.
Cas.co *s* cask (ship bottom, of boat etc.).
Ca.se.bre *s* shack.
Ca.si.mi.ra *s* cashmere; soft; cassimere.
Ca.so *s* case; event; occurrence.
Cas.pa *s* scurf; furfur; dandruff.
Cas.sar *v* to annul; to repeal; to quash.
Cas.se.te.te *s* club; billy club.
Cas.si.no *s* casino; gambling house.
Cas.ta.nha *s* chestnut; chignon.
Cas.ta.nho *adj* brown colored.
Cas.te.lo *s* castle; fort; fortification.
Cas.ti.çal *s* candlestick.
Cas.ti.da.de *s* chastity; continence.
Cas.ti.gar *v* to chastise; to punish.
Cas.ti.go *s* chastisement; punishment.
Cas.tor *s* castor; beaver.

Cas.trar *v* to geld; to castrate; to emasculate.
Ca.su.al *adj* chance; casual; fortuitous.
Ca.su.a.li.da.de *s* hazard; accident; fortuity.
Ca.su.lo *s* cocoon; husk; cod; chrysalis; boll.
Ca.ta.lo.gar *v* to catalogue; to catalog.
Ca.tá.lo.go *s* catalogue; index; file.
Ca.ta.po.ra *s* chicken-pox.
Ca.tar *v* to look for; to search; to catch.
Ca.ta.ra.ta *s* cataract; waterfall; BR eye's disease.
Ca.tar.ro *s* catarrh; sputum.
Ca.tás.tro.fe *s* catastrophe; disaster.
Ca.ta.ven.to *s* weather-cock; weathercock.
Ca.te.drá.ti.co *s* a university teacher; professor.
Ca.te.go.ri.a *s* category; class; rank.
Ca.te.qui.za.ção *s* catechizing.
Ca.te.qui.zar *v* to catechize; to instruct.
Ca.tin.ga *s* stink; avarice; rankness.
Ca.tin.gar *v* to stink.
Ca.ti.var *v* to captivate; to charm.
Ca.ti.vei.ro *s* captivity; prison; bondage.
Ca.tó.li.co *s* catholic; *adj* catholic.
Cau.ção *s* bail; security; guarantee.
Cau.sa *s* cause; ground; lawsuit; case.
Cau.sa.li.da.de *s* causality.
Cau.sar *v* to cause; to induce; to occasion.
Cau.te.la *s* caution; prudence; care.
Cau.te.ri.zar *v* to cauterize; to burn; to fire.
Ca.va *s* digging; hole.
Ca.va.co *s* sliver; chat; chip.
Ca.va.do *adj* hollowed; dug out; excavated.
Ca.va.lei.ro *s* knight; rider.
Ca.va.le.te *s* easel; rack; trestle; frame.
Ca.val.ga.du.ra *s* mount; beast; BR FIG a rude person.
Ca.val.gar *v* to ride; to jump.
Ca.va.lhei.ro *s* gentleman; *adj* noble; gentlemanly; gallant.
Ca.va.lo *s* horse.
Ca.va.nha.que *s* goatee.
Ca.va.qui.nho *s* small acoustic guitar.
Ca.var *v* to dig; to excavate; to hoe.
Ca.vei.ra *s* skull; skeleton head.
Ca.ver.na *s* cavern; cave.
Ca.vi.da.de *s* cavity; hole; hollow.
Ca.xum.ba *s* mumps; parotitis.
Ce.ar *v* to have dinner; to have supper.
Ce.a.ren.se *s* BR native or inhabitant of the state of the Ceará.
Ce.bo.la *s* onion (plant).
Ce.der *v* to yield; to cede; to submit; to agree; to assent.
Ce.di.nho *adv* very early; quite soon.
Ce.do *adv* early; soon.
Cé.du.la *s* bank note; schedule; bill.
Ce.gar *v* to blind.
Ce.go *s* blind; *adj* blind.
Ce.go.nha *s* stork.
Cei.a *s* supper.
Cei.far *s* to reap; to harvest; to crop.
Ce.le.brar *v* to celebrate; to solemnize.
Cé.le.bre *adj* celebrated; renowned; famous.
Ce.le.bri.da.de *s* celebrity; fame; renown.
Ce.lei.ro *s* granary; barn.
Ce.le.ri.da.de *s* celerity; quickness; speed.
Ce.les.te *adj* celestial; heavenly; *also* Celestial.
Ce.leu.ma *s* alarm; uproar; row.
Ce.li.ba.to *s* celibacy; bachelorhood.
Ce.men.tar *v* to cement.
Ce.mi.té.rio *s* cemetery; graveyard.
Ce.na *s* scene; sight.
Ce.ná.rio *s* scenery; setting.
Ce.nou.ra *s* carrot.
Cen.so *s* census.
Cen.su.rar *v* to censure; to blame; to criticize.
Cen.tei.o *s* rye.
Cen.te.lha *s* spark; sparkle; flash of fire.
Cen.to *s* a hundred.
Cen.tra.li.zar *v* to center; to centralize; to concentrate.
Cen.trar *v* to center.
Cen.tro *s* centre; center.
Ce.ra *s* wax; cerumen
Cer.ca *s* fence; hedge; *adv* nearly; about.
Cer.car *v* to enclose; to surround; to fence.
Cer.ce.ar *v* to pare; to clip; to restrain.
Cer.da *s* bristle.
Ce.re.al *s* cereal; grain; corn; *adj* cereal; grain.
Cé.re.bro *s* brain; cerebrum; FIG intelligence.
Ce.re.ja *s* cherry.
Ce.ri.mô.nia *s* formality; ceremony.
Ce.rou.las *s* long underwear.
Cer.ra.ção *s* mist; fog; gloom.
Cer.rar *v* to close; to shut; to lock.
Cer.ta.me *s* contest; competition; debate.
Cer.ta.men.te *adv* sure; certainly; surely.
Cer.te.za *s* certainty; assurance; conviction.
Cer.ti.dão *s* certificate; affidavit.
Cer.ti.fi.car *v* to certify; to attest; to assure.
Cer.to *adj* certain; right; sure.
Cer.ve.ja *s* malt; beer; ale.
Cer.vo *s* stag; hart; deer.
Cer.zi.dei.ra *s* person that mends, darns clothes etc.
Cer.zir *v* to darn; to patch.
Ces.são *s* cession; transfer; release.
Ces.sar *v* to cease; to stop.
Ces.ta *s* basket; pannier; hamper.
Ce.tim *s* satin.
Ce.tro *s* scepter; sceptre.
Cé.u *s* sky; heaven; firmament.
Ce.va.da *s* barley.
Ce.var *v* to fatten; to glut; to lure; to feed.
Chá *s* tea.
Chá.ca.ra *s* small farm.
Cha.ci.nar *v* to kill, to butcher, to slaughter.

Cha.co.ta *s* jest; fun; jeer.
Cha.fa.riz *s* fountain.
Cha.fur.dar *s* to mire.
Cha.ga *s* ulcer; wound.
Cha.lé *s* chalet; cottage.
Cha.lei.ra *s* kettle; teapot.
Cha.ma *s* flame; blaze; fire.
Cha.mar *v* to call; to convoke; to name.
Cha.mi.né *s* chimney; funnel.
Cham.pa.nha *s* champagne (French wine).
Chan.ta.gis.ta *adj* blackmailer; extortionate.
Chão *s* ground; soil; floor.
Cha.pa *s* plate; slate; sheet.
Cha.pa.da *s* plateau; glade.
Cha.pe.la.ri.a *s* hat trade.
Cha.péu *s* hat; bonnet.
Char.co *s* muddy; swamp; marsh; bog.
Char.la.ta.ni.ce *s* charlatanism; quackery; *also* Charlatanismo.
Char.re.te *s* buggy.
Cha.ru.ta.ria *s* cigar shop; cigar store.
Cha.ru.to *s* cigar; cheroot.
Cha.te.ar *v* POP to bore; to weary; to bother, to annoy, to worry, to upset.
Cha.to *adj* flat; plain; level; tiresome; importune.
Cha.ve *s* key.
Che.fão *s* big-boss; bigwig.
Che.fe *s* chief; leader; master; head.
Che.fi.ar *v* to lead, to head.
Che.ga! *interj* enough! hold it!
Che.ga.do *adj* arrived; close; near; BR friend.
Che.gar *v* to arrive; to approach; to come.
Chei.o *adj* full; filled; occupied; plenty.
Chei.rar *v* to smell; to scent; to snuff.
Chei.ro *s* smell; odor; scent.
Che.que *s* check; cheque.
Chi.ar *v* to creak; to squeak; to wheeze.
Chi.ba.ta *s* wicker; rod; quirt; slender cane.
Chi.cle.te *s* chewing gum; gum.
Chi.có.ri.a *s* endive; chicory.
Chi.co.te *s* whip; horsewhip; quirt.
Chi.fre *s* horn; antler.
Chi.mar.rão *s* unsweetened mate tea.
Chi.ne.lo *s* slipper; carpet slipper.
Chi.que *adj* chic; stylish; smart.
Chi.quei.ro *s* pigpen; pigsty.
Chis.par *v* to sparkle; to throw off sparks.
Cho.ça *s* hut; hovel; shack.
Cho.ca.dei.ra *s* incubator; brooder.
Cho.ca.lho *s* cowbell; rattle; jingle.
Cho.car *v* to hatch; to offend; to shock; to hit.
Cho.co.la.te *s* chocolate; cocoa.
Cho.pe *s* draft beer; fresh beer from barrels.
Cho.que *s* shock; clash; collision.
Cho.ra.min.gar *v* to cry; to whimper.
Cho.rar *v* to weep; to mourn; to cry.
Cho.ro *s* weeping; tears; complaint.
Chou.pa.na *s* hut; shack.
Chou.ri.ço *s* smoked sausage.
Cho.ver *v* to rain; to pour.
Chu.chu *s* chayote.
Chu.lé *s* stink.
Chu.ma.ço *s* wadding; padding.
Chum.bar *v* to lead; to solder.
Chum.bo *s* lead; shot; sinker.
Chu.pa.da *s* sucking; suck.
Chu.par *v* to suck; to absorb; to draw; BR FIG to consume.
Chu.pe.ta *s* sucker; tube for liquids; pacifier.
Chur.ras.co *s* barbecue.
Chu.tar *v* to kick; BR to kick a ball in the soccer; POP to create, to invent; to take a risk; to lie.
Chu.te *s* kick.
Chu.tei.ra *s* BR soccer shoes.
Chu.va *s* rain; shower; rainfall.
Chu.vei.ro *s* shower bath.
Chu.vis.car *v* to mizzle; to drizzle.
Ci.ca.tri.zar *v* to heal; to scar.
Ci.ce.ro.ne *s* cicerone; guide.
Ci.clis.ta *s* cyclist.
Ci.clo.ne *s* cyclone; hurricane; whirlwind.
Ci.da.dão *s* citizen; city-dweller.
Ci.da.de *s* city; town.
Ci.ên.ci.a *s* science; knowledge; learning.
Ci.en.ti.fi.car *v* to advise; to notify.
Ci.frar *v* to cipher; to abridge.
Ci.ga.no *s* gypsy.
Ci.gar.ra *s* cicada; locust; buzzer.
Ci.gar.rei.ra *s* cigarette-case; cigarette case.
Ci.gar.ro *s* cigarette.
Ci.la.da *s* snare; trap; ambush.
Ci.ma *s* top; summit.
Ci.men.tar *v* to cement; to unite.
Ci.men.to *s* cement; groundmass.
Cin.co *s* five.
Ci.ne.ma *s* cinema; motion picture; film.
Cin.gir *v* to belt; to gird; to limit.
Cí.ni.co *adj* cynical; cynic.
Cin.ta *s* girdle; belt.
Cin.ti.lar *v* to scintillate; to sparkle.
Cin.to *s* belt; sash.
Cin.tu.ra *s* waist; waist line; belt.
Cin.za *s* ash; cinder; gray; grey.
Cin.zei.ro *s* ash-tray; ash bin; ashtray.
Cin.zel *s* chisel; chaser; burin.
Cin.zen.to *adj* grey; ashen; gray.
Ci.o *s* rut; rutting; heat.
Ci.pó *s* liana; liane; vine.
Ci.pres.te *s* cypress.
Ci.ran.da *s* screen; a popular child dance.
Cir.co *s* circus; cirque; ring.
Cir.cui.to *s* circuit; circle.
Cir.cu.lar *s* circular notice; *v* to circle; to move round; to circulate; *adj* circular.

Cír.cu.lo *s* circle; club; society; ring.
Cir.cun.ci.dar *v* to circumcise.
Cir.cun.ci.são *s* RELIG circumcision.
Cir.cun.dar *v* to surround; to encircle.
Cir.cun.fle.xo *adj* circumflex symbol (ˆ).
Cir.cuns.pec.to *adj* cautious; circumspect.
Cir.cuns.tân.cia *s* event; circumstance.
Cis.co *s* dust; filth.
Cis.ma *s* schism; mania; fancy.
Cis.mar *v* to dream; to fancy; to muse; to mull.
Cis.ne *s* swan.
Cis.ter.na *s* cistern; water tank.
Ci.tar *v* to cite; to quote; to mention.
Cí.ta.ra *s* MÚS cithara; zither.
Ci.ú.me *s* jealousy.
Ci.vi.li.zar *v* to civilize.
Clã *s* clan; tribe.
Cla.mar *v* to cry out; to want; to complain.
Cla.mor *s* clamor; uproar; outcry.
Clan.des.ti.no *adj* clandestine.
Cla.ra *s* egg white; albumen.
Cla.re.ar *v* to make clear; to explain; to explain.
Cla.rei.ra *s* glade; clearing.
Cla.re.za *s* clearness; intelligibility.
Cla.ri.da.de *s* clarity; clearness; brightness.
Cla.rim *s* clarion; bugle.
Cla.ri.ne.ta *s* clarinet; clarionet; clarinetist.
Cla.ro *adj* clear; bright; light; evident.
Clas.se *s* class; rank.
Clás.si.co *adj* classical; classic; usual.
Clas.si.fi.car *v* to classify; to organize; to arrange.
Clau.di.car *v* to be lame; to limp; to hobble; FIG to commit a fault.
Cláu.su.la *s* clause; article; condition.
Cla.va *s* club; cudgel; bludgeon.
Cla.ve *s* MÚS clef; key.
Cle.mên.cia *s* clemency; mercy.
Cle.ro *s* clergy; ministry.
Cli.chê *s* cliché.
Cli.en.te *s* client; customer.
Cli.ma *s* clime; climate; weather.
Clí.ni.ca *s* clinic; hospital.
Clí.ni.co *s* physician; medical doctor; *adj* clinical.
Co.a.ção *s* coaction; duress; filtering.
Co.a.dor *s* strainer; filter bag; sieve.
Co.a.du.nar *v* to conciliate; to combine.
Co.a.gir *s* to coerce; to restrain; to force.
Co.a.gu.lar *v* to coagulate; to clot; to curdle.
Co.á.gu.lo *s* coagulum; clot; curd.
Co.a.lha.da *s* curdled-milk; clabber; yogurt.
Co.a.lhar *v* to curdle; to curd; to clot.
Co.a.lho *s* curd.
Co.a.li.zão *s* coalition; union; fusion.
Co.ar *v* to brew; to distill; to filter.
Co.ber.ta *s* covering; blanket; coverlet; FIG shelter; protection.
Co.ber.to *adj* covered; sheltered; hid; hidden.
Co.ber.tor *s* blanket.
Co.bi.ça *s* covetousness; greediness; greed.
Co.bi.çar *v* to covet; to long for, to crave.
Co.bra *s* snake; FIG a bad-tempered person.
Co.bran.ça *s* receiving; collecting.
Co.brar *v* to collect.
Co.bre *s* copper; FIG money.
Co.brir *v* to cover; to envelop; to clothe.
Cocada *s* coconut candy; FIG BR to beat with the head.
Co.çar *v* to scratch; to rub; to spank.
Có.ce.gas *s* tickling sensation; tickle.
Co.cei.ra *s* itch; itchiness; itching.
Co.chei.ra *s* coach-house; barn.
Co.chi.char *v* to whisper; to murmur.
Co.chi.lar *v* to doze; to slumber; to nod.
Co.cho *s* hod; trough.
Co.co *s* coconut; cocoanut; coco-palm.
Co.di.fi.car *v* to codify.
Co.dor.niz *s* quail; tinamou.
Co.e.lho *s* rabbit; coney; cony; bunny.
Co.er.ção *s* coercion; repression; constraint.
Co.er.ci.vo *adj* coercive; compulsory.
Co.e.rên.cia *s* coherence; logical way; coherency.
Co.e.rir *v* to cohere.
Co.e.são *s* cohesion; cohering.
Co.e.tâ.neo *adj* contemporary, contemporaneous.
Co.fre *s* coffer; chest; safe.
Cog.no.me *s* cognomen; surname; nickname.
Cog.no.mi.nar *v* to surname; to nickname.
Cog.nos.ci.vel *adj* knowable.
Co.gu.me.lo *s* mold; fungus; mushroom.
Co.i.bir *v* to repress; to restrain.
Coi.ce *s* kick; spurn; rear; heel.
Co.in.ci.dên.cia *s* coincidence.
Co.in.ci.dir *v* to coincide.
Co.i.o.te *s* coyote.
Co.i.sa *s* thing; matter; affair.
Co.i.ta.do *s* poor devil; *adj* poor; miserable.
Co.la *s* glue; gum; paste; trail.
Co.la.bo.rar *v* to collaborate.
Co.lap.so *s* collapse; breakdown.
Co.lar *s* necklace; collar; *v* to paste; to glue; to graduate.
Co.la.ri.nho *s* shirt collar.
Col.cha *s* bedspread; counterpane; coverlet.
Col.chão *s* mattress.
Col.che.te *s* clasp; hook.
Col.dre *s* holster.
Co.le.ci.o.nar *v* to collect; to assemble.
Co.le.ga *s* classmate; colleague; schoolmate.
Co.le.gi.al *s* collegian; student; school boy; *adj* collegial; collegiate.
Co.lé.gio *s* school; highschool.
Co.le.guis.mo *s* group spirit; solidarity.
Co.lei.ra *s* collar (for animals).
Co.lé.ri.co *adj* choleric; angry.

Co.le.tâ.nea *s* collectanea; anthology.
Co.le.tar *v* to collect; to tax; to assess.
Co.le.te *s* waistcoat; corset; vest.
Co.le.ti.vo *s* collective noun; street-car; bus; *adj* collective.
Co.lhei.ta *s* crop; harvest; picking.
Co.lher *s* spoon; Colher de chá: teaspoon; Colher de sopa: tablespoon; *v* to catch; to get.
Co.li.bri *s* hummingbird.
Co.li.dir *v* to collide; to clash.
Co.li.gar *v* to ally; to league.
Co.li.gir *v* to collect; to gather.
Co.li.mar *v* to aim at.
Co.li.na *s* hill.
Co.li.são *s* collision; crash; chock; conflict.
Col.mei.a *s* beehive; swarm.
Co.lo *s* lap; neck.
Co.lo.ca.ção *s* collocation; place; job; employment.
Co.lo.car *s* to put; to place; to employ.
Co.lô.nia *s* colony; settlement.
Co.lo.ni.zar *v* to colonize; to settle.
Co.lo.ra.ção *s* colouring; coloration.
Co.lo.rar *v* to color, to paint; to blush.
Co.lo.ri.do *adj* colorful; vivid; bright.
Co.lo.rir *v* to color; to paint; to blush.
Co.los.sal *adj* colossal; monumental; huge.
Co.lu.na *s* column; pillar; line.
Com *prep* with.
Co.man.do *s* order; commandment; command.
Co.mar.ca *s* district; county.
Com.ba.lir *v* to weaken; to impair; to shake.
Com.ba.ter *v* to combat; to fight; to battle.
Com.bi.nar *v* to combine; to settle; to agree.
Com.bo.iar *v* to convoy, to escort.
Com.bus.tí.vel *s* fuel; *adj* combustible.
Co.me.çar *v* to begin; to start; to initiate.
Co.mé.dia *s* comedy; play.
Co.me.di.do *adj* moderate; prudent.
Co.me.dir *v* to temper; to moderate; to restrain.
Co.me.mo.rar *s* to commemorate; to celebrate.
Co.men.su.rar *v* to measure; to compare.
Co.men.tar *v* to comment; to explain.
Co.mer *v* to eat.
Co.mer.ci.an.te *s* merchant; businessman; trader; *adj* business; trade.
Co.mer.ci.ar *v* to deal; to trade.
Co.mér.cio *s* trade; business; dealing.
Co.mes.tí.vel *adj* eatable; any food which can be eaten.
Co.me.ter *v* to commit; to perpetrate; to perform.
Co.mi.chão *s* itch.
Co.mí.cio *s* meeting; assembly.
Cô.mi.co *s* comedian; *adj* comical; comic; funny.
Co.mi.da *s* food; meals.
Co.mi.go *pron* with me.
Co.mi.lão *adj* glutton; gluttonous.
Co.mis.são *s* commission; percentage.
Co.mis.si.o.nar *v* to commission.
Co.mi.tê *s* committee.
Co.mi.ti.va *s* train; retinue; entourage.
Co.mo *conj* as; like; *adv* how.
Co.mo.ção *s* commotion; shock.
Cô.mo.da *s* dresser.
Co.mo.di.da.de *s* comfort; well-being.
Co.mo.ver *v* to touch; to disturb.
Com.pa.de.cer *v* to pity.
Com.pa.dre *s* godfather.
Com.pai.xão *s* compassion; pity; mercy.
Com.pa.nhei.ro *s* partner; companion; fellow.
Com.pa.nhia *s* company; fellowship.
Com.pa.rar *v* to compare; to liken; to parallel; Comparar-se: to match.
Com.pa.re.cer *v* to attend.
Com.par.sa *s* partner.
Com.par.ti.lhar *v* to share; to participate.
Com.pa.ti.bi.li.da.de *s* compatibility.
Com.pa.tí.vel *adj* compatible; suitable.
Com.pe.lir *v* to compel; to oblige; to force.
Com.pên.dio *s* compendium; abridgment.
Com.pe.ne.trar *v* to convince; to understand.
Com.pen.sar *v* to compensate; to indemnify.
Com.pe.tên.cia *s* competence; ability.
Com.pe.ti.ção *s* match; contest; game.
Com.pe.tir *v* to compete.
Com.pi.lar *v* to compile; to collect.
Com.pla.cên.cia *s* complacency; pleasure.
Com.ple.i.ção *s* constitution; complexion.
Com.ple.men.to *s* complement.
Com.ple.ta.men.te *adv* completely; quite.
Com.ple.tar *v* to complete; to conclude.
Com.ple.xo *s* complex; *adj* complex; complicated.
Com.pli.car *v* to complicate; to difficult.
Com.por *v* to compose; to compound.
Com.por.ta *s* dam; floodgate.
Com.por.ta.men.to *s* behavior
Com.por.tar *v* to behave.
Com.pos.tu.ra *s* composure; moderation.
Com.po.ta *s* compote; stewed fruit.
Com.pra *s* purchase; buying; shopping.
Com.prar *v* to buy; to purchase; to shop.
Com.pre.en.der *v* to understand.
Com.pre.en.sí.vel *adj* comprehensible; intelligible.
Com.pres.são *s* compression; pressure.
Com.pres.si.vo *adj* compressive; repressive.
Com.pri.do *adj* long; extended; lengthy.
Com.pri.men.to *s* length.
Com.pri.mi.do *s* tablet; *adj* compressed; pressed.
Com.pri.mir *v* to compress; to jam.
Com.pro.me.te.dor *adj* compromising.
Com.pro.me.ter *v* to compromise; to pledge; to promise.
Com.pro.mis.so *s* compromise; obligation; appointment.
Com.pro.var *v* to confirm; to ratify.

Com.pul.são *s* compulsion; coercion.
Com.pul.sar *v* to examine; to thumb.
Com.pun.ção *s* compunction; remorse.
Com.pun.gir *v* to touch; to move.
Com.pu.ta.ção *s* computation.
Com.pu.ta.dor *s* computer.
Com.pu.tar *v* to compute.
Co.mum *s* majority; vulgarity; people; *adj* common; public; ordinary.
Co.mun.gar *v* to commune.
Co.mu.ni.ca.ção *s* communication.
Co.mu.ni.car *v* to communicate; to impart; to tell; to transmit.
Co.mu.tar *v* to commute; to exchange.
Con.ca.te.nar *v* to concatenate; to connect; to link.
Con.ce.ber *v* to conceive; to realize.
Con.ce.der *v* to concede; to accord; to yield.
Con.cei.to *s* concept; idea.
Con.cei.tu.a.do *adj* esteemed; deemed; regarded.
Con.cei.tu.ar *v* to judge; to esteem; to deem.
Con.cen.trar *v* to concentrate; to centralize.
Con.cep.ção *s* conception; idea; concept.
Con.cer.to *s* MÚS concert.
Con.ces.são *s* grant; concession.
Con.cha *s* shell.
Con.ci.li.ar *v* to conciliate; to reconcile.
Con.cí.lio *s* council; covenant.
Con.ci.são *s* conciseness; concision; precision.
Con.ci.so *adj* concise; terse; brief.
Con.cla.mar *v* to clamor.
Con.clu.den.te *adj* conclusive.
Con.clu.ir *v* to conclude; to finish; to infer, to deduce.
Con.co.mi.tân.cia *s* concomitance; concurrence.
Con.co.mi.tan.te *adj* concomitant; simultaneous.
Con.cor.dân.cia *s* concordance; agreement.
Con.cor.dar *v* to conciliate; to agree; to accept.
Con.cor.de *adj* concordant; agreeing.
Con.cór.dia *s* concord; harmony; peace.
Con.cor.rer *v* to concur; to compete.
Con.cre.ti.za.ção *s* materialization.
Con.cre.ti.zar *v* to concrete; to make true.
Con.cu.bi.na *s* concubine; mistress.
Con.cu.pis.cên.cia *s* concupiscence; lust; ardent desire.
Con.cur.so *s* competition; contest.
Con.cus.são *s* concussion; shock; FIG extortion committed by public employee.
Con.da.do *s* county; shire.
Con.dão *s* privilege.
Con.de *s* earl.
Con.de.co.rar *v* to honour; to distiguish.
Con.de.nar *v* to condemn; to convict; to doom.
Con.den.sar *s* to condense; to concentrate.
Con.des.cên.cia *s* condescension.
Con.des.cen.der *v* to condescend; to comply; to acquiesce.
Con.di.ção *s* condition; restriction.
Con.di.ci.o.nar *v* to condition.
Con.dig.no *adj* condign; adequate; deserved.
Con.di.men.tar *v* to season; to flavor; to spice.
Con.di.men.to *s* condiment; spice.
Con.di.zer *v* to fit; to accord.
Con.do.er *v* to pity; to commiserate.
Con.do.lên.ci.a *s* condolence.
Con.dor *s* condor.
Con.du.ção *s* carriage; transportation.
Con.du.ta *s* conduct; behavior.
Con.du.to *s* conduit; pipe.
Con.du.zir *v* to lead; to guide; to transport.
Co.ne.xão *s* connection.
Con.fa.bu.la.ção *s* chat; chit-chat.
Con.fa.bu.lar *v* to chat; to confabulate.
Con.fec.ção *s* confection.
Con.fec.ci.o.nar *v* to make; to prepare.
Con.fei.tar *v* to make cakes; to make candies; to ice.
Con.fei.tei.ro *s* confectioner.
Con.fei.to *s* sweets; candies.
Con.fe.ren.ci.ar *v* to lecture.
Con.fe.rir *v* to confer; to check.
Con.fes.sar *v* to confess; to admit.
Con.fes.si.o.ná.rio *s* confessional.
Con.fi.an.ça *s* confidence; trust; reliance.
Con.fi.ar *v* to confide; to trust; to entrust; to rely.
Con.fi.dên.cia *s* confidence; secret.
Con.fi.gu.ra.ção *s* outline; configuration.
Con.fi.gu.rar *v* to configure; to form.
Con.fi.nar *v* to limit; to confine.
Con.fir.ma.ção *s* confirmation.
Con.fir.mar *v* to confirm; to ratify.
Con.fis.car *v* to confiscate.
Con.fis.co *s* arrest; confiscation.
Con.fis.são *s* confession; avowal.
Con.fla.grar *v* to burn; to rouse; to inflame.
Con.fli.to *s* conflict; contest; struggle.
Con.flu.ên.cia *s* confluence.
Con.flu.ir *v* to converge.
Con.for.mar *v* to conform; to adapt; to harmonize.
Con.for.me *adj* similar; alike; identical; *conj* as; according to; *prep* according to; *adv* in conformably; accordingly.
Con.for.mi.da.de *s* conformity.
Con.for.tar *v* to comfort; to console.
Con.for.tá.vel *adj* comfortable.
Con.for.to *s* comfort; solace; welfare.
Con.fra.ri.a *s* confraternity; brotherhood.
Con.fra.ter.ni.zar *v* to fraternize.
Con.fron.tar *v* to confront; to face.
Con.fun.dir *v* to mix; to confuse.
Con.fu.são *s* confusion; tumult.
Con.ge.la.dor *s* freezer.
Con.ge.lar *v* to congeal; to freeze.
Con.ges.tão *s* congestion.

Con.ges.ti.o.nar *v* to congest; FIG to provoke traffic jam.
Con.glo.me.ra.do *s* conglomerate, accumulated.
Con.glo.me.rar *v* to conglomerate; to gather.
Con.gra.çar *v* to reconcile; to harmonize.
Con.gra.tu.lar *v* to congratulate; to felicitate.
Con.gre.ga.ção *s* congregation; assembly; brotherhood.
Con.gre.gar *v* to congregate; to assemble.
Con.gru.ên.cia *adj* congruence; coherence.
Co.nha.que *s* cognac; brandy.
Co.nhe.cer *v* to know; to understand; to meet.
Co.nhe.ci.men.to *s* knowledge; skill; COM bill of land.
Co.ni.vên.cia *s* connivance; collusion.
Con.je.tu.rar *v* to conjecture; to guess.
Con.ju.gal *adj* conjugal; matrimonial; connubial.
Con.ju.gar *v* to conjugate.
Côn.ju.ge *s* consort (husband or wife).
Con.jun.ção *s* conjunction; union.
Con.jun.to *s* assemblage; group; collection; *adj* united; adjacent.
Con.jun.tu.ra *s* conjuncture; occasion.
Con.ju.rar *v* to conjure; to conspire.
Con.lui.ar *v* to collude; to connive; to cabal.
Co.nos.co *pron* with us; concerning us.
Co.no.ta.ção *s* connotation.
Con.quan.to *conj* although; though.
Con.quis.ta *s* conquest; achievement.
Con.quis.tar *v* to conquer; to subdue; to win.
Con.sa.grar *v* to consecrate; to devote.
Con.san.guí.neo *adj* consanguineous; akin.
Cons.ci.ên.cia *s* conscience; awareness.
Côns.cio *adj* conscious; aware.
Con.se.cu.ção *s* consecution; attainment.
Con.se.guin.te *adj* consequent; consecutive.
Con.se.guir *v* to obtain; to get; to acquire.
Con.se.lho *s* advice; counsel; council; assembly.
Con.sen.so *s* consensus; approval; assent.
Con.sen.ti.men.to *s* consent; approval; permission.
Con.sen.tir *v* to consent; to assent; to agree.
Con.se.quên.cia *s* consequence; result.
Con.se.quen.te.men.te *adv* thus; consequently.
Con.ser.tar *v* to mend; to repair; to fix.
Con.ser.to *s* mend; mending; repair.
Con.ser.va *s* conserve.
Con.ser.va.ção *s* conservation; preserving.
Con.ser.var *v* to conserve; to preserve; to keep.
Con.si.de.ra.ção *s* consideration; respect; regard.
Con.si.de.rar *v* to consider; to regard; to esteem.
Con.sig.na.ção *s* consignment.
Con.sig.nar *v* to consign; to entrust; to give on deposit.
Con.si.go *pron* with himself or with herself.
Con.sis.tên.cia *s* consistency; consistence.
Con.sis.ten.te *adj* consistent; solid.
Con.sis.tir *v* to consist.
Con.so.la.ção *s* consolation; relief; comfort.
Con.so.lar *v* to console; to comfort; to solace; to soothe.
Con.so.li.dar *v* to consolidate; to fund.
Con.so.nân.cia *s* consonance; harmony.
Con.sór.cio *s* partnership.
Con.sor.te *s* consort; partner; husband; wife.
Cons.pí.cuo *adj* conspicuous; notable.
Cons.pi.ra.ção *s* conspiracy; plot.
Cons.pi.rar *v* to collude; to conspire; to plot.
Cons.pur.car *v* to soil; to stain; to corrupt.
Cons.tân.cia *s* persistence; constancy.
Cons.tar *v* to consist.
Cons.ta.tar *v* to verify; to confirm; to find out.
Cons.ter.nar *v* to consternate; to distress; to dismay.
Cons.ti.pa.ção *s* constipation; POP cold.
Cons.ti.tu.i.ção *s* constitution; establishment.
Cons.ti.tu.in.te *s* constituent; *adj* constituent.
Cons.ti.tu.ir *v* to constitute; to form.
Cons.tran.ge.dor *adj* constraining.
Cons.tran.ger *v* to constrain; to compel.
Cons.tran.gi.men.to *s* constraint coercion.
Cons.tru.ção *s* construction; building.
Cons.tru.ir *v* to construct; to build.
Con.subs.tan.ci.ar *v* to consubstantiate.
Côn.sul *s* consul; diplomat.
Con.su.lar *adj* consular.
Con.su.len.te *s* consulter; consultant; *adj* consulting.
Con.sul.ta *s* consultation.
Con.sul.tar *v* to consult; to advise; to consider.
Con.sul.tó.rio *s* medical office.
Con.su.mar *v* to consummate; to complete; to finish.
Con.su.mi.dor *s* consumer; waster; *adj* consumptive; consuming.
Con.su.mir *s* to consume.
Con.ta *s* account; bill; amount; **tomar Conta:** look out; take care.
Con.tá.bil *adj* accounting; pertaining to bookkeeping.
Con.ta.bi.li.da.de *s* accounting; bookkeeping.
Con.ta.gi.ar *v* to contaminate; to infect.
Con.ta-go.tas *s* dropper.
Con.ta.m.inar *v* to contaminate; to defile.
Con.tar *v* to count; to number; to tell; to expect.
Con.ta.to *s* contact; touch.
Con.tem.pla.ção *s* contemplation.
Con.tem.plar *v* to contemplate; to meditate.
Con.tem.po.râ.neo *s* contemporary.
Con.tem.po.râ.neo *adj* contemporaneous; contemporary.
Con.tem.po.ri.za.ção *s* compliance; condescension.
Con.tem.po.ri.zar *v* to comply; to temporize.
Con.ten.ção *s* contention; restraint.
Con.ten.da *s* contention; altercation; quarrel.

Con.ten.ta.men.to *s* contentment; joy; pleasure.
Con.ten.tar *v* to content; to please; to be satisfied.
Con.ten.te *adj* contented; happy; glad.
Con.ten.to *s* satisfaction; contentment; content.
Con.ter *v* to contain; to include; to hold.
Con.ter.râ.neo *s* compatriot; fellow countryman; *adj* of the same country; compatriot.
Con.tes.ta.ção *s* contestation; dispute.
Con.tes.tar *v* to contest; to reply; to contradict.
Con.te.ú.do *s* content; matter; subject.
Con.tex.to *s* context; contexture.
Con.ti.do *adj* contained; included; enclosed.
Con.ti.go *pron* with you.
Con.ti.gui.da.de *s* contiguity; proximity; closeness.
Con.ti.nên.cia *s* continence; continency.
Con.ti.nen.te *s* continent; mainland.
Con.ti.nen.te *adj* continent.
Con.tin.gen.te *s* contingent; *adj* contingent.
Con.ti.nu.a.ção *s* continuation; extension.
Con.ti.nu.ar *v* to continue.
Con.to *s* shorty-story; **conto de fadas**: fairy tale.
Con.tor.cer *v* to contort; to distort; to twist.
Con.tor.nar *v* to contour.
Con.tor.no *s* circuit; contour; outline.
Con.tra *s* objection; obstacle; hindrance; *prep* against.
Con.tra.ba.lan.çar *v* to counterbalance.
Con.tra.ban.de.ar *v* to smuggle.
Con.tra.ban.do *s* contraband; smuggling.
Con.tra.ção *s* contraction; abridgment.
Con.tra.di.ção *s* contradiction.
Con.tra.di.tar *v* to contradict.
Con.tra.di.zer *v* to contradict; to deny; to refute.
Con.tra.fei.to *adj* constrained; upset.
Con.tra.gos.to *s* aversion; dislike; distaste.
Con.tra.in.di.ca.ção *s* contra-indication.
Con.tra.ir *v* to contract; to reduce.
Con.tra.por *v* to confront; to oppose.
Con.tra.ri.ar *v* to contradict; to oppose; to refute.
Con.tra.ri.e.da.de *s* contrariety; bother; annoyance.
Con.trá.rio *adj* contrary; adverse.
Con.tra.tar *v* to deal; to negotiate.
Con.tra.tem.po *s* reverse; accident.
Con.tra.to *s* contract; agreement.
Con.tra.ven.ção *s* contravention; violation; transgression.
Con.tri.bu.i.ção *s* contribution.
Con.tri.ção *s* contrition.
Con.tro.lar *v* to control.
Con.tro.le *s* control.
Con.tro.vér.sia *s* controversy.
Con.tro.ver.so *adj* controverted.
Con.tu.do *conj* nevertheless; however; yet.
Con.tu.má.cia *s* default; obstinacy.
Con.tu.maz *adj* contumacious; obstinate.
Con.tun.den.te *adj* contusing; bruising.
Con.tun.dir *v* to contuse; to bruise.
Con.tur.bar *v* to trouble; to agitate; to disturb.
Con.va.les.cen.ça *s* convalescence.
Con.va.les.cer *s* to convalesce; to recover.
Con.ven.ção *s* pact; convention; agreement.
Con.ven.cer *v* to convince; to persuade.
Con.ven.ci.o.nar *v* to agree; to stipulate; to covenant.
Con.ve.ni.ên.cia *s* convenience; fitness; advisability.
Con.vê.nios convention; pact; covenant.
Con.ven.to *s* convent; cloister; nunnery.
Con.ver.gên.cia *s* convergence; convergency.
Con.ver.sa *s* chatter; conversation; talk; chat; causerie; *also* **Conversação**.
Con.ver.são *s* conversion; change.
Con.ver.sar *v* to talk; to chat; to chatter.
Con.ver.sí.vel *adj* convertible.
Con.ver.ter *v* to convert; to change.
Con.vés *s* deck.
Con.ve.xo *adj* convex; rounded; bulgy.
Con.vic.ção *s* conviction; persuasion.
Con.vi.da.do *s* guest; *adj* invited.
Con.vi.dar *v* to invite; to bid; to tempt.
Con.vin.cen.te *adj* convincing.
Con.vir *v* to agree; to coincide; to suit.
Con.vi.te *s* invitation; bidding.
Con.vi.va *s* guest; commensal; banqueter.
Con.vi.vên.cia *s* sociability.
Con.vi.ver *v* to live together; to be sociable.
Con.ví.vio *s* sociability; society.
Con.vo.car *v* to convoke; to call up.
Con.vos.co *pron* with you.
Co.o.pe.ra.ção *s* cooperation.
Co.o.pe.rar *v* to cooperate.
Co.o.pe.ra.ti.va *s* cooperative society.
Co.or.de.na.ção *s* coordination.
Co.or.de.na.das *s* MAT coordinates.
Co.or.de.nar *v* coordinate.
Co.pa *s* cupboard; buffet; clump of a tree.
Có.pia *s* copy; abundance; imitation.
Co.pi.a.dor *s* copyist; copíer.
Co.pi.ar *v* to copy; to transcribe; to imitate.
Co.pi.o.so *adj* copious; plentiful; profuse.
Co.po *s* glass.
Có.pu.la *s* copula; copulation.
Co.pu.lar *s* to copulate; to couple.
Co.quei.ro *s* coco-palm; cocoa.
Cor *s* tint; color.
Co.ra.ção *s* heart.
Co.ra.do *adj* red; rosy; blushing.
Co.ra.gem *s* courage; bravery; **Coragem!**: *interj* cheer up!
Co.ra.jo.so *adj* courageous; brave.
Co.ral *s* coral; BR coral (small snake).
Co.rar *v* to color; to dye; to bleach.
Cor.be.lha *s* basket; small basket.
Cor.ça *s* doe; hind; roe.

Cor.cel *s* steed; charger; courser.
Cor.ço *s* roebuck.
Cor.co.va *s* hump; hunch.
Cor.co.va.do *adj* humpbacked; humped.
Cor.co.var *v* to stoop, to bow.
Cor.cun.da *s* hunch; hump; hunchback.
Cor.da *s* rope; cord.
Cor.dão *s* twist; string; fillet.
Cor.da.to *adj* sage; wise; prudent.
Cor.dei.ro *s* lamb.
Cor.del *s* string; cord; twine.
Cor.di.al *adj* cordial; sincere; hearty.
Cor.di.a.li.da.de *s* cordiality; heartiness.
Cor.di.lhei.ra *s* chain; ridge of mountains.
Co.re.to *s* bandstand.
Co.ris.co *s* flash of lightning; spark.
Co.ris.ta *s* chorister; show girl; chorus girl.
Cor.ja *s* rabble; multitude; mob.
Cor.ne.ta *s* cornet; bugler; trumpet.
Cor.no *s* horn; antler; cornu.
Cor.nu.do *adj* horned; cornuted.
Co.ro *s* choir; chorus; choristers; chancel.
Co.ro.a *s* crown.
Co.ro.ar *v* to crown.
Co.ro.lá.rio *s* corollary; consequence.
Co.ro.nha *s* gunstock; butt.
Cor.po *s* body; person;.
Cor.po.ra.ção *s* corporation.
Cor.pu.len.to *adj* corpulent; hefty.
Cor.pús.cu.lo *s* corpuscle; corpuscule.
Cor.re.ção *s* correction; accuracy; editing.
Cor.re.dor *s* runner; racer; corridor; *adj* running.
Cór.re.go *s* ravine; stream; streamlet; brook.
Cor.re.i.a *s* leather strap; thong; rein; belt.
Cor.re.i.o *s* mail.
Cor.re.la.ci.o.nar *v* to correlate; to interrelate.
Cor.re.li.gi.o.ná.rio *s* coreligionist.
Cor.ren.te *adj* current; fluent; present.
Cor.ren.te.za *s* stream; current; flow.
Cor.rer *v* to run; to flow; to hurry.
Cor.re.ria *s* rush.
Cor.res.pon.dên.cia *s* letters; mail.
Cor.res.pon.der *v* to correspond.
Cor.re.ta.gem *s* brokerage.
Cor.re.to *adj* correct; right.
Cor.re.tor *s* broker.
Cor.ri.da *s* run; race.
Cor.ri.gir *v* to correct; to punish.
Cor.ri.mão *s* banister; rail; handrail.
Cor.ri.quei.ro *adj* vulgar; trivial; usual.
Cor.ro.bo.ra.ção *s* corroboration; confirmation.
Cor.ro.bo.rar *v* to corroborate; to confirm.
Cor.ro.er *v* to corrode; to waste.
Cor.rom.per *v* to corrupt; to debase.
Cor.ro.são *s* corrosion; wasting; erosion.
Cor.ro.si.vo *s* corrosive; *adj* caustic; corrosive.
Cor.rup.ção *s* depravity; subornation; corruption.
Cor.rup.to *adj* corrupt; dissolute; depraved.
Cor.sá.rio *s* corsair; pirate.
Cor.ta.do *adj* cut; banged; cleft.
Cor.tar *v* to cut; to intercept; to interrupt.
Cor.te *s* cut; gash.
Cor.te.jar *v* to court; to woo; to allure; to attract; to allure.
Cor.te.jo *s* attendance; procession; cortege.
Cor.tês *adj* courteous; civil; polite; gracious.
Cor.te.si.a *s* courtesy; gallantry.
Cor.ti.ça *s* cork.
Cor.ti.ço *s* hive; beehive; slum.
Cor.ti.na *s* curtain; screen.
Co.ru.ja *s* owl.
Cor.vo *s* raven; crow.
Co.ser *v* to sew; to stitch.
Cos.mé.ti.co *s* cosmetic; *adj* cosmetic.
Cós.mi.co *adj* cosmical; cosmic.
Cos.mo *s* cosmos; the universe.
Cos.ta *s* coast; shore; *pl* back; shoulders.
Cos.ta.do *s* broadside; flank.
Cos.te.ar *v* to coast; to skirt.
Cos.tei.ro *adj* coasting; coastal.
Cos.te.la *s* rib; BR FIG wife.
Cos.te.le.ta *s* cutlet; sideburns.
Cos.tu.me *s* custom; manner; usage; fashion.
Cos.tu.mei.ro *adj* usual; habitual.
Cos.tu.ra *s* seam; scar; sewing.
Cos.tu.rar *v* to sew; to seam.
Co.ta *s* quota.
Co.ta.ção *s* quotation; FIG credit.
Co.te.jar *v* to compare; to confront.
Co.te.jo *s* comparing; comparison; collation.
Co.ti.di.a.no *adj* quotidian; daily.
Co.to *s* stump.
Co.to.ve.lar *v* to nudge.
Co.to.ve.lo *s examine* ⇒ **Cúbito**.
Co.to.vi.a *s* lark; skylark.
Co.tur.no *s* sock; half boot; buskin.
Cou.ra.ça *s* armor plate.
Cou.ra.ça.do *s* battleship; *adj* armored.
Cou.ro *s* hide; leather; skin.
Cou.ve *s* kale; cole; **Couve-flor:** cauliflower.
Co.va *s* hole; ditch; pit; cave; grave; cavity.
Co.var.de *adj* coward; craven.
Co.var.di.a *s* cowardice.
Co.vei.ro *s* gravedigger.
Co.vil *s* den; lair; burrow.
Co.xa *s* thigh; haunch.
Co.xo *s* thigh; haunch.
Co.zer *v* to cook; to boil.
Co.zi.men.to *s* baking; boiling.
Co.zi.nha *s* kitchen.
Co.zi.nhar *v* to cook; to boil.
Crâ.ni.o *s* skull; cranium.
Cra.que *adj* competent.
Cra.se *s* grave accent.

Cras.so *adj* crass; thick; dense; coarse.
Cra.te.ra *s* crater; cup.
Cra.var *v* to rivet; to nail; to fix.
Cra.ve.jar *v* to nail; to rivet; to set precious stones.
Cra.vo *s* nail; spike.
Cre.che *s* nursery.
Cre.den.ci.al *s* credentials; *adj* credential.
Cre.di.tar *v* to credit.
Cré.di.to *s* credit; trust; credence.
Cre.do *s* creed; rule.
Cre.dor *s* creditor.
Cre.du.li.da.de *s* credulity.
Cré.du.lo *adj* credulous.
Cre.ma.ção *s* cremation; burning; incineration.
Cre.mar *v* to cremate; to incinerate.
Cre.ma.tó.rio *s* crematory.
Cre.me *s* cream; custard.
Cren.ça *s* belief; faith; conviction.
Cren.di.ce *s* absurd belief; superstition
Cren.te *s* sectarian; believer; *adj* sectarian; believing.
Cre.pi.tar *v* to crepitate; to crackle.
Cre.pús.cu.lo *s* crepuscle; twilight; dusk.
Crer *v* to believe; to presume; to trust.
Cres.cen.te *adj* crescent; growing.
Cres.cer *v* to grow; to increase.
Cres.ci.men.to *s* growth; progress; increase.
Cres.par *v* to curl; to wave; to wrinkle.
Cres.po *adj* curled; curly; wavy.
Cres.tar *v* to toast; to burn; to singe.
Cre.ti.no *s* cretin; idiot; imbecile.
Cri.a *s* young horse; colt.
Cri.a.ção *s* creation; invention; livestock; cattle.
Cri.a.da *s* maid; servant.
Cri.a.do *s* servant; waiter.
Cri.an.ça *s* child; brat.
Cri.an.ci.ce *s* childish manners.
Cri.ar *v* to create; to raise; to invent.
Cri.a.tu.ra *s* creature; human being; person.
Cri.me *s* crime; felony.
Cri.mi.no.so *s* criminal.
Cri.na *s* horse-hair; crest; mane.
Crip.ta *s* crypt.
Cri.se *s* crisis; emergency.
Cris.ma *s* Chrism (Baptism confirmation).
Cris.mar *v* to confirm the Christian Baptism.
Cris.par *v* to wrinkle, to contract; to shrink.
Cris.tal *s* crystal; flint glass.
Cris.ta.li.zar *v* to crystallize; to candy.
Cris.tan.da.de *s* Christendom; Christianity.
Cris.tão *s* Christian; *adj* Christian.
Cris.ti.a.nis.mo *s* Christianism; Christianity.
Cris.to *s* Christ.
Cri.té.rio *s* criterion; wisdom; judgment.
Crí.ti.ca *s* criticism; critique; censure.
Cri.ti.car *v* to criticize; to censure.
Cri.var *v* to sift; to riddle.
Crí.vel *adj* credible; believable.
Cri.vo *s* sieve; riddle; sifter.
Cro.chê *s* crochet.
Cro.co.di.lo *s* crocodile.
Cro.ma.do *adj* chromium-plated; chromeplated.
Crô.ni.ca *s* chronicle; history.
Crô.ni.co *adj* chronic; inveterate.
Cro.nô.me.tro *s* chronometer; stop watch.
Cro.qui *s* sketch; rough design; outline.
Cros.ta *s* crust; scab.
Cru *adj* raw; crude; uncooked.
Cru.ci.an.te *adj* mortifying; tormenting; excruciating.
Cru.ci.fi.ca.ção *s* crucifixion.
Cru.ci.fi.car *v* to crucify; to torture; to vex.
Cru.ci.fi.xo *s* crucifix.
Cru.el *adj* cruel; ruthless; savage.
Cru.el.da.de *s* cruelty; devilry.
Cru.e.za *s* crudity; cruelty.
Cruz *s* cross; rood; FIG affliction.
Cru.za.do *adj* crossed.
Cru.za.dor *s* cruiser; panhandler.
Cru.za.men.to *s* crossing; intersection.
Cru.zar *v* to cross; to intersect; to interbreed.
Cru.zei.ro *s* crossing; crucifix; cruise.
Cu.ba *s* vat; tub.
Cu.bar *v* to cube.
Cu.bí.cu.lo *s* cubicle; cell.
Cu.bis.mo *s* cubism.
Cú.bi.to *s* elbow.
Cu.bo *s* cube.
Cu.e.ca *s* man's underwear.
Cu.ei.ro *s* diaper.
Cu.i.da.do *s* care; diligence; attention; **Cuidado!** *interj* take care!; be careful!
Cu.i.dar *v* to take care.
Cu.jo *pron* whose; of whom; of which.
Cu.la.tra *s* breech.
Cu.li.ná.ria *s* cookery; cooking; cuisine.
Cul.mi.na.ção *s* culmination; apogee.
Cul.mi.nân.cia *s* culmination; climax.
Cul.mi.nar *v* to culminate.
Cul.pa.do *s* guilty.
Cul.par *v* to blame; to indict.
Cul.pá.vel *adj* culpable; guilty.
Cul.ti.var *v* to cultivate; to till.
Cul.to *s* cult; worship; adoration; *adj* cultured; educated; learned.
Cul.tu.ar *v* to worship; to adore.
Cul.tu.ra *s* culture.
Cu.me *s* top; summit; apex; apogee.
Cúm.pli.ce *s* accomplice; conniver; abettor.
Cum.pli.ci.da.de *s* complicity; abetment.
Cum.pri.dor *s* accomplisher; executor.
Cum.pri.men.tar *v* to compliment; to greet; to congratulate.
Cum.pri.men.to *s* greeting; accomplishment.

Cum.prir *v* to fulfill; to accomplish; to execute; to perform.
Cú.mu.lo *s* cumulus; highest point.
Cu.nei.for.me *adj* cuneiform; cuneated.
Cu.nha *s* wedge.
Cu.nha.da *s* sister-in-law.
Cu.nha.do *s* brother-in-law.
Cu.nhar *v* to coin; to mint; to stamp.
Cu.nho *s* stamp.
Cu.pi.dez *s* cupidity; greed; avarice.
Cu.pim *s* termite; ant.
Cú.pu.la *s* cupola; cupule; dome.
Cu.ra *s* cure.
Cu.ra.dor *s* trustee; guardian; tutor.
Cu.ran.dei.ro *s* quack.
Cu.rar *v* to cure; to restore; to heal; to bleach.
Cu.ra.ti.vo *s* curative; *adj* curative; healing.
Cu.rá.vel *adj* curable.
Cu.ri.o.si.da.de *s* curiosity; oddity.
Cu.ri.o.so *adj* curious; strange.
Cur.ral *s* corral.
Cur.sar *v* to frequent; to follow.
Cur.so *s* course; lectures; direction.
Cur.tir *v* to tan; BR POP to enjoy oneself or something.
Cur.to *adj* short.
Cur.tu.me *s* tannery.
Cur.va *s* the curve.
Cur.var *v* to curve; to bend.
Cur.va.tu.ra *s* curvature; bend.
Cur.vo *adj* curved; crooked; bent.
Cus.pe *s* spit; spittle.
Cus.pir *v* to spit; to eject.
Cus.tar *v* to cost.
Cus.to *s* cost; price.
Cus.tó.dia *s* custody; keeping.
Cu.tí.cu.la *s* cuticle.
Cú.tis *s* cutis; skin.
Cu.tu.car *v* to nudge.

ABCDEFGHIJKLMNOPQRSTUVWXYZ

D *s* the fourth letter of the English alphabet and of the Portuguese alphabet.
Da (de+a) *prep+art* of the; from the.
Dá.di.va *s* gift; keepsake; donation.
Da.do *s* die; datum; ESP dice; *adj* given; affable.
Da.í (de+aí) *prep+adv* thence; from there; for that reason; therefore.
Da.li (de+ali) *prep+adv* thence; from there.
Da.ma *s* lady; maid; ESP queen (in the game of chess etc.).
Da.mas.co *s* damson; apricot; Damascus.
Da.na.do *adj* damned; wicked; angry; smart.
Da.nar *v* to hurt; to injure; to damage.
Dan.ça *s* dance; dancing; ball.
Dan.çar *v* to dance; to skip.
Dan.ça.ri.no *s* dancer.
Da.ni.fi.car *v* to damage; to harm; to hurt.
Da.no *s* damage; hurt; harm; injury.
Dan.tes *adv* formerly; before.
Dan.tes.co *adj* horrible; frightful; dantesque.
Da.que.le (de+aquele) *prep+pron* from that; from yonder; of that.
Da.qui (de+aqui) *prep+adv* from here; from now; hence.
Da.qui.lo (de+aquilo) *prep+pron* from that; of that.
Dar *v* to give; to concede; to present.
Dar.wi.nis.mo *s* Darwinism.
Da.tar *v* to date.
De *prep* of; from; at; for; by; to; on; in.
De.bai.xo *adv* under; beneath; below.
De.bal.de *adv* in vain; vainly.
De.ban.dar *v* MIL to disperse; to scatter.
De.ba.te *s* debate; discussion; argument.
De.ba.ter *v* to contest.
De.be.lar *v* to conquer; to combat; to subdue.
Dé.bil *adj* weak; feeble.
De.bo.char *v* to debauch; to mock.
De.bo.che *s* mockery; debauchery.
De.bru.çar-se *v* to stoop; to lean over.
De.bu.lhar *v* to shell; to hull; to husk.
De.ca.dên.cia *s* decadence; decay; decline.
De.ca.í.do *adj* decrepit; decayed; fallen.
De.ca.ir *v* to decline; to fade; to fail.
De.cal.que *s* decal; tracing.
De.can.tar *s* to decant; to celebrate.
De.cên.ci.a *s* decency; decorum; seemliness.
De.cen.te *adj* decent; honest; fair; becoming.
De.ce.par *v* to mutilate; to cut off; to amputate.
De.cep.ção *s* disappointment; deception.
De.cep.ci.o.nar *v* to disappoint.
De.ci.dir *v* to decide; to settle; to determine.
De.ci.frar *v* to decipher; to solve; to decode.
De.ci.são *s* decision; resolution.
De.cla.rar *v* to declare; to assert; to proclaim.
De.cli.nar *v* to decline; to lower; to decrease.
De.clí.ni.o *s* decline; decay; decadence.
De.cli.ve *s* descending; declivity; slope.
De.co.lar *v* to take off; to hop off.
De.com.por *v* to decompose.
De.co.rar *v* to decorate; to adorn; to ornament; to memorize.
De.co.ro *s* decency; seemliness.
De.cor.rer *v* to elapse; to pass; to occur.
De.co.tar *v* to cut low; to cut off.
De.co.te *s* low neckline.
De.cré.pi.to *adj* decrepit; feeble.
De.cres.cer *v* to diminish; to abate.
De.cur.so *s* lapse of time; succession.
De.dal *s* thimble.
De.da.lei.ra *s* foxglove.
De.dão *s* big toe.
De.de.i.ra *s* finger-stall.
De.di.car *v* to dedicate; to offer; to inscribe.
De.di.lhar *v* to finger; to strum; to pluck.
De.do *s* finger; toe.
De.du.ção *s* deduction; COM discount.
De.du.zir *v* to deduce; to deduct; to subtract.
De.fe.car *v* to defecate; to evacuate.
De.fei.to *s* defect; fault; shortcoming.
De.fe.rên.cia *s* deference; respect; regard.
De.fe.ri.do *adj* granted; conceded; approved.
De.fe.sa *s* defence; protection; USA defense.
De.fi.ci.ên.cia *s* deficiency; fault; disability.
De.fi.nhar *v* to weaken; to waste away; to pine away.
De.fi.nir *v* to define; to determine; to explain; Definir-se: to define oneself.

De.fi.ni.ti.va.men.te *adv* for good; definitely.
De.fla.grar *v* to deflagrate; to break out.
De.for.mar *v* to deform; to deface; to disfigure; to distort; to misshape.
De.fron.tar *v* to confront; to face; to affront.
De.fron.te *adv* in opposition to; face to face; confronting; facing; in face of; opposing.
De.fu.ma.do *adj* smoky.
De.fu.mar *v* to smoke.
De.fun.to *s* corpse; dead person; *adj* deceased; defunct.
De.ge.lar *v* to defrost; to melt.
De.ge.ne.rar *v* to degenerate; to deteriorate.
De.go.lar *v* to behead; to decapitate.
De.gra.da.ção *s* degradation; degeneration.
De.gra.dar *v* to degrade.
De.grau *s* degree; grade; stair; step.
De.gre.da.do *s* exile; expatriate; *adj* banished; exiled.
De.gre.dar *v* to banish; to exile.
De.gus.ta.ção *s* tasting.
De.gus.tar *v* to taste; to degust.
Dei.da.de *s* deity; divinity; goddess.
Dei.tar *v* to cast; to lay; to sleep.
Dei.xar *v* to leave; to quit; to go away.
De.je.ção *s* defecation.
De.je.ju.ar *v* to breakfast.
De.la *s* (de+ela) *prep+pron* her; hers; of her; from her.
De.la.tar *v* to accuse; to denounce; to delate.
De.la.tor *s* informer; snitch.
De.le *prep* plus *pron* (de+ele) his; of him; from him.
De.le.ga.ção *s* deputation; delegation.
De.le.ga.ci.a *s* police precinct; delegacy.
De.le.gar *v* to delegate; to commission; to intrust; to entrust.
De.lei.tar *v* to delight; to please; to charm.
De.le.tar *v* to delete.
De.le.té.rio *adj* deleterious; harmful.
De.lé.vel *adj* erasable; effaceable.
Del.ga.do *adj* thin; slim; delicate.
De.li.be.rar *v* to deliberate; to consider; to decide.
De.li.ca.de.za *s* delicacy; politeness; courtesy.
De.li.ca.do *adj* gentle; courteous; polite.
De.li.ci.ar *v* to delight; to entrance; to please.
De.li.ci.o.so *adj* delicious; delightful; enjoyable.
De.li.mi.tar *v* to delimit; to bound.
De.li.ne.ar *v* to delineate; to outline.
De.lin.quen.te *adj* guilty; delinquent.
De.lin.quir *v* to transgress.
De.li.rar *v* to be delirious; to rage; to rave.
De.lí.rio *s* delirium; insanity; rapture.
De.li.to *s* delict; offense; crime.
De.lon.ga *s* delay; procrastination.
De.lon.gar *v* to delay; to defer; to postpone.
De.mais *adv* too much; moreover; more than enough; besides.
De.man.da *s* demand; lawsuit; claim; action.
De.man.dar *v* to require; to demand; to claim; to request.
De.mar.car *v* to demarcate; to landmark.
De.ma.si.a *s* surplus; excess; abuse.
De.ma.si.a.do *adj* excessive; too much; *adv* to many; excessively.
De.men.te *adj* insane; mad; crazy.
De.mi.tir *v* to dismiss; to discharge.
De.mo.lir *v* to demolish; to destroy; to throw down.
De.mô.nio *s* demon; devil; old nick.
De.mons.tra.ção *s* demonstration; show; exhibition.
De.mons.trar *v* to demonstrate; to explain; to display; to show.
De.mo.ra *s* delay; detention; tardiness.
De.mo.rar *v* to delay; to retard; to hold up.
De.mo.ver *v* to dissuade.
De.ne.gar *v* to deny; to refuse; to disallow.
De.ne.grir *v* to blacken; to soil; to smut.
Den.gue *s* MED infectious and eruptive disease with fever, headache, muscular pain etc., transmitted by the mosquito "*aëdes aegypti*".
Den.gui.ce *s* affectation; coquetry.
De.no.do *s* daring; courage; boldness.
De.no.mi.nar *v* to denominate; to designate; to name; to call.
De.no.tar *v* to denote; to express; to signify; to indicate.
Den.so *adj* dense; thick; compact; close.
Den.ta.do *adj* toothed; dentate.
Den.ta.du.ra *s* denture; set of teeth.
Den.tá.rio *adj* dental.
Den.te *s* tooth; dent.
Den.te.ar *v* to indented; to notch; to tooth.
Den.ti.ção *s* dentition; teething.
Den.ti.frí.cio *s* dentifrice; toothpaste; dental cream.
Den.tre (de+entre) *prep+prep* among; in the midst of.
Den.tro *adv* inside; within; in; into; indoors.
De.nún.cia *s* denunciation; accusation.
De.nun.ci.ar *v* to denounce; to accuse; to disclose.
De.pa.rar *v* to find; to present; to fall in with; to meet.
De.par.ta.men.to *s* department; USA bureau.
De.pau.pe.rar *v* to weaken; to deplete; to impoverish.
De.pe.nar *v* to deplume; to pluck; GÍR strip of money.
De.pen.der *v* to depend on; to be under; to rely on.
De.pen.du.rar *v* to hang; to suspend; to hock.
De.pi.lar *v* to depilate; to strip off hair.
De.plo.rar *v* to deplore; to lament; to regret.
De.po.i.men.to *s* testimony; evidence; deposition.
De.pois *adv* after; next; afterwards; then.
De.por *v* to lay down; to depose; to testify.
De.po.si.tar *v* to deposit; to lay; to place; to intrust.

De.pó.si.to *s* deposit; depot; store.
De.pra.var *v* to corrupt; to deprave; to pervert.
De.pre.car *v* to entreat; to invoke; to implore.
De.pre.ci.ar *v* to depreciate; to cheapen; to disparage.
De.pre.dar *v* to depredate; to destroy; to spoil.
De.pre.en.der *v* to infer; to deduce.
De.pres.sa *adv* fast; quick; quickly; swiftly.
De.pres.são *s* depression; melancholy.
De.pri.mi.do *adj* downcast; dejected; glum.
De.pri.mir *v* to depress; to humiliate.
De.pu.rar *v* to purify; to clean; to depurate.
De.pu.tar *v* to depute; to deputize.
De.ri.va *s* drift; leeway.
De.ri.va.ção *s* derivation.
De.ri.var *v* to derive; to proceed; to originate.
Der.me *s* derm; skin.
Der.ra.dei.ro *adj* last; final.
Der.ra.mar *v* to shed; to spill; to pour.
Der.ra.me *s* scattering; shedding; overflow.
Der.ra.par *v* to skid.
Der.re.ter *v* to melt; to dissolve; to soften.
Der.ro.car *v* to demolish; to destroy; to ruin.
Der.ro.gar *v* to derogate; to annul; to repeal.
Der.ro.ta *s* defeat; rout; balk.
Der.ro.tar *v* to defeat; to beat; to rout.
Der.ru.bar *v* to throw down; to drop.
De.sa.ba.far *v* to uncover; to expose; to air.
De.sa.bar *v* to crumble; to fall down.
De.sa.bi.tu.ar *v* to disaccustom.
De.sa.bo.to.ar *v* to unbutton; to unclasp.
De.sa.bri.gar *v* to abandon; to uncover.
De.sa.bro.char *v* to bloom; to blossom.
De.sa.ca.tar *v* to disrespect; to insult.
De.sa.ca.to *s* disrespect; discourtesy; offense.
De.sa.cer.to *s* mistake; error; blunder.
De.sa.com.pa.nha.do *adj* alone; unaccompanied.
De.sa.cor.do *s* disagreement; dissension.
De.sa.cre.di.tar *v* to discredit; to disrepute.
De.sa.fe.to *s* adversary; opponent; enemy; rival.
De.sa.fi.an.te *s* challenger; *adj* defying; challenging.
De.sa.fi.ar *v* to challenge; to defy; to incite.
De.sa.fi.nar *v* to sing out of tune.
De.sa.fi.o *s* challenge; defiance; match.
De.sa.fo.gar *v* to relieve; to ease.
De.sa.fo.ra.do *adj* insolent; abusive.
De.sa.for.tu.na.do *adj* unlucky; hapless; unfortunate.
De.sa.gra.dar *v* to displease; to dislike; to disfavor.
De.sa.gra.do *s* discontent; unpleasantness; displeasure; disfavor.
De.sa.gre.gar *v* to disintegrate; to separate.
De.sa.jei.ta.do *adj* unskillful; awkward.
De.sa.jus.tar *v* to disagree; to disorder.
De.sa.jus.te *s* disagreement; maladjustment.
De.sa.len.tar *v* to discourage; to dismay.
De.sa.len.to *s* discouragement; dismay.
De.sa.li.nhar *v* to disarrange; to disorder.
De.sa.lo.jar *v* to dislodge; to remove; to displace.
De.sa.mar.rar *v* to untie; to unmoor.
De.sam.pa.rar *v* to abandon; to forsake; to desert.
De.sa.ni.mar *v* to cast down; to discourage; to depress; to dishearten.
De.sâ.ni.mo *s* discouragement; prostration; depression.
De.sa.pa.re.cer *v* to disappear; to vanish; to be lost; to die away.
De.sa.pon.ta.men.to *s* disappointment.
De.sa.pon.tar *v* to disappoint; to disconcert; to let down.
De.sa.pren.der *v* to forget.
De.sa.pro.pri.ar *v* to expropriate; to dispossess.
De.sa.pro.va.ção *s* disapproval; censure; reprehension.
De.sa.pro.var *v* to disprove; to refute; to disapprove; to dislike; to censure.
De.sar.mar *v* to disarm; to unarm.
De.sar.ran.jar *v* to derange; to disarrange; to upset.
De.sar.ru.mar *v* to disarrange; to displace; to mess; to disorder.
De.sar.vo.rar *v* to dismantle.
De.sas.tra.do *adj* awkward; disastrous.
De.sas.tre *s* disaster; accident; misfortune.
De.sas.tro.so *adj* disastrous; calamitous; hazardous.
De.sa.tar *v* to unfasten; to untie; to unbind.
De.sa.ten.to *adj* heedless; inattentive; absent-minded.
De.sa.ti.na.do *adj* mad; crazy; insane.
De.sa.ti.nar *v* to rattle; to madden.
De.sa.ti.no *s* madness; folly; nonsense.
De.sa.ven.ça *s* discord; disagreement; dissension.
De.sa.vi.sar *v* to countermand; to rescind.
Des.ban.car *v* to beat; to outclass; to supplant.
Des.bas.tar *v* to cut off; to chop; to pare; to trim.
Des.bo.ca.do *adj* big-mouth; unrestrained.
Des.bo.tar *v* to discolor.
Des.bra.var *s* to tame; to domesticate.
Des.ca.bi.do *adj* improper; inadequate.
Des.ca.ir *v* to decay; to decline; to droop.
Des.ca.la.bro *s* calamity; great; holocaust.
Des.cal.çar *v* to take off the shoes, gloves, socks etc.
Des.cal.ço *adj* barefoot; shoeless.
Des.cam.bar *v* to slide down; to backfire.
Des.cam.pa.do *s* unsheltered; open field.
Des.can.sa.do *adj* quiet; calm; rested.
Des.can.sar *v* to rest; to relax.
Des.can.so *s* rest; resting; refreshment.
Des.car.ga *s* discharge; delivery; unloading.
Des.car.re.gar *v* to discharge; to unload.
Des.car.tar *v* to discard; to dismiss; to throw away.
Des.cas.car *v* to peel; to husk; to hull.
Des.ca.so *s* negligence; disregard; neglect.
Des.cen.dên.cia *s* lineage; progeny.
Des.cen.den.te *adj* descending; proceeding.

Des.cen.der *v* to descend; to proceed from.
Des.cer *v* to descend; to get down; to get off.
Des.cer.rar *v* to open; to disclose.
Des.co.brir *v* to discover; to uncover; to find out.
Des.co.lar *v* to unglue.
Des.con.cer.tar *v* to disconcert; to upset.
Des.con.fi.an.ça *s* suspicion; distrust.
Des.con.fi.ar *v* to suspect; to distrust; to suppose.
Des.con.for.to *s* discomfort; distress.
Des.con.ge.lar *v* to thaw; to melt.
Des.co.nhe.cer *v* to ignore.
Des.con.tar *v* to discount; to deduct; to diminish.
Des.con.ten.tar *v* to discontent; to displease; to dissatisfy.
Des.con.to *s* abatement; deduction.
Des.con.tro.lar *v* to lose control.
Des.co.rar *v* to discolour; to discolor.
Des.cor.tês *adj* discourteous; unkind.
Des.cor.ti.nar *v* to reveal; to disclose.
Des.cre.ver *v* to describe; to explain; to narrate.
Des.cui.dar *v* to neglect; to despise; to overlook.
Des.cui.do *s* carelessness; slip.
Des.cul.pa *s* excuse; apology.
Des.cul.par *v* to excuse; to forgive.
Des.de *prep* since; from.
Des.dém *s* disdain; disregard; scorn.
Des.de.nhar *v* to disregard; to disdain.
De.se.jar *v* to wish; to want; to desire
De.se.jo *s* desire; wish; will.
De.sem.ba.ra.çar *v* to disentangle; to extricate.
De.sem.bar.car *v* to debark; to disembark.
De.sem.bar.que *s* landing; debarkation.
De.sem.bo.car *v* to discharge.
De.sem.bol.sar *v* to disburse.
De.sem.bru.lhar *v* to unpack; to uncover; to unwrap.
De.sem.pa.tar *v* to decide; to resolve.
De.sem.pa.te *s* resolution; decision.
De.sem.pe.nhar *v* to perform; to practice; to accomplish.
De.sem.pe.nho *s* performance; discharge.
De.sem.pre.ga.do *adj* unemployed; jobless.
De.sen.ca.mi.nhar *v* to misguide; to mislead.
De.sen.con.trar *v* to keep apart.
De.sen.co.ra.jar *v* to discourage.
De.sen.ga.no *s* disillusion; undeceiving.
De.sen.gre.nar *v* to put out of gear.
De.se.nhar *v* to design; to draw; to sketch.
De.se.nhis.ta *s* draftsman; designer.
De.se.nho *s* drawing.
De.sen.la.ce *s* end; outcome; upshot.
De.sen.ro.lar *v* to unroll.
De.sen.ros.car *v* to untwist; to unscrew.
De.sen.ru.gar *v* to unwrinkle.
De.sen.ter.rar *v* to dig up; to disinter.
De.sen.tor.tar *v* to unbend; to make straight.
De.sen.tu.pir *v* to clear; to unstop.
De.sen.ven.ci.lhar *v* to disentangle; to disengage; to loosen.
De.sen.vol.tu.ra *s* agility; nimbleness.
De.sen.vol.ver *v* to unroll; to develop.
De.sen.vol.vi.do *adj* grown-up; advanced; developed.
De.se.qui.li.brar *v* to unbalance; **Desequilibrar-se** *v* to lose one's balance.
De.se.qui.lí.bri.o *s* unbalance; lack of equilibrium; instability.
De.ser.ção *s* desertion; forsaking.
De.ser.dar *v* to disinherit; to deprive of heritage.
De.ser.tar *v* to desert; to abandon; to forsake.
De.ser.to *s* desert; wasteland; *adj* deserted; barren; uninhabited; wild.
De.ser.tor *s* deserter; runaway.
De.ses.pe.ra.do *adj* hopeless; reckless; desperate.
De.ses.pe.ran.ça *s* despair; desperation; hopelessness.
De.ses.pe.ran.çar *v* to deprive of hope; to depress; to discourage; **Desesperançar-se** *v* to lose hope.
De.ses.pe.rar *v* to despair; to despond; to discourage; to dishearten; to fret.
Des.fa.le.cer *v* to faint; to weaken; to droop; to sink.
Des.fa.le.ci.men.to *s* swoon; faintness.
Des.fal.que *s* defalcation; embezzlement.
Des.fa.vo.rá.vel *adj* unfavourable; adverse.
Des.fa.vo.re.cer *v* to disfavor; to oppose; to discountenance.
Des.fa.zer *v* to undo; to unmake; to unpack.
Des.fe.cho *s* outcome; upshot; ending.
Des.fei.ta *s* affront; insult; affront; outrage.
Des.fei.te.ar *v* to insult; to offend; to affront.
Des.fei.to *adj* undone; melted; dissolved.
Des.fi.ar *v* to unthread; to ravel; to shred.
Des.fi.gu.rar *v* to disfigure; to mangle; to deface; to deform.
Des.fi.la.dei.ro *s* defile; pass.
Des.fi.lar *v* to march; to parade.
Des.for.rar *v* to avenge; to revenge.
Des.fru.tar *v* to usufruct; to enjoy; to relish.
Des.gas.tar *v* to wear out.
Des.gas.te *s* wear; consuming; erosion.
Des.gos.tar *v* to displease; to disgust; to dislike.
Des.gos.to *s* disgust; displeasure; grief.
Des.gra.ça *s* misfortune; distress; misery.
Des.gra.çar *v* to ruin.
De.sig.na.ção *s* designation; indication.
De.sig.nar *v* to designate; to indicate.
De.si.lu.dir *v* to disillusion; to disenchant.
De.si.lu.são *s* disillusionment; disillusion.
De.sim.pe.dir *v* to free; to disencumber.
De.sin.char *v* to reduce; to humble; to deflate.
De.sis.tên.cia *s* cancellation; abdication; abandonment.
De.sis.tir *v* to give up; to put off; to desist.
Des.je.ju.ar *v* to have breakfast.

Des.la.va.do *adj* discolored; FIG impudent.
Des.le.al *adj* disloyal; false; treacherous.
Des.lei.xa.do *adj* careless; sloppy; negligent.
Des.li.gar *v* to turn off; to switch off; to disconnect.
Des.lin.dar *v* to clear up; to explain.
Des.li.za.men.to *s* sliding; slide.
Des.li.zar *v* to slide; to skid; to slip; to glide.
Des.li.ze *s* slip; sliding; skid.
Des.lo.ca.do *adj* dislocated; displaced.
Des.lo.car *v* to dislocate; to displace.
Des.lum.brar *v* to dazzle; to fascinate; to seduce.
Des.mai.ar *v* to faint; to swoon; to fade.
Des.mai.o *s* faint; a fainting fit; swoon; syncope.
Des.ma.mar *v* to wean.
Des.man.char *v* to undo; to smash.
Des.man.te.lar *v* to dismantle; to demolish; to ruin.
Des.mar.car *v* to remove; to cancel.
Des.mas.ca.rar *v* to unmask; to debunk.
Des.ma.ze.la.do *adj* untidy; gotten untidy.
Des.ma.ze.lo *s* negligence; carelessness.
Des.me.di.do *adj* excessive; immense.
Des.mem.brar *v* to dismember; to divide; to separate.
Des.men.tir *v* to contradict; to deny.
Des.me.re.cer *v* to belittle.
Des.mi.o.la.do *adj* silly; brainless; forgetful.
Des.mon.tar *v* to dismount; to disjoint; to get off.
Des.mo.ra.li.zar *v* to demoralize; to discredit.
Des.mo.ro.nar *v* to demolish.
Des.na.ta.do *adj* skim milk.
Des.na.tu.ra.do *adj* unnatural; cruel.
Des.ne.ces.sá.rio *adj* unnecessary; needless.
Des.ní.vel *s* unevenness.
Des.nor.te.ar *v* to misguide; to mislead.
Des.nu.dar *v* to denude; to bare; to strip.
Des.nu.do *adj* nude; naked; bared.
Des.nu.tri.ção *s* malnutrition; under nourishment.
De.so.be.de.cer *v* to disobey; to transgress.
De.so.bri.gar *v* to exempt; to release; to dispense; Desobrigar-se *v* to discharge; to perform one's duty.
De.sobs.tru.ir *v* to remove obstructions from; to unstop; to clear.
De.so.cu.pa.do *adj* disengaged; idle; bum.
De.so.cu.par *v* to vacate; to rid; to empty.
De.so.do.ran.te *s* deodorizer; deodorant.
De.so.la.ção *s* desolation; harshness; affliction.
De.so.lar *v* to lay waste; to desolate; to distress; to ravage.
De.so.ne.rar *v* to exonerate; to dispense.
De.so.nes.ti.da.de *s* dishonesty; crookedness.
De.so.nes.to *adj* dishonest; knavery; crooked.
De.son.ra *s* dishonour; disgrace.
De.son.rar *v* to dishonor; to discredit; to disgrace; to defame.
De.sor.dei.ro *s* hooligan; rowdy; *adj* rowdy; POP roughneck.
De.sor.dem *s* disorder; disturbance; riot.
De.sor.de.nar *v* to disorder; to disorganize.
De.so.ri.en.tar *v* to bewilder; to disconcert.
Des.pa.char *v* to forward; to dispatch.
Des.pa.cho *s* dispatch; decision; expedition.
Des.pe.da.çar *v* to break; to crumble.
Des.pe.di.da *s* farewell; departure.
Des.pe.dir *v* to discharge; to dismiss.
Des.pe.nha.dei.ro *s* cliff; precipice; crag.
Des.pen.te.ar *v* to tousle.
Des.per.di.çar *v* to waste; to squander.
Des.per.dí.cio *s* waste; squandering.
Des.per.ta.dor *s* alarm-clock; awakening.
Des.per.tar *v* to awaken; to rouse; to awake; to wake up.
Des.pe.sa *s* cost; expense.
Des.pir *v* to disrobe; to strip; **Despir-se**: to undress.
Des.pis.tar *v* to mislead; to misguide.
Des.po.jo *s* booty; spoil.
Des.po.sar *v* to marry; to wed; to husband.
Dés.po.ta *s* despot; tyrant; oppressor.
Des.po.vo.a.do *adj* deserted; uninhabited.
Des.pra.zer *s* displeasure; disgust.
Des.pre.gar *v* to loosen; to unnail; to detach.
Des.pren.der *v* to loose; to unfasten; to untie.
Des.pren.di.men.to *s* detachment.
Des.pre.o.cu.pa.do *adj* carefree.
Des.pres.ti.gi.ar *v* to depreciate; to discredit.
Des.pre.ve.ni.do *adj* unready; unwary; unprepared.
Des.pre.zar *v* to despise; to scorn; to disdain.
Des.pre.zí.vel *adj* despicable; base; vile.
Des.pre.zo *s* scorn; neglect; disregard.
Des.qui.te *s* divorce.
Des.re.gra.do *adj* disorderly; immoderate; intemperate.
Des.res.pei.tar *v* to disrespect; to slight; to affront.
Des.se (de+esse) *prep+pron* from that; of that.
Des.ta (de+esta) *prep+pron* from this; of this.
Des.ta.car *v* to detach.
Des.tam.par *v* to uncover; to open.
Des.ta.que *s* prominence; eminence.
Des.te (de+este) *prep+pron* of this; from this.
Des.te.mi.do *adj* fearless; dauntless.
Des.ti.nar *v* to mean; to destine; to appoint; to allot.
Des.ti.na.tá.rio *s* addressee; receiver.
Des.ti.no *s* destiny; fate; fortune.
Des.ti.tu.ir *v* to dismiss; to deprive.
Des.to.ar *v* to discord; to diverge.
Des.tra *s* right-handed.
Des.tra.tar *v* to affront; to insult.
Des.tro *adj* right-handed; skilled.
Des.tro.çar *v* to break into pieces; to destroy.
Des.tro.ço *s* destruction; rout; havoc.
Des.tru.ir *v* to destroy.
Des.vai.ra.do *adj* delirious.
Des.va.lor *s* depreciation; discredit.
Des.va.lo.ri.zar *v* to depreciate; to undervalue.
Des.van.ta.gem *s* disadvantage; handicap.

Des.va.rio *s* delirium; madness; raving.
Des.ven.dar *v* to disclose; to resolve.
Des.ven.tu.ra *s* misadventure; mishap; misfortune.
Des.vi.ar *v* to divert; Desviar-se: to deviate.
Des.vir.tu.ar *v* to depreciate; to pervert.
De.ta.lhar *v* to detail; to specify.
De.ta.lhe *s* detail; particularity.
De.ter *v* to detain; to arrest; to stop.
De.te.ri.orar *v* to deteriorate; to degenerate.
De.ter.mi.nar *v* to determine; to settle.
De.tes.tar *v* to detest; to dislike; to abhor.
De.te.ti.ve *s* detective.
De.ti.do *adj* detained; arrested.
De.to.nar *v* to detonate; to blast; to explode.
De.trás *adv* after; behind; aback.
De.tri.to *s* detritus; dregs.
De.tur.par *v* to disfigure; to distort; to corrupt.
Deus *s* God; Lord.
De.va.gar *adj* slow; *adv* slowly.
De.va.ne.ar *v* to muse; to daydream.
De.va.nei.o *s* dream; day dream.
De.vas.tar *v* to devastate; to desolate; to destroy.
De.ver *s* obligation; duty; task; *v* to owe.
De.ve.ras *adv* indeed; in fact.
De.vi.da.men.te *adv* duly; justly.
De.vo.ção *s* devotion; dedication; affection.
De.vol.ver *v* to return; to give back; to restore.
De.vo.rar *v* to devour; to consume; to eat up.
De.vo.tar *v* to devote; to dedicate.
De.vo.to *s* devotee; churchgoer; votary; *adj* devoted; religious; devout.
Dez *num* ten.
De.zem.bro *s* December; the last month of the year.
De.ze.na *s* ten; a set of ten; a tenth.
Dia *s* day.
Di.a.bo *s* devil; demon; satan.
Di.a.de.ma *s* diadem; crown.
Di.ag.nos.ti.car *v* to diagnose.
Di.a.go.nal.men.te *adv* cornerwise.
Di.a.gra.ma *s* diagram; chart; scheme.
Di.a.lo.gar *v* to dialogue.
Di.á.lo.go *s* dialogue; talk; conversation; USA dialog.
Di.a.man.te *s* diamond.
Di.an.te *adv* before; in front.
Di.an.tei.ra *s* forepart; front; forefront.
Di.a.pa.são *s* MÚS diapason; pitch.
Di.á.ria *s* daily wages; daily income.
Di.á.rio *s* diary; journal; newspaper; *adj* daily; diurnal; quotidian.
Di.ca *s* POP tip.
Dic.ção *s* diction; accent.
Di.ci.o.ná.rio *s* dictionary.
Di.fa.mar *v* to detract; to defame; to blemish.
Di.fe.ren.ça *s* difference; divergence.
Di.fe.ren.ci.ar *v* to differentiate; to distinguish.
Di.fe.ren.te *adj* different; unequal; unlike.
Di.fí.cil *adj* difficult; uneasy.
Di.fi.cul.da.de *s* difficulty; hardness; trouble.
Di.fi.cul.tar *v* to hamper; to hinder.
Di.fun.dir *v* to diffuse; to outspread; to propagate.
Di.fu.são *s* diffusion; spread.
Di.ge.rir *v* to digest.
Di.gi.tal *adj* digital.
Dig.nar-se *v* to condescend; to deign.
Dig.ni.da.de *s* dignity; nobleness.
Dig.ni.fi.car *s* to dignify; to exalt.
Dig.no *adj* worthy; deserving; dignified.
Di.le.ma *s* dilemma; crux; doubt.
Di.lu.ir *v* to dilute; to dissolve.
Di.lú.vio *s* deluge; overflow; flood.
Di.men.são *s* dimension; measure; extent; size.
Di.mi.nu.ir *v* to decrease; to lower; to diminish.
Di.na.mar.quês *adj* Danish.
Di.nâ.mi.co *adj* dynamic.
Di.na.mi.te *s* dynamite.
Dí.na.mo *s* dynamo; generator.
Di.nas.ti.a *s* dynasty.
Di.nhe.i.ro *s* money; coin; cash.
Di.o.ni.sía.co *adj* MIT dionysiac, allusive to the greek god of wine, Dionysus or Bacchus.
Di.plo.ma.do *adj* graduate.
Di.plo.mar *v* to graduate; to confer.
Di.que *s* dike; dam.
Di.re.ção *s* direction; course.
Di.rei.ta *s* right side; right hand; right.
Di.rei.to *s* right; law; *adj* straight; direct; just; *adv* straight; directly.
Di.re.to *s* direct; straight; *adj* direct; plain; straight.
Di.re.tor *s* director; manager; *adj* directing.
Di.re.to.ri.a *s* directory; board of directors.
Di.ri.gir *v* to lead; to manage; to address; to drive.
Dis.cer.ni.men.to *s* discernment; judgment.
Dis.cer.nir *v* to discern; to distinguish.
Dis.cí.pu.lo *s* disciple; follower; pupil.
Dis.co *s* disk; dial; platter; record.
Dis.cor.dân.cia *s* disagreement; disharmony; discordance.
Dis.cor.dar *v* to differ; to diverge; to dissent from.
Dis.cór.dia *s* discord; disagreement; dissension.
Dis.cor.rer *v* to expatiate; to run over; to discourse.
Dis.co.te.ca *s* record collection; phonograph record collection.
Dis.cre.to *adj* discreet; circumspect; reserved.
Dis.cri.ção *s* discretion; reserve.
Dis.cri.ci.o.ná.rio *adj* discretionary; discretional.
Dis.cri.mi.nar *v* to discriminate.
Dis.cur.sar *v* to make a speech; to discourse.
Dis.cus.são *s* discussion; debate; quarrel; USA parley.
Dis.cu.tir *v* to argue; to discuss; to debate.
Dis.far.ça.do *adj* disguised; dissembled.
Dis.far.çar *v* to disguise; to conceal.
Dis.pa.ra.dor *s* trigger.
Dis.pa.rar *v* to shoot; to fire; to discharge.
Dis.pa.ra.te *s* nonsense; absurdity.

Dis.pa.ro *s* shot; discharge; detonation.
Dis.pen.der *v* to spend.
Dis.pên.dio *s* expense; loss; cost.
Dis.pen.sa *s* dispensation; permission.
Dis.pen.sar *v* to bestow; to dismiss.
Dis.pli.cên.cia *s* displeasure; negligence; unconcern.
Dis.por *v* to arrange; to sell; to dispose.
Dis.po.si.ção *s* arrangement; provision; disposition.
Dis.po.si.ti.vo *s* device; contrivance.
Dis.pos.to *adj* disposed; ready; willing.
Dis.pu.ta *s* contest; dispute.
Dis.pu.tar *v* to contend; to dispute; to contest.
Dis.sa.bor *s* displeasure; chagrin; annoyance.
Dis.se.car *v* to dissect; to anatomize.
Dis.se.mi.nar *v* to divulge; to spread.
Dis.sen.tir *v* to dissent; to differ; to disagree.
Dis.si.dên.cia *s* dissidence.
Dis.si.mu.la.ção *s* dissimulation; cunning.
Dis.si.mu.lar *v* to disguise; to dissimulate; to dissemble; to feign.
Dis.si.pa.do *adj* disreputable; dissolute; wasteful.
Dis.si.par *v* to dispel; to dissipate; to scatter.
Dis.so.ci.ar *v* to dissociate; to separate.
Dis.so.lu.ção *s* dissolution; dissoluteness.
Dis.sol.ver *v* to dilute; to melt; to dissolve.
Dis.tân.cia *s* distance; space.
Dis.tan.ci.ar *v* to distance.
Dis.tan.te *adj* far; distant; remote.
Dis.tin.guir *v* to discriminate; to discern; to distinguish.
Dis.tra.ção *s* absent-mindedness; distraction.
Dis.tra.í.do *adj* absent-minded.
Dis.tra.ir *v* to amuse; to divert; to entertain.
Dis.tri.bu.ir *v* to distribute; to share.
Dis.tri.to *s* district; region; section.
Dis.túr.bio *s* riot; disturbance.
Di.ta.do *s* dictation; saying.
Di.tar *v* to dictate; to indite.
Di.to *s* saying; dictum; gossip; *adj* aforesaid; above; said.
Di.ur.no *adj* diurnal; quotidian.
Di.vã *s* divan; couch; settee; davenport.
Di.va.ga.ção *s* wandering; ramble; digression.
Di.va.gar *v* to roam; to wander; to digress.
Di.ver.gên.cia *s* divergence; discord.
Di.ver.gir *v* to disagree; to diverge.
Di.ver.são *s* entertainment; amusement.
Di.ver.si.fi.car *v* to diversify; to vary.
Di.ver.so *adj* diverse; different.
Di.ver.ti.do *adj* amusing; funny.
Di.ver.ti.men.to *s* amusement; pastime; entertainment.
Di.ver.tir *v* to amuse; to entertain; to play.
Dí.vi.da *s* debt; due.
Di.vi.dir *v* to divide; to allot; to share; to split.
Di.vi.sa *s* badge; emblem; motto.
Di.vi.são *s* division; cleavage.
Di.vi.sor *s* divider; divisor.
Di.vi.só.ria *s* mark; landmark; dividing.
Di.vor.ci.ar *v* to divorce; to separate.
Di.vul.gar *v* to disseminate; to divulge.
Di.zer *v* to tell; to say; to speak.
Dí.zi.ma *s* tax; tenth; tithe.
Di.zi.mar *v* to decimate; to mow.
Dí.zi.mo *s* tithe.
Do (de+o) *prep+art* of that; from that.
Dó *s* pity; compassion; MÚS first note of the natural scale (C).
Do.a.ção *s* donation; grant; gift.
Do.ar *v* to give; to donate.
Do.bra.di.ça *s* hinge; joint.
Do.bra.do *adj* folded; doubled.
Do.brar *v* to double; to duplicate; to bend.
Do.ca *s* dock; wharf.
Do.ce *s* sweetmeat; candy; *adj* sweet.
Dó.cil *adj* docile; meek; tractable.
Do.cu.men.ta.ção *s* documentation; documents.
Do.cu.men.tar *v* to document.
Do.cu.men.to *s* document; paper.
Do.çu.ra *s* sweetness; meekness; gentleness.
Do.en.ça *s* sickness; illness; disease.
Do.en.te *s* sick person; patient; *adj* sick; ill.
Do.er *v* to pain; to ache; to hurt.
Dog.ma *s* dogma.
Dog.ma.tis.mo *s* dogmatism.
Doi.do *adj* insane; crazy; mad.
Do.í.do *adj* pained; sore; aching; painful.
Dó.lar *s* dollar.
Do.lo *s* fraud; deceit; guile.
Do.lo.ri.do *adj* aching; painful; sore.
Do.lo.ro.so *adj* painful; sorrowful.
Dom *s* talent; Don.
Do.ma.dor *s* animal trainer.
Do.mar *v* to tame; to domesticate.
Do.mes.ti.car *v* to tame; to domesticate.
Do.més.ti.co *s* servant; *adj* domestic.
Do.mi.nar *v* to govern; to dominate.
Do.min.go *s* Sunday.
Do.mí.nio *s* dominion; domination.
Do.mi.nó *s* domino; game of dominoes.
Do.na *s* lady.
Do.na.ti.vo *s* donation; gift; grant.
Don.de (de+onde) *prep+adv* from where; whence.
Do.no *s* owner.
Don.ze.la *s* maid; lass; damsel; maiden.
Dor *s* pain; ache.
Dor.mên.cia *s* dormancy.
Dor.men.te *s* sleeper; *adj* sleeping.
Dor.mi.nho.co *adj* sleepy.
Dor.mir *v* to sleep; to slumber.
Dor.so *s* back.
Do.sar *v* to dose.
Do.te *s* dowry.

Dou.ra.do *adj* gilt; golden.
Dou.rar *v* to gild.
Dou.tri.nar *v* to indoctrinate.
Dra.ga *s* dredge; dredger.
Dra.gar *v* to dredge; to drag.
Dra.ma *s* drama.
Dra.má.ti.co *adj* dramatic.
Drás.ti.co *adj* drastic.
Dre.nar *v* to drain.
Dro.ga *s* drug; rubbish; medicine.
Dro.ga.ri.a *s* drug-store; chemist-shop.
Dú.bio *adj* dubious; hesitant; doubtful.
Du.cha *s* shower bath.
Du.e.lo *s* duel; contest; fight of swords.
Du.en.de *s* dwarf.
Du.pli.ca.ção *s* duplication; doubling.
Du.pli.car *v* to duplicate; to ditto; to double.
Du.plo *adj* double; twofold.
Du.ra.bi.li.da.de *s* durability.
Du.ra.ção *s* duration.
Du.ra.dou.ro *adj* durable; long-lived.
Du.ran.te *prep* during.
Du.rar *v* to last.
Du.rá.vel *adj* durable; lasting.
Du.re.za *s* hardness; cruelty.
Du.ro *adj* hard; tough; FIG indelicate; unkind.
Dú.vi.da *s* doubt; uncertainty.
Du.vi.dar *v* to doubt.
Dú.zia *s* dozen.

ABCDEFGHIJKLMNOPQRSTUVWXYZ

E *s* the fifth letter of the Portuguese alphabet and of the English alphabet; *conj* and.
É.brio *adj* drunk; boozy; intoxicated.
E.bu.li.ção *s* boiling; ebullition; effervescence; FIG agitation; excitement.
E.cle.tis.mo *s* eclecticism.
E.clo.são *s* eclosion; hatching.
E.clu.sa *s* dam; dike; lock.
E.co *s* echo.
E.co.ar *v* to echo.
E.cu.mê.ni.co *adj* ecumenical; ecumenic.
Edição *s* edition; issue.
E.di.fi.ca.ção *s* edification; building; construction.
E.di.fi.car *v* to build; to raise; to construct.
E.di.fí.cio *s* building; edifice; structure.
E.di.tal *s* placard; proclamation; edict.
E.di.tar *v* to publish; to edit; to print.
E.di.tor *s* publisher; editor.
E.di.to.ra *s* publishing house.
E.di.to.ri.al *s* leading article; editorial; headline.
E.dre.dão *s* quilt; coverlet.
E.du.ca.ção *s* education; instruction.
E.du.ca.da.men.te *adv* politely.
E.du.car *v* to educate; to bring up; to teach.
E.fei.to *s* effect; purpose; result.
E.fê.me.ro *adj* ephemeral.
E.fe.mi.nar *v* to effeminate.
E.fe.ti.var *v* to accomplish; to realize; to effect.
E.fe.ti.vo *s* MIL a exact number of military components; *adj* effective; real; permanent.
E.fe.tu.ar *v* to effect; to accomplish; to perform.
E.fi.caz *adj* efficacious; competent; capable.
E.fí.gie *s* effigy; a figure representing a person.
E.fu.si.vo *adj* effusive; pouring forth.
É.gi.de *s* aegis; shield; defence; protection.
E.go.cên.tri.co *adj* egocentric; selfish.
E.go.ís.mo *s* egoism; selfishness.
E.go.ís.ta *s* egoist; *adj* selfish; egoistic.
É.gua *s* mare; female horse.
Eis *adv* here is; here are.
Ei.var *v* to contaminate; to infect; to stain.
Ei.xo *s* axle; axis; arbor; spindle.
E.ja.cu.lar *v* to ejaculate; to throw out.
E.la *pron* she; it; her.
E.la.bo.rar *v* to elaborate; to produce with labor; to work out; to think up.
E.le *pron* he; it; him.
E.le.fan.te *s* elephant.
E.le.gân.cia *s* elegance; gracefulness; grace.
E.le.ger *v* to elect; to choose; to ballot.
E.lei.ção *s* election; choice; selection.
E.lei.tor *s* elector; constituent; voter.
E.le.men.tar *adj* elementary.
E.len.co *s* list; cast; BR group of artists.
E.le.tro.do.més.ti.co *s* electrical goods.
E.le.va.ção *s* elevation; height; raise.
E.le.va.dor *s* lift; USA elevator.
E.le.var *v* to elevate; to lift; to rear; to enhance; to rise; to exalt.
E.li.mi.nar *v* to eliminate; to kill; to expel; to exclude.
El.mo *s* helmet.
E.lo *s* link.
E.lo.gi.ar *v* to praise; to eulogize; to exalt; to extol.
E.lo.quên.cia *s* eloquence.
E.lu.ci.da.ção *s* elucidation; exposition; explanation.
E.lu.ci.dar *v* to elucidate; to clarify; to make clear.
Em *prep* in; at; into; upon; on; by; **Em vez de**: instead of; else.
E.ma.gre.cer *v* to lose weight.
E.ma.nar *v* to emanate; to issue; to arise.
E.man.ci.par *v* to emancipate; to liberate.
Em.ba.çar *v* to shade; to cheat; to dull.
Em.bai.xo *adv* below; under; down.
Em.ba.la.gem *s* packing; boxing; wrapping.
Em.ba.lar *v* to pack; to lull; to soothe.
Em.ba.ra.ça.do *adj* embarrassed; disturbed; perplexed.
Em.ba.ra.çar *v* to embarrass; to encumber; to entangle.
Em.ba.ra.ço *s* embarrassment; difficulty; trouble.
Em.bar.ca.ção *s* craft; ship; vessel; boat.
Em.bar.ca.dou.ro *s* harbour; harbor; wharf; dock; pier.
Em.bar.car *v* to embark; to ship; to board.

Em.bar.gar *v* to suspend; to restrain.
Em.bar.que *s* shipping; shipment.
Em.ba.ter *v* to dash; to shock; to collide; to clash.
Em.be.ber *v* to imbibe; to drink in; to soak in; to drench.
Em.be.le.za.men.to *s* embellishment; adornment.
Em.be.le.zar *v* to embellish; to beautify; to adorn.
Em.bir.rar *v* to stubborn; to be obstinate.
Em.ble.ma *s* emblem; symbol.
Em.bo.ca.du.ra *s* mouth of a river; embouchure.
Em.bo.car *v* to put into the mouth; to lip.
Em.bol.sar *v* to pocket; to pouch; to pay; to reimburse.
Em.bo.ra *conj* in spite of; even; although; though.
Em.bos.ca.da *s* ambush; ambuscade; snare; trap.
Em.bos.car *v* to ambush; to ambuscade.
Em.bo.tar *v* to blunt; do dull.
Em.bran.que.cer *v* to whiten; to bleach.
Em.bre.a.gem *s* AUT clutch.
Em.bre.nhar *v* to penetrate into woods.
Em.bri.a.ga.do *adj* drunk; intoxicated; inebriated.
Em.bri.a.gar *v* to intoxicate; to fuddle; to inebriate; to get drunk.
Em.bri.a.guez *s* drunkenness; intoxication; inebriation; FIG rapture.
Em.bru.lha.da *s* confusion; disorder; jumble; mess.
Em.bru.lhar *v* to pack up; to wrap up.
Em.bru.lho *s* packet; bundle; package; jumble; confusion.
Em.bru.te.cer *v* to brutify; to brutalize.
Em.bus.te *s* artifice; fraud; trick.
Em.bu.ti.do *s* inlaid work; mosaic; marquetry; *adj* built in; inlaid.
Em.bu.tir *v* to inlay; to insert; to enchase.
E.men.da *s* emendation; mend; correction.
E.men.dar *v* to amend; to emend; to correct.
E.mer.gên.cia *s* emergency; emergence.
E.mer.gir *v* to emerge; to appear; to erupt.
E.mi.gra.ção *s* emigration; migration.
E.mi.grar *v* to emigrate.
E.mi.nên.cia *s* eminence; elevation; height.
E.mis.são *s* emission; discharge; issue.
E.mis.sá.rio *s* emissary; messenger; envoy.
E.mi.tir *v* to emit; to announce; to issue.
E.mo.ção *s* emotion.
E.mo.ci.o.nan.te *adj* stirring; exciting; touching.
E.mol.du.rar *v* to frame; to surround.
E.mo.ti.vo *adj* emotive; emotional.
Em.pa.co.tar *v* to pack; to pack up; to bale; to bind.
Em.pa.da *s* small pie of meat or fish.
Em.pa.lhar *v* to stuff with straw.
Em.pa.li.de.cer *v* to pale; to make pale; to bleach.
Em.pa.nar *v* to tarnish; to dull; to dim; to obscure.
Em.pan.zi.nar *v* to glut; to cram.
Em.pa.par *v* to soak; to imbibe; to steep.
Em.pa.re.lhar *v* to match; to couple; to pair.
Em.pas.tar *v* to paste up; to make clammy; to impaste.
Em.pa.tar *v* to tie; to equal; to check.
Em.pa.te *s* tie; stalemate; indecision.
Em.pe.drar *v* to turn as stone; to petrify.
Em.pe.nar *v* to warp; to twist; to distort.
Em.pe.nhar *v* to pawn; to bind; to pledge.
Em.pe.nho *s* pawn; pledge; protection.
Em.per.ra.do *adj* hard; jammed; stiff; stuck.
Em.per.rar *v* to harden; to stick; to jam.
Em.pi.lhar *v* to pile; to stack; to heap up.
Em.pi.nar *v* to tip up; to empty; to raise.
Em.pi.ris.mo *s* FIL Empiricism.
Em.plas.tar *v* to plaster.
Em.plas.to *s* plaster; poultice; *also* **Emplastro**.
Em.po.bre.cer *v* to impoverish; to sap; to deplete.
Em.po.ei.rar *v* to dust; to cover with dust; to fill with dust.
Em.pol.gan.te *adj* breath-taking; overpowering; thrilling.
Em.pol.gar *v* to grasp; to seize; to thrill; to grip.
Em.por.ca.lhar *v* to dirty; to soil; to befoul.
Em.pó.rio *s* emporium; stores; mart.
Em.pos.sar *v* to put in possession; to empower.
Em.pre.en.der *v* to undertake; to enterprise; to attempt.
Em.pre.en.di.men.to *s* endeavor; enterprise; achievement.
Em.pre.ga.do *s* employee; servant; clerk; *adj* employed; busy.
Em.pre.gar *v* to employ; to hire; to make use of.
Em.pre.go *s* job; employ; employment; use.
Em.pre.sa *s* enterprise; firm; undertaking; company.
Em.pre.sá.rio *s* contractor; undertaker; USA producer.
Em.pres.ta.do *adj* lent; borrowed.
Em.pres.tar *v* to lend; to loan; to impart.
Em.prés.ti.mo *s* lending; loan; borrowing.
Em.pu.nhar *v* to grasp; to gripe; to grip.
Em.pur.rão *s* push; shove; jostle; thrust.
Em.pur.rar *v* to push; to jog; to jostle; to poke; to shove; to thrust.
E.mu.de.cer *v* to become dumb; to silent; to silence; to hush.
E.nal.te.cer *v* to exalt; to laud; to elevate; to extol; to praise.
E.na.mo.rar *v* to fall in love with someone; to charm; to captivate.
En.ca.be.çar *v* to lead; to conduct; to head.
En.ca.de.ar *v* to enchain; to link; to connect.
En.ca.der.nar *v* to bind.
En.cai.xar *v* to pack up; to encase; to insert.
En.cai.xe *s* socket; groove; notch.
En.cai.xo.tar *v* to box; to crate; to pack.
En.cal.ço *s* track; footprint; pursuit.
En.ca.lhar *v* to ground; to strand; to beach.
En.ca.na.men.to *s* conduit; canalization; piping.
En.ca.nar *v* to canalize; to pipe.
En.can.ta.do *adj* enchanted; magical; fairy.

En.can.ta.dor *s* enchanter; magician; charmer; *adj* charming; lovely.
En.can.ta.men.to *s* enchantment; charm; fascination.
En.can.tar *v* to enchant; to delight; to charm.
En.can.to *s* enchantment; charm; grace.
En.ca.par *v* to wrap up; to cloak.
En.ca.po.tar *v* to cloak; to disguise; to conceal.
En.ca.ra.co.lar *v* to curl; to twist; to spiral.
En.ca.rar *v* to face; to gaze at; to glare; to look.
En.car.ce.rar *v* to incarcerate; to imprison; to confine.
En.ca.re.cer *v* to raise the price of; to enhance.
En.ca.re.ci.men.to *s* the raising of prices; entreaty; enhancement.
En.car.go *s* charge; office; duty; commission.
En.car.nar *v* to redden; to incarnadine; to embody.
En.car.re.gar *v* to put in charge; to entrust with.
En.ce.nar *v* to stage; to display; to show.
En.ce.ra.do *s* oilcloth; oilskin; *adj* waxed.
En.ce.rar *v* to wax; to polish.
En.cer.rar *v* to enclose; to close; to confine.
En.char.car *v* to inundate; to soak; to flood.
En.chen.te *s* flood; inundation; overflow.
En.cher *v* to fill up; to make full; to complete.
En.ci.mar *v* to top; to surmount; to crown.
En.clau.su.rar *v* to cloister; to seclude; to immure.
En.co.ber.tar *v* to cover; to defend; to conceal; to disguise; to cloak.
En.co.ber.to *adj* hidden; disguised; cloaked; covered; shrouded.
En.co.brir *v* to hide; to conceal; to disguise.
En.co.lher *v* to shrink; to shorten; FIG to be timid; to be bashful.
En.co.men.da *s* order; commission; package.
En.co.men.dar *v* to commend; to order; to charge; to entrust.
En.cô.mio *s* encomium; praise; eulogy.
En.con.trão *s* shock; push; collision.
En.con.trar *v* to meet; to find; to come across.
En.con.tro *s* meeting; date; collision; clash.
En.cos.ta *s* slope; hill-side; declivity
En.cos.tar *v* to support; to prop; to pull over.
En.cos.to *s* stay; prop; support; backboard.
En.cra.var *v* to prick a horse; to spike; to nail.
En.cren.ca *s* trouble; snare; snag; row.
En.cru.zi.lha.da *s* crossroads; intersection.
En.cur.ra.lar *v* to corral; to confine.
En.cur.tar *v* to shorten; to curtail; to abridge.
En.cur.var *v* to incurvate; to bend; to incurve.
En.de.re.çar *v* to address; to guide; to direct.
En.de.re.ço *s* address.
En.di.rei.tar *v* to straighten; to correct; to set right; to right.
En.di.vi.dar *v* to run into debts; to contract debts; to obligate.
En.doi.de.cer *v* to madden; to crazy.
En.du.re.cer *v* to harden; toughen; to stiffen.
E.ne.gre.cer *v* to blacken; to become dark; to defame.
E.ner.gia *s* energy; strength; vigour; vigor.
E.ner.gi.zar *v* to energize; to animate.
E.ner.var *v* to enervate; to weaken; to aggravate.
En.fa.dar *v* to bore; to irk; to annoy.
En.fa.do *s* weariness; boredom; displeasure.
En.fa.do.nho *adj* tiresome; dull; troublesome; boring.
En.fai.xar *v* to swaddle; to bind; to band; to bandage.
Ên.fa.se *s* emphasis; accentuation.
En.fas.ti.ar *v* to cause loathing; to loathe; to tire.
En.fei.tar *v* to adorn; to flourish; to beautify; to ornament; to deck.
En.fei.ti.çar *v* to bewitch; to enchant; to charm.
En.fei.xar *v* to bundle up; to truss; to fagot.
En.fer.ma.ria *s* ward; infirmary.
En.fer.mei.ra *s* nurse.
En.fer.mi.da.de *s* sickness; illness; feebleness; weakness.
En.fer.ru.jar *v* to rust; to corrode.
En.fes.tar *v* to fold lengthwise.
En.fe.zar *v* to stunt; to dwarf; to be upset; to annoy.
En.fi.ar *v* to thread; to string; to put on.
En.fi.lei.rar *v* to place in a file; to range; to rank; to line up.
En.fim *adv* at last; after all; finally.
En.for.car *v* to hang.
En.fra.que.cer *v* to enfeeble; to droop; to faint; to weaken.
En.fren.tar *v* to face; to come to grips.
En.fu.re.cer *v* to madden; **Enfurecer-se:** to become furious.
En.ga.io.lar *v* to cage; to encage; to imprison.
En.ga.jar *v* to engage; to hire; MIL to enlist.
En.ga.nar *v* to deceive; to trick; to fool; to beguile; to delude; to cheat.
En.ga.no *s* deceit; mistake; error; cheat.
En.ga.no.so *adj* deceitful; false; catchy.
En.gar.ra.fa.men.to *s* bottling; bottleneck.
En.gar.ra.far *v* to bottle.
En.gas.gar *v* to stifle; to gag; to choke.
En.gas.go *s* choking; gagging; suffocation.
En.ga.te *s* clamp; link; hook.
En.ga.ti.lhar *v* to cock a gun; to prepare.
En.ga.ti.nhar *v* to crawl on all fours; to creep.
En.gen.drar *v* to engender; to create; to beget.
En.glo.bar *v* to join; to globe; to add.
En.go.dar *v* to angle; to grease; to lure.
En.go.do *s* lure; decoy; bait.
En.go.lir *v* to swallow; to gobble; to gulp.
En.go.mar *v* to starch; to clarify; to iron.
En.gor.dar *v* to fatten; to fat.
En.gor.du.rar *v* to grease; to smear.
En.gra.ça.do *adj* funny; pleasant; merry.
En.gran.de.cer *v* to enlarge; to augment.
En.gra.xar *v* to black; to grease; to clean a shoe; to shine boot.

En.gra.xa.te *s* shoe-shiner; shoeblack; boot black.
En.gre.na.gem *s* gear; cogwheel; gearing.
En.gre.nar *v* to gear; to mesh.
En.guia *s* eel.
En.gui.çar *v* to break down; to hex; to conk.
E.nig.ma *s* enigma; puzzle; riddle.
E.nig.má.ti.co *adj* enigmatic; enigmatical; obscure.
En.jau.lar *v* to cage; to jail; to arrest.
En.jo.a.do *adj* nauseated; seasick; tiresome.
En.jo.ar *v* to nauseate; to repel; to pall; to get seasick.
En.joo *s* seasickness; nausea.
En.la.ce *s* union; marriage.
En.la.me.ar *v* to muddy; to puddle; to daggle; to mire.
En.la.ta.do *adj* tinned; USA canned.
En.la.tar *v* to tin; USA to can.
En.le.var *v* to ravish; to charm; to exalt; to enrapture.
En.le.vo *s* rapture; dream; enchantment.
En.lou.que.cer *v* to madden; to craze; to run mad; to go mad.
En.lou.que.ci.men.to *s* madness; lunacy; insanity.
En.lu.tar *v* to mourn; to darken; to grieve.
E.nor.me *adj* enormous; vast; big; huge.
E.nor.mi.da.de *s* enormity; hugeness; huge size.
En.qua.drar *v* to frame; to discipline.
En.quan.to *adv* while; meanwhile.
En.rai.ve.cer *v* to enrage; to rage; to anger.
En.rai.zar *v* to root; to cling.
En.ras.car *v* to net; to frame; to cheat; to get into trouble.
En.re.do *s* intrigue; entanglement; plot.
En.ri.que.cer *v* to enrich; to exalt; to glorify.
En.ro.lar *v* to roll; to coil; to wrap up.
En.ros.car *v* to twine; to curl; to wind.
En.ru.ga.do *adj* wrinkled; creased; furrowing.
En.ru.gar *v* to wrinkle; to crease; to pucker.
En.sa.bo.ar *v* to soap; to lather.
En.sa.car *v* to bag; to sack; to pack.
En.sai.ar *v* to assay; to essay; to experiment; to try; to attempt; to rehearse.
En.sai.o *s* essay; rehearsal; assay; attempt.
En.san.de.cer *v* to mad; to crazy.
En.san.guen.ta.do *adj* bloody; gory; bloodstained.
En.se.a.da *s* inlet; bay; cove; entrance.
En.se.jar *v* to try; to attempt.
En.se.jo *s* opportunity; occasion; chance.
En.si.nar *v* to teach; to instruct; to educate.
En.si.no *s* teaching; instructions; education.
En.so.pa.do *adj* wet; sopping; soaked.
En.so.par *v* to soak; to drench; to stew.
En.sur.de.ce.dor *adj* earsplitting; deafening.
En.sur.de.cer *v* to deafen; to dull; to become deaf.
En.ta.lhe *s* carving; engraving; notch; carved work.
En.tan.to *adv* meanwhile; meantime.
En.tão *adv* then; so; at that time.
En.te *s* being; existence; person.
En.te.a.da *s* stepdaughter.
En.te.a.do *s* stepson; stepchild.
En.ten.der *v* to understand; to comprehend.
En.ten.di.do *adj* understood; skilled; agreed.
En.ten.di.men.to *s* understanding; intellect; mind.
En.ter.ne.cer *v* to touch; to move; to pity; to mellow.
En.ter.rar *v* to bury; to inter; to plunge.
En.ter.ro *s* funeral; burial; interment.
En.to.ar *v* to intone; to pitch; to tone.
En.ton.te.cer *v* to stun.
En.tor.nar *v* to pour; to spill; to upset.
En.tor.pe.cer *v* to benumb; to grow benumbed; to swoon.
En.tra.da *s* entry; entrance; orifice; access.
En.tra.nhas *s* entrails; bowels; insides.
En.trar *v* to enter; to come in; to come into.
En.tra.var *v* to encumber; to hamper; to block.
En.tra.ve *s* encumbrance; pullback; clog.
En.tre *prep* between; among; amidst.
En.tre.ga *s* delivery; surrender; cession.
En.tre.ga.dor *s* deliverer.
En.tre.gar *v* to deliver; to hand; to give.
En.tre.li.nha *s* interlineation; space between two lines.
En.tre.me.ar *v* to intermingle; to intermix.
En.tre.men.tes *adv* meanwhile; however.
En.tre.pos.to *s* storehouse; warehouse.
En.tre.tan.to *adv* meanwhile; *conj* however; nevertheless.
En.tre.te.ni.men.to *s* amusement; entertainment; distraction.
En.tre.ter *v* to amuse; to entertain.
En.tre.var *v* to paralyze; to become paralytic; to hamper; to hinder.
En.tre.vis.tar *v* to interview.
En.tris.te.cer *v* to sadden; to upset; to grieve.
En.tron.ca.men.to *s* junction; joining.
En.tron.car *v* to join; to make a junction; to stocky.
En.tu.lho *s* debris; rubbish; trash; rubble.
En.tu.pi.men.to *s* obstruction; stopping up; stoppage.
En.tu.pir *v* to stop up; to jam; to obstruct; to choke; to block up.
En.tu.si.as.mar *v* to enrapture; to enthuse.
En.tu.si.as.ta *s* enthusiast; fan; *adj* enthusiast.
E.nu.me.rar *v* to enumerate; to count over; to recite.
E.nun.ci.a.do *s* enunciation; proposition; wording; declaration.
E.nun.ci.ar *v* to enunciate; to express; to state; to announce.
En.vai.de.cer *v* to make vain; to become vain.
En.ve.lhe.cer *v* to make old; to hoar; to grow old; to age.
En.ve.lhe.ci.do *adj* aged.
En.ve.lo.pe *s* envelope.
En.ve.ne.na.men.to *s* poisoning; intoxication.
En.ve.ne.nar *v* to poison; to intoxicate; to envenom.
En.ver.go.nhar *v* to shame; to embarrass; to abash.
En.ver.ni.zar *v* to varnish; to japan; to gloss.

En.vi.a.do *s* envoy; messenger.
En.vi.ar *v* to send; to dispatch; to forward.
En.vi.dra.ça.do *adj* glazed; glassed.
En.ví.dra.çar *v* to glaze; to glass.
En.vi.e.sa.do *adj* sloping; slanting; aslant; askew.
En.vol.to *adj* wrapped up; involved; enveloped.
En.vol.tó.rio *s* wrapper; cover.
En.vol.ver *v* to wrap; to entangle; to involve; Envolver-se *v* to get involved.
En.xa.da *s* hoe.
En.xa.guar *v* to rinse.
En.xa.que.ca *s* megrim; headache.
En.xer.gar *v* to see; to distinguish.
En.xo.tar *v* to scare; to drive away; to throw away.
En.xo.val *s* outfit; trousseau.
En.xu.gar *v* to dry; to wipe.
En.xu.to *adj* dry; free from moisture; svelte.
É.pi.co *adj* epic; heroic; epical.
E.pi.cu.ris.mo *s* Epicureanism.
E.pi.der.me *s* epidermis (exterior skin).
E.pí.gra.fe *s* epigraph.
É.po.ca *s* epoch; era; cycle.
E.po.pei.a *s* epic; epopee; an epic poem; epic poetry.
E.qua.ni.mi.da.de *s* equanimity; calm temper; calmness.
E.qui.da.de *s* equity; justness; fairness.
E.qui.dis.tân.cia *s* equidistance.
E.qui.dis.tan.te *adj* equidistant; halfway.
E.qui.dis.tar *v* to be equidistant.
E.qui.li.brar *v* to equilibrate; to poise; to counterbalance; to balance.
E.qui.lí.brio *s* equilibrium; balance.
E.qui.no *adj* equine; concerning to a horse.
E.qui.nó.cio *s* equinox.
E.qui.pa.men.to *s* equipment; gear; supply.
E.qui.par *v* to equip; to appoint; to fit out.
E.qui.pa.rar *v* to mention; to match; to even.
E.qui.pe *adj* team; gang; staff.
E.qui.va.lên.cia *s* equivalence; equality of value; correspondence.
E.qui.va.ler *v* to be equivalent; to countervail; correspond.
E.qui.vo.ca.do *adj* wrong; mistaken.
E.qui.vo.car *v* to equivocate; to mistake.
E.quí.vo.co *s* mistake; pun; *adj* equivocal; dubious.
E.ra *s* era; epoch; age.
E.re.mi.ta *s* hermit; eremite; recluse.
Er.guer *v* to raise; to stand up; to rise up; to build.
E.ri.gir *v* to erect; to raise; to set up; to build.
Er.mi.da *s* hermitage; little church.
Er.mo *s* desert; solitary place; *adj* solitary; lonely.
Er.ra.di.car *v* to eradicate; to uproot.
Er.ra.do *adj* wrong; mistaken; erroneous.
Er.rar *v* to mistake; to err; to miss; to gad.
Er.ro *s* error; mistake; slip.
E.ru.di.ção *s* erudition; learning; culture.
E.rup.ção *s* eruption; rash.
Er.va *s* herb; grass; herbage.
Er.vi.lha *s* pea.
Es.ba.fo.ri.do *adj* out of breath; tired; hurried.
Es.ban.jar *v* to lavish; to waste; to squander.
Es.bar.rar *v* to knock against; to hurtle; to hurl; to throw.
Es.bel.to *adj* slender; elegant.
Es.bo.çar *v* to sketch; to draft; to outline.
Es.bo.ço *s* sketch; drawing.
Es.bo.fe.te.ar *v* to buffet; to slap.
Es.bu.ra.car *v* to bore; to hole.
Es.ca.da *s* staircase; stairs; ladder.
Es.ca.da.ri.a *s* staircase; stairway.
Es.ca.fan.dris.ta *s* diver.
Es.ca.la *s* scale; gauge.
Es.ca.lão *s* step; echelon.
Es.ca.lar *v* to escalade; to scale; to ravage; to climb.
Es.cal.dar *v* to scald; to burn.
Es.ca.ma *s* scale.
Es.ca.mo.so *adj* scaly.
Es.can.ca.rar *v* to face.
Es.cân.da.lo *s* scandal; disgrace.
Es.can.ga.lhar *v* to break up; to break into pieces; to ruin.
Es.can.tei.o *s* ESP corner kick.
Es.ca.pa.men.to *s* escapement; exhaust piping.
Es.ca.par *v* to escape; to run away; to get away; to evade.
Es.ca.ra.ve.lho *s* scarab; beetle; USA ladybug.
Es.car.céu *s* billow; big noise; surge.
Es.car.ne.ce.dor *s* mocker; scoffer; jeerer.
Es.car.ne.cer *v* to mock; to scoff; to jest; to make fun of.
Es.cár.nio *s* mockery; mock; jeer; scoff.
Es.car.pa *s* scarp.
Es.car.pa.do *adj* steep; abrupt.
Es.car.rar *v* to spit; to expectorate.
Es.car.ro *s* spittle; phlegm; spit.
Es.cas.so *s* scanty; stingy; limited; scarce.
Es.ca.va.ção *s* dig; digging; excavation.
Es.ca.var *v* to dig; to excavate; to wash out.
Es.cla.re.cer *v* to clear; to elucidate; to enlighten.
Es.cla.re.ci.do *adj* cleared; famous; enlightened.
Es.co.la *s* school; college.
Es.co.la.do *adj* BR experienced; wise; sharp.
Es.co.lar *s* student; pupil; scholar; *adj* school.
Es.co.lha *s* choice; selection.
Es.co.lher *v* to choose; to elect; to single; to select.
Es.col.ta *s* escort; convoy.
Es.col.tar *v* to escort; to accompany.
Es.com.bros *s* trash; refuse; remains; ruins.
Es.con.der *v* to hide; to lurk; to conceal.
Es.con.de.ri.jo *s* hiding place; cover.
Es.con.di.do *adj* hidden; masked.
Es.cor.bu.to *s* scurvy, human disease originated by the absence of C vitamin.
Es.có.ria *s* scoria; slag; dross.
Es.co.ri.a.ção *s* excoriation; chafing.
Es.co.ri.ar *v* to excoriate; to chafe.

Es.cor.ra.çar *v* to expel; to drive away.
Es.cor.re.gar *v* to slide; to slip.
Es.cor.rei.to *adj* perfect; with good aspect; immaculate.
Es.cor.rer *v* to run; to drain off a vessel; to droop.
Es.co.tei.ro *s* boy scout.
Es.co.va *s* brush.
Es.co.var *v* to brush; to scrub.
Es.cra.vi.dão *s* slavery; enslavement.
Es.cra.vi.zar *v* to enslave; to enthrall; enthral.
Es.cra.vo *s* slave; vassal; *adj* slave; vassal.
Es.cre.ver *v* to write; to scribe; to produce books.
Es.cri.ba *s* scribe; copyist.
Es.cri.ta *s* writing; handwriting.
Es.cri.to *s* bill; note; memo; *adj* written.
Es.cri.tor *s* writer; author.
Es.cri.tu.ra *s* scripture; deed; writ.
Es.cri.tu.ra.ção *s* bookkeeping; accounting.
Es.cri.tu.rar *v* COM to keep books; to register.
Es.cri.tu.rá.rio *s* clerk; amanuensis.
Es.cri.va.ni.nha *s* desk; bureau.
Es.crú.pu.lo *s* scruple; hesitation; hesitancy.
Es.cru.ti.nar *v* to scrutinize; to poll; to count votes.
Es.cru.tí.nio *s* scrutiny; ballot box.
Es.cu.do *s* shield; portuguese coin.
Es.cul.pir *v* to sculpture; to carve; to grave.
Es.cul.tor *s* sculptor; carver.
Es.cul.tu.ra *s* sculpture; carving.
Es.cu.ma.dei.ra *s* skimmer.
Es.cu.re.cer *v* to darken; to gloom; to get dark; to obscure.
Es.cu.ri.dão *s* darkness; obscurity; ignorance; blindness.
Es.cu.ro *s* obscurity; darkness; *adj* dark; gloomy; dim.
Es.cu.sar *v* to excuse; to justify; to apologize.
Es.cu.ta *s* listening; hearing.
Es.cu.tar *v* to listen to; to harken; to heed to.
Es.far.ra.pa.do *adj* ragged; torn.
Es.far.ra.par *v* to tear; to rend; to rag.
Es.fe.ra *s* sphere; globe.
Es.fin.ge *s* sphinx.
Es.fo.lar *v* to flay; to fret; to gall; to skin.
Es.fo.lhar *v* to husk; to strip; to shuck.
Es.for.ça.do *adj* brave; strong; hard-working.
Es.for.çar *v* to strengthen; to endeavor.
Es.fre.gão *s* rubbing-cloth; dishcloth; mop.
Es.fre.gar *v* to scour; to clean; to scrub.
Es.fri.a.men.to *s* cooling; chilling.
Es.fri.ar *v* to cool; to make cool; to cool down; to chill.
Es.ga.nar *v* to strangle; to throttle; to choke.
Es.ga.ni.çar *v* to yelp; to bark; to screech.
Es.gar.çar *v* to tear; to rend; to open.
Es.gri.mir *v* to fence.
Es.gui.char *v* to spirt; to flush; to gush.
Es.gui.o *adj* slender; slim; thin.
Es.ma.e.cer *v* to faint; to swoon; to lose color; to lade.
Es.ma.ga.men.to *s* crushing; crush.
Es.ma.gar *v* to crush; to smash; to overwhelm.
Es.mal.tar *v* to enamel; to glaze.
Es.mal.te *s* enamel; smalt; USA **Esmalte de unha:** nail polish.
Es.me.ral.da *s* emerald; precious gem.
Es.me.rar *v* to perfect; **Esmerar-se** *v* to do one's best.
Es.me.ro *s* care; accuracy.
Es.mi.ga.lhar *v* to crumble; to crush.
Es.mi.u.çar *v* to analyze; to search.
Es.mo.la *s* alms; beating.
Es.mo.lar *v* to give alms; to ask for alms.
Es.mo.re.cer *v* to lose heart; to discourage.
Es.mur.rar *v* to box; to buffet; to cuff.
Es.pa.çar *v* to space; to adjourn; to delay.
Es.pa.ço *s* space; room; interval.
Es.pa.ço.so *adj* spacious; ample; vast in extent.
Es.pa.da *s* sword; *pl* spades (card game suit).
Es.pai.re.cer *v* to amuse; to relax; to divert.
Es.pa.lha.fa.to.so *adj* noisy; exaggerated.
Es.pa.nar *v* to dust; to clean.
Es.pan.car *v* to beat; to strike; to thrash; to bang; to maul.
Es.pan.ta.lho *s* scarecrow.
Es.pan.tar *v* to frighten; to scare; to astonish; to amaze.
Es.pan.to *s* fright; scare; astonishment.
Es.pa.ra.dra.po *s* adhesive bandage; adhesive tape.
Es.par.so *adj* scattered; spilled.
Es.pas.mo *s* spasm; fit; rapture.
Es.pa.ti.far *v* to crash; to break into pieces.
Es.pá.tu.la *s* spatula; palette knife; spoonbill.
Es.pe.ci.al *adj* special; private; particular.
Es.pe.ci.a.li.zar *v* to specialize.
Es.pe.ci.al.men.te *adv* especially.
Es.pé.cie *s* species; kind; sort.
Es.pe.ci.fi.car *v* to specify; to name; to detail.
Es.pe.cí.fi.co *adj* specific; particular.
Es.pé.ci.me *s* specimen; sample; pattern.
Es.pec.ta.dor *s* spectator; onlooker; viewer.
Es.pe.cu.lar *v* to speculate; to explore.
Es.pe.lho *s* mirror; looking-glass.
Es.pe.lun.ca *s* cave; den; honky-tonk; joint.
Es.pe.ra *s* expectation; waiting.
Es.pe.ran.ça *s* hope; promise; expectation.
Es.pe.ran.çar *v* to give hope to; to animate.
Es.pe.ran.to *s* Esperanto.
Es.pe.rar *v* to wait; to expect; to await.
Es.per.ma *s* sperm; masculine semen.
Es.per.ma.to.zoi.de *s* spermatozoon; sperm.
Es.per.ne.ar *v* to kick; to revolt.
Es.per.ta.lhão *adj* wise guy.
Es.per.te.za *s* vivacity; smartness; sagacity.
Es.per.ti.nho *s* smart guy; *adj* wise guy.
Es.per.to *adj* smart; sharp; clever; artful.

Es.pes.so *adj* thick; gross; close; dense.
Es.pes.su.ra *s* thickness; density.
Es.pe.tá.cu.lo *s* spectacle; show.
Es.pe.tar *v* to spit; to skewer; to pierce.
Es.pe.to *s* spit; spike; broach.
Es.pe.zi.nhar *v* to tread on; to trample.
Es.pi.a *s* spy; lookout; sentinel.
Es.pi.ão *s* spy.
Es.pi.ar *v* to spy; to watch; to observe; to peek.
Es.pi.ga *s* spike; ear of corn; grain head.
Es.pi.na.fre *s* spinach.
Es.pin.gar.da *s* rifle; gun.
Es.pi.nha *s* spine; thorn.
Es.pi.nho *s* thorn; prickle.
Es.pi.nho.so *adj* thorny; FIG troublesome; difficult.
Es.pi.o.na.gem *s* spying; espionage.
Es.pi.o.nar *v* to spy; to snoop.
Es.pi.ra *s* spire; spiral; coil.
Es.pi.rar *v* to breathe out; to expire; to end; to exhale.
Es.pi.ri.tis.mo *s* Spiritism.
Es.pí.ri.to *s* spirit; soul; a specter; ghost; FIG any distilled alcoholic liquor.
Es.pi.ri.tu.a.lis.ta *s* spiritualist.
Es.pi.ri.tu.a.li.zar *v* to spiritualize; to distill.
Es.pi.ri.tu.o.so *adj* witty; spirituous.
Es.pir.rar *v* to sneeze.
Es.pir.ro *s* sneeze; sneezing.
Es.plên.di.do *adj* splendid; very fine; magnificent.
Es.po.le.ta *s* blasting cap; quick-match; cape; fuse.
Es.pon.ja *s* powder puff; souse; sponge.
Es.pon.jo.so *adj* porous; spongy.
Es.pon.ta.nei.da.de *s* spontaneity.
Es.pon.tâ.neo *adj* spontaneous; automatic.
Es.po.ra *s* spur; crampon.
Es.po.rá.di.co *adj* sporadic.
Es.por.te *s* sport; sportsmanship.
Es.po.sa *s* wife; spouse.
Es.po.sar *v* to marry; to wed.
Es.po.so *s* husband; spouse.
Es.prai.ar *v* to spread; to scatter.
Es.pre.gui.çar *s* to stretch oneself.
Es.prei.ta *s* peep; look.
Es.prei.tar *v* to spy; to peek.
Es.pre.me.dor *s* squeezer; presser.
Es.pre.mer *v* to crush; to squeeze.
Es.pu.ma *s* foam; froth.
Es.pu.ma.dei.ra *s* skimmer; skimming-spoon.
Es.pu.mar *v* to foam; to froth; to skim.
Es.pú.rio *adj* spurious; bogus; illegitimate.
Es.qua.dro *s* square; T-square.
Es.quá.li.do *adj* squalid; pale; weak.
Es.quar.te.jar *v* to quarter; to tear.
Es.que.cer *v* to forget; to neglect.
Es.que.ci.do *adj* forgotten; forgetful.
Es.que.ci.men.to *s* forgetfulness.
Es.que.le.to *s* skeleton.
Es.que.ma *s* scheme; sketch; outline; plan.
Es.quen.tar *v* to heat; to warm; to grow angry.
Es.quer.da *s* left side; the left.
Es.quer.do *adj* left.
Es.qui.fe *s* skiff; coffin.
Es.qui.lo *s* squirrel.
Es.qui.na *s* angle; corner.
Es.qui.si.to *adj* strange; odd; whimsical.
Es.qui.var *v* to avoid; to dodge; to slink; to duck; to shun.
Es.se *adj* that; that one; *pron* that; that one.
Es.sên.cia *s* essence; core.
Es.sen.ci.al *adj* essential; vital.
Es.ta *adj* this; this one; *pron* this; this one.
Es.ta.be.le.cer *v* to establish; to set up; to settle.
Es.ta.be.le.ci.men.to *s* establishment; settlement; shop.
Es.ta.bi.li.da.de *s* stability; tenure.
Es.ta.bi.li.zar *v* to stabilize.
Es.tá.bu.lo *s* stable; barn.
Es.ta.ca *s* stake; prop; pale.
Es.ta.ção *s* station; season.
Es.ta.car *v* to stake.
Es.ta.ci.o.na.men.to *s* parking; standing.
Es.ta.ci.o.nar *v* to park; to stop; to stand.
Es.ta.da *s* stay; permanence; sojourn.
Es.tá.dio *s* stadium; coliseum.
Es.ta.dis.ta *s* statesman.
Es.ta.do *s* state; condition; nation.
Es.ta.fa.do *adj* tired; jaded.
Es.ta.far *v* to tire; to weary.
Es.ta.fe.ta *s* estafet; courier.
Es.ta.gi.á.rio *s* trainer; apprentice.
Es.tá.gio *s* stage; phase.
Es.tag.na.ção *s* stagnation; inertia.
Es.ta.lar *v* to crack; to break; to crackle.
Es.ta.lei.ro *s* shipyard; dockyard; navy yard.
Es.ta.li.do *s* clap; crackling; snap click.
Es.ta.lo *s* noise; crack; clap.
Es.tam.pa *s* stamp; print; engraving.
Es.tam.pa.gem *s* stamping; printing; impression.
Es.tam.par *v* to print; to stamp; togoffer; to press.
Es.tam.pa.ri.a *s* printery; print shop.
Estampido *s* clap; noise; report.
Es.tan.car *v* to stanch; to stop; to check.
Es.tân.cia *s* sojourn; stay; station; farm; stanza.
Es.tan.dar.te *s* standard; guidon; emblem; banner.
Es.ta.nhar *v* to tin; to cover with tin; to tin-coat.
Es.ta.nho *s* tin.
Es.tan.te *s* bookshelf; rack; bookcase.
Es.tar *v* to be; to stand.
Es.tar.re.cer *v* to frighten; to be struck with terror.
Es.tá.tua *s* statue.
Es.ta.tu.ra *s* stature; height.
Es.ta.tu.to *s* statute; rule; law.
Es.tá.vel *adj* stable; firmly established; fixed; steady.
Es.te *s* east; sunrise; *adj* this; this one; *pron* this; this one.
Es.tei.o *s* support; prop; stay.

Es.tei.ra *s* mat; the wake of a ship.
Es.ten.der *v* to extend; to reach; to stretch out; to spread.
Es.ten.di.do *adj* outspread; stretched-out.
Es.ter.co *s* dung; manure; muck.
Es.té.ril *adj* sterile; barren.
Es.te.ri.li.za.ção *s* sterilization.
Es.te.ri.li.zar *v* to sterilize; act to destroy germs by process of disinfection.
Es.ti.a.gem *s* good weather after storm; dry weather.
Es.ti.ar *v* to stop raining.
Es.ti.car *v* to stretch; to make tense.
Es.ti.le.te *s* stiletto.
Es.ti.lha.çar *v* to splinter; to spall.
Es.ti.lha.ço *s* splinter; chip.
Es.ti.lo *s* style; diction.
Es.ti.ma *s* esteem; consideration; regard.
Es.ti.ma.ção *s* esteem; estimate; **animal de** estimacao: pet.
Es.ti.mar *v* to esteem; to estimate; to value; to respect.
Es.ti.mu.lar *v* to stimulate.
Es.ti.o *s* summer.
Es.ti.pu.lar *v* to stipulate; to settle.
Es.ti.rar *v* to stretch; to pull; to extend.
Es.tir.pe *s* origin; lineage; pedigree.
Es.ti.va *s* stowage; ballast.
Es.ti.va.dor *s* stevedore; docker; longshoreman.
Es.to.far *v* to upholster; to pad; to stuff.
Es.toi.co *adj* stoic; stoical.
Es.to.jo *s* case; set; box.
Es.to.la *s* stole.
Es.tô.ma.go *s* stomach; belly.
Es.ton.te.ar *v* to stun; to astound; to daze.
Es.to.pa *s* tow; cotton waste; flock.
Es.to.pim *s* fuse.
Es.to.que *s* rapier; supply; stock.
Es.tor.nar *v* to transfer; to offset; to rescind.
Es.tor.var *v* to embarrass; to hinder; to cumber; to hamper.
Es.tor.vo *s* hindrance; nuisance; obstacle.
Es.tou.rar *v* to burst; to explode; to blow up.
Es.tou.ro *s* detonation; burst; bursting.
Es.trá.bi.co *adj* squint-eyed; cross-eyed; strabismic.
Es.tra.bis.mo *s* strabismus; squint.
Es.tra.da *s* road; way.
Es.tra.gar *v* to damage; to waste; to spoil.
Es.tra.go *s* deterioration; degeneration; damage; waste.
Es.tram.bó.ti.co *adj* extravagant; odd.
Es.tran.gei.ro *s* foreigner; *adj* foreign.
Es.tran.gu.lar *v* to strangle; to choke; to throttle.
Es.tra.nhar *v* to find strange something; to wonder at.
Es.tra.nhe.za *s* strangeness; wonderment.
Es.tra.nho *adj* foreign; strange; odd.
Es.tra.ta.ge.ma *s* stratagem; device.
Es.tra.té.gia *s* strategy.
Es.tre.an.te *s* début; débutante.
Es.tre.ar *v* to inaugurate.
Es.tre.ba.ri.a *s* stable.
Es.trei.a *s* beginning; début; first appearance; first performance.
Es.trei.tar *v* to narrow; to contract; to tighten.
Es.trei.te.za *s* narrowness; tightness; want.
Es.trei.to *s* strait; *adj* narrow; tight.
Es.tre.la *s* star; FIG destiny.
Es.tre.la.do *adj* starry; starlit.
Es.tre.lar *v* to star; to shine.
Es.tre.li.nha *s* asterisk; starlet.
Es.tre.me.cer *v* to shake; to love deeply; to tremble.
Es.tre.me.ci.do *adj* well-beloved; jolted; shaken.
Es.tre.me.ci.men.to *s* shock; commotion.
Es.tré.pi.to *s* noise; clash.
Es.tri.a *s* stria; groove.
Es.tri.a.do *adj* striated; grooved.
Es.tri.ar *v* to striate; to flute; to channel; to groove.
Es.tri.bei.ra *s* step; stirrup.
Es.tri.bi.lho *s* refrain; chorus.
Es.tri.bo *s* stirrup; support; side-step of any vehicle.
Es.tri.den.te *adj* stridulous; harsh; shrill.
Es.tro.fe *s* strophe; stanza.
Es.tron.do.so *adj* tumultuous; noisy; clamorous.
Es.tro.pi.ar *v* to maim; to cripple; to gravel.
Es.tru.me *s* manure; dung.
Es.tru.tu.ra *s* framework; structure.
Es.tu.á.rio *s* estuary; inlet.
Es.tu.dan.te *s* schoolboy; scholar; student.
Es.tu.dar *v* to study; to examine; to observe.
Es.tú.dio *s* studio; atelier.
Es.tu.fa *s* stove; heater; greenhouse.
Es.tu.fa.do *s* stew; pan roast; *adj* hothouse; heater.
Es.tu.pe.fa.to *adj* stupefied; astonished.
Es.tu.pi.dez *s* stupidity; silliness.
Es.tú.pi.do *adj* stupid; dull; coarse.
Es.tu.por *s* stupor; amazement.
Es.tu.prar *v* to rape; to violate; to ravish; to deflower.
Es.tu.que *s* stucco; plaster.
Es.va.ir-se *v* to vanish; to disappear; to faint away.
Es.va.zi.ar *v* to empty; to pick; to deflate.
E.ta.pa *s* stage; halting place
E.té.reo *adj* ethereal; concerning to the ether; sublime; high.
E.ter.ni.da.de *s* eternity.
E.ter.ni.zar *v* to eternize; to immortalize; to perpetuate; to eternalize.
E.ter.no *s* eternal; everlasting.
E.ti.que.ta *s* etiquette; label.
E.ti.que.tar *v* to label; to ticket.
Eu *pron* I; me.
Eu.ca.ris.ti.a *s* RELIG Eucharist.
Eu.fo.ri.a *s* euphoria.
Eu.re.ca! *interj* eureka!
E.va.cu.a.ção *s* evacuation.
E.va.cu.ar *v* to evacuate; to defecate; to excrete.
E.va.dir *v* to evade; to escape; run away.

E.van.ge.lho *s* the Gospel.
E.van.ge.li.zar *v* to evangelize.
E.va.po.rar *v* to evaporate; to vanish; to disappear
E.va.são *s* evasion; subterfuge; escape.
E.ven.to *s* event; occurrence; circumstance.
E.ven.tu.al *adj* eventual; fortuitous.
E.ven.tu.a.li.da.de *s* eventuality; fortuity.
E.vi.dên.cia *s* evidence.
E.vi.den.ci.ar *v* to evidence; to prove.
E.vi.den.te *adj* evident; plain; obvious.
E.vi.tar *v* to avoid; to evade; to help; to shirk; to prevent; to shun.
E.vo.car *v* to evoke; to summon; to remind.
E.vo.lu.ir *v* to progress; to evolve; to develop.
E.xa.cer.bar *v* to exasperate; to exacerbate; to become irritated.
E.xa.ge.rar *v* to exaggerate; to overdo.
E.xa.la.ção *s* exhalation; a breathe emanation.
E.xa.lar *v* to exhale; to breathe out; to emit.
E.xal.ta.ção *s* exaltation; excitement; elevation.
E.xal.tar *v* to praise; to exalt; to extol.
E.xa.me *s* examination; exam; inquiry; research.
E.xa.mi.nar *v* to examine; to investigate; to scan.
E.xas.pe.rar *v* to exasperate; to exacerbate; to enrage.
E.xa.ta.men.te *adv* exactly; just; precisely.
E.xa.ti.dão *s* exactness; accuracy.
E.xa.to *adj* exact; precise; accurate.
E.xau.rir *v* to drain; to exhaust.
E.xaus.to *adj* exhausted; tired out; toil-worn.
Ex.ce.ção *s* exception.
Ex.ce.der *v* to excel; to surpass; to exceed.
Ex.ce.lên.cia *s* excellence; excellency; superiority.
Ex.cen.tri.ci.da.de *s* eccentricity; oddity.
Ex.cep.ci.o.nal *adj* exceptional; unusual.
Ex.ces.si.vo *adj* excessive; extreme.
Ex.ces.so *s* excess; great abundance; surplus.
Ex.ce.to *prep* except.
Ex.ce.tu.ar *v* to except; to omit; to exclude; to bar.
Ex.ci.ta.ção *s* excitement; excitation.
Ex.ci.tan.te *adj* exciting.
Ex.ci.tar *v* to excite; to edge; to ferment; to stimulate; to arouse.
Ex.cla.ma.ção *s* outcry; exclamation.
Ex.cla.mar *v* to exclaim.
Ex.clu.ir *v* to exclude.
Ex.cre.men.to *s* excrement; fecal matter.
Ex.cur.são *s* excursion; trip; tour.
E.xe.cra.ção *s* execration; curse; horror.
E.xe.crar *v* to execrate; to curse; to detest.
E.xe.crá.vel *adj* execrable; damnable.
E.xe.cu.ção *s* execution; capital punishment.
E.xe.cu.tar *v* to execute; to fulfil; to fulfill; to perform.
E.xem.plar *s* exemplar; copy; type.
E.xem.plar *adj* exemplary.
E.xem.pli.fi.car *v* to exemplify; to illustrate.
E.xem.plo *s* example.
E.xe.quí.vel *adj* executable; feasible; practicable.
E.xer.cer *v* to exercise; to exert; to perform; to practise; to carry out.
E.xer.cí.cio *s* exercise; practice.
E.xer.ci.tar *v* to exercise; to practise.
E.xi.bi.ção *s* exhibition; show; exhibit; display.
E.xi.bi.dor *s* exhibitor; exhibiter.
E.xi.bir *v* to exhibit; to produce; to release; to show; to display.
E.xi.gên.cia *s* exigency; requirement; demand; exigency.
E.xi.gir *v* to require; to exact; to claim.
E.xí.guo *adj* scant; scanty; meager.
E.xi.la.do *s* exile; *adj* exiled.
E.xi.lar *v* to exile.
E.xí.lio *s* exile; banishment.
E.xí.mio *adj* excellent; eminent; accomplished.
E.xi.mir *v* to exempt; to release; to exonerate.
E.xis.tên.cia *s* existence; being; life.
E.xis.tir *v* to exist; to be; to live.
Ê.xi.to *s* result; success.
Ê.xo.do *s* exodus; emigration; one of the Sacred Books of the Old Testament.
E.xo.ne.rar *v* to exonerate; to dismiss.
E.xor.bi.tar *v* to go beyond the limits; to overstep.
E.xór.dio *s* exordium; first part of the speech (in address, in public speaking).
E.xor.tar *v* to exhort.
E.xó.ti.co *adj* exotic; extravagant; foreign.
Ex.pan.dir *v* to expand; to spread out.
Ex.pa.tri.ar *v* to expatriate; to exile; to banish.
Ex.pec.ta.dor *s* expectant; assistant.
Ex.pec.ta.ti.va *s* expectation; expectancy; hope.
Ex.pec.to.rar *v* to expectorate; to cough out.
Ex.pe.di.ção *s* expedition; journey.
Ex.pe.di.en.te *s* expedient; shift; resource.
Ex.pe.dir *v* to expedite; to dispatch; to forward.
Ex.pe.lir *v* to expel; to throw out; to dispel; to eject.
Ex.pen.sas *s* expense; cost.
Ex.pe.ri.ên.cia *s* experience; experiment; trial; test.
Ex.pe.ri.men.ta.do *adj* experienced; expert.
Ex.pe.ri.men.tar *v* to experiment; to sample; to try; to test.
Ex.pe.ri.men.to *s* experiment; experience; test.
Ex.per.to *s* expert.
Ex.pi.ra.ção *s* expiration; emission of air from the lungs; end.
Ex.pi.rar *v* to expire; to end; to exhale; to die.
Ex.pla.nar *v* to explain; to expound.
Ex.pli.ca.ção *s* explication; apology.
Ex.pli.car *v* to explain; to expound; to illustrate.
Ex.pli.cá.vel *adj* explicable; explainable.
Ex.plí.ci.to *adj* clear; explicit.
Ex.plo.dir *v* to explode; to blow up; to blast; to fulminate.
Ex.plo.ra.ção *s* exploration; exploitation.
Ex.plo.rar *v* to explore; to exploit.
Ex.plo.rá.vel *adj* workable.

Ex.plo.são *s* explosion; bang.
Ex.por *v* to expose; to endanger; to display.
Ex.po.si.ção *s* exposition; exhibition; exhibit; exposure; report.
Ex.pos.to *s* foundling; *adj* exposed.
Ex.pres.são *s* expression; utterance.
Ex.pres.sar *v* to express; to represent in words; to utter.
Ex.pres.so *s* express.
Ex.pri.mir *v* to express; to enunciate.
Ex.pul.são *s* expulsion; driving out; expelling; ejection.
Ex.pul.sar *v* to expel; to banish; to eject; to oust.
Êx.ta.se *s* rapture; ecstasy.
Ex.ta.si.ar *v* to delight; to enrapture.
Ex.ten.são *s* extension; extending.
Ex.ten.so *adj* extensive; ample; wide; spacious.
Ex.te.nu.ar *v* to extenuate; to tire out.
Ex.te.ri.or *s* exterior; outside; *adj* exterior; external; foreign; *adv* abroad.
Ex.te.ri.o.ri.zar *v* to manifest.
Ex.ter.mi.nar *v* to exterminate; to annihilate.
Ex.tin.ção *s* suppression; extinction; abolition.
Ex.tin.guir *v* to extinguish; to quench; to slake.
Ex.tin.to *s* dead person; deceased; *adj* extinct; extinguished.
Ex.tin.tor *s* fire extinguisher.
Ex.tir.par *v* to extirpate; to eradicate; to extract.
Ex.tor.quir *v* to extort; to black-mail; to extract.
Ex.tra.ção *s* extraction; drawing of a lottery; lineage.
Ex.tra.di.tar *v* to deliver up; to extradite.
Ex.tra.ir *v* to extract; to remove.
Ex.tra.or.di.ná.rio *adj* extraordinary; remarkable; notable.
Ex.tra.va.gan.te *adj* extravagant; wasteful; freakish; whimsical.
Ex.tra.va.sar *v* to extravasate; to overflow.
Ex.tra.vi.ar *v* to lead astray; to go astray.
Ex.tra.vi.o *s* deviation; embezzlement.
Ex.tre.ma.do *adj* distinguished; extreme.
Ex.tre.mar *v* to extol; to exalt.
Ex.tre.mi.da.de *s* extremity; end; border; edge.
Ex.tre.mo *s* extreme; extremity; *adj* extreme; utmost.
Ex.tro.ver.ti.do *s* extrovert; *adj* extroverted.
E.xu.be.rân.cia *s* exuberance.
E.xul.tar *v* to exult; to rejoice; to delight.
E.xu.ma.ção *s* exhumation; disinterment.
E.xu.mar *v* to exhume; to disinter.

ABCDEFGHIJKLMNOPQRSTUVWXYZ

F *s* the sixth letter of the Portuguese alphabet and of the English alphabet.
Fã *s* fan; admirer.
Fá.bri.ca *s* factory; mill; manufactory; plant; fabric.
Fa.bri.car *v* to fabricate; to built; to till; to manufacture.
Fá.bu.la *s* fable; legend; tale; story.
Fa.bu.lo.so *adj* fabulous; marvellous.
Fa.ca *s* knife.
Fa.ça.nha *s* exploit; achievement; feat.
Fac.ção *s* faction; party spirit.
Fa.ce *s* face; cheek; visage.
Fa.cei.ro *adj* elegant; coquettish; foppish.
Fa.ce.tar *v* to facet; to polish; to refine.
Fa.cha.da *s* cover; front; face; figure.
Fa.cho *s* torch; beam.
Fá.cil *adj* easy; simple; facile; light.
Fa.ci.li.da.de *s* facility; ease; readiness.
Fa.ci.li.tar *v* to facilitate; to make easier.
Fa.cil.men.te *adv* easily.
Fa.cí.no.ra *s* gangster; criminal; *adj* criminal; wicked.
Fa.cul.da.de *s* faculty; power; ability; college.
Fa.cul.tar *v* to permit; to facilitate.
Fa.da *s* fairy; pixy; pixie.
Fa.da.do *adj* fated; predestined; doomed; bound.
Fa.dar *v* to fate; to destine; to doom; to endow.
Fa.di.ga *s* fatigue; toil; weight.
Fa.do *s* fate; destiny; MÚS portuguese popular song.
Fa.gu.lha *s* spark; flake; flash.
Fai.na *s* toil; chore.
Fai.são *s* pheasant.
Fa.ís.ca *s* spark; flash; flake.
Fa.is.car *v* to spark; to sparkle; to flash.
Fai.xa *s* band; belt; bandage.
Fa.la *s* speech; language; talk; voice.
Fa.lá.cia *s* fallacy; hubbub; deceit.
Fa.lar *v* to speak; to talk; to tell; to say; to address; to discourse.
Fa.la.tó.rio *s* chit-chat; prattle.
Fal.cão *s* falcon; hawk.
Fal.ca.tru.a *s* cheat; knavery; trick.
Fa.le.cer *v* to die; to pass away; to fail.
Fa.le.ci.do *s* deceased; *adj* deceased; late; wanting.
Fa.le.ci.men.to *s* death; demise.
Fa.lên.cia *s* failure; bankruptcy; insolvency.
Fa.lha *s* mistake; error; fault; flaw; blemish; failure.
Fa.lhar *v* to fail; to break down; to lack.
Fa.li.do *adj* failed; bankrupt.
Fa.lir *v* to fail; to go bankrupt; to break.
Fal.sá.rio *s* falsifier; forger; perjurer.
Fal.se.ar *v* to misrepresent; to betray.
Fal.si.da.de *s* falseness; untruth; falsehood.
Fal.si.fi.ca.ção *s* falsification; forgery; sham.
Fal.si.fi.ca.dor *s* falsifier; forger.
Fal.si.fi.car *v* to falsify; to forge; to counterfeit; to simulate.
Fal.so *adj* false; untrue; sham; wrong.
Fal.ta *s* flaw; failing; mistake; foul; lack; fault; defect; misdeed.
Fal.tar *v* to be missing; to miss; to be absent; to lack; to fail.
Fa.ma *s* fame; reputation; renown.
Fa.mí.lia *s* family; parents; parentage; folks.
Fa.mi.li.ar *s* relatives; *adj* familiar; homelike.
Fa.mi.li.a.ri.da.de *s* familiarity; intimacy.
Fa.mi.li.a.ri.za.do *adj* acquainted; familiarized.
Fa.mi.li.a.ri.zar *v* to familiarize; to acquaint.
Fa.min.to *adj* hungry; famished; starving.
Fa.mo.so *adj* famous; well-known; renowned.
Fa.ná.ti.co *s* fanatic; zealot; *adj* rabid; fanatical.
Fa.na.ti.zar *v* to fanaticize; to become fanatical.
Fan.far.ra *s* fanfare; brass band.
Fa.nho.so *adj* snuffling; nasal; twangy.
Fan.ta.si.a *s* fantasy; freak; fancy; whim.
Fan.ta.si.ar *v* to fantasy; to fancy; to imagine.
Fan.tas.ma *s* phantom; ghost.
Fan.tas.ti.ca.men.te *adv* exhilaratingly.
Fan.tás.ti.co *adj* fantastic; fantastical; unreal.
Fan.to.che *s* puppet.
Fa.quei.ro *s* knife-case; silver chest; cutler.
Fa.ra.ó *s* pharaoh.
Far.da *s* uniform; livery.
Fa.re.jar *v* to scent; to smell.
Fa.re.lo *s* bran; chaff.
Fa.ri.nha *s* meal; flour.

Far.ma.cêu.ti.co *s* chemist; druggist; *adj* pharmaceutic; pharmaceutical.
Far.má.cia *s* pharmacy; chemist's store; drugstore.
Fa.ro *s* scent; flair; smell.
Fa.rol *s* lighthouse; street lamp; beacon; lantern; ship's light; FIG ostentation.
Far.pa *s* barb; splinter.
Far.ra.po *s* rag; frazzle.
Far.sa *s* farce; dodge; trickery.
Far.san.te *s* buffoon; fake; impostor; mime.
Far.to *adj* satiate; fed up; ample; irked.
Far.tu.ra *s* plenty; abundance.
Fas.ci.nar *v* to fascinate; to captivate; to charm; to enchant; to bewitch.
Fas.tí.gi.o *s* summit; top; pinnacle.
Fas.ti.o *s* weariness; want of appetite.
Fa.tal *adj* fatal, mortal; deadly.
Fa.ta.li.da.de *s* fatality; disaster; destiny; a fatal event.
Fa.ti.a *s* slice; piece; cut.
Fa.ti.ar *s* to slice; to wedges; to pieces.
Fa.ti.gar *v* to tire; to fatigue; to weary.
Fa.to *s* suit; fact; event.
Fa.tu.rar *v* to invoice; to bill.
Fau.no *s* faun.
Fa.va *s* broad bean; cocoon.
Fa.ve.la *s* shantytown; slum.
Fa.vo *s* honeycomb; favus.
Fa.vor *s* favor; favour; protection.
Fa.vo.rá.vel *adj* favorable; favoring.
Fa.vo.re.cer *v* to favor; to further; to befriend; to smile on; to support.
Fa.vo.ri.to *s* favorite; *adj* favorite; darling.
Fa.xi.na *s* fagot; cleanup.
Fa.xi.nar *v* to clean something.
Fa.xi.nei.ro *s* janitor; cleaner.
Fa.zen.da *s* farm; plantation.
Fa.zen.dei.ro *s* farmer; planter; rancher.
Fa.zer *v* to do; to make; to perform; to create; to carry out.
Fé *s* faith.
Fe.al.da.de *s* ugliness; outrage.
Fe.bre *s* fever.
Fe.cha.do *adj* closed; shut.
Fe.cha.du.ra *s* lock.
Fe.cha.men.to *s* closure; closing.
Fe.char *v* to shut; to fasten; to close; to lock.
Fe.cho *s* bolt; conclusion; close; latch.
Fe.cun.da.ção *s* fecundation; impregnation.
Fe.cun.dar *v* to fecundate; to fertilize.
Fe.der *v* to stink.
Fe.dor *s* stink; fetidness.
Fei.ção *s* feature.
Fei.jão *s* bean.
Fei.o *adj* ugly; improper.
Fei.ra *s* fair; market.
Fei.ran.te *s* trader at fairs; hawker.
Fei.ti.ça.ri.a *s* sorcery; witchcraft.
Fei.ti.cei.ra *s* witch; hag; sorceress.
Fei.ti.cei.ro *s* sorcerer; wizard; *adj* bewitching.
Fei.ti.ço *s* sorcery; witchcraft; charm; fetish.
Fei.ti.o *s* fashion; sort; shape; workmanship.
Fei.to *s* fact; deed; exploit; *adj* done; grown; made.
Fei.xe *s* bunch.
Fel *s* bile.
Fe.li.ci.da.de *s* felicity; happiness; bliss.
Fe.li.ci.ta.ção *s* felicitation; congratulation.
Fe.li.ci.tar *v* to felicitate; to congratulate.
Fe.liz *adj* happy; merry; glad.
Fe.liz.men.te *adv* fortunately.
Fel.pa *s* shag; nap of a cloth.
Fê.mea *s* female.
Fê.mur *s* femur; thighbone.
Fen.da *s* chap; chink; crack.
Fen.der *v* to slit; to cleave; to crack; to chap; to split.
Fe.ne.cer *v* to end; to fade; to wither; to die.
Fe.no *s* hay; vernal grass.
Fe.ra *s* wild beast, beast of prey.
Fé.re.tro *s* coffin; bier.
Fe.ri.a.do *s* holiday; legal holiday; *adj* holiday.
Fé.ri.as *s* vacation.
Fe.ri.da *s* wound.
Fe.ri.men.to *s* injury; wound.
Fe.rir *v* to wound; to hurt; to hit.
Fer.men.tar *v* to ferment; to leaven.
Fer.men.to *s* ferment; yeast.
Fe.ro.ci.da.de *s* ferocity; fierceness.
Fe.roz *adj* ferocious; fierce.
Fer.ra.gem *s* ironwork; ironware; hardware.
Fer.ra.men.ta *s* tool; utensil.
Fer.rão *s* stick; prick; spike.
Fer.rar *v* to iron; to shoe; to mark a cattle; to nail.
Fer.re.nho *adj* hard; inflexible; iron-like; hard as iron.
Fer.ro *s* iron; fetters.
Fer.ro.a.da *s* sting; prick.
Fer.ro.vi.a *s* rail; railway; railroad.
Fer.ru.gem *s* rust.
Fér.til *adj* fertile; fruitful.
Fer.ti.li.da.de *s* fertility; fecundity; fruitfulness.
Fer.ti.li.zar *v* to fertilize.
Fer.ver *v* to boil; to effervesce; to seethe.
Fér.vi.do *adj* fervid; ardent; hot.
Fer.vi.lhar *v* to boil; to swarm.
Fer.vor *s* fervor; zeal; fervour.
Fer.vu.ra *s* ebullition; effervescence; seething.
Fes.ta *s* feast; festival; festivity; party.
Fes.te.jar *v* to celebrate; to wassail; to make marry.
Fes.te.jo *s* festivity; celebration.
Fes.ti.val *s* festival; feast; *s* merry, festive
Fé.ti.do *adj* fetid; stinking.
Fe.ve.rei.ro *s* February, the second month of the year.
Fe.zes *s* shit; feces; dregs.
Fi.a.do *adj* spun; on trust; trustful.
Fi.ar *v* to sell on trust; to confide; to wiredraw.

Fi.as.co *s* fiasco; failure; flop.
Fi.bra *s* fibre; staple; fiber.
Fi.car *v* to remain; to hold out; to stay.
Fi.cha *s* file card; index card; chip.
Fic.tí.cio *adj* fictitious; imaginary.
Fi.de.dig.no *adj* credible; reliable; creditable.
Fi.de.li.da.de *s* fidelity; faithfulness; loyalty.
Fi.el *adj* faithful; loyal.
Fi.ga *s* amulet; mockery.
Fí.ga.do *s* liver; guts.
Fi.go *s* fig.
Fi.guei.ra *s* fig tree.
Fi.gu.ra *s* figure; looks; shape; appearance.
Fi.gu.ran.te *s* figurant; extra; super.
Fi.gu.rão *s* big shot; big boss; bigwig.
Fi.gu.rar *v* to imagine; to figure.
Fi.gu.ri.no *s* model; fashion magazine; pattern.
Fi.la *s* file; rank; row; tier; line.
Fi.la.men.to *s* thread; filament.
Fi.lão *s* lode; vein; loaf of bread.
Fi.lar *v* to catch; to mooch; to cheat.
Fi.lé *s* steak; fillet, a strip of lean meat.
Fi.lei.ra *s* file; row; rank.
Fi.lha *s* daughter.
Fi.lho *s* son.
Fi.lho.te *s* native; nestling; litter of any animal.
Fi.li.a.ção *s* filiation; relationship.
Fi.li.al *s* branch; *adj* filial.
Fi.li.gra.na *s* filigree; filigrain.
Fil.mar *v* to film; to make motion pictures.
Fil.me *s* film; USA movie.
Fil.trar *v* to filter; to strain; to percolate.
Fil.tro *s* sieve; philter.
Fim *s* end; close; downfall; aim; purpose.
Fi.na.do *adj* deceased.
Fi.nal *s* finale; conclusion; end; *adj* final; conclusive.
Fi.na.li.da.de *s* finality; end; aim.
Fi.na.li.za.ção *s* finish; conclusion; end.
Fi.na.li.zar *v* to finish; to end; to complete.
Fi.nal.men.te *adv* finally; at last; lastly.
Fi.nan.ças *s* finances; public funds; treasury.
Fi.nan.ci.ar *v* to finance.
Fin.car *v* to fix; to drive; to root.
Fin.dar *v* to finish; to end; to conclude.
Fi.ne.za *s* kindness; favor; goodness.
Fin.gi.do *adj* feigned; simulate; false.
Fin.gir *v* to feign; to pretend; to make believe.
Fi.no *adj* thin; fine; polite; courteous; sharp; shrewd; cunning.
Fi.o *s* thread; yarn; wire; edge.
Fir.ma *s* firm; signet; signature.
Fir.ma.men.to *s* firmament; sky.
Fir.mar *v* to firm; to fix; to establish.
Fir.me *adj* firm; steady; constant.
Fir.me.za *s* firmness; constancy; steadiness.
Fis.ga *s* harpoon; slit; gig.
Fis.gar *v* to harpoon; to hook; to fish with a harpoon.
Fi.ta *s* ribbon; band; lie; film; movie; picture.
Fi.tar *v* to look at; to gaze; to stare.
Fi.ve.la *s* buckle; clasp.
Fi.xa.ção *s* fixation; fixing.
Fi.xa.dor *s* fixer; fixing liquid to revelation.
Fi.xar *v* to fix; to assign; to state; to settle; to establish; to fasten.
Fi.xo *adj* fixed; firm; steady; settled.
Fla.ci.dez *s* laxity; flaccidity.
Fla.ge.lar *v* to flagellate; to beat.
Fla.ge.lo *s* flagellum; calamity; scourge.
Fla.grar *v* to burn; to inflame.
Flâ.mu.la *s* pennant; streamer.
Flan.co *s* flank; side.
Fla.ne.la *s* flannel.
Flau.ta *s* flute; scorn.
Flau.tim *s* small flute; piccolo.
Fle.cha *s* dart; arrow; bolt.
Fle.char *v* to arrow; to wound with ah arrow.
Fler.tar *s* to flirt; to dally.
Fleu.ma *s* phlegm; impassibility.
Fleu.má.ti.co *adj* phlegmatic; impassible.
Fle.xão *s* flexion; flexure.
Fle.xi.bi.li.da.de *s* flexibility; pliancy.
Fle.xí.vel *adj* flexible; pliant.
Flo.co *s* flock; wool-dust; flake.
Flor *s* flower; blossom; bloom.
Flo.res.ta *s* forest; wood.
Flo.rim *s* florin, coin of several countries.
Flo.rir *v* to bloom; to blossom; to flower.
Flu.en.te *adj* fluent; flowing; fluency.
Flu.i.dez *s* fluidity; fluidness.
Flui.do *s* fluid (gas or liquid); *adj* fluid; loose.
Flu.ir *v* to flow; to ooze; to issue.
Flu.tu.ar *v* to float; to waver; to fluctuate.
Flu.vi.al *adj* fluvial.
Flu.xo *s* flux; tide; flow.
Fo.bi.a *s* phobia; fear; aversion.
Fo.ca *s* phoca; seal; sea dog; calf; POP reporter novice.
Fo.ca.li.zar *v* to focalize; to focus.
Fo.car *v* to focus; to focalize; to adjust the focus of.
Fo.ci.nho *s* muzzle; snout; nose.
Fo.co *s* focus; center; centre.
Fo.fo *adj* cute; soft; smooth; fluffy.
Fo.gão *s* stove; cooker.
Fo.ga.rei.ro *s* little stove; brazier.
Fo.go *s* fire; flame; hearth.
Fo.guei.ra *s* bonfire; stake.
Fo.gue.te *s* rocket; spacecraft; missile.
Fo.le *s* bellows; blower.
Fô.le.go *s* breath.
Fol.ga *s* rest; recreation; day off.
Fol.ga.do *adj* loose; easy; wide; not tight; free; ample; GÍR lazy; loafer.
Fol.gar *v* to rest; to laze; to dawdle.
Fo.lha *s* leaf; sheet; blade; newspaper.
Fo.lha.do *adj* leafy, having leaves; full of leaves; plated.

Fo.lha.gem *s* foliage; leafage.
Fo.lhe.ar *v* to turn over pages of; to foliate.
Fo.lhe.to *s* pamphlet; booklet.
Fo.lhi.nha *s* leaflet; calendar; small calendar.
Fo.li.a *s* merrymaking; gay time; riot; frolic.
Fo.li.ão *s* merrymaker; buffoon; jester.
Fo.me *s* hunger; famine.
Fo.men.ta.dor *s* fomenter; promoter.
Fo.men.tar *v* to foment; to encourage; to further.
Fo.men.to *s* fomentation; encouragement.
Fo.ne *s* phone; telephone.
Fon.te *s* fountain; spring; source.
Fo.ra *adv* outside; abroad; *prep* except; besides; **fora!** *interj* out! begone!
Fo.ra.gi.do *s* fugitive; outlaw; *adj* fugitive; expatriated; wanted.
Fo.ras.tei.ro *s* foreigner; stranger; alien.
For.ca *s* gallows; gibbet.
For.ça *s* strength; power; force.
For.çar *v* to force; to drive; to prize.
For.ja *s* forge; smithy.
For.jar *v* to forge; to coin; to invent; to concoct.
For.ma *s* form; way; shape; *s* mold; pattern.
For.ma.li.zar *v* to formalize.
For.mão *s* chisel; carpenter's chisel.
For.mar *v* to form; to fashion; to shape.
For.mi.dá.vel *adj* formidable; immense; huge.
For.mi.ga *s* ant; termite; pismire.
For.mi.gar *v* to itch; to tingle; to swarm.
For.mo.so *adj* beautiful; handsome.
For.mu.lar *v* to formulate; to express; to conceive.
For.na.lha *s* furnace; firebox.
For.ne.cer *v* to furnish; to accommodate; to provide.
For.ni.ca.ção *s* fornication; copulation.
For.ni.car *v* to fornicate.
For.no *s* oven; furnace.
Fo.ro *s* court of justice; jurisdiction; grant; right.
For.qui.lha *s* pitchfork; crotch.
For.ra.gem *s* forage, food suitable for horses or cattle; feed; fodder.
For.rar *v* to line; to cover; to pad.
For.ro *s* lining; ceiling; padding; *adj* free; liberated.
For.te *s* fort; fortress; *adj* strong; powerful; robust; vigorous.
For.ti.fi.ca.ção *s* fortification; fortress.
For.ti.fi.can.te *s* tonic; *adj* fortifying.
For.ti.fi.car *v* to fortify; to strengthen.
For.tui.to *adj* fortuitous; accidental.
For.tu.na *s* fortune; wealth; fate; chance.
Fos.car *v* to tarnish; to dim.
Fos.co *adj* dim; dull.
Fós.fo.ro *s* phosphorus; match.
Fos.sa *s* dimple; cesspool.
Fo.to *s* snap photo; photo.
Fo.to.gra.far *v* to photograph; to shoot.
Fo.to.gra.fi.a *s* photograph; picture; photo.
Foz *s* mouth of a river.
Fra.cas.sar *v* to fail; to break down; to go wrong; to ruin; to shatter.
Fra.cas.so *s* failure; misfortune; disaster.
Fra.ci.o.nar *v* to fraction.
Fra.co *adj* feeble; weak; poor.
Fra.de *s* friar; monk.
Frá.gil *adj* fragile; frail; brittle.
Fra.gi.li.da.de *s* fragility; brittleness.
Frag.men.tar *v* to break up; to fragmentize.
Frag.men.to *s* fragment; nip.
Fra.grân.cia *s* fragrance; odor; aroma.
Fra.gran.te *adj* fragrant; balmy.
Fral.da *s* skirt; diaper; swaddling-clothes; napkin.
Fram.bo.e.sa *s* raspberry.
Fran.co *s* Franc, coin of several countries; *adj* free.
Fran.ga *s* pullet.
Fran.ga.lho *s* rag; tatter.
Fran.go *s* chicken; cockerel.
Fran.que.ar *v* to free; to enfranchise; to exempt.
Fran.que.za *s* frankness; sincerity.
Fran.qui.a *s* franchise.
Fran.zi.do *s* plait; fold; *adj* gathered; ruffled.
Fran.zi.no *adj* thin; feeble; slender.
Fran.zir *v* to wrinkle; to quill.
Fra.que *s* morning coat.
Fra.que.jar *v* to flag; to become weak.
Fra.que.za *s* weakness; debility.
Fras.co *s* bottle; flask.
Fra.se *s* phrase; expression.
Fra.se.ar *v* to phrase, to express in words.
Fra.ter.nal *adj* fraternal; brotherly.
Fra.ter.ni.zar *v* to fraternize; to associate as brother.
Fra.tu.ra *s* fracture; rupture; breaking; break.
Fra.tu.rar *v* to fracture; to break; to crack.
Frau.dar *v* to defraud; to cozen.
Frau.de *s* fraud; deceit; trickery; cheat.
Fre.guês *s* customer; shopper; parishioner.
Fre.gue.si.a *s* clientele; customers; parish.
Frei *s* friar; fra.
Frei.o *s* bit; curb; brake; restraint; check; stop; obstacle.
Frei.ra *s* nun; sister.
Fre.ne.si *s* frenzy; madness; fury.
Fren.te *s* face; front; façade.
Fre.quên.cia *s* frequency.
Fre.quen.tar *v* to attend; to frequent.
Fre.quen.te.men.te *adv* frequently; often.
Fres.co *s* fresh air; *adj* fresh; cool; new.
Fres.ta *s* gap window; cleft.
Fre.tar *v* to freight; to charter; to load.
Fre.te *s* carriage; freight.
Fri.a.gem *s* cold; coldness.
Fric.ção *s* rubbing; friction; chafe.
Fri.ei.ra *s* chilblain.
Fri.e.za *s* coldness; frigidity.
Fri.gi.dei.ra *s* frying pan; skillet.
Fri.gi.dez *s* frigidity; neglect.
Fri.gir *v* to fry.

Fri.go.rí.fi.co *s* cooler; cold-storage room; coolant; *adj* frigorific.
Fri.o *s* cold; chill; freezing; *adj* cold; cool; dull; freezing.
Fri.o.ren.to *adj* chilly; cold-blooded.
Fri.sar *v* to frizzle; to curl; to frizz.
Fri.so *s* frieze; molding.
Fri.tar *v* to fry.
Fri.vo.li.da.de *s* frivolity; levity.
Frí.vo.lo *adj* trifling; frivolous.
Fro.nha *s* pillowcase.
Fron.tal *s* frontal; *adj* frontal; front.
Fron.te *s* forehead; front; brow.
Fron.tei.ra *s* frontier; boundary; border.
Fro.ta *s* fleet; air-force; armada.
Frou.xo *adj* slack; flabby; lax; loose.
Fru.gal *adj* thrift; frugal; thrifty.
Fru.ir *v* to enjoy; to derive.
Frus.tra.ção *s* frustration; defeat.
Frus.trar *v* to frustrate.
Fru.ta *s* fruit.
Fru.tei.ra *s* fruit bowl; fruit tree.
Fru.ti.fi.car *v* to fructify; FIG to give right; to grow.
Fru.to *s* fruit; product; effect.
Fu.ga *s* flight; elopement; escape.
Fu.gaz *adj* fugacious; fugitive; transitory.
Fu.gi.da *s* escape; flight.
Fu.gi.di.o *adj* fleeting; shy.
Fu.gir *v* to flee; to fly; to run away; to get away.
Fu.gi.ti.vo *s* fugitive; *adj* fugitive; runaway.
Fu.la.no *s* fellow.
Ful.gor *s* splendor; brilliancy; radiance.
Ful.gu.rar *v* to shine; to flash.
Fu.li.gem *s* soot; grime.
Ful.mi.nan.te *adj* fulminating; thundering.
Ful.mi.nar *v* to fulminate; to destroy.
Fu.ma.ça *s* smoke; puff.
Fu.mar *v* to smoke.
Fu.me.gan.te *adj* smoking; fuming.
Fu.mo *s* smoke; crape; tobacco.
Fun.ção *s* function; performance.
Fun.ci.o.nar *v* to work; to run; to function.
Fun.ci.o.ná.rio *s* functionary; employee; clerk.
Fun.da *s* sling; truss.
Fun.da.men.tal *adj* fundamental; essential.
Fun.da.men.tar *v* to found; to ground.
Fun.da.men.to *s* fundament; fundamental; basis; foundation; reason.
Fun.dar *v* to found; to establish; to base.
Fun.di.ção *s* foundry; melting; iron-works.
Fun.di.lho *s* seat of trousers; seat of pants.
Fun.dir *v* to melt; to cast; to smelt; to fuse.
Fun.do *s* bottom; fund; background; capital; stock; *adj* deep; hollow.
Fú.ne.bre *adj* funeral; mournful.
Fu.ne.ral *s* funeral; burial.
Fu.nes.to *adj* fatal; dismal; untoward; dire.
Fun.gar *v* to sniff; to whine.
Fun.go *s* fungus; mushroom.
Fu.nil *s* funnel.
Fu.ni.lei.ro *s* tinker.
Fu.ra.cão *s* hurricane; whirlwind.
Fu.rar *v* to bore; to puncture; to drill; to pierce.
Fur.gão *s* luggage-van; van; baggage car.
Fú.ria *s* fury; rage.
Fu.ri.o.so *adj* furious; frantic; enraged; strong.
Fu.ro *s* hole; bore; orifice.
Fu.ror *s* fury; furor; rage; madness.
Fur.ta-cor *adj* iridescent.
Fur.tar *v* to steal; to rob; to thieve.
Fur.to *s* robbery; booty.
Fu.rún.cu.lo *s* furuncle; boil.
Fu.são *s* fusion; melting.
Fu.sí.vel *adj* fusible.
Fu.so *s* spindle; spool.
Fus.ti.gar *v* to whip; to harass; to flog.
Fu.te.bol *s* football; USA soccer.
Fú.til *adj* futile; frivolous.
Fu.ti.li.da.de *s* futility; frivolity; trifle.
Fu.tu.ro *s* future; *adj* future.
Fu.zil *s* rifle; gun.
Fu.zi.lar *v* to shoot; to sparkle.
Fu.zi.lei.ro *s* fusileer; fusilier; mariner.

ABCDEFGHIJKLMNOPQRSTUVWXYZ

G *s* the seventh letter of the Portuguese alphabet and of the English alphabet.
Ga.do *s* cattle; livestock.
Ga.fa.nho.to *s* grasshopper; locust.
Ga.go *s* stutterer; stammerer; *adj* stammering.
Ga.gue.jar *v* to stutter; to falter; to stammer.
Gai.o.la *s* cage.
Gai.ta *s* pipe; reed; harmonica; BR POP money.
Gai.vo.ta *s* sea-gull; mew.
Ga.jo *s* guy; fellow; ruffian.
Ga.la *s* gala; pomp; festivity; *adj* festive.
Ga.lã *s* gallant; lover.
Ga.lan.tei.o *s* gallantry; courtship.
Ga.lão *s* gallon.
Ga.le.ri.a *s* gallery; arcade.
Gal.gar *v* to jump over; leap.
Ga.lho *s* branch; horn; quarrel.
Ga.li.nha *s* hen; chicken.
Ga.li.nhei.ro *s* chicken yard; hen house.
Ga.lo *s* cock; rooster.
Ga.lo.cha *s* galoshes; rubbers.
Ga.lo.par *v* to ride hard; to gallop; to lope.
Ga.lo.pe *s* gallop; lope.
Ga.mão *s* backgammon.
Gam.bi.ar.ra *s* foot-lights; stage lights.
Gam.bi.to *s* trick; trip; toothpick; ESP gambit (chess).
Ga.mo *s* buck; stag; fallow deer.
Ga.nân.cia *s* greed; covetousness; rapacity.
Gan.cho *s* crook; hook; gaff.
Gan.dai.a *s* vagrancy; loafing.
Gan.gre.nar *v* to gangrene; to mortify; FIG to corrupt.
Ga.nhar *v* to win; to gain; to get.
Ga.nho *s* gain; profit.
Ga.ni.do *s* howl; yelp; yowl.
Gan.so *s* goose; gander.
Ga.ra.gem *s* garage.
Ga.ran.ti.a *s* guarantee; warrant; guaranty.
Gar.ça *s* heron.
Gar.çom *s* waiter.
Gar.ço.ne.te *s* waitress.
Gar.dê.nia *s* gardenia (flower).
Gar.fo *s* fork.
Gar.ga.lha.da *s* loud laughter; laughter.
Gar.ga.lo *s* bottle mouth.
Gar.gan.ta *s* throat; gorge.
Gar.gan.ti.lha *s* necklace; collar.
Gar.ga.re.jar *v* to gargle.
Gar.ga.re.jo *s* gargling; gargle.
Ga.rim.par *v* to prospect; to pan.
Ga.rim.po *s* mining claim.
Ga.ro.ta *s* girl.
Ga.ro.to *s* boy.
Gar.ra *s* claw; clutch; talon.
Gar.ra.fa *s* bottle.
Gar.ran.cho *s* scrawl; scribble.
Ga.ru.pa *s* croup of a horse; buttocks (of horses).
Gás *s* gas; **fogão a Gás:** stove gas.
Ga.so.li.na *s* gas; gasoline; petrol.
Ga.so.sa *s* soda; soda pop.
Gas.tar *v* to spend; to wear out; to expend.
Gas.to *s* expense; use; waste; *adj* worn; spent; cost.
Gas.trô.no.mo *s* gastronome; gourmet.
Ga.ti.lho *s* trigger.
Ga.to *s* cat.
Ga.tu.no *s* thief; pilferer.
Gá.vea *s* topsail; lookout.
Ga.ve.ta *s* drawer; stir.
Ga.vi.ão *s* hawk; sparrow; falcon.
Ga.ze *s* gauze; cheesecloth.
Ga.ze.tei.ro *s* truant.
Ge.a.da *s* hoar-frost; frost; rime.
Ge.ar *v* to frost; to freeze; to rime.
Gel *s* gelatin.
Ge.la.dei.ra *s* icebox; refrigerator.
Ge.lar *v* to freeze; to congeal; to ice.
Ge.la.ti.na *s* jelly; gelatine.
Ge.lei.a *s* jelly; jam.
Ge.lei.ra *s* glacier; freezer.
Ge.lo *s* ice; FIG coldness; indifference.
Ge.ma *s* yolk of an egg; gemma; bud; gem.
Ge.ma.da *s* egg-flip; egg-nog.
Gê.meo *s* twin; *adj* twin.
Ge.mer *v* to moan; to wail; to groan; to lament.
Ge.ne.ra.li.da.de *s* generality.

Ge.ne.ra.li.zar *v* to generalize.
Gê.ne.ro *s* kind; sort; class; genus; GRAM gender.
Ge.ne.ro.si.da.de *s* generosity; benevolence; bounty.
Gê.ne.se *s* genesis; origin; beginning; Genesis, book of Old Testament or Torah.
Gen.gi.bre *s* ginger (plant).
Gen.gi.va *s* gum.
Ge.ni.al *adj* genius-like; talented.
Gê.nio *s* genius.
Ge.ni.o.so *adj* ill-natured; temperamental.
Ge.ni.tor *s* procreator; father; begetter.
Gen.ro *s* son-in-law.
Gen.ta.lha *s* mob; the rabble; populace.
Gen.te *s* people; folks; humanity.
Gen.til *adj* nice; gentle; gentile.
Gen.ti.le.za *s* kindness; gentility; courtesy.
Ge.nu.i.ni.da.de *s* genuineness; authenticity.
Ge.nu.í.no *adj* genuine; authentic; very.
Ge.ra.ção *s* procreation; generation.
Ge.ral *s* generality; *adj* general; common.
Ge.rar *v* to beget; to breed; to give birth to.
Ge.rên.cia *s* management; administration.
Ge.ren.te *s* manager; chief; administrator.
Ger.ge.lim *s* sesame.
Ge.rin.gon.ça *s* gibberish; gadget.
Ge.rir *v* to manage; to govern; to conduct; to administer; to run.
Ger.me *s* germ; source.
Ger.mi.nar *v* to germinate; to bud.
Ges.so *s* gypsum; pipe clay; plaster.
Ges.ta.ção *s* gestation; pregnancy.
Ges.tan.te *s* pregnant.
Ges.ti.cu.la.dor *s* gesticulator; *adj* gesticulator.
Ges.to *s* gesture; countenance; deed; act.
Gi.gan.te *s* giant; *adj* giant; gigantic.
Gi.ná.sio *s* gymnasium.
Gi.ne.te *s* a small horse; genet; jennet.
Gin.ga *s* scull.
Gin.gar *v* to scull a boat; to waddle; to jiggle.
Gi.ra.fa *s* giraffe.
Gi.rar *v* to twirl; to go round; to turn.
Gi.ras.sol *s* sunflower.
Gi.ra.tó.rio *adj* gyratory; turning.
Gí.ria *s* slang; argot; jargon.
Gi.ro *s* rotation; turnover; turn.
Giz *s* chalk.
Glan.de *s* acorn; the head of penis or clitoris; glans.
Glo.bo *s* globe; sphere; ball.
Gló.bu.lo *s* globule; small globe.
Gló.ria *s* glory; fame; praise.
Glo.ri.fi.ca.ção *s* glorification; beatification.
Glo.ri.fi.car *v* to glorify; to worship.
Glo.ri.o.so *adj* glorious; famous.
Glo.sar *v* to gloss; to explain; to comment.
Glos.sá.rio *s* glossary; a small dictionary.
Glu.tão *s* glutton; *adj* gluttonous; greedy.
Go.e.la *s* throat; gullet; gorge.
Goi.a.ba *s* guava.
Gol *s* ESP goal.
Go.la *s* collar; neckband.
Go.le *s* gulp; swallow.
Go.lei.ro *s* ESP goal-keeper; goalkeeper.
Gol.fa.da *s* gush; vomit.
Gol.pe *s* hit; stroke; knock.
Gol.pe.ar *v* to slash; to beat; to hit.
Go.ma *s* gum; glue; starch.
Go.mo *s* bud; shoot; sprout; gore.
Go.rar *v* to frustrate; to miscarry; to fail.
Gor.do *adj* fat.
Gor.du.ra *s* fat; fatness; obesity; grease.
Gor.du.ro.so *adj* greasy; oily; fatty.
Gor.je.ar *v* to warble; to cheep; to chirp.
Gor.jei.o *s* warble; trilling.
Gor.je.ta *s* tip; gratuity.
Gor.ro *s* coif; beret; cap.
Gos.ma *s* mucus; phlegm; spittle.
Gos.tar *v* to enjoy; to like; to be fond of.
Gos.to *s* taste; flavor; savor.
Gos.to.so *adj* appetizing; savoury; savory.
Go.ta *s* drop; bead.
Go.te.jar *v* to drop; to ooze; to leak; to drip.
Gó.ti.co *adj* gothic.
Go.ver.nan.ta *s* governess; housekeeper.
Go.ver.nar *v* to govern; to rule; to head.
Go.zar *v* to enjoy; to amuse.
Go.zo *s* pleasure; enjoyment; POP orgasm.
Gra.al *s* grail; chalice.
Grã-bre.ta.nha *s* Great Britain.
Gra.ça *s* grace; joke; favour; jest; charm.
Gra.ce.ja.dor *s* jester; joker; *adj* jesting; joking.
Gra.ce.jar *v* to jest; to joke.
Gra.ci.o.si.da.de *s* graciousness; gracefulness.
Gra.ci.o.so *adj* charming; gracious; cute.
Gra.dar *v* to harrow; to level; to grade.
Gra.de *s* rail.
Gra.de.ar *v* to rail; to grate.
Gra.du.al.men.te *adv* gradually.
Gra.du.ar *v* to graduate; to gauge.
Gra.far *v* to spell; to write down.
Gra.fi.a *s* spelling.
Grá.fi.co *s* printer; graph; *adj* graphic; graphical; spelling.
Gra.lha *s* crow.
Gra.ma *s* grass.
Gram.pe.a.dor *s* stapling machine.
Gram.pe.ar *s* to staple.
Gram.po *s* hairpin; staple.
Gra.na *s* GÍR BR money; corn.
Gra.na.da *s* grenade; garnet.
Gran.de *adj* big; grand; large; great.
Gran.de.za *s* greatness; magnitude.
Gran.di.o.so *adj* grand; magnificent.
Gra.nel *s* granary; bin; barn.
Gra.ni.to *s* granite; a sort of stone.
Gra.ni.zo *s* graupel; hail.

Gran.ja *s* grange; farm.
Grão *s* grain; seed; corn.
Gras.nar *v* to caw; to croak; to quack.
Gras.sar *v* to become widespread; to rage.
Gra.ti.dão *s* gratitude; thank fulness; gratefulness.
Gra.ti.fi.car *v* to reward; to tip.
Grá.tis *adv* gratis; free.
Gra.to *adj* pleasant; grateful; thankful.
Gra.tui.to *adj* free; gratuitous.
Grau *s* degree; grade.
Gra.ú.do *s* nob; big shot; *adj* big; great; important; large.
Gra.va.ção *s* engraving; record.
Gra.va.dor *s* engraver; recorder.
Gra.var *v* to engrave; to stamp; to record.
Gra.va.ta *s* necktie; tie.
Gra.ve *adj* heavy; weighty; serious.
Gra.ve.to *s* brushwood; stick.
Grá.vi.da *adj* pregnant.
Gra.vi.da.de *s* gravity; seriousness; MÚS lowness of sound.
Gra.vi.dez *s* pregnancy; gestation.
Gra.vi.tar *v* to gravitate.
Gra.vu.ra *s* picture; engraving; illustration.
Gra.xa *s* grease.
Gre.lha *s* grill; grate; gridiron.
Grê.mi.o *s* guild; association.
Gre.ta *s* cleft; rift; crack; crevice.
Gre.ve *s* strike.
Gre.vis.ta *s* striker.
Gri.fa.do *adj* underlined.
Gri.far *v* to underline; to italicize.
Gri.fo *s* griffin; griffon; underline.
Gri.lhão *s* chain; shackle.
Gri.lo *s* cricket; grig.
Gri.nal.da *s* wreath; garland; chaplet.
Gri.pe *s* MED influenza; grippe; cold; flu.
Gri.sa.lho *adj* grayish; hoary.
Gri.tar *v* to cry out; to shout; to call out; to scream; to screech.
Gri.ta.ri.a *s* shouting; outcry.
Gri.to *s* cry; shout; scream; shriek.
Gro.sa *s* gross.
Gro.se.lha *s* currant; gooseberry.
Gros.sei.ro *adj* coarse; rough; rude.
Gros.se.ri.a *s* rudeness; coarseness.
Gros.so *adj* thick; swollen; bulky; big.
Gros.su.ra *s* thickness; bulk.
Gro.tes.co *adj* grotesque; farcical.
Gru.dar *v* to glue; to gum; to stick; to cling.
Gru.de *s* glue; paste.
Gru.nhi.do *s* grunt; grumble.
Gru.nhir *v* to grunt; to growl.
Gru.po *s* group; gang; cluster.
Gru.ta *s* grotto; cavern; den.
Guar.da *s* guard; care; watch; care.
Guar.da.na.po *s* napkin.
Guar.dar *v* to keep; to watch; to protect.
Gua.ri.da *s* cave; den; shelter.
Gua.ri.ta *s* sentry box; lookout.
Guar.ne.cer *v* to furnish; to provide with.
Guer.ra *s* war.
Guer.re.ar *v* to fight; to war.
Guer.ri.lhei.ro *s* fighter; guerrilla.
Gui.a *s* guide; guide book.
Gui.ar *v* to guide; to drive; to head; to lead.
Gui.lho.ti.na *s* guillotine.
Gui.lho.ti.nar *v* to guillotine; to cut.
Guin.char *v* to screech; to yell; to squeak.
Guin.cho *s* screeching; crab; squealing.
Guin.das.te *s* crane; hoist.
Gui.sa *s* manner; way; fashion.
Gui.sa.do *s* stew; hash.
Gui.sar *v* to stew.
Gui.zo *s* rattle.
Gu.lo.so *adj* gluttonous; greedy.
Gu.me *s* edge.
Gu.ri *s* little boy; child.

ABCDEFGHIJKLMNOPQRSTUVWXYZ

H *s* the eighth letter of the Portuguese alphabet and of the English alphabet.
Há.bil *adj* capable; skilled; clever; skilful.
Ha.bi.li.da.de *s* ability; skill; talent.
Ha.bi.li.do.so *adj* skilful; skilled; clever.
Ha.bi.li.tar *v* to qualify; to fit up; to enable.
Ha.bi.ta.ção *s* residence; dwelling; habitation.
Ha.bi.tan.te *s* inhabitant; citizen; dweller.
Ha.bi.tar *v* to inhabit; to bower; to abide; to live; to dwell in.
Ha.bi.tá.vel *adj* habitable; livable; fit to be inhabited.
Há.bi.to *s* habit; way; custom; dress.
Ha.bi.tu.ar *v* to habituate; to accustom.
Há.li.to *s* breath; respiration.
Ha.lo *s* halo; aureole; aureola.
Hal.te.re *s* dumb-bell; dumbbell.
Han.gar *s* hangar; shelter; shed.
Har.mo.ni.a *s* harmony; agreement; peace; order.
Har.mô.ni.co *s* harmonic; overtone; *adj* harmonic; harmonious.
Har.mo.ni.o.so *adj* harmonious.
Har.mo.ni.za.ção *s* harmonization; conciliation.
Har.mo.ni.zar *v* to harmonize; to reconcile.
Har.pa *s* MÚS harp.
Has.te.ar *v* to hoist; to raise.
Hau.rir *v* to exhaust; to drain; to suck.
Ha.ver *v* to have; to possess.
Ha.ve.res *s* wealth; richness; possessions.
Ha.xi.xe *s* hashish (narcotic).
He.brai.co *adj* hebraic.
He.breu *s* Hebrew.
He.ca.tom.be *s* hecatomb; slaughter; butchery; to take to the death a hundred oxen.
He.di.on.dez *s* hideousness; horror; abjection.
Hé.gi.ra *s* Hegira.
Hé.li.ce *s* helix; airs-crew; propeller.
He.li.cóp.te.ro *s* helicopter.
Hé.lio *s* helium (symbol He).
He.mor.ra.gi.a *s* hemorrhage.
He.pa.ti.te *s* hepatitis.
He.rál.di.ca *s* heraldry; blazonry.
He.ran.ça *s* inheritance; heritage.
Her.cú.leo *adj* herculean.
Her.da.de *s* inheritance.
Her.dar *v* to inherit.
Her.dei.ro *s* heir; inheritor.
He.re.di.tá.rio *adj* hereditary; heritable.
He.re.ge *adj* heretic.
He.re.si.a *s* heresy.
Hér.nia *s* hernia; rupture.
He.rói *s* hero.
He.roi.co *adj* heroic; heroical; epic.
He.ro.í.na *s* heroine (narcotic).
He.ro.ís.mo *s* heroism.
He.si.ta.ção *s* hesitation; indecision.
He.si.tan.te *adj* hesitant; hesitating.
He.si.tar *v* to hesitate; to vacillate.
He.te.ro.ge.nei.da.de *s* heterogeneity.
He.te.ro.gê.neo *adj* heterogeneous.
Hi.a.to *s* hiatus; gap.
Hi.ber.nal *adj* hibernal; wintry.
Hi.ber.nar *v* to hibernate; to winter.
Hí.bri.do *s* hybrid; *adj* hybrid.
Hi.dro.a.vi.ão *s* seaplane; hydroplane.
Hi.dro.gê.nio *s* hydrogen.
Hi.e.na *s* hyena.
Hi.e.rar.qui.a *s* hierarchy.
Hi.e.rár.qui.co *adj* hierarchic.
Hi.e.ró.gli.fo *s* hieroglyph.
Hí.fen *s* hyphen.
Hi.gi.e.ne *s* hygiene; cleanliness.
Hi.gi.ê.ni.co *adj* hygienic.
Hi.la.ri.an.te *adj* exhilarating; laughing; exhilarant.
Hi.la.ri.e.da.de *s* hilarity; cheerfulness.
Hi.no *s* hymn; anthem.
Hi.pér.bo.le *s* hyperbole; exaggeration.
Hi.pis.mo *s* riding; horse racing.
Hip.no.se *s* hypnosis.
Hip.no.ti.za.dor *s* person that knows the technique of hypnotism.
Hip.no.ti.zar *v* to hypnotize.
Hi.po.cri.si.a *s* hypocrisy; simulation.
Hi.pó.cri.ta *s* hypocrite; deceiver; *adj* hypocritical.
Hi.po.pó.ta.mo *s* hippopotamus.
Hi.po.te.ca *s* mortgage.
Hi.po.te.car *v* to mortgage.

Hi.pó.te.se *s* hypothesis; theory.
Hi.po.té.ti.co *adj* hypothetic; hypothetical.
His.te.ria *s* hysteria; hysterics.
His.te.ris.mo *s* hysteria.
His.tó.ria *s* history; story; tale.
His.to.ri.ar *v* to narrate; to record; to tell.
Ho.di.er.no *adj* up-to-date; modern.
Ho.je *adv* today.
Ho.lan.dês *s* dutch; *adj* dutch.
Ho.lo.caus.to *s* holocaust; genocide.
Ho.lo.fo.te *s* spotlight.
Hom.bri.da.de *s* manliness.
Ho.mem *s* man; human being.
Ho.me.na.ge.ar *v* to honor.
Ho.me.na.gem *s* homage; respect; reverence.
Ho.mi.ci.da *s* homicide; murderer; slayer; *adj* homicidal.
Ho.mi.cí.dio *s* homicide; assassination.
Ho.mi.zi.a.do *s* refugee; fugitive; *adj* absconder; concealed; hidden.
Ho.mi.zi.ar *v* to shelter; to hide oneself.
Ho.mo.ge.nei.da.de *s* homogeneity.
Ho.mo.ge.nei.zar *v* to homogenize.
Ho.mo.gê.ne.o *adj* homogeneous; uniform.
Ho.mo.lo.ga.ção *s* homologation; agreement.
Ho.mo.lo.gar *v* to ratify; to confirm; to approve.
Ho.mô.ni.mo *s* homonym; namesake; *adj* homonymous.
Ho.mún.cu.lo *s* midget; dwarf.
Ho.nes.ti.da.de *s* honesty.
Ho.nes.to *adj* honest; virtuous; decent.
Ho.no.ra.bi.li.da.de *s* honorableness.
Ho.no.rí.fi.co *adj* honorary; honorific; honorable.
Hon.ra *s* honor.
Hon.ra.dez *s* probity; integrity.
Hon.ra.do *adj* upright; honorable; honest.
Hon.rar *v* to honor.
Hon.ro.so *adj* honorable; creditable.
Hó.quei *s* hockey.
Ho.ra *s* time; o'clock; hour.
Ho.rá.rio *s* timetable; schedule; time.
Ho.ri.zon.te *s* horizon; sky line.
Ho.rós.co.po *s* horoscope.
Hor.ren.do *adj* horrible; fearful; dreadful.
Hor.ri.pi.lar *v* to horrify.
Hor.rí.vel *adj* horrible; terrible; hideous.
Hor.ro.ro.so *adj* horrible; frightful; dreadful.
Hor.ta *s* kitchen garden; vegetable garden.
Hor.te.lã *s* mint.
Hor.tên.sia *s* hydrangea.
Hor.ti.cul.tor *s* horticulturist.
Hor.ti.cul.tu.ra *s* horticulture.
Hor.to *s* garden; small vegetable garden.
Hos.pe.da.gem *s* lodging; hospitality.
Hos.pe.dar *v* to lodge; to shelter; to house.
Hós.pe.de *s* guest; boarder.
Hos.pi.tal *s* clinic; hospital.
Hos.pi.ta.li.da.de *s* entertainment; hospitality.
Hos.pi.ta.li.zar *v* to hospitalize.
Hos.te *s* host; crowd; arm; band; group.
Hós.tia *s* host; holy; bread; Eucharist.
Hos.til *adj* hostile; unfriendly.
Hos.ti.li.da.de *s* enmity; hostility.
Hos.ti.li.zar *v* to antagonize; to be hostile.
Ho.tel *s* hotel; inn.
Ho.te.lei.ro *s* hotel keeper; hotel owner.
Hu.lha *s* pit-coal; mineral coal; stone-coal.
Hu.ma.ni.da.de *s* humanity; mankind.
Hu.ma.ni.tá.rio *s* humanitarian; humane.
Hu.ma.ni.zar *v* to humanize; to refine.
Hu.ma.no *adj* human.
Hu.mil.da.de *s* humility; humbleness; modesty.
Hu.mil.de *adj* humble; modest; submissive.
Hu.mi.lha.ção *s* disgrace; humiliation.
Hu.mi.lhar *v* to humiliate; to humble; to abase.
Hu.mo *s* humus.
Hu.mor *s* humor; state of mind.
Hu.mo.ra.do *adj* humorous; humored.
Hur.ra! *interj* hurrah! (interjection of happiness or courage).

ABCDEFGHIJKLMNOPQRSTUVWXYZ

I *s* the ninth letter of the Portuguese alphabet and of the English alphabet.
I.an.que *s* Yankee.
I.a.te *s* yacht.
I.bé.ri.co *s* Iberian.
I.çar *s* to lift up; to hoist; to heave.
I.da *s* departure; going.
I.da.de *s* age.
I.de.al *s* ideal; perfection; *adj* ideal.
I.de.a.lis.ta *s* idealist; *adj* idealistic; idealistical.
I.de.a.li.zar *v* to idealize, to form ideas.
I.dei.a *s* idea.
I.dên.ti.co *adj* identical.
I.den.ti.da.de *s* identity.
I.den.ti.fi.car *v* to identify; **Identificar-se** *v* to identify oneself with.
I.dí.lio *s* idyll (poem); love affair.
I.di.o.ma *s* idiom; language.
I.di.o.ta *s* idiot; fool; *adj* idiotic.
I.di.o.ti.ce *s* silliness.
Í.do.lo *s* idol; icon.
I.do.nei.da.de *s* aptness; fitness.
I.dô.neo *adj* competent; fit.
I.do.so *adj* aged; old.
Ig.nó.bil *adj* ignoble; dishonourable.
Ig.no.ra.do *adj* ignored; unknown; obscure.
Ig.no.rân.cia *s* ignorance; illiteracy.
Ig.no.rar *v* to ignore.
I.gre.ja *s* church; temple.
I.gual *s* equal; *adj* equal; even.
I.gua.lar *v* to equalize; to even.
I.gua.lá.vel *adj* matchable.
I.gual.da.de *s* equality; evenness.
I.gual.men.te *adv* even.
I.gua.ri.a *s* dish; delicacy.
I.la.ção *s* illation; deduction.
I.le.gal *adj* illegal; unlawful.
I.le.gí.ti.mo *adj* illegitimate; illegal.
I.le.gí.vel *adj* illegible; unreadable.
I.le.so *adj* unhurt; uninjured.
I.lha *s* island; isle.
I.lhó *s* eyelet.
I.lho.ta *s* islet; reef; cay.
I.li.mi.ta.do *adj* boundless; huge.
I.lu.dir *v* to illude; to deceive; to delude.
I.lu.mi.na.do *s* illuminate; *adj* illuminated; enlightened; highlighted.
I.lu.mi.nar *v* to illuminate; to illustrate.
I.lu.mi.nis.mo *s* Illuminism.
I.lu.são *s* illusion; delusion.
I.lus.tra.do *adj* illustrated; enlightened; erudite.
I.lus.trar *v* to illustrate; to dignify; to elucidate.
I.lus.tre *adj* illustrious; distinguished.
Í.mã *s* magnet; loadstone.
I.ma.gem *s* image; likeness; picture.
I.ma.gi.na.ção *s* imagination.
I.ma.gi.nar *v* to imagine; to fancy; to figure out; to realize.
Im.be.cil *s* imbecile; simpleton; *adj* idiotic; stupid; dumb.
Im.ber.be *adj* beardless.
Im.bu.ir *v* to imbue; to soak; to infuse.
I.me.di.a.ção *s* immediacy; proximity.
I.me.di.a.ta.men.te *adv* at once; immediately; right away.
I.me.di.a.to *adj* immediate; next.
I.me.mo.rá.vel *adj* immemorial; extending.
I.men.so *adj* immense; vast; huge.
I.mer.gir *v* to immerse; to plunge; to dip.
I.mi.gran.te *s* immigrant; *adj* immigrant.
I.mi.grar *v* to immigrate.
I.mi.ta.ção *s* imitation; copy; likeness.
I.mi.tar *v* to imitate; to copy; to follow.
I.mo *adj* inmost.
I.mo.lar *v* to immolate; to offer sacrifice.
I.mo.ral *adj* immoral; indecent.
I.mor.tal *adj* immortal; undying; eternal.
I.mor.ta.li.zar *v* to immortalize.
I.mó.vel *adj* immovable; fixed; motionless.
Im.pa.ci.ên.cia *s* impatience; eagerness.
Im.pa.ci.en.tar *v* to irritate.
Im.pa.ci.en.te *adj* impatient; anxious.
Im.pac.to *s* impact; smash.
Ím.par *adj* odd; unique.
Im.pe.cá.vel *adj* impeccable; faultless.
Im.pe.di.do *adj* hindered; impeded.

Im.pe.di.men.to *s* impediment; obstacle; ESP off-side (soccer).
Im.pe.dir *v* to delay; to prevent; to bar.
Im.pe.ne.trá.vel *adj* impenetrable.
Im.pe.rar *v* to rule; to reign.
Im.pe.ra.triz *s* empress.
Im.per.cep.tí.vel *adj* imperceptible.
Im.per.do.á.vel *adj* unpardonable; unforgivable.
Im.per.fei.to *s* GRAM imperfect (tense); *adj* imperfect; faulty; defective.
Im.pe.rí.cia *s* unskilfulness; inadequacy.
Im.per.me.a.bi.li.zar *v* to impermeabilize; to waterproof.
Im.per.me.á.vel *s* waterproof; USA raincoat; *adj* impermeable; impervious.
Im.per.mu.tá.vel *adj* unchangeable.
Im.per.ti.nên.cia *s* impertinence; peevishness.
Im.per.ti.nen.te *adj* impertinent; fretful.
Im.per.tur.bá.vel *adj* imperturbable; calm; unemotional.
Ím.pe.to *s* impetus; impulse.
Im.pe.trar *v* to impetrate; to request.
Im.pi.e.do.so *adj* pitiless; unmerciful.
Im.pin.gir *v* to force; to impose.
Ím.pio *adj* impious; wicked; godless.
Im.pla.cá.vel *adj* implacable; inexorable.
Im.plan.tar *v* to implant; to plant.
Im.pli.car *v* to implicate; to involve; to imply.
Im.plí.ci.to *adj* implicit; tacit.
Im.plo.rar *v* to implore; to entreat; to beseech.
Im.plu.me *adj* bald.
Im.pon.de.rá.vel *adj* imponderable.
Im.po.nên.cia *s* splendor; majesty; pomp.
Im.por *v* to impose; to demand; to entail.
Im.por.tân.cia *s* importance; significance.
Im.por.tar *v* to import; to care; to mind.
Im.por.tu.no *adj* importune; annoying; boring; pesky.
Im.po.si.ção *s* imposition; order; assessment.
Im.pos.si.bi.li.tar *v* to impossibilitate.
Im.pos.sí.vel *adj* impossible; impracticable; impractical.
Im.pos.to *s* tax; impost; duty.
Im.pos.tor *s* impostor; pretender; deceiver.
Im.pra.ti.cá.vel *adj* impracticable; out of the question.
Im.pre.ca.ção *s* imprecation; curse.
Im.pre.car *v* to imprecate; to swear; to curse.
Im.preg.nar *v* to imbue; to infuse; to impregnate.
Im.pren.sa *s* press; printing-press; printing.
Im.pren.sar *v* to press; to squeeze.
Im.pres.cin.dí.vel *adj* indispensable; essential.
Im.pres.são *s* impression; printing.
Im.pres.si.o.nar *v* to impress; to affect deeply.
Im.pres.so *s* printed work; print; *adj* printed.
Im.pres.tá.vel *adj* useless.
Im.pre.vis.to *adj* unforeseen; unexpected.
Im.pri.mir *v* to stamp; to print; to imprint.
Im.pro.du.ti.vo *adj* unfruitful; unproductive.
Im.pro.pé.rio *s* affront; outrage.
Im.pró.prio *adj* unsuitable; inappropriate; improper.
Im.pro.vi.sa.dor *s* ad-libber.
Im.pro.vi.sar *v* to improvise.
Im.pru.dên.cia *s* imprudence; rashness; indiscretion.
Im.pru.den.te *adj* imprudent; unwise.
Im.pú.be.re *adj* teen.
Im.pu.di.co *adj* lewd; obscene.
Im.pul.são *s* impulsion; impelling.
Im.pul.si.o.nar *v* to impel; to drive.
Im.pul.si.vo *adj* impulsive; impetuous.
Im.pul.so *s* impulse; impulsion; pep; zip.
Im.pu.re.za *s* unchastity; impurity.
Im.pu.ro *adj* impure; defiled; adulterated.
Im.pu.tar *v* to impute; to charge; to attribute.
I.mun.dí.cie *s* dirt; filth.
I.mun.do *adj* dirty; unclean; filthy.
I.mu.ni.da.de *s* immunity; exemption.
I.mu.ni.za.ção *s* immunization.
I.mu.ni.zar *v* to immunize.
I.mu.tá.vel *adj* immutable; unchangeable.
I.na.ba.lá.vel *adj* unshakable; steadfast.
I.ná.bil *adj* inapt; incompetent; unskillful.
I.na.bi.li.da.de *s* inability; unskilfulness.
I.na.bi.li.ta.ção *s* inability; disablement; incapacitation.
I.na.bi.tá.vel *adj* uninhabitable.
I.na.ces.sí.vel *adj* inaccessible.
I.na.de.qua.do *adj* inadequate; improper; unqualified.
I.na.di.á.vel *adj* urgent; pressing.
I.na.la.ção *s* inhalation.
I.na.la.dor *s* inhaler.
I.na.lar *v* to inhale; to inspire; to breathe in.
I.na.li.e.ná.vel *adj* inalienable; indefeasible.
I.na.ne *adj* inane; empty.
I.na.ni.ção *s* inanition; inanity; emptiness.
I.na.ni.ma.do *adj* inanimate; lifeless.
I.nap.to *adj* inapt; unfit; inept.
I.na.ti.vo *adj* inactive; idle.
I.na.to *adj* innate; inborn.
I.nau.di.to *adj* unheard of; untold; strange.
I.nau.dí.vel *adj* inaudible.
I.nau.gu.rar *v* to inaugurate; to open; to begin.
In.can.des.cên.cia *s* incandescence; incandescency.
In.can.des.cen.te *adj* incandescent; shining.
In.can.des.cer *v* to incandesce.
In.can.sá.vel *adj* indefatigable; untiring; tireless.
In.ca.pa.ci.da.de *s* incapacity; inability.
In.ca.pa.ci.tar *v* to incapacitate; to disable; to disqualify.
In.ca.paz *adj* incapable; incompetent.
In.cau.to *adj* incautious; heedless; rash.
In.cen.di.ar *v* to set on fire; to inflame; to set fire.
In.cên.dio *s* fire; conflagration.
In.cen.sar *v* to incense.

In.cen.so *s* incense.
In.cen.ti.var *v* to motivate; to encourage.
In.cen.ti.vo *s* incentive; stimulus.
In.cer.te.za *s* uncertainty; indecision.
In.cer.to *adj* uncertain; doubtful.
In.ces.san.te *adj* incessant; uninterrupted.
In.ces.to *s* incest; *adj* infamous.
In.ces.tu.o.so *adj* incestuous.
In.cha.ço *s* tumour; swelling.
In.cha.do *adj* swollen; puffed up.
In.char *v* to swell; to puffy up; to inflate.
In.ci.dên.cia *s* incidence; incidency.
In.ci.den.te *s* incident; occurence; episode; *adj* incidental.
In.ci.dir *v* to incise; to occur; to happen.
In.ci.ne.rar *v* to incinerate; to burn to ashes.
In.ci.pi.en.te *adj* incipient; initial; beginning.
In.ci.são *s* incision; cut; gash.
In.ci.si.vo *adj* incisive; cutting; sharp.
In.ci.ta.ção *s* incitation; incitement; *also* Incitamento.
In.ci.tar *v* to urge; to incite.
In.cli.nar *v* to tilt; to lean; to bent.
In.cli.ná.vel *adj* inclinable.
In.clu.ir *v* to include; to enclose; to inclose.
In.co.e.rên.cia *s* incoherence; incoherency.
In.co.e.ren.te *adj* incoherent; nonsensical.
In.cóg.ni.ta *s* unknown quantity.
In.co.lor *adj* colorless; blank.
In.có.lu.me *adj* safe and sound; unharmed.
In.co.men.su.rá.vel *adj* incommensurable; unmeasurable.
In.co.mo.dar *v* to incommode; to trouble.
In.cô.mo.do *s* inconvenience; trouble; *adj* troublesome.
In.com.pa.rá.vel *adj* incomparable; peerless.
In.com.pa.ti.bi.li.zar *v* to grow incompatible.
In.com.pa.tí.vel *adj* incompatible; contraditory.
In.com.pe.tên.cia *s* incompetency; inability.
In.com.pre.en.são *s* incomprehension; misunderstanding.
In.com.pre.en.sí.vel *adj* incomprehensible.
In.co.mu.ni.cá.vel *adj* incommunicable; noncommunicable.
In.con.ce.bí.vel *adj* unconceivable; unbelievable.
In.con.fun.dí.vel *adj* unmistakable.
In.con.gru.ên.cia *s* incongruence; incongruity; incompatibility.
In.cons.ci.ên.cia *s* unconsciousness.
In.con.se.quên.cia *s* inconsequence.
In.con.sis.tên.cia *s* inconsistency; inconsistence.
In.con.sis.ten.te *adj* inconsistent; incoherent.
In.cons.tan.te *adj* inconstant; fickle.
In.con.tes.tá.vel *adj* incontestable; unanswerable.
In.con.ve.ni.ên.cia *s* inconvenience; trouble.
In.cor.po.rar *v* to incorporate; **Incorporar-se:** to join.
In.cor.pó.reo *adj* incorporeal.
In.cor.rer *v* to incur; to bring upon oneself.
In.cor.re.to *adj* incorrect; improper.
In.cor.ri.gí.vel *adj* incorrigible; unruly.
In.cre.du.li.da.de *s* incredulity; distrust; ungodliness.
In.cré.du.lo *adj* incredulous; unbeliever; skeptic.
In.cre.men.tar *v* to increase; to add.
In.cri.mi.nar *v* to incriminate; to accuse.
In.crí.vel *adj* incredible; unbelievable.
In.crus.tar *v* to incrust; to inlay; to encase.
In.cu.bar *v* to incubate; to hatch; to brood.
In.cul.car *v* to inculcate; to impress; to instill.
In.cul.ti.vá.vel *adj* uncultivable; unproductive.
In.cul.to *adj* uncultivated; uncultured; wild.
In.cum.bên.cia *s* incumbency; obligation; assignment.
In.cum.bir *v* to charge; to confide; to concern.
In.cu.rá.vel *adj* past recovery; incurable.
In.cur.são *s* incursion; raid.
In.cu.tir *v* to suggest; to impress; to infuse.
In.da.ga.ção *s* investigation; question; inquiry.
In.da.gar *v* to investigate; to ask.
In.de.cên.cia *s* indecency; obscenity.
In.de.cen.te *adj* indecent; improper; foul.
In.de.ci.frá.vel *adj* undecipherable.
In.de.ci.são *s* indecision; vacillation.
In.de.co.ro.so *adj* indecorous; unbecoming.
In.de.fen.sá.vel *adj* indefensible; fenceless.
In.de.fe.rir *v* to deny; to refuse; to reject.
In.de.fe.so *adj* undefended; defenceless.
In.de.lé.vel *adj* indelible; ineffaceable.
In.de.li.ca.de.za *s* indelicacy; rudeness.
In.de.ne *adj* unhurt; safe.
In.de.ni.za.ção *s* indemnification; indemnity.
In.de.ni.zar *v* to indemnify; to compensate.
In.de.pen.dên.cia *s* independence; selfsupport.
In.de.pen.den.te *adj* independent; selfsupporting.
In.des.cri.tí.vel *adj* indescribable.
In.de.vi.do *adj* unjust; undue.
Ín.dex *s* index; forefinger.
In.di.ca.ção *s* indication; direction.
In.di.ca.dor *s* indicator; directory; *adj* indicating.
In.di.car *v* to indicate; to denote; to point out.
Ín.di.ce *s* index; rate.
In.di.ci.ar *v* to accuse; to denounce.
In.dí.cio *s* signal; mark; trace.
In.di.fe.ren.ça *s* unconcern; indifference.
In.di.fe.ren.te *adj* indifferent; neutral.
In.dí.ge.na *s* indigene; native; *adj* native; indigenous; indian.
In.di.gên.cia *s* indigence; poverty.
In.di.gen.te *adj* indigent; needy.
In.di.ges.tão *s* indigestion; dyspepsia.
In.dig.na.ção *s* indignation; repulsion.
In.dig.nar *v* to be indignant.
In.dig.no *adj* unworthy; despicable.
Ín.di.go *s* indigo; anil.

Ín.dio *adj* Indian.
In.dis.ci.pli.na *s* indiscipline; disorder.
In.dis.ci.pli.na.do *adj* undisciplined; disobedient.
In.dis.ci.pli.nar *v* to render undisciplined.
In.dis.cre.to *adj* indiscreet; rash.
In.dis.cri.ção *s* indiscretion; imprudence.
In.dis.cu.tí.vel *adj* incontestable; unquestionable.
In.dis.po.ní.vel *adj* inalienable; untransferable.
In.dis.por *v* to indispose; to make sick.
In.dis.po.si.ção *s* indisposition.
In.dis.pos.to *adj* indisposed.
In.dis.so.lu.bi.li.da.de *s* indissolubility.
In.dis.so.lú.vel *adj* indissoluble.
In.dis.tin.to *adj* indistinct; vague.
In.di.vi.du.al *adj* individual; single.
In.di.vi.du.a.li.da.de *s* individuality; personality.
In.di.ví.duo *s* individual; fellow; person.
In.di.vi.são *s* undivision.
In.dó.cil *adj* indocile; unruly.
Ín.do.le *s* character; temper; disposition.
In.do.lên.cia *s* indolence; habitual idleness.
In.do.lor *adj* painless; free from pain.
In.do.má.vel *adj* indomitable; unconquerable.
In.dô.mi.to *adj* untamable; indomitable.
In.du.bi.tá.vel *adj* indubitable; unquestionable.
In.dul.gên.cia *s* indulgence; forbearance.
In.dul.tar *v* to pardon.
In.dul.to *s* indult; pardon.
In.du.men.tá.ria *s* clothe; vestments.
In.du.ti.vo *adj* inductive; persuasive; produced by induction.
In.du.zir *v* to induce; to head; to prevail on.
I.ne.bri.an.te *adj* inebriating; inebriant.
I.ne.bri.ar *v* to inebriate; to fall into ecstasy.
I.né.di.to *adj* inedited; FIG unusual.
I.ne.fi.cá.cia *s* inefficacy; inefficiency.
I.ne.fi.caz *adj* ineffective.
I.ne.gá.vel *adj* incontestable; undeniable.
I.ne.le.gí.vel *adj* ineligible; unworthy.
I.nep.to *adj* inept; foolish; incompetent.
I.ne.quí.vo.co *adj* unmistakable; unequivocal.
I.nér.cia *s* inertia; inertness.
I.ne.ren.te *adj* inherent; intrinsical; ingrained.
I.ner.te *adj* inert; sluggish.
I.nes.cru.tá.vel *adj* unfathomable; inscrutable.
I.nes.go.tá.vel *adj* inexhaustible; unfailing.
I.nes.pe.ra.do *adj* unforeseen; unexpected.
I.nes.que.cí.vel *adj* unforgettable.
I.nes.ti.má.vel *adj* inestimable; inappreciable.
I.ne.vi.tá.vel *adj* unavoidable; inevitable.
I.ne.xa.ti.dão *s* inaccuracy.
I.ne.xe.quí.vel *adj* unworkable; unworkable.
I.ne.xis.tên.cia *s* inexistence.
I.ne.xo.rá.vel *adj* inexorable; relentless.
I.nex.pe.ri.ên.cia *s* inexperience.
I.nex.pe.ri.en.te *adj* inexperienced.
I.nex.pli.cá.vel *adj* inexplicable; obscure.
In.fa.li.bi.li.da.de *s* infallibility; infallibleness.
In.fa.lí.vel *adj* infallible.
In.fa.mar *v* to defame; to disgrace.
In.fa.me *adj* infamous.
In.fâ.mia *s* baseness; infamy.
In.fân.cia *s* infancy; babyhood; childhood.
In.fan.ta.ri.a *s* infantry.
In.fan.til *adj* infantile; childish; childlike.
In.fa.ti.gá.vel *adj* untiring; indefatigable.
In.fec.ção *s* infection; contagion.
In.fec.ci.o.nar *v* to infect; to taint.
In.fec.tar *v* to infect; to taint.
In.fe.cun.di.da.de *s* infecundity; sterility.
In.fe.li.ci.da.de *s* infelicity; unhappiness; misfortune.
In.fe.liz *adj* unhappy; unfortunate; unlucky.
In.fe.liz.men.te *adv* unfortunately.
In.fe.rên.cia *s* inference; inferring.
In.fe.rir *v* to infer; to deduce; to conclude.
In.fer.no *s* hell.
In.fi.de.li.da.de *s* infidelity; unfaithfulness.
In.fi.el *s* unbeliever; infidel; *adj* unfaithful; infidel.
In.fil.trar *v* to infiltrate; to penetrate.
Ín.fi.mo *adj* lowermost; meanest.
In.fi.ni.to *s* GRAM infinitive (mood); *adj* infinite; endless.
In.fla.ção *s* inflation; swelling.
In.fla.ma.ção *s* inflammation; enthusiasm.
In.fla.ma.do *adj* excited; inflamed.
In.fla.mar *v* to inflame.
In.fla.má.vel *adj* inflammable; combustible.
In.flar *v* to inflate; to swell; to elate.
In.flá.vel *adj* inflatable.
In.fle.xí.vel *adj* inflexible; unalterable.
In.fli.gir *v* to inflict on; to impose.
In.flu.en.ci.ar *v* to influence.
In.flu.en.za *s* grippe; influenza; flu.
In.flu.ir *v* to influence on; to affect.
In.for.ma.ção *s* information; data.
In.for.mar *v* to inform; to advice; to acquaint.
In.for.mi.da.de *s* shapelessness; deformity.
In.for.tú.nio *s* misfortune; bad luck.
In.fra.ção *s* infraction; transgression; violation.
In.frin.gir *v* to infringe; to contravene.
In.fun.dir *v* to infuse; to imbue.
In.fu.são *s* infusion; instilling; imbuing.
In.ge.nu.i.da.de *s* ingenuousness; ingenuity.
In.gê.nuo *adj* ingenuous; artless.
In.ge.rên.cia *s* interference; intermeddling.
In.ge.rir *v* to ingest; to put in.
In.ges.tão *s* ingestion; deglutition; swallowing.
In.glês *s* english; *adj* english.
In.gló.rio *adj* inglorious; modest.
In.gra.ti.dão *s* ingratitude.
In.gre.di.en.te *s* ingredient.
Ín.gre.me *adj* steep; sheer; acclivitous.
In.gres.sar *v* to enter.
In.gres.so *s* entrance; access; BR ticket.
I.ni.bi.ção *s* inhibition; inhibiting.

I.ni.bir *v* to inhibit; to forbid; to hinder.
I.ni.ci.a.ção *s* initiation; beginning; starting.
I.ni.ci.ar *v* to initiate; to start; to begin.
I.ni.ci.a.ti.va *s* initiative; enterprise; activity.
I.ní.cio *s* start; trigger; outset; beginning.
I.ni.gua.lá.vel *adj* matchless; incomparable.
I.ni.mi.go *s* enemy; *adj* inimical; hostile; adverse.
I.ni.mi.tá.vel *adj* inimitable; unmatchable.
I.ni.mi.za.de *s* enmity; hostility.
I.ni.mi.zar *v* to make enemies.
I.nin.te.li.gí.vel *adj* unintelligible.
I.ni.qui.da.de *s* iniquity; wickedness.
I.ní.quo *adj* unrighteous; iniquitous.
In.je.ção *s* injection; POP shot.
In.je.tar *v* to inject.
In.jú.ria *s* injury; offence; insult.
In.ju.ri.ar *v* to injure; to offend.
In.jus.ti.ça *s* injustice; wrong.
In.jus.ti.fi.cá.vel *adj* unjustifible.
In.jus.to *adj* unfair; unjust.
I.no.cên.cia *s* innocence; innocency; guiltlessness.
I.no.cen.tar *v* to free from guilt.
I.no.cen.te *adj* innocent; guiltless; harmless.
I.nó.cuo *adj* innocuous; harmless.
I.no.do.ro *adj* inodorous; odourless.
I.no.fen.si.vo *adj* harmless; inoffensive.
I.no.por.tu.no *adj* inopportune; untimely.
I.nor.gâ.ni.co *adj* inorganic.
I.nós.pi.to *adj* inhospitable; wild; barren.
I.no.var *v* to innovate; to change.
In.qua.li.fi.cá.vel *adj* unqualifiable; ambiguous.
In.que.bran.tá.vel *adj* inflexible; indefatigable.
In.que.brá.vel *adj* shatterproof; unbreakable.
In.qué.ri.to *s* inquest; inquiry.
In.ques.ti.o.ná.vel *adj* unquestionable; doubtless; indisputable.
In.qui.e.ta.ção *s* restlessness; uneasiness.
In.qui.e.tar *v* to worry; **Inquietar-se**: to become uneasy.
In.qui.e.to *adj* unquiet; apprehensive.
In.qui.li.no *s* lodger; roomer.
In.qui.ri.ção *s* inquiry; cross-examination.
In.qui.rir *v* to inquire; to investigate.
In.sa.ci.á.vel *adj* insatiable; greedy; insatiate.
In.sâ.nia *s* insanity; mental disorder; madness.
In.sa.no *adj* insane; mad.
In.sa.tis.fei.to *adj* unsatisfied; discontented; dissatisfied.
Ins.cre.ver *v* to register; to inscribe; to enter.
Ins.cri.ção *s* inscription; inscribing.
Ins.cul.pir *v* to engrave; to inscribe; to carve.
In.sen.sa.tez *s* insensateness; foolishness.
In.sen.sa.to *adj* insensate; foolish.
In.sen.si.bi.li.da.de *s* insensibility; consciousness.
In.sen.si.bi.li.zar *v* to render insensitive.
In.sen.sí.vel *adj* insensible; unconscious.
In.se.to *s* bug.
In.sí.dia *s* insidousness; snare; ambush.
In.sig.ne *adj* notable; remarkable; illustrious.
In.síg.nia *s* insignia; badge; emblem.
In.sig.ni.fi.cân.cia *s* trifle; triviality.
In.sig.ni.fi.can.te *adj* insignificant.
In.si.nu.a.ção *s* insinuation; hint.
In.si.nu.ar *v* to insinuate; to hint; to suggest.
In.si.pi.dez *s* insipidness; insipidity.
In.sí.pi.do *adj* insipid; unsavoury; tasteless.
In.sis.tên.cia *s* insistence; persistence.
In.sis.ten.te *adj* insistent; persistent.
In.sis.tir *v* to insist; to persist; to dwell.
In.so.ci.a.bi.li.da.de *s* unsociability.
In.so.la.ção *s* sunstroke; insolation.
In.so.lên.cia *s* insolence.
In.só.li.to *adj* uncommon; unusual.
In.so.lú.vel *adj* insoluble.
In.sô.nia *s* insomnia; sleeplessness.
In.sos.so *adj* insipid; unsalted.
Ins.pe.ção *s* survey; inspection.
Ins.pe.ci.o.nar *v* to inspect; to survey.
Ins.pi.ra.ção *s* inspiration; inhalation.
Ins.pi.ra.dor *s* inspirer; animator; stimulator.
Ins.pi.rar *v* to inspire; to instill; to influence.
Ins.ta.bi.li.da.de *s* instability.
Ins.ta.lar *v* to install; to establish; to lodge.
Ins.tân.cia *s* instance; request.
Ins.tan.tâ.neo *s* snapshot; *adj* instantaneous.
Ins.tan.te *s* instant; moment; *adj* instant.
Ins.tar *v* to insist on; to urge; to press.
Ins.tau.ra.ção *s* establishment; instauration.
Ins.tau.rar *v* to repair; to establish; to found.
Ins.tá.vel *adj* unstable; unsettled; changeable.
Ins.ti.gar *v* to instigate; to stimulate; to incite.
Ins.ti.lar *v* to instill; to infuse.
Ins.tin.ti.vo *adj* instinctive; spontaneous.
Ins.ti.tu.ir *v* to institute; to establish.
Ins.ti.tu.to *s* institute; school; established law.
Ins.tru.ção *s* instruction; education; learning.
Ins.tru.ir *v* to instruct; to educate; to bring up.
Ins.tru.men.to *s* instrument; tool; implement.
Ins.tru.tor *s* instructor; instructer.
In.sub.mis.são *s* insubmission; unruliness.
In.sub.mis.so *adj* unsubmissive; insubordinate.
In.su.bor.di.na.ção *s* insubordination.
In.su.bor.di.nar *v* to make insubordinate; to mutiny.
In.subs.ti.tu.í.vel *adj* irreplaceable.
In.su.ces.so *s* unsuccess ness; failure.
In.su.fi.ci.ên.cia *s* insufficiency; inadequacy; deficiency.
In.su.fi.ci.en.te *adj* insufficient; deficient.
In.su.flar *v* to insufflate; FIG to inspire.
In.su.lar *v* to insulate; to isolate.
In.su.lar *adj* insular.
In.sul.tar *v* to insult; to abuse; to outrage.
In.sul.to *s* insult; affront.
In.su.pe.rá.vel *adj* insuperable; insurmountable.
In.su.por.tá.vel *adj* insupportable; intolerable.

In.sur.gir *v* to revolt; to rebel.
In.sur.rei.ção *s* insurrection; rebellion.
In.ta.to *adj* untouched; intact.
Ín.te.gra *s* complete text; totality.
In.te.gra.ção *s* integration.
In.te.gral *adj* integral; whole; complete.
In.te.grar *v* to integrate; to make entire.
In.te.gri.da.de *s* integrity; uprightness.
Ín.te.gro *adj* entire; complete; upright.
In.tei.rar *v* to complete; to inform.
In.tei.re.za *s* integrity; honesty; wholeness.
In.tei.ro *adj* entire; whole; complete.
In.te.lec.to *s* intellect; understanding.
In.te.lec.tu.al *adj* intellectual.
In.te.li.gên.cia *s* intelligence; mind; intellect.
In.te.li.gen.te *adj* intelligent; smart; clever.
In.te.li.gí.vel *adj* intelligible; comprehensible.
In.te.me.ra.to *adj* intemerate; undefiled.
In.tem.pé.rie *s* inclemency.
In.tem.pes.ti.vo *adj* untimely; unseasonable.
In.ten.ção *s* intention; purpose.
In.ten.ci.o.nal *adj* intentional.
In.ten.si.da.de *s* intensity; intenseness.
In.ten.si.fi.car *v* to intensify; to accelerate.
In.ten.si.vo *adj* intensive.
In.ten.so *adj* intense; vehement; ardent.
In.ten.tar *v* to intend; to endeavour; to attempt.
In.ten.to *s* intent; purpose.
In.ter.ca.la.ção *s* insertion; intercalation.
In.ter.ce.der *v* to intercede; to plead.
In.ter.cor.rên.cia *s* incident; modification.
In.ter.di.tar *v* to interdict; to prohibit.
In.te.res.sa.do *adj* interested; attentive.
In.te.res.san.te *adj* interesting; savoury.
In.te.res.sar *v* to interest; to concern.
In.te.res.se *s* interest; concern.
In.ter.fe.rên.cia *s* interference; interfering.
In.ter.fe.rir *v* to interfere.
Ín.te.rim *s* interim; meanwhile.
In.te.ri.or *s* interior; inside; indoor; *adj* interior; inside; inner.
In.ter.jei.ção *s* interjection; exclamation.
In.ter.lo.cu.tor *s* interlocutor; speaker.
In.ter.me.di.ar *v* to intermediate; to mediate; to intervene.
In.ter.me.di.á.rio *s* intermediary; mediator; *adj* intermediary; intermediate.
In.ter.mi.ná.vel *adj* interminable; endless.
In.ter.mis.são *s* intermittence; interposition; *also* Intermitência.
In.ter.mi.ten.te *adj* remittent; intermittent.
In.ter.na.ção *s* internment.
In.ter.na.ci.o.nal *adj* international.
In.ter.na.ci.o.na.li.zar *v* to internationalize.
In.ter.na.do *s* intern; interne.
In.ter.nar *v* to intern; to inclose; to confine.
In.ter.na.to *s* boarding-school.
In.ter.pe.la.ção *s* interpellation.
In.ter.pe.lar *v* to interpellate.
In.ter.por *v* to interpose; to place between; to intervene.
In.ter.po.si.ção *s* mediation; interposition.
In.ter.pos.to *s* emporium; store.
In.ter.pre.ta.ção *s* construction; interpretation.
In.ter.pre.tar *v* to interpret; to play; to represent; to perform.
In.tér.pre.te *s* interpreter.
In.ter.ro.ga.ção *s* interrogation; question; inquiry.
In.ter.ro.gar *v* interrogate; to question; to examine.
In.ter.ro.ga.tó.rio *s* interrogatory; inquiry.
In.ter.rom.per *v* to interrupt; to cut off; to stop.
In.ter.rup.ção *s* interruption; cessation; discontinuance.
In.ter.rup.tor *s* interrupter; switch.
In.ters.tí.cio *s* interstice; crevice; interval.
In.te.rur.ba.no *adj* long-distance call.
In.ter.va.lo *s* interval; ESP half-time; intermission.
In.ter.ven.ção *s* intervention; interference; intermediation.
In.ter.vir *v* to intervene; to interfere with.
In.ti.ma.ção *s* intimation; notification; summons.
In.ti.mar *v* to notify; to summon; to enjoin.
In.ti.mi.da.ção *s* intimidation; threat.
In.ti.mi.da.de *s* intimacy; privacy.
In.ti.mi.dar *v* to intimidate; to daunt; to bulldoze.
Ín.ti.mo *s* intimate; a crony.
In.ti.tu.lar *v* to entitle; to head; to call.
In.to.le.rân.cia *s* intolerance.
In.to.le.rá.vel *adj* intolerable; unbearable.
In.to.na.ção *s* intonation; modulation.
In.to.xi.ca.ção *s* intoxication; poisoning.
In.to.xi.ca.do *adj* intoxicated.
In.to.xi.car *v* to intoxicate; to poison.
In.tra.du.zí.vel *adj* untranslatable.
In.tran.qui.li.da.de *s* agitation; disturbance.
In.tran.qui.lo *adj* agitated; disturbed.
In.trans.fe.rí.vel *adj* untransferable.
In.tran.si.gên.cia *s* intransigence.
In.tran.si.gen.te *adj* intransigent; irreconcilable.
In.tran.si.tá.vel *adj* impassable.
In.tra.tá.vel *adj* intractable; rude.
In.tre.pi.dez *s* intrepidity; fearlessness.
In.tré.pi.do *adj* intrepid; fearless; dauntless.
In.tri.ga *s* intrigue; plot.
In.tri.gan.te *adj* intriguing.
In.tri.gar *v* to intrigue; to puzzle; to plot.
In.trin.ca.do *adj* intricate; knotty.
In.trín.se.co *adj* intrinsic; inherent.
In.tro.du.ção *s* introduction; preface.
In.tro.du.zir *v* to introduce; to put in; to insert.
In.troi.to *s* preface; introit.
In.tro.me.ter *v* to meddle; to trespass.
In.tro.me.ti.do *s* meddler; *adj* meddlesome; intrusive.
In.tro.mis.são *s* intromission.
In.tros.pec.ção *s* introspection.

In.tros.pec.ti.vo *adj* introspective.
In.tru.são *s* intrusion; encroachment.
In.tui.ção *s* intuition; insight.
In.tu.mes.cên.cia *s* intumescence; swelling.
In.tu.mes.cer *v* to become tumid; to swell.
I.nu.ma.ção *s* interment; inhumation.
I.nu.ma.ni.da.de *s* inhumanity; barbarity; cruelty.
I.nu.ma.no *adj* inhuman; brutal; cruel.
I.nu.mar *v* to inhume; to inter; to bury.
I.nú.me.ro *adj* numberless; countless.
I.nun.da.ção *s* inundation; flood.
I.nun.dar *v* to inundate; to flood; to overflow.
I.nu.si.ta.do *adj* unusual.
I.nú.til *adj* inutile; vain; useless; needless.
I.nu.ti.li.da.de *s* inutility; uselessness; needlessness.
I.nu.ti.li.zar *v* to make useless; to frustrate.
In.va.dir *v* to invade; to trespass.
In.va.li.da.ção *s* invalidation; annulment; cancellation.
In.va.li.dar *v* to invalidate; to annul; to nullify.
In.va.li.dez *s* invalidity; disability.
In.vá.li.do *s* invalid; *adj* invalid; null; void.
In.va.ri.a.bi.li.da.de *s* invariableness; invariability.
In.va.ri.á.vel *adj* unchangeable; invariable.
In.va.são *s* invasion; raid; incursion; inroad.
In.va.sor *s* forayer; invader; *adj* invading.
In.vec.ti.va *s* invective.
In.vec.ti.var *v* to rail; to inveigh against; .
In.ve.ja *s* envy; jealousy; enviousness; rivalry.
In.ve.jar *v* to envy; to grudge; to long for.
In.ve.já.vel *adj* enviable; covetable; desirable.
In.ve.jo.so *adj* envious; feeling envy.
In.ven.ção *s* invention; contrivance.
In.ven.ci.bi.li.da.de *s* invincibility; invincibleness.
In.ven.ci.o.ni.ce *s* lie; falsehood; story.
In.ven.cí.vel *adj* invincible; unconquerable.
In.ven.tar *v* to invent; to create; to make up.
In.ven.ta.ri.ar *v* to inventory; to schedule; to list; stocktaking.
In.ven.ti.va *s* inventiveness.
In.ven.ti.vo *adj* inventive; imaginative; ingenious; creative.
In.ven.to *s* invention; contrivance.
In.ven.tor *s* inventor; author.
In.ver.nar *v* to hibernate; to winter.
In.ver.no *s* winter.
In.ve.ros.si.mi.lhan.ça *s* inveracity; unlikelihood.
In.ver.sa.men.te *adv* inversely, inverted condition.
In.ver.são *s* inversion; inverting.
In.ver.so *s* e *adj* inverse; contrary; reverse.
In.ver.ter *v* to invert; to reverse.
In.ver.ti.do *adj* inverted; reverse; inverse.
In.ves.ti.da *s* investing; assault; charge.
In.ves.ti.du.ra *s* investiture; vesture.
In.ves.ti.ga.ção *s* investigation; inquiry; research.
In.ves.ti.gar *v* to investigate; to look.
In.ves.ti.gá.vel *adj* investigable.
In.ves.tir *v* to invest; to attack; to assault.
In.ve.te.ra.do *adj* inveterate; deep-roted; habitual.
In.vi.a.bi.li.da.de *s* impracticableness; impracticability.
In.vi.á.vel *adj* impracticable; impractical.
In.vic.to *adj* invincible; undefeated.
In.vi.o.la.bi.li.da.de *s* inviolability; inviolableness.
In.vi.o.la.do *adj* inviolate; unhurt.
In.vi.o.lá.vel *adj* inviolable.
In.vi.si.bi.li.da.de *s* invisibility; invisibliness.
In.vi.sí.vel *adj* invisible.
In.vo.ca.ção *s* invocation; invoking.
In.vo.car *v* to invoke; to appeal; to implore.
In.vol.tó.rio *s* wrapper.
In.vó.lu.cro *s* involucre; wrapper; packing.
In.vo.lun.tá.rio *adj* involuntary; unintentional.
In.vul.gar *adj* exceptional; uncommon.
In.vul.ne.ra.bi.li.da.de *s* invulnerability.
In.vul.ne.rá.vel *adj* invulnerable.
Ir *v* to go; to move; to walk; to go away.
I.ra *s* ire; rage; anger.
I.ra.do *adj* irate; angry; enraged.
I.rar *v* to make angry; to anger; to enrage.
I.ras.cí.vel *adj* irascible; irritable.
Ir.mã *s* sister.
Ir.ma.nar *v* to match; to pair; to mate.
Ir.man.da.de *s* brotherhood; sisterhood; fraternity.
Ir.mão *s* brother.
I.ro.nia *s* irony; sarcasm; mordacity.
I.rô.ni.co *adj* ironical; ironic; sarcastic; sarcastical.
Ir.ra.ci.o.nal *adj* irrational; unreasonable; absurd.
Ir.ra.ci.o.na.li.da.de *s* irrationality; unreasonableness.
Ir.ra.di.a.ção *s* irradiation; broadcasting.
Ir.ra.di.a.dor *s* irradiator; *adj* irradiative.
Ir.ra.di.ar *v* to irradiate; to shine; to broadcast.
Ir.re.al *adj* unreal; illusive; chimeric.
Ir.re.a.li.zá.vel *adj* impracticable.
Ir.re.con.ci.li.á.vel *adj* irreconcilable; incompatible.
Ir.re.cu.pe.rá.vel *adj* irrecoverable; irretrievable; irreclaimable.
Ir.re.cu.sá.vel *adj* irrecusable.
Ir.re.fle.ti.do *adj* thoughtless; unthinking.
Ir.re.fle.xão *s* rashness.
Ir.re.fu.tá.vel *adj* irrefutable; indisputable; unanswerable.
Ir.re.gu.lar *adj* irregular; unnatural.
Ir.re.gu.la.ri.da.de *s* irregularity; laxity; unevenness.
Ir.re.me.di.á.vel *adj* irremediable; incurable.
Ir.re.pa.rá.vel *adj* irreparable; irretrievable.
Ir.re.pre.en.sí.vel *adj* irreproachable; blameless.
Ir.re.qui.e.to *adj* restless; turbulent; fidgety.
Ir.re.sis.tí.vel *adj* irresistible; resistless; charming.
Ir.res.pon.sa.bi.li.da.de *s* irresponsibility.
Ir.res.pon.sá.vel *adj* irresponsible.
Ir.res.tri.to *adj* unrestricted.
Ir.re.ve.rên.cia *s* irreverence; insolence; disrespect.
Ir.re.ve.ren.te *adj* irreverent; insolent; disrespectful.

Ir.re.vo.gá.vel *adj* irrevocable; indefeasible.
Ir.ri.gar *v* to irrigate; to water.
Ir.ri.só.rio *adj* derisive; derisory.
Ir.ri.ta.bi.li.da.de *s* irritability.
Ir.ri.ta.ção *s* irritation; annoyance.
Ir.ri.ta.do *adj* excited; angry.
Ir.ri.tar *v* to irritate; to chafe; to gall.
Ir.rom.per *v* to burst; to erupt.
Ir.rup.ção *s* irruption; outburst.
Is.ca *s* bait.
I.sen.ção *s* exemption; impartiality.
I.sen.tar *v* to exempt from; to free.
Is.lão *s* Islam.
I.so.la.do *adj* isolated.
I.so.la.men.to *s* isolation.
I.so.lar *v* to isolate; to insulate; to detach.
Is.quei.ro *s* lighter; tinder-lighter; match.
Is.ra.e.li.ta *s* Israelite.
Is.so *pron* that; it.
Is.to *pron* this.
I.tem *s* item.
I.te.ra.ti.vo *adj* iterative.
I.ti.ne.rá.rio *s* itinerary; route.

J

ABCDEFGHIJKLMNOPQRSTUVWXYZ

J *s* the tenth letter of the Portuguese alphabet and of the English alphabet.
Já *adv* already; now; at once.
Ja.ca.ré *s* alligator; cayman.
Jac.tar-se *v* to boast; to brag.
Ja.de *s* jade (stone).
Ja.le.co *s* jacket.
Ja.mais *adv* never.
Ja.nei.ro *s* January, first month of the year.
Ja.ne.la *s* window.
Jan.ga.da *s* raft; boat.
Jan.ga.dei.ro *s* man that fishes in high sea in a raft.
Jan.ta *s* dinner; supper.
Jan.tar *s* dinner; *v* to dine.
Ja.que.ta *s* jacket, short coat.
Ja.que.tão *s* coat (of leather).
Jar.da *s* yard (yd).
Jar.dim *s* garden.
Jar.di.nei.ra *s* flower box; BR GÍR little bus.
Jar.di.nei.ro *s* gardener.
Jar.ra *s* jar; vase; flowerpot.
Jar.ro *s* jug; jar.
Jas.mim *s* jasmine (flower).
Jas.pe *s* jasper, a quartz stone.
Ja.to *s* jet; stream.
Jau.la *s* cage; jail.
Ja.va.li *s* boar or wild pig.
Ja.zer *v* to lie; to rest; FIG to be dead.
Ja.zi.da *s* mine; bed.
Ja.zi.go *s* grave; tomb.
Je.ans *s* canvas pants; jeans.
Jei.to *s* mode; manner.
Je.ju.ar *v* to fast.
Je.sus *s* Jesus.
Je.sus! *interj* Jeez! Gee!
Ji.boi.a *s* boa constrictor.
Ji.pe *s* jeep (war car and also rural).
Jo.a.lhe.ri.a *s* jewellery or jewelry shop.
Jo.a.ne.te *s* bunion.
Jo.co.so *adj* jocose; waggish.
Jo.e.lho *s* knee.
Jo.ga.dor *s* gambler; player.
Jo.gar *v* to play; to throw; to gamble.
Jo.go *s* play; game, gamble.
Joi.a *s* jewel; jewelry.
Jor.na.da *s* journey; tour; trip.
Jor.nal *s* journal; newspaper; papers.
Jor.na.lei.ro *s* news boy; news agent; USA newsdealer.
Jor.na.lis.ta *s* journalist.
Jor.rar *v* to spurt; to gush.
Jo.vem *s* adolescent; *adj* young; youthful.
Ju.ba *s* mane.
Ju.bi.leu *s* jubilee.
Jú.bi.lo *s* jubilation; exultation; joy.
Ju.da.ís.mo *s* Judaism.
Ju.deu *s* Jew; *adj* Jewish.
Ju.di.ar *v* to mock; to afflict; to torture.
Ju.go *s* yoke; submission; oppression.
Ju.iz *s* judge; umpire; ESP referee.
Ju.í.zo *s* judgment; wisdom.
Jul.ga.do *s* judicature; judgeship; *adj* judged; sentenced.
Jul.ga.men.to *s* judgement; judgment; trial.
Jul.gar *v* to judge; to deem; USA to grade.
Ju.lho *s* July, the seventh month of the year.
Ju.men.to *s* a kind of jackass, ass, donkey.
Ju.nho *s* June, the sixth month of the year.
Jú.nior *adj* junior; younger.
Jun.tar *v* to adjoin; to join; to connect.
Jun.to *adj* near; joined; *adv* together; near; jointly.
Ju.ra *s* oath; vow; swearing.
Ju.ra.do *s* jury man; juror; *adj* sworn.
Ju.ra.men.to *s* oath.
Ju.rar *v* to swear; to promise; to take oath.
Ju.ris.pru.dên.cia *s* jurisprudence.
Ju.ro *s* interest.
Jus.ta.por *v* to juxtapose; to put side by side.
Jus.ti.ça *s* justice; fairness.
Jus.ti.cei.ro *adj* impartial; fair.
Jus.ti.fi.ca.ção *s* justification.
Jus.ti.fi.car *v* to justify.
Jus.ti.fi.ca.ti.vo *adj* justificative.
Jus.to *adj* fair.
Ju.ve.nil *adj* juvenile; young; youthful.
Ju.ven.tu.de *s* youth; youthfulness; teenage.

ABCDEFGHIJKLMNOPQRSTUVWXYZ

K *s* the eleventh letter of the Portuguese alphabet and of English alphabet.
K *s* QUÍM Potassium symbol.
Kai.ser *s* Kaiser.
Kan.tis.ta *adj* pertaining of Immanuel Kant.
Ka.rt S AUT ESP kart, a little car of races.
Ke.ple.ri.a.no *adj* ASTR of or pertaining to Johannes Kepler (1571/1630).
Ki.butz *s* popular collective house in Israel.
Kryp.ton *s* gaseous element, symbol Kr.

ABCDEFGHIJKLMNOPQRSTUVWXYZ

L *s* the twelfth letter of the Portuguese alphabet and of the English alphabet.
Lá *s* MÚS la, the sixth tone of the scale (symbol A); *adv* there; in that place.
Lã *s* wool; fleece.
La.ba.re.da *s* flame; blaze.
Lá.bia *s* astuteness; guile.
Lá.bio *s* lip.
La.bi.rin.to *s* labyrinth; maze.
La.bor *s* labor; labour.
La.bu.tar *v* to work hard; to toil.
La.çar *v* to lace; to bind.
La.ço *s* knot; noose; lasso; FIG snare; trap.
La.crar *v* to seal.
La.cri.me.jar *v* to shed tears.
Lac.ti.cí.nio *s* dairy product.
La.cu.na *s* lacuna; gap; omission.
La.da.i.nha *s* litany; rigmarole.
La.de.ar *v* to flank.
La.dei.ra *s* slope; acclivity; hill.
La.di.no *s* Ladin (derived language of Latin); *adj* smart; astute.
La.do *s* side; flank; **por outro Lado**: on the other hand.
La.drão *s* thief; burglar; robber.
La.drar *v* to bark; to bay.
La.dri.lhar *v* to pave with tile; to tile.
La.dri.lho *s* tile; brick.
La.dro.ei.ra *s* theft; extortion; robbery.
La.gar.ta *s* caterpillar.
La.gar.to *s* lizard.
La.go *s* lake; pond; pool.
La.go.a *s* pond.
La.gos.ta *s* lobster.
Lá.gri.ma *s* tear.
La.je *s* flagstone; slab.
La.ma *s* mud; mire; RELIG Lama (a priest).
La.ma.çal *s* muddy place; puddle; *also* Lamaceiro.
Lam.ba.da *s* lash; stroke; blow; BR rhythm and dance.
Lam.bão *adj* gluttonous; POP silly billy.
Lam.ber *v* to lick.
Lam.bi.da *s* licking.
Lam.bis.car *v* to nibble; to eat a small snack.
Lam.bu.zar *v* to dirty; to soil.
La.men.tar *v* to lament; to weep; to mourn.
La.men.tá.vel *adj* lamentable; sorrowful.
Lâ.mi.na *s* lamina; blade.
Lâm.pa.da *s* lamp.
Lam.pe.jo *s* spark; sparkle; flash; glimmer.
Lam.pi.ão *s* lampion; a street lamp.
La.mú.ria *s* lamentation; lament; complaint.
La.mu.ri.ar *v* to lament; to moan; to complain.
Lan.ça *s* lance; spear.
Lan.çar *v* to throw; to cast.
Lan.cha *s* motor boat.
Lan.char *v* to snack; to lunch.
Lan.che *s* snack; sandwich.
Lan.gui.dez *s* languidness; languor.
Lan.ter.na *s* lantern; spotlight; flashlight.
Lan.ter.nei.ro *s* manufacturer of flashlights.
La.pe.la *s* lapel.
La.pi.dar *v* to polish stones; to lapidate.
Lá.pi.de *s* gravestone; tombstone.
Lá.pis *s* pencil.
La.pi.sei.ra *s* pencil box; pencil holder.
Lar *s* home; household; house.
La.ran.ja *s* orange.
La.ran.ja.da *s* orange juice.
La.rá.pio *s* filcher; thief; pilferer.
La.rei.ra *s* fireplace; fireside.
Lar.gar *v* to let go; to loosen; to leave.
Lar.go *adj* wide; ample; spacious; extensive.
Lar.gu.ra *s* width; breadth.
La.rin.ge *s* ANAT larynx.
Lar.va *s* larva; worm.
Las.ca *s* splinter; fragment.
Las.cí.via *s* lasciviousness; lewdness.
Las.ci.vo *adj* lascivious; lewd.
Las.si.dão *s* languor; weariness.
Las.so *adj* weary; exhausted; tired.
Lás.ti.ma *s* pity; lament; compassion.
Las.ti.mar *v* to regret; to express sorrow; to be sorry.
Las.ti.má.vel *adj* deplorable; pitiable.
Las.tro *s* ballast.
La.ta *s* tin; USA can; POP face.

La.tão *s* brass.
La.te.jar *v* to beat; to throb.
La.te.ral *adj* sidelong; lateral..
Lá.tex *s* latex (fluid from the rubber tree).
La.ti.do *s* barking; yelping; bark; yelp.
La.tir *v* to bark; to bay; to yelp.
La.tri.na *s* water closet; privy; latrine.
Lau.re.ar *v* to laureate; to honor; to distinguish.
Lau.to *adj* sumptuous; opulent; abundant.
La.va.bo *s* washbasin.
La.va.dei.ra *s* washerwoman; laundress.
La.va.gem *s* washing; wash.
La.van.da.ri.a *s* laundromat.
La.var *v* to wash; to launder.
La.va.tó.rio *s* lavatory.
La.vou.ra *s* farming; tillage.
La.vra.dor *s* tiller; farmer; countryman.
La.vrar *v* to plough; to till; to carve; to rage.
La.xan.te *s* laxative; *adj* laxative; purgative.
La.zer *s* leisure.
Le.al *adj* loyal; leal; faithful; frank.
Le.ão *s* lion; ASTR Leo.
Le.bre *s* hare.
Le.ci.o.nar *v* to teach; to lecture.
Le.dor *s* reader.
Le.gal *adj* legal; lawful.
Le.ga.li.zar *v* to legalize; to authenticate.
Le.gar *v* to bequeath; to leave.
Le.gen.da *s* legend; inscription; caption.
Le.gi.ão *s* legion.
Le.gis.lar *v* to legislate; to make laws.
Le.gis.ta *s* legist; coroner.
Le.gi.ti.mar *v* to legalize; to authenticate; to legitimize; to legitimate.
Lé.gua *s* league.
Le.gu.me *s* legume; vegetable.
Lei *s* law; rule; norm.
Lei.go *s* layman; *adj* lay; secular; laic.
Lei.lão *s* auction.
Lei.lo.ar *v* to auction.
Lei.lo.ei.ro *s* auctioneer.
Lei.tão *s* pig.
Lei.te *s* milk.
Lei.to *s* bed; berth.
Lei.tor *s* reader.
Le.ma *s* proposition; motto; slogan.
Lem.bran.ça *s* remembrance; memory; souvenir.
Lem.brar *v* to remind; to recollect; to recall; to remember.
Lem.bre.te *s* note; reminder; memorandum; memo.
Le.me *s* helm; rudder.
Len.ço *s* handkerchief.
Len.çol *s* bed sheet.
Len.da *s* legend; fable.
Lên.dea *s* nit (egg of louse).
Len.ga.len.ga *s* chit-chat; rigmarole.
Le.nha *s* wood; firewood; lumber.
Le.nha.dor *s* woodcutter; woodman.
Le.ni.ti.vo *s* lenitive; emollient; *adj* lenitive; assuaging.
Len.te *s* lens; professor; teacher.
Len.ti.dão *s* slowness; sluggishness.
Len.ti.lha *s* lentil.
Len.to *adj* slow; lazy; sluggish.
Le.pi.dez *s* cheer; jollity; joviality.
Le.que *s* fan.
Ler *v* to read.
Ler.do *adj* heavy; lazy; dull.
Le.são *s* lesion; damage; injury.
Le.sar *v* to damage; to injure.
Les.ma *s* snail.
Les.te *s* east; orient.
Le.tal *adj* lethal; deadly; mortal.
Le.tra *s* letter; character of the alphabet.
Le.van.ta.do *adj* lifted; raised.
Le.van.tar *v* to lift; to raise; to build; to rise.
Le.van.te *s* levant; orient; east; riot.
Le.var *v* to carry; to convey; to bring.
Le.ve *adj* slight; light; quick.
Le.ve.za *s* lightness.
Le.vi.an.da.de *s* frivolousness; levity.
Le.vi.a.no *adj* frivolous; unstable.
Lha.ma *s* llama.
Lhe *pron* him; her; it; to him; to her; to you.
Li.a.me *s* bond; link; tie.
Li.bé.lu.la *s* dragonfly; libellula.
Li.be.ra.ção *s* liberation; release; discharge; quittance.
Li.be.ra.li.da.de *s* liberality; broadmindedness; generosity.
Li.be.rar *v* to liberate; to free; to release; to discharge.
Li.ber.da.de *s* liberty; freedom.
Li.ber.tar *v* to free; to set free; to liberate.
Li.ber.ti.na.gem *s* libertinism; debauchery.
Li.ber.ti.no *adj* libertine; lascivious.
Li.bi.di.na.gem *s* lewdness.
Li.bi.do *s* libido (sex instinct).
Li.bra *s* pound; ASTR Libra.
Li.brar *v* to poise; to balance.
Li.ção *s* lesson; lecture; reading.
Li.cen.ça *s* license; licence.
Li.cen.ci.ar *v* to license; to authorize; to allow.
Li.ci.tar *v* to bid; to auction.
Lí.ci.to *adj* licit; lawful.
Li.cor *s* liqueur; liquor.
Li.co.ro.so *adj* like liquor; sweet.
Li.da *s* work; toil; drudgery.
Li.dar *v* to cope; to work; to deal; to labor.
Lí.der *s* leader; chief; conductor.
Li.de.rar *v* to lead.
Lí.di.mo *adj* legitimate; genuine; authentic.
Li.ga *s* league; union; junction.
Li.ga.ção *s* binding; connection; junction; union.

Li.gar *v* to bind; to tap; to append; to attach.
Li.gei.re.za *s* lightness; agility; quickness.
Li.lás *s* lilac (flower).
Li.ma *s* sweet lime.
Li.mão *s* lemon.
Li.mar *v* to file; to rasp; to polish.
Li.mei.ra *s* lime-tree.
Li.mi.ar *s* threshold; doorstep; doorsill.
Li.mi.ta.ção *s* limitation; restriction.
Li.mi.tar *v* to limit; to confine.
Li.mí.tro.fe *adj* frontier; borderline.
Li.mo *s* mud; slime.
Li.mo.ei.ro *s* lemon tree.
Li.mo.na.da *s* lemonade.
Lim.pa.dor *s* cleaner.
Lim.par *v* to clean; to cleanse; to sweep.
Lim.pe.za *s* cleanliness; neatness; cleaning.
Lim.po *adj* clean; neat; cleanly.
Lin.ce *s* lynx.
Lin.char *v* to lynch.
Lin.de.za *s* beauty; gorgeousness; prettiness.
Lin.do *adj* fine; nice; good-looking; beautiful.
Li.ne.ar *adj* linear; liny.
Lín.gua *s* tongue; language; speech.
Lin.gua.gem *s* language; speech.
Lin.gua.ru.do *s* telltale; *adj* loquacious; talkative
Lin.gui.ça *s* sausage.
Li.nha *s* line; thread; string; boundary.
Li.nho *s* linen; flax.
Li.que.fa.zer *v* to liquefy; to melt.
Li.qui.di.fi.car *v* to liquefy; to melt; to dissolve.
Lí.qui.do *s* liquid; fluid; *adj* liquid; fluid; COM net.
Li.ra *s* lira (Italian coin); MÚS lyre (instrument).
Li.so *adj* smooth; even; plain.
Li.son.ja *s* soft soap; flattery.
Li.son.je.a.dor *s* flatterer.
Li.son.je.ar *v* to flatter; to praise.
Lis.ta *s* list; roll; catalogue; stripe; schedule.
Lis.tra *s* stripe; band; streak.
Lis.trar *v* to stripe.
Li.su.ra *s* smoothness; sincerity; honesty.
Li.te.ra.to *s* literate; writer; man of letters.
Li.ti.gar *v* to litigate; to contest in law.
Li.to.ral *s* seashore; coast line; littoral.
Li.tur.gi.a *s* liturgy; ritual; ceremony.
Lí.vi.do *adj* livid; discolored; wan; pale.
Li.vrar *v* to rescue; to release.
Li.vra.ri.a *s* library; bookshop.
Li.vre *adj* free; loose.
Li.vro *s* book.
Li.xa *s* sandpaper.
Li.xar *v* to sandpaper.
Li.xei.ro *s* rubbish collector.
Li.xo *s* rubbish; garbage; waste; trash.
Lo.bi.nho *s* wolf cub.
Lo.bi.so.men *s* werewolf.
Lo.bo *s* wolf.
Lô.bre.go *adj* gloomy; murky; lugubrious.
Lo.ca.ção *s* location; rental; lease.
Lo.ca.dor *s* lessor.
Lo.cal *s* place; site; *adj* local.
Lo.ca.li.za.ção *s* localization.
Lo.ca.li.zar *v* to localize; to situate.
Lo.ção *s* lotion.
Lo.car *v* to hire; to lease.
Lo.ca.tá.rio *s* lodger; renter; tenant.
Lo.co.mo.ti.va *s* locomotive; engine.
Lo.co.mo.ver-se *v* to move.
Lo.cu.ção *s* locution; phrase; speech.
Lo.do *s* mud; mire; ooze.
Ló.gi.co *s*, logician; *adj* logical; logic; sound.
Lo.go *adv* pretty soon; immediately; without delay; soon; *conj* therefore; then.
Lo.grar *v* to obtain; to get; to cheat.
Lo.gro *s* gain; cheat; trick.
Lo.ja *s* shop; store; lodge.
Lom.ba.da *s* ramp.
Lom.bo *s* loin; loins; back.
Lom.bri.ga *s* worm.
Lo.na *s* canvas; sailcloth.
Lon.ge *adv* far; far away; far off.
Lon.gín.quo *adj* distant; remote.
Lon.tra *s* otter.
Lo.quaz *adj* loquacious; garrulous; talkative.
Lo.ta.do *adj* crowded; full.
Lo.te *s* lot; portion; share; parcel.
Lo.te.ar *v* to lot; to allot; to share; to parcel.
Lo.te.ri.a *s* lottery.
Lou.ça *s* tableware; china; plate; dish.
Lou.co *s* madman; lunatic; fool; *adj* mad; crazy; insane.
Lou.cu.ra *s* madness; folly; insanity.
Lou.ra *s* blonde.
Lou.ra.bur.ra *s* GÍR bimbo.
Lou.ro *adj* blond; golden.
Lou.sa *s* blackboard; slate; paving stone; flagstone.
Lou.var *v* to praise; to laud; to eulogize; to appraise.
Lou.vor *s* praise; eulogy; honor.
Lu.a *s* moon; mood.
Lu.ar *s* moonshine; moonlight.
Lu.bri.fi.can.te *s* lubricant; *adj* lubricant.
Lu.bri.fi.car *v* to grease; to oil; to lubricate.
Lu.ci.dez *s* lucidity; clearness; brilliance.
Lú.ci.do *adj* lucid; clear; bright.
Lu.crar *v* to gain; to profit; to acquire.
Lu.cra.ti.vo *adj* lucrative; profitable.
Lu.cro *s* profit; gain; advantage.
Lu.di.bri.ar *v* to deceive; to delude; to mock.
Lu.dí.bri.o *s* deceit; mockery; scorn.
Lu.far *v* to puff.
Lu.gar *s* place; space; room; site.
Lu.ga.re.jo *s* hamlet; village.
Lú.gu.bre *adj* lugubrious; mournful; gloomy.
Lu.la *s* squid.

Lum.ba.go *s* MED lumbago; backache.
Lu.me *s* fire; flame; light.
Lu.mi.no.so *adj* luminous; shining; bright.
Lu.nar *adj* lunar; moony.
Lu.ná.ti.co *adj* lunatic; insane; crazy; madman.
Lu.ne.ta *s* spectacles lens; eyeglass; lens.
Lu.pa *s* magnifying glass.
Lú.pu.lo *s* hop.
Lu.si.ta.no *s* Portuguese.
Lu.si.ta.no *adj* Lusitanian; Portuguese; *also* Lusitânico *and* Luso (*s* and *adj*).
Lus.trar *v* to gloss; to glaze; to polish.
Lus.tre *s* luster; gloss; chandelier.
Lu.ta *s* struggle; combat; contest; fight.
Lu.tar *v* to fight; to struggle; to wrestle.
Lu.to *s* mourning; grief.
Lu.va *s* glove.
Lu.xa.ção *s* wrench; luxation; dislocating.
Lu.xar *v* to luxate; to dress showily.
Lu.xo *s* luxe; luxury.
Lu.xú.ria *s* lewdness; lust; lasciviousness.
Luz *s* light; FIG enlightenment.
Lu.zir *v* to shine; to glow; to flash.

ABCDEFGHIJKLMNOPQRSTUVWXYZ

M *s* the thirteenth letter of the Portuguese alphabet and of the English alphabet.
Má *adj* bad; evil.
Ma.ca *s* stretcher.
Ma.çã *s* apple.
Ma.ca.bro *adj* macabre; ghastly.
Ma.ca.co *s* monkey; ape.
Ma.ça.ne.ta *s* knob; door handle; pommel.
Ma.çan.te *adj* boring.
Ma.çar *v* to beat; to flail; to tire; to annoy.
Ma.ça.ri.co *s* blow torch; soldering pipe.
Ma.car.rão *s* macaroni.
Ma.cha.do *s* ax; axe.
Ma.cho *s* male; *adj* male.
Ma.chu.car *v* to crush; to bruise; to pound.
Ma.ci.ço *adj* massive; solid.
Ma.ci.ei.ra *s* apple tree.
Ma.ci.ez *s* softness; smoothness.
Ma.ci.o *adj* smooth; soft; pleasant.
Ma.ço *s* mallet; package; packet.
Ma.çom *s* mason, freemason.
Ma.ço.na.ri.a *s* freemansory.
Má.cu.la *s* spot; stain; blemish.
Ma.cu.lar *v* to stain, to tarnish, to maculate.
Ma.dei.ra *s* wood; timber; lumber.
Ma.dei.rar *v* to timber; to furnish with timber.
Ma.do.na *s* madonna; the Virgin Mary.
Ma.dras.ta *s* stepmother.
Ma.drę *s* num; superior mother.
Ma.dre.pé.ro.la *s* mother-of-pearl.
Ma.drì.nha *s* godmother.
Ma.dru.ga.da *s* dawn; dawning; daybreak.
Ma.dru.gar *v* to dawn; to rise early.
Ma.du.rar *v* to mature; to ripen.
Mãe *s* mother; mom.
Ma.es.tro *s* maestro; master in music; master.
Má.fi.a *s* maffia; POP mob.
Ma.gi.a *s* fascination; enchantment; magic.
Má.gi.co *s* magician; sorcerer; *adj* magic; magical.
Ma.gis.ter *s* teacher; master.
Ma.gis.té.rio *s* magistery, mastership.
Ma.gis.tral *adj* masterly; excellent.
Mag.na.ta *s* magnate; big-shot; USA tycoon.
Mag.ni.fi.cên.cia *s* magnificence; stateliness.
Mag.ní.fi.co *adj* magnificent; splendid.
Mag.ni.tu.de *s* magnitude; greatness.
Ma.go *s* magnus; magician; sorcerer.
Má.goa *s* grief; sadness; sorrow; envy.
Ma.go.ar *v* to offend; to disfavor; to displease.
Ma.gre.za *s* meagerness; thinness; leaness.
Ma.gri.ce.la *s* skinny person; BR GÍR bike; *adj* skinny.
Ma.gro *adj* lean; thin; meager.
Mai.o *s* May, the fifth month of the year.
Mai.ô *s* bathing suit.
Mai.or *adj* greater; larger.
Mai.o.ri.a *s* majority.
Mais *adj* more; most; further; *adv* more; most; over.
Mai.ús.cu.lo *adj* upper-case; capital letter.
Mal *s* evil; ill; injury; *adv* ill; badly; hardly.
Ma.la *s* suitcase; bag; handbag.
Ma.la.ba.ris.mo *s* jugglery.
Ma.la.gue.ta *s* indian pepper (condiment).
Ma.lan.dra.gem *s* vagrancy.
Ma.lan.dro *s* loafer; vagabond.
Mal.cri.a.do *adj* rude; ill-bred; unmannerly; impolite.
Mal.da.de *s* iniquity; mischief; wickedness.
Mal.di.ção *s* malediction; a curse.
Mal.di.zen.te *s* slanderer; gossiper; *adj* slanderous.
Mal.di.zer *v* to slander; to curse; to damn.
Mal.do.so *adj* bad; malicious; wicked.
Ma.le.di.cên.cia *s* ill-report; slander; backbiting.
Ma.le.di.cen.te *s* slanderer; *adj* slanderous.
Ma.le.ta *s* hand-bag; suit-case; valise.
Ma.lé.vo.lo *adj* malevolent; malicious; malignant.
Mal.fa.dar *v* to curse; to make unhappy.
Mal.fei.to *adj* ill-done; ill-shaped.
Mal.gra.do *prep* in spite of.
Ma.lha *s* mail of a colt; mesh of a net; spot.
Ma.lha.do *adj* spotted; speckled; piebald.
Ma.lhar *v* to thresh; to beat; to hammer.
Ma.lhe.te *s* dovetail; mallet.
Ma.lho *s* mallet; sledge hammer; flail.
Ma.lí.cia *s* maliciousness; smartness.
Ma.li.ci.o.so *adj* malicious; sly; mischievous.
Ma.lo.grar *v* to frustrate; to fail; to disappoint.

Ma.lo.gro *s* frustration; failure.
Mal.quis.to *adj* hated; disliked.
Mal.te *s* malt, barley to make beer.
Mal.tra.pi.lho *s* beggar; *adj* ragged.
Mal.tra.tar *v* to maltreat; to treat ill; to abuse.
Mal.tu.si.a.no *s* ECON malthusian, relative to economist Thomas Robert Malthus.
Ma.lu.co *s* insane; madman; *adj* mad; insane; crazy.
Ma.lu.qui.ce *s* madness; foolishness.
Mal.va *s* mallow (plant).
Mal.va.de.za *s* perversity; cruelty.
Ma.ma *s* teat; breast; mamma.
Ma.ma.dei.ra *s* nursing-bottle; baby's bottle.
Ma.mão *s* papaya; sucker.
Ma.mar *v* to suck; to nurse.
Ma.ma.ta *s* theft; GÍR double-dealing.
Ma.mi.lo *s* mammilla; nipple.
Ma.mo.ei.ro *s* papaya-tree; papaw tree.
Ma.mo.na *s* castor oil; castor-bean.
Ma.na *s* sister.
Ma.ná *s* manna.
Ma.na.da *s* herd of cattle; drove; herd.
Ma.nan.ci.al *s* spring; fountain; origin.
Man.car *v* to limp; to hobble; to walk lamely; to stump.
Man.cha *s* spot; stain; blemish.
Man.char *v* to stain; to spot; to blemish.
Man.co *s* cripple; a lame person; *adj* crippled; lame.
Mandachuva *s* big shot; magnate; boss.
Man.da.do *s* command; order; writ.
Man.da.men.to *s* commandment.
Man.dar *v* to command; to order; to direct.
Man.da.to *s* tenure of office; mandate.
Man.dí.bu.la *s* mandible; jaw; jawbone.
Man.din.ga *s* witchcraft; sorcery.
Man.di.o.ca *s* manioc (plant).
Man.do *s* command; authority; power; rule.
Man.drá.go.ra *s* mandragora; mandrake.
Ma.nei.ra *s* manner; fashion; mode.
Ma.ne.jar *v* to handle; to deal with.
Ma.ne.quim *s* manikin; tailor's dummy.
Ma.ne.ta *s* one-handed person.
Man.ga *s* sleeve; mango (fruit).
Man.gar *v* to mock; to ridicule.
Man.gue *s* marshy ground; mangrove.
Man.guei.ra *s* hose; mango (tree).
Ma.nha *s* skill; astuteness; whimper.
Ma.nhã *s* morning; forenoon.
Ma.nho.so *adj* crafty; skilful; cunning.
Ma.ni.a *s* mania; excentricity; obsession.
Ma.ni.cu.re *s* manicure.
Ma.ni.fes.ta.ção *s* manifestation.
Ma.ni.fes.tar *v* to manifest; to show plainly; to evince.
Ma.ni.lha *s* bracelet; shackle; a card game.
Ma.ni.ve.la *s* crank; lever; handle.
Man.jar *s* food; delicacy; BR GIR to spy; to know.
Man.je.dou.ra *s* manger; crib.
Man.je.ri.cão *s* basil.
Ma.no *s* brother; BR friend; *adj* very friendly.
Ma.no.bra *s* MIL manoeuvre; maneuver; stratagem.
Ma.no.brar *v* to handle; to manage; to direct; to drive.
Man.são *s* mansion; stately home.
Man.so *adj* mild; gentle.
Man.ta *s* blanket; coverlet; cloak.
Man.tei.ga *s* butter.
Mar.ca *s* mark; sign; brand.
Mar.ca.ção *s* demarcation; marking.
Mar.car *v* to mark; to stigmatize; to brand.
Mar.ce.na.ri.a *s* joinery.
Mar.cha *s* march; advance; progress.
Mar.char *v* to march; to advance; to stalk.
Mar.co *s* landmark; mark (ancient german coin).
Mar.ço *s* March, the third month of the year.
Ma.ré *s* tide.
Ma.re.mo.to *s* seaquake.
Ma.re.si.a *s* sea air.
Mar.fim *s* ivory.
Mar.ga.ri.da *s* daisy; marguerite (flor).
Mar.ge.ar *v* to border.
Mar.gem *s* margin; border; bank.
Mar.gi.nal *s* marginal; *adj* marginal; criminal.
Mar.gi.nar *v* to make marginal notes on.
Ma.ri.cas *s* milksop; sissy.
Ma.ri.do *s* husband.
Ma.ri.nha *s* navy; marine.
Ma.ri.nhei.ro *s* sailor; seaman.
Ma.ri.po.sa *s* moth; butterfly.
Ma.ris.car *v* to gather shellfish; to fish.
Ma.ris.co *s* shellfish (mollusc).
Mar.man.jo *s* grown man.
Mar.me.la.da *s* marmalade (jam).
Mar.me.lo *s* quince (fruit).
Mar.mi.ta *s* lunch pail.
Már.mo.re *s* marble.
Ma.ro.to *adj* malicious; lewd.
Mar.re.co *s* duck.
Mar.re.ta *s* stone-hammer.
Mar.re.ta.da *s* a blow with a stone-hammer.
Mar.rom *s* maroon; brown; *adj* maroon.
Mar.ta *s* ZOO marten.
Mar.te *s* ASTR Mars.
Mar.te.la.da *s* hammer-blow.
Mar.te.lar *v* to hammer.
Mar.te.lo *s* hammer; mallet.
Ma.ru.jo *s* sailor; seaman.
Mar.xis.mo *s* ECON marxism.
Mas *conj* but; however; yet.
Mas.car *v* to chew; to masticate; to munch.
Más.ca.ra *s* mask; false face.
Mas.ca.rar *v* to mask; to disguise.
Mas.ca.te *s* pedlar; hawker; cheap-jack.
Mas.ca.te.ar *v* to peddle; to hawk.
Mas.cu.li.ni.zar *v* to render masculine.
Mas.cu.li.no *adj* masculine; male.

Más.cu.lo *adj* mannish; virile; masculine.
Mas.mor.ra *s* dungeon; prison; jail.
Ma.so.quis.mo *s* masochism.
Mas.sa *s* dough; bulk; mass.
Mas.sa.crar *v* to massacre; to slaughter.
Mas.ti.gar *v* to masticate; to chew.
Mas.tre.ar *v* to mast.
Mas.tro *s* mast; flag pole.
Mas.tur.ba.ção *s* masturbation.
Ma.ta *s* wood; forest.
Ma.ta.dou.ro *s* slaughterhouse; abattoir.
Ma.ta.gal *s* thicket; jungle.
Ma.tar *v* to kill; to slay; to bump out; to murder.
Ma.te *s* tea; ESP checkmate.
Ma.te.má.ti.ca *s* mathematic; math.
Ma.té.ria *s* matter; material; subject matter.
Ma.te.ri.al *s* material; equipment.
Ma.ter.nal *adj* maternal; motherly.
Ma.ter.ni.da.de *s* maternity; motherhood.
Ma.ter.no *adj* maternal; motherly.
Ma.ti.lha *s* pack of hounds or dogs.
Ma.ti.nal *adj* morning; early.
Ma.tiz *s* shade; tint; hue.
Ma.ti.zar *v* to shade; to variegate; to adorn.
Ma.to *s* brushwood; bush; wood.
Ma.tra.ca *s* wooden rattle.
Ma.trei.ro *adj* sagacious; crafty.
Ma.trí.cu.la *s* matriculation; registration; enrollment; list.
Ma.tri.cu.lar *v* to matriculate.
Ma.tri.mô.nio *s* matrimony; marriage.
Ma.triz *s* matrix; womb; mother church.
Ma.tu.rar *v* to mature; to ripen.
Ma.tu.ri.da.de *s* maturity; ripeness; full age.
Ma.tu.ti.no *adj* matutinal; morning; early.
Mau *adj* bad; ill; evil.
Ma.vi.o.so *adj* tender; gentle; harmonious.
Ma.xi.la *s* maxilla; jawbone; jaw.
Ma.xi.lar *s* ANAT maxillary.
Má.xi.ma *s* maxim; axiom; precept.
Má.xi.mo *adj* maximum; greatest.
Ma.ze.la *s* wound; sore spot.
Ma.zur.ca *s* MÚS mazurka.
Me *pron* me; to me; myself.
Me.ca *s* RELIG Mecca.
Me.câ.ni.ca *s* mechanics.
Me.câ.ni.co *s* mechanician; mechanic; *adj* mechanical.
Me.ca.ni.zar *v* to mechanize.
Me.cha *s* lamp-wick; linstock.
Me.da.lha *s* medal; locket.
Me.da.lhei.ro *s* medal maker.
Mé.dia *s* mean; average; mean rate.
Me.di.a.ção *s* mediation; intervention.
Me.di.an.te *s* meantime; *prep* by means of.
Me.di.ar *v* to mediate; to intervene; to meddle with.
Me.di.ca.men.to *s* medicament; medicine; drug.
Me.di.ção *s* measurement; measuring.
Me.di.car *v* to medicate; to prescribe; to treat with medicine.
Mé.di.co *s* physician; practitioner; doctor.
Me.di.da *s* measure; measurement; length.
Me.di.e.val *adj* medieval.
Mé.dio *adj* medium; middle; average.
Me.dí.o.cre *s* mediocre; *adj* mediocre; average.
Me.dir *v* to measure; to gauge.
Me.di.ta.ção *s* meditation; thoughtful.
Me.di.tar *v* to meditate; to cogitate; to muse.
Me.di.ter.râ.neo *s adj* mediterranean.
Me.do *s* fear; fright; dread.
Me.do.nho *s* a bird known as mandrião; *adj* awful; horrible; fearful.
Me.drar *v* to thrive; to prosper; to increase.
Me.dro.so *adj* fearful; timorous.
Me.ge.ra *s* shrew; cruel woman.
Mei.a *s* stocking; sock.
Mei.go *adj* mild; gentle; kind.
Mei.gui.ce *s* mildness; gentleness; tenderness.
Mei.o *s* middle; midst; way; means.
Mel *s* honey.
Me.la.do *s* sugar-cane syrup.
Me.lan.ci.a *s* watermelon.
Me.lan.co.li.a *s* depression of spirit; melancholy.
Me.lão *s* melon.
Me.lar *v* to put a lot of sugar in some mixture type.
Me.lhor *adj* better; best; *adv* better; best; *s* improvement; upswing.
Me.lho.ra.do *adj* improved; ameliorated; amender.
Me.lho.rar *v* to ameliorate; to improve.
Me.lho.ri.a *s* improvement; betterment.
Me.lin.dre *s* susceptibility; prudery.
Me.lin.dro.so *adj* delicate; touchy; fastidious.
Me.lo.di.a *s* melody; tune; air.
Me.lo.di.o.so *adj* melodious; gentle; tuneful.
Me.lo.so *adj* syrupy.
Mel.ro *s* blackbird.
Me.mo.ran.do *s* memorandum; memo; *adj* memorable.
Me.mo.rá.vel *adj* memorable; remarkable.
Me.mó.ria *s* memory; remembrance.
Men.ção *s* mention; citation.
Men.ci.o.nar *v* to mention; to cite; to name.
Men.di.can.te *s* beggar; *adj* mendicant.
Men.di.gar *v* to beg.
Men.di.go *s* beggar; mendicant.
Me.nei.o *s* wriggling; shake; wagging.
Me.ni.na *s* girl.
Me.ni.no *s* boy; lad; infant.
Me.nor *s* minor; *adj* younger; smallest; less.
Me.nos *adj* less; least; fewer; *adv* less; least; fewer; *prep* except; but; save.
Me.nos.ca.bo *s* disdain; scorn; depreciation.
Me.nos.pre.zar *v* to undervalue; to scorn.
Me.nos.pre.zo *s* scorn; disdain; contempt.
Men.sa.gem *s* message.
Men.sal *adj* monthly; every month.

Men.sa.li.da.de *s* monthly pay; monthly instalment.
Mens.tru.a.ção *s* MED period; the menstrual flux or flow.
Mêns.tru.o *s* menses; flow.
Men.su.rá.vel *adj* mensurable; measurable.
Men.tal *adj* mental; intellectual.
Men.tal.men.te *adv* mentally.
Men.te *s* the mind; understanding.
Men.tir *v* to lie; to falsify; to deceive; to delude.
Men.ti.ra *s* lie; falsehood.
Men.ti.ro.so *s* liar; *adj* deceitful; false.
Men.tor *s* mentor; guide; counsellor.
Me.nu *s* menu; list; a bill of fare.
Me.que.tre.fe *s* busybody; rascal.
Mer.ca.do *s* market; outlet.
Mer.ca.do.ri.a *s* commodities; goods.
Mer.cê *s* grace; mercy; reward.
Mer.ce.a.ri.a *s* grocery.
Mer.ce.ná.rio *adj* mercenary.
Mer.cú.rio *s* mercury, quicksilver; ASTR Mercury (planet).
Mer.da *s* excrement; fecal matter.
Me.re.cer *v* to deserve; to merit.
Me.re.ci.men.to *s* worth; merit; valor.
Me.ren.da *s* lunch; light meal; snack.
Me.ren.dar *v* to eat a light lunch.
Me.re.trí.cio *s* prostitution.
Me.re.triz *s* prostitute; harlot; strumpet.
Mer.gu.lha.dor *s* diver; plunger.
Mer.gu.lhão *s* diver (bird).
Mer.gu.lhar *v* to cast into water; to plunge; to dive.
Mer.gu.lho *s* dive; plunge.
Mé.ri.to *s* merit; worth; deserving.
Me.ri.tó.rio *adj* meritorious; deserving.
Me.ro *adj* plain; mere; simple.
Mês *s* month.
Me.sa *s* table; board.
Me.sa.da *s* allowance; monthly.
Mes.cla *s* mixture; variety of colors.
Mes.clar *v* to mix; to join; to add.
Mes.mo *adj* same; like; *adv* even.
Mes.qui.nha.ri.a *s* meanness; paltriness.
Mes.qui.nho *adj* mean.
Mes.qui.ta *s* mosque (temple).
Mes.si.as *s* Messiah; Christ.
Mes.ti.ço *s* hybrid; mestizo; half-breed; *adj* hybrid; mestizo; half-breed.
Mes.tra.do *s* mastership.
Mes.tre *s* master; school-master; teacher.
Me.su.ra *s* courtesy; a bow; reverence.
Me.ta *s* goal; limit.
Me.ta.de *s* half; halves.
Me.tal *s* metal; FIG money.
Me.ta.li.zar *v* to metalize.
Me.ta.mor.fo.se *s* metamorphosis; transformation.
Me.ta.mor.fo.se.ar *v* to metamorphose.
Me.ter *v* to introduce; to place; to put.
Me.ti.cu.lo.si.da.de *s* meticulosity.
Me.ti.do *adj* meddling; acquainted; bold; dare.
Me.tó.di.co *adj* methodical; methodic.
Me.to.di.zar *v* to methodize; to systematize; to regularize.
Me.tra.gem *s* length in meters.
Me.tra.lhar *v* to shoot with a machine-gun.
Mé.tri.co *adj* metrical; metric.
Me.tro *s* meter; metre.
Me.tró.po.le *s* metropolis.
Meu *adj* my; *pron* mine.
Me.xer *v* to mix; to agitate; to budge.
Me.xe.ri.car *v* to gossip; to chatter; to blab.
Me.xe.ri.co *s* intrigue; chit-chat.
Me.xi.lhão *s* busybody; mussel; clam.
Mi.a.do *s* mew; mewing.
Mi.ar *v* to mew.
Mi.çan.ga *s* bead glass pearl; trifles.
Mic.ção *s* urination; piss.
Mi.co *s* a small monkey.
Mi.ga.lha *s* crumb; a little bit; nip.
Mi.jar *v* to piss; to make water; to urinate.
Mil *adj* one thousand.
Mi.la.gre *s* miracle; wonder.
Mi.lha *s* mile.
Mi.lhão *s* million.
Mi.lhar *s* thousand.
Mi.lho *s* maize; corn.
Mi.lí.cia *s* militia; military; warfare.
Mi.li.o.ná.rio *s* millionaire; *adj* very rich.
Mi.mar *v* to fondle; to pet; to mimie.
Mí.mi.ca *s* mimicry; pantomime; imitation.
Mi.mo *s* gift; caress; delicacy.
Mi.mo.so *adj* delicate; tender; soft.
Mi.na *s* mine; spring; source.
Mi.nar *v* to mine; to demolish; to excavate.
Min.di.nho *s* the little finger.
Mi.nei.ro *adj* miner.
Mi.ne.ral *s* mineral, inorganic body; *adj* mineral, inorganic body.
Min.gau *s* gruel; pap.
Min.guan.te *adj* decreasing; diminishing.
Min.gu.ar *v* to decrease; to diminish.
Mi.nha *pron* my; mine.
Mi.nho.ca *s* earthworm; angleworm.
Mi.nis.té.rio *s* ministry; department.
Mi.nis.trar *v* to provide; to dispense.
Mi.nú.cia *s* minute; detail; trifle.
Mi.nús.cu.lo *adj* minute; very small; tiny.
Mi.nu.to *s* minute.
Mi.o.lo *s* brain; crumb; pith; marrow.
Mi.o.pi.a *s* myopia.
Mi.ra *s* aim; intention.
Mi.ra.gem *s* mirage; FIG illusion; deception.
Mi.rar *v* to aim at; to stare at; to look at.
Mir.rar *v* to wither; to dry; to grow lean.
Mis.ce.lâ.nea *s* miscellany; mixture; medley.

Mi.se.rá.vel *s* miser; skinflint; *adj* miserable; wretched; stingy.
Mi.sé.ria *s* misery; destitution; trifle.
Mi.se.ri.cór.dia *s* compassion; mercy; pity.
Mí.se.ro *adj* miserable; wretched; FIG mean.
Mis.sa *s* mass.
Mis.são *s* mission.
Mis.si.va *s* missive; letter; message.
Mis.ter *s* employment; need; want.
Mis.té.rio *s* mystery.
Mis.te.ri.o.so *adj* mysterious.
Mis.ti.fi.car *v* to mystify; to hoodwink; to hoax.
Mis.to *adj* mixed; confused.
Mis.tu.ra *s* mixture; blend.
Mis.tu.rar *v* to mix; to blend; to jumble.
Mi.u.de.za *s* minuteness; smallness.
Mi.ú.do *adj* little; small; minute.
Mi.xór.dia *s* mess; confusion; medley.
Mo.a.gem *s* grinding; grist; milling.
Mo.bí.lia *s* furniture.
Mo.bi.li.ar *v* to furnish.
Mo.bi.li.zar *v* mobilize.
Mo.ça *s* girl; young woman; *adj* young.
Mo.ção *s* motion; proposition.
Mo.chi.la *s* knapsack; haversack.
Mo.ci.da.de *s* youth; younthfulness.
Mo.ço *s* boy; young man; *adj* young.
Mo.da *s* mode; fashion; manner.
Mo.de.lo *s* model; pattern; standard.
Mo.de.ra.ção *s* moderation; restriction.
Mo.de.rar *v* to moderate; to temperate; to restrain.
Mo.der.ni.da.de *s* modernity; modernness.
Mo.der.ni.za.ção *s* modernization.
Mo.der.ni.zar *v* to modernize; to fashion.
Mo.der.no *adj* modern; up-to-date; update.
Mo.dés.tia *s* modesty; shyness; chastity.
Mó.di.co *adj* small; moderate; reasonable.
Mo.di.fi.car *v* to modify; to vary.
Mo.dis.ta *s* dressmaker; modiste.
Mo.do *s* mode; manner; way; GRAM mood.
Mo.du.lar *v* to modulate; to inflect; to slur.
Mó.du.lo *s* module, unit of any measure.
Mo.e.da *s* coin; hard cash.
Mo.e.dor *s* grinder; miller; pounder.
Mo.e.la *s* gizzard; second stomach of birds.
Mo.er *v* to grind; to mill; to pound.
Mo.far *v* to mock; to hoar; to mould.
Mo.fo *s* mold; mustiness.
Mo.i.do *adj* ground; tainted; tired.
Mo.i.nho *s* mill.
Moi.ta *s* thicket; coppice.
Mo.la *s* spring.
Mol.da.gem *s* moulding; casting.
Mol.dar *v* to cast; to mould; to model.
Mol.de *s* mould; pattern.
Mol.du.ra *s* moulding; picture-frame.
Mo.le *adj* soft; weak; indolent.
Mo.len.ga *adj* sluggish; indolent.
Mo.le.que *s* street-urchin; gamin; little boy.
Mo.les.tar *v* to molest; to bother; to annoy.
Mo.lés.tia *s* disease; illness.
Mo.le.za *s* softness; laziness; idleness.
Mo.lha.do *adj* wet; damp.
Mo.lhar *v* to wet; to soak; to drench.
Mo.lho *s* a bundle; faggot; sheaf; handful.
Mo.li.ne.te *s* windlass; turnpike; crab.
Mo.lus.co *s* ZOO mollusc; shellfish.
Mo.men.tâ.neo *adj* momentary; instantaneous.
Mo.men.to *s* moment; an instant.
Mo.ne.tá.rio *adj* monetary; financial.
Mon.ge *s* monk; friar.
Mo.ni.tor *s* monitor; adviser.
Mo.no.po.li.zar *v* to monopolize; to embrace; to forestall.
Mo.nó.to.no *adj* monotone; wearisomeness.
Mons.tru.o.so *adj* monstrous; abnormal; huge; enormous.
Mon.ta *s* amount; total; cost.
Mon.ta.gem *s* setting up; mounting; assembly.
Mon.ta.nha *s* mountain.
Mon.ta.nhês *s* mountaineer; highlander; *adj* of the mountain.
Mon.tan.te *s* amount; sum.
Mon.tar *v* to ride; to climb; to mount.
Mon.ta.ri.a *s* hunting; saddle horse.
Mon.te *s* mount; heap; pile.
Mo.nu.men.to *s* monument; majestic building.
Mor *adj* chief; principal.
Mo.ra.da *s* dwelling; habitation; house.
Mo.ra.di.a *s* residence; housing; house.
Mo.ra.dor *s* dweller; resident.
Mo.ral *s* morality; *adj* moral.
Mo.ra.li.zar *v* to moralize.
Mo.ran.go *s* strawberry.
Mo.rar *v* to reside; to live; to dwell.
Mor.bi.dez *s* morbidity; morbidness.
Mor.ce.go *s* bat; flittermouse.
Mor.da.ça *s* gag; muzzle.
Mor.da.ci.da.de *s* sarcastic language; mordacity.
Mor.daz *adj* mordacious; bitting; mordant.
Mor.de.dor *s* biter; *adj* bitting.
Mor.der *v* to bite; to sting; to nibble.
Mor.dis.car *v* to munch; to nibble.
Mor.do.mo *s* steward.
Mo.re.no *adj* brown.
Mor.fi.na *s* morphia.
Mo.ri.bun.do *adj* moribund; dying; near death.
Mo.rin.ga *s* water-pot; monkey-jar.
Mor.ma.ço *s* warm; dull weather; haze.
Mor.no *adj* lukewarm; tepid; warm.
Mo.ro.si.da.de *s* slowness; tardiness; moroseness.
Mor.rer *v* to die; to depart; to pass away.
Mor.ro *s* hill; low mountain.
Mor.ta.lha *s* shroud; winding sheet.
Mor.ta.li.da.de *s* mortality; death rate.
Mor.te *s* death.

Mor.ti.fi.car *v* to mortify; to humble; to torment.
Mor.to *s* a dead man; corpse; *adj* dead; lifeless; insensible.
Mo.sai.co *s* mosaic, miscellany; *adj* mosaic.
Mos.ca *s* fly; house fly.
Mos.tei.ro *s* cloister; monastic house.
Mos.tra *s* exhibition; act of showing.
Mos.trar *v* to show; to exhibit; to display.
Mo.tim *s* mutiny; revolt; riot; insurrection.
Mo.ti.va.ção *s* motivation; inducement.
Mo.ti.var *v* to motivate.
Mo.ti.vo *s* motive; reason; cause; purpose.
Mo.to *s* motto; motion.
Mo.to.ci.cle.ta *s* motorcycle.
Mo.tor *s* engine; motor.
Mo.to.ris.ta *s* motorist; chauffeur; driver.
Mo.triz *adj* motive; moving.
Mo.ve.di.ço *adj* movable; moving.
Mó.vel *adj* movable; mobile.
Mo.ver *v* to move; to budge.
Mo.vi.men.tar *v* to move; to set in motion.
Mo.vi.men.to *s* motion; movement; moving.
Mu.co *s* mucus; slime.
Mu.co.sa *s* mucous membrane.
Mu.çul.ma.no *adj* moslem.
Mu.da *s* change; alteration; molt.
Mu.dan.ça *s* change; moving; removal.
Mu.dar *v* to change; to exchange; to trade.
Mu.dez *s* dumbness; muteness.
Mu.do *s* deaf person; *adj* dumb; mute.
Mu.gi.do *s* mooing; lowing.
Mu.gir *v* to bellow; to low.
Mui.to *adv* very; much; too; plus; a lot.
Mu.la *s* mule.
Mu.la.to *s* mulatto, dark-coloured.
Mu.le.ta *s* crutch; support; prop.
Mu.lher *s* woman; wife; female.
Mu.lhe.ren.go *adj* womanish; fond of women.
Mul.ta *s* mulct; fine; penalty.
Mul.tar *v* to mulct; to fine.
Mul.ti.dão *s* multitude; crowd; mob.
Mul.ti.na.ci.o.nal *s* ECON multiples.
Mul.ti.pli.ca.ção *s* multiplication; increasing.
Mul.ti.pli.ca.dor *s* multiplier; *adj* multiplying.
Mul.ti.pli.car *v* to multiply; to increase.
Mú.mia *s* mummy.
Mun.da.no *adj* mundane; worldly.
Mun.di.al *adj* world-wide.
Mun.do *s* world.
Mu.nhe.ca *s* wrist.
Mu.nhe.quei.ra *s* ESP wristlet.
Mu.ni.ção *s* ammunition; munition.
Mu.ní.ci.pe *s* citizen.
Mu.ni.cí.pio *s* municipality; a county.
Mu.ni.fi.cen.te *adj* munificent; liberal.
Mu.nir *v* to provide; to furnish; to supply.
Mu.ra.lha *s* wall; rampart.
Mu.ra.lhar *v* to wall; to mure; to immure.
Mu.rar *v* to inwall; to immure; to block up.
Mur.char *v* to wither; to blight; to fade.
Mur.cho *adj* withered; faded; FIG sad.
Mur.mu.rar *v* to murmur; to whisper.
Mur.mú.rio *s* murmur; humming; muttering.
Mu.ro *s* wall; defense.
Mur.ro *s* punch.
Mu.sa *s* muse.
Mús.cu.lo *s* muscle.
Mu.seu *s* museum.
Mus.go *s* moss.
Mú.si.ca *s* music.
Mu.si.car *v* to make music.
Mú.si.co *s* musician; *adj* musical; music.
Mus.se.li.na *s* muslin.
Mu.ta.ção *s* mutation; change.
Mu.ti.lar *v* to mutilate; to mangle; to haggle.

ABCDEFGHIJKLMNOPQRSTUVWXYZ

N *s* the fourteenth letter of the Portuguese alphabet and of the English alphabet.
Na (em+a) *prep+art* in; on; at.
Na.bo *s* turnip.
Na.ção *s* nation; country.
Na.ci.o.nal *adj* national.
Na.ci.o.na.li.da.de *s* nationality; citizenship.
Na.ci.o.na.li.zar *v* to nationalize; to make national.
Na.co *s* slice; piece; bit.
Na.da *s* nothing; non-existence; trifle; *adv* not; nothing; not at all.
Na.da.dor *s* swimmer; *adj* swimming.
Na.dar *v* to swim.
Ná.de.ga *s* buttock; rump.
Na.do *s* ESP swimming.
Nai.pe *s* suit of cards; MÚS groups of instruments.
Na.mo.ra.da *s* sweetheart; girlfriend.
Na.mo.ra.do *s* lover; boyfriend.
Na.mo.rar *v* to date; to flirt.
Na.mo.ro *s* courtship; lover.
Na.nar *v* to sleep.
Não *adv* no; not.
Na.que.le (em+aquele) (*prep+pron*) in that; on that.
Na.qui.lo (em+aquilo) (*prep+pron*) in that; on that.
Nar.ci.so *s* narcissus.
Nar.có.ti.co *s* narcotic; drug; GÍR dope; *adj* narcotic.
Na.ri.na *s* nostril.
Na.riz *s* nose.
Nar.ra.ção *s* narrative; narration.
Nar.rar *v* to narrate; to tell; to relate.
Nas.cen.ça *s* birth; nascency; origin.
Nas.cen.te *s* east; orient; *adj* nascent; rising.
Nas.cer *v* to be born; to rise.
Nas.ci.do *adj* born; native; natural.
Nas.ci.men.to *s* birth; origin.
Nas.ci.tu.ro *adj* begotten.
Na.ta *s* cream.
Na.ta.ção *s* swimming; natation.
Na.tal *s* Christmas (Xmas); Christmas Day; *adj* native; natal.
Na.ti.vo *s* home-born; native; *adj* indigenous; national; native.
Na.tu.ral *s* native; nature; disposition; *adj* natural.
Na.tu.ra.li.zar *v* to naturalize.
Na.tu.re.za *s* nature; kind; sort.
Nau *s* vessel; ship.
Nau.fra.gar *v* to shipwreck; to founder; to sink .
Nau.frá.gio *s* shipwreck; sinking.
Náu.se.a *s* nausea; seasickness.
Na.val *adj* naval; maritime; marine.
Na.va.lha *s* razor.
Na.ve *s* nave; vessel; ship.
Na.ve.ga.bi.li.da.de *s* navigability; navigableness.
Na.ve.gar *v* to navigate; to sail; to voyage.
Na.ve.gá.vel *adj* navigable; floatable; voyageable.
Na.vi.o *s* vessel; ship.
Ne.bli.na *s* mist; fog.
Ne.bu.lo.si.da.de *s* nebulosity; nebulousness.
Ne.ces.sá.rio *adj* necessary; needful; indispensable.
Ne.ces.si.da.de *s* necessity; need; want.
Ne.ces.si.tar *v* to need; to require; to demand.
Ne.cro.té.rio *s* morgue; dead-house.
Néc.tar *s* nectar.
Ne.fan.do *adj* infamous.
Ne.fas.to *adj* inauspicious; funest; doleful.
Ne.ga.ção *s* negation; negativity; denial.
Ne.gar *v* to deny; to negate.
Ne.ga.ti.va *s* negative; refusal.
Ne.gli.gên.cia *s* negligence; neglect; inattention; inadvertence.
Ne.glí.gen.te *adj* negligent; carelessness.
Ne.go.ci.a.ção *s* negotiation; trading.
Ne.go.ci.ar *v* to negotiate; to trade in; to deal.
Ne.go.ci.á.vel *adj* negotiable; sellable; marketable.
Ne.gó.cio *s* business; trade; commerce; affair; transaction.
Ne.gro *s* negro; *adj* black.
Nem *conj* nor; neither.
Ne.nê *s* baby; little child.
Ne.nhum *adj* no; any; *pron* none; any.
Ne.ó.fi.to *s* neophyte; beginner; novice.
Ner.vo *s* nerve; sinew.
Ner.vo.so *adj* nervous; excitable.
Nés.ci.o *adj* silly; foolish.
Ne.ta *s* granddaughter; grandchild.

Ne.to *s* grandson; grandchild.
Ne.tu.no *s* Neptune.
Neu.tra.li.zar *v* to neutralize; to render neutral.
Neu.tro *adj* neutral; neuter.
Ne.va.da *s* downfall; snowfall.
Ne.var *v* to snow.
Ne.vas.ca *s* snow storm; blizzard.
Ne.ve *s* snow.
Né.voa *s* fog; mist.
Ne.vo.ei.ro *s* a thick fog.
Ne.vral.gi.a *s* MED neuralgia.
New.to.ni.a.no *adj* newtonian.
Ne.xo *s* nexus; coherence; link.
Ni.cho *s* niche; small home; alcove.
Ni.co.ti.na *s* nicotine; nicotin.
Nin.guém *pron* no-one; nobody; anyone; anybody.
Ni.nha.da *s* brood.
Ni.nha.ri.a *s* bagatelle; trifle; insignificance.
Ni.nho *s* nest; lair; hole.
Ní.quel *s* nickel; nickel coin.
Ni.que.lar *v* to nickel-plate.
Nis.so (em+isso) (*prep+pron*) in that; on that; at that.
Ni.ti.dez *s* clearness; brightness.
Ní.ti.do *adj* nitid; neat; clear; bright.
Ní.vel *s* level; plummet; rate.
Ni.ve.lar *v* to level; to grade.
No (em+o) (*prep+art*) in the.
Nó *s* knot; tie; joint; node; snag; POP hitch.
No.bre *s* nobleman; *adj* noble; honorable.
No.bre.za *s* nobleness; nobility; noblesse.
No.ção *s* notion; idea; conception.
No.ci.vo *adj* noxious; pernicious.
Nó.doa *s* spot; stain.
Nó.du.lo *s* nodule.
No.guei.ra *s* walnut-tree.
Noi.te *s* night; evening.
Noi.ti.nha *s* nightfall; twilight.
Noi.va *s* bride; fiancée.
Noi.va.do *s* betrothal; engagement.
Noi.var *v* to court.
Noi.vo *s* bridegroom; groom; fiancée; *adj* engaged.
No.jen.to *adj* nauseous; disgusting; loathsome.
No.jo *s* nausea; aversion; repugnance.
Nô.ma.de *s* nomad; wanderer; *adj* nomadic; wandering.
No.me *s* name; fame.
No.me.a.ção *s* appointment; designation.
No.me.ar *v* to appoint; to ordain.
No.mi.nal *adj* nominal.
No.na.ge.ná.rio *adj* nonagenarian.
No.na.gé.si.mo *adj* ninetieth.
No.no *adj* ninth.
No.ra *s* daughter-in-law.
Nor.des.te *s* north-east.
Nór.di.co *adj* nordic.
Nor.ma *s* norm; model; pattern; standard.
Nor.mal *s* normal; *adj* normal; ordinary; regular; usual.
Nor.ma.li.da.de *s* normality; normalcy.
Nor.ma.li.zar *v* to normalize; to make normal.
No.ro.es.te *s* northwest.
Nor.te *s* north; guide; direction.
Nor.te.ar *v* to guide; to lead.
No.ru.e.guês *s* Norwegian; *adj* norwegian.
Nós *pron* we; us; ourselves; *pron* us.
Nos.sa *adj* our; *pron* our, ours; of us.
Nos.tal.gi.a *s* nostalgia; homesickness.
Nos.tál.gi.co *adj* nostalgic; homesick.
No.ta *s* note; communication; a money paper.
No.ta.bi.li.da.de *s* notability.
No.ta.bi.li.zar *v* to become notable.
No.ta.ção *s* notation.
No.tar *v* to note; to observe; to notice.
No.tá.rio *s* notary.
No.tá.vel *adj* notable; remarkable.
No.tí.cia *s* news; information; knowledge.
No.ti.ci.ar *v* to notice; to inform.
No.ti.ci.á.rio *s* news section; news bulletin.
No.ti.fi.car *v* to notify; to report; to announce.
No.tó.rio *adj* notorious; well-known.
No.va.men.te *adv* again.
No.va.to *s* novice; beginner; freshman.
No.ve *adj* nine.
No.ve.la *s* tale; story; soap-opera.
No.ve.lo *s* ball of thread.
No.vem.bro *s* November, the eleventh month of the year.
No.ve.na *s* RELIG nine days of prayer and adoration.
No.vi.ci.a.do *s* novitiate; novice.
No.vi.ço *s* novice; beginner; apprentice.
No.vi.da.de *s* novelty; newness; news.
No.vi.lha *s* young cow.
No.vi.lho *s* steer; bullock.
No.vo *adj* new; modern; young.
Noz *s* nut; walnut (a dried fruit).
Nu *s* nude; *adj* naked; nude; bare.
Nu.ben.te *s* betrothed; *adj* betrothed.
Nu.bla.do *adj* cloudy; overcast.
Nu.blar *v* to cloud; become cloudy.
Nu.ca *s* nape; back of the neck.
Nú.cleo *s* nucleus; kernel; centre; core.
Nu.dez *s* nudity; nakedness; bareness.
Nu.dis.mo *s* nudism.
Nu.dis.ta *s* nudist.
Nu.li.da.de *s* nullity; a nobody.
Nu.lo *adj* null; void; invalid; of no account.
Nu.me.ra.ção *s* numeration; numbering.
Nu.me.ra.dor *s* numerator; numberer.
Nu.me.ral *s* numeral; *adj* numeral.
Nu.me.rar *v* to number; to amount to; to count; to mark.
Nu.me.rá.rio *s* money; cash; coin; *adj* numerary.
Nu.mé.ri.co *adj* numeric; numerical.

Nú.me.ro *s* number; a sum; figure.
Nu.me.ro.so *adj* numerous; abundant; multitudinous.
Nun.ca *adv* never.
Nún.cio *s* nuncio; messenger; legate.
Nup.ci.al *adj* nuptial; matrimonial.
Núp.ci.as *s* nuptial; marriage; wedding.
Nu.tri.ção *s* nutrition; nourishment; nutriment.
Nu.tri.do *adj* nourished; well-fed.
Nu.tri.en.te *adj* alimentative; nutrient.
Nu.tri.men.to *s* nutriment; food; aliment.
Nu.trir *v* to nourish; to feed.
Nu.tri.ti.vo *adj* nutritive; nourishing.
Nu.vem *s* cloud.

ABCDEFGHIJKLMNOPQRSTUVWXYZ

O *s* the fifteenth letter of the Portuguese alphabet and of the English alphabet.
O *art* the; *pron* he; him; that; the one; it.
Ob.ce.ca.ção *s* obduracy; obstinacy.
Ob.ce.car *v* to blind; to obsess.
O.be.de.cer *v* to obey; to yield; to conform.
O.be.di.ên.cia *s* obedience.
O.be.si.da.de *s* obesity; fatness; corpulence.
O.be.so *adj* obese; fat.
Ó.bi.ce *s* hindrance; impediment; obstacle.
Ob.je.ção *s* objection; protest; complaint.
Ob.je.tar *v* to object; to oppose.
Ob.je.ti.var *v* to objectify; to aim at.
Ob.je.ti.vo *s* objective; end; goal; purpose; *adj* objective.
Ob.je.to *s* object; aim; purpose.
O.bo.é *s* MÚS oboe; hautboy.
Ó.bo.lo *s* alms.
O.bra *s* work; labor; production; task; book; **obra de** arte: masterpiece.
O.brar *v* to work; to act; to perform.
O.brei.ro *s* worker; workman.
O.bri.ga.ção *s* obligation; duty; bound.
O.bri.ga.do *adj* obliged; grateful; **Obrigado!** *interj* thank you.
O.bri.gar *v* to oblige; to obligate; to compel.
Obs.ce.ni.da.de *s* obscenity.
Obs.ce.no *adj* obscene; indecent.
Obs.cu.re.cer *v* to obscure; to darken.
Obs.cu.re.ci.men.to *s* obscuration; darkness.
Obs.cu.ro *adj* obscure; dark; dim; intricate.
Ob.se.qui.ar *v* to favor; to entertain; to please; to oblige.
Ob.sé.quio *s* kindness; favour.
Ob.ser.va.ção *s* observation; remark.
Ob.ser.var *v* to observe; to look; to watch.
Ob.ser.vá.vel *adj* observable.
Obs.tá.cu.lo *s* obstacle; hindrance.
Obs.tar *v* to impede; to avoid; to obviate.
Obs.ti.na.ção *s* obstinacy; self-will; stubbornness.
Obs.ti.na.do *adj* obstinate; stubborn.
Obs.ti.nar *v* to obstinate; to make obstinate.
Obs.tru.ir *v* to obstruct; to block; to retard.
Ob.ten.ção *s* obtainment.
Ob.ter *v* to obtain; to get; to secure.
Ob.tu.ra.ção *s* obturation.
Ob.tu.rar *v* MED to obturate; to fill.
Ob.tu.so *adj* obtuse; blunt.
Ób.vio *adj* obvious; evident.
O.ca.si.ão *s* occasion; opportunity; chance.
O.ca.si.o.nal *adj* occasional; casual; incidental.
O.ca.si.o.nar *v* to cause; to bring about; to give rise.
O.ca.so *s* sunset; end; death.
O.ce.â.ni.co *adj* oceanic; marine.
O.ce.a.no *s* ocean; the sea.
O.ci.den.tal *adj* occidental; western.
O.ci.den.te *s* occident; west.
Ó.cio *s* leisure; idleness; laziness.
O.ci.o.so *s* a lazy person; lazybones; *adj* idle; lazy; useless.
O.co *adj* hollow; empty; vain; futile.
O.cor.rên.cia *s* occurrence; incident; happening.
O.cor.rer *v* to occur; to come round; to take place.
Oc.to.ge.ná.rio *s* octogenarian; octogenary; *adj* octogenarian; octogenary.
O.cu.lis.ta *s* oculist; eye doctor; ophthalmologist.
Ó.cu.lo *s* eye-glass.
O.cul.tar *v* to occult; to hide; to cover.
O.cul.to *adj* occult; hidden; concealed.
O.cu.pa.ção *s* occupation; job; task.
O.cu.pa.do *adj* busy; occupied.
O.cu.par *v* to occupy; to hold; to employ; to engage; to keep.
O.di.ar *v* to hate; to detest; to abhor.
O.di.á.vel *adj* odious; hateful.
Ó.dio *s* hate; hatred; odium.
O.dor *s* odour; scent; smell.
O.es.te *s* west; *adj* western.
O.fe.gan.te *adj* out of breath; panting; gasping.
O.fe.gar *v* to pant; to breathe convulsively; to gasp.
O.fen.der *v* to offend; to hurt.
O.fen.sa *s* offense; grievance; insult.
O.fen.si.va *s* offensive; attack.
O.fe.re.cer *v* to offer.
O.fe.re.ci.men.to *s* offering; offer.
O.fe.ren.da *s* offering; gift; offer.

O.fer.ta *s* offering; offer.
O.fer.tar *v* to offer; to make an offering.
O.fi.ci.al *s* officer; craftsman; clerk; *adj* official.
O.fi.ci.ar *v* to officiate.
O.fi.ci.na *s* workshop; works.
O.fí.cio *s* occupation; official letter; trade.
O.fus.ca.ção *s* dazzling; obfuscation.
O.fus.car *v* to obfuscate; to dim; to dazzle.
Oi.ta.va.do *adj* eight-sided; octagonal.
O.je.ri.za *s* antipathy; aversion.
O.la.ri.a *s* pottery; brick-field.
O.le.ar *v* to oil.
Ó.leo *s* oil.
O.le.o.so *adj* oily; greasy.
Ol.fa.ção *s* olfaction.
Ol.fa.ti.vo *adj* olfactory.
Ol.fa.to *s* smell.
O.lhar *s* look; glance; *v* to look; to observe; to behold.
O.lho *s* eye; sight; view.
O.li.va *s* olive.
O.lor *s* odor; perfume; fragrance.
Ol.vi.dar *v* to forget, to lose the remembrance.
Om.brei.ra *s* shoulder-strap; jamb; door.
Om.bro *s* shoulder.
O.me.le.te *s* omelet.
O.mis.são *s* omission; oversight.
O.mi.tir *v* to omit; to miss; to skip.
O.mo.pla.ta *s* shoulder blade.
On.ça *s* ounce (28.349 gramas); ZOO ounce.
On.da *s* wave; ripple; billow.
On.de *adv* where; in which.
On.du.la.ção *s* undulation; waving.
On.du.lar *v* to undulate; to wave.
O.ne.rar *v* to burden with; to encumber; to charge.
O.ne.ro.so *adj* onerous; burdensome.
Ô.ni.bus *s* omnibus; bus.
O.ni.po.ten.te *adj* omnipotent; almighty.
On.tem *adv* yesterday.
Ô.nus *s* onus; burden; load; obligation.
O.pa.co *adj* opaque; dull; obscure.
Op.ção *s* option; choice; selection.
Ó.pe.ra *s* MÚS opera.
O.pe.ra.ção *s* operation; working; action.
O.pe.ra.dor *s* operator; surgeon.
O.pe.rar *v* to operate; to perform; to act.
O.pe.rá.rio *s* workman; labourer; worker.
O.pe.re.ta *s* MÚS operetta.
O.pe.ro.so *adj* laborious; diligent; productive.
O.pi.nar *v* to opine; to suppose; to judge.
O.pi.ni.ão *s* opinion; hint.
Ó.pio *s* opium (narcotic).
O.po.nen.te *s* opponent; antagonist; adversary.
O.por *v* to oppose.
O.por.tu.ni.da.de *s* opportunity; chance.
O.por.tu.nis.ta *s* opportunist; timeserver; temporizer.
O.por.tu.no *adj* opportune.
O.po.si.ção *s* opposition; resistance.
O.pos.to *s* opposite; *adj* opposite; contrary; contradictory.
O.pres.são *s* oppression; tyranny.
O.pres.sor *s* opressor; *adj* oppressive.
O.pri.mir *v* to oppress; to depress; to subdue.
Op.tar *v* to choose; to select.
Óp.ti.ca *s* MED optics.
Óp.ti.co *adj* optic; optical.
O.pu.lên.cia *s* opulence; wealth.
O.pu.len.to *adj* opulent; wealthy; rich.
O.pús.cu.lo *s* opuscule; small work.
O.ra *conj* but; now.
O.ra.ção *s* oration; pray; speech; sentence.
O.ra.dor *s* orator; public-speaker.
O.ral *adj* oral; verbal.
O.rar *v* to pray; to implore; to beseech.
O.ra.tó.ria *s* oratory; eloquence.
Or.be *s* orb; globe; sphere.
Ór.bi.ta *s* orbit.
Or.ça.men.to *s* budget; estimate.
Or.çar *v* to budget; to estimate.
Or.dem *s* order; class.
Or.de.na.ção *s* ordinance; arrangement.
Or.de.na.do *s* salary; wages.
Or.de.nar *v* to order; to command; to bid.
Or.de.nha *s* milking.
Or.de.nhar *v* to milk.
Or.di.nal *adj* ordinal.
Or.di.ná.rio *adj* ordinary; commonplace.
O.re.lha *s* ear.
Or.fa.na.to *s* orphanage; asylum.
Ór.fão *s* orphan; *adj* orphan.
Or.gan.di *s* organdy.
Or.gâ.ni.co *adj* organic.
Or.ga.nis.mo *s* organism; body.
Or.ga.ni.za.ção *s* organization.
Or.ga.ni.zar *v* to organize; to arrange.
Ór.gão *s* organ; instrument; MÚS pipe-organ.
Or.gi.a *s* orgy; revel.
Or.gu.lhar *v* to flush; to exalt; to elate.
Or.gu.lho *s* pride; haughtiness.
Or.gu.lho.so *adj* proud; stuck up; haughty.
O.ri.en.tal *s* oriental; eastern; *adj* oriental; eastern.
O.ri.en.tar *v* to orient; to direct; to guide.
O.ri.en.te *s* orient; east.
O.ri.fí.cio *s* orifice; opening; hole.
O.ri.gem *s* origin; beginning; source.
O.ri.gi.nal *s* original; *adj* original.
O.ri.gi.nar *v* to originate; to create.
O.ri.gi.ná.rio *adj* native; proceeding; originating; *also* Oriundo.
Or.la *s* border; fringe; edge.
Or.lar *v* to border; to edge.
Or.na.men.tar *v* to ornament; to decorate; to adorn.
Or.na.men.to *s* ornament; decoration.
Or.nar *v* to adorn; to deck.

Or.na.to *s* ornament; decoration.
Or.ques.tra *s* orchestra.
Or.ques.trar *v* to orchestrate.
Or.quí.dea *s* orchid.
Or.va.lhar *v* to bedew; to drizzle; to wet.
Or.va.lho *s* dew; mist; drizzle.
Os.ci.la.ção *s* oscillation; variation.
Os.ci.lar *v* to oscillate; to hesitate.
Os.cu.la.ção *s* osculation; kiss.
Os.cu.lar *v* to osculate; to kiss.
Ós.cu.lo *s* kiss.
Os.sa.da *s* skeleton; carcass.
Ós.seo *adj* osseous; bony.
Os.si.fi.car *v* to ossify.
Os.so *s* bone.
Os.ten.ta.ção *s* ostentation; splurge; show.
Os.ten.ta.dor *s* boaster; ostentatious person; *adj* ostentatious.
Os.ten.tar *v* to flaunt; to display; to boast.
Os.tra *s* oyster.
Os.tra.cis.mo *s* ostracism; relegation.
O.tá.rio *s* fool; POP gull; ninny; sucker.
O.ti.mis.mo *s* optimism.
Ó.ti.mo *s* very good; excellent; fine.
Ou *conj* either; or.
Ou.ri.ço *s* bur of chestnuts.
Ou.ri.ves *s* goldsmith.
Ou.ro *s* gold (symbol Au).
Ou.sa.di.a *s* boldness; audacity; insolence.
Ou.sa.do *adj* bold; daring.
Ou.sar *v* to dare; to venture.
Ou.to.no *s* autumn; USA fall.
Ou.trem *pron* somebody else.
Ou.tro *adj* other; *pron* other; another.
Ou.tro.ra *adv* formerly; once; of yore.
Ou.tu.bro *s* October, the tenth month of the year.
Ou.vin.te *s* hearer; listener.
Ou.vir *v* to hear; to listen to.
O.va *s* roe.
O.va.ção *s* ovation; applause.
O.va.ci.o.nar *v* to acclaim.
O.val *adj* oval; egg-shaped.
O.va.lar *v* to make oval.
O.vá.rio *s* ANAT ovary.
O.ve.lha *s* ewe; sheep.
O.vo *s* egg.
Ó.vu.lo *s* ovule; egg-cell.
O.xa.lá! *interj* let's hope!
O.xi.gê.nio *s* oxygen.
O.xí.to.no *s* oxytone; *adj* oxytone.

ABCDEFGHIJKLMNOPQRSTUVWXYZ

P *s* the sixteenth letter of the Portuguese alphabet and of the English alphabet.
Pá *s* spade; shovel.
Pa.ca.to *adj* peaceful; pacific; quiet; tranquil.
Pa.ci.ên.cia *s* patience; resignation.
Pa.ci.fi.car *v* to pacify; to calm; to quiet.
Pa.cí.fi.co *adj* pacific; peaceful; peaceable.
Pa.co.te *s* pack; packet; package; bundle.
Pac.to *s* pact; agreement; deal.
Pa.da.ri.a *s* bakery; bakehouse.
Pa.de.cer *v* to suffer; to bear.
Pa.dei.ro *s* baker.
Pa.di.o.la *s* handbarrow; stretcher.
Pa.drão *s* pattern; model.
Pa.dras.to *s* step-father.
Pa.dre *s* priest; clergyman; father.
Pa.dri.nho *s* godfather.
Pa.dro.ei.ro *s* patron; patron saint.
Pa.ga *s* pay; remuneration; wages; salary.
Pa.ga.men.to *s* pay; payment; wages; salary.
Pa.gar *v* to remunerate; to acquit; to reward.
Pá.gi.na *s* page; writing.
Pa.go *s* reward; recompense; *adj* paid; rewarded.
Pa.go.de *s* pagoda.
Pai *s* father.
Pai.ol *s* storeroom.
Pai.rar *v* to hover.
Pa.ís *s* country; nation; land.
Pai.sa.gem *s* landscape; scenery.
Pai.xão *s* passion; anger.
Pa.je.ar *v* to nurse.
Pa.jem *s* dry-nurse.
Pa.la.dar *s* palate; taste.
Pa.lan.que *s* platform; stand.
Pa.la.to *s* palate; taste.
Pa.la.vra *s* word; term; speech.
Pa.la.vrão *s* obscenity; coarse word.
Pal.co *s* stage.
Pa.ler.ma *s* stupid; fool; simpleton; *adj* silly; foolish.
Pa.les.trar *v* to talk; to chat.
Pa.le.tó *s* paletot; jacket; coat.
Pa.lha *s* straw.
Pa.lha.ço *s* clown; buffoon.
Pa.lhi.nha *s* a kind of straw.
Pa.lho.ça *s* hut.
Pa.li.dez *s* paleness; faintness.
Pa.li.tar *v* to cleanse teeth.
Pa.li.te.i.ro *s* toothpick holder.
Pa.li.to *s* toothpick.
Pal.ma.da *s* slap.
Pal.mei.ra *s* palm-tree.
Pal.mi.lha *s* inner sole of a shoe.
Pal.mi.to *s* palm heart.
Pal.mo *s* palm, a linear measure.
Pal.par *v* to touch.
Pál.pe.bra *s* eye-lid.
Pal.pi.ta.ção *s* palpitation; tremble.
Pal.pi.tar *v* to palpitate; to throb.
Pal.rar *v* to prattle; to chatter.
Pam.pa *s* pampa; extensive plain.
Pa.na.ca *s* silly billy; stupid.
Pan.ça *s* belly; paunch; potbelly.
Pan.ca.da *s* stroke; knock; GÍR crazy.
Pân.de.ga *s* merry-making; spree; junketing.
Pan.dei.ro *s* tambourine; timbrel.
Pa.ne.la *s* pot; pan.
Pan.fle.to *s* pamphlet; booklet.
Pâ.ni.co *s* panic; fright; *adj* panic; fright.
Pa.no *s* cloth; fabric; sails; curtain.
Pa.no.ra.ma *s* panorama; landscape; view.
Pan.que.ca *s* pancake.
Pan.ta.lo.nas *s* pantaloons.
Pân.ta.no *s* swamp; marsh; bog; fen.
Pão *s* bread.
Pa.pa *s* pope; pap (food).
Pa.pa.da *s* agglutination of fatty meat in the neck.
Pa.pa.gai.o *s* parrot (bird); BR kite.
Pa.pai *s* papa; daddy.
Pa.par *v* to eat; FIG to extort.
Pa.pe.ar *v* to prate; to chatter.
Pa.pel *s* paper; sheet.
Pa.pe.la.da *s* heap of papers (documents).
Pa.pe.lão *s* pasteboard; cardboard; BR gaffe.
Pa.po *s* double chin; bate Papo: chat.
Pa.pu.do *adj* doubled chin, agglutination of fatty meat in the neck; BR talkative.

Par *s* pair; couple; partner; *adj* even; equal; like.
Pa.ra *prep* for; to; towards; in order to.
Pa.ra.béns *s* congratulations.
Pa.ra-bri.sas *s* windshield.
Pa.ra-cho.que *s* buffer; bumper.
Pa.ra.da *s* stop; halt.
Pa.ra.fu.sar *v* to screw.
Pa.ra.fu.so *s* screw.
Pa.ra.í.so *s* paradise; heaven.
Pa.ra-la.ma *s* fender; mudguard.
Pa.ra.li.sar *v* to paralyse; to stop; to palsy.
Pa.ra.men.to *s* ornament.
Pa.ra.nin.fo *s* paranymph; godfather.
Pa.ra.que.das *s* parachute.
Pa.rar *v* to cease; to stop; to halt; to block.
Pa.ra-rai.os *s* lightning-rod.
Par.cei.ro *s* partner; participant.
Par.ce.lar *v* to parcel out; to divide.
Par.ce.ri.a *s* partnership.
Par.ci.al *adj* partial; unfair.
Par.dal *s* sparrow.
Par.do *s* mulatto; *adj* gray; dark; brown.
Pa.re.cer *s* appearance; opinion; judgement; *v* to seem; to appear; to look like.
Pa.re.ci.do *adj* like; alike; resembling.
Pa.re.de *s* wall.
Pa.ren.tes *s* relatives.
Pa.rên.te.se *s* parenthesis.
Pa.rir *v* to give birth.
Par.la.men.tar *s* parliamentarian; *v* to parley; *adj* parliamentary.
Par.la.men.to *s* parliament; parliament-house.
Par.lar *v* to prattle; to chatter; to chat.
Par.me.são *s* parmesan cheese; *adj* parmesan.
Pá.ro.co *s* parish priest; parson.
Pa.ro.di.ar *v* to parody; to burlesque.
Pa.ró.quia *s* parish.
Par.que *s* park.
Par.rei.ra *s* vine; spreading vine.
Par.te *s* part; piece; section.
Par.tei.ra *s* midwife.
Par.ti.ci.par *v* to participate; to partake.
Par.ti.cu.lar *adj* particular; individual; curious.
Par.ti.cu.la.ri.zar *v* to particularize; to detail.
Par.ti.cu.lar.men.te *adv* especially.
Par.ti.da *s* departure; match; game.
Par.ti.do *s* party; advantage; profit; match; *adj* parted; divided; broken; split.
Par.ti.lhar *v* to partition; to share.
Par.tir *v* to part; to depart; to take off; to start.
Par.ti.tu.ra *s* MÚS partitur.
Par.to *s* parturition; delivery; childbirth.
Par.tu.ri.en.te *adj* parturient.
Pás.coa *s* Easter; Passover.
Pas.mar *v* to be astonished; to be amazed.
Pas.sa *s* raisin.
Pas.sa.do *s* past; past time; former time; *adj* past.
Pas.sa.gei.ro *s* passenger; traveller; *adj* temporary; transitory.
Pas.sa.gem *s* passage; road.
Pas.sar *v* to pass; to move; to get through.
Pas.sa.ri.nho *s* bird; *also* Pássaro.
Pas.sa.tem.po *s* recreation; amusement; hobby.
Pas.se *s* pass; free-pass.
Pas.se.ar *v* to walk; to stroll.
Pas.se.a.ta *s* protest march.
Pas.sei.o *s* walk; sidewalk; pavement; stroll.
Pas.so *s* pace; step; gait.
Pas.ta *s* portfolio; paste; folder; POP pasta.
Pas.ta.gem *s* pasture.
Pas.tar *v* to pasture; to graze.
Pas.tel *s* pastel; meat pie.
Pas.to *s* pasture; food; aliment; nourishment.
Pa.ta *s* duck; paw; foot.
Pa.ten.te *s* patent; license; licence; *adj* patent; evident; manifest.
Pa.ten.te.ar *v* to manifest; to charter; to franchise; to patent.
Pa.ter.no *adj* paternal; fatherly.
Pa.te.ta *s* simpleton; block-head.
Pa.ti.fa.ri.a *s* roguishness; cowardeiness.
Pa.ti.fe *s* rascal; scoundrel; *adj* rascally
Pa.tim *s* skate; landing; roller-skate.
Pa.ti.nar *v* to skate.
Pa.ti.nhar *v* to paddle; to dabble.
Pá.tio *s* yard; court-yard.
Pa.to *s* duck; drake; POP a fool person.
Pa.trão *s* boss; patron; employer.
Pá.tria *s* country; fatherland.
Pa.trí.cio *s* patrician; fellow countryman; *adj* patrician; fellow countryman.
Pa.tri.mô.nio *s* patrimony; inheritance.
Pa.tro.a *s* patroness; housewife.
Pa.tro.ci.nar *v* to patronize; to support.
Pa.tro.no *s* patron; defender.
Pa.tru.lha *s* patrol; a guard.
Pa.tru.lhar *v* to patrol.
Pau *s* wood; piece of wood; stick.
Pau.la.da *s* blow with a club or wood piece.
Pau.pér.ri.mo *s* pauper; miserable person; *adj* very poor.
Pau.sa *s* pause; MÚS pause.
Pau.sar *v* to pause; to stop.
Pau.ta *s* rule paper; list; staff; line.
Pau.tar *v* to rule.
Pa.vão *s* peacock (bird).
Pa.vi.lhão *s* pavilion; a large tent; flag.
Pa.vi.men.tar *v* to pave.
Pa.vi.men.to *s* pavement; floor.
Pa.vi.o *s* wick of a candle; taper.
Pa.vo.a *s* peahen.
Pa.vor *s* dread; terror; fright.
Paz *s* peace; calmness; tranquillity; quiet.
Pé *s* foot; base; support; stand; paw.
Peão *s* peasant.

Pe.ça *s* piece.
Pe.ca.do *s* sin..
Pe.car *v* to sin.
Pe.cha *s* blemish; fault; spot.
Pe.chin.cha *s* bargain.
Pe.chin.char *v* to bargain.
Pe.cu.li.ar *adj* peculiar; singular; special.
Pe.da.ço *s* piece; a fragment; bit; morsel.
Pe.dal *s* pedal; foot-lever; treadle.
Pe.da.lar *v* to pedal.
Pe.dan.te *s* pedant; *adj* pedant; pedantic; pretentious.
Pe.des.tal *s* pedestal; stand; support.
Pe.des.tre *s* pedestrian; a walker; *adj* pedestrian.
Pe.di.cu.ro *s* pedicure; chiropodist.
Pe.di.do *s* request; petition; demand.
Pe.din.te *s* beggar.
Pe.dir *v* to request; to ask; to call for.
Pe.dra *s* stone.
Pe.dre.gu.lho *s* gravel; boulder.
Pe.drei.ro *s* mason.
Pe.ga.da *s* footprint; footstep; trace; track.
Pe.gar *v* to seize; to hold; to pick up; to take.
Pei.dar *v* to fart.
Pei.do *s* fart.
Pei.to *s* breast; brisket.
Pei.to.ral *s* breastplate; *adj* breastplate, relative to the chest.
Pei.xe *s* fish.
Pe.jo.ra.ti.vo *adj* pejorative; depreciatory.
Pe.la (per+a) (*prep+art*) by.
Pe.la.da *s* loss of hair; BR ESP GÍR soccer; *adj* skinned; nude woman.
Pe.la.do *adj* without hair; bald; nude.
Pe.lan.ca *s* wrinkled skin.
Pe.le *s* skin; pelt; hide.
Pe.le.ja *s* fight; battle; struggle; combat.
Pe.li.ca *s* kid.
Pe.li.ca.no *s* pelican (bird).
Pe.lo (per+o) (*prep+art*) by.
Pe.lo *s* hair.
Pe.lo.ta *s* pellet; small ball.
Pe.lú.cia *s* plush.
Pe.lu.gem *s* fine hair.
Pe.na *s* feather; plume; shame; pity.
Pe.na.li.zar *v* to pain; to afflict.
Pê.nal.ti *s* FUT penalty; foul (soccer).
Pe.nar *v* to suffer; to grieve; to mourn.
Pen.dên.cia *s* dispute; quarrel; fight; strife.
Pen.der *v* to hang; to pend; to incline.
Pen.du.rar *v* to hang; to suspend; to droop.
Pe.nei.ra *s* sieve.
Pe.nei.rar *v* to sift; to drizzle.
Pe.ne.tra *s* intruder.
Pe.ne.trar *v* to penetrate.
Pe.nhas.co *s* high cliff or rock.
Pe.nhor *s* pledge; pawn; guaranty.
Pe.nho.rar *v* to seize; to pledge; to confiscate; to pawn; to oblige.
Pê.nis *s* penis.
Pe.ni.ten.ci.ar *v* to repent.
Pe.ni.ten.ci.á.ria *s* penitentiary; prison.
Pe.no.so *adj* painful; difficult; hard.
Pen.sa.men.to *s* thought; reflection.
Pen.são *s* pension; annuity; boarding house.
Pen.sar *s* thought; reflection; *v* to think; to reflect.
Pen.si.o.nis.ta *s* boarder.
Pen.te *s* comb.
Pen.te.a.dei.ra *s* hairdresser; dressing table.
Pen.te.a.do *s* coiffure; *adj* combed.
Pen.te.ar *v* to comb.
Pe.nu.gem *s* fluff.
Pe.núl.ti.mo *s* penultimate; *adj* penultimate.
Pe.num.bra *s* penumbra; dim-light.
Pe.pi.no *s* cucumber.
Pe.pi.ta *s* nugget.
Pe.que.nez *s* smallness; childhood.
Pe.que.no *adj* little; small; short; bit.
Pe.ra *s* pear.
Pe.ral.ti.ce *s* dandyism.
Pe.ran.te *prep* before.
Per.ce.ber *v* to perceive; to notice; to feel.
Per.ce.ve.jo *s* bug; USA bedbug.
Per.cor.rer *v* to travel.
Per.da *s* a loss; damage; ruin; waste.
Per.dão *s* pardon; forgiveness.
Per.der *v* to lose.
Per.di.ção *s* loss; losing; ruin; destruction.
Per.di.guei.ro *s* setter; pointer; retriever.
Per.diz *s* partridge.
Per.do.ar *v* to pardon; to forgive.
Per.du.lá.rio *s* spendthrift; *adj* prodigal; wasteful.
Per.du.rar *v* to last a long.
Pe.re.cer *v* to perish; to die.
Pe.re.gri.no *s* pilgrim.
Pe.re.ne *adj* perennial; perpetual.
Per.fa.zer *v* accomplish; to complete.
Per.fí.dia *s* perfidy; treachery.
Per.fil *s* profile; outline.
Per.fi.lar *v* to profile.
Per.fu.mar *v* to perfume.
Per.fu.me *s* perfume; scent; smell.
Per.fu.rar *v* to perforate; to drill.
Per.ga.mi.nho *s* parchment.
Per.gun.ta *s* question; query; doubt.
Per.gun.tar *v* to ask; to question; to inquire.
Pe.rí.cia *s* skill; skillfulness; expertness.
Pe.ri.go *s* danger; peril; risk.
Pe.ri.go.so *adj* dangerous; risky; hazardous.
Pe.ri.ó.di.co *s* periodical, newspaper; *adj* periodic; periodical; regular.
Pe.rí.o.do *s* period; cycle.
Pe.ri.pé.cia *s* event that alters the order of the things; POP incident.
Pe.ri.qui.to *s* lovebird.

Pe.ri.to *adj* skilled; skillful; clever; able.
Per.ju.rar *v* to perjure.
Per.ma.ne.cer *v* to remain; to persist.
Per.ma.nen.te *s* permanent wave; *adj* permanent; lasting; enduring.
Per.me.ar *v* to permeate; to bore; to pierce.
Per.me.i.o *adv* in the middle.
Per.mi.tir *v* to permit; to grant; to consent.
Per.mu.tar *v* to permute; to exchange.
Per.ni.ci.o.so *adj* pernicious; ruinous; malign.
Per.nil *s* ham.
Per.noi.tar *v* to stay overnight.
Pé.ro.la *s* pearl.
Per.pas.sar *v* to pass by; to move.
Per.pe.trar *v* to perpetrate; to commit.
Per.pe.tu.ar *v* to perpetuate; to last for ever.
Per.pé.tuo *adj* perpetual; endless; eternal; constant; everlasting.
Per.ple.xo *adj* perplexed; confused.
Per.qui.rir *v* to search; to inquire.
Pers.cru.tar *v* to scrutinize; to inquire.
Per.se.guir *v* to pursue; to chase.
Per.se.ve.ran.ça *s* perseverance; persistence.
Per.se.ve.rar *v* to persevere; to persist.
Per.sis.tên.cia *s* persistence; constancy.
Per.sis.tir *v* to persist; to persevere.
Per.so.na.li.da.de *s* personality; person; individuality.
Per.so.na.li.zar *v* to personalize; to personify.
Per.so.ni.fi.car *v* to personify; to embody; to personalize.
Pers.pec.ti.va *s* perspective; view.
Pers.pi.cá.cia *s* perspicacity; sagacity.
Per.su.a.dir *v* to persuade; to convince.
Per.ten.cer *v* to pertain; to belong.
Per.ti.nen.te *adj* pertinent; appropriated; concerning.
Per.to *adj* near; close.
Per.tur.bar *v* to perturb; to disturb; to agitate.
Pe.ru *s* turkey.
Pe.ru.ca *s* wig; peruke; periwig.
Per.ver.si.da.de *s* perversity; cruelty.
Per.ver.ter *v* to pervert; to debase.
Per.ver.ti.do *adj* perverted; corrupt; vicious.
Pe.sa.de.lo *s* nightmare.
Pe.sa.do *adj* weight; weighty; heavy; BR unlucky.
Pê.sa.me *s* condolences.
Pe.sar *v* to weigh; to ponder; to sorrow.
Pes.ca *s* fishing; fishery.
Pes.ca.da *s* withing (fish).
Pes.car *v* to fish; to find out; to angle.
Pes.co.ço *s* neck.
Pe.se.ta *s* peseta (coin).
Pe.so *s* weight; importance; authority; load; heaviness.
Pes.qui.sar *v* to research; to search; to investigate.
Pês.se.go *s* peach.
Pes.si.mis.ta *s* pessimist; *adj* pessimistic.
Pés.si.mo *adj* very bad.
Pes.so.a *s* person.
Pes.so.al *s* personnel; *adj* personal.
Pes.ta.na *s* lash.
Pes.ta.ne.jar *v* to blink; to wink.
Pé.ta.la *s* petal.
Pe.te.ca *s* shuttlecock.
Pe.ti.ção *s* petition; request; supplication.
Pe.tis.car *v* to nibble at food; to taste.
Pe.tis.co *s* titbit; dainty bit; daintiness.
Pé.treo *adj* stony; rocky.
Pe.tri.fi.car *v* to petrify.
Pe.tro.lei.ro *s* oil-tanker; *adj* petrolic.
Pe.tró.leo *s* petrol; petroleum; oil.
Pe.tu.lân.cia *s* petulance; petulancy; insolence; immodesty.
Pi.a *s* sink; basin; lavatory.
Pi.a.da *s* biting; jeer; joke; taunt.
Pi.a.dis.ta *s* taunter; jeerer; joker.
Pi.a.no *s* piano.
Pi.ar *v* to chirp; to pule; to peep.
Pi.ca.da *s* pricking; sting; peak; puncture.
Pi.can.te *adj* piquant.
Pica-pau *s* woodpecker.
Pi.car *v* to prick; to sting; to peck; to mince.
Pi.ca.re.ta *s* pick; mattock.
Pi.char *v* to pitch.
Pi.che *s* pitch.
Pi.co *s* peak; summit; top.
Pi.e.da.de *s* pity.
Pi.gar.ro *s* hoarseness; hawk; hem.
Pig.men.to *s* pigment.
Pig.meu *s* pigmy; dwarf; *adj* dwarfish.
Pi.ja.ma *s* pyjamas; pajamas.
Pi.lão *s* pestle.
Pi.lar *s* pillar; pier; *v* to bray; to peel; to pound.
Pi.las.tra *s* pilaster; square column.
Pi.le.que *s* drunkenness.
Pi.lha *s* pile; battery; cell.
Pi.lhar *v* to pillage; to plunder; to rob.
Pi.lhé.ria *s* fun; jesting; joke.
Pi.lo.tar *v* to pilot; to serve as a pilot.
Pi.lo.to *s* pilot; guide; leader.
Pi.men.ta *s* pepper.
Pi.men.tão *s* pimiento; guinea pepper.
Pim.po.lho *s* young shoot; FIG baby.
Pi.ná.cu.lo *s* pinnacle; peak; apex.
Pin.ça *s* pincers; tweezers.
Pín.ca.ro *s* pinnacle; summit; top.
Pin.cel *s* brush; paint brush.
Pin.ce.lar *v* to paint.
Pin.ga *s* brandy; drop; FAM brandy.
Pin.gar *v* to drop; to drip; BR to start raining.
Pin.gen.te *s* pendant.
Pin.go *s* drop; dripping.
Pi.nha *s* pine-cone; fruit of pine; heap.
Pi.nhão *s* seed of the pine-tree; MEC pinion.
Pi.nhei.ro *s* pine-tree; pine.

Pi.nho *s* pine-wood; pine timber.
Pi.no *s* summit; nail species.
Pi.no.te *s* jump; leap; bound.
Pin.ta *s* spot; mark; GÍR aspect.
Pin.tar *v* to paint; to portray; to describe.
Pin.tas.sil.go *s* goldfinch; yellow bird.
Pin.to *s* chick.
Pin.tor *s* painter.
Pio *s* peep (the cry of a chicken).
Pi.o.lho *s* louse; lice.
Pi.o.nei.ro *s* pioneer; explorer.
Pi.or *adv* worse.
Pi.o.rar *v* to make worse; to become worse.
Pi.pa *s* pipe; barrel.
Pi.pi *s* BR piss; urination.
Pi.po.ca *s* POP-corn; popped corn.
Pi.que *s* ESP rush.
Pi.que.ni.que *s* picnic.
Pi.ra *s* pyre; FIG crucible.
Pi.ra.nha *s* carnivorous fish.
Pi.ra.ta *s* pirate; corsair; robber.
Pi.res *s* saucer.
Pi.ri.lam.po *s* glow-worm; fire-fly.
Pir.ra.ça *s* teasing; insult; provocation.
Pi.ru.e.ta *s* pirouette.
Pi.sa.da *s* footstep; footprint.
Pi.são *s* footstep; treading.
Pi.sar *v* to step.
Pis.car *v* to twinkle; to blink; to wink.
Pis.ci.na *s* swimming pool; pool.
Pi.so *s* floor; pavement; ground; level; tread.
Pis.ta *s* trail; track; trace; footprint; clue.
Pis.to.la *s* pistol; gun.
Pi.ta.da *s* pinch of snuff; pinch.
Pi.téu *s* dainty; delicacy.
Pla.ca *s* plate; plaque; door-plate.
Pla.ci.dez *s* placidity; calmness; serenity.
Plá.ci.do *adj* placid; undisturbed; quiet.
Pla.ga *s* region; zone; country.
Pla.gi.a.dor *s* plagiarist; plagiary; *adj* plagiary.
Pla.gi.ar *v* to plagiarize; to crib.
Plai.na *s* plane; shaver.
Plai.no *s* plane; level; plan.
Pla.na *s* class; category; rank; order.
Pla.nal.to *s* plateau; upland; table-land.
Pla.nar *v* to fly.
Pla.ne.jar *v* to plan; to schedule.
Pla.ní.cie *s* plan; level land; plain.
Pla.no *s* plan; prospects; *adj* level; even; flat; plane.
Plan.tar *v* to plant; to set.
Plas.mar *v* to mold; to mould; to shape.
Plás.ti.co *s* plastic; *adj* plastic.
Pla.te.ia *s* audience.
Plau.sí.vel *adj* plausible.
Ple.be *s* plebe; mob; *s* plebeian.
Ple.beu *adj* plebeian.
Plei.te.ar *v* to plead; to apology.
Ple.ná.rio *s* congress; *adj* plenary; full; complete.
Ple.ni.tu.de *s* plenitude; fullness; completeness.
Ple.no *adj* full; complete; entire.
Ple.o.nas.mo *s* pleonasm; super-abundance.
Ple.xo *s* plexus; network.
Plu.ma *s* plume; feather; pen.
Pó *s* powder; dust.
Po.bre *s* poor; beggar; *adj* poor; needy; indigent.
Po.ça *s* pool; a puddle.
Po.ção *s* potion; a dose; draft; draught.
Po.cil.ga *s* pig-sty; sty; piggery.
Po.ço *s* well; pit; shaft of a mine.
Po.dar *v* to prune; to lop; to cut down.
Po.der *s* power; authority; *v* to can.
Po.dre *s* rottenness; *adj* rotten; decomposed; putrid.
Po.ei.ra *s* dust; fine; dry.
Po.en.te *s* west; occident.
Po.e.si.a *s* poetry; poem; poetic works.
Po.é.ti.co *adj* poetical; poetic.
Po.is *conj* because; then; since; therefore.
Po.lai.nas *s* gaiters; spats.
Po.le.ga.da *s* inch.
Po.le.gar *s* roost; perch; thumb.
Po.lê.mi.co *adj* polemic; polemical; controversial.
Po.le.mi.zar *v* to polemize.
Po.lí.cia *s* police; policeman.
Po.li.ci.al *s* policeman; police officer; USA patrolman; cop.
Po.li.ci.ar *v* to police.
Po.li.dez *s* politeness.
Po.li.do *adj* polished; polite; courteous; *s* polisher; shining brush.
Po.lir *v* to polish; to burnish.
Po.li.ti.ca.gem *s* politicking.
Po.li.ti.car *v* to politicize; to discuss.
Pol.pa *s* pulp.
Po.lu.ir *v* to pollute; to stain; to spot.
Pol.vi.lho *s* flour.
Pol.vo *s* ZOO octopus.
Pól.vo.ra *s* gunpowder; powder.
Po.ma.da *s* pomade (perfume).
Po.mar *s* orchard.
Pom.ba *s* dove (female); pigeon.
Pom.bo *s* pigeon.
Pom.pa *s* pomp; magnificence; ostentation.
Pom.po.so *adj* pompous; splendid.
Pon.che *s* punch (beverage).
Pon.chei.ra *s* punch-bowl.
Pon.de.rar *v* to weigh; to ponder; to consider.
Pô.nei *s* pony, a little horse.
Pon.ta *s* extremity; point; end; top.
Pon.ta.da *s* smart; stitch; sharp pain.
Pon.ta.pé *s* kick.
Pon.ta.ri.a *s* aim; aiming.
Pon.te *s* bridge; NÁUT deck.
Pon.ti.a.gu.do *adj* sharp-pointed.
Pon.tí.fi.ce *s* pontiff.
Pon.to *s* point; dot; spot.
Pon.tu.a.ção *s* punctuation; pointing.

Pon.tu.al *adj* punctual; precise.
Pon.tu.ar *v* to punctuate; to point; to dot.
Pon.tu.do *adj* pointed; piercing; stinging.
Pop *adj* popular.
Po.pa *s* poop; stern (ship).
Po.pu.lar *s* proletarian; the common people; *adj* popular; common.
Por *prep* for; by; through; for; across; about; *v* to put; to place; to set.
Po.rão *s* basement; cellar.
Por.ca *s* sow.
Por.ca.lhão *s* dirty fellow; *adj* dirty.
Por.ção *s* portion; share; part; lot.
Por.ca.ri.a *s* dirt; filth; obscenity; lewdness.
Por.ce.la.na *s* porcelain; china; chinaware.
Por.co *s* pig; hog; swine.
Po.rém *conj* but; yet; however.
Por.me.nor *s* detail; particular.
Por.me.no.ri.zar *v* to detail.
Por.no.gra.fi.a *s* pornographic; whacking material.
Po.ro *s* pore; spiracle; interstice.
Po.ro.so *adj* porous.
Por.quan.to *conj* since; because.
Por.que *conj* because; as; since; *s* reason; cause; motive.
Por.qui.nho *s* young pig.
Por.re *s* BR drunkenness.
Por.re.te *s* stick; cudgel; club.
Por.ta *s* door; doorway; gateway; entrance.
Por.tal *s* portal; doorway.
Por.tan.to *adv* therefore; consequently; thus.
Por.tão *s* gate; gateway.
Por.tar *v* to carry.
Por.ta.ri.a *s* main gate; entrance; hall.
Por.tá.til *adj* portable; easily transported.
Por.tei.ro *s* door-keeper; doorman.
Por.ti.nho.la *s* porthole.
Por.to *s* port; harbor.
Por.tu.guês *s* portuguese; *adj* portuguese.
Por.ven.tu.ra *adv* by chance; perhaps.
Po.sar *v* to sit for a portrait; to pose.
Po.se *s* attitude; posture; pose.
Pós-es.cri.to *s* postscript.
Po.si.ção *s* position; posture; stance.
Pos.por *v* to postpone.
Pos.san.te *adj* powerful; mighty; vigorous.
Pos.se *s* possession; property; wealth.
Pos.ses.so *adj* possessed; mad; crazed.
Pos.si.bi.li.da.de *s* possibility.
Pos.si.bi.li.tar *v* to make possible.
Pos.sí.vel *s* possible; the attainable; best; *adj* possible; practicable; feasible.
Pos.su.ir *v* to possess; to have; to own; to get.
Pos.tal *adj* postal; postcard.
Pos.tar *v* to post; to mail.
Pos.te *s* post; pillar; stake.
Pos.ter.gar *v* to put off; to postpone.
Pos.te.ri.or *adj* posterior; later; back; POP buttocks.
Pos.ti.ço *adj* artificial; false; dummy.
Pos.to *s* place; employment.
Pos.tu.lar *v* to postulate; to demand; to request.
Pos.tu.ra *s* posture; position; situation.
Po.tá.vel *adj* potable; drinkable.
Po.te *s* pot; water-pot; jar.
Po.tên.cia *s* potency; power; force; strength.
Po.ten.ci.al *adj* potential; latent; virtual.
Po.ten.ci.ar *v* to raise to power.
Po.tro *s* colt; foal; young horse.
Pou.co *s* few; *adj* little; bit; *adv* little; few.
Pou.par *v* to save; to spare.
Pou.sa.da *s* inn; lodging; dwelling-house.
Pou.sar *v* to land; to alight.
Po.vo *s* people; tribe; nation; mob.
Po.vo.a.do *s* village; hamlet.
Pra.ça *s* square; BR soldier.
Pra.da.ri.a *s* prairie.
Pra.do *s* meadow; lawn.
Pra.ga *s* curse; imprecation; plague.
Pra.gue.jar *v* to swear; to curse.
Pra.ia *s* shore; seaside cost; beach.
Pran.cha *s* plank; board.
Pran.che.ta *s* little plank.
Pran.te.ar *v* to mourn; to feel sorrow.
Pran.to *s* weeping; mourning; tears.
Pra.ta *s* silver.
Pra.te.ar *v* to silver; to cover with silver.
Prá.ti.ca *s* practice; background; exercise.
Pra.ti.ca.bi.li.da.de *s* practicability.
Pra.ti.car *v* to practice; to do; to perform.
Pra.to *s* plate; dish.
Pra.xe *s* praxis; practise; use; habit; custom.
Pra.zer *s* pleasure; enjoyment; *v* to please.
Pra.zo *s* term; time; delay.
Pre.a.mar *s* high tide; high flood.
Pre.âm.bu.lo *s* preamble; preface.
Pre.cau.ção *s* precaution; care.
Pre.ca.ver *v* to prevent from; to precaution.
Pre.ce *s* prayer; supplication.
Pre.ce.dên.cia *s* precedence; precedency; priority.
Pre.ce.der *v* to precede.
Pre.cei.to *s* precept; order; rule.
Pre.cei.tu.ar *v* to precept; to establish.
Pre.ci.o.so *adj* precious; valuable; costly.
Pre.ci.pí.cio *s* precipice; cliff; chasm; abysm.
Pre.ci.pi.tar *v* to precipitate; to urge; to plunge.
Pre.ci.são *s* precision; exactness; accuracy.
Pre.ci.sar *v* to want; to need.
Pre.ci.so *adj* precise; exact; accurate.
Pre.ço *s* price.
Pre.co.ce *adj* precocious.
Pre.con.ce.ber *v* to preconceive.
Pre.con.ce.i.to *s* preconception; prejudice.
Pre.cur.sor *s* precursor; harbinger; *adj* precursory.
Pre.des.ti.nar *v* to predestine.
Pre.de.ter.mi.nar *v* to predetermine.
Pre.di.ca.do *s* predicate; ability; virtue.

Pre.di.le.ção *s* predilection; sympathy.
Pré.dio *s* house; edifice; building.
Pre.dis.por *v* to predispose; to prejudice.
Pre.di.zer *v* to foretell; to predict.
Pre.do.mi.nar *v* to predominate; to prevail.
Pre.do.mí.nio *s* predominance.
Pre.en.cher *v* to perform; to fill.
Pre.en.chi.men.to *s* performance.
Pre.es.ta.be.le.cer *v* to pre-establish.
Pre.e.xis.tir *v* to pre-exist; to exist before.
Pre.fa.ci.ar *v* to preface.
Pre.fá.cio *s* introduction; prologue.
Pre.fei.to *s* mayor.
Pre.fei.tu.ra *s* city hall.
Pre.fe.rên.cia *s* preference; choice.
Pre.fe.rir *v* to prefer; to like better.
Pre.fi.gu.rar *v* to prefigure; to figure to oneself.
Pre.fi.xar *v* to prefix; to predetermine.
Pre.ga *s* fold; plait; wrinkle; gather.
Pre.ga.ção *s* preaching; sermon; chiding.
Pre.gão *s* ban; outcry; proclamation; cry.
Pre.gar *v* to nail; to fix; to preach.
Pre.go *s* nail.
Pre.gui.ça *s* laziness; indolence.
Pre.gui.ço.so *adj* lazy; indolent; slothful.
Pre.ju.di.car *v* to prejudice; to damage; to impair.
Pre.ju.í.zo *s* prejudice; damage; loss; injury.
Pre.le.ci.o.nar *v* to prelect; to lecture.
Pre.li.mi.nar *s* preliminary; *adj* preliminary.
Pre.lo *s* press.
Pre.ma.tu.ra.men.te *adv* early.
Pre.ma.tu.ro *adj* premature; happening.
Pre.me.di.tar *v* to premeditate.
Pre.mên.cia *s* urgency; pressure.
Pre.mi.ar *v* to reward; to recompense.
Prê.mio *s* reward; recompense; prize.
Pren.da *s* gift; present; endowments; talents.
Pren.dar *v* to make a gift to; to reward.
Pren.de.dor *s* fastener.
Pren.der *v* to detain; to jail.
Pre.nhe *adj* pregnant.
Pre.nhez *s* pregnancy.
Pre.no.me *s* pre-name.
Pren.sa *s* press; printing-press; MEC press.
Pren.sa.gem *s* pressing.
Pren.sar *v* to press; to compress; to squeeze.
Pre.nun.ci.ar *v* to predict; to foretell.
Pre.o.cu.pa.ção *s* preoccupation; worry; concern; care.
Pre.o.cu.par *v* to preoccupy; to worry.
Pre.pa.rar *v* to prepare; to provide.
Pre.pon.de.rân.cia *s* preponderance; preponderancy; supremacy.
Pre.pon.de.rar *v* to preponderate.
Pre.por *v* to put before.
Pre.po.si.ção *s* preposition.
Pre.po.ten.te *adj* prepotent; despotic; tyrannical.
Pre.pú.cio *s* foreskin.
Prer.ro.ga.ti.va *s* prerogative; privilege.
Pre.sa *s* prey; booty; spoils; capture; claw.
Pres.cin.dir *v* to renounce; to abstract.
Pres.cre.ver *v* to prescribe.
Pre.sen.ça *s* presence.
Pre.sen.ci.ar *v* to assist; to see; to witness.
Pre.sen.te *s* present; a gift; GRAM the present tense; *adj* present.
Pre.sen.te.ar *v* to present; to give.
Pre.sé.pio *s* stable; manger; the sculpture of the nativity.
Pre.ser.var *v* to preserve; to protect; to defend; to guard.
Pre.ser.va.ti.vo *s* preservative; preserver; condom; *adj* preservative.
Pre.si.den.te *s* chairman; president.
Pre.si.di.á.rio *s* convict; *adj* presidial; presidiary.
Pre.sí.dio *s* prison; jail.
Pre.si.dir *v* to preside; to direct; to rule.
Pre.si.lha *s* loop; strap.
Pre.so *s* prisoner; convict; inmate; *adj* arrested.
Pres.sa *s* haste; hurry; speed.
Pres.sa.gi.ar *v* to presage; to forebode; to foretell.
Pres.sá.gio *s* presentiment.
Pres.su.por *v* to presuppose.
Pres.ta.ção *s* lending; instalment.
Pres.tar *v* to render.
Pres.tes *adj* ready.
Pres.te.za *s* agility; quickness.
Pres.tí.gio *s* prestige; influence; renown.
Prés.ti.mo *s* aid; assistance; service.
Pre.su.mir *v* to presume; to suppose; to conjecture.
Pre.su.mí.vel *adj* presumable.
Pre.sun.ção *s* presumption; conjecture.
Pre.sun.to *s* ham.
Pre.ten.der *v* to claim; to aspire; to long for.
Pre.ten.são *s* pretension; claim; design.
Pre.te.rir *v* to omit; to slight; to ignore.
Pre.té.ri.to *s* preterit; past tense; *adj* preterit; past.
Pre.tex.to *s* pretext; excuse; pretence.
Pre.to *s* black color; *adj* black; negro.
Pre.va.le.cer *v* to prevail; to predominate.
Pre.va.ri.car *v* to prevaricate; to corrupt.
Pre.ven.ção *s* prevention; caution; foresight.
Pre.ve.nir *v* to prevent; to caution; to advise; to warn.
Pre.ver *v* to foresee; to presuppose.
Pre.vi.dên.cia *s* foresight; providence; precaution.
Pré.vio *s* previous; preliminary; foregoing.
Pre.vi.são *s* foresight; prevision; forecasts.
Pre.za.do *adj* dear; esteemed; beloved.
Pre.zar *v* to esteem; to value.
Pri.ma.ci.al *adj* primatial; chief; essential.
Pri.mar *v* to excel; to surpass.
Pri.má.rio *adj* primary; original; basic.
Pri.ma.ve.ra *s* spring; springtime.
Pri.maz *s* primate.
Pri.ma.zi.a *s* primacy.

Pri.me.i.ro *s* former; first; *adj* former; first; *adv* first; sooner; rather.
Pri.me.vo *adj* primeval; primal; primitive.
Pri.mí.ci.as *s* firstling; first fruits.
Pri.mo *s* cousin; *adj* prime; first.
Pri.mor *s* beauty; delicacy; accuracy.
Pri.mór.dio *s* primordial; origin.
Prin.ci.pal *s* principal; leader; chief; head; *adj* principal; main; capital.
Prin.ci.par *v* to begin; to start; to set about.
Prin.ci.pi.an.te *s* beginner; apprentice.
Prin.cí.pio *s* beginning; principle; origin.
Pri.o.ri.da.de *s* priority; precedence.
Pri.são *s* prison; jail; seizing; arrest.
Pri.si.o.nei.ro *s* prisoner.
Pri.va.ção *s* privation; destitution.
Pri.va.da *s* water-closet; latrine; toilet.
Pri.va.do *s* favourite; *adj* private; privy; deprived.
Pri.var *v* to deprive; to strip.
Pri.vi.le.gi.ar *s* to privilege; to charter.
Pri.vi.lé.gio *s* privilege; prerogative.
Pro.a *s* prow; the bow of a vessel.
Pro.ba.bi.li.da.de *s* probability; likelihood; possibility.
Pro.bi.da.de *s* probity; integrity; honesty.
Pro.ble.ma *s* problem; question; trouble.
Pro.bo *adj* virtuous; honest.
Pro.ce.den.te *adj* coming; resulting.
Pro.ce.der *v* to proceed; to originate; to deal.
Pro.ce.di.men.to *s* proceeding; procedure.
Pro.ces.sa.men.to *s* proceedings.
Pro.ces.sar *v* to process; to prosecute; to sue.
Pro.ces.so *s* process; legal proceedings.
Pro.cla.mar *v* to proclaim; to promulgate.
Pro.cu.ra *s* search; to look for; pursuit.
Pro.cu.rar *v* to search; to look for.
Pro.dí.gio *s* prodigy; wonder; marvel.
Pró.di.go *s* prodigal; spendthrift; *adj* prodigal; lavish; wasteful.
Pro.du.ção *s* production; performance.
Pro.du.to *s* product; produce.
Pro.du.zir *v* to produce; to bring forth.
Pro.e.za *s* feat.
Pro.fa.nar *v* to profane; to desecrate.
Pro.fe.rir *v* to proffer; to express.
Pro.fes.sar *v* to profess; to follow.
Pro.fes.sor *s* professor; teacher; master.
Pro.fe.ti.zar *v* to prophesy; to foretell; to predict.
Pro.fi.ci.en.te *adj* proficient; versed; skilled.
Pro.fí.cuo *adj* profitable; useful; lucrative.
Pro.fis.são *s* profession; occupation; work.
Pro.fun.da.men.te *adv* profoundly; deeply.
Pro.fun.de.za *s* profundity; depth.
Pro.fun.do *adj* profound; *adv* deep.
Pro.ge.ni.tor *s* progenitor; forefather.
Prog.nos.ti.car *v* to prognosticate; to predict; to prophesy.
Prog.nós.ti.co *s* prognostic; omen.
Pro.gra.ma *s* scheme; schedule; program.
Pro.gre.dir *v* to progress; to advance.
Pro.gres.so *s* progress; advance.
Pro.i.bi.ção *s* prohibition; forbidding.
Pro.i.bir *v* to prohibit.
Pro.je.tar *v* to project; to plan; to design.
Pro.jé.til *s* projectile.
Pro.je.to *s* project; scheme; design.
Prol *s* profit; advantage.
Pro.le *s* issue; offspring; progeny.
Pro.li.fe.rar *v* to proliferate; to breed.
Pro.li.xo *adj* prolix; profuse.
Pro.lo.gar *v* to prologue; to preface.
Pró.lo.go *s* prologue; preface.
Pro.lon.ga.ção *s* prolongation; retard; delay.
Pro.lon.gar *v* to prolong; to lengthen; to extend.
Pro.mes.sa *s* promise; engage; pledge; vow.
Pro.me.te.dor *s* promiser.
Pro.me.te.dor *adj* promising.
Pro.me.ter *v* to promise.
Pro.mís.cua *adj* promiscuous GÍR slut.
Pro.mis.cui.da.de *s* promiscuity.
Pro.mís.cuo *adj* promiscuous; confused.
Pro.mis.só.ria *s* promissory note.
Pro.mis.só.rio *adj* promissory.
Pro.mo.ção *s* promotion; raise (in rank).
Pro.mon.tó.rio *s* promontory; headland.
Pro.mo.tor *s* promoter.
Pro.mo.ver *v* to promote; to advance.
Pro.mul.ga.ção *s* promulgation.
Pro.mul.ga.dor *s* promulgator.
Pro.mul.gar *v* to promulgate; to publish.
Pro.no.me *s* pronoun.
Pron.ti.dão *s* promptness.
Pron.to *adj* prompt; quick; ready.
Pron.to *adv* promptly; quickly.
Pron.tu.á.rio *s* handbook.
Pro.nún.cia *s* pronunciation.
Pro.nun.ci.a.men.to *s* pronouncement.
Pro.nun.ci.ar *v* to pronounce.
Pro.pa.ga.ção *s* propagation.
Pro.pa.gan.da *s* propaganda; ad; advertising; publicity.
Pro.pa.gan.dis.ta *s* propagandist; canvasser.
Pro.pa.gar *s* to propagate; to diffuse.
Pro.pa.lar *s* to divulge.
Pro.pe.lir *v* to propel; to push ahead.
Pro.pen.são *s* tendency.
Pro.pen.so *adj* inclined; disposed; prone.
Pro.pi.ci.a.ção *s* propitiation; opportunity.
Pro.pi.ci.ar *v* to propitiate; to pacify.
Pro.pi.na *s* fee; tip.
Pro.po.nen.te *s* proposer; proponent.
Pro.po.nen.te *adj* proponent.
Pro.por *v* to propose; to propound; to suggest.
Pro.por.ção *s* proportion.
Pro.por.ci.o.na.do *adj* proportioned; regular; conformable.

Pro.por.ci.o.nal *s* proportional; *adj* proportional.
Pro.por.ci.o.nar *v* to proportion; to adjust.
Pro.po.si.ta.do *adj* on purpose; intentional.
Pro.pó.si.to *s* purpose; aim; intention.
Pro.pos.ta *s* proposal; proposition; offer.
Pro.pri.e.da.de *s* ownership.
Pro.pri.e.tá.rio *s* proprietary; owner.
Pro.pri.e.tá.rio *adj* proprietary.
Pró.prio *adj* proper; own; appropriate.
Pro.pul.são *s* propulsion.
Pror.ro.ga.ção *s* prorogation; prolongation.
Pror.ro.gar *v* to prorogue; to defer.
Pro.sa *s* prose; BR talking.
Pro.sar *v* to prose; to write; to talk.
Pros.cre.ver *v* to proscribe.
Pros.cri.ção *s* proscription; banishment.
Pros.cri.to *s* outlaw.
Pros.cri.to *adj* proscribed.
Pro.se.ar *v* to talk; to boast; to brag; to chat.
Pros.pe.rar *v* to prosper; to succeed.
Pros.pe.ri.da.de *s* prosperity; success.
Prós.pe.ro *adj* prosperous; successful.
Pros.se.cu.ção *s* prosecution; pursuit.
Pros.se.gui.men.to *s* prosecution; pursuit.
Pros.se.guir *v* to continue.
Pros.ter.nar *v* to prostrate.
Pros.tí.bu.lo *s* brothel; bawdy house.
Pros.ti.tu.i.ção *s* prostitution.
Pros.ti.tu.ir *v* to prostitute.
Pros.ti.tu.ta *s* prostitute; harlot.
Pros.trar *v* to prostrate; to bend; to humble.
Pro.ta.go.nis.ta *s* protagonist.
Pro.te.ção *s* protection; patronage; cover.
Pro.te.ger *v* to protect; to defend; to guard.
Pro.te.gi.do *adj* protected; shielded.
Pro.te.lar *v* to postpone; to delay.
Pró.te.se *s* prothesis.
Pro.tes.tan.te *s* protestant.
Pro.tes.tan.tis.mo *s* protestantism.
Pro.tes.tar *v* to protest; to assert.
Pro.tes.to *s* protest.
Pro.te.tor *s* protector; supporter.
Pro.te.to.ra.do *s* protectorate.
Pro.to.co.lo *s* protocol; registry.
Pro.tó.ti.po *s* prototype; pattern; model.
Pro.tu.be.rân.cia *s* protuberance.
Pro.tu.be.ran.te *adj* protuberant; swelling.
Pro.va *s* proof; trial; experiment.
Pro.va.ção *s* probation; trial.
Pro.va.dor *s* taster; trier.
Pro.var *v* to test; to prove.
Pro.vá.vel *adj* probable; likely; chance.
Pro.va.vel.men.te *adv* probably.
Pro.ve.dor *s* provider; furnished; supplier.
Pro.vei.to *s* profit; advantage; benefit.
Pro.vei.to.so *adj* profitable; useful.
Pro.ve.ni.ên.cia *s* origin; provenience.
Pro.ven.to *s* profit; gain; revenue.
Pro.ver *v* to provide; to supply.
Pro.ver.bi.al *adj* proverbial.
Pro.vér.bio *s* proverb; saying; saw; adage.
Pro.ve.ta *s* test-tub; gauge.
Pro.vi.dên.cia *s* providence; prudence; foresight.
Pro.vi.den.ci.al *adj* providential; opportune.
Pro.vi.den.ci.ar *v* to make arrangements.
Pro.vi.den.te *adj* providential; furnishing.
Pro.vi.do *adj* furnished; provided.
Pro.vi.men.to *s* supply; stock.
Pro.vín.cia *s* province; country.
Pro.vin.ci.al *s* provincial.
Pro.vin.ci.al *adj* provincial.
Pro.vin.do *adj* proceeding; coming forth.
Pro.vir *v* to proceed; to issue; to come from.
Pro.vi.são *s* stock; provision; supplying.
Pro.vi.si.o.nar *v* to provision; to supply; to furnish.
Pro.vi.só.rio *adj* provisional; temporary.
Pro.vo.ca.ção *s* provocation; challenge.
Pro.vo.ca.dor *s* challenger; *adj* provoking.
Pro.vo.car *v* to provoke; to challenge.
Pro.vo.ca.ti.vo *adj* provocative.
Pro.xi.mi.da.de *s* proximity; nearness.
Pró.xi.mo *s* neighbor or neighbour; *adj* near; close; next.
Pru.dên.cia *s* prudence; foresight; wisdom.
Pru.den.te *adj* prudent; cautions; wary; wise.
Pru.mo *s* plumb-line.
Pru.ri.do *s* pruritus; prurience; itch; itching.
Pseu.dô.ni.mo *s* pseudonym; pen name.
Pseu.dô.ni.mo *adj* pseudonymous.
Psi.ca.ná.li.se *s* psychoanalysis.
Psi.ca.na.lis.ta *s* psychoanalyst.
Psi.co.lo.gi.a *s* psychology.
Psi.có.lo.go *s* psychologist; shrink.
Psi.co.pa.ta *s* psychopath.
Psi.co.pa.ti.a *s* psychopathy.
Psi.co.pá.ti.co *adj* psychopathic.
Psi.co.se *s* psychosis; mental disorder.
Psi.co.te.ra.pi.a *s* psychotherapy.
Psi.que *s* psyche; mental life; the mind.
Psi.qui.a.tra *s* psychiatrist.
Psi.qui.a.tri.a *s* psychiatry.
Psí.qui.co *adj* psychic; psychical.
Pu.a *s* sharp point; prong; prick; prong.
Pu.ber.da.de *s* puberty.
Pú.bis *s* pubis.
Pu.bli.ca.ção *s* publication.
Pu.bli.ca.dor *s* publisher.
Pu.bli.car *v* to publish; to print.
Pu.bli.ci.da.de *s* publicity; advertising; ad.
Pu.bli.cis.ta *s* publicist.
Pú.bli.co *s* public.
Pú.bli.co *adj* common; general.
Pu.di.co *adj* chaste; shameful; bashful.
Pu.dim *s* pudding.
Pu.dor *s* decency; shame; modesty.
Pu.e.ril *adj* puerile; childish; boy-blind.

Pu.gi.la.to *s* pugilism; boxing.
Pu.gi.lis.mo *s* pugilism; boxing.
Pu.gi.lis.ta *s* pugilist; boxer.
Pug.na *s* battle; combat; fight; struggle.
Pug.na.dor *s* quarrelsome; combative; belligerent.
Pug.nar *v* to combat; to fight.
Pu.la.dor *adj* jumping; hopping; leaping.
Pu.lar *v* to jump; to leap.
Pul.ga *s* flea.
Pul.mão *s* lung; lungs.
Pul.mo.nar *adj* pulmonary.
Pu.lo *s* leap; jump; spring; bound.
Púl.pi.to *s* pulpit; preaching place.
Pul.sa.ção *s* pulsation; pulse; throbbing.
Pul.sar *v* to strike; to pulsate; to pulse.
Pul.sei.ra *s* bracelet.
Pul.so *s* pulse; wrist; beat; energy.
Pul.ve.ri.za.ção *s* pulverization.
Pul.ve.ri.zar *v* to pulverize; to smash.
Pu.ma *s* puma.
Pun.ção *s* puncture; pricking; brad-awl.
Pun.do.nor *s* self respect; nobility of character; pride; mettle.
Pun.gen.te *adj* pungent; poignant; sharp.
Pun.gir *v* to pinch; to prick; to puncture.
Pu.nha.do *s* handful; few.
Pu.nhal *s* dagger; poniard.
Pu.nho *s* first; wrist; cuff.
Pu.ni.bi.li.da.de *s* punishability.
Pu.ni.ção *s* punishment; punishing.
Pu.ni.dor *s* punisher.
Pu.ni.dor *adj* punitory.
Pu.nir *v* to punish; to correct; to discipline.
Pu.ni.ti.vo *adj* punitive.
Pu.ní.vel *adj* punishable.
Pu.pi.la *s* pupil.
Pu.rê *s* puree.
Pu.re.za *s* purity; chastity; innocence.
Pur.ga.ção *s* purgation; purification.
Pur.gan.te *s* purgative medicine; laxative.
Pur.gan.te *adj* laxative.
Pur.gar *v* to purge; to purify.
Pur.ga.tó.rio *s* purgatory.
Pu.ri.da.de *s* purity.
Pu.ri.fi.ca.ção *s* purification; cleansing.
Pu.ri.fi.ca.dor *s* purifier.
Pu.ri.fi.ca.dor *adj* purifying.
Pu.ri.fi.car *v* to cleanse.
Pu.ro *adj* pure; clear.
Púr.pu.ra *s* purple.
Pur.pú.reo *adj* purple; red.
Pu.si.lâ.ni.me *adj* pusillanimous.
Pu.tre.fa.ção *s* putrefaction.
Pu.tre.fa.to *adj* putrefied; rotten; putrid.
Pu.tre.fa.zer *v* to putrefy.
Pu.xa.do *adj* pulled.
Pu.xar *v* to pull; to draw.

ABCDEFGHIJKLMNOPQRSTUVWXYZ

Q *s* the seventeenth letter of the Portuguese alphabet and of the English alphabet.
Qua.cre *s* RELIG Quaker.
Qua.dra *s* square room; four (cards); square.
Qua.dra *s* block.
Qua.dra.do *s* square; *adj* square.
Qua.dril *s* hip; rump.
Qua.dri.lá.te.ro *s* quadrilateral; *adj* foursquare.
Qua.dri.lha *s* gang; party; group; band.
Qua.dro *s* map; picture; board.
Qua.drú.pe.de *adj* four footed; quadruped.
Qual *adj* which; what; *pron* which; whom; *conj* like; as.
Qua.li.da.de *s* quality; degree of excellence.
Qua.li.fi.car *v* to qualify.
Qual.quer *adj* any; *pron* any one; anybody; whoever; whichever.
Quan.do *adv* when; *conj* though; although.
Quan.ti.da.de *s* quantity.
Quan.to *adj* all that; what; how much; whatever; how many; how far.
Quantum *s* quantum.
Qua.res.ma *s* Lent.
Quar.ta *s* quarter; fourth; **Quarta-feira:** Wednesday.
Quar.tei.rão *s* quarter; block.
Quar.tel *s* quarter; fourth part; barracks.
Quar.to *s* quarter; fourth; room; bedroom.
Qua.se *adv* almost; about; nearly.
Que *adj* what; which; *pron* what; which; that; who; why; parece Que: it sounds like; *adv* how.
Que.bra *s* breaking; bankruptcy.
Que.bra.do *s* fraction; bankrupt; *adj* broken; tired out; bankrupt.
Que.bran.to *s* POP evil eye; weakness.
Que.brar *v* to break; to weaken.
Que.da *s* downfall; fall; inclination.
Quei.jo *s* cheese.
Quei.ma *s* burning; combustion.
Quei.ma.du.ra *s* burn; sunburn.
Quei.mar *v* to burn; to scald.
Quei.xa *s* protest; complaint.
Quei.xa.da *s* jawbone; chap; mandible.
Quei.xar-se *v* to complain.
Quei.xo *s* chin; jawbone.
Quei.xo.so *adj* complaining.
Quei.xu.do *adj* big-chinned.
Quei.xu.me *s* moan; lamentation.
Quem *pron* who; that; whom.
Quen.te *adj* warm; warmth; hot.
Quer *conj* either; or; whether.
Que.re.lar *v* to prosecute.
Que.rer *v* to wish; to desire; to want; to will.
Que.ri.do *s* dear; darling; *adj* beloved; dear.
Ques.tão *s* question; query; subject.
Ques.ti.o.nar *v* to question; to argue; to quarrel.
Ques.ti.o.ná.vel *adj* questionable; doubtful.
Qui.çá *adv* maybe; perhaps.
Qui.e.to *adj* quiet; peaceful; still; peaceable.
Qui.e.tu.de *s* quietude; peacefulness.
Qui.la.te *s* carat.
Qui.lo *s* kilogram.
Qui.lo.li.tro *s* kilolitre.
Qui.lo.me.trar *v* to measure in kilometers.
Qui.lô.me.tro *s* kilometer.
Qui.lo.watt *s* kilowatt.
Qui.me.ra *s* chimera; fancy.
Quí.mi.ca *s* chemistry.
Quí.mi.co *s* chemist; *adj* chemical.
Qui.mo.no *s* kimono (dress of sporting fight).
Qui.na *s* corner; fifth.
Qui.nhão *s* share; lot; portion.
Quin.qui.lha.ri.as *s* toys; trifles.
Quin.ta *s* farm; **Quinta-Feira**: Thursday.
Quin.tal *s* back-yard.
Quin.ze.na *s* fortnight.
Qui.os.que *s* kiosk.
Qui.ro.man.ci.a *s* palmistry.
Qui.ro.man.te *s* fortune teller.
Quis.to *s* MED cyst; *adj* beloved (it is said of a person).
Qui.ta.ção *s* acquittance; payment receipt.
Qui.tan.da *s* grocery; market.
Qui.tar *v* to acquit; to discharge.
Quo.ta *s* quota; part; share; portion.
Quo.ti.di.a.no *adj* daily.
Quo.ti.za.ção *s* quota.
Quo.ti.zar *v* to rate.

ABCDEFGHIJKLMNOPQRSTUVWXYZ

R *s* the eighteenth letter of the Portuguese alphabet and of the English alphabet.
Rã *s* frog.
Ra.ba.ne.te *s* small radish.
Ra.be.ca *s* MÚS fiddle.
Ra.be.cão *s* MÚS contrabass; double-bass.
Ra.bi *s* rabbi; master; *also* Rabino.
Ra.bi.cho *s* pigtail; tail; BR lover.
Ra.bis.car *v* to scrawl; to doodle; to scribble.
Ra.bo *s* tail; backside.
Ra.bu.do *s* long tailed.
Ra.bu.gen.to *adj* peevish; morose; fretful.
Rá.bu.la *s* a person that acts as lawyer.
Ra.ça *s* race; breed.
Ra.ção *s* ration; allowance.
Ra.cha *s* clink; crack; cleft.
Ra.char *v* to rift; to chap; to split; to crack.
Ra.ci.o.ci.nar *v* to reason; to ratiocinate.
Ra.ci.o.cí.nio *s* ratiocination.
Ra.ci.o.nal *s* rational being; *adj* rational; reasonable.
Ra.i.nha *s* queen.
Rai.o *s* ray; beam; thunderbolt.
Rai.va *s* rage; fury; anger.
Ra.iz *s* root; basis; radix.
Ra.já *s* rajah.
Ra.ja.da *s* gust; sudden motion.
Ra.lar *v* to grate; to scrape; to vex; to afflict; to trouble.
Ra.lé *s* mob; rabble; riff raff.
Ra.lhar *v* to scold; to chide; to rebuke.
Ra.lo *s* drain; *adj* thin; rare; weak; sparse.
Ra.ma *s* foliage.
Ra.ma.lhe.te *s* nosegay; bouquet.
Ra.mei.ra *s* prostitute.
Ra.mo *s* branch; bough.
Ram.pa *s* ramp; slope; stage.
Ran.cho *s* troop; shanty.
Ran.ço *s* rancidity; *adj* rancid
Ran.cor *s* rancor; rancour; enmity.
Ran.co.ro.so *adj* rancorous; hateful.
Ran.ger *v* to creak; to grind.
Ran.gi.do *s* creak; creaking.
Ra.nhe.ta *adj* peevish; crabby.
Ra.nho *s* snot.
Ra.par *v* to scrape; to shave; to rasp.
Ra.pa.ri.ga *s* girl; lass; miss.
Ra.paz *s* boy; young man; lad; youth.
Ra.pa.zo.la *s* boy; teen boy.
Ra.pé *s* snuff.
Ra.pi.da.men.te *adv* swiftly.
Ra.pi.dez *s* rapidity; swiftness; quickness.
Rá.pi.do *adj* fast; quick; swift.
Ra.pi.na *s* rapine; pillage; robbery.
Ra.pi.nar *v* to plunder; to rob; to pilfer.
Ra.po.sa *s* fox; sly; cunning; crafty person.
Rap.tar *v* to ravish; to kidnap.
Rap.to *s* ravishing; kidnapping; abduction; *adj* rapt.
Ra.que.ta *s* racket.
Ra.ra.men.te *adj* seldom; rarely.
Ra.re.ar *v* to make thin; to become rare.
Ra.re.fa.zer *v* to rarely; to rarefy.
Ra.ri.da.de *s* rarity; rareness; freak.
Ra.ro *adj* rare; scarce; strange; unusual.
Ras.cu.nhar *v* to sketch; to outline.
Ras.cu.nho *s* sketch; outline; copy.
Ras.ga.do *adj* torn.
Ras.gar *v* to tear; to rip.
Ras.go *s* tear; rip.
Ra.so *adj* shallow; flat; low.
Ras.pa *s* scraping; shaving.
Ras.par *v* to scrape; to rasp; to erase.
Ras.tei.ra *s* trip.
Ras.te.jar *v* to trace; to track; to creep.
Ras.tre.ar *v* to trace; to creep; to crawl.
Ras.tro *s* trace; track; footprint; trail.
Ra.su.ra *s* deletion.
Ra.ta.za.na *s* rat; a large rat.
Ra.te.ar *v* to share.
Ra.te.io *s* apportionment.
Ra.ti.fi.car *v* to ratify; to confirm.
Ra.to *s* mouse; rat.
Ra.to.ei.ra *s* a mouse trap; snare.
Ra.vi.na *s* ravine; gluch; gully.
Ra.zão *s* reason; purpose.
Ra.zo.ar *v* to reason.
Ra.zo.á.vel *adj* reasonable.

Ré *s* defendant (woman); NÁUT stern; MÚS note (symbol D).
Re.a.bi.li.tar *s* to rehabilitate; to restore.
Re.a.ção *s* reaction; revolution.
Re.a.gir *v* to react; to oppose; to resist.
Re.al *s* real; BR real (coin); *adj* royal; real; kingly.
Re.al.çar *v* to extol; to emphasize.
Re.a.le.jo *s* barrel organ.
Re.a.li.da.de *s* reality; royalty; truth.
Re.a.lis.ta *s* realist; *adj* realistic; royalistic.
Re.a.li.za.ção *s* accomplishment; realization; achievement.
Re.a.li.zar *v* to perform; to accomplish.
Re.al.men.te *adv* really; actually.
Re.a.ni.mar *v* to reanimate; to revive.
Re.a.ver *v* to recover; to get back; to regain.
Re.a.vi.var *v* to revive; to reawaken; to renew.
Re.bai.xa.men.to *s* lowering; debasement; degradation.
Re.bai.xar *v* to debase; to lessen; to lower.
Re.ba.nho *s* herd of oxen; flock of sheep.
Re.bar.ba *s* seam; fin; burr.
Re.ba.ter *v* to refute; to repress; to rebut.
Re.be.lar *v* to rebel; to revolt.
Re.bel.de *s* rebellions; rebel; obstinate; stubborn; unruly; *adj* rebel; obstinate.
Re.be.li.ão *s* rebellion; insurrection; revolt.
Re.ben.tar *v* to burst; to sprout; to bud.
Re.ben.to *s* sprout; shoot.
Re.bi.tar *v* to rivet; to turn up; to clinch.
Re.bi.te *s* rivet; bolt.
Re.bo.car *v* to plaster; to tow.
Re.bo.la.do *s* wadding; swinging.
Re.bo.lar *v* to roll; to swing.
Re.bo.que *s* tow; towing; trailer.
Re.bu.li.ço *s* noise; tumult; uproar; turmoil.
Re.bus.car *v* to ransack.
Re.ca.ir *v* to relapse.
Re.ca.pi.tu.lar *v* to recapitulate; to summarize.
Re.ca.ta.do *adj* shy; bashful; modest.
Re.ca.tar *v* to conceal; to shield.
Re.ca.to *s* modesty; prudence; protection.
Re.ce.ar *v* to fear; to be afraid; to dread.
Re.ce.ber *v* to receive; to accept; to earn.
Re.cei.o *s* fear; dread; apprehension.
Re.cei.ta *s* receipt; recipe; revenue; budget.
Re.cei.tar *v* to prescribe.
Re.cém *adv* recently; newly.
Re.cen.te *adj* recent; new; late; fresh.
Re.cen.te.men.te *adv* lately.
Re.cep.ção *s* reception; welcome.
Re.ces.são *s* depression.
Re.ces.so *s* recess; retirement.
Re.cha.çar *v* to repel; to refute; to beat.
Re.che.ar *v* to stuff; to cram; to fill up.
Re.chei.o *s* filling; stuffing.
Re.ci.bo *s* receipt; acquittance.
Re.ci.fe *s* reef; ridge; rocks.
Re.cin.to *s* enclosure; place; precinct.
Re.ci.pi.en.dá.rio *s* new member.
Re.ci.pi.en.te *s* recipient; container; *adj* recipient; receiving.
Re.ci.tar *v* to recite; to declaim.
Re.cla.mar *v* to complain.
Re.co.brar *v* to regain; to recuperate.
Re.co.brir *v* to recover.
Re.co.lher *v* to gather; to reap; to collect.
Re.co.men.dar *v* to recommend.
Re.com.pen.sa *s* recompense; reward.
Re.com.pen.sar *v* to recompense; to reward.
Re.con.ci.li.ar *v* to reconcile; to conciliate; to accord.
Re.con.ci.li.á.vel *adj* reconcilable.
Re.côn.di.to *adj* hidden; unknown.
Re.con.for.tar *v* to cheer up; to console; to comfort; to enliven.
Re.co.nhe.cer *v* to recognize; to own.
Re.co.nhe.ci.men.to *s* recognition; acknowledgement.
Re.con.quis.tar *v* to reconquer; to recover; to regain.
Re.cor.da.ção *s* remembrance; keepsake; souvenir.
Re.cor.dar *v* to remember; to remind.
Re.cor.de *s* record.
Re.cor.rer *v* to resort; to appeal.
Re.cor.tar *v* to cut; to cut away; to clip.
Re.cor.te *s* cutting; clipping; outline.
Re.cos.tar *v* to lean; to recline; to lean back.
Re.co.zer *adj* to cook again.
Re.cre.ar *v* to recreate; to amuse; to gladden.
Re.crei.o *s* recreation; pastime; playground.
Re.cri.ar *v* to recreate.
Re.cri.mi.na.ção *s* recrimination; retort.
Re.cri.mi.nar *v* to recriminate; to retort; to blame.
Re.cru.ta *s* recruit; trainee; galoot.
Re.cu.ar *v* to shrink; to recoil; to recede.
Re.cu.o *s* recoil; shrink.
Re.cu.pe.rar *v* to recuperate; to recover.
Re.cur.so *s* recourse; resort.
Re.cu.sa *s* refusal; refusing; rejection.
Re.cu.sar *v* to refuse; to reject; to deny.
Re.da.ção *s* composition; editorship.
Re.dar.gui.ção *s* retort; reply.
Re.dar.guir *v* to retort; to refute; to reply.
Re.de *s* a net; network; trap.
Ré.dea *s* rein; bridle.
Re.de.mo.i.nho *s* whirl.
Re.den.ção *s* redemption.
Re.den.tor *s* redeemer.
Re.di.gir *v* to draw up; to write.
Re.di.mir *v* to redeem; to ransom.
Re.do.brar *v* to redouble; to double; to increase.
Re.do.ma *s* glass case; glass bell; bell jar.
Re.don.de.za *s* environs; surroundings.
Re.don.do *adj* round; circular.
Re.dor *s* circuit; contour.

Re.du.ção *s* reduction; cutback; decrease.
Re.dun.dar *v* to redound; to ensue.
Re.du.to *s* redoubt.
Re.du.zir *v* to reduce; to diminish; to lessen; to lower.
Re.em.bol.sar *v* to reimburse; to repay; to refund.
Re.fa.zer *v* to remake; to restore; to repair; to mend.
Re.fei.ção *s* meal; repast.
Re.fei.to *adj* refreshed; restored; recovered; remade.
Re.fei.tó.rio *s* refectory; dining hall.
Re.fém *s* hostage.
Re.fe.rên.cia *s* reference; relation; allusion; regard.
Re.fe.ren.te *adj* relating; referring; concerning.
Re.fe.rir *v* to refer; to apply; to relate; to tell; to concern.
Re.fi.nar *v* to refine; to polish; to purify.
Re.fle.tir *v* to reflect; to mirror; to ponder; to muse.
Re.fle.tor *s* reflector; *adj* reflective; searchlight.
Re.fle.xão *s* reflection; meditation.
Re.fle.xi.o.nar *v* to reflect; to think.
Re.flo.res.tar *v* to reforest; to afforest.
Re.flo.rir *v* to reflower; to reflourish; to blossom again.
Re.flu.ir *v* to flow back; to reflow; to ebb.
Re.flu.xo *s* reflux; a flowing back; ebb; refluence.
Re.fo.ga.do *s* stew.
Re.for.çar *v* to reinforce; to strengthen; to fortify.
Re.for.mar *v* to reform; to retire; to mend.
Re.frão *s* refrain; burden; saw; saying.
Re.fre.ar *v* to bridle; to restrain.
Re.fre.ga *s* fray; affray; fight; combat.
Re.fres.car *v* to refresh; to freshen.
Re.fres.co *s* refreshment.
Re.fri.ge.ra.dor *s* refrigerator; freezer; *adj* refrigerative.
Re.fri.ge.ran.te *s* refrigerant; refreshment; *adj* refrigerant.
Re.fri.ge.rar *v* to refrigerate; to cool; to refresh; to comfort; to relieve.
Re.fu.gar *v* to reject; to refuse.
Re.fu.gi.ar-se *v* to take refuge; to shelter.
Re.fú.gio *s* refuge; shelter; asylum.
Re.fu.go *s* refuse; rubbish; trash; garbage.
Re.ful.gir *v* to shine; to glitter.
Re.fu.tar *v* to refuse; to oppose; to reject; toconfute; to rebut.
Re.ga.dor *s* watering-can, watering-pot; sprinkling.
Re.ga.lar *v* to regale; to entertain; to delight.
Re.ga.li.a *s* regale; prerogative; privilege.
Re.ga.lo *s* delight; pleasure; present; gift.
Re.gar *v* to irrigate; to spray.
Re.ga.ta *v* regatta.
Re.ga.te.ar *v* to cheapen; to bargain.
Re.ga.to *s* brook; rill; creek; rivulet.
Re.ge.ne.rar *v* to regenerate; to reform.
Re.gen.te *s* MÚS regent; *adj* governing.
Re.ger *v* to govern; to conduct; to direct.
Re.gi.ão *s* region; province; district.
Re.gi.me *s* regime; regimen; rule.
Re.gis.trar *v* to register; to enroll; to record.
Re.gis.tro *s* register; entry; registry.
Re.go *s* trench; drain, ditch; groove.
Re.go.zi.jar *v* to rejoice; to gladden; to be glad.
Re.go.zi.jo *s* rejoicing.
Re.gra *s* rule; regulation.
Re.gra.do *adj* regular; orderly.
Re.grar *v* to rule; to moderate; to regulate.
Re.gre.dir *v* to regress; to retrograde.
Re.gres.sar *v* to return; to come back.
Ré.gua *s* ruler; straight.
Re.gu.la.dor *s* regulator; *adj* ruling; regulating; governing.
Re.gu.la.men.ta.ção *s* regularization; regulation.
Re.gu.la.men.to *s* regulation; rule; order.
Re.gu.lar *v* to regulate; to rule; to dispose; *adj* regular; ordinary; moderate.
Re.gur.gi.tar *v* to regurgitate; to overflow.
Rei *s* king.
Re.in.ci.dên.cia *s* reiteration.
Re.in.ci.dir *v* to relapse; to fall back.
Rei.no *s* reign; kingdom.
Re.in.te.grar *v* to reintegrate; to restore.
Rei.te.ra.ção *s* reiteration; repetition; renewal.
Rei.te.rar *v* to renew; to repeat; to reiterate.
Rei.tor *s* rector.
Rei.vin.di.ca.ção *s* revindication; claim; vindication.
Rei.vin.di.car *v* to revindicate; to claim; to vindicate.
Re.jei.tar *v* to reject; to repel; to refuse.
Re.la.ção *s* relation; respect; affairs; account; relationship.
Re.la.ci.o.nar *v* to relate; to connect; to report.
Re.lâm.pa.go *s* lightning; flash.
Re.lam.pe.jar *v* to lighten; to glitter; to shine brightly.
Re.lan.ce *s* glance.
Re.lan.ce.ar *v* to glance.
Re.la.tar *v* to relate; to narrate; to report.
Re.la.ti.vo *adj* relative.
Re.la.to *s* report.
Re.la.xa.do *adj* relaxed; loose; careless.
Re.la.xar *v* to relax; to slacken; to loosen.
Re.le.gar *v* to relegate.
Re.lem.brar *v* to remind; to remember.
Re.les *adj* vile; base; mean; shabby.
Re.le.var *v* to pardon; to relieve.
Re.le.vo *s* relief.
Re.li.cá.rio *s* reliquary; shrine.
Re.li.gar *v* to bind again.
Re.li.gi.ão *s* religion.
Re.lin.char *v* to neigh; to whinny.
Re.lí.quia *s* relic; ruins; memento.
Re.ló.gio *s* watch; clock; timepiece.
Re.lo.jo.a.ri.a *s* clock and watch making.
Re.lo.jo.ei.ro *s* watchmaker.

Re.lu.tân.cia *s* reluctance; obstinacy; opposition.
Re.lu.zen.te *adj* relucent; shining; bright.
Re.lu.zir *v* to glisten; to shine; to glitter.
Rel.va *s* grass; turf; sod; sward.
Re.ma.nes.cen.te *s* remainder; remnant; *adj* remaining; lasting.
Re.mar *v* to row; to paddle.
Re.ma.tar *v* to end; to consummate; to finish; to complete; to accomplish.
Re.ma.te *s* end; finishing; conclusion; top.
Re.me.dar *v* to mimic; to ape.
Re.me.di.ar *v* to remedy; to cure; to repair.
Re.mé.dio *s* remedy; medicine.
Re.me.do *s* imitation; mimicry; mimicking.
Re.me.la *s* rheum of the eye.
Re.me.mo.rar *v* to remembrance; to remind.
Re.men.da.do *adj* patched; mended; spotted.
Re.men.dar *v* to patch; to mend.
Re.men.do *s* patch; mend; repair.
Re.mes.sa *s* remittance; payment.
Re.me.ten.te *s* sender; shipper.
Re.me.ter *v* to send; to remit.
Re.me.xer *v* to stir up; to rummage.
Re.mi.nis.cên.cia *s* reminiscence; remembrance; recollection.
Re.mir *v* to redeem; to ransom.
Re.mis.são *s* remission; pardon; forgiveness.
Re.mo *s* oar; boat-oar; paddle; rowing.
Re.mo.ção *s* removal; remove.
Re.mo.çar *v* to rejuvenate.
Re.mor.so *s* remorse; compunction.
Re.mo.to *adj* remote; distant; far-off.
Re.mo.ver *v* to remove; to move; to get rid.
Re.mu.ne.ra.ção *s* remuneration; payment; salary; pay.
Re.mu.ne.rar *v* to remunerate; to reward; to pay.
Re.na *s* ZOO reindeer.
Re.nas.ci.men.to *s* renaissance.
Ren.da *s* income; lacework.
Ren.da.do *adj* laced; lacy; lacework.
Ren.der *v* to subject; to subdue; to yield; to render; to produce.
Ren.di.ção *s* surrender; giving up; delivery.
Ren.di.do *adj* overcome; conquered; ruptured.
Ren.di.lhar *v* to adorn with laces.
Ren.di.men.to *s* income; revenue.
Ren.do.so *adj* lucrative; profitable; gainful.
Re.ne.ga.do *s* renegade; renegade; apostate.
Re.ne.gar *v* to deny; to renounce.
Re.no.me *s* renown; fame; celebrity.
Re.no.var *v* to renew; to renovate.
Ren.te *adj* close; nearby; *adv* close; very short.
Re.nún.cia *s* renunciation; resignation.
Re.nun.ci.ar *v* to renounce; to give up.
Re.pa.rar *v* to repair; to mend; to remark.
Re.pa.ro *s* repair; defence; remark; notice.
Re.par.tir *v* to share; to portion.
Re.pas.sar *v* to pass; to soak.
Re.pas.to *s* food; meal.
Re.pe.lên.cia *s* repulsion.
Re.pe.len.te *adj* repellent; repulsive.
Re.pe.lir *v* to repel; to repulse; to reject.
Re.pen.te *s* outburst; sudden fit.
Re.pen.ti.no *adj* sudden; impetuous; abrupt.
Re.pen.tis.ta *s* extemporizer.
Re.per.cus.são *s* repercussion; rebound; reverberation.
Re.per.cu.tir *v* to resound; to reflect; to echo.
Re.per.tó.rio *s* repertory; collection.
Re.pe.tir *v* to repeat; to reiterate; to reproduce; to recur.
Re.pi.car *v* to ring (bells); to chime.
Re.pi.que *s* chime; peal; ringing.
Re.pi.sar *v* to insist; to retread.
Re.ple.to *adj* replete; crammed; stuffed; full.
Ré.pli.ca *s* reply; answer; reproduction.
Re.pli.car *v* to reply; to retort; to rebut.
Re.po.lho *s* cabbage.
Re.por *v* to replace; to restore; to reinstate.
Re.por.ta.gem *s* reportage; feature.
Re.por.tar *v* to attribute; to report; to refer.
Re.po.si.ção *s* restitution; reinstatement.
Re.pou.sar *v* to repose; to rest; to lie down.
Re.pou.so *s* rest; repose; tranquillity.
Re.po.vo.ar *v* to repeople; to people anew.
Re.pre.en.der *v* to reprehend; to reprimand; to censure; to scold.
Re.pre.en.são *s* reprehension; rebuke; reproach; reprimand; scold.
Re.pre.sa *s* dam; sluice; recapture.
Re.pre.sá.lia *s* reprisal, retaliation.
Re.pre.sar *v* to dam; to embank; to stop.
Re.pre.sen.ta.ção *s* representation; figure; image.
Re.pre.sen.ta.dor *s* representer; actor; player.
Re.pre.sen.tan.te *s* representative; *adj* representing.
Re.pre.sen.tar *v* to represent.
Re.pri.men.da *s* reprimand; rebuke; scold.
Re.pri.mir *v* to repress.
Re.pro.du.ção *s* reproduction; act or process of reproducing.
Re.pro.du.tor *s* reproducer; breeder; *adj* reproducing; breeding.
Re.pro.du.zir *v* to reproduce.
Re.pro.var *v* to reprove; to rebuke; to reject.
Re.pro.vá.vel *adj* reprovable; blameworthy.
Rép.til *s* reptile; *adj* reptile.
Rep.to *s* challenge.
Re.pú.bli.ca *s* republic.
Re.pu.di.ar *v* to repudiate; to discard.
Re.pú.dio *s* repudiation; disavowal.
Re.pug.nân.cia *s* repugnance; repugnancy.
Re.pug.nar *v* to repugn; to oppose.
Re.pul.sa *s* refusal; repulse; rejection.
Re.pul.são *s* repulsion.
Re.pul.sar *v* to repulse; to repel; to reject.
Re.pul.si.vo *adj* repulsive; loathsome.

Re.pu.ta.ção *s* reputation; fame; renown.
Re.pu.tar *v* to repute; to reckon.
Re.pu.xar *v* to pull back.
Re.que.brar *v* to waddle; to wiggle.
Re.que.bro *s* movement; to move the hips in the rhythm.
Re.quei.jão *s* curd; curd-cheese; pot-cheese.
Re.que.rer *v* to require; to claim; to demand.
Re.que.ri.men.to *s* request; petition.
Re.quin.tar *v* to refine; to perfect.
Re.quin.te *s* refinement; elegance; affectation.
Re.qui.si.ção *s* requisition; request.
Re.qui.si.tar *v* to requisition; to order; to request; to demand.
Re.qui.si.to *s* requisite; requirement.
Rés *adj* even; level; close; plain.
Res.cin.dir *v* to rescind; to cancel; to abolish.
Res.ci.são *s* rescission; annulment; cancellation.
Re.se.nha *s* report; description; list.
Re.ser.va *s* reserve; stock; store; restriction; ESP reserve (substitute).
Re.ser.va.do *adj* reserved; stand-offish; circumspect.
Re.ser.var *v* to reserve; to retain; to conceal.
Res.fri.a.do *s* cold; cooling.
Res.fri.ar *v* to catch a cold.
Res.ga.tar *v* to ransom; to rescue; to redeem.
Res.ga.te *s* ransom; redemption.
Res.guar.dar *v* to shelter; to defend; to protect.
Res.guar.do *s* care; prudence; caution.
Re.si.dên.cia *s* residence; home.
Re.si.den.te *s* abider; dweller; *adj* resident; residing; dwelling.
Re.si.dir *v* to reside; to live; to dwell.
Re.sí.duo *s* residue; remnant; remainder; rest.
Re.sig.na.ção *s* resignation; renunciation.
Re.sig.nar *v* to resign; to abdicate.
Re.si.nar *v* to resin; to apply resin to.
Re.sis.ten.te *s* resistant; strong; *adj* resistant.
Re.sis.tir *v* to resist; to oppose; to stand.
Res.ma *s* ream; twenty quires.
Res.mun.ga.ção *s* grumbler; *adj* grumbling.
Res.mun.gar *v* to mumble.
Re.so.lu.ção *s* resolution; resoluteness; firmness; courage.
Re.sol.ver *v* to resolve; to decide; to solve.
Res.pec.ti.vo *adj* respective.
Res.pei.tar *v* to respect; to regard.
Res.pei.to *s* respect; esteem; regard.
Res.pin.go *s* sprinkling.
Res.pi.ra.ção *s* respiration; breath.
Res.pi.ra.dou.ro *s* air hole; vent.
Res.pi.rar *v* to respire; to breathe; to exhale.
Res.pi.rá.vel *adj* respirable.
Res.pi.ro *s* breath; breathing; respite.
Res.plan.de.cên.cia *s* resplendency.
Res.plan.de.cer *v* to be resplendent; to glisten.
Res.plen.dor *s* splendor; resplendence; aureola; halo; radiance.
Res.pon.der *v* to answer; to respond; to reply.
Res.pon.sa.bi.li.da.de *s* responsibility; responsibleness; duty.
Res.pon.sa.bi.li.zar *v* to hold responsible; to be responsible for.
Res.pon.sá.vel *adj* responsible; answerable; accountable.
Res.pos.ta *s* answer; reply; response.
Res.quí.cio *s* vestige; reminder.
Res.sa.bi.a.do *adj* skittish; nervous; suspicious; disgusted.
Res.sa.ca *s* ebb; reflux of tide; hang-over.
Res.sal.tar *v* to jut out; to be in evidence; to stand out.
Res.sal.va *s* safeguard; provision; correction; exception.
Res.sal.var *v* to safeguard; to correct; to caution; to except.
Res.sen.ti.men.to *s* rancor; spite; grudge.
Res.sen.tir *v* to resent.
Res.sur.gi.men.to *s* resurrection; renaissance; renewal; revival.
Res.sur.gir *v* to resurrect.
Res.sur.rei.ção *s* resurrection.
Res.sus.ci.ta.ção *s* resuscitation.
Res.sus.ci.tar *v* to resuscitate.
Res.ta.be.le.cer *v* to re-establish; to recover.
Res.ta.be.le.ci.men.to *s* recovery; reestablishment.
Res.tan.te *s* remainder; rest; *adj* remaining; resting.
Res.tar *v* to remain.
Res.tau.ran.te *s* restorative; restorer; restaurant; *adj* restoring; restorative.
Res.tau.rar *v* to restore; to give back; to return; to repair.
Rés.tia *s* rope of onions (etc.); string.
Res.ti.tu.ir *v* to restitute; to restore.
Res.to *s* rest; remainder.
Res.trin.gir *v* to restrict; to restrain.
Re.sul.ta.do *s* result; effect; consequence; FUT outcome.
Re.sul.tar *v* to result; to follow; to proceed.
Re.su.mir *v* to summarize; to epitomize; to sum up.
Re.su.mo *s* resume; abridgement; summary.
Res.va.lar *v* to slip; to slide.
Re.ta *s* straight line; straight.
Re.ta.guar.da *s* rear-guard; rear.
Re.ta.lhar *v* to cut up; to slash; to shred.
Re.ta.lho *s* shred; strip; rag; retail.
Re.ta.li.a.ção *s* retaliation; reprisal.
Re.ta.li.ar *v* to retaliate.
Re.ter *v* to retain; to restrain; to withhold.
Re.ti.cên.cia *s* reticence.
Re.ti.cu.lar *adj* reticular.
Re.ti.dão *s* rectitude; integrity.
Re.ti.fi.ca.ção *s* rectification.
Re.ti.fi.car *v* to rectify; to correct; to adjust.
Re.ti.nir *v* to tinkle; to echo; to resound.
Re.ti.ra.do *adj* retired; solitary; remote.

Re.ti.rar *v* to retreat; to withdraw; take out.
Re.ti.ro *s* reclusion; retreat.
Re.to *s* rectum.
Re.to.car *v* to retouch; to improve.
Re.to.mar *v* to retake.
Re.to.que *s* retouch.
Re.tor.cer *v* to twist; to twine.
Re.tor.nar *v* to return; to get back.
Re.tor.no *s* return.
Re.tor.quir *v* to retort; to answer.
Re.tra.çar *v* to retrace; to trace again.
Re.tra.í.do *adj* reserved; shy; timid.
Re.tra.i.men.to *s* retraction; shyness.
Re.tra.ir *v* to retract; to withdraw; to shrink.
Re.tra.ta.ção *s* retractation; recantation.
Re.tra.ta.do *adj* portrayed; painted; photographed.
Re.tra.tar *v* to retract; to portray; to paint.
Re.tra.to *s* portrait; photograph; image.
Re.tri.bu.ir *v* to return; to reward; to recompense.
Re.tro.a.gir *v* to be retroactive.
Re.tro.a.ti.vo *adj* retroactive; reactive.
Re.tro.ce.der *v* to retrocede; to go back; to recede; to fall back; to go backward.
Re.tro.ces.so *s* retrocession; retrogression.
Re.tro.gra.dar *v* to retrograde; to retrogress.
Re.tró.gra.do *s* retrograde; retrogressive; *adj* retrograde; retrogressive.
Re.trós *s* twist; twisted; silk; sewing silk.
Re.tros.pec.ti.vo *adj* retrospective.
Re.tros.pec.to *s* retrospect; flashback.
Re.tru.car *v* to reply; to retort, to talk back.
Re.tum.bân.cia *s* resounding; resonance.
Re.tum.bar *v* to resound.
Réu *s* JUR defendant.
Re.u.ni.ão *s* meeting; reunion; gathering.
Re.u.nir *v* to reunite; to rejoin; to put together.
Re.ve.la.ção *s* revelation; disclosure.
Re.ve.la.dor *s* disclose; developer; *adj* revealing.
Re.ve.lar *v* to revel; to disclose; to divulge; to discover; Revelar-se *v* to unfold.
Re.ve.li.a *s* default; contumacy.
Re.ven.da *s* reselling; resale.
Re.ven.der *v* to resell; to sell again.
Re.ver *v* to review; to meet again.
Re.ve.rên.cia *s* reverence; bow; respect; deference; courtesy.
Re.ve.ren.ci.ar *v* to revere; to honor; to reverence; to venerate.
Re.ver.so *s* the reverse; lower side of a surface; *adj* reverse; contrary; inverted.
Re.ver.ter *v* to revert; to return.
Re.vés *s* reverse; misfortune.
Re.ves.ti.men.to *s* revetment; coating; facing.
Re.ves.tir *v* to attire; to cover.
Re.ve.zar *v* to take turns.
Re.vi.go.rar *v* to invigorate.
Re.vi.rar *v* to turn.
Re.vi.são *s* revision; review.
Re.vi.sar *v* to revise; to review.
Re.vis.ta *s* review; revue; magazine.
Re.vis.tar *s* to review troops; to inspect.
Re.vi.ver *v* to revive; to reawaken.
Re.vi.ves.cer *v* to revive.
Re.vi.vi.fi.car *v* to revivify; to revive.
Re.vo.a.da *s* flight (birds).
Re.vo.ar *v* to fly again; to flutter.
Re.vo.ga.ção *s* revocation; repeal.
Re.vo.gar *v* to rescind; to repeal.
Re.vol.ta *s* revolt; uprising; rioting.
Re.vol.tar *v* to revolt; to rebel; to rise up.
Re.vol.to *adj* turbulent; troubled; furious.
Re.vol.to.so *s* rebel; *adj* turbulent; rebel.
Re.vo.lu.ção *s* revolution; rebellion; ASTR revolution.
Re.vo.lu.ci.o.nar *v* to revolutionize; to revolution; to change.
Re.vol.ver *v* to revolve; to rotate; to welter; to agitate; to stir.
Re.vól.ver *s* revolver; gun.
Re.za *s* prayer; praying.
Re.zar *v* to pray; to say a prayer.
Ri.a.cho *s* brook; rill; streamlet; creek.
Ri.ban.cei.ra *s* ravine; chasm.
Ri.ca.ço *s* a very rich man; *adj* very rich.
Ri.co *adj* rich; wealthy; moneyed.
Ri.di.cu.la.ri.zar *v* to ridicule; to mock.
Ri.dí.cu.lo *s* ridicule; mockery; sarcasm; *adj* ridiculous.
Ri.fa *s* raffle; saying.
Ri.far *v* to raffle; to dispose by a raffle.
Ri.gi.dez *s* rigidity; rigidness; severity; rigor.
Ri.gor *s* rigor; rigidity; severity; harshness.
Ri.go.ro.so *adj* rigorous; inflexible; harsh.
Rim *s* kidney.
Ri.ma *s* rhyme; heap; chink.
Ri.mar *v* to rhyme; to versify.
Rin.cho *s* neigh of horses.
Ri.o *s* river; stream.
Ri.pa *s* lath work; slat; batten.
Ri.que.za *s* wealth; richness; abundance.
Rir *v* to laugh; to smile; to jeer; to titter.
Ri.sa.da *s* laughter; laughing.
Ris.ca *s* line; mark; stripe; stroke.
Ris.car *v* to scratch; to streak; to cancel.
Ris.co *s* stripe; danger; risk.
Ri.so *s* laughter; laugh.
Ri.so.nho *adj* smiling.
Ris.pi.dez *s* hardness; rudeness; roughness.
Rit.mo *s* cadence; rime; rhythm.
Ri.to *s* rite; ceremony.
Ri.tu.al *s* ritual; ceremonial.
Ri.val *s* rival; emulator.
Ri.va.li.da.de *s* rivalry; rivalship; jealousy.
Ri.va.li.zar *v* to rival; to vie; to emulate; to compete.
Ri.xa *s* quarrel; dispute.
Ro.ba.lo *s* robalo (fish).

Ro.bus.te.cer *v* to strengthen.
Ro.bus.tez *s* robustness; vigor.
Ro.bus.to *adj* robust; strong; tough.
Ro.çar *v* to graze; to grub; to skim.
Ro.cha *s* rock.
Ro.che.do *s* large rock; cliff.
Ro.da *s* wheel; circle; circuit.
Ro.da.pé *s* baseboard; skirting board; foot.
Ro.dar *v* to roll; to move on rollers; to move wheels; to turn around.
Ro.de.ar *v* to enclose; to surround.
Ro.dei.o *s* circumlocution.
Ro.dí.zio *s* rota; turn; round.
Ro.do *s* rake; wooden rake.
Ro.do.pi.ar *v* to whirl; to turn; to spin.
Ro.do.pi.o *s* whirl; whirling.
Ro.e.dor *s* rodent; *adj* gnawing; rodent; corroding.
Ro.er *v* to gnaw.
Ro.gar *v* to beg; to implore; to ask.
Ro.go *s* request; supplication; prayer.
Ro.í.do *adj* gnawed; corroded.
Rol *s* roll; register; record; list; catalogue.
Ro.la.men.to *s* rolling.
Ro.lar *v* to roll; to tumble; to drive forward.
Ro.lha *s* cork; stopper.
Ro.lo *s* roll; bundle; roll of paper.
Ro.mã *s* pomegranate.
Ro.man.ce *s* romance; novel; fantasy.
Ro.mân.ti.co *s* romantic; *adj* romantic; sentimental.
Ro.ma.ri.a *s* pilgrimage.
Rom.bo *s* hole; leak.
Rom.per *v* to break up; to split; to destroy.
Rom.pi.men.to *s* breaking; breach; rupture.
Ron.ca.dor *s* snorer; boaster.
Ron.car *v* to snore; to roar; to brag.
Ron.co *s* snoring; roaring.
Ron.da *s* rounds; patrol.
Ron.dar *v* to patrol.
Ron.qui.dão *s* hoarseness.
Ron.ro.nar *v* to purr.
Ro.sa *s* rose.
Rosa-cruz *s* rosicrucian.
Rosa-cruz *adj* rosicrucian.
Ro.sá.rio *s* rosary; a string of beads; chaplet.
Ros.bi.fe *s* roast-beef.
Ros.ca *s* screw; coil of a serpent thread; BR rusk, sweet biscuit.
Ro.sei.ra *s* rose-bush; rambler.
Ros.nar *v* to drumble; to snarl; to growl.
Ros.to *s* face; visage.
Ro.ta *s* route; course; way; path.
Ro.ta.ção *s* rotation; turn; revolution.
Ro.tei.ro *s* guideline; directions.
Ro.ti.nei.ro *adj* routine.
Ro.to *adj* in rags; broken; torn; shattered.
Ró.tu.la *s* patella; kneecap; kneepan.
Ro.tu.lar *v* to ticket; to label; to inscribe.
Ró.tu.lo *s* inscription; label; mark.
Rou.ba.lhei.ra *s* robbery; thievery.
Rou.bar *v* to rob; to steal; to thieve.
Rou.bo *s* robbery; theft; plunder.
Rou.co *adj* hoarse; raucous.
Rou.pa *s* cloth; clothing.
Rou.pão *s* robe.
Rou.pei.ro *s* wardrobe; BR ESP special employee that organizes the players' clothes.
Rou.qui.dão *s* hoarseness.
Rou.xi.nol *s* nightingale.
Ro.xe.ar *v* to turn purple.
Ro.xo *s* purple; violet; *adj* purple; violet.
Ru.a *s* street; thoroughfare; way.
Ru.bi *s* ruby.
Ru.blo *s* rouble.
Ru.bri.ca *s* rubric; rubrication; initials.
Ru.bri.car *v* to rubricate; to mark.
Ru.bro *adj* red; ruddy; red-hot.
Ru.de *adj* rude; coarse; vulgar; rugged.
Ru.di.men.tar *adj* rudimentary.
Ru.di.men.to *s* rudiment.
Ru.e.la *s* lane; alley; narrow street.
Ru.far *v* to plait; to roll; to ruffle.
Ru.fo *s* the beat of a drum with intense rhythm.
Ru.ga *s* wrinkle; furrow.
Ru.gi.do *s* roar.
Ru.gir *v* to roar; to rustle; to bellow.
Ru.go.so *adj* rugous; wrinkled; wrinkly.
Ru.í.do *s* noise; uproar; rumor; bustle.
Ru.im *adj* bad; vile; mean.
Ru.in.da.de *s* meanness; badness.
Ru.ir *v* to tumble; to fall down.
Rui.vo *adj* red; red-haired.
Rum *s* rum.
Ru.mi.nar *v* to ruminate; to ponder; to muse.
Ru.mo *s* route; direction.
Ru.mor *s* rumor; noise.
Ru.pes.tre *adj* engraved in crags or that it grows on crags.
Rú.pia *s* rupee (coin of the east India).
Rus.ga *s* uproar; spat; quarrel.
Rus.so *s* russian; *adj* russian.
Rús.ti.co *s* rustic; *adj* rustic; coarse; rural.

S

ABCDEFGHIJKLMNOPQRSTUVWXYZ

S *s* the nineteenth letter of the Portuguese alphabet and of the English alphabet.
Sã *adj* healthy.
Sá.ba.do *s* Saturday.
Sa.bão *s* soap.
Sa.be.do.ri.a *s* wisdom; knowledge.
Sa.ber *s* knowledge; *v* to know; to have knowledge.
Sa.bi.á *s* BR bird.
Sá.bio *s* wise man; *adj* wise; learned.
Sa.bo.ne.te *s* toilet soap; soap.
Sa.bo.ne.tei.ra *s* soap dish.
Sa.bor *s* savor; taste; flavor.
Sa.bo.re.ar *v* to savor; to taste.
Sa.bo.ro.so *adj* tasty; appetizing.
Sa.bo.tar *v* to sabotage.
Sa.bre *s* sabre.
Sa.bu.go *s* corn-cob without the grains.
Sa.bu.guei.ro *s* bush of medicinal properties.
Sa.bu.jo *s* bloodhound.
Sa.ca *s* bag; **Saca-rolha:** corkscrew.
Sa.ca.da *s* balcony; drawing.
Sa.car *v* to draw; to pull out.
Sa.ca.ria *s* bags; sacks.
Sa.cer.do.te *s* priest; clergyman.
Sa.ci *s* MIT BR black boy with a single leg that scares the people.
Sa.ci.ar *v* to cloy; to satiate.
Sa.co *s* sack; bag.
Sa.co.la *s* wallet; knapsack; bag.
Sa.co.le.jar *adj* to shake; to rock; to swing.
Sa.cris.tão *s* sexton.
Sa.cris.ti.a *s* sacristy; vestry.
Sa.cu.di.do *adj* shaken.
Sa.cu.dir *v* to shake; to jolt.
Sá.di.co *adj* sadistic.
Sa.di.o *adj* healthy; wholesome.
Sa.fa.do *adj* POP shameless; BR licentious; immoral.
Sa.fa.não *s* jerk; shove; push; GÍR slap.
Sa.fra *s* harvest; crop.
Sa.ga *s* saga.
Sa.gaz *adj* sagacious; shrewd; perspicacious.
Sa.gra.do *adj* sacred; divine; holy; sacrosanct.
Sa.grar *v* to consecrate; to bless; to hallow.
Sa.gu *s* sago.
Sa.guão *s* inner yard; passage; entrance; hall.
Sai.a *s* skirt.
Sai.bro *s* gravel; gross sand.
Sa.í.da *s* exit; outlet.
Sai.o.te *s* short petticoat; short skirt.
Sa.ir *v* to go; to go away; to exit; to leave.
Sal *s* salt.
Sa.la *s* room.
Sa.la.da *s* salad.
Sa.la.me *s* salami.
Sa.lão *s* salon; saloon.
Sa.lá.rio *s* wages; hire; pay given for labor.
Sal.dar *v* to balance; to settle; to pay off.
Sal.do *s* COM balance of an account; remainder.
Sa.lei.ro *s* salt-cellar; salt-shaker.
Sal.ga.do *adj* salted; salty; FIG witty.
Sal.gar *v* to salt; to flavor.
Sal.guei.ro *s* willow.
Sa.li.ên.cia *s* salience; projection; protuberance.
Sa.li.en.tar *v* to point out.
Sa.li.va *s* spittle; saliva.
Sa.li.var *v* to spit; to produce salivation.
Sal.mão *s* salmon (fish).
Sal.mo *s* psalm.
Sal.mou.ra *s* brine.
Sa.lo.bre *adj* brackish; briny; saltish.
Sal.pi.ca.do *adj* sprinkled.
Sal.pi.car *v* to sprinkle.
Sal.sa *s* parsley.
Sal.si.cha *s* sausage.
Sal.tar *v* to jump; to leap; to spring.
Sal.to *s* leap; jump; bound.
Sa.lu.bre *adj* salubrious; wholesome.
Sa.lu.tar *adj* salutary; healthy.
Sal.va *s* burst of gunfire; salver; sage; salute.
Sal.va.dor *s* savior; rescuer; *adj* saving.
Sal.va.guar.dar *v* to safeguard; to defend.
Sal.var *v* to save; to rescue.
Sal.ve *interj* hail!
Sal.vo *adj* safe; secure; saved; *prep* except for.
Sam.ba *s* BR music; dance.
Sa.nar *v* to heal; to restore; to health.

Sa.ná.vel *adj* curable; removable.
San.ci.o.nar *v* to sanction; to ratify.
San.dá.lia *s* sandal (shoe).
San.du.í.che *s* sandwich.
Sa.ne.ar *v* to drain; to clean up.
San.fo.na *s* MÚS hurdy-gurdy; accordion.
San.grar *v* to bleed.
San.gue *s* blood; life; race.
San.gues.su.ga *s* ZOO leech.
Sa.nha *s* fury; anger; rage.
Sa.ni.da.de *s* healthy; sanity; lucidity.
São *adj* wholesome; healthy.
Sa.pa.te.ar *v* a dance type which consists in feet's beat in the ground, provoking a sound and a movement.
Sa.pa.tei.ra *s* shoe closet.
Sa.pa.to *s* shoe.
Sa.pi.ên.cia *s* sapience; wisdom; sageness.
Sa.pi.nhos *s* GIR little toad MED wounds in the mouth.
Sa.po *s* toad; BR GÍR curious; meddlesome.
Sa.que *s* sack; plunder; pillage.
Sa.que.ar *v* to loot; to plunder; to rob.
Sa.rai.va.da *s* the shower of hail.
Sa.ram.po *s* MED measles.
Sa.rar *s* to heal; to cure.
Sar.cas.mo *s* sarcasm; irony.
Sar.da *s* freckle.
Sar.je.ta *s* gutter.
Sar.na *s* scabies.
Sar.ro *s* tartar.
Sá.ti.ra *s* satire; irony.
Sa.ti.ri.zar *v* to satirize; to lampoon.
Sa.tis.fa.ção *s* satisfaction; pleasure.
Sa.tis.fa.zer *v* to satisfy; to fulfill.
Sa.tu.rar *v* to saturate; to soak.
Sau.da.ção *s* salutation; salute.
Sau.da.de *s* regret; sorrow; longing.
Sau.dar *v* to salute; to greet; to welcome.
Sa.ú.de *s* health.
Sau.do.so *adj* longing; regretted.
Se *conj* if; whether.
Se.bo *s* tallow; BR reseller of used books; second hand book shop.
Se.ca *s* drying; dryness; drouth; drought.
Se.ca.dor *s* dryer.
Se.car *v* to dry; to dry up.
Se.co *adj* dry; FIG lank; rude.
Se.cre.ta.ri.a *s* secretariat; secretary; general office.
Se.cre.tá.ria or **se.cre.tá.rio** *s* secretary; POP domestic office; maid.
Se.cre.to *s* secret; mysterious; *adj* secret.
Se.cu.lar *s* layman; *adj* secular.
Se.cu.la.ri.zar *v* to secularize.
Sé.cu.lo *s* century (100 years); age.
Se.cun.dar *v* to second; to follow or attend.
Se.da *s* silk.
Se.da.ção *s* mitigation.
Se.dar *v* to allay; to alleviate; to hackle.
Se.da.ti.vo *s* sedative; *adj* sedative.
Se.de (Séde) *s* see; headquarters; seat.
Se.de (Sêde) *s* thirst; desire; eagerness.
Se.den.to *s* thirsty; eager; avid; anxious.
Se.di.ar *v* to host.
Se.di.men.to *s* sediment; dregs.
Se.do.so *adj* silky; silken.
Se.du.ção *s* seduction; charm.
Se.du.tor *s* seducer; allurer; *adj* seductive; alluring.
Se.du.zir *v* to seduce; to lead; to allure.
Se.gre.dar *v* to whisper.
Se.gre.do *s* secret; mystery.
Se.gre.gar *v* to segregate; to separate.
Se.gui.do *adj* followed; continuous.
Se.gui.dor *s* disciple; partisan.
Se.guin.te *adj* next; immediate; following.
Se.guir *v* to follow; to proceed.
Se.gun.da *s* second; MEC second gear; Segunda-feira: Monday.
Se.gun.dar *v* to second; to follow; to assist.
Se.gun.do *s* second; assistant; *adj* second; secondary; inferior; *prep* according to.
Se.gu.ran.ça *s* safety; security; guarantee.
Se.gu.rar *v* to hold; to grab; to insure.
Se.gu.ro *s* insure; insuring; *adj* secure; safe.
Sei.o *s* breast; bosom; heart.
Sei.ta *s* sect; party; faction.
Sei.va *s* sap.
Se.la *s* saddle.
Se.la.do *adj* stamped.
Se.lar *v* to saddle; to seal; to stamp.
Se.le.ci.o.nar *v* to select; to choose; to pick up.
Se.lei.ro *s* saddler.
Se.lo *s* seal; stamp; postmark.
Sel.va *s* jungle.
Sem *prep* without; lacking.
Se.ma.na *s* week.
Se.ma.nal *adj* weekly.
Sem.blan.te *s* semblative; face; air; figure.
Se.me.ar *v* to sow; to scatter; to spread.
Se.me.lhan.ça *s* resemblance; analogy; semblance.
Se.men.te *s* seed; semen.
Se.mes.tre *s* semester; *adj* semestral.
Sem.pre *adj* always; ever.
Se.não *s* fault; defect; *conj* otherwise; else; *prep* but.
Sen.da *s* pathway; footpath; path; way.
Se.nha *s* watchword; password; BÍBL Shibboleth.
Se.nhor *s* master; lord; sir.
Se.nho.ra *s* lady; wife; mistress.
Se.nho.ri.ta *s* miss.
Sê.ni.or *adj* senior; elder.
Sen.sa.tez *s* prudence; wisdom.
Sen.si.bi.li.da.de *s* sensibility; sensitiveness.
Sen.si.bi.li.zar *v* to render sensitive.
Sen.si.ti.vo *adj* sensitive; susceptible.
Sen.sí.vel *adj* sensitive; tender; touchy.
Sen.so *s* sense; reason; intelligence.

Sen.su.al *adj* sensual; sensuous; lewd.
Sen.tar *v* to sit; to sit down.
Sen.ten.ça *s* sentence; maxim; axiom.
Sen.ten.ci.ar *v* to sentence; to adjudge.
Sen.ti.do *s* sense; meaning; *adj* grievous; sorrowful.
Sen.ti.do! *interj* alert!
Sen.ti.men.to *s* sentiment; sensibility; feeling.
Sen.ti.ne.la *s* sentry; watchtower.
Sen.tir *v* to feel.
Se.pa.rar *v* to separate; to disconnect.
Se.pul.cro *s* sepulchre; grave; tomb.
Se.pul.tar *v* to sepulcher; to bury.
Se.pul.tu.ra *s* sepulcher; grave; burial; tomb.
Se.quaz *s* follower; partisan; supporter.
Se.quên.cia *s* sequence; succession.
Se.quer *adj* at least; however; even.
Se.ques.tra.dor *s* sequestrator; kidnapper; *adj* sequestrating.
Se.ques.trar *v* to sequestrate; to confiscate; to kidnap.
Se.ques.tro *s* sequestration, kidnapping.
Ser *s* being; *v* to be; to exist; to live.
Se.rei.a *s* mermaid.
Se.re.nar *v* to calm; to soothe; to quiet.
Se.re.no *s* dew; evening damp; *adj* serene; calm; tranquil; quiet.
Se.ria.men.te *adj* seriously; earnestly.
Se.ri.ar *v* to classify; to order.
Sé.rie *s* a series; succession.
Se.ri.e.da.de *s* seriousness; integrity; gravity.
Sé.rio *adj* serious; earnest; thoughtful; solemn; grave.
Ser.pen.te *s* serpent (snake).
Ser.pen.ti.na *s* serpentine; carnival ribbon; streamer.
Ser.ra *s* saw; chain of mountains.
Ser.ra.ção *s* sawing; sawdust.
Ser.ra.gem *s* sawing; sawdust.
Ser.rar *v* to saw.
Ser.ta.ne.jo *adj* country; rude; inland.
Ser.tão *s* back-country.
Ser.va *s* a maid; a woman slave.
Ser.ven.te *s* servant; a domestic servant.
Ser.vi.çal *adj* serviceable; useful; servant.
Ser.vil *adj* servile; obsequious; subservient.
Ser.vir *v* to serve.
Ser.vo *s* servant; slave; serf.
Sé.sa.mo *s* sesame (herb).
Ses.são *s* session; meeting.
Se.ta *s* arrow.
Se.tem.bro *s* September, the ninth month of the year.
Seu *adj* his; its; your; their; yours; theirs.
Se.ve.ro *adj* severe; grave; austere; rigorous.
Se.vi.ci.ar *v* to treat with cruelty.
Se.xo *s* sex.
Sexta-feira *s* Friday.
Si *s* MÚS si note (symbol B); *pron* himself; herself; itself; oneself; yourself.
Si.gi.lo *s* a secret; reserve.
Si.gla *s* monoguam; acronym.
Sig.na.tá.rio *s* signatory; signer; subscriber.
Sig.ni.fi.ca.do *s* signification; meaning.
Sig.ni.fi.car *v* to signify; to mean; to denote; to express.
Sig.no *s* ASTR sign.
Si.la.bar *v* to syllabicate; to syllabize.
Si.len.ci.ar *v* to silence; to quiet; to stop the noise of.
Si.lên.cio *s* silence; stillness.
Si.len.te *adj* silent.
Sil.ves.tre *adj* wild; woody; sylvestral.
Sil.vi.cul.tor *s* silviculturist; forester.
Sil.vo *s* whistle; whistling; hissing; swish.
Sim *s* yes; indeed; **acho que Sim**: I guess so.
Sim.bo.li.zar *v* to symbolize; to use symbols; to typify.
Sím.bo.lo *s* symbol; emblem; figure; type; sign.
Sí.mi.le *s* simile; comparison; similarity; *adj* simile; similar.
Sí.mio *s* ape-monkey; *adj* simian.
Sim.pa.ti.a *s* approval; fellow-feeling.
Sim.pa.ti.zar *v* to sympathize.
Sim.ples *adj* simple; single; plain.
Sim.ples.men.te *adv* just.
Sim.pli.fi.ca.ção *s* simplification; the act of simplifying.
Sim.pli.fi.car *v* to simplify; to make simple; to make clear.
Sim.pló.rio *s* simpleton; a fool; a silly person; *adj* simple; silly; dunce.
Si.mu.la.ção *s* simulation; disguise; camouflage.
Si.mu.la.do *adj* feigned; pretended; simulate; false.
Si.mu.lar *v* to simulate; to act; to feign; to imitate; to pretend; to sham.
Si.mul.tâ.neo *adj* simultaneous.
Si.na *s* fate; destiny; lot.
Si.na.go.ga *s* synagogue.
Si.nal *s* sign; indication; proof.
Si.na.lar *v* to sign; to signalize.
Si.na.li.za.ção *s* road-signs; signalling.
Sin.ce.ri.da.de *s* sincerity; honesty; sincereness.
Sin.ce.ro *adj* sincere; unfeigned; frank upright.
Sin.cro.ni.zar *v* to synchronize.
Sin.di.ca.li.zar *v* to syndicate.
Sin.di.cân.cia *s* inquiry; investigation.
Sin.di.car *v* to inquire; to investigate.
Sin.di.ca.to *s* syndicate; trade-union.
Sín.di.co *s* syndic; trustee.
Si.ne.ta *s* small bell.
Si.ne.te *s* a signet; seal; small seal.
Sin.ge.le.za *s* simplicity; plainness; sincerity; innocense.
Sin.ge.lo *adj* simple; sincere; true; honest.
Sin.grar *v* to sail; to steer.
Sin.gu.lar *s* GRAM singular; *adj* singular; eccentric.

Sin.gu.la.ri.da.de *s* singularity.
Sin.gu.la.ri.zar *v* to singularize; to distinguish; to particularize.
Si.nis.tro *s* disaster; damage; accident; *adj* sinister; perverse.
Si.no *s* bell.
Sí.no.do *s* synod.
Sin.te.ti.zar *v* to synthesize.
Sin.to.ma *s* symptom.
Sin.to.ni.a *s* syntony; radio check.
Sin.to.ni.zar *v* to syntonize.
Si.nu.o.si.da.de *s* sinuosity; tortuosity.
Si.nu.o.so *adj* sinuous; intricate; wavy.
Si.nu.si.te *s* MED sinusitis.
Si.ri.gai.ta *s* POP floozy.
Si.so *s* sense; judgement; wisdom.
Sis.te.ma *s* system; method.
Sis.te.ma.ti.zar *v* to systematize; to organize.
Si.su.dez *s* circumspection.
Si.ti.an.te *s* BR small farmer; *adj* besieging.
Sí.tio *s* siege; place; site.
Si.to *adj* situated; placed.
Si.tu.ar *v* to situate; to locate; to place.
Só *adj* alone; only; sole; *adv* only; lonely.
So.a.lho *s* floor.
So.ar *v* to sound; to ring; to produce a sound.
Sob *prep* under; beneath; below.
So.be.jar *v* to exceed; to abound.
So.be.jo *v* remains; leavings; *adj* excessive.
So.be.ra.ni.a *s* sovereignty.
So.be.ra.no *s*, sovereign; supreme; *adj* sovereign; supreme.
So.ber.ba *s* pride; arrogance; presumption.
So.bra *s* rest; remains; excess.
So.bra.do *s* second floor.
So.bra.do *adj* left; excessive; plentiful.
So.bran.ce.lha *s* eyebrow.
So.brar *v* to remain.
So.bre *prep* on; upon; over; about.
So.bre.car.re.gar *v* to overload; to overburden.
So.bre.lo.ja *s* mezzanine.
So.bre.ma.nei.ra *adv* excessively.
So.bre.me.sa *s* dessert.
So.bre.mo.do *adv* exceedingly.
So.bre.no.me *s* surname.
So.bre.por *v* to overlap; to put upon.
So.bre.pos.to *adj* superposed; trimming.
So.bre.pu.jar *v* to surpass; to excel.
So.bres.cri.to *s* address.
So.bres.sa.ir *v* to surpass; to excel; to exceed.
So.bre.tu.do *s* overcoat; *adv* above all.
So.bre.vir *v* to happen; to occur.
So.bre.vi.vên.cia *s* survival.
So.bre.vi.ven.te *s* survivor; *adj* surviving.
So.bre.vi.ver *v* to survive; to outlive; to outlast.
So.bre.vo.ar *v* to fly over.
So.bri.e.da.de *s* sobriety; frugality.
So.bri.nha *s* niece.
So.bri.nho *s* nephew.
Só.brio *adj* sober; not drunk; frugal.
So.car *v* to box; to strike; to pound.
So.ci.al *adj* social; sociable; convivial.
So.ci.e.da.de *s* society; relationship; alliance.
Só.cio *s* partner; associate.
So.ci.ó.lo.go *s* sociologist.
So.co *s* punch.
So.cor.rer *v* to help; to aid; to assist.
So.cor.ro *s* help; aid; assistance.
So.fá *s* sofa; couch; settee.
So.fis.mar *v* to sophisticate; to quibble; to equivocate.
So.fis.ti.car *v* to sophisticate.
So.fre.dor *s* sufferer; *adj* suffering.
So.fre.gui.dão *s* eagerness; greediness; greed.
So.frer *v* to suffer; to undergo.
So.fri.men.to *s* suffering; pain.
So.gra *s* mother-in-law.
So.gro *s* father-in-law.
Sol *s* the sun.
So.la *s* leather; sole of a foot.
So.la.par *v* to undermine; to hide; to sap.
So.lar *s* manor; *adj* solar.
So.la.van.co *s* jerk.
Sol.da *s* solder.
Sol.da.do *s* soldier.
Sol.da.dor *s* solderer.
Sol.dar *v* to solder; to weld.
So.lei.ra *s* threshold.
So.le.ne *adj* solemn; stately; formal.
So.le.ni.zar *v* to solemnize; to celebrate.
So.le.trar *v* to spell.
So.li.ci.ta.ção *s* solicitation; request.
So.li.ci.tar *v* to solicit; to beg; to entreat.
So.lí.ci.to *adj* solicitous; careful; diligent.
So.li.ci.tu.de *s* solicitude; diligence; carefulness.
So.li.dão *s* solitude; loneliness; seclusion; wilderness.
So.li.da.ri.e.da.de *s* solidarity.
So.li.dez *s* solidity; solidness; firmness.
So.li.di.fi.car *v* to solidify.
Só.li.do *s* solid; *adj* solid; compact; firm; sound.
So.li.ló.quio *s* soliloquy.
So.lis.ta *s* soloist.
So.li.tá.ria *s* tapeworm; a solitary cell.
So.li.tá.rio *adj* solitary; alone; lonely; lonesome.
So.lo *s* soil; ground; earth; MÚS solo.
Sol.tar *v* to untie; to loosen; to let go; to set free.
Sol.tei.ro *adj* unmarried; bachelor.
Sol.tei.ro.na *s* spinster.
Sol.to *adj* loose; free.
So.lu.çar *v* to hiccup; to sop.
So.lu.ci.o.nar *v* to solve; to answer.
So.lu.ço *s* sob; hiccup.
Sol.ver *v* to solve; to explain; to resolve.
Som *s* sound.
So.ma *s* sum; amount.

So.mar *v* to sum; to add.
So.ma.tó.rio *s* total; sum; amount.
Som.bra *s* shade; shadow.
Som.bre.a.do *s* shady; shading.
Som.bre.ar *v* to shade; to shadow.
Som.bri.nha *s* parasol; sunshade.
Som.bri.o *adj* shady; dark; gloomy; sad; harsh.
So.me.nos *adj* of little worth; cheaper; inferior.
So.men.te *adv* only; merely; solely.
So.nâm.bu.lo *s* somnambulist; *adj* somnambulistic.
Son.da *s* MED probe.
So.ne.ca *s* a nap; a short slumber.
So.ne.gar *v* to conceal; to hide.
So.nha.dor *s* dreamer; *adj* dreaming; dreamy.
So.nhar *v* to dream.
So.nho *s* dream; vision; reverie.
So.no *s* sleep.
So.no.ri.zar *v* to render sonorous; to sound.
So.no.ro *adj* sonorous; resonant.
Son.sa *s* slyness; sham.
Son.so *adj* whiny; knavish; dissembling.
So.pa *s* soup.
So.pa.po *s* slap; blow; punch.
So.pé *s* base; foot (hill).
So.pei.ra *s* soup tureen.
So.prar *v* to blow; to prompt; to incite.
Sor.di.dez *s* sordidness; stinginess.
Sór.di.do *adj* sordid; mean; dirty.
Sor.ra.tei.ro *adj* cunning; sly; crafty.
Sor.rir *v* to smile; to look or appear gay.
Sor.ri.so *s* smile; sickly smile.
Sor.te *s* luck; fortune; chance; lottery.
Sor.te.ar *v* to lot; to raffle; to cast lots.
Sor.tei.o *s* lottery; raffle.
Sor.tir *v* to furnish; to supply.
Sor.ver *v* to suck; to absorb; to swallow.
Sor.ve.te *s* ice cream.
Só.sia *s* double.
Sos.lai.o *s* slant; obliquity.
Sos.se.ga.do *adj* tranquil; quiet; still.
Sos.se.gar *v* to calm; to quiet; to tranquilize.
Sos.se.go *s* calmness; quietness; stillness.
Só.tão *s* garret; an attic; penthouse.
So.ta.que *s* accent.
So.ter.ra.men.to *s* burying; interment.
So.ter.rar *v* to bury; to put under ground.
So.va *s* beating.
So.va.co *s* armpit.
So.vi.nar *v* to sting; to prick.
So.zi.nho *adj* alone; lonely; on my own.
Su.a *adj* your; its; her; *pron* yours; hers; its.
Su.a.dor *s* sweater; *adj* sweating.
Su.ar *v* to sweat; to work hard; to labor.
Su.ás.ti.ca *s* swastika.
Su.a.ve *adj* smooth; soft; gentle; pleasant.
Su.a.vi.da.de *s* suavity; softness; gentleness.
Su.a.vi.zar *v* to soften; to appease; to mitigate; to ease.
Sub.di.vi.dir *v* to subdivide; to divide again.
Sub.di.vi.são *s* subdivision.
Su.ben.ten.der *v* to understand; to assume.
Su.bi.da *s* ascension; going up; rise; ascent.
Su.bir *v* to go up; to climb; to ascend; to mount; to rise.
Sú.bi.to *s* some sudden event; *adj* sudden; unexpected; *adv* suddenly.
Sub.ju.gar *v* to subjugate; to conquer by force; to subdue.
Sub.jun.ti.vo *s* subjunctive mood; *adj* GRAM subjunctive.
Su.ble.var *v* to rebel; to revolt.
Su.bli.mar *v* to sublimate; to sublime; to exalt.
Su.bli.me *s* sublime; the supreme degree; the acme; *adj* sublime; noble; majestic.
Sub.li.nhar *v* to underline; to underscore.
Sub.lo.car *v* to sublet.
Sub.ma.ri.no *s* submarine (ship).
Sub.mer.gir *v* to submerge; to sink.
Sub.me.ter *v* to subject; to submit; to subdue; to yield.
Su.bor.di.nar *v* to subordinate; to make subject.
Su.bor.nar *v* to suborn; to buy off; to bribe.
Su.bor.no *s* subornation; bribe; graft; bribery.
Subs.cre.ver *v* to subscribe; to sign.
Subs.cri.to *adj* subscript; signed.
Sub.se.quen.te *adj* subsequent; ensuing; succeeding.
Sub.ser.vi.en.te *adj* subservient; servile.
Sub.si.di.ar *v* to subsidize.
Sub.sí.dio *s* subsidy; aid; subvention.
Sub.sis.tên.cia *s* subsistence; livelihood.
Sub.sis.tir *v* to subsist; to remain; to live.
Sub.so.lo *s* subsoil.
Subs.ta.be.le.cer *v* to substitute; to replace.
Subs.tân.cia *s* substance; value; gist; matter.
Subs.tan.ti.vo *s* substantive; noun.
Subs.ti.tu.i.ção *s* substitution; replacement.
Subs.ti.tu.ir *v* to substitute.
Sub.ten.der *v* to subtend; to extend under.
Sub.ter.fú.gio *s* subterfuge; evasion; shift.
Sub.ter.râ.neo *s* subterrane; *adj* subterranean.
Sub.tra.ir *v* to pilfer; to shun; to steal; to deduct.
Su.bur.ba.no *adj* suburban.
Su.búr.bio *s* suburb; faubourg; outskirts.
Sub.ven.ção *s* subvention; subsidy; grant.
Sub.ven.ci.o.nar *v* to subsidize.
Sub.ver.são *s* subversion; overthrow.
Sub.ver.si.vo *adj* subversive.
Sub.ver.ter *v* to subvert; to overthrow.
Su.ca.ta *s* scrap iron; junk iron.
Suc.ção or **su.ção** *s* suction; sucking.
Su.ce.dâ.neo *s* succedaneum; substitute; *adj* succedaneous.
Su.ce.der *v* to take place; to follow; to happen; to come about.
Su.ce.di.do *s* happened; occurrence.

Su.ces.são *s* succession; sequence.
Su.ces.si.vo *adj* successive; consecutive.
Su.ces.so *s* success; prosperity; luck.
Su.cin.to *adj* succinot; concise; brief; short.
Su.co *s* juice; sap.
Su.cu.lên.cia *s* succulency; succulence; juiciness.
Su.cu.len.to *adj* succulent; juicy.
Su.cu.ri *s* BR a type of snake.
Su.dá.rio *s* shroud.
Su.des.te *s* southeast; *adj* southeast.
Su.do.es.te *s* southwest; *adj* southwest.
Su.do.rí.fe.ro *s* sudorific; *adj* sudorific.
Su.fi.ci.ên.cia *adj* sufficient; enough; sufficiency.
Su.fo.car *v* to suffocate; to smother; to stifle.
Su.fra.gar *v* to elect by vote; to suffrage; to approve; to support.
Su.frá.gio *s* suffrage; vote.
Su.fra.gis.ta *s* suffragist; suffragette.
Su.ga.dor *s* sucker; *adj* sucking.
Su.gar *v* to suck.
Su.ge.rir *v* to suggest; to hint; to insinuate.
Su.ges.tão *s* suggestion.
Su.ges.ti.o.nar *v* to suggest; to hint; to insinuate.
Su.ges.ti.o.ná.vel *adj* suggestible.
Su.ges.ti.vo *adj* suggestive.
Su.í.ças *s* whisker.
Sui.ci.da *s* suicide; **Suicidar-se** *v* to commit suicide; to kill oneself; to commit self-murder.
Sui.cí.dio *s* suicide; self-murder.
Su.í.ço *s* swiss; *adj* swiss.
Su.í.no *s* swine; pig.
Su.jar *v* to dirty; to soil; to foul; to sully.
Su.jei.ção *s* subjection; subjugation.
Su.jei.ra *s* dirt; filth; nastiness.
Su.jei.tar *v* to subject; to subdue; to submit.
Su.jei.to *s* guy; *adj* subject; liable; exposed.
Su.jo *adj* dirty; filthy; nasty; dishonest.
Sul *s* south; *adj* south.
Sul.car *v* to furrow; to plough; to line.
Sul.co *s* furrow; track; channel.
Su.lis.ta *s* southerner; *adj* southern.
Sul.tão *s* sultan.
Su.ma *s* summary; abridgment.
Su.ma.ri.ar *v* to summarize; to sum up.
Su.má.rio *s* summary.
Su.mi.ço *s* disappearance.
Su.mi.da.de *s* summit; pinnacle; peak; FIG prominent person.
Su.mi.do *adj* low; sunken; overwhelmed; disappeared.
Su.mir *v* to banish; to disappear; to hide.
Su.mo *s* juice; sap; *adj* great; supreme.
Sú.mu.la *s* abridgment; summary.
Sun.tu.o.si.da.de *s* sumptuosity; sumptuousness.
Sun.tu.o.so *adj* sumptuous; costly; splendid.
Su.or *s* sweat; perspiration; toil.
Su.pe.ra.bun.dân.cia *s* superabundance; great abundance; excess.
Su.pe.ra.bun.dan.te *adj* superabundant; excessive; exuberant.
Su.pe.ra.bun.dar *v* to superabound.
Su.pe.ra.li.men.ta.ção *s* overfeed.
Su.pe.ra.li.men.tar *v* to overfeed.
Su.pe.ra.que.cer *v* to overheat.
Su.pe.rar *v* to surmount; to surpass; to exceed; to overcome.
Su.pe.rá.vel *adj* superable; surmountable.
Su.pe.ra.vit *s* superavit; surplus.
Su.per.cí.lio *s* brow; eyebrow.
Su.pe.res.ti.mar *v* to overestimate.
Su.per.fi.ci.al *adj* superficial; shallow.
Su.per.fi.ci.a.li.da.de *s* superficiality.
Su.per.fí.cie *s* surface; area.
Su.pér.fluo *s* surplus; excess; *adj* superfluous; nonessential; needless.
Su.pe.rin.ten.dên.cia *s* superintendence.
Su.pe.rin.ten.der *v* to superintend; to supervise; to oversee.
Su.pe.ri.or *s* superior; head of a religious house; *adj* superior; higher; upper.
Su.pe.ri.o.ri.da.de *s* superiority; preeminence; excellence; predominancy.
Su.per.lo.ta.do *adj* overcrowded; jamming up.
Su.per.lo.tar *v* to overcrowd; to overload.
Su.per.po.pu.la.ção *s* over population.
Su.per.por *v* to superpose; to lay above.
Su.per.po.si.ção *s* superposition.
Su.per.pro.du.ção *s* overproduction.
Su.per.sen.sí.vel *adj* supersensible.
Su.pers.ti.ção *s* superstition.
Su.pers.ti.ci.o.so *adj* superstitious.
Su.per.ve.ni.en.te *adj* supervenient.
Su.plan.ta.ção *s* supplanting.
Su.plan.tar *v* to supplant; to supersede.
Su.ple.men.tar *adj* supplementary.
Su.ple.men.tar *v* to supplement.
Su.ple.men.to *s* supplement.
Su.plen.te *s* substitute; *adj* substitutive.
Su.ple.ti.vo *adj* supplementary; suppletory.
Sú.pli.ca *s* supplication; entreaty; solicitation.
Su.pli.can.te *s* supplicant; petitioner.
Su.pli.car *v* to supplicate; to beseech; to entreat; to petition.
Sú.pli.ce *adj* supplicant; supplicating.
Su.pli.ci.a.do *s* JUR accused; *adj* supplicated.
Su.pli.ci.ar *v* to punish; to execute; to torture; to distress.
Su.plí.cio *s* torture; torment; affliction.
Su.por *v* to suppose.
Su.por.tar *v* to support; to bear; to endure.
Su.por.tá.vel *adj* supportable; endurable; bearable.
Su.por.te *s* prop; stay; support.
Su.po.si.ção *s* supposition; conjecture; hypothesis; surmise.
Su.po.si.tó.rio *s* suppository.
Su.pos.ta.men.te *adv* allegedly.

Su.pos.to *adj* supposed; assumed; would-be.
Su.pre.ma.ci.a *s* supremacy; supreme power.
Su.pre.mo *adj* supreme; highest; paramount.
Su.pres.são *s* suppression; stoppage.
Su.pres.si.vo *adj* suppressive.
Su.pri.dor *s* supplier; substitute.
Su.pri.men.to *s* supply; reinforcement.
Su.pri.mir *v* to suppress; to conceal; to omit.
Su.prir *v* to supply; to make up for; to fill up.
Su.pu.ra.ção *s* suppuration.
Su.pu.rar *v* to suppurate; to cause to generate pus.
Su.pu.ra.ti.vo *adj* suppurative.
Sur.dez *s* deafness.
Sur.di.na *s* MÚS mute; damper.
Sur.dir *v* to appear; to come forth; to emerge.
Sur.do *adj* deaf; surd.
Sur.gir *v* to appear; to arise.
Sur.pre.en.den.te *adj* surprising; astonishing; amazing.
Sur.pre.en.der *v* to surprise; to astonish; to astound.
Sur.pre.sa *s* surprise; amazement; trick.
Sur.ra *s* thrashing; whipping; flogging.
Sur.rar *v* to beat; top thrash; to wear.
Sur.ri.pi.a.dor *s* pilferer.
Sur.ri.pi.ar *v* to pilfer; to filch; to thieve.
Sur.tir *v* to produce; to succeed; to thrive.
Sur.to *s* start; *adj* anchored; moored.
Sus.ce.ti.bi.li.da.de *s* susceptibility; sensibility.
Sus.ce.ti.bi.li.zar *v* to offend; to hurt; to resent.
Sus.ce.tí.vel *adj* susceptible.
Sus.ci.ta.dor *s* instigator; exciter.
Sus.ci.tar *v* to raise; to excite; to stir up.
Suspeição *s* suspicion; doubt; mistrust.
Sus.pei.tar *v* to suspect; to mistrust; to be suspicious.
Sus.pei.to *adj* suspicious; suspected; doubtful.
Sus.pei.to.so *adj* suspicious.
Sus.pen.der *v* to suspend; to heave; to hold over.
Sus.pen.são *s* suspension; interruption; cessation.
Sus.pen.so *adj* hung; suspended.
Sus.pen.só.rio *s* braces; suspenders; *adj* suspensory.
Sus.pi.rar *v* to sigh; to take a long deep; to long for; to crave.
Sus.pi.ro *s* sigh; breath; icing.
Sus.sur.ra.dor *adj* murmuring; whispering.
Sus.sur.rar *v* to hum; to buzz; to murmur; to whisper.
Sus.sur.ro *s* whispering.
Sus.tar *v* to stop; to hold up.
Sus.te.ni.do *s* MÚS diesis; sharp.
Sus.ten.ta.ção *s* sustenance; maintenance; sustentation.
Sus.ten.tá.cu.lo *s* prop; support; stay.
Sus.ten.tar *v* to sustain; to support; to maintain.
Sus.ten.tá.vel *adj* sustainable; defensible.
Sus.ten.to *s* sustenance; nourishment.
Sus.to *s* sudden terror; fright; dread; fear.
Su.til *adj* subtile; subtle; shrewdness.
Su.ti.le.za *s* subtility; subtileness; subtlety.
Su.ti.li.zar *v* to subtilize.
Su.tu.ra *s* suture; seam; stitch.

ABCDEFGHIJKLMNOPQRSTUVWXYZ

T *s* the twentieth letter of the Portuguese alphabet and of the English alphabet.
Tá! *interj* o.k.!
Ta.ba *s* indian village.
Ta.ba.ca.ri.a *s* tobacco shop.
Ta.ba.co *s* tobacco (plant).
Ta.be.fe *s* slap; blow.
Ta.be.la *s* table; chart.
Ta.be.lar *v* to price; to control prices.
Ta.be.li.ão *s* notary.
Ta.ber.na *s* tavern; pub.
Ta.ber.ná.cu.lo *s* BÍBL Tabernacle.
Ta.bla.do *s* scaffold; bridge floor.
Ta.bu *s* taboo; tabu; prohibition ban.
Tá.bua *s* index; table of contents; list.
Ta.bu.a.da *s* multiplication table.
Tá.bu.la *s* round table.
Ta.bu.lei.ro *s* board; tray.
Ta.bu.le.ta *s* sign.
Ta.ca.da *s* continuous play (in the snooker, billiard etc.).
Ta.ca.nho *adj* stingy; short; mean.
Ta.cha *s* tack; stud.
Ta.chi.nha *s* small tack.
Ta.cho *s* wide pan; pot; pail; shallow.
Tá.ci.to *adj* tacit; silent; unspoken; implied.
Ta.ci.tur.no *adj* taciturn; reserved; silent; quiet.
Ta.co *s* cue; parquet; block; billiard cue; stick.
Ta.fe.tá *s* taffeta.
Ta.ga.re.la *s* talkative; talker; chatterer; *adj* chatty; talkative.
Ta.ga.re.lar *v* to chatter; to prattle; to jabber; to gossip.
Ta.ga.re.li.ce *s* chatter; prattle; gossip; jabber.
Ta.i.nha *s* mullet (fish).
Tal *adj* such; like; so; so much; *pron* that; a certain; *adv* so; in such manner.
Ta.lão *s* counterfoil; counterpart; ticket.
Tal.co *s* talc.
Ta.len.to *s* talent.
Ta.lha.dei.ra *s* chisel.
Ta.lha.do *adj* carved; able; cut.
Ta.lhar *v* to cut; to carve; to engrave.
Ta.lhe *s* shape; fashion; make; style.
Ta.lher *s* cover; table fittings; cutlery.
Ta.lho *s* carving; fashion; cut; incision.
Ta.lis.mã *s* talisman; luck charm; amulet.
Ta.lo *s* stalk; stump.
Tal.vez *adv* perhaps; maybe.
Ta.man.co *s* clog; wooden-shoe.
Ta.man.du.á *s* ant-eater.
Ta.ma.nho *s* bulk; size; *adj* so great.
Tâ.ma.ra *s* date.
Ta.ma.rei.ra *s* date tree; date palm.
Tam.bém *conj* also; too; as well; *adv* also; too; as well.
Tam.bor *s* drum; barrel.
Tam.bo.ri.lar *v* to drum.
Tam.pa *s* cover; lid; case; cap.
Tam.par *v* to cover; to stop up.
Tam.po *s* cover; cap; soundboard.
Tam.pou.co *adv* either; neither.
Tan.ga *s* loin-cloth; sarong.
Tan.ge.ri.na *s* mandarin; tangerine.
Tan.gí.vel *adj* tangible; palpable; atual.
Tan.go *s* tango (dance and music).
Tan.que *s* vat; tank; MIL tank (engine).
Tan.tã *s* silly; stupid.
Tan.to *s* so much; *adj* so much; *adv* as much; so much; so.
Tão *adv* so; such; as much.
Ta.pa *s* rap; slap; blow.
Ta.pa.do *adj* closed; shut; covered; FIG stupid; fool.
Ta.par *v* to cover; to fence; to close.
Ta.pe.ça.ri.a *s* tapestry; hangings.
Ta.pe.cei.ro *s* tapestry maker.
Ta.pe.tar *v* to carpet.
Ta.pe.te *s* carpet; rug.
Ta.pu.me *s* fence; paling; hedge.
Ta.ra *s* tare.
Ta.ra.do *adj* perverted; horny.
Tar.dar *v* to delay; to linger.
Tar.de *s* afternoon; *adv* late.
Tar.di.nha *s* evening.
Tar.di.o *adj* late; tardy; lazy.
Ta.re.fa *s* task; toil; job.

Ta.ri.fa *s* tariff; fare; rate.
Ta.ri.far *v* to tariff; to list the tariff of.
Tar.jar *v* to border.
Tar.ra.xar *v* to screw; to rivet.
Tar.ta.ru.ga *s* tortoise; turtle.
Ta.te.ar *v* to grope; to feel; to touch.
Tá.ti.ca *s* tactics; clever devices for accomplishing.
Ta.to *s* touch; tact; skill.
Ta.tu *s* armadillo.
Ta.tu.a.gem *s* tattoo; tattooing.
Ta.tu.ar *v* to tattoo.
Ta.ver.na *s* tavern; inn; pub; saloon.
Ta.xa *s* tax; rate; royalties.
Ta.xar *v* to tax; to rate; to charge.
Ta.xa.ti.vo *adj* taxing; limitative; restricted.
Tá.xi *s* taxicab.
Te *pron* you; yourself; thee; to thee.
Te.ar *s* loom; weaving machine.
Te.a.tral *adj* theatrical; FIG ostentatious.
Te.a.tro *s* theatre; theater.
Te.ce.la.gem *s* weaving.
Te.ce.lão *s* weaver; fuller.
Te.cer *v* to weave; to contrive; to knit.
Te.ci.do *s* woven; fabric; tissue; *adj* woven.
Te.cla *s* key.
Te.cla.do *s* keyboard.
Téc.ni.ca *s* technique; technic.
Téc.ni.co *s* technician; *adj* technical.
Té.dio *s* tedium; ennui; boredom.
Te.di.o.so *adj* tedious; boring; tiresome.
Tei.a *s* web; weft; plot.
Tei.ma *s* obstinacy; stubbornness; wilfullness.
Tei.mar *v* to be obstinate; to insist.
Tei.mo.si.a *s* obstinacy; stubbornness.
Tei.mo.so *adj* obstinate; stubborn.
Te.la *s* web; canvas; painting; screen.
Te.le.fo.nar *v* to telephone; to call up; to ring up.
Te.le.fo.ne *s* telephone.
Te.le.fo.ne.ma *s* calling; phone call.
Te.le.gra.ma *s* telegram; cable; wire.
Te.le.pa.ti.a *s* telepathy.
Te.les.pec.ta.dor *s* tele-viewer.
Te.le.vi.são *s* television; television receiver.
Te.le.vi.sor *s* televisor set; television receiving (TV).
Te.lha *s* tile; whim.
Te.lha.do *s* roof; house top.
Te.mer *v* to fear; to be afraid.
Te.me.rá.rio *adj* imprudent; risky; audacious; daring.
Te.me.ro.so *adj* fearful.
Te.mí.vel *adj* dreadful; terrible; fearsome.
Te.mor *s* dread; fear; awe.
Têm.pe.ra *s* temper; composure; self-control.
Tem.pe.ra.men.to *s* temperament; temper; disposition.
Tem.pe.rar *v* to temper; to season; to flavor; MÚS to tune.
Tem.pe.ro *s* seasoning; flavoring; condiment.
Tem.pes.ta.de *s* tempest; thunderstorm.
Tem.plá.rio *s* templar.
Tem.plo *s* temple.
Tem.po *s* time.
Tem.po.ra.da *s* season.
Tem.po.ral *s* tempest; storm; gale; *adj* temporal; secular.
Tem.po.rão *adj* premature.
Tem.po.rá.rio *adj* temporary; transitory.
Te.na.ci.da.de *s* tenacity; contumacy.
Te.naz *adj* tenacious; pertinacious; obstinate.
Ten.ção *s* intension; plan; purpose.
Ten.ci.o.nar *v* to intent; to purpose; to plan.
Ten.da *s* tent; stall; booth.
Ten.dão *s* tendon; sinew.
Ten.dên.cia *s* tendency; bent; drift; trend.
Ten.der *v* to tend; to bias; to have tendency.
Te.ne.bro.so *adj* tenebrous; dark; dusky.
Te.nen.te *s* lieutenant.
Tê.nis *s* lawn tennis; tennis shoe; sneaker.
Te.nor *s* MÚS tenor.
Ten.ro *adj* tender; soft; fragile; delicate.
Ten.são *s* tension; stretching; tensing.
Ten.so *adj* tense; stretched; tight; rigid.
Ten.tá.cu.lo *s* tentacle.
Ten.tar *v* to attempt; to try; to incite.
Ten.ta.ti.va *s* tentative; attempt.
Ten.to *s* goal; mark; point (in games).
Tê.nue *adj* tenuous; subtile; rare; thin; faint.
Te.nu.i.da.de *s* rarity; faintness.
Te.or *s* purport; substance; tenor.
Te.o.ri.a *s* theory; hypothesis; guess.
Te.o.ri.zar *s* to theorize; to speculate.
Te.o.so.fi.a *s* theosophy, mystic order that has as fulcrum the human being's development, seeking the true connection with God.
Te.pi.dez *s* tepidity FIG indolence.
Té.pi.do *adj* tepid; warm; moderately warm.
Ter *v* to have; to possess; to own; to obtain
Te.ra.pi.a *s* therapy; therapeutics.
Ter.ça-fei.ra *s* Tuesday.
Ter.çol *s* stye.
Ter.mas *s* hot baths; hot springs.
Tér.mi.co *adj* thermic; thermal.
Ter.mi.nar *v* to terminate; to complete; to finish.
Tér.mi.no *s* term; limit; end.
Ter.mo *s* term; limit; condition.
Ter.mô.me.tro *s* thermometer.
Ter.no *s* ternary; three (at card); male suit; *adj* tender; delicate; loving.
Ter.nu.ra *s* tenderness; kindness.
Ter.ra *s* earth; land; soil; ground; The World.
Ter.rei.ro *s* yard; backyard.
Ter.re.mo.to *s* earthquake.
Ter.re.no *s* ground; soil; *adj* terrene.
Tér.reo *adj* low ground.

Ter.rí.vel *adj* terrible; dreadful; ghastly.
Ter.ror *s* terror; awe.
Ter.ro.ris.mo *s* terrorism.
Te.so *adj* stiff; rigid; firm.
Te.sou.ra *s* scissors; shears.
Tes.ta *s* forehead; front.
Tes.ta.men.to *s* testament; a will.
Tes.tar *v* to test.
Tes.te *s* test; proof; experiment.
Tes.te.mu.nha *s* witness; testify.
Tes.te.mu.nhar *v* to witness; to testify.
Tes.te.mu.nho *s* testimony; declaration; affirmation.
Te.ta *s* teat; nipple.
Te.to *s* shelter; protection.
Teu *adj* your; thy; *pron* yours; thine.
Têx.til *adj* textile.
Tex.to *s* text; theme; topic; letterpress.
Tex.tu.ra *s* texture; construction.
Tez *s* skin.
Ti *pron* thee; you.
Ti.a *s* aunt; FAM spinster.
Ti.ção *s* firebrand; brand; negro.
Ti.ge.la *s* bowl; porringer.
Ti.gre *s* tiger.
Ti.jo.lo *s* brick.
Til *s* tilde mark.
Ti.lin.tar *v* to clink; to chink.
Ti.mão *s* beam of a plow; pole of a couch; NÁUT helm; rudder.
Tim.brar *v* to stamp; to take pride in.
Ti.me *s* ESP team.
Ti.mi.dez *s* timidity; shyness; bashfulness.
Tí.mi.do *s* shy person; timid person; *adj* timid; fearful; shy.
Ti.mo.nei.ro *s* steersman; helmsman.
Ti.mo.ra.to *adj* timorous; fearful.
Tím.pa.no *s* tympanum; eardrum.
Ti.na *s* tub; pail; vat.
Tin.gir *v* to tinge; to color; to stain.
Ti.nir *v* to tinkle.
Ti.no *s* sense; judgement.
Tin.ta *s* ink; hue; color; tint; paint.
Tin.tei.ro *s* inkstand; inkwell
Tin.to *adj* dyed; tinted.
Tin.tu.ra *s* tint; tincture; color; tinge.
Ti.o *s* uncle.
Tí.pi.co *adj* typical; characteristic.
Ti.po *s* type; pattern; figure; sort.
Ti.poi.a *s* sling; splint.
Ti.que *s* MED tic; twitching.
Ti.ra *s* strip; band; wisp; policeman.
Ti.ra.co.lo *s* shoulder-belt.
Ti.ra.da *s* stretch; long speech.
Ti.ran.te *s* brace; *adj* pulling; *prep* save; except.
Ti.rar *v* to remove; to draw out; to abolish.
Ti.ro *s* shot; shooting; firing.
Ti.ro.tei.o *s* firing; fusillade.
Tí.si.ca *s* tuberculosis.
Ti.tâ.ni.co *adj* titanic; gigantic.
Tí.te.re *s* marionette; puppet; clown.
Ti.tu.be.ar *v* to stagger; to totter; to sway.
Ti.tu.lar *adj* titular.
Tí.tu.lo *s* title; headline; caption.
To.a.da *s* tune.
To.a.lha *s* towel.
To.a.lhei.ro *s* towel rack; device for towel.
To.ca *s* burrow; hole.
To.car *v* to touch; to ring; MÚS to play an instrument.
To.cha *s* torch.
To.co *s* stub.
To.da.vi.a *conj* yet; however; nevertheless.
To.do *s* whole; entire; *adj* all; every; whole.
To.ga *s* gown; judicial robe.
Tol.do *s* awning; tilt; canopy.
To.le.rân.cia *s* tolerance; toleration.
To.le.rar *v* to tolerate; to suffer.
To.lher *v* to hinder; to impede.
To.li.ce *s* folly; silliness; foolishness.
To.lo *s* a fool; *adj* foolish; silly.
Tom *s* tone; character; quality.
To.ma.da *s* taking; seizure; capture.
To.ma.do *adj* taken; seized; captured.
To.mar *v* to take; to require; to drink; to look out.
To.ma.te *s* tomato.
Tom.ba.di.lho *s* NÁUT the quarter-deck.
Tom.bar *v* to throw down; to tumble; to fall down.
Tom.bo *s* tumble; fall; waterfall.
Tôm.bo.la *s* tombola.
To.na.li.da.de *s* tonality; hue.
To.nel *s* vat; tank.
To.ne.la.da *s* ton.
Tô.ni.ca *s* MÚS tonic; key-note; key-tone.
Tô.ni.co *s* tonic; *adj* tonic; GRAM accented.
To.ni.fi.car *v* to invigorate.
Ton.su.ra *s* tonsure.
Ton.tei.ra or **ton.ti.ce** *s* dizziness; foolery.
Ton.to *s* fool; *adj* silly; foolish; stupid.
Ton.tu.ra *s* dizziness; vertigo; giddiness.
To.par *v* to find; to stumble; to come across.
To.pá.zio *s* topaz.
To.pe *s* top; cockade; clashing.
To.pe.te *s* foretop; toupee; a mass of hair.
To.po *s* summit; top; extremity.
To.que *s* touch; assay; touch; test of metal.
Tor.ção *s* torsion; twisting.
Tor.ce.dor *s* fan; *adj* twisting.
Tor.ce.du.ra *s* twisting; torsion; sprain.
Tor.cer *v* to twist; to distort; to twine.
Tor.ci.co.lo *s* stiff neck.
Tor.ci.da *s* fans.
Tor.ci.do *adj* twisted; oblique; bent.
Tor.men.ta *s* storm; tempest.
Tor.men.to *s* torment; misfortune; bad luck.

Tor.nar *v* to return; to retort; to turn.
Tor.ne.ar *v* to turn; to surround.
Tor.nei.o *s* tourney; contest; turning.
Tor.nei.ra *s* tap.
Tor.ni.que.te *s* turnstile; tourniquet.
Tor.no *s* lathe.
Tor.no.ze.lo *s* ankle.
Tor.pe *adj* obscene; unchaste.
Tor.pe.za *s* obscenity; infamy; baseness.
Tor.por *s* torpor; apathy; lethargy.
Tor.quês *s* pincers.
Tor.ra.da *s* toast.
Tor.ra.do *adj* toasted.
Tor.re *s* tower; ESP castle in the chess game.
Tor.ren.ci.al *adj* torrential; intense.
Tor.ren.te *s* torrent; flood.
Tor.res.mo *s* cracklings.
Tor.ta *s* tart; pie; apple-pie; griddle-cake.
Tor.to *adj* crooked; tortuous; deformed; oblique; squint-eyed.
Tor.tu.o.si.da.de *s* tortuosity; sinuosity.
Tor.tu.o.so *adj* tortuous; sinuous; wavy.
Tor.tu.ra *s* torture; torment; affliction.
Tor.tu.ran.te *adj* torturing; tormenting.
Tor.tu.rar *v* to torture; to torment.
Tor.ve.li.nho *s* whirlwind; whirlpool.
To.sa *s* sheep shearing.
To.sa.dor *s* shearer.
To.sa.du.ra *s* shearing; sheep shearing.
To.sar *v* to shear; to pasture; to grass.
Tos.co *adj* coarse; unpolished; rude; rough.
Tos.qui.a *s* sheep shearing.
Tos.qui.ar *v* to shear; to cut; to clip.
Tos.se *s* cough; coughing.
Tos.sir *v* to cough.
Tos.ta.do *adj* parched; toasted.
Tos.ta.du.ra *s* toasting; parching.
Tos.tão *s* BR coin.
Tos.tar *v* to toast; to parch; to roast.
To.tal *s* whole; total; totality; *adj* total; entire.
To.ta.li.da.de *s* totality; whole.
Tou.ca *s* coif; cap; mob-cap; bonnet.
Tou.ca.dor *s* dressing table; dressing room.
Tou.ci.nho *s* lard.
Tou.pei.ra *s* idiot; a dumb.
Tou.ra.da *s* bull-fight.
Tou.re.ar *v* to fight bulls.
Tou.rei.ro *s* bullfighter.
Tou.ro *s* bull.
Tra.ba.lhar *v* to work; to operate.
Tra.ba.lho *s* labor; work; job.
Tra.ça *s* moth.
Tra.ça.do *s* outline; sketch; *adj* outlined.
Tra.çar *v* to trace; to outline.
Tra.ço *s* trace; vestige; sign; track.
Tra.du.ção *s* translation.
Tra.du.zir *v* to translate.
Trá.fe.go *s* traffic; traffic jam.
Tra.fi.can.te *s* trader; rogue; crook.
Tra.fi.car *v* to traffic; to trade.
Trá.fi.co *s* traffic; trade.
Tra.gar *v* to swallow; to devour; inhale.
Tra.gé.dia *s* tragedy.
Tra.go *s* gulp.
Trai.ção *s* treason; treachery; betrayal.
Trai.ço.ei.ro *adj* treacherous; perfidious.
Trai.dor *s* traitor; betrayer; *adj* treacherous.
Tra.ir *v* to betray.
Tra.jar *v* to dress; to clothe; to wear.
Tra.je *s* dress; suit; garb; garment; costume.
Tra.je.to *s* traject; course; way; stretch.
Tra.je.tó.ria *s* trajectory; way; course.
Tra.ma *s* woof; FIG a plot; intrigue.
Tra.mar *v* to conspire; to scheme.
Trâ.mi.te *s* path; means; course.
Tra.moi.a *s* trick; cheat; intrigue.
Tran.ça *s* braid; curl.
Tran.ca *s* transverse bar; cross bar.
Tran.ca.fi.ar *v* to imprison; to put in jail.
Tran.car *v* to bar; to shut up.
Tran.çar *v* to weave.
Tran.co *s* jerk; jolt; shock; BR dash.
Tran.qui.li.za.dor *s* tranquilizer; pacifier.
Tran.qui.li.zar *v* to calm; to pacify; to quiet.
Tran.sa.ção *s* transaction; negotiation.
Trans.bor.dar *v* to overflow; to transship.
Trans.cen.dên.cia *s* transcendency.
Trans.cen.der *v* to transcend; to surpass; to excel.
Trans.cor.rer *v* to elapse; to go by; to pass.
Trans.cre.ver *v* to transcribe.
Trans.cri.ção *s* transcription; transcript.
Tran.se *s* anguish; distress.
Tran.se.un.te *s* passer by; passer; *adj* passing; transitory.
Trans.fe.rir *v* to transfer.
Trans.fe.rí.vel *adj* transferable; transportable.
Trans.for.ma.ção *s* transformation.
Trans.for.mar *v* to transform; to change.
Trans.gre.dir *v* to transgress; to violate.
Tran.si.ção *s* transition.
Tran.si.gên.cia *s* consent; compliance.
Tran.si.gen.te *adj* compliant; tolerance.
Tran.si.gir *v* to compound; to condescend; to give in.
Tran.si.tar *v* to transit; to pass.
Trân.si.to *s* transit; passage.
Trans.la.ção *s* removal; change of place.
Trans.lú.ci.do *adj* translucent; semitransparent.
Trans.mi.tir *v* to transmit; to broadcast; to devolve.
Trans.pa.re.cer *v* to reveal itself; to appear.
Trans.pa.rên.cia *s* transparency; transparence.
Trans.pa.ren.te *s* transparent slate; *adj* transparent.
Trans.pi.ra.ção *s* transpiration; perspiration.
Trans.pi.rar *v* to perspire.
Trans.por *v* to transpose; to surmount.

Trans.por.tar *v* to transport; to convey.
Trans.por.te *s* transport; transfer; conveyance.
Trans.po.si.ção *s* transposition.
Trans.tor.nar *v* to overthrow; to upset; to trouble.
Trans.tor.no *s* overthrow; trouble; upsetting.
Trans.ver.sal *s* transversal; cross; transverse.
Trans.ver.sal *adj* transversal; cross; transverse.
Trans.ver.so *adj* transverse.
Trans.vi.ar *v* to mislead; to lead astray.
Tra.pa.ça *s* cheat; trickery; fraud.
Tra.pa.ce.ar *v* to cheat; to trick; to defraud.
Tra.pa.cei.ro *s* cheater; trickster; crook; *adj* cheating.
Tra.pa.lha.da *s* disorder; mess.
Tra.po *s* rag; tatter.
Trás *adv* behind; after; *prep* behind; after.
Tras.bor.da.men.to or **trans.bor.da.men.to** *s* overflowing; overflow.
Tras.bor.dar or **trans.bor.dar** *v* to overflow; to transship; to spread.
Tra.sei.ra *s* rear; tail.
Tra.sei.ro *s* hinder part; buttock; *adj* back.
Tras.la.ção *s* translation; removal.
Tras.la.da.ção *s* translation; transfer.
Tras.la.dar *v* to translate; to remove.
Tra.ta.do *s* treaty; treatise; essay.
Tra.tar *v* to treat; to deal with; to care for.
Tra.to *s* treatment; trade; deal.
Trau.ma.ti.zar *v* to traumatize.
Tra.va *s* clog; trammel; beam.
Tra.var *v* to pull up; to stop; to fetter.
Tra.ve *s* a beam; rafter; girder.
Tra.ves.sa *s* plate.
Tra.ves.são *s* beam of a balance; large dish.
Tra.ves.sei.ro *s* pillow; bolster.
Tra.ves.si.a *s* crossing; passage.
Tra.ves.so *adj* naughty; restless.
Tra.ves.su.ra *s* trick; prank; caper.
Tra.zer *v* to bring.
Tre.cho *s* space; stretch; MÚS passage.
Trei.no *s* training; practice; drill.
Tre.mer *v* to tremble; to shake; to shiver; to quiver; to quake; to feel fear.
Tre.mor *s* trembling; tremor; vibration.
Tre.mu.lar *v* to wave; to swing.
Trê.mu.lo *adj* tremulous; quivering; vibratory.
Tre.nó *s* sledge; sleigh; sled.
Tre.par *v* to climb; to rise; GÍR to screw (to do sex).
Tre.pi.da.ção *s* trepidation; agitation; bustle.
Tre.pi.dar *v* to tremble; to oscillate; to vibrate.
Tres.lou.ca.do *adj* crazy; mad; insane.
Tre.vas *s* darkness; obscurity; ignorance.
Tre.vo *s* BOT clover.
Tri.bu.nal *s* tribunal; court of justice.
Tri.bu.no *s* tribune; orator.
Tri.bu.tar *v* to tax; to tribute; to devote.
Tri.bu.to *s* tribute; tax; levy; duty.
Tri.co.lor *adj* tricolor.
Tri.co.tar *v* to knit.
Tri.go *s* wheat; corn.
Tri.lha *s* track; trace; trail.
Tri.lhar *v* to thrash; to beat; to tread out; to track.
Tri.lho *s* track; rail.
Tri.nar *v* to trill; to twitter.
Trin.ca *s* BR scratch; cleft.
Trin.ca.do *adj* bitten; crunched.
Trin.co *s* latch.
Tri.pa *s* tripe; bowel; gut.
Tri.pu.di.ar *v* to dance.
Tri.pu.la.ção *s* crew.
Tri.pu.lan.te *s* seaman; sailor.
Tri.pu.lar *v* NÁUT to supply with men.
Tris.te *adj* sad; sorrowful; mournful; blue.
Tris.te.za *s* sorrow; sadness; melancholy.
Tris.to.nho *adj* dejected; dreary; gloomy.
Tri.tu.ra.dor *s* crusher; *adj* triturating; grinding.
Tri.tu.rar *v* to triturate; to grind; to crush.
Tri.un.far *v* to triumph.
Tri.vi.al *adj* trivial; vulgar; ordinary.
Tro.ca *s* exchange; swap; interchange.
Tro.ça *s* mockery; scoff.
Tro.ca.di.lho *s* pun.
Tro.ca.dor *s* exchanger; *adj* exchanging.
Tro.car *v* to exchange; to swap; to switch.
Tro.çar *v* to mock; to scoff; to scorn.
Tro.co *s* change; small change.
Tro.féu *s* trophy.
Trom.ba *s* trunk; snout; sucker.
Trom.ba.da *s* collision; clash.
Trom.be.ta *s* trumpet; trumpeter.
Trom.bo.ne *s* trombone.
Trom.pa *s* trumpet.
Tron.co *s* branch; torso; trunk.
Tro.pa *s* troop.
Tro.pe.ção *s* stumbling; stumble.
Tro.pe.çar *v* to stumble; to trip.
Tro.pe.ço *s* stumble; obstacle.
Trô.pe.go *s* hobbler; *adj* hobbling; limping.
Tro.ta.dor *s* trotter; trotting horse; *adj* trotting horse.
Tro.tar *v* to trot; to bully.
Tro.te *s* trot; hazing.
Trou.xa *s* pack; bundle; a fool; *adj* foolish; unskilled.
Tro.vão *s* thunder.
Tro.ve.jar *v* to thunder, to produce thunder.
Tro.vo.a.da *s* thunderstorm.
Tru.ci.dar *v* to kill; to slaughter; to murder.
Tru.cu.lên.cia *s* truculence; ferocity.
Tru.que *s* trick; bluff; stratagem.
Tru.ta *s* trout (fish).
Tu *pron* thou; you.
Tu.a *adj* thy; thine; your; yours; *pron* thy; thine; your; yours.
Tu.ba *s* trumpet.
Tu.ba.rão *s* shark.

Tu.bo *s* tube; pipe.
Tu.ca.no *s* toucan.
Tu.do *pron* all; everything; anything.
Tu.fão *s* hurricane.
Tu.fo *s* tuft; puff; flock of cotton.
Tum.ba *s* grave; tomb; bier.
Tu.mi.dez *s* tumidity.
Tú.mi.do *adj* swollen; bloated.
Tú.mu.lo *s* tomb; grave.
Tu.mul.to *s* tumult; riot; rioting.
Tu.mul.tu.ar *v* to tumult; to cause tumult.
Tun.da *s* drubbing; thrashing.
Tú.nel *s* tunnel; underground passage.
Tun.gar *v* BR to fool; to trick; to cheat.
Tú.ni.ca *s* tunic; tunica.
Tur.ba *s* crowd; rabble; mod.
Tur.bi.na.do *adj* turbinated; spiral.
Tur.bu.lên.cia *s* turbulence; agitation; disturbance.
Tu.rí.bu.lo *s* censer.
Tu.ris.mo *s* tourism.
Tu.ris.ta *s* tourist.
Tur.ma *s* group; gang.
Tur.no *s* turn; shift.
Tur.rão *s* an obstinate person; *adj* obstinate; headstrong; stubborn.
Tur.va.men.to *s* perturbation.
Tur.vo *adj* muddy.
Tu.ta.no *s* marrow.
Tu.te.la *s* tutelage; guardianship.
Tu.te.lar *v* to tutor; to protect; to defend.
Tu.tor *s* tutor; guardian; protector; defender.

ABCDEFGHIJKLMNOPQRSTUVWXYZ

U *s* the twenty-first letter of the Portuguese alphabet and of the English alphabet.
U.fa.nar *v* to become proud; to boast.
Ui.vo *s* howl; FIG yelp; yelling.
Úl.ce.ra *s* MED ulcer; ulceration.
Ul.te.ri.or *adj* ulterior; further; posterior.
Ul.ti.ma.men.te *adv* of late; lately.
Ul.ti.mar *v* to ultimate; to end; to finish.
Ul.ti.ma.to *s* ultimatum; ultimate.
Úl.ti.mo *adj* last; final.
Ul.tra.ja.dor *s* slanderer; *adj* insulting.
Ul.tra.jar *v* to outrage; to subject.
Ul.tra.je *s* outrage.
Ul.tra.mar *s* beyond the sea.
Ul.tra.pas.sar *v* to go beyond; to exceed.
U.lu.lar *v* to ululate; to howl; to wail.
U.ma *pron* an; some; *art* a; an; some.
Um.bi.go *s* umbilicus; navel.
Um.bral *s* doorjamb; threshold; lintel.
U.me.de.cer *v* to moisten; to become moist.
Ú.mi.do *adj* humid; moist; damp.
U.nâ.ni.me *adj* unanimous.
Un.gir *v* to anoint; to consecrate.
Un.guen.to *s* unguent; ointment.
U.nha *s* nail; talon; claw.
U.nha.da *s* a scratch with the nail.
U.nhar *v* to scratch.
U.ni.ão *s* union; junction; alliance.
U.ni.ca.men.te *adv* only; uniquely; all.
Ú.ni.co *adj* unique; only; alone; single.
U.ni.do *adj* united; joined; joint; confederate.
U.ni.fi.car *v* to unify; to unite; to unify.
U.ni.for.me *s* uniform; *adj* uniform, regular.
U.ni.for.mi.da.de *s* uniformity.
U.ni.for.mi.zar *v* to uniformize.
U.nir *v* to join; to fasten; to unite.
U.ni.tá.rio *adj* unitary.
U.ni.ver.sal *s* universal; world-wide.
U.ni.ver.si.da.de *s* BR university.
U.ni.ver.si.tá.rio *s* student of a university.
U.ni.ver.so *s* universe; world.
U.no *adj* sole; singular.
Un.tar *v* to anoint; to besmear; to grease.
Ur.ba.ni.zar *v* to urbanize.
Ur.ba.no *adj* urban.
Ur.di.du.ra *s* warp; FIG conspiracy.
Ur.dir *v* to weave; FIG to contrive.
Ur.gên.cia *s* urgency; pressure.
Ur.gen.te *adj* urgent; urging.
Ur.gir *v* to be urgent; to urge; to press.
U.ri.na *s* urine.
U.ri.nar *v* to urinate; to make water.
Ur.na *s* urn; ballot box.
Ur.rar *v* to roar; to bellow.
Ur.so *s* ZOO bear.
Ur.ti.cá.ria *s* urticaria; hives.
Ur.ti.ga *s* nettle.
U.ru.bu *s* vulture.
U.sa.do *adj* worn; used.
U.sar *v* to use; to wear.
U.sá.vel *adj* usable.
U.so *s* use; usage; custom.
U.su.al *adj* usual; customary.
U.su.al.men.te *adv* usually; habitually.
U.su.fru.ir *v* to usufruct.
U.su.ra *s* usury.
U.su.rá.rio *adj* avaricious.
U.ten.sí.lio *s* utensil.
Ú.te.ro *s* ANAT uterus; womb.
Ú.til *s* utility; usefulness; *adj* useful; profitable.
U.ti.li.da.de *s* utility; profit; usefulness.
U.ti.li.tá.rio *s* utilitarian; useful, practical.
U.ti.li.zar *v* to utilize; to make use of.
U.to.pi.a *s* utopia; dream.
U.tó.pi.co *adj* utopian.
U.to.pis.ta *s* utopian, visionary.
U.va *s* grape.

ABCDEFGHIJKLMNOPQRSTUVWXYZ

V *s* the twenty-second letter of the Portuguese alphabet and of the English alphabet.
Va.ca *s* cow.
Va.ci.lar *v* to vacillate; to hesitate; to totter.
Va.ci.na *s* vaccine.
Va.ci.nar *v* to vaccinate.
Vá.cuo *s* vacuous; vacuum.
Va.de.ar *v* to wade.
Va.di.a.ção *s* vagrancy; *also* Vadiagem.
Va.di.ar *v* to wander; to loaf.
Va.di.o *s* vagrant; vagabond; loafer; *adj* vagrant; vagabond; loafer.
Va.ga *s* wave; vacancy.
Va.ga.bun.de.ar *v* to rove; to loaf.
Va.ga.bun.do *s* vagrant; loafer; bum; lazy bum; *adj* vagabond; lazy.
Va.gão *s* railroad coach; railway carriage.
Va.gar *s* leisure; slowness; spare time.
Va.gar *v* to rove; to stroll; to wander.
Va.gem *s* string beans.
Va.go *adj* vague; unoccupied.
Va.guear *v* to stroll; to wander.
Vai.a *s* hoot; shout; boo; jeer.
Vai.ar *v* to shout; to boo; to jeer.
Vai.da.de *s* vanity.
Va.la *s* ditch; gutter; drain.
Va.le *s* valley; advance of money; dale.
Va.len.tão *s* braggart; hooligan; roughneck; *adj* bragging; valiant.
Va.len.te *adj* brave; valiant.
Va.len.ti.a *s* valiancy; bravery; courage.
Va.ler *v* to be worth.
Va.li.dar *v* to validate; to confirm.
Va.lor *s* value; valor; worth.
Va.lo.ri.zar *v* to valorize; to value.
Val.sa *s* MÚS waltz.
Val.sar *v* to waltz; to dance the waltz.
Van.da.lis.mo *s* vandalism; barbarism.
Vân.da.lo *s* vandal; barbarian.
Van.gló.ria *s* vainglory; boast; **Vangloriar-se** *v* to flatter.
Van.ta.gem *s* advantage; gain.
Vão *s* open space; vain; *adj* frivolous; vague.
Va.por *s* vapour; steam.
Va.po.ri.zar *v* to vaporize.
Va.quei.ro *s* cowboy.
Va.ra *s* twig; rod; stick.
Va.ral *s* clothes line.
Va.ran.da *s* veranda; porch; balcony.
Va.rar *v* to pierce.
Va.re.jis.ta *s* person that makes retail trade.
Va.re.ta *s* small rod.
Va.ri.ar *v* to vary; to alter; to change.
Va.ri.e.da.de *s* variety; variation; diversity.
Vá.rio *adj* various; fickle; unstable; divers.
Va.ro.nil *adj* manly; courageous.
Var.re.dor *s* sweeper; *adj* sweeping.
Var.rer *v* to sweep; to brush; to clean.
Vár.zea *s* plain; field.
Vas.cu.lhar *v* to sweep the dust; to search.
Va.si.lha *s* vessel.
Va.si.lha.me *s* jug.
Va.so *s* vessel; vase; jug; vat.
Vas.sou.ra *s* broom.
Vas.ti.dão *s* vastness; immensity.
Vas.to *adj* vast; immense; huge.
Va.ti.ci.nar *v* to vaticinate; to foretell.
Vau *s* ford.
Va.zar *v* to empty; to hollow; to ebb.
Va.zi.o *s* void; empty; blank; *adj* empty; blank.
Ve.a.do *s* deer; stag; GÍR homosexual; gay.
Ve.dar *v* to forbid; to hinder; to ban.
Ve.de.te *s* star.
Ve.e.mên.cia *s* vehemence; fervor.
Ve.ge.tal *s* vegetable; vegetal; *adj* vegetable; vegetal.
Ve.ge.tar *v* to vegetate; grow as plant.
Vei.a *s* vein.
Vei.cu.lar *s* to propagate, to transmit; *adj* vehicular.
Ve.í.cu.lo *s* vehicle; carriage; car.
Vei.o *s* vein.
Ve.la *s* sail; candle.
Ve.la.do *adj* enigmatic; veiled.
Ve.lar *v* to veil; to conceal; to watch.
Ve.lei.da.de *s* velleity; whim; fancy; levity.
Ve.lei.ro *s* sailing boat; *adj* sailing.
Ve.le.jar *v* to sail; to navigate.

Ve.lha.ca.ri.a *s* roguery.
Ve.lha.co *s* knave; rascal; rogue; *adj* knavish; roguish; crafty.
Ve.lho *s* old man; *adj* old; former; ancient.
Ve.lo.ci.da.de *s* velocity; speed; celerity.
Ve.loz *adj* swift; speedy; fast.
Ve.lozmente *adv* fast.
Ve.lu.do *s* velvet.
Ven.ce.dor *s* victor; winner; *adj* victorious; conquering.
Ven.cer *v* to win; to overcome.
Ven.da *s* sale; BR market; grocery.
Ven.dar *v* to bandage.
Ven.da.val *s* storm wind; tempest.
Ven.de.dor *s* seller; salesman; trader.
Ven.der *v* to sell.
Ve.ne.no *s* poison; venom; rancor; spite.
Ve.ne.no.so *adj* venomous; poisonous.
Ve.ne.ra.ção *s* veneration; respect; worship.
Ve.ne.rar *v* to venerate; to revere; to respect.
Ve.ne.rá.vel *adj* venerable; respectful.
Ve.ne.ta *s* whim; bad humor.
Ve.ne.zi.a.na *s* Venetian; venetian window.
Vê.nia *s* permission; excuse.
Ven.ta.ni.a *s* high wind.
Ven.tar *v* to blow; to wind; to breath.
Ven.ta.ro.la *s* a kind of fan.
Ven.ti.la.dor *s* ventilator; aerator.
Ven.ti.lar *v* to ventilate; to discuss freely.
Ven.to *s* wind; a breeze; flatulence.
Ven.to.i.nha *s* weathercock; vare; fan.
Ven.tre *s* belly; abdomen; womb.
Ven.tri.lo.qui.a *s* ventriloquism.
Ven.trí.lo.quo *s* ventriloquist; *adj* ventriloquist.
Ven.tu.ra *s* venture; chance; luck.
Ven.tu.ro.so *adj* fortunate; lucky; risky.
Ver *v* to see; to look; to examine.
Ve.ra.ci.da.de *s* veracity; truthfulness; truth.
Ve.ra.ne.ar *v* to summer.
Ve.ra.nei.o *s* summer holidays; summering.
Ve.rão *s* summer.
Ver.bal *adj* verbal; oral.
Ver.ba.li.zar *v* to verbalize; to make verbal.
Ver.bal.men.te *adv* verbally; orally.
Ver.be.rar *v* to strike; to whip.
Ver.be.te *s* note; annotation.
Ver.bo *s* GRAM verb; a word; a vocable.
Ver.da.de *s* truth; verity; veracity.
Ver.da.dei.ra.men.te *adv* indeed; truly.
Ver.da.dei.ro *adj* true; veracious.
Ver.de *adj* green; fresh.
Ver.du.go *s* hangman; executioner.
Ver.du.ra *s* verdure; vegetables.
Ve.re.a.dor *s* alderman.
Ver.ga.lhar *v* to whip; to scourge; to beat.
Ver.gar *v* to curve; to bend.
Ver.go.nha *s* shame; bashfulness.
Ve.ri.fi.car *v* to verify; to check.
Ver.me *s* worm; tapeworm.
Ver.me.lho *s* red; the red color; socialist.
Ver.niz *s* varnish.
Ve.ros.sí.mil *adj* probable.
Ve.ros.si.mi.lhan.ça *s* verisimilitude.
Ver.são *s* version; translation.
Ver.sar *v* to version; to make a version.
Ver.sá.til *adj* versatile; variable; changeable.
Ver.se.jar *v* to versify; to compose verses.
Ver.sí.cu.lo *s* verse of the Bible.
Ver.si.fi.car *v* to versify; to compose verses.
Ver.so *s* verse; poetry; back; reverse of a coin.
Ver.ter *v* to spill; to shed; to translate.
Ver.ti.gem *s* MED vertigo; dizziness.
Ver.ti.gi.no.so *adj* vertiginous; dizzy; giddy.
Ver.ve *s* verve; enthusiasm.
Ves.go *adj* cross-eyed.
Ves.pa *s* wasp.
Vés.per *s* vesper; FIG the west.
Vés.pe.ra *s* eve.
Ves.per.ti.no *s* evening paper; *adj* vespertine.
Ves.te *s* clothes; vest; dress.
Ves.ti.á.rio *s* dressing-room.
Ves.ti.do *s* dress; clothes; garment; gown.
Ves.tí.gio *s* vestige; footprint; trace; sign.
Ves.ti.men.ta *s* vestment; dress; vestments.
Ves.tir *v* to dress; to clothe; to wear.
Ves.tu.á.rio *s* clothes; apparel.
Ve.tar *v* to veto; to prohibit; to refuse.
Ve.te.ra.no *s* veteran; expert; *adj* veteran; expert.
Ve.te.ri.ná.rio *s* veterinary; *adj* veterinary.
Ve.to *s* veto.
Ve.tus.to *adj* ancient; old.
Véu *s* veil; FIG cover; disguise.
Ve.xa.me *s* vexation; trouble.
Ve.xar *v* to harass; to humiliate; to disturb.
Vez *s* turn; opportunity.
Vi.a *s* way; road; street; copy.
Vi.a.bi.li.da.de *s* viability; feasibility.
Vi.a.ção *s* network of roads.
Vi.a.du.to *s* viaduct; bridge.
Vi.a.gem *s* voyage; trip; travel.
Vi.a.jan.te *s* traveller.
Vi.a.jar *v* to travel; to journey.
Vi.a.tu.ra *s* vehicle.
Vi.á.vel *adj* viable; practicable; feasible.
Ví.bo.ra *s* viper; a kind of snake.
Vi.bra.ção *s* vibration; oscillation.
Vi.brar *v* to vibrate; to oscillate; to vibrate.
Vi.ce-ver.sa *adv* vice versa; conversely.
Vi.ci.a.do *adj* vicious; vitiated; defective.
Vi.ci.ar *v* to vitiate; to deprave; to pervert.
Ví.cio *s* vice; addiction.
Vi.cis.si.tu.de *s* vicissitude.
Vi.da *s* life; livelihood; lifetime; living.
Vi.dei.ra *s* vine.
Vi.dra.ça *s* pane.
Vi.drar *v* to glaze; to dim; to grow dim.

Vi.dro *s* glass.
Vi.e.la *s* lane; narrow street.
Vi.ga *s* beam; girder.
Vi.ga.men.to *s* beams; framework.
Vi.gá.rio *s* vicar; curate.
Vi.ga.ris.ta *s* swindler; confidence man.
Vi.gen.te *adj* in vigor; standing.
Vi.gi.a *s* watching; watch; vigilance; sentinel.
Vi.gi.ar *v* to watch; to spy; to vigil.
Vi.gi.lân.cia *s* vigilance; watchfulness; surveillance.
Vi.gí.lia *s* vigil; watching; wakefulness.
Vi.gor *s* vigour; strength; potency.
Vi.go.rar *v* to be in force.
Vil *adj* vile; mean; villainous.
Vi.lão *s* villain; rascal.
Vi.le.za *s* meanness; baseness.
Vi.li.pen.di.ar *v* to vilify; to debase; to revile.
Vi.me *s* wicker.
Vi.na.gre *s* vinegar.
Vin.car *v* to fold; to plait.
Vin.co *s* crease; fold.
Vin.cu.lar *v* to bind; to tie; to link.
Vin.da *s* arrival.
Vin.dou.ro *adj* future; coming.
Vin.ga.dor *s* avenger; revenger; *adj* avenging.
Vin.gan.ça *s* vengeance; revenge.
Vin.gar *v* to avenge; to revenge.
Vi.nha *s* vine; vineyard.
Vi.nho *s* wine.
Vi.o.la *s* viol; viola (small guitar).
Vi.o.la.ção *s* violation; transgression.
Vi.o.lão *s* viol; guitar.
Vi.o.lar *v* to violate; to break.
Vi.o.lá.vel *adj* violable.
Vi.o.lei.ro *s* guitar maker.
Vi.o.lên.cia *s* violence; intensity; rape.
Vi.o.len.tar *v* to force.
Vi.o.le.ta *s* BOT violet; purple.
Vi.o.li.no *s* MÚS violin.
Vi.o.lon.ce.lo *s* violoncello.
Vir *v* to come; to arrive; to appear; to occur.
Vi.rar *v* to turn; to reverse; to empty.
Vi.ra.vol.ta *s* circular motion; somersault.
Vir.gem *s* virgin; maid.
Vir.gin.da.de *s* virginity; maidenhood.
Vír.gu.la *s* comma.
Vi.ril *adj* virile; manly.
Vi.ri.li.da.de *s* virility; masculinity.
Vir.tu.de *s* virtue.
Vi.ru.len.to *adj* virulent.
Ví.rus *s* virus; GÍR bug.
Vi.são *s* sight; view; vision.
Vi.sar *v* to aspire; to seek.
Vis.co.si.da.de *s* viscosity; stickiness.
Vi.si.bi.li.da.de *s* visibility.
Vi.si.ta *s* visit; visitor; guest.
Vi.si.tar *v* to visit.
Vi.sí.vel *adj* visible; obvious; manifest.
Vis.lum.brar *v* to glimpse.
Vis.lum.bre *s* glimpse.
Vis.ta *s* sight; look; glance; view.
Vis.to *s* visa; *adj* seen; examined; known.
Vis.to.ri.a *s* inspection; assessment; survey.
Vis.to.ri.ar *v* to survey; to inspect.
Vis.to.so *adj* showy; ostentatious.
Vi.te.la *s* veal.
Vi.ti.mar *v* to victimize.
Vi.tó.ria *s* victory; success; triumph.
Vi.ú.va *s* widow.
Vi.ú.va *adj* widowed.
Vi.u.vez *s* widowhood.
Vi.ú.vo *s* widower; *adj* widowed; FIG desolate; helpless.
Vi.va.ci.da.de *s* vivacity; animation.
Vi.vaz *adj* vivacious; lively; brisk.
Vi.vei.ro *s* coop; a small enclosure.
Vi.ven.da *s* dwelling; cottage; country house.
Vi.ver *v* to live; to subsist.
Ví.ve.res *s* victuals; food.
Vi.vi.fi.car *v* to vivify; to animate.
Vi.vo *adj* live; alive; sound; **ao Vivo:** living.
Vi.zi.nhan.ça *s* neighbourhood.
Vi.zi.nho *s* neighbour; neighbor; *adj* neighboring; neighbouring; near.
Vo.a.dor *s* flier.
Vo.ar *v* to fly; to disappear.
Vo.ca.bu.lá.rio *s* vocabulary; lexicon.
Vo.cá.bu.lo *s* vocable; word; term.
Vo.ca.ção *s* vocation; inclination; calling.
Vo.ca.li.zar *v* to vocalize.
Vo.cê *pron* you.
Vo.ci.fe.ra.ção *s* vociferation; clamor.
Vo.ci.fe.rar *v* to vociferate; to shout out.
Vo.ga *s* vogue; fashion; usage.
Vo.gal *s* vowel; voter; member of a jury; *adj* vocal; vocalic.
Vo.lan.te *s* steering wheel; *adj* volant.
Vo.lá.til *adj* volatile; gaseous; vaporous.
Vo.li.ção *s* volition; will; determination.
Vol.ta *s* turn; circuit; rotation.
Vol.tar *v* to turn; to return; to come back.
Vo.lu.bi.li.da.de *s* volubility; inconstancy; versatility.
Vo.lu.me *s* volume; bulk; a mass.
Vo.lu.mo.so *adj* voluminous; bulky; swelling.
Vo.lun.tá.rio *s* volunteer.
Vo.lun.tá.rio *adj* voluntary.
Vo.lú.pia *s* pleasure.
Vo.lup.tu.o.so *adj* voluptuous; sensuous; luxurious.
Vo.lu.ta *s* ARQ volute.
Vo.lú.vel *adj* voluble; changeable; fickle.
Vol.ver *v* to turn; to roll; to turn around.
Vo.mi.tar *v* to vomit; to belch forth.
Vô.mi.to *s* vomit; vomiting.
Von.ta.de *s* rational choice; mind; desire.
Vo.o *s* flight; FIG ecstasy; rapture.

Vo.ra.ci.da.de *s* voracity; voraciousness; greediness.
Vo.raz *adj* voracious; ravenous; insatiable.
Vór.ti.ce *s* vortex; whirlwind.
Vos *pron* you.
Vos.so *adj* your; *pron* yours.
Vo.ta.ção *s* voting; balloting.
Vo.tan.te *adj* voting.
Vo.tar *v* to vote for.
Vo.to *s* vote; suffrage; vow.
Vo.vô *s* grandpa; granddad.
Vo.vó *s* grandma; granny.
Voz *s* voice; speech.
Vo.zei.rão *s* loud voice.
Vul.ca.ni.zar *v* to vulcanize.
Vul.cão *s* volcano.
Vul.gar *s* vulgar; *adj* vulgar; common; ordinary.
Vul.ga.ri.da.de *s* vulgarity.
Vul.ga.ri.za.ção *s* vulgarization.
Vul.ga.ri.zar *v* to vulgarize; to make vulgar.
Vul.go *s* common people.
Vul.ne.ra.bi.li.da.de *s* vulnerability.
Vul.ne.rá.vel *adj* vulnerable.
Vul.to *s* face; countenance; visage; figure.
Vul.to.so *adj* bulky; voluminous.

ABCDEFGHIJKLMNOPQRSTUVWXYZ

W *s* the twenty-third letter of the Portuguese alphabet and of the English alphabet.
Wag.ne.ri.a.nis.mo *s* Wagnerism.
Wag.ne.ri.a.no *adj* Wagnerian.
Wa.tí.me.tro *s* wattmeter.
Watt *s* FIS watt (symbol W).
Win.de-sur.fe *s* ESP wind surf.

X

ABCDEFGHIJKLMNOPQRSTUVWXYZ

X *s* the twenty-fourth letter of the Portuguese alphabet and of the English alphabet.
Xá *s* shah.
Xa.drez *s* ESP chess (game); BR jail; prison.
Xa.dre.zis.ta *s* chess player.
Xa.le *s* shawl.
Xam.pu *s* shampoo.
Xan.gô *s* BR name of an african God (Orixá).
Xa.rá *s* homonym; namesake.
Xa.ro.pe *s* syrup; sirup.
Xa.ve.co *s* NÁUT xebec (ship).
Xe.lim *s* shilling (British coin).
Xe.nô.nio *s*, xenon.
Xe.que *s* sheik; ESP check; **Xeque-mate**: checkmate.
Xe.re.ta *s* BR POP meddler; busybody.
Xe.rez *s* sherry wine; black grape.
Xe.ri.fe *s* sheriff, a high official of a shire or country.
Xe.rox *s* Xerox (registered mark).
Xi! *interj* BR gee!
Xí.ca.ra *s* cup; cupful; demitasse.
Xi.lin.dró *s* BR POP jail.
Xin.ga.men.to *s* insulting speech; curse.
Xin.gar *v* to call bad names; to swear.
Xin.to.ís.mo *s* Shintoism.
Xin.to.ís.ta *s adj* RELIG Shintoist, person that practices the Shintoism.
Xi.xi *s* GÍR piss; urine; **fazer Xixi:** to pee; to urinate.
Xô! *interj* BR POP shoo!
Xo.dó *s* BR POP passion; preferential love.
Xu.cro *adj* BR POP untamed animal; silly person; silly billy.

ABCDEFGHIJKLMNOPQRSTUVWXYZ

Y *s* the twenty-fifth letter of the Portuguese alphabet and of the English alphabet.

Y *s* QUÍM symbol of **Yttrium**, a metallic element.
Yd *s* **yard** (914.4 mm).

Z

ABCDEFGHIJKLMNOPQRSTUVWXYZ

Z *s* the twenty-sixth letter of the Portuguese alphabet and of the English alphabet.
Zagueiro *s* fullback.
Zan.ga *s* anger; aversion; quarrel.
Zan.ga.do *adj* angry; ill-tempered.
Zan.gão *s* drone.
Zan.gar *v* to anger; to annoy; to get angry.
Zan.zar *v* to roam; to rove; to wander.
Za.ra.ba.ta.na *s* blow pipe, an indigenous weapon, in tube form.
Za.ro.lho *adj* cross-eyed.
Zar.par *v* to set sail; to go off fast.
Ze.bra *s* ZOO zebra.
Ze.bu *s* zebu (ox).
Ze.la.dor *s* guardian; keeper; *adj* caring.
Ze.lar *v* to take care; to watch; to care for.
Ze.lo.so *adj* careful; zealous.
Zen.da *s* RELIG zend.
Zen.da-a.ves.ta *s* RELIG Zenda-Avesta.
Ze.ro *s* zero; origin.
Zi.gue.za.gue *s* zigzag; crisscross.
Zim.bó.rio *s* ARQT cupola.
Zi.na.bre *s* verdigris, deposit forming on brass.
Zin.car *v* to galvanize.
Zo.ar *v* to buzz; to hum; to sound.
Zom.ba.dor *s* jester; mocker; *adj* mocking.
Zom.bar *v* to deride; to mock; to gibe.
Zom.ba.ri.a *s* mockery; mocking; gibing; mocker.
Zo.na *s* area; region; zone; POP mess.
Zo.o.ló.gi.co *adj* zoological.
Zo.ro.as.tris.mo *s* RELIG zoroastrianism.
Zum.bi.do *s* buzzing; humming.
Zun.zum *s* intrigue; rumour; rumor.